教育部人文社会科学重点研究基地
——湖南师范大学道德文化研究中心

日本创价大学

合作项目

多元文化与世界和谐

——池田大作思想研究

唐凯麟 高桥强 /主　编
冉　毅 曾建平 /副主编

人 民 出 版 社

多元文化与世界和谐
——池田大作思想研究

唐凯麟　高桥强 /主　编
冉　毅　曾建平 /副主编

人　民　出　版　社

目　录

池田大作的和谐思想

池田大作的人学思想

中国文化与和平精神

多元文化与世界和谐

伦理道德与社会和谐

“多元文化与世界和谐”国际学术论坛致辞之一

池田大作

滔滔长江水，淼淼洞庭湖，多少诗人墨客吟咏的岳阳楼巍然耸立……

自古以来，湖南人杰地灵，旷世奇才，层出不穷，彪炳青史。

长沙是一座充满才情诗意的“人才城”，湖南师范大学犹如璀璨明珠，在此举行意义深远的国际学术论坛，我满怀敬意，深表祝贺！

作为创价大学创办人，谨向共襄盛举、为筹备论坛付出巨大努力的湖南师范大学刘湘溶校长、伦理学研究所唐凯麟所长以及有关人士致以衷心的感谢！

同时，也向北京大学、安徽大学、肇庆学院、杉达学院、中山大学、华中师范大学、辽宁师范大学、北京联合大学、武汉大学、湖南大学、中国文化大学的先生们表示感谢！

继去年在武汉举办国际论坛之后，广西师范大学、东北师范大学、台南科技大学设立了池田研究所；韶关学院、广东外语外贸大学已决定设立；南开大学等校的学生也组成了研究团体。谨此，由衷地向来自各地的出类拔萃的先生们表示最大的感谢！

长沙拥有千年学府岳麓书院，她是一座具有千年历史的“知识殿堂”,也可以说是世界大学的源头之一。

在这所世界性学问殿堂中,朱子学始祖、杰出的教育家、名垂千古的朱熹向济济一堂的好学之士论述宏大宇宙与人的精神。

据说,当时朱熹和另一位教师,两把椅子并排相坐,共同讲学。台下的学生们就是通过这两位老师海阔天空式的“对话”来学习的。

生动的“对话”开启了新的智慧世界,通过开放的“对话”培育变革世界的新人才。我深深感到,朱熹——这位先哲大师的精魂,与此次学术论坛的内在精神是一脉相通的。

当前世界经常提倡的“文化相对主义”,只是停留在“理解”彼此的“差异”上,而更重要的是,应该考虑怎样使它和建设现实的“和平文化”联动起来。

我认为,首先在于付诸实践,进行具体的“对话”。

关于“对话文明”与“和平文化”的重要性,近年联合国等予以了强调,国际社会的认识也日益提高。

为了让这些种子更深地扎根、发芽、开花,在21世纪结出丰硕的果实,我们需要一块滋润的土地,即正确的思想基础。

当今社会,需要更深更广地筑牢这种和平与共生的精神性基础,倡导人类是一个大家族这种“世界公民”的正确思想。人类这个大家族是由所有的人种、民族来构成的,而且,不只是由人,是由一切生物所构成的整体。

作为这种实践中一个环节,今年,我和著名的21世纪“儒教复兴旗手”、哈佛大学杜维明教授出版了对话集《对话的文明——谈和平的希望哲学》。

众所周知,杜教授代表儒教文明参加了联合国2001年“文明对话年”,是国际性的知识分子。

杜教授和我都认为:“儒教人道主义”和“佛法人本主义”共同具有的尊重人的尊严的思想,正是使富有多样性的人类能够和平地建构“多元文化与和谐世界”的基础精神。

其重要的支柱之一,是儒教的“中庸”和佛法的“中道”思想。

《中庸》里有如下一段:

“诚者天之道也,诚之者人之道也。诚者不勉而中,不思而得,从容中道。”

所谓中庸,不消说,指的是不走极端的生存方式。

但是,这绝不是停留在平分为二似的、中间的静止状态,而完全是结合现实的、自由豁达的生存方式。支撑那跃动的智慧的是“天之道”,遵循此道的人的行动就是“诚”。

大乘佛教所阐发的“中道”,也是一种融通无碍的人的生存方式,遵循“宇宙根源之法(妙法)”,在变换无穷的社会当中,基于“随缘真如之智”自在地创造价值。

众所周知,儒教有“天人合一”之说,大乘佛教则有“宇宙即我”的思想。

“中庸”、“中道”的生存方式,都包含了适于大宇宙的“永恒”、“普遍”的深奥伦理性。

湖南出生的中国佛教哲学泰斗天台大师智颉,在《摩诃止观》中把儒教尊奉的“五常”(仁、义、礼、智、信)与佛教的“五戒”(不杀生戒、不妄语戒、不偷盗戒等)对比,进而洞察以“仁”怜爱他人的行为是与佛教“慈悲”的实践相通的。

孟子原来就认为“仁”是人皆有“不忍人之心”。这种对他人受苦所具有的“共苦之心”,正是与佛教的“慈悲”共鸣的精神。

构成儒教伦理之根基的“仁”,用现代语言来表述,也就是国际社会最需要的“软能”。这一点杜教授和我的意见完全相同。

当前,恐怖活动及纠纷在各地接连不断,憎恨的纷繁、文明的对立日趋严重。在这种状况下,紧要的课题是什么呢?

那就是要努力普及、使“仁”和“慈悲”等德目不只停留在个体的内在伦理上,而要升华为时代精神的“软能”。

正如杜教授所清晰考察过的,把“仁”推广至“人际关系”领域时，就不会只停留于抽象的道德观念上。他强调，“仁”因“对话”而超越了只追求个人安宁的狭小胸襟，并且因“交流”而被赋予能动的、具体的变革力量。

另一方面，大乘佛教的“慈悲”精神所促进的，也是在与他人或社会的交流中不断变革自身生命的菩萨道。

释尊在世时在家菩萨维摩诘所发誓的“众生病则菩萨病，众生愈则菩萨愈”，就是最好的例证。

因此，可以说“仁”和“慈悲”都是与他人相关、推动社会的伦理之本。

我们现在必须努力推广这种“仁”与“慈悲”思想，对由于文化或文明之间的对立而导致的战争与暴力悲剧坚决打上休止符。

21世纪的人类应该指向尊重多样性，把彼此的差异作为创造新价值的源泉，互相积极影响，共存共荣，建设一个把任何国家、任何民族都作为不可替代的存在来尊重的和谐的地球社会。

贯穿并支撑这种“多元文化”与“全球共生世界”的普遍伦理，我们可以从以“仁”为本的儒教“五常”中，或从佛法以“慈悲”为本的“五戒”中找到启示。

我想在此列举，在现代展开与“五戒”相呼应的儒教“五常”精神，人类应实践的五项规范：

①(仁)坚持不可侵犯他人，对和平解决问题绝不丧失信心；

②(义)保卫一切生命的尊严，不忽视他人的苦恼或社会问题；

③(礼)尊重彼此的差异，保持互相学习文化传统之心；

④(智)立足于人类利益、地球利益，谋求交流，集结智慧；

⑤(信)立足于人以及生命这一共同基础，不放弃信任对方的人性；尤其要努力启发青年的善性。

不管存在怎样的文明或不同文化，只要通过这种普遍的伦理规范，互相不断地努力回归“人性”以及“尊严的生命”这一共同的大地，那么，人类就一定能跨越任何困难，开发出新的创造力。

当今世界,这种实践已经不是以牺牲他人来追求自我繁荣、弱肉强食的生存竞争。历史的潮流,不正是互相沟通、竞相为人类做出贡献的"人道竞争"吗?

杜维明教授指出,一百年前,创价教育的创始人牧口常三郎先生提倡的这一"人道竞争",与儒教思想的"大同"极为相近。

所谓"大同",被明确表述为"不一律化的和谐","多样性和谐"思想。

"大同"思想,正是儒教思想智慧结晶的、"多元文化"色彩的、人类"和谐、共生"的世界观。

"大同"也相通于佛教的"缘起"思想。

"缘起"思想明示了这样的世界观,即一切存在互相关联,相辅相成,发挥多样的个性,能动地构成全体和谐。由这一世界观培育的文化就是彼此尊重多样性、共生共荣的"和平文化"。

贵国尊敬的国学大师季羡林先生也在和我的对话中有过这样的结论:

"中国自古就有'大同'思想。可能就是经过漫长的阶段、长久的时间,不论采取怎样的形式,人类必然走向'大同'的境界吧。"

我也满怀这样的希望,不,我们一定要迎来这样的世界。

33 年前的 12 月 5 日,我在北京拜会周恩来总理,总理在展望 21 世纪时,坚定地说道:

"所有国家必须在平等的立场上互相帮助!"

这句话犹如一段遗言,至今萦绕在我耳畔。周总理正是体现"大同"精神的、伟大的和平主义领导者。

周总理和我会见 18 天后,抱病飞往长沙,提出"四个现代化"的重大步骤,这也是令人难忘的历史。

温家宝总理,现在正和胡锦涛主席一起,为 13 亿人口的大中国掌舵。今年 4 月,我得以在东京与温总理欣然再会。

温总理赠给我一幅墨宝,笔墨酣畅:

“慈航创新路，

和谐结良缘。”

他给我讲解了这幅墨宝所蕴涵的深意：

“慈航创新路”，这不只是日本和中国之间，而是指全世界。“和谐结良缘”，意味着建构和谐世界，世界各国友好交往。

以大同思想为根基，贵国以宏大的“和谐”智慧，为21世纪人类显示光辉前途——我认为如今已进入这样的时代。

世界和平以中国为轴心展开，这与汤因比博士对我谈的预见完全相符。

现今全球化使世界越加分裂，带来很多人类课题。另一方面，这些问题群同时也促成人类的结合。

为了建构“和平文化”，只能以“文明间对话”为主轴，扩大超越国境的各种文化、思想、民众交流的范围。舍此，别无他途。

致力于此，不懈地在异文明、异文化之间架设知识与友谊的桥梁，正如今天的论坛和网络一样，其意义再怎么强调也不为过。

如诸位所知，“交流”(communication)能够得以进行，在于以“共同性”(common)为基础。

在《论语》的世界里，通过教育而使人类向上的、大家会聚一起的“对话共同体”生动地体现出来了。

在经常性的互相学习、互相交谈的人与人的交流中，会产生培育新人才、开创新时代的创造性。

我从心里赞叹，会聚在湖南师范大学的诸位硕学为了“大同世界”、“地球和谐”，举行富有成果的讨论，身上就搏动着这种传统和精神。

上世纪初，湖南省有很多留学生在牧口先生执教的东京弘文学院学习。

众所周知，牧口先生毕其一生所撰著的宏文《人生地理学》，把人类、社会、世界各种关系置于相互关联的圆环中，这犹如一个巨大的生命体，展示了新的形象。

他还揭露了帝国主义、民族主义的危险性，极力主张人道主义与世界和平。牧口先生的这种思想，以及他的卓越人格，激发了满怀求道热情的贵国青年，这是鲜为人知的两国交流史。

焦点是青年，希望在教育！

贵国有一句名言，从青春时代就铭刻在我的生命中，那就是“异体同心”。

可以说，这句话从实践上凝结了此次论坛的主题——“多元文化与世界和谐”。

我再次立誓，今后一定要站在“人性”及“生命尊严”这一共同基础之上，为建设“和平与共存的地球社会”，与尊敬的诸位先生“异体同心”，毅然给接班的青年们开拓道路。

最后，衷心祝愿肩负建设“教育世纪”的各大学蓬勃发展，祝愿诸位先生更加健康，硕果累累！

谢谢！

2007年10月13日

（作者简介：池田大作，男，1928年生，日本创价大学创办人、日本创价学会名誉会长、国际创价学会会长。）

“多元文化与世界和谐”国际学术论坛致辞之二

杜维明

首先，请允许我衷心祝贺池田思想国际研讨会在中国召开。

我当也是与会者之一，约定了届时赴会，我曾欣喜会期将至，希冀着与参会各位学者广泛交流，共研学理。时至近日，由于客观上的日程冲突极致，调整不能自已，终至不得不缺席本次研讨会，甚是遗憾，谨向与会各位道学同仁深表歉意。恕我以此文书向大会致贺。

池田会长为推进世界安全与和平而发表的思考与见解，皆是为了中国的文化以及其他领域的繁荣昌盛。我认为像池田这样的世界级的领袖是非常值得得到来自正在为着中国的不断发展而奉献的中国知识界的各位与会者的强有力的支持的。

不久前，我与池田博士以“文明对话”为题，作了较长时间的对话。有幸使我获得了一次宝贵的机会，得以从宗教间以及文明间的观点考察人本身。此次对话，我彻悟了一个事实，这就是在国际社会中，为了持续地培养“和平文化”，在宗教界、学术界、政界、新闻媒体界、经济界等专职领域以及社会运动领域中，不断地与志同道合者携手，与众多的有良知的知识分子结成广领域的网络，在这个庞大的网络中或曰广大的领域中，不断创新，无私的努力是必不可少的。诚然，精神领袖、政治家、商务实业家、新闻记者、作家、学者、社会活动家、实践家都应该以个体或共同体方式携手为培养“和平文化”这一目的做出最大的努力。我确信在池田博士的指导下所进行的国际和平运动是我们所努力追求的这一伟大事业的楷模。池田博士与我共同努力所展开的，在“文明对话”中所开始的启发性的会话，是尝试着向世界介绍新的21世纪，寻求新的思考方法、新的行动、兴隆人类是我们的使命。

我希望，源于中国的经济发展和政治民主化的中国文化的研究成果的发表，将鼓舞开放性的多元性的，且自我反思性的，真正意义上的“和谐社会”的实现。我深信以尊重差异为信念指导的池田思想国际研讨会作为“和谐而非单一化”的具现，也将是理解中国自身的最宝贵的尝试。

最后，我衷心祈祷本次参会的各位学者身体健康，预祝大会获得最大的成功。

2007年10月13日

（作者简介：杜维明，男，1940年生于昆明，美国哈佛大学教授、哈佛燕京学社社长。）

致池田先生信函

池田大作先生钧鉴：

霜叶红时，群贤毕集长沙，百余学者纵论世界多元文化之融通、人类生存之和谐，中外对话之盛，堪称一时之最。斯会之圆满，先生与有功焉。无先生之鼎助，即无斯会；无先生之“对话”，吾侪又何从对话？故斯会之缘起，乃缘先生之善缘。为文化之同道、各族之同心、世界之大同，先生唱响东瀛，周游列国，以不二之法门，布莲花之慈悲，继往开来，靡仅政要时贤相竞折腰，环球众生皆沐惠泽。斯愿之宏，厥功之伟，举世为独。吾辈不敏，有幸亲聆教诲，亦愿步趋焉。先生关怀斯会，亲撰致辞，由孔圣之中庸、释尊之中道析文化多元之并盛，借儒学之仁爱、佛家之慈悲阐世界异体之大同。五常之古德，先生察微言而演大义；大同之理想，由佛法而出世法。学者闻之，莫不摩顶。湖湘之学，历由“道南正脉”（清乾隆帝语）之誉，“学达性天”（清康熙帝赐匾辞），虽才非于斯为盛，然湘楚之忧乐天下，敢为人先。盛会毕矣，吾侪愿承余绪，瞻先生之马首，力促文化多元之共兴、地球各族之大同。

专此致谢，并颂

道安

湖南师范大学伦理所

唐凯麟　顿首

2007年10月16日

探究池田大作的成功之道(代序)

贾蕙萱

我相信大凡知晓池田大作先生的人无不认为他是位成功者,并感佩他的魅力。不过,在池田先生业已迎来 80 寿诞的时候,在此探究他的成功之道,我以为是很有意义的,因为人们总会从成功者那里获得不少启迪。

一、池田大作成功的标识

首先请允许我简述几个带有数字的事例,用以佐证池田先生是位出类拔萃的成功者。

研究池田先生的学者,以及世界有关机构在提及他时,冠予他大名之下至少有 10 个"家":宗教家、教育家、哲学家、思想家、文学家、摄影家、作家、桂冠诗人、社会活动家、和平运动家。这在如雷贯耳的名人中也不多见。

众所周知,创价学会是日本最大的宗教团体,池田先生担任会长时,该学会曾有过飞跃式发展,拥有会员 1200 多万,也就是说,10 个日本人中有一位创价学会成员。此后陆续在 190 多个国家与地区设有分支机构,为此成立了国际创价学会,他亲任会长。在他领导下已建成1050多个会馆。平时为会员的活动场所,在遭遇自然灾害时,会馆便成为普通百姓避难的好去处。1996年阪神大地震时,关西地区的会馆全面为普通人开放,创价学会会员对避难者予以无微不至的照顾,既做了有益的社会工作,也扩大了会员。

一呼百应,拥戴领袖,已是创价学会的一种作风。由此可见池田先生超凡的领导能力。

来自世界五大洲的大学及研究机构,至今已授予池田先生230多个名誉学术职称,此外他还获得了世界一百多个城市的名誉市民称号,另有数项国际级大奖,如联合国和平奖。世界顶级名流之辈,也难见池田先生如此多的殊荣。

池田先生创建了12所学校,从幼稚园到大学院。他在教育事业上,付出很多精力与心血,已经培育出众多优秀人才。池田先生领导的创价学会,在中国支持了7所希望小学。称他为教育家当之无愧。

池田先生的著作逾100部,其代表作为《人间革命》(12卷)和《新·人间革命》(16卷)。他的著作中有小说、散文、诗歌、随笔、摄影等,题材广泛。其中与世界名人对谈集近50部。目前《人间革命》已有27种译文版本,仅中国出版的池田大作著作就有20多种。不能不承认他是位多产而出色的作家。

成功的定义是事业有成。仅以上几项,足以证明池田先生不仅是成功者,而且是出类拔萃的成功者。不言而喻,这样的名人定有他独特的成功之道,让我们共同探讨研究一下吧。

二、池田大作成功的理论基石

众所周知,没有好的理论作指导,就没有切实可行的计划。池田先生之所以获得成功,就因为他很好地把握了这两点。

创价学会信仰日莲佛法,即佛教日莲宗。该宗法是13世纪诞生在日本的日莲(Nichiren 1222—1282)所创立的。日莲非常推崇《法华经》,因它是佛经中经典,被称为诸法之王。其特点是提倡“一切众生皆能成佛”、“佛性存在于所有生命中”,提倡“生命尊严,人人平等”。

信奉者只要认真修行,不仅可得到现世幸福,尚可获得来世福运。很好地学习《法华经》,就会涌现出自身固有的潜能、智慧和精神,进而改变人生观念,使之积极向上,创造出人生应有的价值。由于池田先生与创价学会秉持这种理念,所以容易被一般人,特别是弱势群体所接受。《法华经》就是池田先生的理论基石。

三、池田大作的成功实践

池田先生依上述理论,便开始策划、实践“人间革命”,至今已有60余年。何谓“人间革命”? 一言以蔽之,就是使一个人内心世界发生变革。换言之,做人心的工作,本来佛经就是心理经。池田大作通过自身的实践,把看似深奥的佛法,变成日常生活中最为浅显易懂的说法,易于实施的行动,进而引导人们改变宿命论,点燃人们希望的曙光。简言之,实践以人为本。

池田先生对如何策划、实践人间革命,已撰写了28部书,记录详尽。该巨著既是创价学会的发展历程,也是池田先生的实践史。如简介一下池田先生的人间革命的精髓,可概括为三句话,那就是:耕耘人的心灵;鼓舞人的士气;激发人的智慧。以下对这三句话略加说明:

耕耘人的心灵。池田先生非常欣赏日莲的一句话,即“只有人心才是最重要的”。所以他努力去悟达、去实践。池田先生说:“与其获得财宝,不如占有人心。”笔者认为池田大作成功之道的关键是做人心的工作,而且他甚为得心应手。池田先生以尊重人、信赖人为原则,把人喻为樱、梅、桃、李等不同特质的树木,对不同的人,做不同的工作。特别注意以诚恳之心去解决他人的燃眉之急,以朋友之心待人。他说:“朋友就是镜子里照出的另一个自己。”即把朋友视为知己。可以说耕耘人的心灵是他的一大妙招。他用此招感动了成千上万的人,他们甘心情愿跟着池田先生走。令人感受到宗教领袖的那种统帅力。

鼓舞人的士气。池田先生有一句口头禅:“人应该有战胜自我的勇气。”其实此话是他成功路上的切身体会。人有勇气才会有士气,当池田先生看到有人在遇到困难而踌躇不前时,他会苦口婆心地劝说:“人生航路是在与障碍竞走呀”、“有信心的人与绝望无关”、“士气是人生走向胜利不可或缺的动力”。这些动人心弦又富有哲理的话语,确实鼓舞人的士气。池田先生著作中,有《人生抄》、《人生箴言录》两部书,那真是妙语连珠,发人深思,鼓人士气。

开发人的智慧。无人怀疑,教育是开发人智慧的金钥匙。池田先生从户田城圣恩师那里接受过多年教育,获得了很多智慧。正因为此,池田先生呕心沥血于教育。他在北京大学的讲演中谈道:“教育是我终生投入最多的事业”、“我决心将人生奉献给教育”、“造就人的是教育”。他写信、家访、送书都没有忘却送去智慧。他经常写意为“睿智”的“英知”两个汉字送人,都是为了开启人的智慧。

池田先生在实践创价学会理念的大道上,还有一高招,那就是能抓住民众的诉求。正如大家所知,20 世纪前半期,战乱很多,民众少有和平日子,当然受教育的机会也少,文化娱乐更是奢望。为此,池田先生就在和平、文化、教育三大领域开展活动,它抓住了社会问题,也就抓住了民心,所以取得了辉煌业绩,成为创价学会发展的三大支柱。

一个人的成功,有多种要素促成,当然成功者个人的智慧、行动力至关重要。此外,还需部下的通力合作,家庭的鼎力支持。常言道:一位成功男子的背后,会有一位伟大的女性。香峯子夫人的能力与智慧都默默地献给了池田先生,功不可没。1960 年 5 月 3 日,池田先生担任创价学会第三代会长,是日,香峯子夫人说了一句心情复杂的话："从今天起，池田家就再没有丈夫啦！"笔者理解，她是想到池田先生再不是一个家庭的主人，而扩大为一个大家族创价学会的掌门人。此后，她便把主要精力放在协助池田先生的工作上，同时担任 4 个角色，秘书、护士、妻子、母亲，特别照看好了池田先生的健康。

不过仅依上述简单介绍，可知池田先生活用佛教理论并努力实践，走出了一条成功大道。其成功之道的因素、特质、经验，哪些是人们可以借鉴的？成功者如何评价自己之道，部下又如何使其常盛不衰，继承弘扬其道？这些确实值得深入研究。今天我在此发表浅见，只不过是想抛砖引玉。

谢谢大家！

（本文系作者 2008 年 2 月 27 日在池田大作 80 寿诞庆典上的讲演稿）

（作者简介：贾蕙萱，女，1941 年生，河北安国人，北京大学国际关系学院教授。）

池田大作的和谐思想

关于池田大作"文化对话主义"的考察

高桥强

一、前　言

2007 年出版的《对话的文明》一书中，池田大作先生与杜维明先生的对谈里提倡"文化对话主义"，从现今世界的状况，特别是从全球性和本土性的不协调状况来看，"文化对话主义"的提倡是非常有意义的。它是对文化相对主义界限的挑战。池田先生在与杜先生进行对谈之前，曾与 Teheranian 先生就"文明间对话"进行过多次对谈，这些内容以《面向二十一世纪的选择》为书名，于 2000 年出版。在本书中还未提到"文化对话主义"的问题。但是，池田先生在接受巴勒莫大学名誉博士授予仪式的纪念演讲(2007 年)之际，通过自己与 Teheranian 先生对谈和与杜维明先生对谈的成功实践，提出了要更深入展开包含文化对话主义的文明间对话。

本文以《对话的文明》、《面向二十一世纪的选择》、巴勒莫大学的"纪念演讲"为中心，考察池田先生提倡的"文化对话主义"所包含的内容。

二、“对话的文明”

池田先生一贯强调对话。因为对话是用不同的光来互相照亮对方,能将各自不同的生活方式与前进的道路更加鲜明、更加广阔地照亮出来,对话是具有创造精神的行为。① 更进一步地来说,对话能连接人与人,对话是互相制造出信赖的磁场,“由对话引发出的内心向善力能互相促进恢复人性”。②

池田先生从不放过这种意义深刻的“对话”,并且完全地以其为主轴,将这种生活方式向世界推广,以其构筑人类期待的“对话文明”。并坚信,要虚心地学习人类的多样性,追求人类的普遍真理,让美丽的“和平文化”这朵鲜花在这块“对话文明”的富饶大地上盛开。③

池田先生在和杜先生的对话中,对杜先生强调的“学习文明”深表赞同,他说“对话文明的其中一个真正的意义正是在此”。④ 这就是要采取以前面提到的“要谦虚地学习人类的多样性”的相同姿态,这是一个非常重要的视点。因此我是这样去理解杜先生的“对话”的。也就是说,要倾听他人的讲话,并以此来扩展自身,是加深认识自己,理解自己和批评自己的机会。⑤ 池田先生说如果没有对话那就是“独善其身”,真是至理名言。⑥

另一方面,杜先生指出来说:“向多样性学习”,虽说跨越与他人

---

① [日]池田大作、[美]杜维明:《对话的文明》,(日本)第三文明社 2007 年版,第 91 页。

② 同上书,第 78 页。

③ 同上书,第 288 页。

④ 同上书,第 284 页。

⑤ 同上书,第 91 页。

⑥ 同上书,第 92 页。

的差异是很重要的，但是也会使"各种各样的差异消失掉，这也是不希望被看到的事情。重要的是要十分慎重地进行"。有关这一点，池田先生说：通过佛法的"樱、梅、桃、梨""各显其照"是克服这种担心的一种方法。① 前者说的，樱就是樱，梅就是梅，每种花都有自己美的特色，各自发挥就行了，这才是最好的生存方式，它告诉我们的就是要尊重多样性。后者告诉我们重要的就是要各自都自内向外发挥自身天然的个性。也就是说，一方面不要忘记发挥自身天然的个性，另一方面，要尊重和留意多样性，只要有向他人学习的姿态，就能取到和谐的"对话"成果。

而且池田先生提倡应该是要通过这种"对话"来达到"双方的幸福与繁荣"之共同目标。② 尊重与向他人学习是地平线上升起来的共生共存的萌芽。

三、从文化间的"相对"到"对话"

池田先生在《对话的文明》中和杜先生就文化的相对性作了以下的评述。直到近现代，在世界上都是强制实行杜先生主张的"普遍的均一性"，也即是强制实行和强行通过从世界史上的特定时代、特定地域的一个传统里诞生出的抽象思想。坚信自己的标准是绝对的，认定自己以外的文化和民族都是"野蛮"或是"未进化"的，更恶劣的是对其他民族的统治和强制推行殖民地主义合法化。这种"文化帝国主义"在第二次世界大战以后的摆脱殖民主义潮流中遭到批判，通过文化人类学等的成果，最新确立的就是"文化相对主义"。③

池田先生对虽然经过很多努力仍然未能确立的文化相对主义，

① ［日］池田大作、［美］杜维明：《对话的文明》，（日本）第三文明社2007年版，第89页。

② 同上书，第82—83页。

③ 同上书，第140—141页。

就今天的世界状态，指出了以下几个问题。

人类通过极大的牺牲才取得的"文化相对主义"，如果只是停留在"互相承认文化"的概念上的话，就不能取得真正地防止对立和敌视的效果，也不能构筑起真正的和谐。① 有关这一点马基得特赫拉尼安先生在和池田先生对话中提到了这样一个意味深长的暗示。也就是，文化以其多样性带来了人文精神的丰富，同时这种差异也切断了人与人的纽带，不应该是"对立"，应该是要加强文化倾向"和谐"的方向。②

如果单单只是承认他人的存在的话，这种认识上的"消极宽容"在对立产生的时候就会被简单地抹杀掉。③

如果只是简单地承认多种文化的"并存"的话，也很难消除认为只有自己的集团才是绝对正确的"排他主义"。④

看来好像是价值中立的概念，如果没有一种人类积极的意识相伴随的话，人们的关系就会总是维持在一种不安定的状态下，这种文化的差异随时都有可能被转化为民族主义和本民族中心主义的危险，很有可能就会导致破坏共存社会和压制民众。⑤

在这里，必须要超越文化相对主义，并指出了"只停留在认识上"、"消极宽容"和"消极意识"的危害性。

因此池田先生主张"文化对话主义"，他讲道："以后的人类应该要互相尊敬，互相学习，朝着共同繁荣的大同世界前进。为此目的，

---

① ［日］池田大作、［美］杜维明：《对话的文明》，（日本）第三文明社 2007 年版，第 140—141 页。

② ［日］池田大作、马基得特赫拉尼安：《二十一世纪的选择》，（日本）潮出版社 2000 年版，第 352 页。

③ ［日］池田大作、［美］杜维明：《对话的文明》，（日本）第三文明社 2007 年版，第 88 页。

④ 同上书，第 142 页。

⑤ ［日］池田大作、马基得特赫拉尼安：《二十一世纪的选择》，（日本）潮出版社 2000 年版，第 351 页。

我们要将已经开展起来了的自发性的交流推向‘文化对话主义’新阶段”。[①]

在池田先生与杜先生的对话中,杜先生提到的大同思想的两个特性:(1)在充分发挥多样性并使之逐渐统一的智慧,也即是“非统一的和谐”;(2)不拘泥于先例,将有关联的现象进行组合,将最适宜的因素混合起来,有意识地创造出新的现实。池田先生对这两个特性表示特别关注。[②]

那么,什么才是要将已经开展起来了的自发性交流推向“文化对话主义”的必要条件呢?有关这一点,池田先生赞同在《文明的对话》中,杜先生提到的“自发的参加者”。杜先生主张是:“为了创造真正的‘和谐’,所有有关联的当事者都必须互相理解、互相援助来构筑一个共同的基础,这样一个共同合作的大事业必须是由‘自发的参加者’来组成的”。[③]

有关对“自发参加者”的理解,池田先生和杜先生交换了一个意味深长的比喻,我在这里给大家作一个介绍。先介绍池田先生以《法华经》的“三草二木”的比喻。其内容就是说,大地上生长繁茂的草木有多种多样的种类和很大的差异,充满着多样性。但是无论什么样的草木,滋养的阳光和雨露都会撒向它们。它们各自发挥不同的、多种多样的个性,开花、结果,给大地添加多姿多彩的颜色。在这里并不是要说真正的“和谐”是怎么创造出来的,而是要强调每一个人的“自发性”和“能动性”是不可欠缺的。[④]

接着介绍一下杜先生的“晏婴调羹”。其内容大致是说,古代的贤人在实行政治的时候,就如厨师调五味(甜、酸、苦、香、辣)制羹一

---

① [日]池田大作、[美]杜维明:《对话的文明》,(日本)第三文明社2007年版,第140页。

② 同上书,第131、135页。

③ 同上书,第140页。

④ 同上书,第139页。

样，其过程非常重要，要以平静的心情来调好各种要素。杜先生承认，比起《法华经》的"三草二木"的比喻，"晏婴调羹"的比喻并不能十分满意地说明在对话里充分的和谐。也许他是要暗示因为没有"自由的参加者"这个局限性吧。①

因此，池田先生主张说："从这个意义上来说，世界各个国家和人民要怎样才能成为'自发的参加者'是其问题的核心，是 21 世纪哲学探索的目标。"这是非常重要的观点。② 池田先生更进一步地说道："要尊重他人的存在，积极地与其接触和学习。将相互间的差距变为价值创造的源泉，共同地来让人性之花盛开。"③

四、创造的"对话"

提倡对话主义的池田先生是怎么考虑有关推进"对话"的内容的呢？

池田先生在马勒莫大学的纪念演讲④中，在总结 20 世纪的历史的时候是这么讲的。20 世纪是个只分"敌我"与"善恶"的两极分化，全球规模反复进行的战争和破坏，是使无数的人失去生命的"大屠杀的世纪"。正如托尔斯泰警示过的"人们把善推向一边，把不善推向另一边，随着世纪的增加仍在努力地奋斗着"。池田先生批评说我们现在的现状还是不能摆脱托尔斯泰的警示，仍然是将所有的"善"都拖到自己这一边，所有的"恶"都推到别人那边去的这样一种断开式的两极分化论。

对于这种"善恶"两极分化论，池田先生尝试以佛法的"善恶不

① ［日］池田大作、［美］杜维明：《对话的文明》，（日本）第三文明社 2007 年版，第 139 页。

② 同上书，第 140 页。

③ 同上书，第 88 页。

④ 《圣教新闻》，2007 年 3 月 27 日。

二”来予以克服,他说道:佛法教导我们说“善恶不二”,就是所有的生命里都隐藏有“善恶”两面,根据不同的缘法可以转变为善,也可以转变为恶。就是说要从自他两方面,从内部发现和抑制“恶”、弘扬“善”,创造性的“对话”才是生命的修炼之真谛。池田先生强调要推进这种形式的“对话”。

池田先生一贯认为,文明冲突的原因并不是在相同文明之间,而是在不同的集团互不承认的野蛮冲突上。为了防止这种事态的发生,要相信人类天生的善性,用“对话”的精神去呼唤和推动它。①

要更深一层地来探讨这个问题的话,就会联想到佛陀的如下教导:佛曰“‘其与吾同,吾与其同’,其与吾身相较,则吾不杀生,亦不容他杀”,这里面有两个重要的观点。第一点,应该守的戒律,并不是外在规定的戒条,正如“其与吾身相较”一样,出发点是要扎根在以相同受难的眼光来反躬自省。第二点,正如“亦不容他杀”教导的一样,不单是自己不杀生,也要促使他人重视生命的尊严。

池田先生确信,佛陀的教导里的这两个观点“反躬自省”和“促使他人”的反复实践,也就是说,要不停地反省自己,相信对方的善性,呼吁“对话”是一种步骤,它能将控制和自律的能力修炼成为不可动摇的信念。池田先生提出了每一个人都具备的“对于善性的信赖”和将其引导出来的“忍耐精神”是支撑“对话”的两个车轮的新观点。

有效地利用多样化来促进“精神全球化”。池田先生主张为了迈向“文化对话主义”的新阶段就需要充分发挥多样化来促进“精神全球化”。为此,需要用文化的对话来获取支点。以下用两个观点来介绍充分发挥多样化来促进“精神全球化”的发展。

---

① [日]池田大作、马基得特赫拉尼安:《二十一世纪的选择》,(日本)潮出版社2000年版,第43页。

第一点是,池田先生在马勒莫大学演讲①中引用了意大利思想家温贝鲁特尔格先生的话来讲述充分发挥多样化来促进“精神全球化”的进展。温贝鲁特尔格先生在论述第三个千年应该发展的方向时说道:“过去二千年的象征是‘箭’”“朝着一个方向突进”,“将来的一千年的象征是应该是‘星座’。也就是要尊重多文化的社会”。池田先生给这个观点以很高的评价,并讲述道:“星座这个词用得极妙。每个星座都发出各自的光芒,每一个星座都以各自的美来装饰天空。这种世界观与佛法的‘缘起观’有相通之处。”

池田先生更使用了佛典的“帝释天之网”来作比喻,并将缘起观作了生动的说明,以作为充分发挥多样化来促使“精神全球化”的一个论据。“帝释天之网”的比喻讲的是,作为大自然力量象征的帝释天的宫殿里,挂着一幅纵横交错的网,有无数多彩的宝石镶嵌其上,这幅网并不是以某一颗宝石为中心,而是每一颗都是中心,所有的宝石交相辉映创造出一个充满和谐的“庄严世界”。这个比喻推演开来,讲述了下面一个道理。如果以每一颗宝石来代表不同的地域和民族的“文化象征”的话,每颗宝石放射出来的光可以说是代表每一种文化的独特性。如果所有的宝石都交相辉映,就能放射出新的光彩,创造出具有更大价值、灿烂辉煌的“地球文明”。

佛法有“缘起”这个想法,这是说“由缘分而引起的”。人类也好,自然界也罢,所有的现象都是由各种各样的原因和条件相互组合而演化而成的。也就是正如佛法所说的,所有的事物决不是由单个所组成的,所有的事物都需要相互依存,相互影响才能成立。同样的道理也教导我们,人类不是只有一个人存在。人类需要互相依靠,互相帮助才能生存下去。

池田先生将这种想法推演开来,他说道:“如果从这种构想出发就不会产生排斥他人的想法。反过来会产生出怎样去成就他人,怎

① 《圣教新闻》,2007 年 3 月 27 日。

样能更好地与他人相处,怎样去创造价值的想法"。[1]

第二点是,池田先生引用了创价学会第一任会长牧口先生的主张,从世界公民或者是地球公民意识上升到充分发挥多样化来促进"精神全球化"。在今日之世界,在全球经济一体化全面加速的同时也产生了一种地方保护主义的反冲力量。借用杜先生的见解就是,以本民族中心主义和好战、排他的国家主义为首的文化帝国主义,领土扩张主义,宗教原教旨主义并没有屈服于国际协调主义和世界公民精神,而且他们的势力还在不断加强,在很多情况下还形成威胁。[2] 正如前面提到过的,在这一点上"文化相对主义"是有很大的局限性的。

牧口先生在他约一百年以前的自著《人生地理学》里说道,所有的人都是在各个地区扎根的"本乡人",同时也是属于国家的"国民",扩展到世界上来讲,就是"世界民",应该同时拥有这三种意识。

池田先生对于牧口先生的这种提倡,给予了如下的评价:"人类的身份应该不要限制在'民族'和'人权'等特定的观点上,应该要扩展到拥有多元身份的视点上去,这样,就站在同是'人类'这样一个平面上,就能促进以'好邻居'、'好市民'、'好地球人'共同地生存下去。"[3]要作为"邻居"、"市民"、"地球人"共同地生存下去的话,每个人都摆脱不了要作为"人类"共同地生存下去,这个道理是具有强烈的实感和极其简单明了的。今后作为站在一个共同的平面上的"人类"要扩展其多元化的身份是非常重要的。池田先生曾经讲过,用"人种"和"民族"来将人类分类的时候,同是"人类"的这

---

① [日]池田大作:《新·人间革命》(第1卷),圣教新闻社2003年版,第182—183页。

② [日]池田大作、[美]杜维明:《对话的文明》,(日本)第三文明社2007年版,第146页。

③ 同上书,第154页。

种感情就消失了，推测对方心思的想象力也就消失了。这真是至理名言。①

杜先生也对牧口先生的提倡给予了很高的评价，他这么说道：牧口会长的同时拥有三重身份提倡，对于消除传统外表，在包含有“排他主义”和“攻击性的原教旨主义”的新传统势力抬头的现代来看是具有极大意义的。②

对于牧口先生的提倡，曾经和池田先生对过话的特赫拉尼安先生也给予很高的评价，他说：“这种思想非常伟大，是近些年提倡的‘地球公民社会’的先见之明。不限定在一个身份上面，这种身份的多重化是地区和世界开放的非常重要的要点。”③

牧口在他提倡三个身份的《人生地理学》的开始部分，披露了这个提倡背景中的一个情节。“生下来的孩子因为母乳不足，就用脱脂奶粉代替。因为经常碰到日本产的奶粉质量不好，就请医生为其选定了瑞士的奶粉，在得到奶粉的时候，她非常感谢汝拉山下的牧童。身边有一件棉衣，立刻就会想到印度人在酷暑下挥汗摘棉花的状况。生下来的女孩子，在她发出第一次哭声的时候，她的生命就与这个世界紧紧地联系在一起了”。④ 虽说人在日本，但是通过“物品”来表达出对他人的关怀。

前面提到的“缘起”和牧口先生的“世界市民意识”的里面，可以找到一个共同点，就是与他人一样的同感或者是关怀。池田先生说：“激发出对他人关怀的人类本性，并予以强化，这就是充分发挥多样

---

① ［日］池田大作、马基得特赫拉尼安：《二十一世纪的选择》，（日本）潮出版社2000年版，第352页。

② ［日］池田大作、［美］杜维明：《对话的文明》，（日本）第三文明社2007年版，第154页。

③ ［日］池田大作、马基得特赫拉尼安：《二十一世纪的选择》，（日本）潮出版社2000年版，第359页。

④ ［日］牧口常三郎：《人生地理学1》，圣教文库（7），1996年6月，第25页。

化来促进‘精神全球化’的核心”。这是非常重要的观点。①

五、结　语

池田先生所提倡的“文化对话主义”,有以下特色:

1. 提倡从文化间的相对化转向对话的过程,要充分发挥出“对话”所具有的能动性、积极性和创造价值的要素来。也就是把“对话”作为创造性的精神性行为,使人与人相互联系,构成一个恢复和复苏人性的磁场。

2. 为了实现文化对话主义,给予推进其对话的主体者自身重要的地位,因此,要求对话者自身具有高尚的自律性,同时也要求对他人的同感。这些思考的提倡和要求,使我们能够在“主体显照”、“对多样性的尊重”、“谦虚地学习多样性”的观点上深刻地感受到的。

3. 称推进对话的主体者为“自发的(包含能动性)参加者”,非常期待其主体者必须寻求到可能克服文化相对主义的弊病。具体而言,期待“自发的参加者”要抑制自身与对方内在所发现的“恶”,同时要发扬“善”这样“生命砥砺”过程,或一边反省自己,又相信对方的善之本性,同时期待相互心绪(心灵)感应的交流。另一方面,这些心绪交流的过程就是“不动摇地磨砺着控制自我,保持自律的过程”,“自发的参加者”才可能更大地发挥作用。这一磨砺的过程实际上与第2条的实现相关联。

4. 缘起的价值观和世界市民意识或地球市民意识这两者都内涵着对别人的共鸣和同感,这些价值观和意识的全球化,也给“对话”带来了更丰富、广泛的意义。

5. 池田先生是文化对话主义的旗手,也是作为实行者的“自发

① [日]池田大作、[美]杜维明:《对话的文明》,(日本)第三文明社2007年版,第157页。

参加者”,因此也得到了很重要的地位。这位“自发参加者”以自律和与他人产生同感为基础,一面体验“生命的修炼”,一面推进文化间的对话,成为克服文化对立主义弊病的一大力量。在“生命的修炼”里面包含有锻炼成为“自发的参加者”的机能,因而能够获得更大的力量。池田先生在发挥多样性的“精神全球化”的展开上,强调缘起的价值观和世界公民意识或者是地球公民的意识。这种价值观和意识的全球化通过“自发参加者”的文化间的对话,能带来更大的有益空间。

综上所述,池田先生给予文化对话主义的承担者,即其主体者就是“自发的参加者”的重要地位。这些“自发的参加者”,以自律性和对他人的共鸣和同感为基础,实践着“生命的磨砺过程”,又推进着文化间的“对话”,他们本身正在不断地成为克服文化相对主义弊病的一股巨大力量。且自身的“生命的磨砺过程”,也具有磨砺“自发参加者”自身的机能,使主体的自发参加者在对话的磨砺过程中变得更有力量。池田先生在积极地开展活用多样性的精神全球化层面上,强调缘起的价值观和世界市民意识或地球市民意识。这些价值观和意识的全球化,也将给“自发的参加者”的文化间的“对话”带来更加广阔和有益空间。

(作者简介:高桥强,男,创价大学国际部副部长、文学部教授。)

慈航创新路　和谐结良缘

周俊武

2007 年 4 月,温家宝总理访问日本,日理万机,依然率外交部长李肇星和驻日大使王毅等身居中国要职的 11 位部下一行于 12 日下午 5 时许,专程拜访池田先生,预先备有温总理亲笔书写的中堂字幅:

赠池田先生

慈航创新路,和谐结良缘

温家宝

二〇〇七年四月

以文会友,墨宝相赠,用中国传统文化的书卷交流方式,见证了中日民间交流源远流长,友谊深厚,这也是对池田先生长期执著于中日友好事业的最高评价和褒美。温总理在与池田先生的交谈中说:来访之前我拜读了先生与汤因比博士的对谈和与中国佛学大师季羡林先生的对谈这两本书,先生与博士的对谈,探求人类精神升华的方途,开启了不同的宗教信仰间和谐对话的新路,我深深地感受到先生的著作,论述的是哲学,是人的道德修养。温总理还说:诚如先生所指出的:创价就是“慈悲”和“创造”。我认为,“慈悲不仅限于宗教,恻隐之心是一个人的道德基础,而道德乃是思想中最具价值、且不可或缺的。”13 日,池田先生向温总理回赠了汉诗:

春风应时樱缤纷， 春霖迎来一贵人。
融雪破冰志坚定， 温文儒雅又亲民。
知难不难迎难上， 言信承诺行必果。
同一世界同一梦， 和谐社会喜春晖。①

一、坚定信仰的慈航

1947年8月池田受戒信佛，成为创价学会会员，这对池田来说是他人生中的一次重大转折。随着创价学会的宗教实践运动的不断展开与深入，池田不仅成为创价学会的中坚力量和领导者，而且他在实践中根据时代发展的需要，不断地吸收世界思想文化的优秀成果，以之对佛法思想作出了新阐释，使创价理念与时俱进，从日本流布广宣至全世界，产生了广泛而深入的影响。创价学会不仅是战后日本社会政治生活和宗教生活中不可忽视的存在群体，也是当今国际社会中一支重要的和平力量。

池田在他的《履历书》序言中写道："我本人真正来磨炼自己，那是在踏上佛法的道路以后。但少年时代内心的热情肯定会贯穿我的一生。"②

1928年1月2日，池田诞生于现东京太田区新井街的一个紫菜业家庭。池田的整个少年期都是在日本军国主义对内实行法西斯统治、对外进行侵略战争中度过的。但是，真正对池田人生观构成重大冲击的，是战争的残酷性，特别是当1945年日本本土开始不断受到美军的空袭、自己的家园与工作处变成了废墟、日本战败的局势无可避免时，池田的思想开始发生了转变。他说："我慢慢地开始对战争

① 引自《圣教新闻》2007年4月14日。

② ［日］池田大作，赵恩普等译：《我的履历书》，吉林人民出版社1984年版，第2页。

的意义产生了怀疑。……探寻我反对战争、热爱和平的思想发展过程，显然就是从这种切身的体验开始的。”①

日本战败后，到处满目疮痍，工人失业，粮食短缺，物价飞涨，生存问题日趋严重。对此，池田回忆道：“被生活拖得精疲力竭的人们，整天在唉声叹气、苟延残喘着，使尽全部的力量对付每天的生活。到处是消沉、焦灼的目光和哄笑的旋涡。生活方式发生了巨大的变化，旧有的价值观念颠倒了过来。在这变动不居的年代，怎样活下去便成了一个难题。战后的荒芜和空虚，使得一些人连思考力都丧失了。”②池田陷入了深深的苦恼之中。怎样才能从战后的心灵苦恼中解脱出来并恢复起人生的信心呢？池田认为有两个因素帮助他完成了人生中最为关键的转变。

一是他那“废墟上的求知欲”。通过朋友介绍，池田入了东洋商业学校夜校，做插班生，利用一切机会和时间如饥似渴地阅读各种与人生问题有关的书籍。除了阅读，池田还与朋友一起讨论人生问题。正是这样一种对知识的不断学习，帮助池田度过了战后几乎“虚脱的状态”，燃起“从头做起的信念”。③ 但是苦恼依然存在。

二是他与户田的相遇。1947年，池田因一个偶然的机会参加了一次“关于生命哲学”的会议，就在这次会上，池田见到了决定自己人生道路和命运的人生导师——户田城圣先生。当时，池田向户田提了三个问题：“什么是正确的人生？”“谁是真正的爱国者？”“怎样看待天皇？”对这些问题，户田作了简明扼要、直截了当的回答，丝毫不含糊，从不搞理论游戏。池田觉得此人可以信任，可以托付终身。后来，他打听到户田在战争期间曾反对过那“愚蠢的战争”，且面对军部独裁的国家权力镇压仍不屈服，表现出大义凛然之气概，身陷囹

① ［日］池田大作，赵恩普等译：《我的履历书》，吉林人民出版社1984年版，第35页。

② 同上书，第47页。

③ 同上。

囹之时,仍坚守自己的信念而毫不动摇。这种人格魅力是"我信任他的决定性因素"。① 十天后,池田便在东京中野的日莲正宗寺院受戒,成为创价学会的一员。从那天起,池田每天都思考着"能否把和户田先生决定命运的相逢不断深化下去,能否勇敢地推行人生与人的革命,能否把自己完全献给宗教革命和社会革命"等重大问题②。池田曾回忆这次相遇说:"正当我从思想的'安眠'向精神上的'不眠'发展的千钧一发的时候,我终于遇到了人生的导师。"③

在接触户田以前,甚至在池田入会后直到他入日本正学馆为止的近两年的时间里,池田对学会是毫无所知的。促使池田这么快走上信仰之路的因素固然有许多,但对于年轻的池田而言,并非是他对创价学会的理念和佛教的思想有很深的理解,也并非是与户田短暂的相晤解决了他心中所有的疑问和苦恼。据池田自己讲,是户田的人格魅力,特别是户田因反对军部独裁统治而入狱的人生经历成了"信任他(户田)的决定性的因素"④。走上信仰之路后的池田对于自己能在这条路上走多久走多远是心存疑虑的。因为,他当时深深地意识到,如果要忠实地遵照佛法的信条生活下去,等待他的将是"充满苦难的道路"⑤,所以,直到 1949 年入户田经营的出版社——日本正学馆工作时,池田认为那才是自己生活的"最后抉择"⑥,这就是说,池田的信仰的坚定是有一个思想反复的过程的。池田坦认:"实际上,我是认识了户田先生,才懂得佛法伟大的。"⑦

---

① [日]池田大作,赵恩普等译:《我的履历书》,吉林人民出版社 1984 年版,第 50 页。

② 同上书,第 52 页。

③ 同上书,第 51 页。

④ 同上书,第 50 页。

⑤ 同上书,第 53 页。

⑥ 同上书,第 50 页。

⑦ [日]池田大作,铭九译:《我的人学》(上),北京大学出版社 1988 年版,第 91 页。

这是因为，池田看到：不仅日本的宗教界在战争期间也有像创价学会这样坚决反战、反天皇主义、反国家神道主义的团体存在，而且宗教的理念也并不都是消极悲观的，创价学会的理念即如其名“创造价值”一样，所倡导的恰恰是一种积极进取的人生态度。不过，相会毕竟短暂，对佛法的理解也需要时间。入会后的池田常常着迷地思考着“生与死这一思想的根本问题”。1948 年夏，池田参加了创价学会举办的讲习会，带着这些问题，池田开始了他同前辈的思想交流，不过，他说：“并不是一切问题都使我心悦诚服。”①这一点既反映出年轻的池田善于思考的特性，又表明他尚未成为一位真正的坚定的信仰者，因为坚定的信仰者必是理解方能心安的，对池田来说，信仰与理解是不可分的，他不愿意做一位盲目的信仰者，而是要做一位以理性做基础的信仰者。但是，池田并没有退转，户田的人格魅力及其对信仰的强烈与执著对池田始终有着难以言喻的影响，而在这种影响中，我们看到户田因反战而入狱的经历又是决定性的因素，这就意味着池田当时的心中已有了同佛法相同的思想，这就是尊重生命，反对战争。从这一点而言，我们也可以说：是佛教的和平主义立场吸引着池田继续走在信仰的路上。池田选择创价学会为自己的信仰归宿，实在是因为战后日本思想界和宗教界所提供的精神食粮中唯有创价学会的理念最适合他的精神需要，也最适合日本战后一代年轻人的需要。池田说，在他同户田 11 年的师生之谊中，他受到了“最高的人生教育”②。由上可知，在与恩师患难与共的岁月中，在户田的精心培养下，通过自己的主观努力，池田在思想上已成为了一名坚定的创价信徒。1952 年 12 月，池田在代表“水浒会”第一次集会时所作的誓文中更表明了对创价学会事业的坚定立场：“我们水浒会

① ［日］池田大作，铭九译：《我的人学》（上），北京大学出版社 1988 年版，第 53 页。

② ［日］池田大作，仁章译：《女性箴言》，吉林人民出版社 1986 年版，第 115 页。

的会员们向大御本尊宣誓，将投身宗教革命，异体同心，完成东洋广宣流布的伟业。我们水浒会会员宣誓，继承户田城圣先生救济人类的伟大意志，并为达此目的不惜身命，战斗到底。”①

从走上信仰之路到成为一个坚定的信仰者和创价学会的领导人，这一历程的完成池田只用了近10年时间，而且是在池田进入“而立之年”以前完成的。这10年间，战败的阴影一直笼罩着日本列岛，事业上的挫折接二连三，加之身体不断受到病魔的缠绕，这一切使池田感到：“我的青春的确是处在冬天里。”②但是，池田以自己的行动唤来了“人生的春天”③。池田说自己这一时期是“从否定战争的立场上站起来，然后踏出与日本的宿命战斗的第一步”。④ 而所谓“日本的宿命”，实际上是日本近代化过程中的因封建主义残留而在日本历史中植下的宿命，也是日本具有产生军国主义的土壤的宿命，从而也是战争的宿命，但也是必然要战败的宿命，但站在佛法的立场上看，这一切的宿命其实只是人心被恶魔所缠而致的宿命，因此，所谓“同宿命的战斗”实际就是同自己的战斗，同自己的贪欲的战斗，把维护世界和平的落脚点放在“人性革命”身上，这是创价学会的根本理念，池田在这10年中思想上所领悟的就是这一点。

特别是从1960年12月池田美洲之行以后，池田开始意识到一种温和的折服方式——即：“对话”方式有必要提出。1966年7月，公明党发表了进入众议院的十项新政策，其中提到了要阶段性地取消日美安全保障条约，加入联合国警察军和实行自主外交的新纲领。同年11月3日，池田在创价学会第十次男女青年部总会上提出了“中道政治”思想，这一新的思想实际上是对创价学会和公明党的思

---

① 《大白莲华》第153号，圣教新闻社，第30页。

② ［日］池田大作，苏克新译：《青春寄语》，吉林人民出版社1986年版，第14页。

③ 同上。

④ 同上书，第10页。

想理念的一次总结,也是池田此前的政治思想的系统化。池田成为创价学会新领导者以来的整个 60 年代,围绕着宗教与政治的关系,创价学会与政党的关系,池田先后提出了"第三文明"理论、"新社会主义"、"人性社会主义"、"佛法民主主义"、"地球民族主义"等思想理念,而"中道主义"的提出则标志着池田的宗教政治理念的系统化。1965 年 1 月起,池田的小说《人性革命》开始在创价学会的机关报《圣教新闻》上连载,"这部书的主题,是写在一个人身上所进行的人性革命,很快使一个国家的命运发生了转变,甚至能使全人类的命运发生转变"。① 如果说,池田的"中道主义"主要是着眼于人的外在革命,那么,后者则是关注于人的内在的伦理革命。1972 年正本堂落成后,池田的工作重心也由国内转向海外。池田说:"我至此才切实地感到宗门的体制已经完备。今后要逐渐面向海外——我心中的焦点转向世界的同志们。"②

池田之所以要把"心中的焦点转向世界的同志们",大致有以下几方面的原因。一、佛教本身具有世界性。佛教自从产生之日起即开始向世界各地传播,日本佛教就是由中国传过去,创价学会所信奉的日莲宗,实际上也是中国天台宗在日本的发展。日莲认为:"月西出东照,日东出西照,佛法亦如是,正像,由西向东,末法,由东往西。"③创价学会认为,东西方对立仍旧十分严重,朝鲜战争和越南战争使人们感到又有发生新的世界大战的可能性,核危机、环境危机、人口危机、能源危机、粮食危机都严重地威胁着人类的生存;因此,将创价学会所信奉的理念传播到世界各地这是宗祖与创价学会的共同愿望;而且从某种意义上说,也只有将自己所信奉的理念传播到世界

① [日]池田大作,赵恩普等译:《我的履历书》,吉林人民出版社 1984 年版,第 90 页。

② 同上书,第 94 页。

③ "台湾国际创价学会"编译:《日莲御书全集》,正因文化事业出版有限公司 2000 年版,第 530 页。

各地,才能说明此理念的普遍性质,也才能更好地坚定本民族信徒对于佛教的信心。二、日本是一个人口有限、地域有限的岛国,而且国内教派众多,即以佛教而言,就有 3187 个教会组织,创价学会发展到 70 年代,会员已达到 750 多万户,这对只有 1.2 亿人口的日本来说是一个相当大的数字,这也就意味着创价学会在日本本地的发展实际上处于饱和状态。三、60 年代以来,随着日本经济的飞速发展,日本重返国际社会并在外交上取得了巨大的成就,尤其是世界政治格局的多极化发展以及全球一体化趋势的出现,使日本人越来越意识到本民族的持久和平同世界和平之间有着密不可分的内在联系,这样,将佛法理念作为和平之道传向世界就有着深刻的必要性,池田深有感触地说:"因为我心里深深地感到,时代的潮流将日益要求人们站在'世界'这一全球性的角度来思考和行动。总之,我觉得要走出单一的文化圈——岛国日本来考虑'世界'。"①

二、追求和平的慈航

从 1960 年就任会长开始,池田即开始了他的频繁的海外之行。据粗略统计,从 1960 至 1969 年的 10 年间,池田出国访问达 13 次之多,所访问的国家和地区有南北美洲、东南亚、欧洲、中东、澳洲的国家和中国香港等地,其中像欧美一些国家和地区他曾 4 度访问;而从 1970—1979 年间,池田出国访问次数达到了近 30 次,其中对中国就有 4 次访问。值得注意的是,70 年代的访问与 60 年代相比有着鲜明的特点:首先,访问的目的有所不同。② 而 70 年代,池田的出国访问目的则主要是为了加强创价学会同世界各国在文化、教育、国际政

---

① [日]池田大作,赵恩普等译:《我的履历书》,吉林人民出版社 1984 年版,第 95 页。

② 参见同上。

治等方面的沟通,“我特别以教育的交流作为目的”①,为世界性的和平推波助澜;其次,访问的对象有所不同。60年代,池田的出国访问主要是欧美诸国中的创价学会的海外组织,实际上是一种创价学会之间的交流,而70年代,池田访问的对象则主要以世界各地的大学为主,如剑桥大学、牛津大学、巴黎大学、圣马科斯大学、莫斯科大学、北京大学、加利福尼亚大学和中国香港的中文大学等。而其方式主要是“对话”式的,具有双向交流的特征。70年代以来,池田同世界各地的文化名人、政界要人之间所进行的对话,是这一时期池田思想的主要特征之一,其中特别是同英国历史学家汤因比博士之间的对话,对于21世纪所作的展望确实是发人深省,在世界各地出版后引起了强烈的反响,至今依然被视为思想理论书籍创畅销顶峰。

池田的思想随着实践的深入而不断发展。这主要表现在他的“高等宗教”或“世界宗教”观上。池田说:探讨“人类共通的精神基础”,这是创价学会的“宗教的使命”。但是,作为一个“社会人”生活于现实社会中,我们还必须担负起“人的使命”。“人的使命”是“宗教的使命”的外在表现,而“宗教的使命”也只有通过“人的使命”才能得以实现。②“宗教的使命”既是以探寻“人类共通的精神基础”为目的,这就意味着池田已意识到有必要加强不同国家和民族之间在文化、宗教上的沟通。但是,这种“宗教的大文化”运动的开展,需要有一种更富包容性思想理念作指导,需要寻找一种“人类共通的精神”或“终极的精神之存”来作基础,所以,这一时期池田在思想上的主要成就就是找到了这样一种“人类共通的精神”寻求之路,这就是佛法的生命论。信仰的慈航为其后来为推进人类和平铺陈了基础,信念的坚定也为池田后来的慈航更加领域辽阔,稳定前进提供了

① [日]池田大作,赵恩普等译:《我的履历书》,吉林人民出版社1984年版,第98页。

② 《池田大作全集》第1卷,圣教新闻社2003年版,第111—112页。

思想基础。

20世纪60年代,在日美敌视孤立中国,对中国实行禁运封锁的时候,池田先生不畏日本右派反华势力的强暴,于1968年9月8日,面对2万青年学生的演讲中,他提言:中国问题是实现世界和平的关键。并主张要改变国际社会对中国"不承认"或封锁的敌对态度,为此必须:第一,要正式承认中国政府的存在;第二,要为中国准备在联合国的合法席位,让其参加国际讨论的场所;第三,广泛推进经济和文化的交流。当时,新华社驻日记者刘德友最先向国内作了《池田提言》的报道。

池田之所为是基于他"平等"的佛法理念和宗教思想——"新人道主义"的立场,睿智地分析世界未来发展的潮流,高瞻远瞩,果敢地向日本政府提言。池田先生的提言,推动了拥有十几亿人口的中国与邻邦日本实现睦邻友好,并从民间驱动了中日邦交正常化的真正实现。池田先生出访过中国10次,中国领导人评价他是"中国人民的理解者"。

当世界处在西方文化占主潮时,其负向面不断蔓延,表现为人性丧失、物欲横流、人类中心主义。在人与自然的共生环境遭到人为的破坏,世界秩序混沌度日增,恐怖事件频繁爆发的形势下,池田以东方文化的博大精深迎向西方,向西方传播伟大的东方文化,传播东方睿智深邃的佛教思想,唤起信仰。在历史上还没有第二位民间的宗教人到西方去受到了如此众多的国家要人和著名学者、有识之士的欢迎和接受,围绕宗教思想、哲学理念、人类的和平、繁荣与发展,促进各民族间的文化、教育的交流,珍视一切生命,保护自然等问题与池田平等对话。池田除了获得"联合国和平奖"等荣誉外,世界上有190多个国家和地区,中国已有80多个机构授予他名誉称号(其中包括湖南师范大学),成为当今世界上拥有世界著名大学的名誉教授和名誉博士称号最多的人之一。据不完全的统计,世界上有39个国家已用31种语言翻译出版了池田先生771部著作(包括多卷本和再版本)。

60 年代:池田认识到超级大国称霸世界已不可能,未来的世界大事件离开了中国这样幅员辽阔、人口众多的大国也不可能,率先主张日本政府必须承认中国政府,与中国友好。

70 年代:池田与汤因比博士等世界著名学者对话,指出了西方文化的弊病,诊断到日益严重的全球问题的病症——人性丧失,物欲横流,人类中心主义,主张保护自然,珍视生命,以生命的尊严为根本,兴隆人类文化和教育。

八九十年代直至 20 世纪末:池田以对话沟通东西方,展开民间外交,访问了 70 多个国家和地区。他曾访问中国 10 次。在第十次访问中国的答谢宴会上,中日友好协会负责人致词:池田先生是"中国人民的理解者"。池田名誉会长致词:日本"向中国学习"、"友谊之河"就像长江一样源远流长。① 以文化、教育交流促进各民族间的相互理解,推动世界持久和平,这些都符合时代发展的潮流,越来越多地得到爱好和平的人们和有识之士的认同。池田先生追求和平的慈航之路是漫长而艰辛的。

三、包容多元文化的慈航

池田先生的著作《我的世界交友录》由湖南师范大学博士生陈宏平策划组稿,并由湖南师范大学出版社编辑出版(2006 年 9 月),书中记载的池田先生与世界 50 多位人士的直接谈话。池田先生非常严谨地说:"我的谈话不是出自政治、经济的立场,而始终是作为一个民众,出自'人'的立场的对话,可以说是心灵相遇的记录。"冷战后的世界将是超意识形态的时代,超国家主义的时代,进入"人道竞争"的时代。与池田对话的印度文化国际学院院长佛学家钱德拉

① 王永祥主编:《周恩来与池田大作》,中央文献出版社 2001 年版,第 190 页。

说:“一种价值观要经历数个世纪的历史、数百位贤人的解释、数百万人的信仰才得以成立。然而印度并不想把价值观统一起来,而是希望让多样的价值观互相调和共处。我想这种非一极中心的生存方式,才是21世纪所应推动且富有意义的运动。”①他还说:唯有精神变得伟大,人类才能变得真的伟大。

人要与多样性共存,才能充分发挥人的力量。我们在维持各自文化独特性的同时,提升人类在多元世界中的包容或曰融合的意识。池田先生曾说:既不是“以大原理统合的一元化世界”,也不是拼图似的“分裂世界”,我们必须谋求第三种方法:“多样化中的调和世界”。并强调说:创价学会牧口初代会长早在20世纪初期就指出这种文明间互相接触的变化。并且主张,今后文明之间将由“军事竞争”、“政治竞争”、“经济竞争”等转向“人道竞争”。对于“人道竞争”的含义,牧口会长认为:重要的是,竞争的目的不应只讲求利己主义,而应以保护、改善彼此的生活为目的。换句话说,要选择利人亦利己的竞争方式。并非要求对方只能选择对立或某种统合的价值观,而是彼此的文明都要提升水平。如今的全球化风潮必须伴随化“竞争”为“共创”的意识革命、人间革命,才能发挥价值。牧口会长一百年前的主张,正给后人带来极大的影响。

各种文明、文化,代表着各种民族的理想和存在目的。文明与文化要经历几个世纪的时间、空间才得以形成。而在形成的过程中,人类也经历了各种精神活动的层面,不能以单一概念来规划这些经验。我认为,人类要彼此认同大家的多样性,才能在谋求广泛“统合”的整体思考中开创未来。在多样的文明、宗教与民族的价值观里蕴涵着共通的“真理”。融合拥有各种文化、宗教基础的多样智能,这应该是现在人类的追求。因此,文明之间的“对话”不仅能孕育生活在

① [日]池田大作、[印]钱德拉:《畅谈世界哲学》,明报出版社有限公司2005年版,第246页。

同一个地球上的世界市民的创造性文明，更能开启光辉灿烂的21世纪。池田认为：生命呈现着多样性，生命之间互相关联，生命是永续的。因此，我认为"生命"才是主导人类如何"在多样性中谋求调和"、"与自然共存"的关键。池田先生不但把普世的人道主义推广到世界领域，并大力主张让各民族的生活模式、卓越领域以及价值观进行富有创造性的交流。池田先生的主张通过他的不懈努力的慈航，给我们的启示是非常值得研究的。这里摘录《我的世界交友录》一书中的记载：

I. 美国的挑战

实现"健康的人生"的指标	鲍林博士与卡曾斯博士
向大宇宙飞翔	萨昂博士与宇航员们
永远的行动家	阿曼德·哈默博士
人权运动之母	罗萨·帕克斯女士
"用摄影战斗的兄弟"之弟弟	康奈尔·卡帕先生
推进"非暴力运动"的夏威夷大学名誉教授	格伦·佩奇博士
争取大学改革的哈佛大学校长	鲁登斯坦博士
探索"文明共存"的哈佛大学文化人类学院院长	努尔·亚曼博士
美国的良心	诺曼·卡曾斯博士
为人的经济	加尔布雷斯博士与贝恰博士

II. 欧洲的睿智

信念坚定的人	英国首相撒切尔女士
20世纪最伟大的历史学家	阿诺尔德·汤因比博士
世界最早的大学——博洛尼亚大学的校长	罗贝尔西·莫纳科博士
和平学之父	挪威戈尔通博士
世界著名的物理学家	莫斯科大学校长罗古诺夫博士

罗马俱乐部会长	霍夫莱特涅尔先生
普通人的政治	瑞典首相卡尔逊先生
法国政界的重镇	上院议长波埃先生
势力注意的堡垒	英国格拉斯哥大学曼罗博士
走在未来国家前头的大学教育	西班牙巴塞罗那大学校长、欧洲大学评议会副会长布利加路先生
超越体制的人格魅力	莫斯科大学校长霍夫洛夫先生
III. 亚洲的慈悲	
保护民众的大树	周恩来总理夫妇
奔向“21 世纪印度”的年轻首相	拉吉夫·甘地总理
亚洲的国际知名的学者	中国香港大学校长王赓武先生
人民力量的证明	菲律宾总统科拉逊·阿基诺女士
和平的斗士	国立菲律宾大学校长阿布依巴博士
人本主义教育家	中国澳门政务司司长黎祖智先生
甘地的直属弟子	印度的潘德博士
世界著名的数学家	中国复旦大学名誉校长苏步青先生
笔的战士	中国作家协会主席巴金先生
IV. 带来地球时代的气息	
人权斗争的“基督山伯爵”	南非总统纳尔逊·曼德拉先生
中东和平的关键人物	埃及总统穆巴拉克先生
南美新时代的领袖	哥伦比亚总统贾毕利亚先生
民主智利的先驱者	艾尔文总统
世界人权宣言的推进者	巴西文学院总裁阿塔伊德博士
多米尼加民主之父	巴拉盖尔总统
土耳其革命精神的继承者	安卡拉大学校长锡林博士

对阿根廷军政的抵抗	科尔多瓦大学校长、布宜诺斯艾利斯大学前校长迪利奇博士
V. 对艺术家的感谢	
世界知名的小提琴家	尤迪·梅纽因先生
法国清晰透彻的文人	安德烈·马尔罗先生
土耳其的国民歌手	巴尔斯·曼乔先生
世界著名的巴西作曲家、钢琴家	阿马拉尔·维埃拉先生
将苦恼转化为幸福	奥地利教育部副部长、歌手塞费尔特女士
阿根廷的探戈皇帝	普古利埃斯先生
用诗歌的力量使人苏醒的印度诗人	克里希纳·斯里尼瓦斯博士
世界喜爱的英国画本画家、作家	维尔德·史密斯先生

我们可以了解到池田先生慈航的足迹遍布美洲、欧洲、亚洲、非洲、大洋洲，涉足的国家有美国、俄国、中国、英国、法国、意大利、澳大利亚、韩国、斯里兰卡、德国、巴西、智利等，领域涉及哲学与宗教、文学与艺术、生活与自然，池田先生与日本的民众、与世界上宗教学者、哲学家、教育家、科学家、政治家、艺术家，母亲、女士、父亲、儿子等不同信仰，不同文化背景的 50 多位人士，真挚平等地对话达 2300 多次，共同探索人类精神的目标，寻求人类共生、和平的方略。这些人"都是给人印象鲜明的'人'，他们都一直在注视着由'国家的伦理'转向'人类的伦理'的时代大潮流"。① 池田还说："是日本人也好，是俄国人也好，首先是人；是政治家也好，艺术家也好，首先是人；……当今地球时代所要求的，不正是要共同确认和深思'人'这一原

① ［日］池田大作，卞立强译：《我的世界交友录》（第 1 卷），湖南师大出版社 2006 年版，第 2 页。

点吗?”通过交谈,在更高层面上知识与智慧融合,从不同的层面,对社会实践着的人们提供了精神追求的指导性思考。池田先生如此执著地追求多元文化的慈航,给我们的启示是十分深远的。

池田曾说:“东亚人能对人类文明与和平做出贡献的途径大概是哲学和宗教领域,特别是佛教思想。”池田的成功给了我们一个伟大的启示:当西方思想的实践碰壁走到尽头时,医治其弊病,拯救其迷茫、混乱的有效药方可能是东方思想的智慧。长期以来,池田先生致力于文化教育,为争取世界的持久和平,促进世界各国的文化教育事业的交流与发展,往来穿梭于世界各地,与世界各国领导人、知名学者进行对话,其思想与见解产生了十分深远的国际影响,推动了人类正向发展的潮流。池田先生坚持中日友好之慈航,坚持东西方思想智慧融合之慈航,坚持人类和平事业之慈航,航行中无论遇到任何风暴,池田先生始终坚定执著,能保持这样漫长的慈航,这种精神的本源正是东方佛学智慧的力量使然。

东方哲学犹如连绵巍峨的山脉,在庄严的宇宙阳光照耀下,雄伟的大山脉喷涌出清冽的流水,在时代变迁中汇成滔滔的“大河”,流向舒展而广袤的沃野,创造出丰裕的生命,形成万物和平共生的环境,这股润泽人类生命,赐予无限活力,成为赖以生存目标的深远精神的“大河”之脉,就是东方哲学最高智慧的“共生”“和谐”的“人本主义思想”,此乃“天人合一”、“融合共生”之最高境界也。

综上所述,池田先生慈航创新,适应现代社会需要改革宗教,把佛教的永恒性和人类的未来结合起来,并以佛教的观点来解释。超越民族、文化的差异,站在同样是人的立场,祈愿大家同在这个世界共生、共谋幸福,使宗教成为引导人类社会和平意识的理念而展开,这一创新产生了一个巨大变化,即:宗教人与普通人实现和谐的对话,实现思想的沟通和文化认识的交流。所以,我们说“慈航创新路,和谐结良缘”的评价是十分中肯的。慈航的实践活动是“无我”佛学理念的践履,与固守“自我”,拘泥于“我”为中心的理念形成了鲜明的对比，这一慈航的活动不仅向宗教人也向社会人提供了借鉴。这一创新实现了一个历史性的变革，宗教人和普通人、政治家、艺术家等都为着和谐社会和文化交流而可能相聚，并为着世界和谐和文化交流、人与人之间的融合共生而共谋人类未来。

（作者简介：周俊武，男，1964 年生，湖南湘潭人，哲学博士，湖南师范大学教授。池田大作研究所研究员。）

池田大作和平思想形成过程初探

刘焜辉

一、前　言

“我们要以人类的身份呼吁人类:专注于你们的人性,忘记其他一切事情吧。倘能如此,我们将迈向新的乐园;否则,人们将面临全面灭亡的危险。”这是 1955 年 7 月 9 日,《罗素—爱因斯坦宣言》严厉的警告。宣言发表两年后,日本创价学会第二任会长户田城圣发表《禁止核武宣言》,这是从人性的层次去洞察、谴责核子武器。池田大作于 1960 年就任创价学会第三任会长,1975 年就任国际创价学会(SGI)会长,禁核、反战、和平成为池田大作终生的志业。

池田大作的和平思想如何萌芽,如何建构,如何推广到世界,这是非常重要的课题。本文拟探讨池田大作和平思想的过去、现在与未来。他形容自己是生在“战争的世纪”,对“无核子武器的 21 世纪”抱有希望,不断努力。又说:“人类现在正面临需要彻底从弥漫‘战争’和‘暴力’的历史转换到‘和平’和‘共生’的方向。”(池田大作等,2001)他和苏联前总统戈尔巴乔夫的对谈集《二十世纪的精神教训》(池田大作、戈尔巴乔夫,1996)特别强调 20 世纪是人本主义最恐怖的考验的世纪,说:“经过世界大战和令人厌恶的集权主义的沉重考验而即将落幕的这个世纪,主要的问题是人的价值和自由的问题。——在摸索建构21世纪的人本主义上,本世纪的经验与警钟可以做基础。”换言之,21世纪是从“战争世纪”迈向“和平”的世纪,和平世纪的前提就是多元文化的互相尊重和和谐社会的建立。

二、和平思想的萌芽与发展

(一)战争是其和平思想萌芽的因素

战争是池田大作和平思想的直接因素。他有四位兄长都被征召入伍,战争结束那一年他17岁,他的青少年期是在战争中度过的,他说:“战争的爪痕在所有家庭里都留下很深、糜烂化脓的伤口。有一天,突然接到哥哥在缅甸战死的通知,目睹母亲听到之后,悲痛欲绝,我开始对战争深恶痛绝。”(池田大作,1989)他说:“我知道‘一定要永远将这个世界从战争的残酷和悲惨中拯救出来’”,“对战争及军国主义的愤怒,深深铭刻在我的五体。”(池田大作,1989)又说:“没有比战争更残酷!没有比战争更悲惨!但是,战争仍然在持续着。”可见他对“无战争”世界的坚持,其来有自。

“战争有使人变成野蛮动物的力量。憎恨野蛮的人,自己却采取野蛮的行为。这就是战争的疯狂。”这是诺贝尔和平奖得主罗特布拉特的名言。池田大作说:“在增强武器中寻求安全保障——把这种思想放到日常生活的领域里来考虑,显然是愚蠢的。”(池田大作、贝恰,1988)他认为现代仍然笼罩着战争的危机,为了人类永远的复苏和繁荣,不得不挺身而出,进行世界性的活动,这是其和平运动的缘由。

(二)参加创价学会是发展其和平思想的契机

创价学会首任会长牧口常三郎在日本军国主义时代因为反对“战争”,与剥夺人民“信教自由”的军国主义对抗而被捕入狱,即所谓创价学会弹压事件。牧口会长于1943年11月20日被起诉,一年后在狱中逝世。1947 年 8 月 24 日，池田正式步入创价学会信仰之途，当时 19 岁。在此 10 天前（8 月 14 日）他参加一场座谈会，聆听创价学会第二任会长户田城圣的演讲。他对户田会长的理念产生共鸣，两人的邂逅确定了池田大作的命运。户田会长在战时为抵抗军国主义而被捕入狱，却仍然贯彻信念，他的坚持，影响池田大作的信念与人生的价值观。

1957 年 9 月 8 日，户田会长发表《禁止核武宣言》，成为创价学会和平运动的原典。宣言中说："当前世界正掀起禁止原子弹试爆运动，而我想要除去隐藏在其深处的爪子。我要主张，任何国家，无论是胜或败，使用原子弹、氢弹的人，应该一律处以死刑。"又说："世界上每一位民众都有生存权力，威胁此权利的就是魔鬼、撒旦、怪物。"（池田大作，2006）措辞之强烈，可见一斑。这篇宣言成为户田会长的遗训。池田大作视户田会长如师如父，追随他推展创价学会会务。当时创价学会的核心理念是反对战争，1974 年，池田大作与继承恩师遗训的青年们开展一千万人签名反对核武器运动，1975 年他将名册交给联合国。由此可见，池田大作继承创价学会的精神，从反战中提倡和平的重要性，从入信到出任第三任会长、创立国际创价学会（SGI）并担任会长，他的禁武、倡导和平之路未曾停止，愈走愈宽、愈远，创价学会是他建构和平思想的温床与大本营。

三、和平思想的建构与内涵

（一）就任 SGI 会长后和平运动更落实

1975 年，池田大作担任国际创价学会（SGI）会长，该会宗旨在倡导人性的尊严与平等，致力国际间的文化、教育交流及和平活动，乃是促进人类友好与和平的团体。池田大作就任 SGI 会长之后，把早已点燃的和平思想的火炬，透过演讲、对话、展览、教育传播到世界各地。例如《和平世纪的倡言》收录 1992 年 6 月到 1996 年 6 月间，在世界各著名学府和学术研究机构的演讲13篇，就是最好的成果。诚如常宗豪先生在该书序文所说，每次的演讲中，都贯彻一个共同的理念——推广、培养、尊重每个人的“共生文化”（池田大作，1997）。

为了促进世界和平，他访问了50多个国家和地区，荣获联合国和平奖、泰戈尔和平奖、爱因斯坦和平奖等。1996年6月25日，池田大作与古巴国家评议会议长卡斯特罗会面，他说最初的海外访问选择从北美转到南美的巴西，主要是“大家都贫穷，生活也很苦”，所以主动出击。又如访问刚有恐怖分子发生爆炸事件的哥伦比亚，可见他视信义重于自身的安全。他所到之处受到尊敬，并非偶然。

（二）系列对谈有益于拓展和平思想

池田大作认为对谈是营造创造性、和平共存关系无可取代的手段，“不能对谈”是懦弱的表现，是人性的败北，“对谈的基本是对他人或其他文明的宽容精神”，真正的对谈要有“互相尊敬”、“称赞差异”的宽容心。多年来，他与各国领导者和全球有识之士展开对话，成绩斐然。

池田大作与英国史学家汤因比博士的对谈，受到大家的肯定，汤因比博士也鼓励他继续与世界卓越人士对谈，增强日后他和世界著名人士系列对谈的决心，也敲响了世界和平的钟声。

众所周知，过去多年来，池田大作已经对谈过并且出版对谈集超过50册。对谈者有国家元首、诺贝尔奖得主、著名学者、文学家、教育家等，均为一时之选。还有他自己的演讲，其和平思想的理念，已经传遍世界各地，这是一步一个脚印换来的成果。

池田大作在对谈中所表达的理念是什么呢？下面几个重点是显而易见的：

1. 反战、反核的和平思想

SGI从1982年起，在世界几十个城市与联合国共同主办过《核武器——现代世界的威胁展》、《战争与和平展》、《环境与开发展》等。为了强调人类尊严，1993年12月，为纪念《世界人权宣言》45

周年而举行了《现代世界人权展》。此后类似的展览会陆续在各国举行,甚获好评。

自从创价学会第二代会长户田城圣发表《禁核宣言》以后,废核成为后继者绝对的目标。1992 年 1 月 31 日,联合国安全理事会举行国家首脑级会议,表明核武的扩散是对和平及国际安全保障的威胁。虽然冷战终结后,核武的威胁依然存在,池田大作仍然认为拉丁美洲的非核化有很大的启示。他更进一步提出创造和平的两个方向:"第一,'和平'不限于国家间的战争,应该从环境坏或贫困、人权侵害、难民等广义的意义去考虑。换言之,应该从'人类的安全保障'的观点来摸索创造和平的途径。第二,创造和平只是达成国家为优先任务的阶段已经结束。以 NGO(非政府组织)亦即市民挑起积极任务的阶段,也就是民众应该掌握时代变迁的主导权之意识已经在全球增高。"(池田大作,1997)"觉醒"与"开眼"是 SGI 和平运动的焦点。核子威胁展、反战出版、署名运动、研讨会等,与联合国联合起来,都是为提高市民对核子问题的关心而做的努力。

美国国际创价学会青年部自 1999 年开始推动启发"非暴力"的对话、署名运动。其标语就是"让 21 世纪成为生命尊严的和平世纪"。池田大作说:"和平是各国间对社会内和国际舞台上的积极关系的复合过程。'反战斗争'的最有效的途径是为和平、公正、对话、互相了解而活动。这种积极的活动不是一次达成就永远达成,而应该是持续的、无止境的过程。"(池田大作、李贝尔,2004)池田大作对"非暴力"的可能性——现实主义与理想主义的平衡也有所论及。他说:"非暴力的精神不是胆怯者或卑屈的'弱者的非暴力',而是以人的善性的极限、勇气为后盾的'强者的非暴力'。"(池田大作,1997)和平不是由天降下来的无偿的礼物,获得没有付出必要的行动是不可能渴望和平的。

2. 寻求新人文主义,重视"人"的改造

池田大作和波恩大学哲学及教育学教授狄尔鲍拉夫的对谈集以

《走向21世纪的人与哲学——寻求新的人性》为题，他在中文版序言说："寻求和平、环境保护问题、教育问题、生命伦理以及政治、宗教、家庭状况等问题，真是千头万绪。"（池田大作、狄尔鲍拉夫，1992）他进一步阐明所谓"中庸"思想以人的内在变革为第一要义，显著地带有人格主义的特征。

池田大作对东西方人道主义有他独特的诠释，他说："人道主义是遵从人的思维方式，在欧洲特别表现为重视人的知识能力。这种合理性的智慧和哲学的思考中，寻求人的尊严根据的思想方法，导致对其他缺乏智慧的生灵的蔑视，进而增强对同样是人但未接受过智慧思考训练的人，或对思考方法不同的人皆加以轻视的风潮。"（池田大作、狄尔鲍拉夫，1992）接着说："佛教认为：'无论何种生灵，皆以自身生命为至上之宝而爱惜之。故伤生、杀生都是罪过。'"依此道理，任何一种生灵都具有虽微不足道，却能竭力保护自己生命的本能。（池田大作、狄尔鲍拉夫，1992）

狄尔鲍拉夫则强调，对欧洲人来说，人道主义是探索人性与非人性的差异而培养出来的一种比较单纯的思维形态。并把它分为"人类学"层次"伦理学"层次以及"教育学"层次。他举出人道主义原理的四种表现形态——即费尔巴哈的"积极的"人道主义、萨特的"存在主义的"人道主义、海德格的"存在主义历史的"人道主义以及马克思初期"历史唯物论的"人道主义。（池田大作、狄尔鲍拉夫，1922）

池田大作强调人本主义的价值观，透过"内在革命"走向人本主义。具体而言，就是要改变思考的方法。因为"'战争和革命的世纪'的20世纪，与文明进步互为表里，导致史上空前的人命的牺牲"，"把视线转移到人的内在，以解决'内在'的课题为优先，从'内在'转移到'外在'，我们必须改变思考的方向"。（池田大作、戈尔巴乔夫，1996）他最重视的是"人"的改造，认为战胜自己的心是解决问题的根本，确立生命的尊严观是最重要的课题。他也强调"非暴力是勇气的极致"。

人文主义要求美德与真实，尊重各种信念、思想、希望的人共存的社会的复杂性。此即1948年12月联合国总会通过的《世界人权宣言》前文所说的："世界的自由、正义与和平是以承认人类家族的全体成员固有的尊严、和平等，而且任何人都不能剥夺的权利为基础。"

3. 人权世纪的主张，生命尊严的尊重

池田大作和智利前总统艾尔维因的对谈集《太平洋的旭日》就有《21世纪是人权的世纪》、《第三世代的人权》、《人权与文化》三章，对人权做深入的探讨。池田先生心目中的"人权世纪"，就是要"超越东西方，具有相同的价值观"。21世纪的斗争对象是思想的空白、纯粹的实用主义、只求富的满足、贫的痛苦。他强调创造新人文主义的重要性，所谓新人文主义就是有人的尊严、有哲学基础的人文主义。人文主义尊重具有各种条件或信念、理想、希望的男女共存的近代社会的复杂性。人道主义要求美德与真实。池田大作以"不轻菩萨"说明杰出的人格，"不轻菩萨"是对想迫害自己的人也要去尊敬他的意思。即使受到迫害，也不怀疑对方的尊贵，不放弃尊敬的心，这的确是对自己的挑战。从保护人权的观点看来，"人权"是国际社会应该视为整个人类需要面对的课题。随着现代社会急速改变，池田大作提倡"第三世代的人权"。"第一世代的人权"是18世纪欧洲市民革命所主张的"信教的自由"、"表现的自由"；"第二世代的人权"是20世纪后所承认的社会经济基本权；"第三世代的人权"是第二次世界大战后所追求的"发展的权利"。他认为人权是指示人类社会前途的指标，对于1948年12月联合国所通过的《世界人权宣言》则采取肯定的态度。

4. 宗教的使命，不同宗教的交流

池田大作说："更可怕的是人们精神的颓废。这种可怕的后果，已经在现代文明社会的各方面表现出来。"（池田大作、贝恰，1988）他认为今天一些宗教所提倡的超教派的宗教运动，不过是欺骗而已，因为教义乃是宗教的生命。但是,宗教的教义与信条的不妥协性与现实生活中的协调与合作是两回事。他说:"宗教的信念虽然不同,但为了避免政治、经济等方面的现代危机,当然还是可以根据各自的立场来合作的。"(池田大作、贝怡,1988)池田大作提出"高等宗教"的概念,所谓"高等宗教"就是"真正的宗教不仅要宣传'爱'和'慈悲',而且应当能够使人们产生'爱'和'慈悲'之心,克服生命的贪、嗔、痴。这就是我强调'人的革命的宗教'的原因。"(池田大作、贝怡,1988)与不同领域的权威学者对谈,不但是和最前卫的现代文明的对谈,同时也是与伊斯兰文明、基督教文明、儒教思想的对话。他认为"教育"和"宗教"是孕育更具有深度的精神性、陶冶人格、增进人性的"双轮"。

池田大作对东方文化与思想的重视,从他在中国各大学、科研机构演讲场次之多(①北京大学:《寻求新的民众形象》、《走向和平的康庄大道》、《教育之道·文化之桥》;②复旦大学:《人才是创造历史的主角》;③中国澳门东亚大学:《通往新世界秩序之道》;④中国香港中文大学:《中国的人本主义传统》;⑤中国社会科学院:《21世纪与东亚文明》;⑥深圳大学:《"人本主义"大地万里无际》),以及和中国人对谈次数之多(①季羡林、蒋忠新:《谈东方智慧》;②金庸:《探求一个灿烂的世纪》;③常书鸿:《敦煌的光彩》;④杜维明:《对话的文明》;⑤张镜湖:《教育与文化的王道》——对谈进行中),可以想象。因为这个主题值得单独去探讨,本文并未涉及。

四、和平思想的推广与展望

(一)从和平思想到和平运动

池田大作的和平思想如何走向实践的和平运动呢?兹从三个层面加以说明:

1. 对联合国的建言

联合国是池田大作寄望世界和平的组织。他说:"我认为只有把联合国这不完全的国际组织、规则改造得更为广泛、更为密切,才是通向和平的途径。作为非政府组织(NGO)的一员,我们一贯协助、支持联合国。"(池田大作,1997)"联合国也许确实是软弱无力的,但是使联合国变成强有力的机构,或者变为软弱无力的装饰品,都要看现代的主权国家和民众支持。"(池田大作、贝怡,1988)池田大作提出改革联合国的两个方向:其一是"尊重国家间的民主主义的原则"。包括安理会常务理事国的组成问题,以及撤销常务理事国的否决权问题;其二是民主主义的方向,应该在决定国家的意志时,除国家之外,也反映民众——NGO——的意思。

2006年8月30日,池田大作发表《对联合国的建言》,这是池田大作现阶段对联合国最具代表性的观点。他的建言有几个重点:其一是强调"对话"。他说:"唯有不断地、有耐心地进行'对话',才能产生时代所需的'共生'和'宽容',从而成为改变人类史的'和平文化'的土壤。"其次,他努力于"文明间的对话"和"宗教间的对话";其三,为了推动新人权教育的国际性架构,与联合国机构及其他非政府组织(NGO)加强联系,此努力遂成为联合国《人权教育的世界计划》;其四,现在是软性国力的时代,要以对话和国际和平作为基础的"软性力量"来实现世界的和平与安定;其五,联合国应该以"人道竞争"为其工作立场的主轴,人道竞争有"三个共有":(1)目的的共有,(2)责任的共有,(3)行动的共有;其六,核武的彻底裁减以至于废绝,走向"没有战争的世界"。(池田大作,2007)

2."户田和平研究所"的设置

1996年2月12日,池田大作为了纪念恩师户田城圣先生创立"户田和平研究所",以"为地球市民的文明间的对话"为宗旨。研究所创立时,确定四个主要研究主题:(1)人类安全保障与地球社会的运作;(2)人权与地球的伦理;(3)社会正义与地球经济;(4)文化认同与地球市民。从1996年到2000年之间,全世界的和平学者有500

人以上担任该会国际咨询员,阐明“人类安全保障”的各种问题。近年来在世界各地召开国际会议,出版研究丛书。该研究所为了纪念户田先生生诞百年,于2000年2月10日邀请世界著名学者、专家在冲绳召开国际会议,主题是“文明间的对话,第三个千禧年的新和平课题”,会后所发表的《冲绳宣言》可以说是池田先生和平思想在21世纪以来所走的方向。宣言重点是:(1)支持联合国“文明间的对话年”;(2)促进科技进步和知识的普及;(3)尊重全体生命体与物质的相互依赖性;(4)在多样性中,进行包含一体性的人性主义文明而尽力;(5)尊重地区住民的相异性和多样发展之路;(6)奉持世界人权宣言的原则,举行“世界市民宣言”所反映的人类责任之宣言;(7)积极支持防止战争的世界行动计划;(8)非政府组织(NGO)中,支持并促进从事地球宪章起草、推进废止核武的“废核2000”等团体;(9)反对行使暴力、扩军竞争、恐怖主义等;(10)为公正的世界秩序工作;(11)为新教育、文化的多样性、公正的和平与各国政府对话;(12)要尽力给弱势团体以意见与知识、对公正地创造和平的贡献给予应有的评价;(13)要为地球社会运作之民主化而尽力;(14)要支持努力维持世界和平的户田纪念国际和平研究所及其合作机构;(15)要追求全文化的彻底教育改革。(特拉尼安、查贝尔,2004)户田和平研究所的活动持续进行,使池田大作的和平运动成为有组织、有计划的常态运动。

3. SGI日和平倡言

从1957年以来,池田大作在SGI日发表他对时事的看法,从广泛的观点讨论和平运动的问题,是了解他所倡导的和平运动的重要信息。兹列举1990年以来的“SGI日和平倡言”中直接与和平运动有关的项目如下:1990:推进世界不战运动,在世界上扩展“放弃战争权利”;1991:正义与和平并非二者择一,主张“合乎正义的和平”;1992:创造地球共生系统;1993:迈向更人道的新世纪、迈向地球主义、提议主办SGI高峰会议;1994:亚太和平文化机构、迈向东北亚的悠久和平、加紧实行裁军、全面禁止核实验；1995：实现“不战共同牵制”的理想、扩大非核武器地区；1996：人权的普遍性、“为人民”的世界秩序；1997：“人类革命”转向“地球革命”、裁军、废除核武的时机；1998：人道竞争、多样化的统一，统一中的多样化、人权与NGO的任务、终结核武器的时代；1999：和平凯歌——宇宙主义的复兴、和平文化；2000：和平文化、对话硕果、和平与安全保障；2001：建设和平文化、21世纪的中国、印度；2002：人本主义、防止恐怖活动对策的观点、开展“中道主义”的社会理论、联合国的和平建设构想、采纳地球宪章；2003：世界人权宣言55周年、21世纪的人类保障、“无核地带”扩大到北半球、在联合国设置裁军的专门机关；2004：内在的精神革命——创建世界和平的关键、东北亚的永久和平；2005：培育和平文化的世界公民、核裁军的机运、联合国“人权教育世界计划”；2006：迈向新民众时代的和平大道、渐进主义的研究与探讨、地球环境问题、在东亚构筑“不战共同体”、以和平文化为时代精神；2007：生命的变革、地球和平的路标、对核武器表示强烈愤慨、回归人道社会、加强阻止核武器的扩散、SGI的和平运动传统。其实这些倡言背后都是实际实施的和平运动。

池田大作对和平思想的坚持，即使客观局势未必如意，仍然不放弃。创价学会以青年部为中心，刊行《反战出版集》共80卷，其中关于广岛的有7册。SGI在联合国、北京、莫斯科等16个国家、25个都市举行过“核子武器——现代世界的威胁”展览，引起很大的反响。这些付诸行动的和平运动也是有目共睹的。

（二）今后的展望

1992年，池田大作在纪念甘地的演讲以《迈向无战争世界——甘地主义与现代》为题，“无战争世界”一直是池田先生推动世界和平的标的。他在文中提出四点作为迈向无战世界、学习先哲甘地精神遗产的目标，即：“乐观主义”、“实践”、“民众”、“总体性”。他对于甘地面对万难仍然能处之泰然的境界倍加推崇，说：“只有以非暴力才能实现自由和民主。在世纪末弥漫着人与人之间的不信任和悲观主义的情况下，我们更需要甘地这样崇高的'乐观主义'。”（池田大作，1993）“实践”是有行动的、确信和心胸宽大的人，与褊狭的激进主义者成强烈的对比。“民众”指甘地真正成为民众之“友”、民众之“父”。“总体性”是针对西方近代文明的缺陷在于加深“分裂”与“孤立”，因此强调要致力于“调和”与“融合”的“总体性”。其实池田先生所推崇的甘地的特征，正是他自己生涯努力的方向。

池田大作认为21世纪文明应该扮演的角色有三点：(1)开创和平的泉源；(2)恢复人文的关键；(3)万物共生的大地。（池田大作、戈尔巴乔夫，1996）他在土耳其安卡拉大学的演讲说：“20世纪向我们提出了什么要求呢？可以说就是新的和平秩序的形成。——从绝对的单一权利和主张的时代，转向以大众的才智决定意向的时代。”（池田大作，1997）诚如他所说：“消灭战争”是活在21世纪的我们的义务。第一，“对于过去的责任”，即对于20世纪因战争牺牲的一亿人以上的牺牲者的责任；第二，“对于现代的责任”，即为数亿因贫困或饥饿而生命濒于危机，要断恶性循环；第三，“对于未来的责任”，即因为战争或核武的扩大有导入核武的危险，并且加速破坏地球规模的环境或生态系统的危险，势将夺去人类生存的可能性。（池田大作、罗特布拉特，2006）

户田城圣说：“要消灭战争，只是改变社会制度或国家体制是不够的。唯有改变根本的'人'，民众必须更坚强、更有智慧。”（池田大作、罗特布拉特，2006）“人”的改造是池田大作推展和平运动最后的归宿。这也是和贯彻《罗素——爱因斯坦宣言》的“勿忘人性”或户田城圣从人性的层次去洞察、反对核武的信息一脉相通的。

池田大作认为现代文明危机的本质，是“人的危机”、“人性的危机”。所以教育非常重要。他认为今日的教育要朝向三个目标：整体性、创造性、国际性。“整体性”是使自己的生活和他人的幸福联动，培养可以考虑人类命运的“整体的人”之教育。“创造性”是相信每一个青少年的可能性，给予温暖，永恒地继续予以鼓励。“国际性”是以建立“文化立国”为目标。池田大作创办创价大学、创价女子短期大学、创价学园、创价幼儿园，可见在发展新教育方面投入不少心血。因为他认为要制止人类史上悲剧的反复，从“对立”到“协调”的潮流成为不可抗拒，“教育”的任务很大。诚如哈佛大学亚曼教授所说：“人唯有借教育才能超越不同的背景去发现‘共同’。最重要的教育是禁止大量破坏武器和战争，维护世界人民的人权。”（池田大作、克立格，2001）能不能废除战争，似是迂远，其实与能否形成集合人类睿智的系统有关联。最后的结论是如何在人的心中建构“和平的城堡”，如何培育“追求和平的意志”。换言之，就是归于“教育”（池田大作、罗特布拉特，2006）。他对教育的重视，诚非偶然。

五、结　语

如果说“池田大作”这四个字和“和平运动”画一等号，也不足为奇。况且其著作等身，要探讨他的和平思想，无疑要熟读全部著作才能下笔。笔者从有限数据中去追踪其和平思想和和平运动的轨迹，只能说是初探。虽然如此，仍然觉得意义深远。对于他献身和平运动，始终如一，和平思想从初始的无战争、禁核的诉求到现在多样化的人间交流，和平文化的倡言，最后落实于教育，从人性改造去看和平问题，这是绝对正确的方向，其高瞻远瞩，令人佩服。池田大作在《新·人间革命》序言所说：“开拓人生而具有的无限‘生命力’，能使‘战争的世纪’转变为‘和平的世纪’，成为‘人间革命’的要旨。”，这个信念成为他终生献身和平运动的原动力。

无可讳言，虽然已经踏入21世纪，但是世界秩序的混乱、暴力恐怖的持续、人权被践踏、环境恶化的威胁等仍然存在，全球规模的安全保障的确是遥遥无期。池田大作在《2007年SGI日和平倡言》的结语说:“今后,我们胸怀自豪与确信,与世界上志同道合的人民携手并肩,扩大21世纪的和平文化,透过对话达到相互理解,维护人的尊严,为建设光辉的‘对话文明’而继续努力奋战。”是的,和平文化的路虽然遥远,但无限宽广。池田大作很欣赏甘地所说,“好事会像蜗牛的速度般移动”,因此和平运动需要采取渐进推动,这需要“勇气”和“耐力”。从池田大作为和平运动走过的不平凡的路,笔者看到了这个“勇气”和“耐力”。

(作者简介:刘焜辉,男,中国台湾中国文化大学教授。)

感言池田大作的和平观

刘建荣

池田大作于第二次世界大战结束、日本战败、社会混乱之时受戒，皈依佛教，成为创价学会会员，开始领悟和宣讲佛法。自担任创价学会会长以来，基于佛法人道主义的和平理念和决不让战争的悲剧重演的决心，奔走于世界各地，积极开展被称为"世界和平之旅"的出访活动，阐明他对维护世界和平的见解和建议，1968 年为中日友好和平发展提言(《池田提言》)，在 1983 年和 1989 年两次被联合国授予"世界和平奖"，被公认为世界的"和平使者"。

一、池田大作的和平观

池田大作作为当今世界著名的宗教思想家、国际和平活动家，融会佛教思想的灵魂，奠定"中道主义"和"人道主义"的基石，探求世界和平的本质，感触最深是他在 2001 年写作的《我们的和平之行进》一诗，它不仅诠释了和平的实质，也揭示了通往和平的道路。同时还通过各种途径阐释他的和平观，促进世界和谐发展。

(一)倡导全面认识"和平"概念

什么是"和平"，一直以来人们都把"和平"与"战争"看做一对矛盾，一提到“和平”就联想到战争，并认为不和平就肯定会爆发战争。其实不然，“和平”应包含“平和”、“和谐”等意，其相对应也应该包含“冲突”、“暴力”等词。矛盾尖锐存在的地方也就是颠覆和平的地方。

池田大作指出：“一般来说，人们认为和平的反义词就是战争。但是，研究和平的人们不这么看，而是认为和平的反义词是暴力。和平是通过同包括战争在内的各种暴力——贫困、饥饿、环境破坏、压制人权等作斗争，通过根绝各种暴力而实现的。”①并指出：“所谓和平，是相互之间不加任何恐怖于对方，衷心互信互爱的一种状态。这样的和平才是人类社会的正常状态。”②池田大作认为，要实现和平，不仅要消除恐怖和战争这些直接的暴力因素，而且要根除这些暴力得以引发的因素如贫困和压迫，使人类社会达到一种互信互爱的正常状态。

总之，战争的爆发并不能单纯从人们好武、存在暴力的倾向进行简单的逻辑推理，而是具有深层的社会根源，有些实质性的根源并不能以强者的逻辑来进行论证。在一个世界，如果越来越多的弱者产生并沦于失去自救能力的境地，那么，这个世界必然将一步一步走向战争的深渊。尽管当今人们开始对“暴力”有了一个更全面的认识，承认“软暴力”的存在，但这一概念还主要只在局部的领域使用，实际上，全面认识“暴力”的概念应该适用于一切社会领域，正如池田大作指出：贫困和压迫——“结构性暴力”也是战争的根源。这一全面、积极的和平观的确立，对于促进世界和平与发展具有重要的意义。

（二）强调“爱”是世界和平的源泉

池田大作反复强调和平是出现在爱惜生命的地方，是出现在关

① ［日］池田大作：《池田大作全集》第2卷，圣教新闻社1999年版，第24页。

② ［日］池田大作、［英］汤因比：《眺望人类的新纪元》，（中国香港）天地图书有限公司2000年版，第283页。

爱他人的地方,是出现在人与人和平共处的地方。渴望和平是世界人民共同的愿望。人人都希望过和平幸福的生活,特别是经历过战争洗礼的劳苦大众,饱受战争的灾难,战争带来的梦魇和苦难长久地伴随其身旁,如影随形,使其心灵和生命备受煎熬,和平和安宁对他们来说更是一种生命的追求。

人们不要战争,这对于实现世界和平来说只是一种直接的表达,而且,千百年来世世代代都在高喊要"和平",但世界和平的到来却是那么的艰难,甚至有人统计,人类进入文明社会以后,世界仍然每天都有地方在经受战争的苦难。怎样才能消除战争,构建和谐的世界呢?一切热爱和平的人士永不停歇地探索,而今天佛教布道的宗教思想家池田大作基于佛教"泛爱众生"的思想,为我们指明了"爱"是世界和平的源泉。

综观池田大作的诗作和学说,无不蕴涵着深厚的"爱"的情感、"爱"的彰显、"爱"的呼吁。《民众啊,祝愿你们幸福》、《和平与自由》、《生命的宝冠》、《向母亲致最高敬礼》等无不由深厚的"爱"的情感凝聚。在《民众啊,祝愿你们幸福》的诗作的字里行间渗透着对民众的挚爱之情:"民众万岁!民众啊,愿你们永远胜利!民众啊,祝愿你们永远幸福!民众啊,祝愿光荣永远归于你们!"①这是饱含深情的祝福,这是满载情意的祈祷。

1982年11月,池田大作与德国著名学者约瑟夫·狄尔鲍拉夫对谈内容结集为《走向21世纪的人与哲学》一书,副标题为《寻求新的人性》。池田大作从整体上把握欧洲人道主义精神与基督教神学之间的关系以及西方人道主义与佛教人道主义之间的不同上,提出了他的"新人道主义"的思想内涵。池田的"新人道主义",即佛教人道主义以"生命"为根据,反对西方人道主义以"知识"为人的尊严之

① [日]池田大作:《理解/友谊/和平/池田大作——诗选》,作家出版社2002年版,第52页。

根据，认为在确定什么是人的尊严的根据问题上，西方人道主义把知识或教育作为人的尊严获得的依据，这是与“尊严”一词的内涵相矛盾的。①池田指出：佛教的根本理念是“众生平等”，即“无论何种生灵，皆以自身生命为至上之宝而爱惜之。故伤生、杀生都是罪过”；认为，要主张“人的尊严”，就要排斥“神”，要强调平等的人的尊严，就要否定由于社会地位和出身所带来的歧视，否定由于教育学的差异所带来的人与人之间的不平等，总之，就是要重视每个人“是人”这一概念。②这一思想虽然出自于佛教文化的理念，但与现代化的民主社会发展方向是一致的，也与和平世界的基础性要求是一致的，只有把所有的人当“人”看，树立人“是人”的观念，维护所有人平等的尊严，人与人之间相互关爱、和平共处，才能构筑起和谐的世界。

池田大作不仅认为人与人之间相互关爱、和睦相处是谋求世界和平的重要源泉、条件，同时还认为，实现世界和平，人与自然之间同样应该共生共存、共依共荣、和谐共处。池田大作对人与自然的关系提出“依正不二”论，即认为“生命主体与其环境在客观世界的现象中，虽然可以作为两个不同的东西来认识，但在其存在中，融合为不可分的一体来运动的。”③还指出：“自然也是保持一定规律的‘生命的存在’。尽管与人类生命形式不同，但本质上是与人类生命相互关联的。”④这就是说，自然界与人类是融为一体的两个方面，人类应该彻底抛弃绝对的“人类中心主义”，而应该把自然界的万物看作是一种生命体，是和人一样，是一种“生命的存在”，也有生命的尊严，

① 冉毅：《“人性革命”——池田大作“人学”思想研究》，四川人民出版社2005年版，第211页。

② ［日］池田大作、［苏联］A. A. 罗古诺夫，卞立强译：《第三条虹桥》，中国国际广播出版社1990年版，第56页。

③ ［日］池田大作、［英］汤因比，荀春生等译：《展望二十一世纪》，国际文化出版公司1985年版，第12页。

④ ［日］池田大作、［英］汤因比：《眺望人类的新纪元》，（中国香港）天地图书有限公司2000年版，第41页。

也同样必须受到应有的尊重。

可见,池田大作对和平世界的认识,脱离了狭隘的"人"的世界,把世界看作一个整体,强调人、社会、自然相互依存,共同和谐相处,平等相待,才能实现世界和平;任何自视高贵、任何蔑视他人的尊严、任何无视自然界存在的规律的人和事,都是对世界和平的破坏,都会阻碍世界和平的发展。

(三)指明"人性革命"是世界和平的关键

池田大作在人性论上继承了佛教传统的人性理论,并从生命哲学的角度对之作出现代的阐释,提出"本原的欲望"与"魔性的欲望"的新的善恶观念,并由此提出"善恶不二"的人性论思想。池田认为:"性具善恶"是"生命"的存在特征,他说:"实际上,无论是地狱还是佛的世界,都在我们精神(生命)内部。"①也就是说"人人心中潜伏了'恶性'和'善性'"。② 即认为人的生命不能片面地规定是善还是恶,而是既具有善的可能性,同时也具有恶的可能性。

那么,如何来消除人生命中的"恶性",彰显人生命中的善性,促进人的和谐发展呢?池田大作提出了一个有名的概念,就是"人性革命"。并认为"人性革命"最核心的意思,就是在人的意识深处进行"革命",改变人自身。他认为,"这一变革不是外界强加的,而是从力图提高自己人格的本身意愿中产生的……我们呼吁的'人性革命'就是这种整个人性的改革"。③ 池田指出:作为人性的善与恶是人与生俱来的生命本身所固有的,人对生命的尊重与否实际上仍只是人性善恶的一种外化、延伸和表现形式,因此,对生命的尊重可以

① [日]池田大作、[英]S. 威尔逊:《社会变迁下的宗教角色》,(中国香港)三联书店有限公司1995年版,第39页。

② [日]池田大作:《和平世纪的倡言》,(中国香港)天地图书有限公司1997年版,第145页。

③ [日]池田大作,程娜译:《人生寄语——池田大作箴言集》,上海社会科学院出版社1992年版,第58页。

作为善恶判断的外在标准,要截断恶源,必须从对人性的恶的认识开始,这也是“人性革命”的起点。①

从“人性革命”论出发,池田大作还提出“和平文化”的概念。他说:“国际创价学会基于自他共同享受幸福的佛教理念,努力开展落实‘民有、民治、民享’的‘授权运动’(Empowerment),名之为‘人性革命’运动。在此所说的‘授权’,意即最大限度地发挥人谁都本来具有的无限可能性与力量。为此,我们要积极地与他人接触,互相关怀,互相启发,自他共同实现和平与幸福。如此,世界和平的基础会更加坚牢。我想再次确认,只有扩大这种人与人、心与心的团结合作,才能创建‘和平文化’。我坚信,只要和平在每一个人的心中扎根,就能把‘和平文化’扩展到地球的每一角落,和使之持久不衰。”②

池田大作从人性论的探索出发,指出人本身固有善恶二性,世界要和谐发展,就必须进行“人性革命”,从而为和平世界的建设找到了关键的切入点。

(四)揭示“中道主义”是世界和平的基本方法

池田大作鉴于“色心不二”生命本质论的认识,按照佛法的“缘起论”,“色”和“心”显示为“空”的状态,是一种产生“物”的可能性的地方,即所谓“生命空间”。同时,池田大作认为,“色心不二”之“空”,实际上是一种“中性”的存在,它并不能以物质或精神之中的某一面来概括,提出佛教的中道论是关于“宇宙的流动性”本身或所谓之“动”,乃是世界的本体,而此所谓“动”实际上就是“生命”内部

---

① 冉毅:《“人性革命”——池田大作“人学”思想研究》,四川人民出版社 2005 年版,第 166 页。

② 转引自丁斗:《浅论池田大作的和平观》,载贾蕙萱、张可喜:《池田大作研究论文集》,香港社会科学出版有限公司 2004 年版,第 130 页。

之间的运动。[①] 即指出“中道”是生命本身的运动形式。

池田大作的“中道主义”的产生，既是以佛教的“三谛圆融”或“中观”论为基础，同时又是揉入了中国儒家的中庸思想和古希腊亚里士多德的中道思想等要素的共同结果。[②] 池田大作在论述“空、假、中三谛”的关系时，认为“空谛”和“假谛”都为“中谛”所统摄，因为“所谓‘中谛’是指包括‘假谛’和‘空谛’在内的本质上的存在。它是使形象显现出来，或者决定该物特性和天性的生命本源的存在。即或外貌形态有所变化，它也不变而贯彻始终。”[③]“空、假、中”三谛即“活力（进步）”、“调和”和“原点”缺一不可，没有原点的调和就会是一种无原则的妥协，缺乏进步的调和便会是一种停滞，只有三者成为圆融、圆满的大宇宙本源的当体时，才是真实的“中道”。

同时，池田大作运用“中道主义”方法论，提出民主政治的构建途径“立正安国”论和谋求世界和平的“中道政治”观。池田大作指出：“我们的政治理念是以日莲的‘立正安国’精神为根本，以其最高的哲理和最大的慈悲为基调”，以实现“王佛冥合”的政治理想为目标。[④] 并认为：“一切政治家和政党，其根本的信念应是对增进国民幸福负责，特别是实现和维持一个幸福和平的社会。”[⑤]对于国际社会和平发展，早在1959年，池田大作就提出以“立正安国”的政治理念和“色心不二”的哲学为指导的“第三文明”的概念，其目的就是为

① ［日］池田大作，铭九译：《我的人学》（上），北京大学出版社1988年版，第226—227页。

② 冉毅：《“人性革命”——池田大作“人学”思想研究》，四川人民出版社2005年版，第94页。

③ ［英］汤因比、［日］池田大作，荀春生等译：《展望二十一世纪》，国际文化出版公司1985年版，第351页。

④ 冉毅：《“人性革命”——池田大作“人学”思想研究》，四川人民出版社2005年版，第292页。

⑤ ［日］池田大作、［英］B. 威尔逊，梁鸿飞、王健译：《社会与宗教》，四川人民出版社1991年版，第121—122页。

了消除意识形态的对立，实现世界和平。1966 年 11 月，池田大作进一步提出“中道政治”的理念，主张建设人性社会主义、佛法民主主义的社会，强调道德思想在社会经济、政治、文化等领域发展中的存在和运用。

池田大作的“中道主义”作为思维的基本方法，在池田大作的整个思想体系中都占有十分重要的地位，奠定了池田大作思想体系的基本方法论，同时也反映了池田大作在文化态度上集众家之长，更具有文化的包容性和多元共同发展的特性，对于协和国际关系问题和促进世界和平发展有着重要的借鉴意义。

二、池田大作和平观的启示

世界和平是人类的共同愿望，但几千年历史的风风雨雨，到处充满着血腥的战争、暴力、贫困和压迫，世界文明发展的欢欣中夹杂着伤者的哀嚎声和贫弱者的哭泣声，这既违背了佛法的精神，也违背了人类的共同意愿与生活的准则。人类为什么要发动战争和暴力？人类为什么不能回避战争和暴力？如何才能解决世界的贫困和欺凌问题？如何才能实现世界和平？应该通过什么途径才能达到和平世界？对于这些问题，池田大作先生付出毕生的努力，为人类走向真正的和平世界探索、奔走、呼号，揭示了构建世界和平的真谛。

第一，人类存在了几千年，改天换地促进人类社会发展，但人们对“和平”的概念混沌模糊，少思究竟，因此很难理性地对待社会的冲突与矛盾，谋求世界的和平与发展。池田大作提出积极的“和平”观念是一种全面科学的和平观，指出“和平”的实质就是要构建没有战争、没有混乱、没有暴力、没有贫困、没有压迫……的和谐社会，这既是对“和平”概念的一种澄清，也是对和平世界的描绘，指导我们认识和平，可以为我们建设社会主义和谐社会提供理论借鉴。

第二，人类饱含有丰富的情感，佛法依人类的自然天性和情感需求而倡导“众生平等”、“慈悲心怀”，这是顺应了人类的生存需要和人类社会的发展规律的。池田大作在探索世界和平的过程中，以佛法的理念为起点，提倡人类相互关爱、和睦共处、珍爱生命、维护环境，以博大、无私的赤诚之爱融和世界万物，才能使世界永葆和平昌盛。这一思想道出了世界和平的源泉、能量和基点，也从一个侧面揭示了人类的共同精神诉求，为我们参悟通透人类的精神本质指明了方向，也为我们如何构建世界和平指明了前途。

第三，池田大作基于“善恶不二”的人性论思想，提出“人性革命”是扬善除恶的重要保障，“善性”与“恶性”都包含在人的生命本质中，善从心起，恶同样从心生，只有进行“人性革命”，消除生命中的恶性，彰显生命中的善性，才能自觉地为善除恶，克服心中的嫉恨之情，充融心中的慈爱、关怀之情，让世界充满爱，是实现世界和平的关键。为此，我们需要正视人性的特性，加强正确引导，在全世界倡导共同的道德追求，为实现世界和平构筑起第一道坚固的心灵防线。

第四，池田大作根据佛教“色心不二”的生命本质论，提出“中道主义”的方法论思想。为民主政治和国际和平发展指明了具体途径和方法。其“立正安国论”、“中道政治”观、“第三文明”等思想，虽然均是从佛法思想出发，探讨世界和平的对策，但不可否认，这一思想揭示了社会发展和世界和平中蕴涵着道德需求，作为一个政治家和政党不能无视人类的这一基本需要与基本规范。虽然随着社会文明发展，程序与规范日益繁杂丰富，对于有效治理社会发生着不可低估的作用，但德治与法治相辅相成、相得益彰，在社会生活中应重视佛法精神、道德精神、法治精神等多元文化精神的共同合作，协调推进，促进世界和平发展。

（作者简介：刘建荣，女，1963 年生，湖南宁乡人，哲学博士，湖南师范大学公共管理学院副教授，硕士生导师，主要从事哲学伦理学、思想政治教育理论的教学与研究。）

池田大作的和谐对话理念论略

田湘波　黄　毅

对话是现代人类社会交流的主要手段之一。其实在中国文化和西方文化的奠定初期,都有先哲推崇和主张通过“对话”来探究真理与知识,如春秋战国时期的孔子及其弟子们和古希腊的苏格拉底等。20 世纪许多学者也从各种意义上提倡“对话”。英国思想家戴维·伯姆在其所著的《论对话》一书中就认为,“对话仿佛是流淌于人们之间的意义溪流,它使所有对话者都能够参与和分享这一意义之溪,并因此能够在群体中萌生新的理解和共识”,“在对话中,人人都是胜利者”。

日本前任创价学会会长,世界著名宗教思想家,国际和平家池田大作先生是这些思想家的典型代表之一。池田先生是从哲学的高度来理解与推崇“对话”的,异于一般的对“对话”的见解。因而,对话成为构筑池田思想体系的重要支柱。在其以宗教活动为基础的和平、文化交流足迹中,池田先生以丰厚的东方文化的学养与西方大师级的学者和政治家开展对话交流。其表现在:从 20 世纪 60 年代成为中日邦交正常化和中日友好事业的重要的杰出的“掘井人”;到 70 年代与汤因比等著名学者对话中剖析西方文化的弊病,提出生命尊严的人学思想;再到 80 年代迄今,倡导以对话的方式沟通国际争端,推进世界永久和平。池田对话的核心是,共同探讨面对21世纪的人类的前途和命运。这些对话都在整理后编辑出版成书,产生了深远的影响。

一、从折服到对话:池田的对话理念演变过程

在创价学会发展过程中,折服一直是其吸收会员和与对手论战的主要手段。1928年牧口常三郎在日本发生严重经济危机和政府加紧推行法西斯主义镇压人民时,为日莲正宗非妥协性且具有战斗性的教学和完备的宗教理念所吸引,开始信奉日莲正宗。当时,举国一片混乱的景象使其深信日莲大圣人所说的"末世",佛法必须"立正安国",在教育事业中推广他的以"美、利、善"为目标的价值体系,逐渐形成其折服思想与方法。

1930年,牧口吸收了一批对当时教育官僚统制不满的小学教员,创立了以提倡"创造价值"哲学的创价教育学会,即创价学会的前身。众所周知,专制的统治阶级对新生事物是非常敌视的,尤其是当新生事物对其构成潜在威胁时。创价教育学会就不可避免地遭受到了这样的对待:学会受到了各界,特别是教育部的白眼。在1937年创价教育学会正式成立后,便积极开展"折服"工作。

由于军国主义的扩张,1938日本政府制定了《国家总动员法》,翌年4月8日,又颁布《宗教团体法》,强迫国内的佛教和基督教诸派别都必须置于国家神道之下,并且从组织上进行整编,实行一宗祖一教派的宗教统治,以加强推行天皇的宗教与教育文化上的权威,进行侵略战争的准备。这种把人训练成为战争工具的军国主义教育与对宗教的统制,显然和牧口所领导的创价教育学会要实现"美、利、善"价值的教育观的理想是格格不入的,故当时的创价教育学会极力反对此项法案。1944年11月18日,牧口不屈从于军国主义的统治,终于身陷囹圄,以身殉道。

1945 年,战败后的日本制定了政教分离、宗教信仰自由的新宪法。1946 年,户田城圣秉承先师遗志重建创价教育学会,并将其更名为创价学会。鉴于战争中,信徒意志不坚,信仰不固,户田将教学的重点转移到战后的年轻一辈,培养往后热心学会工作的信徒。1951 年 5 月户田就任第二任会长。看到当时加入的民众大多数对政治腐败及社会制度的不满这一契机,户田宣称要在任内达到 75 万户会员的目标。同时展开"折服大行动","并向日莲正宗请求赐予本尊(即日莲大圣人的神像),实现了与宗门的一体化,同年 9 月,创价学会改讲义部为教学部,拥有独立的教义解释权,11 月出版了《折伏教典》"。①

这种以折服为主要手段的创价学会,在组织与教学方面不同于一般的组织。它的特点在于:在组织方面,以折服与被折服所形成的人际关系为中心组成从最基层单位组→班→地区→支部→总支部→中央总本部的纵向组织,异于一般的组织对会员编组以地区或行业等为准。同时为了解决不以地区对会员编组所产生的在联络或通知上的不方便,单独设立了不与组织发生直接联系的以会员住所为单位的"社团";在教义教学方面,学会的宣教任务由教学部指定的通过会内举办的、无资格限制的每一级检定考试的义务讲员去讲道。②因而这样的组织结构有利于创价学会折服运动的展开。

折服是以说服的方式吸引民众加入创价学会并信仰日莲正宗。故而这种折服手段具有浓厚的战斗性、非妥协性的严肃主义倾向色彩。创价学会的宗祖日莲针对日本建长 8 年(1253 年)所发生的自然灾害(即日莲称为的"末法社会"),在其经典《妙法莲华经》中称其原因在于法华信仰"正法"的停滞,禅宗、念佛宗等邪法兴盛。因

---

① 冉毅:《"人性革命":池田大作"人学"思想研究》,四川人民出版社 2005 年版,第 25 页。

② 邱春荣:《公明党政治变迁之探究》,中国文化大学日本研究所硕士学位论文 1994 年,第 7 页。

此，为“立正安国”，“末法”时期的传教应采取一种势不两立的态度，他所提出的“念佛无间、禅天魔、真言之国、律国贼”四条格言，就是作为对他宗的挑战性口号，其意在于要以强有力的折服手段来打败邪教、邪宗。创价学会继承了这种传教的风格。

不可否认，这种折服方式对创价学会的复兴与发展起着十分重要的作用。但折服所具有的弊端性也十分显著。对他宗的全盘否定，就意味着不同宗教理论借鉴与融合的不可能性。特别对于创价学会想通过进军国会，进而获得国会多数势力，再经由国会的议决完成创价学会的宗教理想“王佛冥合论”①产生了阻碍作用。

1960 年 5 月 3 日，正式就任创价学会第三任会长的池田先生对会务的发展采取多角化的方式，力求组织的分化及一贯性。他将学会内的文化局所辖之下的政治部，扩大改组为“公明政治联盟”。其成立之后，创价学会高层逐渐地感到过去的折服方式很容易将社会上具有中立倾向的多数民众排斥于自己的选举圈之外。虽然由“公明政治联盟”解散后成立的公明党，在首次参议院选举中，一跃成为自民党、社会党之后的第三大政党，但同时学会越发感到会员增加的同时，游离会员相对增加的矛盾，公明党在得票数方面已呈钝化趋势。对于往后进军众议院，若继续呈现此种“闭锁式”政党形象，仅依靠会员的票源是不够的。加之近代深受政教合一痛楚的日本民众对公明党的政教合一体制持有一种强烈的批判态度。因为这种体制使日本民众感到创价学会似乎又要走日本曾走过的政教合一之路，只不过是由“神道与政治的合一”变为“佛教与政治的合一”罢了。②为了加强扩大票源，除了转变公明党属性以外，学会强烈地认识到必

① 其内容是：认为王法（世俗政治）与佛法（日莲正宗思想）的冥合（有机结合），才是人类实现真正的和平和幸福的根本保障和必由之路。在这种理念的指导下，创价学会的会员积极投身于当前的各种政治实践中。

② 冉毅：《“人性革命”：池田大作“人学”思想研究》，四川人民出版社 2005 年版，第 48 页。

须改变过去以强硬的折服方式争取民众支持的方式。

其实随着创价学会向海外的发展，特别是1960年12月池田美洲之行后，他就开始意识到必须提出一种温和的折服方式，即对话。池田认为以平等、宽容等为基础的对话可以消除近代社会形成的“文明病”，打开人们“闭锁的心”。所以他强烈批判“独白”，认为“独白”必定导致对抗。因而进入70年代后，创价学会以较具宽容色彩的对话替代了具有强迫性的折服。迄今为止，“池田先生与世界一流的有识之士对话2000多次，已出版的对话集达36部之多”。①

二、共存共荣的“生命之网”：人与自然的对话

随着20世纪的逝去，如果要我们对20世纪作一个结语，可以说它不但是“弥漫着战争与革命的世纪”，而且还可以说它是“全球规模环境破坏的世纪”。虽然社会生产力和科学技术的飞速发展，人类的工业文明达到了一个前所未有的高峰，但这种以人类对自然的掠夺征服为特征的文明的局部胜利，却正在使人类付出沉重的代价。这正应验了恩格斯在一百年前所说的那样：“我们不要过分陶醉于我们人类对自然界的胜利，对于每一次这样的胜利，自然界都对我们进行报复。每一次胜利，起初确实取得了我们预期的结果，但是往后和再往后都发生完全不同的，出乎预料的影响，常常把最初的结果又消除了”。② 尤其是近代以来的价值观、世界观上的误导，更是蕴涵着毁灭自然的因素，它体现在当今泛滥全球的物质至上和对科技力量的盲目崇拜中。对于提倡生命尊严学说的池田理所当然地对这一

① 陈锋、高桥主编：《中外学者论“展望二十一世纪”》，华中师范大学出版社2006年版，第91页。

② 《马克思恩格斯选集》第四卷，人民出版社1995年版，第383页。

问题给予充分的关注。他说:“地球人类如何创造自身得以生存的自然环境,即如何构筑‘自然——人类’生态系的共存体系,就成为了人类必须面对的重大课题。”①池田认为“大自然对于人类的生存,是唯一无二的母体,是基础。它不仅是维持肉体之所需,也是人类精神的基础,是文化、文明兴隆的源泉”。② 保持两者间的和谐“……才是人类走向永久繁荣的最主要的关键,这样讲并不过分”。③ 因此,他把生态危机归因于一种以“天灾”形式出现的“人灾”,是隐藏于人性深处的“魔性欲望的利己贪欲本质导致的”。“一言以蔽之,对自然的支配欲与征服欲,是人的利己主义的合法化”。他认为“近代科学在克服饥饿与疾病方面做出的贡献是不容否定的”,“但如果其根源乃是利己主义这一内心世界的不调和或不平衡,换言之,只要发端于‘内在环境的破坏’,其能量不可避免地偏离方向,在对他人的关系中表现为殖民主义,在对自然的关系中则引发自然破坏和环境破坏”。④ 他认为这种“魔性的欲望”将普罗泰戈拉的名言“人是万物的尺度,是存在物存在的尺度,也是不存在事物存在的尺度”推向了极端,人成了宇宙生命的主宰。

针对这种观念,池田在与汤因比的一段对话中,认为人类应该以和平的心态,而不是以征服者的形象呈现在自然面前。“地球是我们人类借以生存的宇宙中的绿洲,我们无论如何要挽救这唯一宝贵的地球免于毁灭。为此有必要严肃考虑人类行为对自然运行、自然界的协调所产生的影响,严格限制那些哪怕很微小的孕育着危险的行为”。⑤ 那么如何使人与自然变得和谐共生呢？他主张必须改变

① 何劲松编选:《池田大作集》,上海远东出版社 2002 年版,第 260 页。

② 同上书,第 48 页。

③ 同上。

④ 同上书,第 46—47 页。

⑤ [日]池田大作,[英]阿·汤因比,荀春生等译:《展望十一世纪》,国际文化出版公司 1997 年版,第 36 页。

人类把自然当成满足自我需要而须被支配、被控制、被统治的对象，切断了人与自然的脐带的主客二分思维方式，即认为自然界是与人类不同的另一个世界和现代科学文明的基础——犹太一神教认为人和人类以外的自然界全是由以人的面目出现的被人信奉的超自然的神所主宰，因而理所当然地人可以征服其他生物，使其为人类服务。不遵循“依正不二”①原理，把主体与环境的关系分开对立起来考察，就不可能掌握双方的真谛。自然生物与人类都属于地球上的“生命存在，并且是彼此相互影响和作用的生命存在。用佛教所谓的‘众生平等’观念来理解，我们不能把自然生物只当做单纯的‘物’来对待，而应将其当作与人的生命一样的生命形式来对待，甚至应将其视为人的生命的一部分来对待，树立起尊重自然生物的生命权利意识”。② “东方睿智佛法所教诲的，是承认一切存在固有的尊严。我认为，为了根本解决环境问题，必须以这种思想方法作为基础”。③

因而，池田先生呼吁我们应该把动物看作“有心生物”，与其建立“对话”与“交流”。“只有以这样的思维方式作为根本，以往的支配—服从的这种单方通行的人与自然的线路，才能通过相互的信息，使人倾听来自自然的声音，才能创造出人与自然相互交流的、富有感受性的文化和精神”。④ 所以只有将自身看成自然的一部分，与其他生物平等对话，才能保障人类生存与发展。

在国与国之间对待全球环境问题上，池田认为“自然环境和其

---

① “依正不二”是佛教用语。所谓“依”就是“依报”（指一切环境），“正”即“正报”（指生命主体）。“不二”的意思是说，“生命主体及其环境在客观世界的现象中，虽然可以作为两个不同的东西来认识，但在其存在中，是融合为不可分的一体来运动的”。“依正不二”的原理明确主张人和自然不是相互对立的关系，而是相互依存。

② 刘湘溶、冉毅：《池田大作关于生态伦理的思考理路》，《世界宗教研究》2001年第3期。

③ 何劲松编选：《池田大作集》，上海远东出版社2002年版，第46页。

④ 同上书，第46—47页。

他生物本无国境和领域,它们是人,是狭隘的人心所创造出来的”。[①]面对部分发达国家对发展中国家的环境破坏的指责,池田认为“……,所面对的大部分环境问题,显然都是先进工业国人们的课题。这些国家不顾他国,乃至在牺牲自然的基础上,不断‘开发’,建起了今天的大量的消费文明,这是人的欲望无止境膨胀过程”。[②]当然,并不是说池田没看到发展中国家对全球环境的破坏。他认为只不过在承担拯救自然的责任上,发展中国家与发达国家应当分殊有别。他认为环境问题是人类推进近代科学的“开发”所带来的“负面”效应。然而,作为“正面”部分的财富的增加,经济的繁荣,以及能由之受益者,却不过是先进诸国,众多发展中国家得不到这种恩惠,在日常生活中他们仍受着贫困与饥饿的威胁。所以在联合国人类环境会议上,发展中国家发出“贫困正是最大的环境污染”的呼声,也是势所难免的事。[③]但发展中国家以发展的名义产生不得不破坏自然的心态,发达国家对此严加制止,池田认为有其合理的一面。因为自然界虽有人为设立国界,但地球是一个整体,全人类是一个命运共同体,自然被破坏的恶劣后果也要跨越国界,影响全球人。因此池田呼吁在南北对话的基础上,创设“环境联合国”这样的场所,使其“成为如何谋求国家与国家,尤其是‘南’和‘北’的调和,以达到共存共荣的关键”。[④]

三、以生命的眼光看人:人与人、人与社会的对话

对待生命的态度是池田先生人生观的一个核心内容。“人这种生物一方面往往受强烈的欲望和感情的支配,另一方面又要求他们

---

① 何劲松编选:《池田大作集》,上海远东出版社 2002 年版,第 48 页。

② 同上书,第 51 页。

③ 同上书,第 50 页。

④ 同上。

应当关怀他人,彼此互相尊敬,以求得协调。因此,对人来说,如何抑制和正确引导自我,显然是一个经常性的课题”。[①] 人类所欲求的价值体系各式各样,有从物质方面的财产到精神方面的个人爱好、社会地位等。

基于佛教生命观,生命的尊严是生命本有的一种无差别的普遍存在。所以他认为,除了人类欲求的价值体系满足之外,还必须把生命的尊严[②]作为最高价值,甚至作为普遍的价值基准。虽然作为社会存在的人因时代、民族和国家的不同而有所不同,但“人要像人一样的生活,首先必须要承认自己的基点,即生命的存在这一大前提,把立脚点放在这里”。[③] 这就是人的本质所在。但是对于人类而言——“作为一种有理性,能思考的高级生命,在现实中人类的尊严必然不同于一般的生命尊严。这种差别的不同就表现在人类不仅仅本身就具有生命的尊严,而且还能自觉地体认这种尊严并主动地加以实现。但我们不得不看到,虽然生命是尊严的这种从人具有高度意识之初就有了的意识,却往往在现实中得不到应有的体现”。[④] 把人的生命看做至高无上,从而尊重其生存权利,对他人的“存在”给予足够的维护、珍惜等这些具有社会性的生命尊严在过去20世纪前半叶中简直如数家珍。

随着人类从以战争为主题的世纪迈入以和平为宗旨的世纪,池

---

① [日]池田大作、[英]B.威尔逊,梁鸿飞、王健译:《社会与宗教》,四川人民出版社1991年版,第4页。

② “生命尊严学说”是池田大作先生人学思想中的核心。池田先生人学思想是在人类社会所面临的种种生存危机中产生的。要解决危机,关键是要寻找一个共同的精神基础,树立一种普遍的价值观念,使全人类得以结成命运的共同体,并具备一种全球性的观点,来共同应对人类面临的问题。在此思想目的下,池田先生以“生命的存在”这一最具有普遍性和绝对性价值的观点为基础形成了“生命尊严学说”。

③ 卞立强:《池田大作选集》,北京大学出版社1988年版,第90—91页。

④ 王伟英:《生命的尊严——试析池田大作的人学思想》,《新视野》2005年第1期。

田认为"人性化"才是即将来临时代的中心。① 这个世纪最重要的价值是"人的生命"。"21 世纪的文明,应当打破受'小我'支配的文明,应当遵从'大我',掌握住无常深处的实体,在这个基础上获得圆满的发展。只有这样,人才能使自己作为人而自主,文明才能成为人的文明。我正是从这一意义上呼吁 21 世纪必须是生命的世纪"。② 凭着自己对尊重生命的人道主义的坚定信仰,池田先生在世界范围内利用各种场合和机会以对话、讲演的方式向不同的人们呼唤尊重人的价值和尊严,把人当人看。在他看来,不管社会的功利化、合理化和非人道化的力量如何强大,弘扬人道主义精神,提升人道主义的境界,实现人的全面发展还是可能的。这种人道主义目标的实现,虽说与社会的发展密切相关,但归根结底还是取决于个人,取决于每一个有血有肉的活生生的个人。因此池田先生认为,"如果人不忘记作为自主者的自觉性,不忘记自主地对待社会,那么保持人与人之间的爱或慈悲,并进而使其扩大下去,绝不是不可能的"。

荀子曰:人生而有群。人类是群居的,所以谁也不能离开社会而单独生活,人是"社会的动物"。在人类社会的存在方式上,池田既承认人的个性,也强调人的共性即社会性,主张个性发展的前提是不能破坏社会和谐。任何真理如果走到极端都会变成谬误。近代出现的虚无主义、反正统文化、嬉皮士等光怪陆离的运动,是人类将文艺复兴以降的人文主义强调以人为中心偷换成以个人为中心导致的恶果。③ "……在相互构成社会,享受文化的人与人之间产生了自我与他人的负面问题。在复杂的人际关系中产生的金钱欲,支配了剥夺生存权利,引起暴力、混乱、争端、扼杀自由与人性的社会体系"。④

---

① [俄]戈尔巴乔夫、[日]池田大作,孙立川译:《20 世纪的精神教训》,社会科学文献出版社 2005 年版,第 221 页。

② 何劲松编选:《池田大作集》,上海远东出版社 2002 年版,第 8 页。

③ 德光:《池田大作的中道思想与未来观》,《苏州大学学报》2002 年第 3 期。

④ 何劲松编选:《池田大作集》,上海远东出版社 2002 年版,第 261 页。

佛教用“缘起论”来理解个人与社会为什么会有互不相离的密切关系。“缘起论”的内涵是:“此有故彼有,此生故彼生;此无故彼无,此灭故彼灭。”“此”是指事物的原因;“彼”是指事物的结果。它的意思是:世上的一切,都是因为空间的相互依存与时间的前后相继的密切关系而存在的。现实社会的每一个人,既然是由于时空的因果关系而生起和存在的,那么所谓“个人”就是人类社会的“存在物”而不得脱离的一分子;而“社会”则是许多个人的集团,也不能离开个人而存在。个人与社会的关系是相互依存的。池田十分推崇佛教这一因果关系法则。他说:“我认为,佛教的这个观点,即使不能得到客观的证实,它能很好地说明事物的因果关系。而最为重要的是,它使人们对自己的行为负起责任,并带给人们以深层次的独立性。同时,它把人类关系转变成依赖和尊敬,而不是定位于怀疑和憎恶”。① 只有在这种因果关系法则的基础上,使人与社会“对话”,用“共生论”取代霍布斯所说的“自然状态是一切人对一切人的战争状态”这么一种纯粹是在否定意义上将个人与社会看成是对抗或对立关系的西方式的观点。这样才能消除由贪欲的恶性膨胀导致的人与社会的疏离、冷漠甚至对抗,促进社会的进步与发展。

四、佛法人道主义:国际和平对话理念

儒家思想创始人孔子主张,人来到世间就应刚健有为,以积极入世来施展人生的抱负,而不是消极顺命。日本佛教是直接从儒家思想中吸取了政治哲学、道德伦理等的。② 因而池田先生的国际和平观也是以积极的入世哲学为基础的。他认为人们长期以来习惯于把

---

① ［日］池田大作、［英］B. 威尔逊,梁鸿飞、王健译:《社会与宗教》,四川人民出版社1991年版,第82—83页。

② 黄顺力:《池田大作的和平思想与孔墨学说》,《厦门大学学报》2005年第6期。

"无战争状态"看成是和平、是一种狭隘、消极的和平观。"和平就是同包括战争在内的贫困、饥饿、环境破坏、人权压制等各种层次的暴力进行战斗,并在根除暴力的过程中实现自己。只有站在这样的立场上,才能顺利地把和平这一概念由'消极'方面转向'积极'方面"。① 从这样的入世哲学理念出发,池田先生倾注全部精力和心血于反对战争等暴力行为,维护世界和平。

为了争取世界持久和平,促进各国文化教育事业的交流与发展,池田曾多次与各国领导人、著名学者、友好人士进行诚挚而认真的对谈,这种身体力行的做法,源自于他佛法人道主义的独特的国际和平观。

正是他这种积极的和平观使得他成为中日邦交正常化和中日友好事业的重要的杰出的"掘井人"。1968 年,池田先生在《亚洲月刊》12 号上发表了长篇文章《关于日中邦交正常化的提言》,其中心是建议实现中日邦交正常化。这个《提言》内容非常丰富和深刻:首先,它全面、敏锐地提出了中日邦交正常化,恢复中国在联合国的合法席位,以及广泛推进中日经济和文化交流"三位一体"的问题,并把这个问题提到很高的高度,这在当时环境下是很不容易的;其次,它明确提出,解决中日邦交正常化和恢复中国在联合国中的合法席位的基本前提,是正式承认中华人民共和国;最后,它尖锐地指出解决中日邦交正常化的唯一途径,是尽快举行中日首脑会谈。② 这种思想在中日两国从法律上说还没正式结束战争状态和恢复正常外交关系的情况下,是绝无仅有的。可以说,它吹响了实现中日邦交正常化的进军号,是向世界公开发布的中日友好的宣言书。"当然,《提言》还包含了很多其他深刻的观点,但仅从上三点即可看出,它提出了当时重建中日友好关系的目标(三位一体)、前提(承认中国)和途径(首脑会谈),它是一个完整、深刻

① 何劲松编选:《池田大作集》,上海远东出版社 2002 年版,第 227 页。

② 蔡德麟:《历史的丰碑——回顾池田大作先生为实现中日邦交正常化所作的贡献》,《深圳大学学报》(人文社会科学版)1998 年第 4 期。

的思想和切实可行的方案。在当时还没有第二个人能像他这样做出过这样完整的论述。随后的实践也完全证实了池田先生当年的预见”。[①] 1971年10月中国恢复了在联合国的合法席位；四年后，两国首脑举行了会谈，发表了《中日联合声明》，标志着中日邦交正常化的实现。

持一种佛法中道主义的观点，主张“非暴力的渐进和平主义”，反对“以暴易暴”、“以恶制恶”，是池田先生国际和平观的另一个突出特点。池田认为，无论古今的伟大的政治家或哲学家，凡是有卓越成就的人物，毫无例外地都是乐观主义者。不过，其中像甘地那么正直地沿着自己的轨道生存下去真是罕有。甘地曾这样说：“我始终是个乐观主义者，这并不是我要证明正义是繁荣的，而是我抱着一个坚定的信念——最后正义一定会繁荣的”，“我的乐观主义是基于发挥非暴力的、个人能力的无限可能性的信念上”。池田说：“他告诉我们，‘在非暴力的世界里是没有失败者的，相反，暴力最后带来的却总是失败’。”他认为如果以短视的眼光来看，甘地所主张的“以非暴力来抵抗纳粹党”确是不切实际的理想论，但是“从长远的角度和反观战后的历史来看，我想我们应认同这‘荒野的呐喊’——他在战时一直主张的——只有以非暴力来实现自由和民主。在世纪末的今天，弥漫着人与人之间的不信任和悲观主义的情况下，我们更需要甘地这样崇高的乐观主义”。[②]

面对国际上民族间的问题，池田认为“‘民族’问题的严重性，反映出怎样跨越‘民族’的界限是一个重大课题。无论多么困难，也需建立某种形式的世界性和普遍的理念”。[③] “面对这样的课题，我除了一贯主张自己的宗教信仰之外，还想在此提出一个方法论的目标。我相信这个目标有助于探索世界性的普遍理念。那就是所谓‘内在

① 蔡德麟：《历史的丰碑——回顾池田大作先生为实现中日邦交正常化所作的贡献》，《深圳大学学报》（人文社会科学版）1998年第4期。

② 何劲松编选：《池田大作集》，上海远东出版社2002年版，第301—302页。

③ 同上书，第237页。

普遍主义'了"。[①] 池田指出:就方法论来说,中国传统思考方式的特征是"通过个别看普遍"和"通过具体看普遍",这些思考方式与"内在的普遍主义"是相通的。它适用于日莲大圣人所说的"(佛法)以一人为章本,示一切众生平等"的基于内在的价值的人类观,排除了"民族"、"人种"等一切外在的差别。因而池田强烈指责二战后,美苏之间对立的意识形态所代表的普遍主义,即"外在的普遍主义"或"超越的普遍主义"。他认为这种普遍主义的最大弊端就是:"由于大国的自负,这种普遍主义带有浓厚的救世主义色彩——大国自以为文明和有知识,而且以兄长自居,教训那些被它们视为未开化及无知的国家。如果它过度膨胀,就会变为自以为是,反与原来的精神相抵"。[②]

那么如何推行和实践普遍主义呢? 池田认为:所谓普遍价值,就是人类的内在价值,而且必须是求诸人类内心的。靠武力等外在力量来强迫别人遵从自己的主张,是有违"内在的普遍主义"这一原则的。"因此,必然的结论就是,应基于渐进主义来推行任何主张"。"急进主义以'强权'为原则动力,渐进主义则以'对话'为动力;'强权'源于猜疑,'对话'则基于信任"。[③] 池田认为,随着人类科技的发展,武器的破坏力和杀伤力越来越大,尤其是"绝对的恶"的原子武器所带来的并不是"一方所得就是另一方所失的零和博弈",而是全人类的灭亡。因而"我相信人类更急需奉行歌德所说的渐进主义"。[④]

---

① 何劲松编选:《池田大作集》,上海远东出版社 2002 年版,第 238 页。

② 同上。

③ 同上书,第 239 页。

④ 歌德批评随法国大革命所带来的独裁和恐怖主义,提倡渐进主义。他说:"真正的自由主义者,会尽自己所能,力求至善。即使遇到不可避免的障碍,他也不会采用暴力来消除障碍。相反,他会细加考虑,慢慢消除大众所关心的弊病。使用暴力,同时也会消灭很多好的事物;故此,真正的自由主义者绝不采用暴力。他明白这个世界并不完美,所以在时代和情况有利于改善现状之前,他会满足于目前那些好的事物。"池田认为歌德这段话虽然是离开了历史的发展脉络来理解渐进主义的本质的,但歌德的话在某些方面还是正确。何劲松编选:《池田大作集》,上海远东出版社 2002 年版,第 240 页。

关于爱国热情，池田认为热爱自己生长的土地和社会，这本身是一种美德，没有这样的热情和魄力，恐怕就不会有今天这样的社会发展。但是这种感情走向极端，“一旦被利用来卷入国家与国家之间的对立中，就会带上邪恶的色彩。”①就会导致人类野蛮地相互残杀，并埋下“憎恨的种子”。为了消除这一“憎恨的种子”，就必须把祖国爱化为人类爱，通过对话交流，消除误解与隔阂。又由于国家利益的对立、民族利益的对立、意识形态的对立、宗教的对立等，导致很多国家与民族间互相猜疑与憎恨。要改变这种状况，必须加强各方面的对话与交流。“尽管接触与交流的加深，也不一定每次都增加友好，但是相互了解的基础上的争论，不会发展成为无谓的恐怖和猜疑”。他认为这是维护和平最重要的条件。

关于文化交流，汤因比说“所谓‘最终创造历史的东西’是并不表现在历史表面的‘水底下的缓慢的变化’”。② 池田认为“这种‘水底下的缓慢的变化’就是‘文化’的力量”。他认为，随着科技的发达，不同文化之间的交流必将急剧增加。因此，“人类正寻求一套是以使世界合为一体，形成新世界秩序的制度。在建立这套制度的过程里，文化交流是不可或缺的”。③ 那么文化交流应具有怎样的原则呢？池田认为：首先必须基于“对等”和“互惠”的原则。虽然“具有不同价值体系的文化接触的时候，当然会产生一种刺激作用，令双方发展起来。但是，当两种不同的价值体系互相渗透时，就会引起双方的激烈抗拒，结果使文化交流在引发创造力量的同时，更会造成摩擦”。④ 他举例说：日本虽然很容易地接受了西欧文明的科技，但在构成文化基础的价值体系方面却相对滞后，因而造成了其文化与经

① ［日］池田大作、［英］阿·汤因比，荀春生等译：《展望十一世纪》，国际文化出版公司 1997 年版，第 218 页。

② 何劲松编选：《池田大作集》，上海远东出版社 2002 年版，第 253 页。

③ 同上书，第 209—210 页。

④ 同上书，第 208 页。

济摩擦成对出现的令人头痛的局面。所以池田认为要解决这类问题，文化交流还要加上"渐进性"这一原则。他指出，日本的经验表明：外来文化带来的先进科学技术可以纳为已用，但整体的外来文化则不可能移植到另一个文化上。"假如急速地将一个文化加于另一个文化之上，必定会招致社会分裂，尤有甚者，更会演变为战争"。

正因为文化具有如此强大的力量，所以池田赞同主张欧美以外的文化也具有同等价值的文化相对主义，而强烈地批判那些怀念欧美国家曾出现的，认为基于近代欧洲价值观的文化是绝对而普遍的进化史观的人。池田认为随着第一次世界大战后，视欧美为人类文明中心的一元世界观崩溃和文化人类学所取得的成就，文化相对主义成为20世纪的思想主流之一。人类通过一系列的探索和发现："他们了解到，相对于固有的文明，以往被贬抑为'野蛮'的文化，其实有独特的价值和意义。""如果想返回那种价值观，那只是不合时宜的做法而已"。①

因此，池田先生特别重视基于"对等"、"互惠"和"渐进性"的双向文化交流。这种文化交流，"……可以说是真正消灭'心之距离'，是人与人沟通的基点。所以，只有在缓和世界紧张局势、真正谋求对话、共存的今天，才是凭借文化所产生的心与心的包围圈去抑制政治力量、军事力量的最好机会"。②

正是基于他的佛法人道主义观点，池田先生终身致力于推进和实现世界和平，并提出了不计其数的"倡议"和"方案"。在他看来，我们当前所处的时代，是一个"共生共存"的时代，一个对话的时代，诸多全球性问题的出现需要全人类团结起来去共同面对。所以需要用时代的眼光看和平；近现代战争频繁爆发的原因多数在于主权国家的利益诉求和权力争夺。事实上，也只有主权国家才具有发动战

① 何劲松编选：《池田大作集》，上海远东出版社2002年版，第210页。

② 同上书，第254页。

争的能力。要从根本上杜绝战争,实现世界的持久和平,他倡言要实现主权从国家到人类的思想转变;那么,为了实现主权从国家到人类的转变,“重要的是如何具体地对国家主权施加限制,如何把权限委托给超国家的机构”,①因此,他主张以联合国为中心维护世界和平等等。

总之,从以上阐述中我们了解到:对于人类的未来发展,池田先生认为人类应该认识到自身是自然、社会的一分子,人同自然、社会群体是相互依存的关系,人的行为必须规范在不破坏自然与社会的和谐的范围之内。在国际政治生活中,人们要认识到时代的发展已使得各国际政治主体利益趋向一致。各国家民族就应该抛弃前嫌,站在联合国这个舞台上平等对话,共同创建一个和谐的世界。

佛教有一个词叫“一切众生”,池田先生认为这个词包含着平等看待一切人,并为了从根本上拯救他们、使他们幸福应当怎么办的慈悲和责任感。立足于这种佛法的理念基础上,池田先生提出了人类应该争取的新方向:“一是人类应当具有的价值观,不应该狭隘地将其基础仅仅置于一个社会或国家之上,必须立足于全人类和全球的观点。二是我们说人是生命的存在,乃是超越任何社会、国家和民族具有普遍性和绝对性的事实。”也就是说,池田认为,“现代所必要的立脚点是:纵的方面要立足于人的存在的根源——生命的存在;在现实的行动上,横的方面要结成共同具有这种生命的存在的地球人类这一普遍的团结。通过在政治、经济、文化等各个领域扩大地球人类这一普遍的团结,在我们的地球上消灭一切战争,建立平等互惠的地球社会”。②

---

① 卞立强:《池田大作选集》,北京大学出版社 1988 年版,第 48 页。

② 何劲松编选:《池田大作集》,上海远东出版社 2002 年版,第 13 页。

五、池田大作的和谐对话理念简要评论

作为世界著名的宗教思想家,池田先生的和谐对话理念是以佛教的自然观、世界观哲学为依托的,他从佛教"依正不二"、"生命尊严"等角度对于目前人类所面临的种种危机的产生原因及解决途径作了分析,他认为根本途径在于进行人的内在的变革,而这种变革的关键就在于确立起一种以佛教慈悲生命观为根本的生态伦理观和世界和平观。唯有如此,人类才可能成功地实现同自然的重新和解,人与人、人与社会和睦以及国际政治主体之间的共存。此外,对于多元文化的交流对各国家与民族之间缓解矛盾冲突乃至预防战争的作用,池田也给予了充分的关注。但池田先生的思想之中也存在一定的局限性:首先,在他的思想中强调科学是导致自然恶果的"罪魁祸首",而宗教则是拯救自然和人类的唯一方向。这使得科技承担着过多坏的声誉,造成这样一种观念:似乎只要人们信从宗教,自然被破坏等问题便可迎刃而解。在此,我们可以问,他的这种宗教观念相比科学技术而言是否真的更有效?是否可以用非宗教式的观念?等等。其次,在宗教与政治主体的关系上,众所周知,在如今,国家和各种国际政治组织仍作为国际社会的主体,在协调全球利益和保证生态平衡上,仍然起着重要作用。他的这种以宗教为普遍主义,取消和剥夺民族国家的利益,通过建立世界政府来消除战争,以实现全球和谐的愿望是很难实现的。最后,不解决"物质利益"方面的各种问题,而想通过文化交流等精神方面的作用来消除各种矛盾争端。"在通往新世纪的大道的远方,矗立一座'文化'优于'政治'、'精神'胜于'强权'、'人民'高于'国家'的凯旋门"①,谈何容易。

① 何劲松编选:《池田大作集》,上海远东出版社2002年版,第206页。

（作者简介：田湘波，男，1965 年生，湖南沅陵人，博士，湖南大学政治与公共管理学院副教授，主要从事中国政治制度研究。

黄毅，男，1982 年生，湖南沅陵人，湖南大学政治与公共管理学院硕士研究生。）

人类共通之道探求的维度

——池田大作与汤因比对谈再省察

王明兵

能够被30多种语言文字所翻译,在世界170多个国家地区广布流行,并受到亿万读者所喜好的著作,在20世纪的经典录上恐怕莫过于《池田大作与汤因比对话录》了。两位思想巨擘在对谈集锦中所表现出来的那种对人性至善的倾慕、自然灵性的关爱、世界和平的祈盼、人类福祉的挚求以及无与伦比的人格魅力,几乎无一不受世人称誉和颂扬。① 然而,池田大作与汤因比在对谈过程中那些鲜为人

---

① 参见:(1)中国学界的相关研究有:钱宁:《太阳会从东方再次升起吗?——读〈展望二十一世纪(汤因比与池田大作对话录)〉》,《冶金政工研究》1995年第3期;聂丽珠:《世纪话题和普遍主义——关于汤因比、池田大作的〈展望二十一世纪〉的联想》,《学术论坛》1996年第3期;刘元春:《佛教与世界文化模式——读池田大作的跨世纪对话》,《中国文化论坛》1997年第4期;朱圆满:《新宗教与新世界——解读〈展望二十一世纪—汤因比与池田大作对话录〉》,冉毅编:《关爱人性　善待生命——池田大作思想研究》,湖南师范大学出版社2003年版。(2)日本学界的相关研究有:内藤国夫:《月報「創価学会問題」-32-代作された「トインビー・池田対談」》,《諸君》1984年第8期;孫立川:《なぜいま池田・トインビー対談なのか》,《潮》2001年第6期;石川好:《二十一世紀を予見する「トインビー・池田対談」》,《潮》2004年第4期;Langley Winston E. ,前川健一译:《アメリカ創価大学での講演会より トインビー・池田対談の意義》,《東洋学術研究》2005年第44卷第1号。

知的情节细目,以及尔后出版发行时何以在东方要以《展望二十一世纪》为题,又何以在西方要以《选择生命(*Choose Life*)》为名等琐屑处,却很少有人留意。而正是这些琐屑处,才十分传神地反映了两者在宗教观念、现实态度、未来趋向等方面的"同中之异"。了解这些细微点,对于深入理解和把握池田大作与汤因比的思想体系以及他们所代表的东西方价值理念的歧异与融和等诸多问题,或有小补。

一、个人际遇与宗教观念

池田大作与汤因比分别于1972年5月5日—9日、1973年5月15日—19日在英国伦敦举行了两次晤谈。日后问世的《池田大作与汤因比对话录》便是这两次共计10天左右的会谈成果。尔后两者似感意犹未尽,复又以书简往来继续扩大他们的对话。信笺中商谈了何事、交换了何种意见,似未曾刊布,不啻一"谜"。有时,因观点不一致,当面谈会令彼此颇显尴尬或难以启齿,可倘若以另一种"时空"形式来表达各自的看法,或许对于意见的交流和共识的达成更为有用,也更为有效,这也是生活中的常理和世态中的人情,是无可厚非的。无独有偶,会谈中当汤因比问及池田大作"最感痛心的事情"时,池田大作沉吟半晌才以"长男自杀"相告。[①] 饶有兴味的是,对谈在东西方世界中出版时,在西方以《选择生命(*Choose Life*)》为题,在东方乃以《展望二十一世纪》为名。以《选择生命(*Choose Life*)》为题,是汤因比从《圣经·申命记》第三十章第十九节中的一句话中提炼出来的,原话是:"现在,我把我的生命和死亡、祝福和诅咒这两种选择摆在你们面前,你们必须选择生命。这样,你们跟你们

① [日]角山栄:《21世紀文明の「衝突」か「共生」か》,《週間読書人》2003年7月26日。

的子孙就能长久生活下去”。① 汤因比的“选择生命”无异是对池田大作的一种最好安慰。

生死本来就是生命的必然现象。然而,不当死却悄然而殁,且又以一种非常态的自残方式告别人世,显然没有理由不让亲者心痛肠断的。池田大作关于痛失爱子的个人遭遇,虽然他在不同的场合表述过,但在汤因比这么一位西方人士看来,却存有着鲜明的认知意义。虽然这需要在各自信仰的宗教世界中去寻觅,但这也正好反映出了二者对宗教的态度。

汤因比信奉基督教。约略而言,在基督教的死亡哲学中,“死”并非恐怖,也并不是不可接受的归宿,而是通向更充实之“生”的途径。“死”是今生与来世的分界线,是每一个人从生活的世界走向彼岸世界的桥梁。故而,人之死,便无需太多的悲伤与痛苦,只不过是到了另一个世界,应该感到欣喜和宽慰。且在这一世界中,到处充满了阳光与欢笑,又无时无刻不聚集在上帝的身旁:“上帝不会像未亡人失去死者那样失去我们。人人都将以自己过去的形象汇集在上帝之中,汇集在本是生的上帝之中。”②在此,上帝承担了所有人的死亡,人之死也不过是另一种生活方式的变易而已,终究还是会复活的,只要消融在上帝的普遍关爱之下,就可享受来世的幸福。

与汤因比不同,池田大作笃信佛教,且主张以大乘法华经的思想和哲学济人度世。大略而言,佛教以“因果报应,生死轮回”为主旨,认为人生苦海无边,生老病死是芸芸众生的实状,将人的生命分为生有、本有、死有、中有四大阶段,生是“本有”,临终的刹那间是“死有”,死后则为“中有”,再回复到初生刹那的“生有”。此四有轮转不已,于是,“死”便不是人之全部的毁灭,而是“往生”。但是,佛教却

① [英]汤因比、[日]池田大作,荀春生等译:《展望二十一世纪——汤因比与池田大作对话录》之“译者后记”,国际文化出版公司 1985 年版,第 433 页。

② [德]E. 云格尔,林克译:《死论》,上海三联书店 1995 年版,第 108 页。

是反对自杀的。在佛教的各种戒律中,都以不杀生为根本戒之一。佛教徒所遵守的五戒、十善,皆列不杀生为首条。不杀生,不仅包括不杀他人,并且还包括不害己。自杀不仅杀害了自己,而且还杀害了住在自己身体中的八万四千条虫,何况自杀还给自己的亲人带来了痛苦。① 尽管池田大作常言及"人生无常,因而它是苦恼的集大成,而且具有这种现实的肉体的自我也必然要死去。佛法告诉我们,要不畏惧地凝视这种死,要领会其深处的奥妙②",然而,人死的痛苦,在现实情感上还是难以接受的,池田大作痛爱子之失,乃情理使然。

对死的灵性抚慰和对死后彼岸世界的终极关怀,一直是宗教的核心话题,因此,从某种意义上来说,宗教是一门关于死的学问。但是,宗教所关注的问题又不仅止于此。汤因比和池田大作对宗教都持有各自不同的看法和见解。汤因比的宗教观学界往往以"泛宗教论"称之,他自己对此亦有着清楚的表达:"我在这里所说的宗教,指的是对人生的态度,在这种意义上鼓舞人们战胜人生中各种艰难的信念。"③而尤具鲜明的特征是,汤因比在表达对宗教的意见时往往与他的历史研究和文明史观联系在一起考虑:"如果说宗教是一架四轮马车,那么,看来它借此奔向天堂的轮子就是地上文明的周期性兴衰。文明的运动看来是呈周期性循环,而宗教运动可能是一根单向连续上升的曲线。宗教的连续向上运动是由文明按照生、死、再生这以循环的周期运动来提供服务和加以促进的。"④宗教遭逢破坏,信仰动摇时,文明亦难逃厄运;只有宗教得以稳固,文明方可重获新

① 佛日:《佛学与死亡学》,《法音》1995 年第 3 期。

② [日]池田大作,卞立强译编:《池田大作选集》,北京大学出版社 1988 年版,第 80 页。

③ [英]汤因比、[日]池田大作,荀春生等译:《展望二十一世纪——汤因比与池田大作对话录》,国际文化出版公司 1985 年版,第 363—364 页。

④ [英]汤因比,沈辉等译:《文明经受考验》,浙江人民出版社 1988 年版,第 201 页。

生。由此可见，汤因比的宗教观念更多表达的则是作为一个历史学家的研究识见，并非一个绝对意义上宗教信徒的迷狂态度。

与汤因比适相对比的是，池田大作作为一个宗教领袖，有着非一般宗教信徒可与之相比的宗教热忱与传道信念。人们为何要信仰宗教？是因为人们一旦信奉了宗教，便获得了“支配自己行动的生命力”，“就能够与大宇宙融为一体，或是觉悟到宇宙万物根源的法”①，宗教通过对人自由意志的凝练、是非善恶观念与行为的规范教化，加深对人生、生命尊严的信仰和追求，获得灵魂的安宁。因而，应当把佛教作为自己的终身信仰：“当人类能从各种不同角度弄清‘宝贵的宇宙与自己’的关系时，人在找到了自己创造‘生’之路的方式或宇宙节奏取得真正和谐下，经营生计的广阔领域时，佛法主张的‘依正不二’论，必将作为人类的实践哲理，在人们行动中发挥作用。”②显然，池田大作的宗教理念，是有着一套庞大的理论体系和精深的逻辑结构的，能够将创价学会发展成为一个上千万人的宗教团体也诚非偶然。

二、人类困境与宗教诉求

人类当下困境和如何解决，乃是汤因比与池田大作的会谈中关注最多的一个核心话题。正是因为这一恢弘高远与人类前途发展密切相关的问题，才将代表西方智慧且身兼历史学家和国际政治问题专家双职的汤因比与代表东方智慧一心救世的宗教领袖池田大作连在了一起，而且他们在诸多方面都有着共同的洞察与卓见。

池田大作指出：地球是人类生存的家园。全球面临的一些危机，

① ［日］池田大作、［美］威尔逊，梁鸿飞等译：《社会与宗教》，四川人民出版社1991年版，第388页。

② ［英］汤因比、［日］池田大作，荀春生等译：《展望二十一世纪——汤因比与池田大作对话录》，国际文化出版公司1985年版，第367页。

皆由人类对地球的滥用所致。因此,“今天的世界正面临资源枯竭、环境污染以及核扩军竞赛等必须从全球的视野来认真对待的许多课题。”①显然,这与汤因比的判断无甚冲突,汤因比亦认为,当今世界正处在一个人类生死攸关的转折点上,这个转折点与“2000 万年或 2500 万年前人类和类人猿道路上的生物学分叉一样具有决定性的意义。”②面对环境污染、生态失衡、战事频仍、人性异化等共通性“公害”,池田大作径直指出,这些“公害问题,说到底是整个文明的问题。”③

提及全球事态与文明问题,毋庸置疑,汤因比最具发言权,而他的立足点也往往基于他的历史研究和文明史观:世界面临的全球性危机与西方文明特质的扩散有着紧密的关联,具言之,西方工业文明重物质轻精神,对自然界大肆掠夺的严重后果是人类对自然法则的顽抗与对大自然的破坏,技术的高度发展使西方世界制造出威力巨大的原子武器与细菌武器,这使得人间居住的哪怕是天涯海角,死神与战争也不会放过,因为“技术代替了宗教,晚近西方人竞相将其精神财富向技术转移,希望他的新偶像为着他的崇拜而给予报答,使他得以填补因为抛弃了祖先的宗教而造成的精神空虚。然而,技术在物质上将世界连为一体,根本没有缓解他的困境,反使之更趋恶化。”④正因为如此,“工业革命一旦开始,人类使生物圈,包括人类本

---

① [日]池田大作、[美]基辛格,卞立强译:《和平、人生与哲学——池田大作与基辛格对谈集》,中国国际广播出版社 1988 年版,第 124 页。

② [日]汤因比,徐波等译:《人类与大地母亲》,上海译文出版社 1992 年版,第 700 页。

③ [日]池田大作,程娜译:《人生寄语——池田大作箴言集》,上海社会科学出版社 1992 年版,第 156 页。

④ [英]汤因比,晏可佳等译:《一个历史学家的宗教观》,四川人民出版社 1990 年版,第 237 页。

身遭受到前所未有的威胁。”①

对于现代科学技术与人类当前遭遇的巨大困厄之关联，池田大作亦持大致相似的观点：“科学的思维方法产生了轻视生命的倾向，容易忽视活生生的人的真实风貌。我觉得，现代人忘记了科学这种把人符号化的思维法和舍弃个性的想法归根到底只不过是为完成部分目的的手段，而把它绝对化了、目的化了。”②并且，“当人们像酒醉一般不断追求‘进步主义’的梦想时，事实上已变得为‘蓝图’而蔑视‘现实’、为‘未来’而蔑视‘现在’、为‘增长’而蔑视‘环境’、为‘理论’而蔑视‘人’。今世纪的悲剧就是这样展开。”③基于此，池田提出了依靠宗教而解决的办法，“科学有限度，它能处置的对象极为有限。而且，对于人类极为关心的大事，科学完全不能给予明确的答案。对于这些科学不能处置的问题，只有宗教才能给人提示一个信念。在这个意义上说，显然唯有宗教对人类才是更重要的必需物。”④在“在基督教、伊斯兰教、儒教、道教都衰落的现代，赋予人类统一力量的新宗教又是什么呢？这是一个问题。”⑤

显然，以池田大作对佛教的赤诚和信仰来说，答案在他胸中是分外明确亦格外肯定的：“佛教克服了地区性多神教的局限。……佛教就是把自然的包罗万象和一切众生普遍存在的生命之法，作为自己的根本宗教。换句话说，佛教的第一要旨是要做到跟宇宙和生命中存在的‘法’相一致，并从中指出人和自然走向融合、协调的道

① ［英］汤因比，徐波等译：《人类与大地母亲》，上海译文出版社 1992 年版，第 696 页。

② ［英］汤因比、［日］池田大作，荀春生等译：《展望二十一世纪——汤因比与池田大作对话录》，国际文化出版公司 1985 年版，第 91 页。

③ ［日］池田大作：《和平世纪的倡言》，（中国香港）天地图书有限公司 1997 年版，第 108 页。

④ ［英］汤因比、［日］池田大作，荀春生等译：《展望二十一世纪——汤因比与池田大作对话录》，国际文化出版公司 1985 年版，第 89 页。

⑤ 同上书，第 306 页。

路。……并且佛教所说的生命,是一切人和一切生物(包括无生物)共同普遍具有的。因此,从一开始就比国家主义主张的把特定的人的集团置于优越地位的思想要高超。"①并进一步解释道:"佛法认为'大我'就是宇宙生命本身。佛法生命观的终极,就是我们个人的生命在其深处和宇宙生命成为一体。……人类生命的特质,可以说是具有生命的能动性、激发性的力量,而产生这种力量的根本性存在,是宇宙生命内部的'法'。……这个'法'不是离开人而存在的。它贯穿于人的生命和宇宙生命之中。从而觉悟到人本身存在的'法',也就是感知到人的生命和宇宙生命的一体性。"②当前世界风云变幻,危机重重,现代性对人的"异化"以及由此产生的人性之恶的外泄,无一不要求重估一切价值,重新找寻人的生命尊严,追求人类真正的福祉,这都是佛法的使命。故而,池田大作倡言:"大乘佛教便能对21世纪文明有所贡献。"③

同时,汤因比也致力于从宗教方面找寻解决人类困境的方法。他提出了一种新宗教形式,即高级宗教:"在物质上是一种灾难,在道德上是一种罪恶之后,极端的选择不仅摒弃了自然崇拜,而且也摒弃了任何形式的人的崇拜,它转而去依赖一个既超越于人和自然之上,又存在于人和自然界之中的绝对实在。高级宗教的出现揭示了这一新的精神里程碑的可能性。"④经过悉心梳理和综合研究,他从史实上拟定了人类迄今在东西世界所存有的六种高级宗教,东方有印度教和佛教,西方有琐罗亚斯德教、犹太教、基督教和伊斯兰教;而

① [英]汤因比、[日]池田大作,荀春生等译:《展望二十一世纪——汤因比与池田大作对话录》,国际文化出版公司1985年版,第383页。

② 同上书,第398页。

③ [日]池田大作:《和平世纪的倡言》,香港天地图书有限公司1997年版,第34页。

④ [英]汤因比,张可曼等译:《一个历史学家的宗教观》,四川人民出版社1990年版,第46页。

且他又不无忧心地告诫一些可能预料不及的潜在危险："一方面，被控制的高级宗教偏离了向众人传播新福音的真正使命；另一方面，对高级宗教的利用使世俗运动带上的一种唯物新福音才能激起的全神贯注性，然而这种影响是不幸的。"①基于这般辩证分析，汤因比把"高级宗教将同上帝接触的经验，作为一种新的生活方式的启示传达和推荐给人类。"②

尽管汤因比在有关宗教对于人类之人性唤醒与精神安顿等方面所产生的积极作用与池田大作有着大致不二的看法与意见，但汤因比的认识更多的是建立在他精湛的历史研究基础之上的，具有历史的辩证与统一、事实的考证与梳理、理性的分析与判断等研究性特征，与池田大作宗教领袖家的赤诚信仰和宣教布道等作为是不能简单地等同视之的，且他提出的"高级宗教"也与池田大作宣教的"释尊世界"相去甚远，需要加以区别对待。

三、文明前景与宗教情怀

汤因比与池田大作进行会谈，所面对的首先是池田这一"日本人"的角色与身份。然而，在会谈中，汤因比却极少对"日本"发表什么意见；即便偶尔提及，亦是赞叹声盖过正面评价。究其实，作为历史学家和国际政治问题专家的汤因比，不仅对日本有着精深的研究，而且还三度赴日进行过实地考察访问。汤因比曾于 1929 年、1956 年、1967 年访问日本，且每次考察时间都达数月之久，并且在 1969 年日本政府还曾向汤因比赠送了"勳一"奖章。③ 然而，"日本"在他

① ［英］汤因比，张可曼等译：《一个历史学家的宗教观》，四川人民出版社 1990 年版，第 129 页。

② 同上书，第 90 页。

③ ［日］北政巳：《"21 世紀への対話"に臨んだトンビー博士の歩んだ道》，《創価教育研究》2004 年 3 月第 3 号。

的历史研究视野中，却不过是整个人类文明进程中的一个存在而已，且认为：日本文明是附属于中国文明的，是中国文明的衍生文明或曰“卫星文明”，“受到中国文明的启发，但它们沿着自己的路线发展了从中国文明借来的东西，这足以将它们明显地列入次一级的分支文明当中。”①基于这种总体性的评价，面对日本参与两次世界大战的经历及其战后经济的恢复和发展，汤因比对日本仍是颇感困惑：“人们或许可以大胆地猜测说，西方面对日本之‘谜’的困惑不过是一个社会眼看着自己的文化侵略被自己的受害者挫败后的那种困惑。因为日本在表面上拜倒在西方的脚下时，实际上却解除了进攻者的武装。日本目前的文化混合是否会发展一种独特的西方传统和本国传统的混合物，我们现在还难以回答，因为日本对世界其他地区的影响刚刚开始，而且肯定会在不远的将来成为一个重大的问题。”②从这些字里行间的隐微处，人们可明显地感受到汤因比并不对日本为人类未来担当重任寄予什么期望，尽管亦可有所贡献：“日本的传统宗教，佛教也好，神道也好，都主张人与自然之间的协调，这是人伦之道。这和认定人有压迫和统治自然的特权并拥护这一特权的西欧犹太教的传统，形成了鲜明的对照。西欧的这条道路是导向悲惨结局的。相反，日本民族在人类走向更安全、更幸福的道路上，是能够作向导的。”③既然日本对于人类所起的作用不可高估，那么诞生于日本社会的一少数派别宗教未必会为人类开出万世太平，而且对此他还不无忧虑：“集体的自我是比个体的自我更危险的崇拜对象。”④

---

① [英]汤因比，刘北成等译：《历史研究》，上海人民出版社 2000 年版，第 50 页。

② 同上书，第 358 页。

③ [英]汤因比、[日]池田大作，荀春生等译：《展望二十一世纪——汤因比与池田大作对话录》，国际文化出版公司 1985 年版，第 298 页。

④ [英]汤因比，张可曼等译：《一个历史学家的宗教观》，四川人民出版社 1990 年版，第 43 页。

其实,通过历史研究,依据历史经验,把握现实,作出历史预告,素来就是历史学研究的题中应有之义和历史学家的分内之事。汤因比以精湛的历史研究享负盛名,借旷世才情为人类困境和全球危机把脉寻疾开方明道,实乃他对人类历史进程经验总结和人类之本质性作为科学研究的必然趋向所致。正是奠基于博大精深的历史研究基础,他才能从多维视角立体而综合地为人类社会提出了一套可资参考的建设性方案:“在政治方面,应建立起一个符合宪法的合作的世界政府机构;在经济方面,在自由经营与社会主义之间寻找可行的折中方案;在精神方面,把世界的上层建筑放回到宗教的基础上去。”①而且,“未来是难以预见的,但在文明中心历史的下一个章节中,主导作用可能会从美洲转移到东亚。”②具体说来,在汤因比的视阈中担当此大任者乃中国。中国在“几千年来,比世界任何民族都成功地把几亿民众,从政治文化上团结起来。他们显示出这种在政治、文化上统一的本领,具有无与伦比的成功经验。这样的统一正是今天世界的绝对要求。”③而“现在各民族中具有最充分准备的,是两千年来培育了独特思维方式的中华民族”。④

然而,池田大作对于汤因比的这一“研究心得”是无法认同的。当面谈及此,池田大作便径直指出:“今后世界统一应走的方向,不是像中国那样采取中央集权的做法,可能是要采取各国以平等的立场和资格进行协商这种联合的方式。从这种意义上说,与其说哪里是中心,不如说哪里表现出来先锋模范作用。”⑤确实,从历史学研究

---

① [英]汤因比,沈辉等译:《文明经受考验》,浙江人民出版社 1988 年版,第 34 页。

② [英]汤因比,徐波等译:《人类与大地母亲》,上海译文出版社 1992 年版,第 44 页。

③ [英]汤因比、[日]池田大作,荀春生等译:《展望二十一世纪——汤因比与池田大作对话录》,国际文化出版公司 1985 年版,第 294 页。

④ 同上书,第 295 页。

⑤ 同上书,第 296 页。

的本质意义和终极目的来说，历史学通过对人类各民族发展进程中文化和文明成果的间接理解，是可以对未来进行一定的预见的，但无论如何也是无法像自然科学那样可以作出精确的预言或预告。正缘于历史学研究的本质性规定，汤因比对他的这一历史预言也是充满疑虑和担忧的："我发现人类越发自以为是，越发无力、粗暴、错乱起来了。人类为自己储备了怎样的厄运呢？我有生之年大概是看不到这一悲剧的结局了。我死后会发生些什么变故呢？实在令人担心……"①

无可否认，汤因比对人类未来归属的"历史预告"，是有着惊人的"乌托邦"情怀和宗教意味的。但是，他的宏论和历史预见是基于深广的史实经验且又经过严密的逻辑论证的理性判断，与池田大作的"人类未来之'释尊世界'"不可等量齐观。前者属于学术研究的领域，而后者是宗教家的事业和目标。正因为如此，池田大作与汤因比思想世界的此疆彼界才显得格外清晰而明朗，这也恰好正是东西方文明精神交辉互映的对照性体现。因此，从这个意义上来说，池田大作与汤因比试图以对话形式来加深对彼此世界的了解，消弭东西方世界的冲突，探求人类大同之道，颇具跨世纪意义。

然而，世界一体化的不可逆性发展态势，使得任何一种单一的文明形态或理论形态都无法准确传达出整个世界的综合性信息，更遑论"欧洲经验"或"亚洲价值"这样的"地方性"论述。因为无论是被目为可以代表资本主义文明发展模式的"西欧"，还是认为能够体现东方价值体系的"中国智慧"，都无法从中概括出整个世界的总体全貌和基本精神。事实上，不管是取法欧洲的"西化"还是高唱东西方文明对话以解西方现代化之"病"的腔调，都因立足于东西方对立而深陷"东—西""欧—亚""二元"思维模式。因此，跳开东方看东方，跳开西方看西方，以借鉴人类历史经验、熔铸中西方文明优长为特征

① 山本新：《汤因比论中国传统文化》，陕西人民出版社1989年版，第196页。

的“第三种传统”才显得更为弥足珍贵和切实可行。①

（作者简介：王明兵，男，1982 年生，甘肃酒泉人，东北师范大学历史文化学院·池田大作哲学研究所博士研究生，从事日本近世思想史和池田大作研究。）

① 参见韩东育：《道学的病理》，商务印书馆 2007 年版，第 4—6 页。

文明对话与国际关系

汪鸿祥

一、前　言

池田大作先生指出:"对话,无论是个人层次还是国家层次,都是给社会带来和平与安定的'王道'"。[①] 对话是人类交流的手段,是社会变革的武器。当代国际社会中,对话的意义更为重要、范围更为广泛。从个人间对话到国家间对话,进而到全球性对话,展开了各种对话。

池田从20世纪60年代起,与世界各国首脑和有识之士进行了7000多次文明间的对话,在日本出版的池田文明对话集已达50多部。池田通过文明间的对话,促进文明间的理解,避免"文明间的冲突",推动文明间的融合。池田对话中对国际关系的历史、现状和未来作了精辟的论述,特别是通过与各国首脑和权威人士的对话,对当代国际关系的发展产生了重要影响。本文首先简略阐述对话在国际关系史上的作用,然后具体考察池田对话对当代国际关系的实际影

① [日]池田大作:《池田大作全集》日文版,第102卷,日本圣教新闻社2003年版,第317页。

响，进而深入探讨全球对话机制在全球化国际关系中的重要意义。

二、对话在国际关系中的作用

1. 古代国际关系与对话

对话在古代国际关系中具有重要作用。从西方的伟大思想家苏格拉底、柏拉图，到东方的佛教始祖释迦牟尼、儒教始祖孔子，先哲们的各种对话不仅对当时的社会产生了重大影响，而且对今日的世界仍有深远影响。中国春秋战国时期，诸子百家展开对话，呈现文化繁荣之盛况，形成中华文化之源泉。孔子进行教育的重要方式就是对话的方式，孔子思想集大成的《论语》就是根据孔子与其弟子的对话汇成的经典。苏格拉底探究真理的方法就是对话。苏格拉底奔走于雅典的广场和街头，围绕着"幸福"、"善"、"正义"等人类共同命题开展对话。苏格拉底对话的特征是使用易懂语言，阐述高尚思想，引起市民共鸣。苏格拉底是"哲学史上伟大的实践家"。①

古代不仅有思想家的对话，还有诸侯国之间的对话。中国夏、商、周时期，诸侯林立，交往频繁，盟会众多。"会"即为诸侯国之间的国际会议，"盟"即为缔结条约，意味着诸侯国之间展开了各种对话。西汉时期，与周边国家进行了频繁的对话。张骞出使西域，开辟了"丝绸之路"，扩大了中国与中亚、西亚的交流范围。池田指出：丝绸之路"不仅是物资贸易的要道，而且是东西方文化交流的渠道。"②丝绸之路也是文明对话之路。东汉时期，班超出使西域，加强了中国与西域的联系。此后东汉与罗马帝国建立了直接的海上贸易联系，中国与世界的对话范围更加扩大。三国时期，诸葛亮通过对话，促进

---

① 《圣教新闻》2002 年 1 月 7 日。

② ［日］池田大作、季羡林、蒋忠新：《畅谈东方智慧》，四川人民出版社 2004 年版，第 220 页。

蜀吴联合，形成三国鼎立之势，堪称中国古代对话的范例。盛唐时期，在亚洲开始形成册封—朝贡体系。这一体系以中国为中心，以儒教礼仪为基本规范，以朝贡和回赠为主要形式，在中国与周边国家之间进行了经济和文化交流。这一体系不同于西方殖民体系，不是武治，而是德治；不是征服，而是沟通；不是对抗，而是对话。这一体系中对话在多种层次上，以多种形式展开。虽然19世纪中叶这一体系走向崩溃，但是国际关系中对话仍在继续。

2. 近现代国际体系的演变与对话

近代以来先后经历了威斯特伐利亚体系、维也纳体系、凡尔赛—华盛顿体系、雅尔塔体系等国际体系的形成和崩溃的过程。这些国际体系都是通过有关国家的对话和会谈而形成的。

为了结束"三十年战争"，1648年召开了威斯特伐利亚和会。通过与会国的对话，签订了威斯特伐利亚和约，形成了近代第一个国际体系。威斯特伐利亚体系开创了以国际对话解决国际争端的先例，确定了欧洲大陆各国的国界，确认了民族国家在国际关系中的行为主体地位，肯定了国家主权原则，以罗马教皇为中心的神权政治体制让位于以民族国家为中心的国际体系，在欧洲大陆确立了一个半世纪的多极均衡格局。拿破仑战争最终使其趋于崩溃。

拿破仑战争后，1814—1815年召开的维也纳会议，是全欧国家都参与对话的一次重要会议。英、奥、俄、普四国是对话的主角。既有谈判桌上的对话，又有娱乐场中的对话；既有公开的对话，又有秘密的对话。通过对话和交易，签订了一系列条约和文件，形成了第二个国际体系。维也纳体系恢复了欧洲多极均衡格局，即由拿破仑法国力图独霸欧洲的局面回归到多强争霸欧洲的局面，被认为是开创了"百年和平"。第一次世界大战的爆发导致这一体系的崩溃。

第一次世界大战后，召开了凡尔赛会议和华盛顿会议。对话的场所横跨欧美大陆，对话的成员来自世界各地。通过对话和妥协，达成了一系列的协议，建立了第三个国际体系。凡尔赛—华盛顿体系按照力量对比的变化，重新划分势力范围，建立了符合战胜国利益的国际体系，造就了短暂的均势。但是各国之间矛盾交织，争夺激烈。希特勒点燃的战火埋葬了凡尔赛—华盛顿体系。

第二次世界大战后期，美、英、苏等大国在雅尔塔会议等国际会议上进行了一系列的对话，特别是罗斯福、丘吉尔、斯大林三巨头的对话和秘密交易，关于战后秩序达成了一系列协议，形成了第四个国际体系。雅尔塔体系的核心是美苏两极格局，近代国际关系三百年来首次出现的两极格局，取代了以欧洲为中心的多极均势格局。美苏冷战和东西方对立，给国际关系带来了长远而深刻的影响。[①] 20 世纪 90 年代以来，国际社会进入了雅尔塔体制向新的国际体制过渡的重大转折期。雅尔塔体制在欧洲已经崩溃，但是在亚洲尚未结束。

纵观近现代国际体系的演变可以看到，战争导致旧的国际体系的崩溃，对话推动新的国际体系的建立。战争导致国际社会的动荡和不安，对话促进国际社会的稳定与和平。国际社会在构建新秩序的过程中，对话是重要的必不可缺的手段和途径。

三、池田对话对当代国际关系的实际影响

池田对话在国际社会的对话中独树一帜，超越了不同的宗教，冲破了不同的意识形态和政治制度的壁垒，对大国关系的变化产生了重要影响，推动了国际社会和平发展与合作潮流的发展。

1. 美苏关系的变化及冷战的结束

池田指出：战后“在美苏的对立之下，将世界卷入了冷战的旋涡”。[②] 冷战是指战后美苏之间以及东西方阵营之间，围绕着建立战

---

① 汪鸿祥等：《战后国际关系系史纲》，世界知识出版社 1989 年版，第 1—101 页。

② 《池田大作全集》日文版，第 3 卷，第 312 页。

后秩序等重大问题严重对立，双方沿着势力范围的分界线进行的政治、军事、经济、文化、心理等全面较量。冷战带有意识形态和社会制度的尖锐对立，军备竞赛不断加剧的特征，在世界范围内增加了紧张的气氛。

20 世纪 60 年代末，国际关系开始发生新的重大变化。根据时代的需求，池田大声呼吁东西方进行“真诚的对话”，指出东西方对话是“构建一个世界的最有成效的行动”。池田为了打破冷战的格局，在美苏之间进行了文明对话之行。1974 年 9 月访问苏联，与柯西金总理进行了对话。1975 年 1 月访问美国，与基辛格国务卿进行了对话。池田在与美苏首脑的对话中呼吁早日召开美苏首脑会谈，尽快结束冷战。1981 年 5 月，池田第三次访问苏联，与当时的总理吉洪诺夫会见时，呼吁苏联首脑：“离开莫斯科，选择瑞士等合适地点，与美国总统进行彻底的对话。”1986 年池田对基辛格说：“我通过多次提言，希望美苏首脑会谈早日召开。对世界和平负有重大责任的美苏最高首脑，首先要排除万难进行会谈，而且要多次反复进行对话，我确信由此将会产生打开僵局的大胆构想和行动，富有勇气的决断。”①从 1974 年池田开始美苏之间的文明对话起，经过长达 15 年的努力，1989 年美苏首脑马耳他会谈宣告结束冷战。同年柏林墙崩溃，1991 年苏联解体，冷战终于结束。戈尔巴乔夫对池田在结束冷战中的作用给予高度的评价：“通过您亲身的和平之行，证明了即使在铁幕之下也可能进行和平对话和民间外交。”②冷战的结束，是国际关系中具有划时代意义的重大转折，是世界和平力量推动的结果，也是池田在美苏之间进行文明对话的结果。

2. 中美和解与中美建交

20 世纪 50 年代到 60 年代，中美处于严重对抗的状态。50 年代

---

① 《池田大作全集》日文版，第 102 卷，第 217 页。

② 《池田大作全集》日文版，第 105 卷，第 200 页。

初期，中国“抗美援朝”，在朝鲜与美国进行了直接交锋。60年代，中国支持印度支那人民的抗美斗争，在印度支那与美国进行了长期较量。60年代末国际关系发生了新的变化。中国领导层根据国际形势的变化，探讨打开中美关系。1969年尼克松就任总统后，开始调整世界战略，谋求改善中美关系。

在中美关系从对抗走向和解的过程中，池田积极呼吁中美两国实现关系正常化，在中美间进行了不懈的努力，推动了中美和解的进程。1970年1月中美恢复大使级会谈，此后中美通过巴基斯坦渠道和罗马尼亚渠道保持接触。1971年春，中国邀请美国乒乓球代表团访华，展开“乒乓外交”。在同年4月发表的1970年末毛泽东与美国记者斯诺的谈话中，披露了毛泽东欢迎尼克松访华的意向。7月基辛格秘密访华，中美双方发表《公告》，宣布尼克松访华，震撼了世界。1972年2月尼克松访华，中美双方发表了《上海公报》，向全世界宣告中美和解，谱写了中美关系的新篇章。但是此后中美关系正常化进程经历了长达近7年的岁月。中国提出的“断交、废约、撤军”三原则，在美国福特政府任期内没被采纳。在中美关系正常化进程出现困难的时刻，池田为了促进中美关系正常化的早日实现，展开了新的对话行动。1978年8月，池田会见美国驻日大使曼斯菲尔德，关于早日实现中美关系正常化交换了意见。同年9月池田访华，在与李先念会见时谈到了实现中美关系正常化的问题。① 此后，中美关系正常化的步伐加快，1978年12月16日，中美发表《建交公报》，宣布从1989年1月1日起中美正式建立外交关系。这不仅在中美关系中具有重要的意义，而且对国际关系产生了深刻的影响。这是中美两国对话努力的结果，也是池田在中美两国之间展开文明对话的结果。

---

① 《圣教新闻》2007年8月30日。

3. 中苏关系的改善和正常化

从20世纪50年代后半期起，中苏关系急剧恶化，从同盟走向对立。60年代，苏联在边境驻兵百万，增加了对中国的威胁。1969年3月苏联军队入侵中国领土珍宝岛，中苏边境地区发生了武力冲突。70年代，苏联支持越南入侵柬埔寨和反华，直接入侵阿富汗，从北、南、西三个方面构成对中国的威胁。中苏关系出现了前所未有的严重对抗的状态。

在中苏对抗的形势下，池田为了中苏关系的改善，开始了中苏两国的文明对话之行。1974年9月访苏，在与柯西金会谈时，池田尖锐地提问："苏联打算进攻中国吗？"柯西金明确回答："绝不进攻。"池田又问："可以将此话如实转告中国首脑吗？"柯西金回答："可以。"同年12月访华，与周恩来、邓小平进行了会谈，并将上述重要信息通过廖承志转达到了中国最高领导层。① 池田与中苏领导人的对话，促进了中苏的了解，促进了中苏关系走向和解。80年代初中国进行外交大调整，谋求中苏关系正常化。1982年到1988年，中苏举行了12次外交部副部长级会谈。1986年戈尔巴乔夫在海参崴发表演说，表明了促进中苏关系正常化的愿望，此后中苏谈判进程加快。池田当时就肯定了"中苏关系改善的新局面"，指出："中苏关系的改善不仅给两国，而且给周边各国带来了缓和的波动，给整个和平带来了建设性的影响。"②1989年5月，戈尔巴乔夫访问北京，与邓小平进行了历史性会谈，中苏联合公报正式宣告了中苏关系正常化。这是中苏关系中具有历史意义的重大转折，是中苏两国外交努力的结果，也是池田在中苏两国之间展开文明对话的结果。

4. 中日邦交正常化与中日友好的发展

战后日本追随美国，1952年与中国台湾签订了《日华和平条

---

① 《圣教新闻》2007年8月1日。

② 《池田大作全集》日文版，第102卷，第221页。

约》。到1972年为止中日两国关系长期处于不正常的状态。1952年起中日开始民间贸易和文化交流,60年代中日发展了经济贸易关系。随着经济文化交流的进展,中日之间形成了一种半官半民的联系。但是1964年成立的佐藤荣作内阁推行亲美反华政策,阻碍了中日关系的发展。1966年开始的"文化大革命",也对中日关系的发展产生了不利影响。

在中日关系的困难时期,1968年9月8日池田发表了著名的《中日关系正常化提言》,明确提出:第一,正式承认中华人民共和国,实现中日关系正常化;第二,恢复中国在联合国的合法地位;第三,发展中日两国的经济文化交流。《池田提言》成为中日关系正常化的强大牵引力。1972年9月29日中日两国发表《共同声明》,宣布中日邦交正常化。这是近代以来中日关系史上划时代的重大转折,是中日共同努力的结果。池田为此发挥了重要作用,堪称中日邦交正常化的"掘井人"。中日邦交正常化实现后,池田继续展开中日对话,先后10次访华,会见了周恩来、邓小平、江泽民、胡锦涛等中国四代领导人。尤其是1974年12月与周恩来会见后,池田把周恩来衷心祈望的中日世代友好,作为自己一生的神圣使命,坚持不懈地为中日友好做出了重大贡献。

池田—周恩来对话的33年后,2007年4月池田与温家宝进行了新的对话。20世纪90年代中期以来,中日关系进入了结构变动时期。中日之间围绕着历史、领土、经济以及安全等问题发生各种摩擦,产生了深刻的不信任。① 温家宝访日是在中日关系重大转折时期的一次重要外交行动,被称为"融冰之旅"。温家宝在繁忙的访日期间特地与池田进行了会谈。会见时温家宝高度评价池田对中日友好作出的卓越贡献,当面表示"我非常尊敬先生",并披露说:"来日前,我读了池田先生的两本书。"(即池田、汤因比著《展望二十一世

---

① 汪鸿祥等:《变化中的现代中国》,(日本)白帝社2004年版,第66—90页。

纪》和池田、季羡林等著《畅谈东方智慧》)温家宝还亲笔书写了“慈航创新路,和谐结良缘”的挂轴赠给池田。① 池田—温家宝对话是池田在中日关系新时期进行的新对话,将对中日战略互惠关系的发展产生深远影响。

四、全球化国际关系与全球对话机制

国际社会正处于旧的秩序向新的秩序转变的大变动时期。冷战结束后、国际社会出现了从对抗走向对话的新潮流,对国际关系的转型产生了积极的重要的影响。这一新潮流反映了全球化国际关系的新趋势。

1. 全球化趋势与全球性问题群

池田指出:“全球化的浪潮正在席卷世界。”②全球化是指当代人类社会生活跨越国家和地区界限,在全球范围内的沟通、联系、依存的客观进程与趋势。全球化表明,人类社会开始从国际社会走向全球社会。从经济领域来看,全球化促进经济活动在全球范围形成相互依存的全球经济,形成了全球市场,实现了全球资源配置和分工。从政治领域来看,全球化导致各国政治相互关联,全球范围的政治往来日益频繁与扩大。国内政治与全球政治的界限被打破,全球政治议程直接影响世界各国和整个人类。从文化领域来看,全球范围内各种文化相互借鉴,交流融合,各种文化在全球化的进程中,尊重个性,发展共性,共存共荣。从科技领域来看,通信交通技术的迅猛发展,使人类克服了自然地理的障碍,超越了国家区域的界限,在全球范围内展开了前所未有的人员、物资和信息的相互交流,人类的时空

① 《圣教新闻》2007 年 4 月 13 日。

② [日]池田大作、季羡林、蒋忠新:《畅谈东方智慧》,四川人民出版社 2004 年版,第 271 页。

观和社会观开始具有全球特征。全球化对于人类社会的影响是多方面和多领域的,需要全面的综合的考察。全球化正在改变人类历史的进程,也改变着国际关系。全球化的趋势使国与国之间的距离越来越近,使国际关系的范围更加广阔、内容更加丰富。在全球化时代,不能把国际关系仅仅看做是国家间关系,而应该视为"全球关系",它既包含国家间关系,又包括跨国关系。国际关系与全球政治、经济、社会、文化,甚至整个人类密切相连,表现出国际关系的全球化。

池田指出:"随着全球化的进行",出现了"全球性的问题群"。[①]所谓"全球性的问题群",是指当代人类社会所面临的一系列超越国家和区域界限,关系到人类生存与发展的严峻问题。主要有包括经济发展、经济不平等、贫富差别等经济问题;包括战争与和平、核武器、裁军、恐怖主义等政治与安全问题;包括人口、贫困、难民、宗教纠纷、跨国犯罪、卫生保健等社会与文化问题;包括资源、能源、粮食、环境等生态环境问题。冷战结束后,贫困、人口、污染、核扩散四个问题最为突出,简称"四P"问题。全球性的问题群可以概括为人与社会、人与自然、社会与社会之间的问题。其基本特征是,第一,全球性,原因和结果、规模和范围都是全球性的。第二,综合性,囊括人类生活所有领域,囊括政治、经济、文化诸多因素,囊括人类、社会及自然。第三,普遍性,超越了意识形态、社会制度、民族国家。第四,严重性,危及人类文明,并把人类困境推向极限。全球性的问题群对国际关系产生了全面而深刻的影响。首先突破了国家与国际的框架。全球问题不是一国或几国的力量所能解决的,必须通过全球社会的共同努力来谋求解决,因而造成了国际关系行为主体的多元化,除了国家以外,超国家的组织和非国家的民间或个人都积极参与全球治理。

---

① [日]池田大作、季羡林、蒋忠新:《畅谈东方智慧》,四川人民出版社2004年版,第274页。

其次改变了国际关系的主旋律。即国际关系的主题从传统的战争与和平转向全球的和平与发展,关注的重点从传统安全问题转向非传统安全问题和全球综合安全问题。

2. 构建全球文明对话机制

面对全球化趋势和全球性问题群的出现,人类祈求国际关系的新思维和新方法。这种新思维和新方法应是促进文明间的理解和融合。池田对话就是这种新思维和新方法的一种表现。弘扬池田对话精神,积极推进全球对话机制的构建,成为全球化国际关系的重要课题。

(1)联合国与全球对话机制。联合国作为囊括全世界几乎所有国家的最大国际组织,在政治、安全、经济、社会发展、科学技术、文化教育、人权保护等各个领域发挥了重要作用,也在全球对话中发挥了重要作用,池田高度评价联合国的作用,重视联合国的存在,指出:"为了构建新的世界秩序,必须以联合国为中心。"其次主张加强联合国作为"人类议会"的作用。指出:"作为互相讨论场所的'人类议会'存在的本身,就具有不可估量的意义",强调联合国作为"人类议会"在全球对话中的作用。再次重视联合国软实力的作用。当今世界,比起军事力量等硬实力,对话力、文化力、协调力、沟通力等软实力更显重要。还重视联合国在"人的安全保障"方面的作用。[①] 联合国在全球对话中发挥了中心作用。联合国大会展开了最大规模的全球对话,联合国专门机构进行了广泛的专门性对话,联合国在区域对话中也发挥了重要作用。今后联合国在全球对话中的作用将会日益重要。

(2)大国对话机制。全球化使大国关系变得错综复杂,从过去盟友或敌人的单一状态转向利益交汇的复合状态。大国敌对状态不复存在,大国对话机制正在发展。首先表现在联合国安理会五大常

---

① 《池田大作全集》日文版,第105卷,第538页。

任理事国的对话上。冷战时期安理会是五大国对抗争斗的场所,现在状况有了改善,在涉及和平与安全的重大问题上,五大国进行对话协商,力求达成妥协,共同解决问题。2006 年 7 月关于伊朗核问题、朝鲜核问题的决议,就是大国对话机制的成果。八国首脑会议也是大国对话机制的表现。1980 年代以来会议的主旨从经济逐步扩大到政治与安全的领域,面对全球化的复杂局面广泛对话,协调步伐,形成政策取向,近年来八国首脑会议还邀请中国、印度、巴西、南非等发展中大国参与峰会,就共同关心问题进行对话,交换意见,增强了这一大国对话机制的影响力。大国对话机制还包括中、美、俄、欧盟、日等间的双边对话,也对全球化国际关系的发展起了积极作用。但是大国之间存在既摩擦又协调,既竞争又合作的关系,大国对话声中既有协调成功的欢呼声,也有意见不同的吵架声。改善和发展大国对话机制是全球化国际关系的课题。

(3)区域对话机制。冷战以后,区域对话机制的发展尤为明显。两极格局的崩溃,扩大了各个区域合作解决区域问题的自主性。区域冲突的频繁发生,增加了各个区域合作解决区域问题的紧迫性。欧盟堪称区域对话的先驱。欧盟是欧洲各种力量广泛参与的对话与合作的区域治理体系。超国家的、国家间的、次国家间的三种方式,在欧盟的政治、经济、社会各个领域的机制运行中同时并存,逐渐形成一种复杂交错的多层对话治理体系。尤其是欧洲公民社会全面而积极地参与对话,成为全球化国际关系中的创举。东亚区域对话引人注目。东亚在国际政治中扮演重要角色,在国际经济中举足轻重。池田指出:“东亚地区正逐渐演变为 21 世纪世界极其重要的区域”,并提出了建立东亚“多层次的合作机制”。1997 年亚洲金融危机以后,东亚加强了对话和合作,同年 12 月举行了首届东盟 10 国和中、日、韩 3 国首脑会议。十年来东亚的对话和合作取得了重大进展。2003 年开始的朝鲜半岛非核化问题的“六国会谈”是通过对话解决朝鲜半岛问题的重要尝试。不仅对朝鲜半岛的和平和统一具有重要意义，而且为构建东北亚多国对话和平体制提供了可能性。

(4)全球民间对话机制。当代国际关系的一个新现象是，非政府组织和市民社会的崛起，并在全球化进程中发挥重要作用。池田指出："'国家以外的行为主体'在国际政治中发挥的作用日益重要。"①随着全球化的推进和全球问题的激化，全球范围的民间社会开始形成。全球化使人们参与全球治理的愿望不断增强，通信技术革命给人们参与全球治理提供了有效的方式，从而使个人和团体组织为主体的跨国关系得到迅猛发展。现在全球性民间社团多达3万多个，这些组织拥有独立的经济来源以及自己的管理机构和组织机制，具有志愿性、自治性、组织性、非官方性和非营利性等特征。这种全球民间社会是多元的，主要由非政府组织、公民运动和全球公民网络所构成。全球民间社会在全球对话中发挥着重要作用。通过召开会议、举办论坛、提出倡言、发表声明等各种手段，在和平、发展、环境、人权等各个领域，展开广泛对话，对有关国家的决策和有关国际组织的决议产生了重要影响。

五、结　语

古代国际关系中虽然也有对话，但是当时的国际关系处于不发达不成熟状态，国际关系中对话的方式、渠道、范围、内容都受到相当限制。近现代国际关系中虽然对话起了重要作用，但是这种对话主要是各国政治家和外交家之间的对话，主要是为了国家利益的对话。

池田对话不仅推动了冷战的结束，促进了有关大国关系的改善和发展，而且对全球化国际关系的发展也产生了重大影响。池田对话表明，超越国家间的对话和超越国家利益的对话是可能的，跨文化的对话和东西方文明的对话也是可能的。

---

① 《池田大作全集》日文版，第102卷，第354页。

文明对话大潮汹涌澎湃，全球对话机制正在形成。对话机制虽然没有约束力，但是具有影响力。阻碍对话和危害和平的各种因素依然存在，美国单边主义战略不利于全球对话，国际恐怖主义也有碍全球对话，环境问题是全球对话中引人注目的课题。尽管全球对话困难不少，然而全球对话势不可挡！文明对话将给人类社会带来新的希望，全球对话机制将在全球化国际关系中发挥日益重要的作用！

（作者简介：汪鸿祥，男，1953年生于上海，复旦大学研究生班毕业，日本创价大学教授，从事国际关系研究。）

民间外交与和谐世界

——试论中日邦交正常化对构建和谐世界的启示

纪亚光　章　杨　纸谷正昭

众所周知，刚刚过去的20世纪，充斥着战争的血腥与残暴，不仅造成难以计数的人员伤亡和财产的巨大损失，而且制造了国家与国家、民族与民族间难以消弭的仇恨与敌视。如何消除战争的阴影，避免战争的悲剧重演，使人类在和平的环境中创造更加美好的未来，是一项难以解决的难题。从避免战争灾难、构建和谐世界的视角审视，1972年中日邦交正常化的实现，是一件化干戈为玉帛、化腐朽为神奇的典型例证，值得进一步思考与品味。

一、历史的难题

中日两国是一衣带水的邻邦。在历史的长河中，中日两国曾密切交流。双方民间的经济、文化交流早在秦汉时期即有文字记载。到了东汉时期，两国间建立了外交关系。到隋唐时期，双方的交流广泛而深入，其中鉴真和尚历尽艰辛东渡日本的故事传为历史佳话，而遣隋使和遣唐使则极大地推动了两国政府间的友好关系。可以说，古代中日两国关系的主流是友好交往，双方互相促进、互有借鉴。然而，从19世纪后半叶起，日本逐渐走上了军国主义的道路，发动和参加了一系列侵略战争，其中大多数是侵华战争。从1874年进犯中国台湾，到第二次世界大战结束，日本军国主义在历时半个多世纪的时间里，野蛮侵略中国，先后践踏了中国大片土地，侵占了中国大部分重要城市，使中华民族蒙受了极为深重的灾难。1945年9月2日，日本政府正式签署投降书，宣告了日本军国主义的彻底失败，为铲除中日两国交往的障碍，恢复和发展两国的友好关系奠定了基础。但是，受美苏冷战、意识形态、社会心理等多种因素影响，中日两国重建和平友好关系困难重重。

第二次世界大战结束后，以美国为首的资本主义阵营和以苏联为首的社会主义阵营逐渐形成，两大阵营尖锐对立。在东亚地区，美国原本寄望中国成为遏制苏联的桥头堡。但是，伴随中国共产党在国共全面内战中获得胜利，建立中华人民共和国，并明确宣布向苏联"一边倒"的外交政策，美国扶助中国遏制苏联的东亚战略计划成为泡影，转而采取笼络日本共同遏制中国的战略。

日本投降时，由美、英、中三国签署的波茨坦公告规定：由同盟国占领军完全解除日本的全部武装，严惩战争罪犯，肃清日本军国主义势力。但是在冷战帷幕揭开的背景下，特别是1950年6月朝鲜战争爆发后，美国为扶植日本，将中华人民共和国、朝鲜民主主义人民共和国和越南民主共和国排斥在外，于同年9月在旧金山召开片面对日媾和会议，通过了《旧金山对日和约》。随后，美国与日本单独签订《安全保障条约》和《行政协定》。以此为标志，日本虽然由此被签约国承认为"独立"的国家，但实际上处于美国的控制下。日本政府从此开始推行追随美国的"一边倒"外交政策，在处理与中国的关系问题上将以是否有利于美日的共同利益为原则。这样，美国政府与日本政府联手对中华人民共和国实行政治上的封锁、经济上的禁运，为恢复中日关系设置了难以逾越的障碍。

随后，在美国的操纵下，1952年4月28日，吉田政府与中国台湾蒋介石集团签订了《中华民国与日本国间的和平条约》（简称《台日和约》),双方建立了"外交关系"。《台日和约》不承认中华人民共和国为代表中国的唯一合法政府这一事实,明显以中华人民共和国为敌,表明了日本政府的对外政策和对新中国的态度,它在发动侵略战争并犯下严重罪行之后,又阴谋策划"两个中国",再次伤害了中国人民的感情。《台日和约》的签订,进一步恶化了中日关系。

除了如上原因,更深层次的国民心理因素也在影响着中日关系走上正常化的轨道。与中日两国长达两千多年的友好交流史相比,近代以来50多年的日本侵华史只是历史短暂的一段逆流。不过,由于日本军国主义的暴行严重伤害了中国人民的感情,加以日本右翼势力在战后追随美国、拒不检讨历史错误,以及中日两国人民长期未能平等正常交往所带来的陌生与隔阂,如上种种原因,使得这段逆流对中日关系造成的伤害,仿佛成为难以逾越的鸿沟,阻碍着两国的正常交往。

在如上背景下,如何打破僵局,使中日关系走上正常化的轨道,是历史留下的一道难以破解的课题。

二、神奇的民间外交

中日民间外交神奇般地破解了这一难题。

众所周知,中华人民共和国总理周恩来是民间外交思想的倡导者与践行家。为打破中日关系僵局,周恩来提出了"民间先行,以民促官"的外交思想。周恩来认为:"如果中日两国人民友好起来,来往密切起来,是可以阻止日本军国主义复活的危险的。"①他又说:"要打破中日邦交的困难局面应该采取什么步骤呢? ……我们的想法是,先从中日两国人民进行国民外交,再从国民外交发展到半官方

① 《周恩来年谱(1949—1976)》上,中央文献出版社1997年版,第418页。

外交，……总有一天，……中日会恢复邦交。”①进而，周恩来提出了“以民促官”的民间外交思想，他认为，在处理中日关系时，“不但人民要来往，人民还要影响政府，改变政府的态度，两国才能友好。”②为推进对日民间外交，周恩来身体力行。据统计，从1953年7月1日到1972年9月23日，周恩来共会见、接见日本客人287次、323个代表团次（或批量客人）。③

而新近披露的史料证明，时任创价学会会长的池田大作也为中日邦交正常化做出了不可或缺的独特贡献。

池田大作十分重视民间外交。他认为：民间外交作为民间层面上的交流，是通过超越利害关系、呼唤和平的民众间心与心的沟通与交流，奠定起牢固的信赖和友情。④ 因此，民间外交具有政府间外交难以替代的价值与作用，可以超越政府间外交难以逾越的矛盾，富有弹性和灵活性，并且能够使交流向理想的方向推动。进而他指出：“为了和平，政治家们之间的对话当然是重要的，但是，同时要看到民间文化、教育交流在当今时代也是很好的安全保障。如果没有了人民大众的团结合作，想要取得和平是多么的不容易。对此，历史经常提示我们。”⑤

池田大作不仅深刻地阐述了其民间外交的思想，而且与周恩来一样，将其思想付诸实践。

池田大作担任创价学会会长后，即密切关注日中关系的现状，思考如何推动日中关系走上正常化的轨道。20世纪60年代后半期，

---

① 《周恩来外交文选》，中央文献出版社1990年版，第228—229页。

② 同上书，第146页。

③ 陈答才：《周恩来与中日民间外交》，《中外学者再论周恩来》，中央文献出版社1999年版，第648页。

④ 创价学会指导集编辑委员会：《创价学会指导集》，圣教新闻社1976年版，第389页。

⑤ 池田大作：《向希望的明天》，圣教新闻社2000年版，第477页。

中日关系在短暂的发展后再次陷入僵局。为推动日中关系走出低谷，走上正常化的轨道，1968 年 9 月 8 日，池田大作在有 2 万人参加的创价学会学生部大会上发表《日中邦交正常化倡言》，石破天惊地提出了三点解决中国问题的途径：第一，正式承认中国的存在，使邦交正常化；第二，恢复中国在联合国的合法地位；第三，开展两国经济、文化交流。这一“倡言”全面提出正确解决中国问题的“三位一体”的完整的方案，即包括实现中日邦交正常化，恢复中国在联合国的合法席位，扩大日中贸易等三个不可分割的内容。并且明确指出正确解决中国问题的基本前提，即正式承认中华人民共和国，而唯一途径是举行中日首脑会谈。①

池田大作的这一讲演，是在十分险恶的政治环境下发表的，是豁出性命的战斗。在当时的日本，对中国问题，“政治家、新闻媒体都不想触及”。②《朝日新闻》社的西园寺一晃先生在回首当时的背景时说：“在池田大作名誉会长提出日中邦交正常化建议的当时，形势是非常险恶的；只要说一声‘要同中国交往’，就会受到人们白眼相看。能在这样的时代堂堂正正地呼吁‘日中友好’，那确实是‘豁出性命的战斗’。”③确实，池田大作的“倡言”击中了当时美日当局所奉行的反华政策的要害，引起了他们强烈的不满和忧虑。9 月 11 日和 12 日，即在池田大作演讲后的第三天和第四天，美日当局即紧急召开了日美安全保障协议会议。在这次会议上，产生了一个秘密文件，断言池田大作和创价学会的民间外交已成为日本外交的障碍。④

① 蔡德麟：《中日友好与“池田大作倡言”——在香港国际创价学会纪念池田大作首访中国三十周年演讲会上的报告》，《黎明圣报》2004 年 7 月 19 日。

② ［日］西川雅子：《“池田建议”再一次打通日中丝绸之路》，（日本）《国际创价学会画报》1997 年第 7 期。

③ ［日］西园寺一晃：《周总理一定要会见的人》，（日本）《创价》1997 年第 9 期。

④ 蔡德麟：《历史的丰碑——回顾池田大作先生为实现中日邦交正常化所作的贡献》，《深圳大学学报》（人文社会科学版）第 15 卷第 4 期。

“倡言”的发表在世界各地产生巨大反响,并产生了深远的历史影响。演讲结束后,通过世界各大媒体,“池田倡言”的内容传遍了整个世界;通过《光明日报》特派记者刘德有的报告,中国政府在第一时间获悉了“池田倡言”的内容,并获得了周恩来的高度评价。此后,池田大作继续推动中日友好。1969 年 6 月,池田大作在《圣教新闻》连载小说《人间革命》中,进一步呼吁要缔结“日中和平友好条约”,千方百计地促进日中友好。①

池田大作深信,日中要永远和平友好,必须要有民众间的相互理解。但能够打开日中友好之窗的,唯有政治的力量。② 因此,他于 1964 年创立了公明党,并确立了与中国恢复邦交作为公明党最为重要的外交政策。1970 年 3 月,87 岁高龄的松村谦三将推动日中友好的重任委托给池田大作。池田大作向松村谦三推荐由他所创立的公明党具体承担推动日中邦交正常化的重任。在松村谦三的引荐下,1971 年 6 月公明党代表团实现了第一次访华,并取得了发表《中日友协代表团与日本公明党访华代表团联合声明》的具体成果,确立了中日邦交正常化的“复交五原则”,为日后日中政府间的谈判树立了路标。1972 年 7 月,公明党代表团第三次访华,在恢复邦交问题上担当起了沟通中日政府的管道作用。公明党代表团此次访华,直接推动了日本政府田中角荣首相作出亲率代表团访华的决定。1972 年 9 月 25 日,田中角荣首相和大平正芳外相启程访华。29 日上午,周恩来总理、姬鹏飞外交部长和田中角荣首相、大平正芳外相分别代表中日两国政府签署《中华人民共和国政府和日本国政府联合声明》,从而实现了中日邦交正常化,开启了中日关系新的一页。

从如上的过程中我们不难发现民间外交在中日邦交正常化进程

① [日]法悟空(池田大作):《新·人间革命》第 13 卷,《国际创价学会通讯》NO. 5362。

② 同上书,NO. 5296。

中的巨大作用。周恩来民间外交思想与实践,培育了中日两国民间友好的深厚土壤。池田大作在中日关系陷入困境之时,发表《日中邦交正常化倡言》,提出一整套中日邦交的构想,并以此构想为指导,由公明党出面提出"复交五原则",奠定了中日邦交正常化的原则基础。显然,如果没有如上的土壤与基础,日本政府难以及时跟随美国完成由敌视到友好的对华政策转变。

三、几点启示

解读如上中日邦交正常化的历史进程,我们认为,周恩来和池田大作所倡导并践行的民间外交为构建和谐世界提供了值得借鉴的启示意义。

首先,人民间的友好交流是世界和平友好的坚实基础。

周恩来和池田大作都非常重视中日民间外交。上世纪50年代,周恩来为打破中日关系僵局,提出了"民间先行,以民促官"的独特外交思想。他的想法是,先从中日两国人民进行国民外交,再从国民外交发展到半官方外交,以此为基础,实现中日邦交正常化。同时,周恩来还将民间外交作为保障中日两国人民世代友好的关键途径。他多次强调:中日两国关系,从根本上说必须建立在两国人民友好的基础上。正如池田大作所说:"关于日中友好关系,总理终究是以民为本来着想。一纸条约,容易生变。总理的想法是:'只有树立民众彼此真挚的理解、信赖关系,才能有真正的中日友好。'"

作为一名社会人士,池田大作以天下为己任,特别重视民间外交活动,希望通过构筑民间层面的交流,使普通人民大众本着团结合作的精神来推动世界和平。在中日关系方面,他认为,中日两国人民才是真实的,只有将视野放在"民众与民众"而不是"国家与国家"之间,才能突破现状。基于这样的思想,1968年9月8日,池田大作在中日关系处于生死存亡的关键时刻,豁出性命公开发表《日中邦交正常化倡言》,使中日和平友好事业获得"百万支持者",成为打破中日关系僵局的转折点。与周恩来一样,池田大作也没有止步于此。他是这样理解日中恢复邦交正常化的:"现在日中邦交的大门打开了,但是,只靠政府方面的交往达不到真正的正常化。重要的是架起友情之桥、信赖之桥,把民众的心牢固地连在一起。民众是海,开放民众交流的大海,交流的航船才能来来往往。"①

其次,文化、教育交流是民间外交的主要内容。

作为一名政治家,周恩来不仅重视中日民间政治与经济交往,而且始终关怀和指导中日民间文化与教育交流。在周恩来的关怀和指导下,中日民间文化教育交流从无到有,成为周恩来民间外交实践的重要组成部分。其中最典型的是创价学会与中国的文化、教育交流。在周恩来的盛情邀请下,池田大作于 1974 年和 1975 年先后三次访华,访问了多所大中小学,和文化教育界人士进行了深入交流,并拟订了以文化教育交流为主要内容的互访计划。1975 年春天,池田大作创办的创价大学迎来了新中国第一批公派留学生,打开了中日教育交流的新一页。

池田大作将民间文化、教育交流视为实现世界和平友好的基础和保障,给予高度重视。他强调:"为了和平,政治家们之间的对话当然是重要的,但是,同时要看到草根文化、教育交流在当今时代也是很好的安全保障。如果没有了人民大众的团结合作,想要取得和平是多么的不容易。对此,历史经常提示我们。"②基于这样的思想,池田大作努力通过文化与教育交流推动中日民间外交的发展。在过去 30 年中,由池田大作创办的民主音乐协会多次举行中国艺术的公演,东京富士美术馆多次举办以中日文化交流为主题的展览,创价大

---

①　[日]法悟空(池田大作):《新・人间革命》第 13 卷,《国际创价学会通讯》NO. 5398。

②　池田大作:《向希望的明天》,圣教新闻社 2000 年版,第 477 页。

学一直重视与中国的教育交流,创价学会青年部与中华全国青年联合会的交流,也有20年。

再次,青年交流是世界永久和平友好的关键。

周恩来和池田大作所致力的中日世代友好事业,关键在青年。1974年12月5日,周恩来抱重病之躯,不顾医务人员的反对,与池田大作进行了30多分钟的会见。当年,周恩来76岁,池田大作46岁。会谈中,周恩来满怀深情地说:"20世纪的最后25年,是世界最为重要的一个时期,所有的国家都应该在平等的立场上,互相合作,共同努力。"①周恩来特意对池田大作说:"你正年轻,多多保重,一定有希望见到新世纪。"周恩来的殷切期待,给予池田大作巨大鼓舞,他曾深情地说:"我在有生之年中,一定会牢记总理对我的托付,全心全意地为中日两国人民世世代代友好下去而努力。"②

池田大作将中日世代友好事业比喻为"金桥"。他说:这里"金"并不是指奢华的意思,而是指生活下去、充满光辉的生命之意。中日友好事业的生生不息,关键在青年。因此,他将民间外交的重点放在中日青年的文化与教育交流上。1975年3月,池田大作第一次会见了中国青年代表团。此后,这样的会见越来越频繁。1985年,创价学会青年部与中华全国青年联合会正式签订了交流协定。

周恩来和池田大作卓尔不凡的民间外交思想与实践,不仅推动了中日邦交正常化的实现,为中日世代友好事业奠定了基础、指明了方向,而且在提倡构建"和谐世界"的今天,同样具有深远的启示意义。

(作者简介:纪亚光,男,1969年生,河北省人,博士,副教授,南

① 池田大作:《保护民众的大树》,《日中恢复邦交秘话——池田大作与日中友好》,经济日报出版社1998年版,第77页。

② 王炳根:《与池田大作对话》,《福建论坛·人文社会科学版》2004年第7期。

开大学马克思主义教育学院副院长，南开大学周恩来·池田大作研究会指导教师。

章杨，女，1982 年生，河北省人，博士研究生，南开大学周恩来·池田大作研究会会长。

纸谷正昭，男，1985 年生，日本大阪人，南开大学法学院法学系本科生，南开大学周恩来·池田大作研究会副会长。）

池田大作和谐管理思想探析

陈晓春　谭　娟

和谐管理是指为达成事物的均衡、协调状态,调和各种要素以有效地完成任务的过程。池田大作的和谐管理思想是其思想宝库中的瑰宝,本文试图从以下几个方面进行探析。

一、从人的本质属性进行和谐管理

和谐管理主要是以人为中心的管理过程，在社会经济生活中要对人及各种资源进行优化配置达到和谐的境界，就必须从人的本质属性入手，即要研究人的本能，要关注人的消费属性、生产属性及文化属性。孟子说：“天时不如地利，地利不如人和。”在人与生态、人与宇宙空间的关系中，人和是非常重要的，“依正不二”，生命创造的和谐是使天人合一的重要因素。人的内在本性源于或继承自生命创造力的原始源泉。人的生命本能驱使其进行两种再生产。一是延续物种的生产，即生殖等本能性活动，二是保证人的肉体的存在的生产，即物质生产性劳动。正如马克思所说：“生产生活本来就是类生活。这是产生生命的生活。一个种的全部特性、种的类特性就在于生命活动的性质，而人的类特性就是自由的自觉的活动。"[1]松下幸之助认为:"欲望本身是一种生命力的显现。"[2]池田大作说:"本能是人和动物生来具有本质和能力,是欲望的一种。"[3]"欲望是生命为了维持和充实自己而具有的一种动力。"[4]池田大作为了深入分析和谐管理的实质,构建和谐管理的理论体系,将欲望分为四类:第一是本能性欲望;第二是由人与人及社会的关系所产生的欲望(我想把它称之为心情性欲望);第三是有关知识、真理、美、爱等的欲望(我称之为精神性欲望);第四是人的生命沉浸于产生它的大宇宙生命之中,并与其相融合或企图与其融合的根本性欲望(我给它起名为宗教性欲望)。[5] 上述关于欲望的四种分类,研究了人的生命内在欲望的层次性,探索人为了满足自己不同类型的欲望而产生各种各样的动机,确定其行为的目标,从而不断地充满生命活力、持续追求、参与社会经济的各种活动,在社会各个领域,在家庭中妥善地处理各类矛盾,使事物圆满地得到解决的规律性。

美国人本主义心理学家马斯洛将需要分为五级:生理的需要,安全的需要,感情的需要,尊重的需要,自我实现的需要。对和谐管理来说,不仅要满足人体生理上对衣、食、住、行、医疗等生存的基本需要,而且要关注生理需要满足之后的安全需要,友谊、爱情、归属等方面的需求。此外,还要满足人们的真、善、美、公平、圆满以及法律等较高层次的动机或需求,按照马克思、恩格斯的需要层次理论来说,当生存需要,享受需要满足之后,还要注重发展的需要。人的物质欲望在一定程度满足是稳定有序管理的基本条件,"仓禀实而知礼节",当一定地区,一定国家,人穷得连饭都吃不上的时候,和谐也只

---

① 《马克思恩格集全集》第42卷,人民出版社1979年版,第96页。

② [日]池田大作、松下幸之助,卞立强译:《人生问答》,中国文联出版社2000年版,第14页。

③ 同上书,第15页。

④ 同上书,第14页。

⑤ 同上。

是一句空话。同时,一定地区,一定国家,一定的组织如果分配不公,社会财富相差太悬殊也难以使人们心理平衡,形成不稳定因素。因此,经济发展创造丰富的物质财富,注重效率与公平是和谐管理的必要条件。

人的物质欲望的满足是和谐管理的必要条件,但还不是充分条件。人在吃饱、穿暖之后,还需要精神生活。人在创造物质财富,满足生理需求的同时,也在创造精神财富以满足人本身的自由和全面发展的需要。“对于人类来说,无论是自身生存还是发展,无论是认识世界还是改造世界,都会不断地内生出种种文化需要。”①“我们人类需要的不只是食物、水和房屋;甚至不只是有报酬的工作、自尊和社会承认。我们还需要某种生活的目标,一个要实现的理想,一项要担负的责任”②。因此,人和自然之间、人和人之间矛盾的真正解决,还需要真正统摄人心、催人奋进的先进文化去规范、去引导、去感染。先进文化的力量是维系各种要素趋于均衡,使经济更加发展、民主更加健全、科教更加进步、文化更加繁荣、社会更加和谐、人民生活更加殷实,实现由“自然人”到“知识人”转变的强大动力。从某种意义上说:“知礼节而仓禀实”,知识就是生产力,人的精神力量也能转化为物质力量。礼、义、廉、耻不仅是人的核心价值体系,而且也关系到一定地区、一定国家的和谐与稳定。先秦典籍《管子·牧民》指出:“国之四维,一维绝则倾,二维绝则危,三维绝则覆,四维绝则灭。倾可正也,危可安也,覆可起也,灭不可复错也。何谓四维,一曰礼,二曰义,三曰廉,四曰耻。”“礼义廉耻,国之四维”的哲理显示:和谐社会离不开法律、制度、政权的约束,另一方面,人们的理想、信仰、情操、风俗、

① 李金齐:《文化自觉、文化创造与和谐文化世界的建构》,《探索与争鸣》2007年第3期。

② [美]欧文·拉兹洛:《布达佩斯俱乐部全球问题最新报告——第三个1000年》,社会科学文献出版社2004年版,第147页;转引自李金齐:《文化自觉、文化创造与和谐文化世界的建构》,《探索与争鸣》2007年第3期。

习惯等要素也是和谐管理所必需的。

因此，我们要实现和谐管理就必须培养有文化、有道德、有理想的人，加强对人的真、善、美的修炼。正如池田大作所说："知、情、意是指人的心灵的三种机能。这里我想，规定知是指知性、理性的机能，情是意味着感情、情念等的机能，意是意志、意欲的意思。作为人来说，知、情、意一定程度上的不平衡也许可以是必然的。我们还应当努力确立能够清晰地洞察自己的生命，有着坚强的意志、闪耀着丰富的情感与知性光辉的主体的自我。"①

知、情、意的圆满协调，由不平衡到平衡不是一种简单的循环，而是个人与社会的共同发展的过程，在这种达成均衡的过程中，能够建立起个人自由全面发展的和谐关系。

二、人的尊严是自由与秩序有机统一的和谐网结

14 世纪开始、鼎盛于 16 世纪的文艺复兴，强调人的尊严。米兰多拉的《人的尊严》是这一时期的代表作。② 刘军宁说："文艺复兴的最大成就是在观念上复活了真正的个人，否定了抽象的、集体的、附庸的人，肯定了个人和个体的价值、尊严与伟大，断定个人不应该成为任何集体的附庸，主张个人是自身命运的主宰。文艺复兴向我们提示，每一个人是独立的小宇宙，每一个人都有无限的潜能并拥有实现这一潜能的权利。而这正是现代民主文明及其制度架构的观念基础。"③人的尊严受到池田大作的高度重视，池田将自由与秩序的相悖这个难题，运用"人的尊严"这一钥匙打开了这把锁。如同欧洲

---

① ［日］池田大作、松下幸之助，卞立强译：《人生问答》，中国文联出版社 2000 年版，第 21—22 页。

② 刘旭光：《我国到底需要一场什么样的文艺复兴》，《探索与争鸣》2007 年第 7 期。

③ 刘军宁：《中国，你需要一场文艺复兴！》，《南方周末》2006 年 12 月 7 日。

文艺复兴不仅具有重要意义,而且对于和谐管理也解决了至关重要的问题。从池田大作与松下幸之助在《人生问答》对话中不难找到答案。

松下说:“自由一过度,秩序往往就会混乱;一重视秩序,自由往往也会缩少。在世界各个国家,似乎有许多国家都各有偏向,因而产生了种种问题。请问究竟有没有既能使自由与秩序两立,又能使社会繁荣的办法。”①池田说:“自由和秩序只有通过承认它们都是一个人的尊严这一大前提,才会产生真正的意义。我们通过历史上的许多经验,今天已经学习到了不少智慧,如认识到束缚自由对于人来说是一种剥夺主体性和创造性的不幸状态;没有秩序是导致社会混乱、威胁人的生活的不良的社会状态。而且一直在寻求如何扩大自由(社会行动的幅度)和维持社会秩序能够两立的办法,在西欧,由文艺复兴开始的封建社会的崩溃和近代市民社会的诞生的过程,同人的尊严在学术上、宗教上及实践方面重新得到承认是在同一轨道上进行的。秩序和自由如果能够明确目的,就不是互相矛盾的,就会像汽车的起动器和制动器那样,两者都是需要的。——理解了这样的道理,才能正确运用它们。”②

自由是人的本质特征,没有自由自在的人,社会和谐就缺乏活力与可持续发展的动因,但是,自由必须以秩序为前提,秩序也必须以自由为依归,只有自由与秩序的有机统一,才能通过和谐管理建立有秩序充满自由的社会。也只有从生命的尊严进行考量,自由与秩序才因为人的生命权、享受权、发展权的被尊重、被保护而释放出灿烂的光辉。

《周易》把人类的管理行为比喻为“经纶”。经纶的意思是指治

---

① [日]池田大作、松下幸之助,卞立强译:《人生问答》,中国文联出版社2000年版,第149页。

② 同上书,第150页。

理乱丝，理出头绪，使紊乱无序的状态变为井井有条的有序状态。《屯卦·象传》说："云雷，屯。君子以经纶。"屯卦的卦象☳象坎上震下，坎为云，震为雷，云在雷上，将雨而未雨，表示刚柔始交，阴阳尚未和洽，象征着屯难之世。就天象而言，这是天地造始之时，雷雨之动充盈于宇间，冥昧混沌，万物萌动，虽有蓬勃之生机，却是艰难丛生，整个世界呈现出一片紊乱的无序状态。就人事而言，情形也同样如此，和谐的秩序尚未建立，社会很不安宁。推天道以明人事，应该发扬刚健有为的精神，要像治理乱丝一样，理出丝绪，编织成绳，使之由无序变为有序。《周易》认为，宇宙自然的组织是由两个不同的方面共同构成，一方面是阴阳之分，一方面是阴阳之合，二者缺一不可。《系辞》上说"天地絪缊，万物化醇；男女构精，万物化生。""天地"、"男女"指的是阴阳之分。"絪缊""构精"指的是阴阳之合。就阴阳之分而言，天尊地卑，男女有别，两两相对，各正其位，在结构上表现为一种有层次等级的正常秩序。就阴阳之合而言，天与地相互感应，男与女匹配交合，化育万物，生机盎然，在功能上表现为一种融洽、无间结为一体的和谐。①

在人类社会，自由与秩序虽然是矛盾的，但又是统一的。自由是功能性的原理，秩序是结构性的原理，如同《周易》所说，既有阴阳之分，也有阴阳之合。自由与秩序通过人的尊严这一网结，在阴阳之分与阴阳之合的动态平衡达成一种和谐状态。正如《周易·象辞》所说：阴得阳而成，阳得阴而序，刚柔相适谓之和，万物各得其和而生。人类社会应该让每一个地球村的村民拥有生存的尊严、享受的尊严与发展的尊严。

① 参见方立天、薛君度主编：《儒学与中国文化现代化》，中国人民大学出版社1998年版，第250—260页。

三、以共生气质构建和谐世界

池田大作将共生这一范畴，作为和谐管理的理论基础，以共生气质来推动和谐世界的构建。正如印度钱德拉博士所说："池田先生跟阿育王一样，半世纪以来，一直贯彻《法华经》的精神，视促进人类幸福、世界和平为己任而不遗余力。"①"池田先生为分裂的人类内面的存在以及外在的裂痕架设桥梁，努力将事物与价值一体化。借着解构和表现人的存在，他为我们提供了永远不变的方针。"②

池田大作对于经济全球化及消费至上主义等所带来的冲突，从印度与中国的优秀传统文化找到了解决的处方。"人类正面临众多全球性的问题。特别是环境问题，如今普世正希望以东方的自然观、世界观，亦即通过'自然和人的类本是一体，自然本身就是尊贵无比'这一观念，取得全球的共识。"③当钱德拉博士提出用"共生"思想和多元的"意思"来应对环境污染、天然资源短缺，国界纠纷等不和谐事件时，池田大作指出："因此，我认为尤其应受瞩目的，是中国社会里脉脉相传的'共生气质'"。因为中国民情讲求融合而非对立、结合而非分裂、"大我"而非"小我"，并且能在尊重人与人、人与自然的各种多元层面下追求共生共荣的社会。康有为等人所提倡的思想，可谓继承了这"共生的气质"。④ 钱德拉博士指出：池田先生至今一直以"共生的道德气质"作为人类未来的指标。也就是说，人类应该重视的是"协调"，不是"压抑"，是"我们"而不是"我"。⑤

---

① [日]池田大作、[印]钱德拉：《畅谈世界哲学》，明报出版社2005年版，第67页。阿育王：最先统一印度的孔雀王朝第三代国王，皈依佛教后，施行理想政治。

② 同上书，第7页。

③ 同上书，第186页。

④ 同上。

⑤ 同上书，第251页。

共生理论既是一种生物学理论,也是一种社会科学理论。共生概念最早是由德国真菌学家安德·贝里(Antode Barry)在1879年提出的,指不同生物生活在一起的状态。生物学上的共生是指两种不同类型的生物为满足各自需要(捕食、防卫、繁殖等)而组成的战略联盟。社会科学上的共生则意味着增长、发展、机会和互利共赢。从管理学来看,共生是指不同的人或组织为满足各自需要(生存、发展等),基于各自的相对比较优势,通过彼此协调、互相合作、共同发展而达成互利共赢所形成的一种状态。共生关系反映了共生单元之间的物质、信息和能量关系,共生关系的发展实质是共生体物质、信息和能量的有效产生、交换和配置。共生关系的本质还表现在共生过程必然产生新的共生能量,这种能量是共生关系增加的净能量,不产生共生能量的共生关系是难以存在的。

因此，我们认为：在共生关系上所产生的“共生气质”是指共生体基于仁爱、和谐、宽容、思考、进取、超越等精神所采取的处世为人的方式。它所体现的是共生主体从道德理性层面提升、尊崇、高扬人的主体自觉的价值和意义，其追求自我道德生命的完善，以升华为内圣品格；其追求客体社会机制的完善，以达成外王的预期。也就是说，它是共生体通过自我的道德修炼，对天、地、人的博大情怀和承担责任的品德与气质。通过这种共生气质的影响，多元文化能够得到认同，能够实现人的自我价值、群体价值与自然价值的融洽。由此可见，共生气质对于构建互利合作、共同激活、共同适应、共同发展、共同繁荣的和谐世界具有积极的理论意义与现实意义。

中华文化有着五千年的悠久历史,中国的优秀传统文化传播与交流促进了人类社会的进步。英国学者李约瑟在《中国的科学与文化》一书中说:“中国除了科学技术以外,还有许多别的精华可以贡献给人类;中国人笃信人的尊严,崇尚脑力和体力劳动,讲究内在的道德品行和同情世界上所受压迫的芸芸众生,世界应该认识到从中

国文明中受到的恩惠。”①人类社会进入21世纪之后，伴随着世界经济一体化和区域经济集团化，各个国家、各个民族都面临着新的挑战，随着信息化与交通技术的发达，不同的文化、不同的价值观交流的速度在不断地加快，交流的范围也在不断地扩大，同时，由于工业化的推进，各个国家、各个地区对能源、矿产、木材的需求量大幅度上升，在跨国经营的过程中，各种经济利益集团与政治机构交织在一起，使得文化冲突，经济利益冲突，甚至政治冲突频频发生，饥饿、战争、地球温暖化给人类的进步与发展都造成了严重的影响。如何化解上述的各种矛盾，协调好各种关系，妥善地处理好各类冲突，构建和谐世界呢？如果广泛地传播“共生”的理念，用“大同”的思想作为处理人类社会各种问题的新思维，那么这个世界一定会变得更美好。正如康有为所指出：“既生于大地之上，地球上的人类则皆同胞，只要知彼，就能产生亲爱之情。”②

如果我们处理国际关系与国际事务时，以“仁”为出发点，强调东西方不同质的文化的沟通与交融，重视礼仪与礼让，通过和谐文化、“共生气质”寻求国与国之间、民族与民族之间的认同与共识，以“平等互惠”的原则，达成目标，那么，亨廷顿的“文明的冲突”则会变为“文化认同”，和谐世界也将实现。

（作者简介：陈晓春，男，1959年生，湖南衡阳人，经济学博士（日本）、教授、博导，湖南大学政治与公共管理学院常务副院长，湖南大学池田大作研究中心主任。

谭娟，女，1983年生，湖南邵阳人，湖南大学工商管理学院博士生。）

---

① 转引自江蓝生：《面向新世纪的东西文化交流》，载王桥、驮田井正主编：《东亚社会经济发展比较》，社会科学文献出版社2004年版，第51页。

② ［日］池田大作、［印］钱德拉：《畅谈世界哲学》，明报出版社2005年版，第185页。

池田大作和平思想对和平文化经营理念与多元文化管理绩效之影响

林彩梅

一、前　言

21世纪,企业全球化,经济区域化发展,多国籍企业(Multinational Enterprise;简称MNE)面临三大问题:(1)美国对贸易逆差国采取301强烈的贸易保护政策,造成国际间贸易摩擦问题。(2)欧盟25国4.8亿人口整合成为世界最大市场,对非会员国采取高关税阻碍。(3)跨国异文化管理中之东西政治问题、南北经济问题、历史战争的恩怨以及民族、宗教等差异之摩擦问题。对于第一、第二两项MNE都能以投资策略解决问题,提高国际市场竞争力,唯独第三项是MNE发展最难解决之问题。

研究探讨之问题在于第三项,异文化、异民族之问题。MNE经营者应持有何种经营理念才能疏解,至今对此研究者尚少,因此本研究之目的,从池田大作博士宽容与共生思想探讨"美、日两系企业之和平文化经营理念"有何差异,对在台子公司之"异文化管理"有何不同？经营绩效如何？

二、池田大作人类和平思想

池田大作博士对全世界极力提倡"世界和平,人类幸福"理念。他是一位教育家、哲学家、宗教家,也是国际创价学会(Soka Gakkai International,以下简称SGI)会长,荣获"和平奖"(1983年)以及"人道奖"(1989年)。联合国的目的是维持和平与安全,保障人权与基本自由,在组织与营运面"以群众为主"充分发挥NGO(非政府组织)实力,而SGI即是NGO会员。SGI的宗旨,重视生命尊严,愿为全人类和平、文化、教育而贡献。

20世纪的人类,体验"战争与和平"、"歧视与平等"、"贫穷与富裕"。池田会长,基于佛法为基础之人道主义的立场,透过一贯的"以人为本"、"民众为主"的和平理念,打破意识形态的桎梏,国界差别的框框。以"人类共生"的情怀以及渴望"世界和平"、"保护地球环境"等理念,更针对时势急剧转变所产生的国际问题,精辟地提出"缓和"与"解决"的方案,强调解除国家、民族之间纷争的先决条件,就是互相以"慈悲、宽大的心胸"进行对话,令人类迈向更人道的新世纪(池田大作,1996)。有关"共生文化"与人类幸福主要论点如下:

1. "人本主义":不仅阐述人生命中的无限"尊严性",更是拥有包容人的"慈悲",以及克服一切困难的"智慧"。此智慧不仅能扩展人类精神面的创造性,而且能够克服人类所面临的任何危机,达成和平,富裕共生的人类社会。"慈悲"的含义是解除他人的痛苦与不安,给予安心与希望的快乐,为他人幸福而贡献。

2. "宽容精神":以"人本主义"的"世界市民理念"、"宽容精神"、"尊重人权",为人类社会作出贡献。待人要以"当起远迎,当如敬佛"之真诚。

3. "慈悲、智慧与勇气":"领导者之精神"要以智慧与慈悲执行一切,并要有勇气,有如富士山,堂堂耸立着,毅然与强风对峙,一面享受着自己的“正义”境界,对历史献上灿烂与光辉的胜利。

4. 佛教“五眼论”:佛云五眼:“肉眼”、“天眼”、“慧眼”、“法眼”、“佛眼”。领导者不宜以“肉眼”评估他人,应以“天眼”详细分析观察之,更要以“慧眼”采取信息等实证为依据,而以“法眼”透视人心善恶,以慈悲感化之。

5. “共生的道德气质”:21世纪人际关系病入膏肓之际,正迫切需要“取调和而舍对立,取结合而舍分裂,取大我而舍小我”。

6. “万物共生的大地”:慈雨均等地滋润大地,各种各样的草木欣欣萌生。每一个都和谐地在“万物共生的大地”上茁壮成长。“共生”为“缘起”,任何人与物都不能单独存在,而又相互关联、相互依存,构成一个世界。

7. “樱梅桃李共生原则”:樱梅桃李各自茂盛开放,不会与他人无益冲突,也不会建立在其他人之牺牲上,而是爱惜相互的差异与个性,一齐建立在一个花团锦簇的生命公园。世界各国不同性格、种族、宗教等民族,若都能发挥各自独有的文化而和谐相聚在一起“富裕共生”,人类会幸福,世界会和平。

8. “无量智慧”:无量智慧的源泉,在于“聆听民心”的行动。以“地球民族主义”理念,克服“民族中心主义”,以达富裕共生。儿童“一生的幸福”才是教育的目的。

9. “慈悲论”:培养尊重每个人的“共生文化”,修正人类史的轨道,使之从“分裂”迈向“结合”,从“对立”迈向“融合”,从“战争”迈向“和平”,促进菩萨道的行动。

10. “地球市民理念”:①具有深刻认识生命相关“智慧之人”。②对人种、民族、文化的差异,不畏惧、不排斥,而是去尊重、理解,并视此差异成为资源的“勇教之人”。③对受苦受难的人,无论远近,都能给予关怀提携的“慈悲之人”。

期盼21世纪有更好的和平世界,更能考虑对方的世界,更有慈爱的世界。

三、多国际企业“和平文化经营理论”

20世纪的人类，体验“战争与和平”、“东西政治问题”、“南北经济问题”、“宗教文化问题”、“种族问题”以及“历史恩怨”之民族问题等，因此21世纪多国籍企业跨国之异文化管理欲提高其全球经营绩效，MNE经营者必须持有“和平文化经营理念”。例如Peter Buckley(1991)之研究，近20年，各国技术转移绩效，MNE生产的产品，虽然技术越来越相似，但各国民族特质仍然如往昔强烈存在。John D. Daniels(1992)之研究，从管理的观点，21世纪MNE的研究应重视民族文化的差异。John H. Dunning(1995)之研究，世界由于经济与科技的整合，虽然形成巨大同构型区域市场，但更造成国家间的民族与宗教的问题。

对此问题的淡化，池田大作博士认为要以“宽容与共生为基础”，民族、种族和文化的差异，产生负面的是“人心”，若能统御人心，使差异互相发光，可转为“创造价值”之泉源；张镜湖董事长认为“和平有赖于多元文化间互相尊重”；笔者认为MNE领导者必须持有“和平文化经营理念”(林彩梅，2005)。

考察欧盟经济顾问的Donning教授，以及两大多国籍企业松下公司、丰田公司，对企业全球化经营者应有的经营理念，我们发现，他们都与池田博士的“人类和平”思想相似。

笔者依池田大作博士的“世界和平思想”，以及“池田博士与世界领导者会晤”的共识“世界和平、人类幸福”，并参考John H. Dunning博士的MNE全球化的经营理念，“松下公司”的经营理念以及“丰田公司”的经营理念等之研究结果，并依此内容之重点于2004年对在中国台湾之欧、美、日186家公司经理级以上之访问与问卷调查，针对“MNE领导者之经营理念与经营绩效之关系”，加以深入探讨之综合研究结论发现,各国高阶主管一致认为,21 世纪 MNE 领导者唯有“和平文化经营理念”,才能获得多国异文化异民族的支持合作力量,也才能疏解上述各种问题,其全球子公司之经营管理绩效才能更提升。

多国籍企业“和平文化经营理论”(The Theory of the Managerial Philosophy of Peace Culture,以下简称 Peace theory, P 理论,林彩梅,2006)。21 世纪,MNE 领导者欲提高全球经营绩效,最重要的必须持有“和平文化经营理念”。MNE 领导者唯有和平文化经营理念,才能疏解民族、宗教、种族、历史恩怨等问题,而获凝聚多国异文化多民族的团结合作力量,提升全球子公司国际经营合作的成果,增进母国与地主国经济发展,并由此增进全球人民幸福,世界和平,经济繁荣。MNE“和平文化经营理论”之重要内容(林彩梅,2004)如下:

1. 企业经营为全人类利益极大化

MNE 领导者经营理念之“利润极大化”,并非考虑“企业利益”极大化,而是母子公司之“员工利益”,母国与地主国之“消费者利益”以及“社会利益”极大化。因此 MNE 不是为“企业利益的经济主义”,而是为“全人类利益的民主主义”。

2. 经营者企业道德与世界观

经营者必须持有“人生观”、“社会观”、“世界观”,“关怀世人”,“尊重人的尊严”,重视“企业道德”以及“产业道德”之理念。

3. 要有慈悲、智慧与勇气

MNE 领导者要以慈悲、智慧执行一切。MNE 领导者之经营理念,必须有包容人的慈悲,以及克服一切困难的智慧,此智慧不但能拓展人类精神面的创造性,也能克服人类社会面的任何危机,以正义精神而勇敢地“彻底执行”,使全球母子公司变成和平、富裕共生的企业。

4. 优良的“企业市民”

MNE 全球化必须遵守各国法则,尊重各国、各区域的文化、习惯，在该地生根的企业，必须对地主国经济、社会发展有贡献，且以能获国际社会信赖的“企业市民”为目标。

5. 重视产品的科技与环保

研发各种最先进科技之产品，应全球客户之希望，并提供最佳之服务，同时关怀当地之环保，人民之健康，期望能有舒适的地球以及繁荣的社会。

6. 世界市民理念

(1)具有深刻认识生命相关性的“智慧之人”。

(2)对人种、民族、文化的差异，不畏惧、不排斥，而是去尊重、理解，并视这些差异成为资源的“勇敢之人”。

(3)对受苦受难的人，无论远近都能给予关怀提携的“慈悲之人”。

7.“王道文化”管理，提高国际竞争力

企业是人的集合，人是心之器。企业组织的凝聚力在于“心的距离”。MNE 领导者之管理模式宜采“王道文化”管理，不是以“武力”与“权威”顺服他人，而是以“德”感化之。不仅是“尊重人性”管理，更重视“启发人性”管理。法律非“裁判法”而是“救人法”，对母子公司之人事管理，必须加以深思。欲提高国际企业团队精神，MNE 领导者与部属间“心的距离”最为重要，劳资和谐，国际竞争力提升。

8. 真诚相待，共享和平与繁荣

“多民族国家和谐”的智慧，在于“真诚之心”。MNE 领导者之国际合作，待人要有“当起远迎，当如敬佛”，真诚相待，建立“真诚国际友谊”。全人类希望“世界和平”，MNE 领导者对“多国异文化多民族之调和”，是力求和平，创造价值，以“仁义之爱”关怀其他民族，建立多国异文化多民族团结和好的力量，提高国际团结合作成果，共享和平与繁荣。

9. 关怀世界市民,尊重人权理念

“樱梅桃李共生原则”,樱梅桃李本质各不相同,而能各自茂盛开放,不会与他人无益冲突,也不会建立在其他人之牺牲上,而是爱惜相互的差异与个性,一齐成长在同一花园。同为世界市民,要关怀他国民族与他国利益,并要尊重“人权”以及人的“尊严”,要有“世界和平、人类幸福的价值观”。MNE 领导者要有宽容的精神,无宗教别,无种族别,无性别之差异,建立健全的企业道德与伦理,尊重每个人的“共生文化”,修正人类史的轨道,使之从“分裂”迈向“结合”,从“对立”迈向“融合”,从“战争”迈向“和平”。建立有慈爱的世界,异民族真诚相聚,“共存共荣”,富裕共生,提升 MNE 卓越的全球经营成果,促进母国与地主国经济更加发展。

10. 菩萨行的企业组织

“菩萨”是形容德高慈悲之人。“菩萨行的企业组织”是结合每位同仁“菩萨行的思想”,落实于企业经营高效率之贡献。MNE 的组织应以“菩萨行的组织”为目标。母子公司全体员工不仅对公司尽忠职守、感恩、惜福、惜缘,更要高度关怀全球之消费者利益,加强研发高科技产品,对产品制造以“匠心”之荣誉感,细心生产“价廉物美”高质量之产品,对售后服务以“关怀客户之心”亲切、及时的完善服务,从获得消费者极高之满意度与信赖,提升 MNE 在全球国际市场之声望,更增强国际市场竞争力,而提升全球子公司高度之经营绩效。

综合上述,“P 理论”,多国籍企业欲提升全球经营绩效,领导者必须持有“和平文化经营理念”,不仅可降低东西政治问题以及南北经济问题,尚可降低异文化的宗教、民族冲击,凝聚世界各国异文化、多民族团结合作的力量,提升 MNE 全球子公司国际经营绩效,母国与地主国经济发展,世界和平,人类幸福,世界经济繁荣。MNE 要创造 21 世纪成为更友好的和平世界,更能考虑对方的世界,更有慈爱的世界,而 MNE 也能更加发展。

四、结　论

（一）“和平文化经营理念”：日系企业经营者比美系企业更重视

（1）企业经营是为了全人类利益的极大化。

（2）经营者怀有企业道德、产业道德的精神。

（3）经营者怀有慈悲、智慧与勇气的正义精神。

（4）企业是当地的优良“企业市民”。

（5）在地主国制造高科技产品，同时也重视当地居民的健康与环境保护。

（6）重视与异文化、异民族的共生。

（7）以“王道文化”管理，重视与当地人“心”的距离。

（8）真诚建立国际友谊，互享和平与繁荣。

（9）关心世界市民、尊重人权。

（10）菩萨行的企业组织，全体职员对公司尽忠职守，为了全世界的消费者利益，精心制造高质量的产品，并提供极为贴心的售后服务，使企业的国际信义更加提升。

在上述10项中，日系企业比美系企业更高度重视，企业经营为“全人类利益极大化”，以“王道文化管理”对当地人的慈悲，重视与当地人“心”的距离，尤其珍惜“异文化、异民族的共生”，建立“菩萨行的组织”。

（二）“异文化管理”：日系企业比美系企业适应性较高

由于美日企业对“和平文化经营理念”重视内容之差异，在中国台湾子公司的异文化管理绩效亦有不同。美、日 MNE 在中国台湾子公司都最重视采取“第三文化管理”，因此美、日 MNE 在中国台湾之财务绩效，无论是营业获利能力，资本获利能力，总资产获利能力，固定资产获利能力都比中国台湾企业高出很多；次重视，日本 MNE 是采取“第一文化管理”，而美国 MNE 采取“第二文化管理”。日系企业对员工之福利制度、训练程度，都比美系企业高，因此员工的士气也高昂，重视生产高质量，提高售后服务等，其结果日系企业在中国台湾之财务获利能力无论任何一项都比美系企业好。可知日本第一文化管理比中国台湾第二文化管理制度更适应中国台湾员工之需求，值得中国台湾企业以及外来投资企业发展之参考。

（三）池田大作“和平思想”提升 MNE 多元文化管理绩效

和平文化经营理论（P 理论）是依“池田大作人类和平思想”之精神而成立的。其研究结果发现，美、日企业“多国异文化、多民族共识之经营理念”，对全球东西政治问题、南北经济问题、国家主义、国民利益、不同宗教信仰、异文化、异民族以及战争之历史恩怨等问题，MNE 领导者唯有能持有“和平文化经营理念”才能疏解上述问题，对全球子公司之经营管理绩效才能更提升。因此 MNE 全球化发展，领导者必须更重视持有“和平文化经营理念”，从关怀他国人民的幸福与国家利益，而获得多国异文化、多民族更佳合作的力量，MNE 才能更提升全球子公司最佳经营绩效。母国、地主国以及世界经济繁荣，也由此增加人类幸福，世界和平。P 理论值得全球 MNE 领导者之重视。

依“经营理念与异文化管理”理论，经营理念（P）越理想，异文化管理（M）越优越，经营策略之绩效（S）必越高。综合上述实证研究、日系企业比美系企业更重视“和平文化经营理念”，因此子公司之异文化管理绩效也更高。

“和平文化经营理念”，不只能提升 MNE 全球化之经营绩效，对母国与地主国经济发展都有贡献，对世界人民幸福与世界和平更有帮助，此因果循环，MNE 全球化经营绩效也会更提升。MNE 经营者持有池田大作“人类和平思想”越高，21 世纪将成为更友好的和平世界，更能考虑对方的世界，更有慈爱的世界。（文章有删节）

（作者简介：林彩梅，女，商学博士，台湾中国文化大学商学院教授。）

论池田大作的裁军思想

刘少华　陶　俊

消灭战争，希求和平是从古至今的课题，我们熟知的很多先哲为了解决这一难题曾经付出了很大的努力。1945 年 8 月对广岛和长崎的原子弹爆炸揭开了核时代。冷战结束之后，美苏两个超级大国之间的核竞赛虽然已经没有了，虽然国际军控与裁军曾一度取得较大进展，但是庞大的核武器依然存在于地球上却依旧是很值得担忧的。

事实上，今天人类拥有的核武器较之第二次世界大战结束时用来对付日本的武器威力已经大大地增强了。频发的核危机事件时刻提醒着我们如何尽早减少、以至销毁核拥有国的庞大核武器是全人类的课题。而且"根本上，现有的国际裁军机制存在局限性，它只是'治标不治本'的办法，许多措施带有利弊兼有的特点"①同时，当国际裁军遭遇如美国般的单边主义行径和新一轮的军备竞赛时，裁军和销毁核武器的前景显得有些遥远。尽管，"裁军尝试的历史本来

---

① 王逸舟：《环球视点》，中国发展出版社 1999 年版，第 198 页。

就是失败多而成功少"①,但池田大作为裁军和销毁核武器,争取世界和平的行动却备受人们的热切关注。

一、当前国际裁军的现状

一些大国单边主义的行径令人担忧。2002年布什政府以"冷战的残余"为由,单方面宣布退出《反导弹条约》。2005年,第四届促进《全面禁止核试验条约》生效大会呼吁各国把签批约问题置于最高政治地位,加速批约进程,但美国又以其本国利益为准则,表示不考虑批约问题,且削减向条约组织提供的经费。这些对当今国际裁军、防止核扩散等是一个重大的打击。加之,美俄坚持强化它们的核威慑政策,2002年,美国的《核态势评估报告》提出了新的包括轰炸机、陆基导弹和潜射导弹三位一体的核战略,宣称美国有可能对无核国家首先使用核武器,这不仅使各国安全感普遍下降,被列入美国核打击对象的无核国家会更强烈希望拥有核武器,由此可能引发新一轮的核军备竞赛;而且严重损伤了国际裁军和军控领域的信任与合作意识。

新型常规武器的发展。第二次世界大战后,虽然在常规军备数量的裁减方面取得了一定的进展,但是一些发达国家却又在积极地研制、开发新一代的高技术常规武器。"在大国拥有核武器并大力开发高技术常规武器的情况下,一些发展中国家宣称其有权拥有化学武器等'穷人的原子弹'!一些潜在的核大国对有核国的核不扩散主张极为不满,也希望弄个一星半点的核武器威风威风"②。

双重的防扩散标准。虽然《不扩散核武器条约》和《全面禁止核

① [美]汉斯·摩根索:《国际纵横策论——争强权,求和平》,上海译文出版社1995年版,第495页。

② 王杏芳:《联合国重大决策》,当代世界出版社2001年版,第217页。

试验条约》两大核心内容得以维持和延续,但其效力在现实中却不断遭遇挑战。一方面,美国对于核拥有国如日本未施加任何压力,但却对朝鲜、伊朗等威胁要求其放弃所有的核项目,但是,如伊朗等则以日本可以有核燃料循环,也以受他国威胁或自身安全为由要求以各种形式进行核试验、发展核武器。在这种双重的防扩散标准下,核不扩散机制实际名存实亡,国际防止核扩散的形势因此依然严峻。

联合国在裁军领域的作用受到削弱。联合国的宗旨在于促进国际安全及世界和平。通过其中的各项裁军机制进行审议和谈判,联合国在裁军领域理应发挥主导作用,却不断地受到大国单边主义的挑战,不断地受到削弱。

二、池田大作裁军思想的提出

池田大作在战争的烟硝中度过了童年,第二次世界大战时他的兄长都被应征参战,在他 17 岁时,他的家已经被战争毁灭,大哥也战死在缅甸。在那个战争年代,他的体质也在一个军火厂的强制劳动中大为恶化。这些使得他对战争很是厌恨,同时使得他以及其他的很多反战人士都全力地投入到和平事业。多年来,他访问过很多的国家,并受邀在无数大学发表演讲。在和各国领导人、著名学者、友好人士的谈话或者他的演讲中,他都倾注了全部的精力和心血于宗教文化和持久的国际和平等活动。

创价学会成立于 1930 年,亲身体验过战争恐惧的池田大作在 1960 年就任创价学会会长,决定终生致力于和平建设。青年部是创价学会的中坚力量,最活跃的骨干力量。青年部誓死持久地开展以“青年和平会议”、“妇女和平委员会”为中心的各种形式的反核反战和平运动;并继承池田大作先生的精神,举办反核、反战现代世界核威胁展览、“战争与和平展览”、青年反战和平讲座,出版“反战、反核、和平”丛书,决心为废除核武器而努力。

日本作为人类第一个核武器的受害者有着惨痛的经历，对此，池田大作宣称“我对于所有的战争都是绝对反对的”。① 谈到核武器，他对之更是深恶痛绝，他认为“核武器的魔性简直就像癌细胞似地在破坏文明，当发现的时候，已经成了不治之症了”。② 他依据日莲正宗佛法原理，指出了核武器的魔性所在：“这种生命的根本的魔性，对一个个人来说，则是夺取求‘生’的力量，对于社会来说，则是夺取许多人的‘生’。所以核武器可以说是佛法所说的‘第六大魔王’的作用。”③“当武器的毁灭力发展得越大，各民族国家越自信于自己的主权时，大规模的不分青红皂白的屠杀也就越是成为战争的常态”④。

的确，今天由于科学技术的发达，武力的强大已经超过了我们以往的想象，尤其是核大国，所装备的武力一旦行使，全人类的生存都将受到威胁，而且无可否认的一点是，现代的武力装备已经变质，和传统的以及在历史上已经习惯接受的防卫力量概念完全不同了。

毋庸置疑，面对经济大萧条和剧增的失业人数，扩张军备对于克服20世纪30年代的经济萧条起到了很好的作用，但伴随武力强大所需要的军事费用也在快速地增加。而且，随之而来的是，其他许多国家也走上了这条道路，以致招致分割领土的战争，通向世界大战。池田大作认为，虽然扩张军备会使经济复苏，暂时起到正作用，但是从世界性不景气的经济方面来说，也是迫切需要进行裁军的。但是，冷战之后，人们所期待的不再把金钱浪费在军备上的想法并没有如

---

① [日]池田大作、金庸：《探求一个灿烂的世纪》，香港明和社出版有限公司1998年版，第484页。

② [日]池田大作、木口胜义、志村荣一，卞立强等译：《佛法与宇宙》，经济日报出版社1997年版，第353页。

③ 同上。

④ [日]池田大作，周伯通译：《生生不息为和平：保林和池田大作对话录》，牛津大学出版社1997年版，第99页。

人们所乐观的那样实现，削减军备投资、用于和平的所谓的和平分配化为了泡影，裁军并没有显著的成效。各地频发的纠纷表征了一个向纠纷地区输出武器的问题：一方面，几个大国占有武器输出的八成以上，这些武器使得国际纠纷更加复杂难解，比如伊朗和伊拉克的战争能延续那么长，是因为有外国供给武器，武器输出使伊拉克军队强大，以致发展到海湾战争，这些与联合国维持和平显得有些表里不一，这就让我们在反思一个问题：武器输出大国之间，难道就不应及早就限制输出武器的问题达成某些具体的协议吗？另一方面，在第三世界国家，那些本应用于食物、医疗、教育等的资金，却被用来购买武器，使本来就困苦的经济状况更加恶化，不利于民众生活的改善。从发展经济这一角度来看，池田也是极力赞成裁军的。

总的看，对于核武器池田大作的基本立场是明确的："核武器能于瞬间大量杀人，是'绝对恶'，对其使用必须以全人类的名义定罪。任何理由都不能使核武器正当化、必须消灭，这也是户田先生的遗志。为此，需要能最终禁核武器的开发、生产、储存、配备等的'全面禁止核试验条约'，而我希望和平研究所能找出达到这目的的具体方法"。①

三、关于裁军和谋求世界和平的建议

在第一次联合国裁军特别会议上，针对战后裁军未能取得进展的现状，池田大作从四个方面分析了原因：首先是互不信任。一切障碍都归根于国家之间，特别是核大国之间难以消除的互相不信任感。各自心有所忌，确实什么事也干不了。其次，核大国的利己主义的存在。为什么迄今为止提出了许多核裁军计划，并在国际会议上进行

① ［日］池田大作：《迈向第三个千年：世界市民的挑战——第21届SGI之日纪念提言》，《和平世纪的倡言》，香港天地图书有限公司1997年版，第266页。

了讨论,却没有显著的成果呢? 障碍就在这些核大国。早在1978年,池田大作在《核裁军的建议》中就指出“民族利己主义是一个恶魔,试图以邪恶控制邪恶必然造成一种恶行循环”。① 它们把本国的利益放在优先地位,一方面限制向潜在的核拥有国进行核扩散,另一面却又不愿意停止磨炼自己的可以把人类歼灭几十遍的核的凶刃,而没有积极进行核裁军的诚意。再次,妨碍裁军的原因还在于大部分人对核的感觉太迟钝。最后的原因要归咎于核超级大国国内的原子能资本、研究阵营和官僚机构等,这些都已经膨胀到了很难恢复原状的庞大程度。如俄国,“目前,在推进核裁军上,障碍之一是核弹头解体废弃需要庞大费用,这是俄国难以承担的。这个问题不是哪个特定国家予以支持就能解决的。而且,核问题不止于美国和俄国,还面临着如何组织和扩散的深刻问题。这些越加复杂的核问题,需要一些新的国际机构来综合地处理。”②

所以,要实现裁军和制止核军备扩张,最后销毁核武器,就要一个个地排除核裁军的障碍。针对这些,池田大作提出了关于裁军和销毁核武器的一些建议:

其一,确立人类生命的尊严观。日本是唯一受原子弹灾害的国家,池田大作认为使用原子弹、氢弹等核武器是侵犯人的生存权利的恶魔行为,他认为“潜藏在人们的心中、内心世界的魔性,会披着权力的外衣而使用核武器。”③他从宗教佛学的基础出发,认为人们为全面废除核武器而努力首先要切切实实地确立人类生命的尊严观。“所谓生命的尊严,就是把人类的生命、个人的幸福和个性(人格)作

---

① 何劲松选编:《池田大作集》,上海远东出版社1997年版,第33页。

② [日]池田大作:《迈向更人道的新世纪——第18届SGI之日纪念提言》,《和平世纪的倡言》,香港天地图书有限公司1997年版,第182页。

③ [日]池田大作:《我的履历书》,吉林人民出版社1984年版,第73页。

为一切事业的目的，而不是作为手段。”①在池田大作的很多谈话中，我们可以看到他把21世纪称为“生命的世纪”。“所谓‘生命的世纪’，说到底，就是时代、社会、文明已把生命的尊严作为基础。”②他认为，要想让废除核武器的运动能够取得成果，就“要使生命的尊严观在每一个人的心里深深地扎下根，让这种思想变成大地”。③ 对于那些操纵核武器按钮的当政者的良心来说，确立人类生命的尊严观是具有重要意义的。

其二，深化民众的反核意识。他呼吁设置“裁军研究情报中心”，为了启发更广大民众了解以核武器为主的现代战争的可怕性，应当加紧进行研究、讨论和宣传，对此，他建议在各国建立常设的“反核和平馆”，开展“广岛长崎展览会”等以提高人们对核武器的破坏力和核武器的配置实况的认识，这样对加强废除核武器的国际舆论，为建立无核和平地带，稳定和深化民众的反核意识都是十分必要的。而创价学会青年部就在培植和深化人们的反核意识方面做出了很大的努力，他们以“青年和平会议”、“妇女和平委员会”为中心，开展各种形式的反核反战和平运动，举办“反核、反战、现代世界核威胁展览”、战争与和平展览、青年反战和平讲座，出版“反核、反战、和平”丛书等。

其三，期待民间组织为裁军发挥作用，民众才是时代的主角。贝拉教授说：“单纯强调核武器和核战争的悲惨性，煽起危机感，反而会使人们丧失对未来的希望，使年轻人朝着自我中心的方向发展。”④的确，我们要汇集民众的和平意愿，使人们抱有远离战争走向和平的希望。在这一方面，非政府的民间组织正发挥着越来越大的

① ［日］池田大作，程郁译：《人生寄语——池田大作箴言集》，上海社会科学院出版社1992年版，第175页。

② 同上。

③ 同上书，第142页。

④ 卞立强编选：《池田大作选集》，北京大学出版社1988年版，第23页。

作用。因为，它们的目标不是从单纯的国家利益出发，而是从超国家的立场来实现人类的和平和福利。推进和平与文化的创价学会作为联合国情报局的民间组织的一员也在发挥着积极的作用，它是把以绝对和平为基调的佛法作为根本，理所当然地要求废除恶魔的产物——核武器。核武器是近代文明总体的一大灾难，它的出现对人类历史是一次决定命运的事情，因此我们必须要把人类历史舞台的主角位子夺回到人的手中——民众的手中。“制度也好，核武器也好，都是人类自己制造的东西，人不能成为它们的奴隶，而应该成为主人”①。“核武器既然是人的手制造的，那就没有理由不可以用人的手去销毁它”。“可见关键的问题是要全世界的普通的人民怀着这种朴素的愤怒和智慧站起来”②，强调“国家主权”向“人类主权”的转变。无可否认，在不断的纷争中，扮演着主角的首先是主权国家。在近代以来的战争史中，战争发生的原因多数在于主权国家的利益诉求和权利争夺，他们发动的近代战争，几乎把所有国民都卷入了巨大的悲剧之中。池田大作透过他的佛法洞察当下，提出了要用“人类主权”来替代“国家主权”。对于这一提法，他有他自己的立场，首先他认为“从佛教的立场来说，从国家主权转向人的主权，就是如何培养一种敢于向巨大权威挑战，并贤明地调控这巨大权威的人格”③。世界和平不能站立在国家主权论的褊狭观念上，而是需要人类主权的价值观。另外，被他认为是“第六天恶魔”的核武器的出现，也是他这一提法的原因之一。因为“这种恶魔般的武器所具有的巨大的杀伤力和破坏力，把自己变成了所谓的‘不能使用的武器’

① ［日］池田大作，程郁译：《人生寄语——池田大作箴言集》，上海社会科学院出版社1992年版，第140页。

② 卞立强编选：《池田大作选集》，北京大学出版社1988年版，第3页。

③ ［日］池田大作：《和平与人类的安全保障：透过佛法洞察二十一世纪——在夏威夷大学东西中心的演讲》，《和平世纪的倡言》，香港天地图书有限公司1997年版，第101页。

使得人类不可能再进行战争。正由于这个原因，在发动国家权利就必然会直接导致人类毁灭的核武器的现状下，人类不得不突破国家的框框，从‘国家利益’向‘人类利益’、从‘国家主权’向‘人类主权’进行思想转变。因为不这样做，迟早会导致整个人类毁灭这一悲剧性的事态。”①

其四，设置“无核和平地带”。裁军的道路总是步履维艰的，但重要的是要造就一个促成实行裁军的环境。关于这一点，池田大作提出了联合国应当推进“无核和平地带”的设置和扩大的建议，这一建议既有利于防止核国家的增加，也可以防止现存的核国家的核扩军。“‘非核地区’一般指(一)那个地区内的任何国家都不进行核武器的实验、制造、购买；(二)不允许地区外的国家在这个地区进行核试验、配备，使用或以核武器进行威胁。”②池田的“无核地带”思想正是此意，是要在那些已经缔结了“不使用核武器协定”的国家中，由自愿的国家或几个国家的集团互相协商，设定无核地带。毋庸置疑，在这一地带是不准有核武器的，如果原先就已经拥有核武器的，要想方设法尽快撤除，这样就应当得到不受其他国家核攻击的安全保障。当然，“无核和平地带”的建议并不仅仅局限在地域性的无核设想，因为使用常规武器的纷争一样有可能会加剧无核地带的紧张局面，如果是那样的话，无核地带也就变得没有意义了。所以，为铲除无核地带使用常规武器的纷争危机的萌芽，池田建议联合国在无核地带要成立无核地域和平保障机构，这样，世界的紧张局势才会得到缓和，实现裁军的条件就会大大地改善。“如果现在扩展的‘无核地带’能同时成为‘不战和平地带’，那么，废止核武器的世界也不是

① 卞立强编选：《池田大作选集》，北京大学出版社1988年版，第48页。

② ［日］池田大作：《通过人类团结建设和平世纪——第20届SGI之日纪念提言》，《和平世纪的倡言》，香港天地图书有限公司1997年版，第233页。

梦想。反之,若不能实现这一点,是难以完全实现核武器的消灭。”①谋求稳定的世界和平是需要广泛的民众的民主主义的,只要无核国家团结起来,把渴望和平的世界人民的意志集中起来,实现无核和平地带形成对核拥有国的和平包围网是有可能的。

其五,裁减军费,使之用于发展经济。目前,在国际上通行的裁军方式有三种:销毁武器和裁减军事力量、削减军费和全面裁军。销毁核武器自不必说,池田大作在后两个方式上也提出了自己的主张。

世界的军事费用每年都是有增无减,这些军备扩张压迫着各国的经济,阻碍了经济的持续发展,这些都早就是人们的常识了。对于这个问题,池田大作在《世界精神的巨光:人类史的黎明》中提出了通过裁军来发展经济的建议,他认为,首先重要的一点是武器输出大国要率先进行裁军,把军事产业改为生产民需品,减少输出武器。就像日本一样,由于在战后的“轻武装”,日本在经济上取得了很大发展。但是面临的问题是,要缩小、瓦解冷战下一直大量制造武器的军事产业,是一件非常困难的工作。一方面,军事产业向民营转化的过程所需的资金不足;另一方面,先进国家军事产业不再受到国家政府的庇护,只有另改门路,拼命试图向发展中国家输出武器。另外,针对第三世界国家用紧缺的资金购买武器,他认为有必要将其和经济援助结合起来,对第三世界国家武器的购买进行严格的检查,对于大量购买武器的国家不进行经济援助。

在现今科学技术迅猛发展的时代,那些认为“只有军事力量才能对抗威胁”、“军事力量的壮大会提高国家的威信”的老朽的安全保障观已经需要改弦更张了,因为撇开我们现今衡量一个国家威信的标准是综合国力不说,单就在庞大的核战力量对峙的情况下,不论我们怎样费尽资源地去增强军事力量,也根本不可能保证真正的和

① [日]池田大作:《迈向第三个千年:世界市民的挑战——第21届SGI之日纪念提言》,《和平世纪的倡言》,香港天地图书有限公司1997年版,第267页。

平。因此,池田大作建议“削减军费,将其一部分捐作地球环境保护的‘联合国裁军基金’”。① 另外,还建议由各个地域的各个国家,都各自从庞大的军事费用中分别削减其一部分,用作设立无核地域和平保障机构的准备基金,或者将要用于开发核武器等增强军备的庞大的军事费用转用于人类的文明与繁荣的办法。对于联合国应担起的责任,则是希望组织一个“争取裁军的经济转换计划委员会”的机构,在那里讨论随着裁军而形成的新的国际秩序的设想。

在大规模裁军这一点上,他在和哥斯达黎加前总统、诺贝尔和平奖得主阿里亚斯·桑切斯博士会谈中讲到,哥斯达黎加在1949年制定的现行宪法中废除军队取得成功,虽然他们是小国,但是,“人们一旦判断为不合时代和无用之物,就会令其消灭,如奴隶制度、种族隔离一样。所以大规模的裁军也并非天方夜谭”。② 所以,他认为“一切军备都必须裁撤,这就是我的信念”③。

其六,建议召开由各国最高负责人参加的首脑会议。作为一个佛教徒,池田大作非常重视人与人之间的日常交往。他认为“互不相识的人们碰到一起,互相开诚交谈,互相启发,这是无形的积累,很快就会结出有形的果实”,所以担负着各国重任的最高首脑要进行会谈,并勇敢地打开裁军和缓和紧张局势的突破口,那样“最高首脑之间的会晤,也将会有同样的效果”④。但是,在会谈中,要加强彼此的信任感。核裁军进展缓慢就是不信任感在作祟,以致大家都不想停止核扩军竞赛。即便是各国为了平衡而想削弱,也常围

---

① [日]池田大作,香港创价学会译:《世界市民的展望——池田大作选集》,香港三联书店1993年版,第235页。

② [日]池田大作:《迈向第三个千年:世界市民的挑战——第21届SGI之日纪念提言》,《和平世纪的倡言》,香港天地图书有限公司1997年版,第267页。

③ [日]池田大作,程郁译:《人生寄语——池田大作箴言集》,上海社会科学院出版社1992年版,第143页。

④ 卞立强编选:《池田大作选集》,北京大学出版社1988年版,第27页。

绕平衡问题而争论不休。所以，信赖关系是大幅度削减核武器的突破口。

其七,加强联合国在裁军领域的作用。池田大作曾经满怀希望地设想建立“世界联邦”和“世界国家”,但是,“世界联邦运动充满苦恼和曲折的历史清楚地表明,这是极其困难的”①。综观二战后的世界发展史以及国际力量的对比,他提出“为了构筑新的世界秩序,应当以联合国为中心”②。作为今后推行和平路线的方式,要加强联合国的权限,提高其维护和平的机能,同时以此为当前的出发点,探求建立新的世界秩序的体系。

联合国在半个多世纪的风雨历程中,对于人类的社会、经济、文化教育等做出了很大的贡献。在国际政治中作为一个协商的大舞台,在这里“不管有什么意见对立,存在一个互相讨论的场所——‘人类的议会’,这本身就具有不可估量的重大意义”③。其实,联合国大会的第一号决议就是关于裁军问题。1946 年成立了原子能委员会,负责和平使用核能源的筹划;1947 年,联合国成立了“常规军备委员会”的裁军谈判机构,负责探讨有效地全面裁减军备及武装部队的各种方案;1952 年又成立了“联合国裁军委员会”。但是,在美苏军事实力的威慑下,联合国机制内的裁军运作打上的是强权的烙印。而在当下,美国单边主义横行,威胁着世界和平,而且裁军的进展受国际局势变化的制约,联合国无法控制国际局势的发展,对各国的军备规模和质量更是缺乏统一的监控,这使得联合国在裁军上缺乏足够的权威性和强制性。因此,池田大作提出了“强化与改革”联合国的建议,并强调“为了实现强化联合国,不只是成员国,强大

① 卞立强编选:《池田大作选集》,北京大学出版社 1988 年版,第 45 页。

② [日]池田大作:《迈向更人道的新世纪——第 18 届 SGI 之日纪念提言》,《和平世纪的倡言》,香港天地图书有限公司 1997 年版,第 172 页。

③ 卞立强编选:《池田大作选集》,北京大学出版社 1988 年版,第 46 页。

的民众阶层支援是不可或缺的”。① 实际上，在裁军领域，联合国最现实的选择就是充分发挥现有裁军与军控机制以及安全机制的作用，加强核查和监督机制，对核不扩散机制破坏者实施公正有效的惩戒措施，并不断加强区域安全机制和国际军控机制的完善与建设，以期达到联合国安全机制的公正合理。这样才能够得到国际社会大多数成员的理解和支持，达到维护世界和平的目的。

裁军是个涉及面很广的工程，它牵涉着外交、军事、核物理、财政等各个部门。要真正地实现裁军走向和平，关键要视参与裁军各国的政治意愿，各国的协商只有建立在相互参与、信任的基础上才能有望取得进展。在一体化的过程中，随着当前全球相互间依存的关系不断地增强，我们如果能够做到各国齐心协力一起朝着裁军、销毁核武器的方向前进，那么要达到“和平世纪”的愿望也是指日可待的。

（作者简介：刘少华，男，1963 年生，湖南省衡阳人，博士，湖南大学池田大作研究中心副主任、湖南大学政治与公共管理学院教授。

陶俊，女，1984 年生，湖南省浏阳市人，湖南大学政治与公共管理学院研究生。）

① ［日］池田大作：《内在的精神革命，创建世界和平的关键——第 29 届 SGI 之日纪念提言》2004 年 1 月 26 日，国际创价学会主页 www. sgi. org，国际创价学会会长《和平倡言》集。

论池田大作的和谐教育思想

黄富峰

池田大作先生作为世界著名教育家,不仅建立了从小学、中学到大学的一整套教育机构,而且在其独特的教育实践中,提出了许多精彩教育思想,其中和谐教育的理念贯穿始终。这些思想在世界教育进程中具有重要价值和意义。

一、身心和谐的教育目的

池田大作先生认为,教育之目的就是使学生身心得以全面发展,使学生的身体、品德、智力、劳动和美感等方面都得到发展,忽视哪一方面或只偏重哪一方面的教育,都是片面的教育。教育所要教给人的,不是一个生活的技术和技巧问题,而是整体的生存问题:"教育的根本课题是在于说明和回答人类应当怎样存在,人生应该怎样度过这些人类最重要的问题。"①所以,教育的根本目的在于创造人生的价值和意义。

---

① [英]汤因比、[日]池田大作,荀春生译:《展望二十一世纪》,国际文化出版公司1985年版,第59页。

但现代教育中的通病却是重物质享受,轻精神发展,人生的目的物质化,人失去作为人的活力和尊严,物质欲望超越了精神享受,致使身心出现不和谐,不能培养出学生健全的人格:"现代教育陷入了功利主义,这是可悲的事情。这种风气带来了两个弊病,一个是学问成了政治和经济的工具,失掉了本来应有的主动性,因而也失去了尊严性。另一个是认为唯有实利的知识技术才有价值,所以做这种学问的人都成为了知识和技术的奴隶。"①"在现代技术文明的社会中,不能不令人感到教育已成了实利的下贱侍女,成了追逐欲望的工具。"②之所以出现这种情况,主要是过分地重视纯粹知识的教育,向学生单纯地灌输知识,对学生进行技术性训练,而忽视对学生进行人文素质,即德性、人格和人的各方面潜能的培养。"把有关科学技术和经济这些物质领域的学科放在优先地位,是因为它对于迅速增进国家社会的物质富裕有利。另一方面,人文学科往往遭到轻视,是由于它与物质的实际利益无缘。进一步说,我想还有另外的一面,那就是这些学问往往对现实的社会体制或当权者的状况持批判的眼光,使他们感到不快。"③

为了避免这种情况,就要把技术教育与人文教育相结合,"开辟未来时代的社会,将是培育具有人文科学的教养和全局的观点,并能正确地熟练地运用科学技术的人的方面取得成功的社会。"④这样,才能促进学生身心的和谐,才能达到真正的教育目的。只有坚持和谐的教育,化讲授为创造,化知识为智慧,就能够促进受教育者的人格养成,形成德才兼备的健康人格。在现代教育已经出现偏向的情

---

① [英]汤因比、[日]池田大作,荀春生译:《展望二十一世纪》,国际文化出版公司1985年版,第59页。

② 同上书,第58页。

③ [日]池田大作、[意]奥锐里欧·贝恰,卞立强译:《二十一世纪的警钟》,中国广播出版社1988年版,第207页。

④ 同上书,第208页。

形下,尤其是要加强道德、人格、人生方面和情感方面的内容,重视学生的自由人格和正确判断力的培养:“学校之类的公共机关应当教给人的东西,我认为是磨炼各自能够尊重个人自由的人格,给予为做出正确的判断所需要的素材。如果个人判断的结果是错误的,那就证明学校没有完全完成这一任务。”①

二、师生和谐的教育方法

和谐教育的目的,需要通过师生和谐的教育方法来达到。为此,池田大作先生认为应该做到以下三点:

首先是要把学生当成有充分自由发展权的个体,并充分尊重他们的个性自由,张扬每个学生的个性,最大发挥他们的潜力。“而且教育是以每个具有不同性格的人为对象,这每一个生命在每一瞬间都在进行微妙的活动”。② 只有在此基础上,才能够对学生有深刻的认识,充分尊重学生,维护学生生命的尊严,并充分注重学生个体间的差异。这样,在实际的教育中,就能充分发展和培养学生的个性,使每个学生根据自身特点充分张扬个性。在此基础上,就能使每个学生释放出灿烂的生命之花,“无需多说,人类常年试行错误的结果,已认识到应当把以生命的尊严为基础的民主主义当作一切的大前提。也就是说,梅花就是梅花,樱花就是樱花,应当把各个领域里开出真正自己的花当作骄傲,这才是未来社会的理想形象”。③

二是教师要有高尚的人格,真正为人师表,用高度的奉献精神培育学生。池田大作先生认为,教师的光荣职责就是发现人,培养人,要用自己的丰富的学识与高尚的人格去影响和教育学生。为此,教

① [日]池田大作,卞立强译:《人生箴言》,中国文联出版公司 1995 年版,第131—132 页。

② 同上书,第 130 页。

③ 同上书,第 139 页。

师必须有上进心,并且不断磨炼自身的人格。“当然,教育最首要的是教师本身作为人的向上心,以及由此而渗透出的人格和人性。”①“如果把焦点放在教育中人格形成的方面,教师的人格磨炼在这里就显得特别重要了。”那么,如何才能够磨炼自己的人格,成为一名合格的教师呢?池田先生认为,在于教师对金钱和名誉欲望的舍弃:“户田先生也曾对我们讲过:‘为了能引率别人,就得舍掉名誉的欲望和金钱的欲望。越能舍弃这些欲望的人,越是强者。对于这种人,从好的意思说,是谁也奈何他不得的。’将‘名声’和‘财富’放在第一位的人,真正说来,是没有做领导者的资格的。对教育家说来,也是如此。”②

三是建立和谐的师生关系。和谐的师生关系是民主、对话、交流的基础,这样才能促进师生的共同成长和发展。“教师和青少年之间不是对立的关系,而是要在共同成长,争取未来的过程中获得教育的成果。”③同时,要把这种民主的师生关系扩展到广泛的人生、人的生活的一切方面,才能获得更大收获。“我认为应当更广泛地考虑人生、人的生活的一切方面。因权威结成的师生,在现实中已坠入来自儒教思想单纯的礼节,变成徒具形式的过去的遗物。……也就是说,当意识到彼此既是老师又是学生这种深刻的人与人的关系来相互接触时,友好也会结出极为丰硕的果实。没有人在一切方面都是老师,也没有人在一切方面都必须作为学生来学习。在这里会无意识地出现彼此既是老师又是学生的人与人的关系。”④在此基础上,

① [日]池田大作,卞立强译:《人生箴言》,中国文联出版公司 1995 年版,第 129 页。

② [日]池田大作,铭九等译:《我的人学》,北京大学出版社 1992 年版,第 93 页。

③ 同上书,第 129 页。

④ [日]池田大作,卞立强译:《人生箴言》,中国文联出版公司 1995 年版,第 141 页。

池田大作先生认为,师生之间的关系可以达到一种崇高境界,那就是最为纯真的友谊,是人生中最大的缘分:“人生会有无数的‘遇合’,会有无数的‘人与人的情谊’。但我总觉得:在其中,‘师弟的遇合’、‘师弟的情谊’,才是最崇高的人生的‘精华’”。① 师生关系如果能建立在这种崇高的境界之上,那是和谐的极致,它能使教育取得最大程度的成功。

三、教育与社会的和谐

教育作为社会结构中的重要因素,它的发展受到其他各种社会因素的制约,只有教育同社会其他因素处于和谐关系之中,教育才能获得迅速发展。池田大作先生认为,要注意以下三点:

首先是要保持教育的相对独立性。具有相对的独立性的教育,才不会被少数利益集团控制,教育才能够按照自身的规律发展,起到自身的独特作用:“教育是文化的原动力,是构成人的形成的骨干。所以我认为,教育应当站在脱离国家权力的独自的立场上来组织,在学问上进行追求,我正是从这一意义上一向以新的概念和价值观来提倡教育权独立的设想。”②所以,“教育本来是创造下一代的人和文化的严肃的事业。因而应当具有不受当时的政治权力所左右的、牢固的独立性。”③

二是要保持教育制度的公正和公平性。要建立一种教育机会均等的教育制度,保证每个人平等地受教育,并在此基础上建立起终身教育制度。“每当想到那些由于经济和时间的原因而在青少年时代未能充分受到教育的人们,我就不得不痛感到,必须要有群众一方面

① 池田大作:《我的人学》,北京大学出版社 1992 年版,第 95 页。

② [日]池田大作,卞立强译:《人生箴言》,中国文联出版公司 1995 年版,第 134 页。

③ 同上书,第 137 页。

从事职业,同时可以进行学问研究的制度——即有能力和愿望的人可以平等地从事学问的所谓终身教育的制度。"①为了保证每个人都得到应有的教育,教育经费要由国家来承担,但国家又不能干涉具体的教育内容。"从教育的机会均等这个角度来考虑,确实不可能全面地由个人承担教育经费。因此不得不采取国家和公共自治团体援助的方式。但是,我认为不能干涉教育的内容,哪怕是间接的,也不能采取使教育有所偏向的政策。"②

三是根据教育所处的具体社会情况,因地制宜地建立自身独特的教育体制。"在建立教育制度时,当然要考虑各个国家不同的条件,描绘其未来的形象,同时还必须由该国的有识之士来进行讨论,建立有独特性的制度。"③只有这样,教育才能适合社会的发展,与社会中的其他力量和谐相处,共同促进社会的进步。在此基础上,池田大作先生认为,教育界要立足于全人类,通过加强交流与协作促进世界的和平与发展:"并进一步建议世界各国的教师、家长、学生和硕学之士应当齐集一堂,建立'教育联合国',以求实现立足于全人类视野的教育。"④通过教育的交流与协作,就可以促进世界的和平与发展:"像这样不受国界约束的教育的有利点是,可以给肩负未来的青年们带来不受国界约束的视野,而且当这些在大学生活中结成友谊的青年们很快成为各个国家的领袖时,就可以防止国家之间的纠纷于未然,给处理各种问题的协商与合作的顺利进行打下基础。"⑤

---

① [日]池田大作,卞立强译:《人生箴言》,中国文联出版公司 1995 年版,第 131 页。

② 同上。

③ [日]池田大作、[意]奥锐里欧·贝恰,卞立强译:《二十一世纪的警钟》,中国广播出版社 1988 年版,第 194 页。

④ [日]池田大作,卞立强译:《人生箴言》,中国文联出版公司 1995 年版,第 134 页。

⑤ [日]池田大作、[意]奥锐里欧·贝恰,卞立强译:《二十一世纪的警钟》,中国广播出版社 1988 年版,第 197 页。

（作者简介：黄富峰，男，1968 年生，山东冠县人，哲学博士，聊城大学社会科学处处长，湖南师范大学池田大作研究所兼职研究员，主要从事伦理学基本理论与应用研究。）

略论池田大作的和谐教育思想

曾　峥

池田大作的教育工作,充分体现了和谐教育的思想。池田大作先生认为,在现代社会发展中,人与自然的关系日益恶化;人与人之间、人与自然之间也存在严重的分裂;不仅如此,人的自身也存在着不和谐的问题。那么,如何实现人与自然之间、人与人之间的和谐与平衡?池田先生认为,解决危机的根本出路就在于通过"人间革命",以使人自身成为关爱生命、关注人性的存在。在池田先生看来,其所实施的"人间革命",除了宗教外,最重要的就是教育。而教育所要追求的不仅是环境的和谐,更重要的是学生生命的和谐。

一、社会危机呼唤和谐教育

20 世纪是人类历史上发展与危机、进步与冲突并存的时代;是希望与失望、乐观与悲观交织的时代;是人与自然、人与社会、理智与情感等被推向对立极致的时代。正视危机才能反思、总结和解决危机。池田大作先生对 20 世纪人的存在与发展的危机问题高度关注,并进行了全面的剖析,由此呼唤人性的革命与人类的复兴,积极探索 21 世纪生命重建之路。

1. 人与自然的危机

池田大作在他许多论述中,深刻揭示了现代社会人与自然关系所面临的种种危机。池田大作指出:“大自然对于人类的生存是唯一无二的母体和基础。它不仅对维持母体是必要的,而且也是人类的精神基础,也是繁荣文化、文明的源泉”。① 池田大作对20世纪的自然所面临的破坏与生态环境等危机表示出了极大的担忧,他认为:“资源消费即使按现在的速度不再增加,据统计学者说,铝、水银、金、锡、锌的已知埋藏量20年左右就会用完;铜和钨可消费30年,铅可消费约70年,铁可消费100年。这些数字是令人悲观的,即使说未把未知的埋藏量计算进去,但这些统计学者无疑是强调了危机正在逼近。就是说,状况在大约百年后会落到悲惨的结局,30年后会陷于无可挽回的地步。”②同时,池田大作也看到了人类所遭到的报复,他一针见血地指出:“随着人类征服自然,进而不断破坏自然,自然界固有的节奏开始紊乱。受到创伤的自然开始向人类进行报复。”③他认为:“现代文明之所以走到破坏自然这一步,其根本原因归根结底是如下两条:一是认为自然是与人类不同的另一个世界。他们忘记了自然也是保持一定规律的‘生命的存在’。尽管与人类生命的形式不同,但在本质上是与人类生命相互关系的。另一个原因,正如博士所指出的,犹太一神教认为人类是最接近神的存在的,所以理所当然地要征服其他生物和自然,使其为人类服务。”可见,人类中心主义的价值观和实践行动使得现代的自然和人类的协调关系崩溃,导致20世纪人与自然的关系以人类历史上最为凸显的危机

① [日]池田大作,卞立强译:《人生箴言》,中国文联出版公司1995年版,第198页。

② [日]池田大作、[法]路奈·尤伊古:《黑夜寻求黎明》,中国国际广播出版社2003年版,第19页。

③ [英]汤因比、[日]池田大作:《展望二十一世纪——汤因比与池田大作对话录》,国际文化出版公司1985年版,第32页。

方式呈现与警示人类。

2. 人与生命的危机

现代社会除了陷入人与自然的危机之外,同时也出现了人与人的危机。这种危机往往表现为人与人之间冲突最明显最严重的直接暴力——战争、贫困与压迫所造成的结构性暴力、权力压迫、个性丧失,以及人的肉体的危机、精神的危机和道德的危机等等。池田大作指出:“战争是人类暴力和残酷性的一种特殊表现形式。”①他呼吁“要坚决摒弃克劳塞维茨的战争肯定论。战争是绝对的坏东西,是向人的生命尊严的挑战。……现代人经历了太多的战争。我们必须消灭破坏文明、夺走宝贵生命进而招致人类灭绝的可怕的战争”。②池田大作接着指出:“遗憾的是,已经拉开帷幕的新世纪,又密布激烈动荡的乌云。不论是恐怖和战争这些直接的暴力,还是贫困和压迫这些结构性的暴力,不能不说20世纪遗留下来的负遗产的‘黑暗’,仍然非常深沉。”③不仅如此,人们还陷入由于社会制度权力异化所产生的权力压迫和由于生产方式的日益机械化以及社会生活的制度化所带来的个性丧失。池田大作指出:“社会巨大化、复杂化,人人都失去了个性,精神枯竭,这种状况在日本,在欧美各国都是同样的。”④甚至,“在现代社会,一方面由于社会规模的扩大,另一方面由于生活结构和管理要求合理化这一总的趋势,使人与人之间的关系个人化了”。⑤ 池田大作还强调,现代人还面临着由于各种公害所导致的肉体的危机,而且也出现了各种的精神危机。他指出:“在物

① [英]汤因比、[日]池田大作:《展望二十一世纪——汤因比与池田大作对话录》,国际文化出版公司1985年版,第248页。

② 同上书,第230—231页。

③ [日]池田大作、[法]路奈·尤伊古:《黑夜寻求黎明》,中国国际广播出版社2003年版,前言第1页。

④ [英]汤因比、[日]池田大作:《展望二十一世纪——汤因比与池田大作对话录》,国际文化出版公司1985年版,第421页。

⑤ 同上书,第420页。

质世界充分优裕的时候，没有构筑一个丰富健康的精神世界。这也是现代人面临的最大问题。”①

3. 现代教育的危机

本来教育是解决危机的一个重要手段，可现代教育本身也陷入了一定的危机。池田大作先生在剖析了现代教育的本质和所存在的功利主义弊端后指出，教育之本是为了孩子，而不是“国家的专有物”。池田大作认为：“就教育来说，确实可以从中得到很大的实利效果。但这终归是作为结果而自然形成的，光把实利作为动机和目的，这不是教育应有的状况。现代技术文明的社会中，不能不令人想到教育已成为实利的下贱侍女，成为追逐欲望的工具。”②同时，池田先生还一针见血地指出：“现代教育陷入了功利主义，这是可悲的事情。这种风气带来了两个弊病，一是学问成了政治和经济的工具，失去了本来应有的主动性，因而也失去了尊严性。另一个是认为唯有实利的知识和技术才有价值，所以做这种学问的人都成了知识和技术的奴隶。”③池田大作认为：“教育是文化的动力，是构成人的形成的根干。所以我深信，教育必须根据独立于国家权力之外的独特立场来组织，并从学术上来进行探讨。”④他强调：“总之，教育的任何课题都必须从人乃至生命的尊严这一普遍性的立场出发，并回归到这一立场来。”⑤

可见，20 世纪人类生存与发展所面临的种种危机铸就了 20 世纪的时代特质。池田大作高瞻远瞩地指出，20 世纪人的存在与发展

① ［日］池田大作，王健译：《佛法・西与东》，四川人民出版社 1996 年版，第 3 页。

② ［英］汤因比、［日］池田大作：《展望二十一世纪——汤因比与池田大作对话录》，国际文化出版公司 1985 年版，第 60 页。

③ 同上书，第 61 页。

④ ［日］池田大作、松下幸之助：《人生问答》，中国文联出版公司 2000 年版，第 330 页。

⑤ 同上书，第 331 页。

的原因,归根结底是由于人本身的错误所致,“现代人类生存的危机是自己招致的。因此,解决这个危机的钥匙也掌握在人类自己手中”。① 池田大作始终把人类摆脱面临困境的主要希望寄托于教育,而且他主张:“教育应该是一种探索,使人理解人生的意义和目的,找到正确的生活方式。”②

二、构建和谐的教育环境

教育需要构建和谐的育人环境才能实现人与自然、人与人之间的和谐。池田大作认为:“教育总是在特定环境中展开的,这个环境可以是任何意义上发生的环境。”③事实上,教育环境对人的发展的有效形式更多的是一种无形的渗透,而人的发展更重要的是精神、人格和道德等方面的发展,这种发展在无形的渗透中才能取得更好的效果。在教育环境当中,教师、家庭和社会是最重要的因素。

1. 教师环境的和谐

学校环境中的教师,在教育过程中尤其是对学生成长发挥着重要的作用。池田大作把教师看做是教育的首要条件,他认为“教师是最重要的教育环境”,④认为教师在学生的成长中起着重要的作用。池田先生在其多年的教育实践活动中深信,教育的全部价值在于追求人类进步和人类幸福,而教师不仅是教育活动的组织者和人类文明的传播者,更主要的是,教师是制约教育能否实现其价值的关

① [英]汤因比、[日]池田大作:《展望二十一世纪——汤因比与池田大作对话录》,国际文化出版公司 1985 年版,第 39 页。

② 同上书,第 60 页。

③ [日]池田大作:《人生寄语——池田大作箴言集》,上海社会科学院出版社 1996 年版,第 129 页。

④ [日]池田大作:《时代精神的潮流》,商务印书馆 2005 年版,第 321 页。

键,是人类自身进步的促进者和人类幸福的缔造者①。因此,他对教师寄予很高的期望值,不仅把教育看作是维护人类尊严的基础,而且把教师看作真正的和有效的教育前提,是实现教育自身价值存在的条件。如果没有教师的变革或革命,受教育者和教育教程的变革就没有任何成功的可能,教育张扬生命的个性将成为一纸空文。池田大作相信,教育革命必须以人的革命为前提,而教育过程中人的革命最终的是追求人性的发展和人自身的幸福。

2. 家庭教育的和谐

池田大作十分关注家庭教育对学生成长的影响,把家庭教育看作是整个教育必不可少的一个组成部分,对人生的发展道路有着深远的影响。池田大作认为:"家庭是一切的基础,根本是教育。"②对学生的教育,不仅要传授知识,而且更重要的是教他们怎样做人。因为教育的终极目标是人格的塑造,"教育不是埋没个性,而是应当发展个性"。③ 池田大作指出"人性的磨炼不应当全委托于学校,应当作为家庭、地区乃至整个社会的问题提上日程"④。其实,"培育人"这一意义上的"教育",本来就不只是学校的专利,而是应由整个社会承担的使命。池田大作一直认为家庭教育有着学校教育不可替代的功能,学校教育要把重点放在开发人的生命的智能上,而家庭教育则应把重点放在"为人的全面发展教育进行不懈努力"上。池田大作反复强调,"家庭教育是人的教育的基础,在这一基础之上,学校教育才可能很好地开花结果"。⑤ 虽然家庭教育如此重要,"但在现

① [日]池田大作:《时代精神的潮流》,商务印书馆2005年版,第321页。

② [日]池田大作:《人生的坐标》,商务印书馆(香港)有限公司2003年版,第110页。

③ 同上书,第115页。

④ [日]池田大作、松下幸之助:《人生问答》,中国文联出版社2000年版,第353页。

⑤ 同上。

代教育中,家庭教育遭到了忽视,甚至变成了好像是学校教育的转包单位”。[①] 因此,池田大作呼吁对家庭教育的高度重视,认为家庭教育是各种教育中最完善的“育人教育”、“灵魂教育”,其主要内容就是父母通过自己的生活态度、礼仪和风范,使孩子认识正确的人生态度。池田大作主张天下的父母要以自己的“真心实意”来感动孩子的心。要最大限度地想着孩子。这会铭刻在孩子心里,长大以后一定会起作用。最好的家庭教育就是“爱”,他认为,教育的“育”就是培育的意思,并不是在父母的庇护下单纯的保护。如何培育孩子自己去开辟人生的能力、坚定生活的能力——即“自主的精神”,可以说是家庭教育中的一个重点[②]。

3. 社会环境的和谐

社会是人类教育不可或缺的因素。当今社会科技发展日新月异,人的思维多元化了,人的知识也层次化、复合化了,光靠学校教育已无法完成培养现代人的历史重任。因此,池田大作认为学校教育不单要跟家庭,而且要跟社会双向互动,形成良性循环。他指出:“‘培育人’这一意义上的‘教育’,本来就不只是学校现场,而应该由整个社会承担的使命。”[③]

池田大作先生经常呼吁要从“为社会的教育”转变为“为教育的社会”,认为一个理想的社会应该承担教育的使命,以培育人才为根本。他语重心长地指出:“‘脱离社会的教育’是没有生命的。同样‘失去教育使命的社会’是没有前途的。教育不能停留于单纯的‘权力’或‘义务’,它不过是每个人的‘使命’——整个社会做这样的思

---

① [日]池田大作、松下幸之助:《人生问答》,中国文联出版社 2000 年版,第 353 页。

② [日]池田大作:《人生的座标》,商务印书馆(香港)有限公司 2003 年版,第 108 页。

③ 同上书,第 117 页。

想变革,应当是一切的根本。"①池田大作把整个社会看作是一个大的教育体系,这是他对教育理解的崇高境界。

三、学生生命和谐的构建

池田大作博大精深的教育思想体系处处闪耀着人性的光芒。他把教育看作是最具生命的事业所揭示的生命的完整性、自由性和独特性,倡导着教育是生命完整的教育,是凸显生命灵动的教育,是张扬生命个性的教育。教育必须是对生命和谐的追求。

1. 构建生命完整的教育

池田大作先生认为,"生命"的存在是人最宝贵的。因为"生命是尊严的。就是说,它没有任何等价物。任何东西都不能代替它"。② 池田大作先生反复强调"生命"的尊严是人的最高价值,他指出:"人是生命的存在,乃是超越任何社会、国家和民族的具有普遍性和绝对性的事实。"③同时,池田大作先生还进一步指出:"作为人类行为基准的价值体系是多种多样的。比如说,有人主张一切价值是个人爱好的问题。也有人从社会体制中产生的价值基准——财产、社会地位、娱乐等价值——作为行动规范。还有人根据把克服贪欲、爱、求知欲作为基准。我和施韦泽的想法有共同之处,必须把生命的尊严作为最高价值,并作为普遍的价值基准。就是说,生命是尊严的,比它再高贵的价值是没有的。"④池田大作先生高瞻远瞩,观察

① [日]池田大作:《人生的座标》,商务印书馆(香港)有限公司 2003 年版,第 105 页。

② [英]汤因比、[日]池田大作:《展望二十一世纪——汤因比与池田大作对话录》,国际文化出版公司 1985 年版,第 430 页。

③ 卞立强编选:《池田大作选集》,北京大学出版社 1988 年版,第 90 页。

④ [日]池田大作,卞立强译:《人生箴言》,中国文联出版公司 1995 年版,第 198 页。

敏锐,在充满教育功利的现代社会里,保持着清醒的头脑。他认为,教育是培养“人”的事业。人们应该看到,开拓未来,造就未来的主体是“人”,而造就“人”的事业是教育,“教育的根本课题是在于说明和回答人类应该怎样存在,人生应该怎样度过这些人类最重要的问题”。① 池田大作先生所倡导的教育,是反对功利主义倾向和关注人的健康发展的教育,这种教育观体现了他对生命的高度尊重和亲切的关怀。教育从关注社会,作为服务社会的工具,到关注人生,作为人的发展的自觉需要;从关注知识、能力、情感单一的发展,到关注人的全身心完整的发展,不断实现着向生命的回归。正如池田大作先生所言:“人的生命本身就是一种目的,绝对不可将之变成手段。正是树立了这样一种生命的尊严观,因此才可以作为面向21世纪的最重要的命题。”②另外,人的生命不仅是自然生命与价值生命的和谐统一,而且价值生命中也要达到真善美、理性与非理性、认知与情感的统一,这是生命和谐发展的内在要求。

2. 构建生命灵动的教育

生命不仅是全面的、和谐的,而且是自主的、自由的。从人的本质来看,自主和创造是人的天性。人的自我意识与生命发展的需要融合在一起,使人生命的主动发展、自我创造成为可能,这是人生命的独特之处。池田大作先生主张的教育是凸显生命灵动的教育。他认为,“教育的根本永远是学生,教育的根本取决于学生有无自觉性,学生是学校的主体”。③ 在教育的过程中,学校和老师必须贯彻

① [英]汤因比、[日]池田大作:《展望二十一世纪——汤因比与池田大作对话录》,国际文化出版公司1985年版,第60—63页。

② [苏联]戈尔巴乔夫、[日]池田大作,孙立川译:《二十一世纪的精神教训》,香港天地图书有限公司2004年版,第421页。

③ [日]圣教新闻社编辑委员会:《创价学会指导集2》,圣教新闻社1976年版,第55页。

"学生第一"、"学生参与"的原则①。学校运行的一切环节、层面都要以学生的成长为中心。在具体教育过程中,要体现学生的主体地位,让学生主动地参与学习活动,充分调动自身的学习积极性,使学生内心得到沟通和启发。值得特别强调的是,这一原则要贯彻到每个学生个体中去。所以,池田大作指出,学校和教师都必须尊重每个学生,平等地对待每个学生,不能因学生有某些原因而被看不起、不受尊重或弃之不管。"作为教师,应该不回避这些不好的男女学生,努力把他们拉到正道上来"。② 灵动生命的教育,首先要求我们要高度尊重学生,遵循他们身心发展的内在本性,而不是用成人的世界、用成人的眼光去过滤他们的生活,使他们被迫服从。池田大作指出,"重要的是教师要加深对学生的理解,在正确的意义上,把学生看成一个应受到尊重的人"。③ 同时,我们要还学生以精神发展的自主权,让每个学生的心灵更为自由。教学不要只满足于教给学生知识,而要创设一种让学生自主探究、自由思考的发展情景,让教学过程成为学生主动探索和发现的过程,成为发展学生智慧、感悟自由精神的过程。池田大作先生指出:"现代的教育过于偏重知识教育,忘记了作为一个人的基本生活态度和对待事物的方法的教育。这不仅给儿童们造成很大的缺陷,而且对社会乃至文明也是很大的损失。"④另外,还要求我们的教学不能是知识的堆积,而是一种"唤醒"。教育过程要"尊重意愿、满足需要、培养兴趣",凸显"自主、自信"的主体精神,唤醒学生自我发展的内在动力。池田大作认为"能打动人心

① [日]圣教新闻社编辑委员会:《创价学会指导集2》,圣教新闻社1976年版,第351页。

② [日]池田大作、[德]狄尔鲍拉夫,宋成有等译:《走向21世纪的人与哲学》,北京大学出版社1992年版,第254页。

③ 同上书,第260页。

④ [日]池田大作、[意]奥锐里欧·贝恰,卞立强译:《二十一世纪的警钟》,中国广播出版社1988年版,第151页。

的只有人心”。① 只有这样,才能使教育活动真正成为教师指导下学生生动、活泼、主动发展的过程。

3. 构建张扬个性的教育

对生命的尊重,对生命价值的尊重,最基本的就是尊重生命的独特性。生命的独特性,也称为个性,是个体动机、需要、兴趣、特长、倾向性以及认知思维方式的综合反映,它使人对事物的反映带有个人的选择和特征,形成个人化的精神世界。池田大作先生认为,要把学生当成有充分自由发展权的个体,并充分尊重他们的个性自由。“而且教育是以每个具有不同性格的人为对象,这每一个生命在每一瞬间都在进行微妙的活动”。② 只有这样,才能够对学生有深刻的认识,充分尊重学生,维护学生的尊严,并充分注重学生个体间的差异。他指出:“要实现人的教育,我认为首先必须要改变大人的社会观、价值观。无须多说,人类常年试行错误的结果,已认识到应当把以生命的尊严为基础的民主主义当作一切的大前提。也就是说,梅花就是梅花,樱花就是樱花,应当把各个领域里开出真正自己的花当作骄傲,这才是未来社会的理想形象。”③可见,充分发展和培养学生的个性,使每个学生根据自身特点的个性充分张扬,才能真正达到教育的目的。张扬生命个性的教育,固然要反对整齐划一的制度,反对不顾学生个性差异的模式化教学,但并不意味着连制度和计划都不要。这里的关键是如何使制度和计划体现“以人为本”的精神。为此,我们需要创造一个有助于生命舒展、生命涌动的环境,创造一个崇尚开放、多元的教育环境。实现这样的革命,教育者必须首先进行革命,形成自然的人格和人性,确立关注人生和追求人的进步的积极

---

① [日]池田大作:《时代精神的潮流》,香港商务印书馆2005年版,第321页。

② [日]池田大作,卞立强译:《人生箴言》,中国文联出版公司1995年版,第130页。

③ 同上书,第139页。

品格①。所以,教育面对人的生命,就是要承认和尊重生命的独特性,为生命独特性的实现创造条件。教育就是要在每一个个体独特生命的基础上去促进他们的成长、发展和完善,而不是去遏制、压抑和抹杀这种个性或独特性。让教育为个体而存在,创设适合个体独特生命的个性化教育,是教育对待生命的最基本的态度。

总之,和谐教育既是社会危机对人性革命的呼唤,也是生命重建所追求的目标。池田大作的和谐教育思想,不仅体现在他对教育环境和谐的种种呼吁里,而且更重要的是体现在他对学生生命和谐的不懈追求之中。

(作者简介:曾峥,男,1961 年生,广东蕉岭人,韶关学院党委书记、教授、池田大作研究所顾问。)

① 王新生:《21 世纪东方思想的发展》,北京大学出版社 2005 年版,第 180 页。

论池田大作的和平思想及其对构建和谐世界的启迪意义

郭绍影　陈延斌

作为公认的世界著名的宗教、政治活动家,和平运动推动者,“平民大使”,池田大作以佛教的人道主义情怀、儒墨学派的入世精神身体力行地宣扬人类和平主张,坚定不移地致力于追求和维护世界和平、反对战争的事业。研究和探索池田大作的和平思想,对于当今构建和谐世界具有十分重要的现实意义。

一、池田大作的和平思想的形成

池田大作和平思想的形成有着深刻的社会背景。在战后日本蓬勃发展的新兴宗教运动中,创价学会受到世人瞩目。创价学会创始人牧口常三郎把西方哲学中的价值论加以改造,引进教育学的体系之中。他深信日本佛教日莲宗的开创者日莲大师以“末世”佛法作为“立正安国”方针的思想,在教育事业中则应推广以“美、利、善”为目标的价值观。牧口常三郎把信仰日莲宗、从事教育工作的同道组织起来,以教育改造和宗教革命为宗旨,创立了“创价教育学会”,价值论也就成为创价学会的第一块基石。第二任会长户田城圣上任时，日本正处于东西方冷战旋涡的中心，战后的经济恢复改革时期。日本究竟往何处去，成为普遍思考的问题。户田关于生命和宇宙关系的哲理思考，形成了成为创价学会宗教哲学的第二块基石的生命论。朝鲜战争爆发后，户田发出“拯救日本民族，实现世界和平”的呼吁，并依据日莲的“立正安国论”提出政治理想与佛教精神相一致的“王佛冥合论”，带领创价学会投身于政治运动，在日本政界独树一帜。户田去世后，池田大作就任第三任会长。池田的整个少年时期都是在军靴声中度过的，四个哥哥被送上侵略战场，大哥战死，因而他特别憎恨战争，热爱和平。担任会长后，池田继承和发展了户田反对战争、倡导和平的思想，开始了广泛的国际文化交流活动，宣传和平和发展。正是在此背景下，池田大作逐渐形成了具有自我特色、对当代世界产生了较大影响的和平思想。

池田大作和平思想也具有丰厚的哲学基础，而佛法人道主义和中国儒墨学说的影响尤为突出。

佛法人道主义对池田大作和平思想的形成和发展产生了重要的影响。池田大作遵循“一心向善”，“慈悲为怀”，“普度众生”的佛教根本思想，在全世界开展废除核武器，维护世界和平以及争取各国人民之间的友好和交流活动，他从佛法的立场出发，提出了人是“色心不二”的“生命存在”。他说：“佛法认为人是‘色心不二’的本体，简单地说，‘色’就是肉体，‘心’是精神，两者一体化就是人。”①同时他还认为宇宙中的森罗万象也都和人一样，是有生命的。“在包括生物界和无机界的自然中，有着肉眼看不见的‘生命的丝’，这些丝织成漂亮的‘生命的布’——整个宇宙的完美的调和。”②以佛教的眼光来看，“一切众生，皆有佛性”，“山川草木，悉皆成佛。”因此，“佛法

① ［日］池田大作、木口胜义、志村荣一：《佛法与宇宙》，经济日报出版社 1997 年版，第 62—63 页。

② ［日］池田大作：《人生箴言》，中国文联出版社 1995 年版，第 167 页。

是把包括一切的自然——不,把大宇宙本身,作为‘生命’来理解。”①他说,“佛教认为生命具有至高无上的尊严性,因为对所有生物来说,最宝贵的就是生命,因此,剥夺生命就是犯有重罪。”②强调“生命是尊严的,是不可代替的。”③“一棵生命的分量比地球还要重。”④因此,池田先生说:“我认为应当向人们呼吁,只有从理论上和实践上认识和深化、完美地说明了这种生命法则的佛法,才能彻底维护地球和宇宙的和平。”⑤

池田大作和平思想的另一个哲学基础是对日本文化影响深远的儒墨学说。中日两国一衣带水,源远流长,自古以来经济文化交流频繁密切。池田先生在一次讲演中明确指出:“日本自古代国家统一以来,不,严格地说,从更加遥远的以前,一向在中国文明的影响下,不断地获得生机勃勃的发展。我国的佛教也是从中国传来的。我们在做‘勤行’时所念诵的佛经也是用汉文写的。政治哲学与道德等都是直接吸取了中国的儒教。就连今天已经完全日本化了的各种风俗习惯,如果要追根溯源的话,大多也是起源于中国。”⑥

在强调深受儒家思想影响的同时,池田先生也对墨子的思想称赞有加。他说:“儒家的爱以父子、君臣关系为中心,有亲有疏,由近及远。相反,墨子的兼爱说则不承认这种差别,主张爱人如爱己,爱

① [日]池田大作:《人生箴言》,中国文联出版社1995年版,第196页。

② [日]池田大作、[英]威尔逊:《社会变迁下的宗教角色》,三联书店(香港)有限公司1995年版,第57页。

③ [日]池田大作、[英]汤因比:《眺望人类的新纪元》,(香港)天地图书有限公司2000年版,第486页。

④ [俄]戈尔巴乔夫、[日]池田大作:《二十世纪的精神教训》,(香港)天地图书有限公司2004年版,第443页。

⑤ [日]池田大作、木口胜义、志村荣一:《佛法与宇宙》,经济日报出版社1997年版,第62—63页。

⑥ [日]池田大作:《光荣归于战斗的学生部——1969年9月8日在东京日本大学讲堂举行的创价学会第十一届学生部大会上的讲演》,《日中恢复邦交秘话——池田大作与日中友好》,卞立强译,经济日报出版社1998年版,第56—57页。

他人之父如爱自己之父,爱他人之国如爱自己之国。"①池田先生还极力称赞墨子"兼爱"、"非攻"学说的普世价值。他说:"墨子关于舍去利己,树立爱他的兼爱学说,是反对侵略战争的理论先导。就是说,正如谴责侵害他人牟取私利的强盗行为一样,也应谴责大国侵害小国,大量屠杀以及破坏经济的行为。"他还认为,墨子的"这种理论是极为现代化的。只是墨子主张的兼爱,过去只是指中国,而现在应作为世界性的理论去理解"②。受墨子学说的启发和影响,池田先生也对所有残害生命的战争均持坚决反对的态度。而且也与墨子一样身体力行去追求和平、实践和平。在这方面,可以说池田先生的世界和平思想受墨子学说的影响更加明显。

二、池田大作和平思想的内涵及评价

作为一名为人类和平事业而积极努力的社会活动家、当今世界著名的宗教思想家,池田大作的和平思想颇具丰富内涵及自身特色。这里仅就池田大作和平思想中重要内容作些阐述及粗浅评价。

第一,强调普遍的人类之爱。

池田大作认为,"人不单是以一个国家为基础的社会存在,而是一种与人类社会、整个地球的自然界、甚至是与整体宇宙具有连锁关系的生命存在。"③如果"人要真正作为人来生活,我认为首先要站到人是生命的存在这一不言自明的基点之上。"④因为只有这样,才能把"生命尊严始终当作第一义的思想,即认识到生命是没有任何代

① [英]汤因比、[日]池田大作,荀春生等译:《展望二十一世纪——汤因比与池田大作对话录》,国际文化出版公司1985年版,第425页。

② 同上书,第425—426页。

③ [日]池田大作、[英]汤因比:《眺望人类的新纪元》,(香港)天地图书有限公司2000年版,第172页。

④ [日]池田大作:《人生箴言》,中国文联出版社1995年版,第167页。

替物的至高无上的价值。”①因此他强调说：“我们无论在任何情况下都必须珍视他人的生命和我们自己的生命。”②在这里，池田大作强调要“以生命的眼光”看人，即对人的认识要回到他的原点——人之所以为人的基点上，而不是“以国家的眼光看人”，是因为“‘国家的眼光’只会企图利用生命来当权力的后盾，将生命当成数量和物品来计算。‘生命的眼光’则会视生命为无上的存在而加以珍惜”③。在他看来，这种爱的对象就是整个宇宙，有了如此博大之爱，“那一定就是把全世界看成‘我的祖国’的人类爱，世界爱。那时，国家规模的国土爱可能就相当于现在所说的乡土爱了。”④这样，国家之间的冲突与战争威胁也就不存在了。

为了实现普遍的人类之爱，池田大作还提出了与墨子“视人之国，若视其国”一脉相承的废除“国家主权”、实行全球主义的思想。因为许多全球性问题的解决，都需要超越国家的范围。他说，“在现代社会里，拿和平、环境污染、能源等任何一个问题来说，如果不超越一个国家的范围、站在全球性的观点上，要想求得根本的解决是极其困难的。从这个意义上来说，我认为再没有像今天的时代这样需要全球主义了。”⑤

当今世界正处于一个南北差距不断加大，文化冲突、民族宗教矛盾局部加剧的时期，为了化解矛盾，避免战争，加强文化交流，倡导普遍人类之爱的理念恐怕不失为必要之举。因而池田大作所阐扬的这一理念凸显了极其可贵的普世主义伦理价值观，而他所努力追求的

① [日]池田大作：《人生箴言》，中国文联出版社1995年版，第167—168页。

② 同上书，第212页。

③ [日]池田大作：《法华经济的智慧》，香港明报出版有限公司1997年版，第34页。

④ [英]汤因比、[日]池田大作，荀春生等译：《展望二十一世纪——汤因比与池田大作对话录》，国际文化出版公司1985年版，第227页。

⑤ [日]池田大作、[美]基辛格：《和平、人生与哲学》，中国国际广播出版社1988年版，第25—26页。

以人为基石的人道主义和平思想正是牢牢地奠基在这种价值观念之上。然而,我们也不能不看到,池田先生倡导废除"国家主权",认为提倡普世之爱就可以解决一切问题,尽管有着积极的现实意义,但显然浸透着浓郁的理想主义色彩。

第二,反对一切暴力。

池田大作把现实中的暴力分成两类,一类是恐怖活动和战争,即称之为"直接的暴力";另一类是"贫困和压迫",即称之为"结构性的暴力"。在池田大作看来,"不论是恐怖和战争这些直接的暴力,还是贫困和压迫这些结构性的暴力"①,都是和平的死敌,只有根除所有的暴力,才能实现真正的和平。如何根除所有的暴力呢?他提出两条措施:一是要靠人们积极主动地争取,反对逃避现实的遁世主义态度;二是以佛法中道主义的立场反对"以暴易暴"、"以恶制恶"。在他看来,"以暴易暴"、"以恶制恶"是治标不治本,是政治家无能的表现。因为"和平是不能以武力来取得的,也不能以经济和军事手段来取得。藏在武力后面的和平绝不是和平。"②总之,暴力是战争的根源,要和平就必须根绝所有的暴力。这是池田大作世界和平思想的一个显著特点。

第三,追求绝对的和平主义。

从佛法"以生命的眼光"看人的基点出发,池田大作把战争看作是绝对的恶,反对一切战争,倡导"慈悲与宽容的绝对和平主义"③。受儒家"春秋无义战"思想的影响,池田大作主张要坚决摒弃克劳塞维茨的战争肯定论。因为"不管怎么说,我们的命运是必须要在同一个宇宙中生存,要作为地球家族生活下去。所以绝对

---

① [日]池田大作、[法]路奈·尤伊古,卞立强译:《黑夜寻求黎明》,中国国际广播出版社2003年版"前言"。

② 《池田大作选集》,上海远东出版社1997年版,第150页。

③ [日]池田大作、木口胜义、志村荣一:《佛法与宇宙》,经济日报出版社1997年版,第416页。

需要和平。”[①]而那些以保卫国家为借口而要求青年们牺牲生命的侵略战争,更是“把别国的国民和自己国家的国民都推入苦难的深渊”[②]。战争胜利只给当权者带来好处,侵略国人民的命运也同样不幸。由此,他大声疾呼:“再没有比战争更残酷的了;再没有比战争更悲惨的了。被愚蠢的领导人拖进战争的国民也是非常可怜的。”[③]作为一名真正的和平主义者,池田大作敢于承认本国的侵略历史,勇于向受害国道歉。他曾致信《南京大屠杀》的作者:“凝视南京大屠杀,我的心哭泣了,日本军的野蛮行径我们绝对不会忘记。”[④]他无情地鞭挞了军国主义的罪行,显现了一位正直的宗教思想家的坦荡胸怀。对于所谓正义和非正义战争,池田大作认为“现在不可能有什么保卫正义的战争,就是说战争本身已消灭了正义”[⑤]。因为“在国家主义的影响下,不知有多少青年的纯真的爱国心被歪曲、被利用、被蹂躏……本来对自己生存社会的纯真的爱,却变成了对其他国家国民的憎恶或蔑视。本来是自己和社会共存的理念,不知不觉变质成为为国家和社会而牺牲自己了。”[⑥]不过,池田大作的这种绝对和平主义观点也是值得商榷的,因为即便是当今社会,也会发生抗击压迫、奴役的正义战争(譬如制止非洲部落严重冲突的战争之类)。这一点,连池田大作自己也已经看到了,他也承认,在现实世界中,这种“绝对和平主义”的理想难以实现。所以,对被压迫民族和人民遭受殖民统治和暴政蹂躏而被迫进行暴力反抗时,池田大作还是寄予深

① [日]池田大作、木口胜义、志村荣一:《佛法与宇宙》,经济日报出版社 1997 年版,第 119 页。

② [英]汤因比、[日]池田大作,荀春生等译:《展望二十一世纪——汤因比与池田大作对话录》,国际文化出版公司 1985 年版,第 238—239 页。

③ [日]池田大作:《人生箴言》,中国文联出版社 1995 年版,第 175 页。

④ 《环球时报》2000 年 2 月 28 日。

⑤ [英]汤因比、[日]池田大作,荀春生等译:《展望二十一世纪——汤因比与池田大作对话录》,国际文化出版公司 1985 年版,第 235 页。

⑥ 同上书,第 225 页。

切的同情与支持。

第四，倡导“依正不二”的和谐自然观。

池田大作从佛教的观点出发，认为“自然和人都是有着有机关联的‘有生命的存在’，对它必须有一种敬畏之心……人领有自然，自然也领有人。”①因此“天”与“人”能够合一。他用佛教“依正不二”的观点对这一思想进行了阐发，指出，所谓“依”就是“依报”（指一切环境），“正”即“正报”（指生命主体）。“不二”的意思是说，“生命主体及其环境在客观世界的现象中，虽然可以作为两个不同的东西来认识，但在其存在中，是融合的不可分的一体来转动的”②。显然，池田大作认为，佛法的“依正不二”思想与儒家的天人合一的自然观是异曲同工的，都主张人和自然并非相互对立的关系，而是相互依存的。由于环境的保护和支持，人才能生存和发展；环境也有待人的生命的推动，才会形成和改变。可是现代科学的发展和生活方式背离了这一正确的方向，将人与自然界对立起来，为了人类的私利而去征服自然，破坏自然，从而使大自然固有的平衡被打破。于是，受到伤害的自然界开始向人类进行报复，各种自然灾害、生态恶化、环境破坏纷至沓来。今天，人们已经认识到自然环境的破坏会威胁人类的生存，但急功近利的贪欲使他们不愿牺牲眼前的部分利益。在这种情况下，要想避免环境破坏，避免人类自己走向消亡，在池田大作看来，“除了依靠‘依正不二’的理念，别无他途。”③他呼吁，要从主张人与自然和谐的东方智慧中寻找拯救当代全球性生态危机的良方。

---

① ［英］汤因比、［日］池田大作，荀春生等译：《展望二十一世纪——汤因比与池田大作对话录》，国际文化出版公司1985年版，第197页。

② 《池田大作选集》，上海远东出版社1997年版，第6页。

③ 同上书，第7页。

三、池田大作和平思想对构建和谐世界的启示

构建“和谐世界”的思想是当代中国领导人在新世纪之初，从整个人类生存发展的视角，高瞻远瞩地提出的极具价值的原创造性命题，因而受到了世界各国政要和民众的高度评价，产生了良好的反响。“和谐世界”的构想，既体现了中国哲人的智慧，也是其他国家许多爱好和平的有识之士理想追求，池田大作的和平思想就是这种追求的代表之一。今天我们研究他的和平思想，从中挖掘其合理因素，对于实现“和谐世界”的伟大构想，不乏重要的启迪。

第一，池田大作的和平思想对营造和谐的国际关系有十分重要的意义。

当今世界，上世纪下半叶形成的两极多元的世界政治格局在逐渐向多极化发展、区域化和“集团”化趋势有所加强的同时，美国扮演了世界警察的角色，但“秩序”非但维护得不好，反而导致所在地区的矛盾冲突不断，甚至有愈演愈烈之势。美国对伊拉克的入侵给伊拉克人民带来的是更大的灾难，巴以每一次冲突给双方带来的是更多的仇恨，非洲部落之间的血腥屠杀给彼此留下的是永久的伤痛……这些再鲜明不过地揭示了一个真理：战争和冲突只能带来苦难、只能导致生态的破坏和资源的浪费。而池田大作的和平思想则给我们今天的人类很好的教益：战争永远都是人类的灾难，能用非战争手段解决的问题，决不应诉诸武力！至于核对抗，更是人类和地球的死路！印度、巴基斯坦的相互核威胁，伊朗、朝鲜的核问题，要求我们应该用和平的、更加智慧的方式解决，而绝不可用战争，甚至核战争进行较量。正如池田大作所认为的那样，我们当前所处的时代，是一个对话的时代。对话在构建世界“和平与共存的环境”中承负着重要作用，“对话是打开和平的钥匙。这是我一

贯的信念。”①

同时，各国都面临着发展经济、走向繁荣的共同任务，不同制度、不同国家的人们也从环境污染、生态失衡、能源危机等人类共同面临的威胁中意识到“地球村”的村民们应该用对话、合作代替对抗、斗争，而当今社会的经济交流也要求各国间在合作中竞争，在竞争中合作。在这种形势下，和平与发展应该成为关系世界各国前途、命运的根本问题，成为全人类的共同准则和奋斗目标。在这方面，池田大作的世界和平思想可以给我们构建和谐世界许多可贵的借鉴。

第二，池田大作的和平思想启迪我们树立全球观念，倡导和谐的自然观是十分紧迫的。

池田大作认为，我们当前所处的时代，是一个“共生共存”的时代，诸多全球性问题的出现，将“地球村”的每一个“村民”的共同利益和生死存亡紧紧地维系在一起，唇齿相依，一损俱损，一荣俱荣。这就需要全人类团结起来，共同面对，树立全球观念，排除民族利己主义的偏见，从整个人类生存的高度来处理各种现实问题。基于这种认识，池田大作高声疾呼：“地球是人类借以生存的宇宙中的绿洲。我们无论如何要挽救这唯一宝贵的地球免于毁灭。为此，我认为必须严肃考虑人类行为对自然运行、自然界的协调所产生的影响，严格限制那些尽管十分微小但却孕育着危险的行为。”②只有“善待地球，和地球协调”，才能保证整个人类的生存和发展。这种和平主义思想对我们树立全球观念，建设人与自然和谐相处的自然观很有启迪意义。

第三，池田大作的和平思想启迪我们从人类的前途命运出发，坚决反对战争、维护世界和平。

---

① 季羡林、蒋忠新、[日]池田大作：《畅谈东方智慧》，香港商务印书馆2004年版，第137页。

② [日]池田大作、[英]汤因比：《眺望人类的新纪元》，香港天地图书有限公司2000年版，第45页。

作为一名忠实的和平卫士，池田大作关爱生命，反对战争，上述和平思想足见他的这种高尚人文情怀。他极力呼吁："现代人经历了太多的战争。我们必须消灭破坏文明，夺走宝贵生命进而招致人类灭绝的可怕的战争。"①的确，战争使多少财富化为灰烬，多少生灵惨遭涂炭！特别是上世纪的两次世界大战，更是给人类带来了空前的灾难和浩劫，使得善良的人们刻骨铭心，没齿不忘！然而，在21世纪的今天，我们不能不看到战争的阴影仍然笼罩在人类生存的这个星球上。个别大国凭借着强大的实力，霸权主义气焰仍然十分嚣张，在国际事务中颐指气使，动辄干涉别国内政或者诉诸武力。然而如上所述，战争是灾难，未来的战争将没有赢家和输家，战争双方都将同归于尽，整个地球上的生命将会毁灭。这一触目惊心的客观现实警示我们，为了人类的生存，必须坚决反对战争，坚决反对霸权主义行径，共同维护世界和平，保护我们人类共有的家园。

第四，池田大作和平思想启迪我们给构建和谐世界以普世伦理的支撑。

构建和谐世界离不开普世伦理建设。自1993年在美国芝加哥召开的第二届世界宗教议会上通过《走向全球伦理宣言》以来，关于普世伦理的讨论及其现实建设越来越引起人们的关注。尽管人们对此见解莫衷一是，规范层面上的差异也较为突出，特别是在不同文化背景下所形成的多元价值冲突以及建立相应的道德机制方面都存在着诸多困难，然而毫无疑问的是，在全球化的背景下寻求人类社会的普遍价值认同已成为克服各种冲突与矛盾的必然选择。这种普遍价值认同无疑需要"己所不欲，勿施于人"的"道德黄金律"的支撑，需要高扬人道主义旗帜。这方面，池田大作所阐扬的普遍人类之爱的和平观无疑颇具借鉴意义。

---

① ［英］汤因比、［日］池田大作，荀春生等译：《展望二十一世纪——汤因比与池田大作对话录》，国际文化出版公司1985年版，第231页。

此外,池田先生主张,在各种文明之间,在各个国家之间,要用对话代替对抗,用互信代替互疑,用交流代替交战。要以“信赖”和“友情”为核心,建立国家民族间的共生共存关系。这与建构普世伦理的需要也是极为吻合的。因为普世伦理的核心是跨越不同的民族或区域文化背景,通过伦理对话,达成道德价值的共识。只有在形成普世伦理共识的基础上,才能对人类的行为予以共同的道德规约。如何通过平等的多元文化对话来解决伦理共识问题,是普世伦理运动的关键之所在。要使不同文化背景下的人们认同普世伦理的基本原则,就必须循着求同存异、和而不同的路径,在价值平等的前提下达成共识。只有不同民族、人群通过人同此心、心同此理的伦理对话和共识,普世伦理的构建才是可能的;而只有普世伦理的支撑,和谐世界的构建才有了坚实的道义基础!

(作者简介:郭绍影,女,1974 年生,江苏丰县人,徐州师范大学法政学院研究生。

陈延斌,男,1955 年生,江苏丰县人,徐州师范大学伦理学与德育研究中心主任、教授。)

池田大作的人学思想

池田大作人性善恶与伦理实践思想探论

王泽应

池田大作是一个十分关注伦理实践并渴望世界变得更美好的著名哲学家和伦理学家。在池田大作伦理实践的论述中，人性善恶问题一直是一个基础性的话语。总体来说，他认为人的本性既不是善的，也不是恶的，而是善恶并存的，与中国古代的"性善恶混"或"性二元论"颇为类似。正是这种性善恶混的认识视角，使他对伦理实践既持高度肯定的态度，又表现出某种现实的忧思。他渴望通过伦理实践使人性变得更美好，但又意识到人不可能完全战胜人性中恶的因素，因此主张不断地进行自我修养，认为"解决欲望问题，的确是终生的课题。"①

一

人性善恶问题是伦理学史上极为重要的理论和实践问题。道德的学说和伦理学的理论是要从"人是什么"出发回答"人应当做什

---

① ［英］汤因比、［日］池田大作，荀春生译：《展望二十一世纪——汤因比与池田大作对话录》，国际文化出版公司1985年版，第393页。

么”的问题。人性论一直是中西方伦理文化，特别是儒家伦理文化和基督教伦理文化谈论的中心话题。关于人性问题，自古代至现代，许多思想家均对此作出了自己的认识，并形成了多种理论或学说。

在与汤因比的对话中，池田大作首先对中国和西方的人性论作了一番总体性的界说，认为人的本性究竟是善还是恶，是自古以来许多人竞相关注并引发了各种形式争论的重大理论问题。“众所周知，在中国的儒教思想中，就有两种相互对立的观点：荀子主张‘性恶说’，而孟子则主张‘性善说’。基督教主张‘原罪说’，这种观点接近于性恶说，而卢梭的思想则很接近于性善说。从性恶说的观点来看，应该从外界来约束人性；而性善说则极力排斥来自外界的约束，强调听其自然。”①这一段话，对中西方有代表性的人性理论作出了定性的分析，不仅言简意赅，高屋建瓴，而且概括得当，深得要领。

中国历史上的人性论，大而言之，有孟子的“性善论”，荀子的“性恶论”，告子的“无善无恶论”，世硕的“有善有恶论”，董仲舒的“性三品论”，李翱的“性善情恶”论，宋儒的“性二元论”以及王夫之的“性日生日成论”等。在先秦儒家中，孔子最早论及人性问题。孔子论性，因时代限制比较简略，但具有创造性。《论语·阳货》载：“子曰：性相近也，习相远也。”这里所谓性，指人类天生的本性。孔子认为，人性本来是相近似的，并不存在根本的差异。人们的善恶智愚差别，是由于后天习染不同而形成的。孟子从人的本初才质出发，认为人性善。“孟子道性善，言必称尧舜。”孟子是在批驳告子“性无善恶论”中阐述自己人性善的理论的。他认为，如果照告子“生之谓性”，“食色性也”的说法，那么人性自然无所谓善恶，而这么一来就取消了人和禽兽之间的根本差别。而人与禽兽显然是有本质区别的，这本质区别正在于人为“万物之灵”的人性；它先天具有所谓“四

① ［英］汤因比、［日］池田大作，荀春生译：《展望二十一世纪——汤因比与池田大作对话录》，国际文化出版公司1985年版，第385页。

端”。孟子说:“恻隐之心,人皆有之;羞恶之心,人皆有之;恭敬之心,人皆有之;是非之心,人皆有之。”“仁义礼智,非由外铄我也,我固有之也。”①认为性善是自然的现象,至于人有时为恶,乃是受到环境的影响,并非出于人类的本性。孟子以善规定人性,强调人都应该认识自己的善性,培养内在的善端,扩充天生的良心,使自己成为道德高尚的人。与孟子的人性善有别,荀子则认为人性是恶的。他将人天生而有的利欲之心视为人的本性,指出:“今人之性,饥而欲饱,寒而欲暖,劳而欲休,此人之情性也。”“今人之性,生而有好利焉,顺是,故争夺生而辞让止焉。生而有疾恶焉,顺是,故残贼生而忠信止焉。生而有耳目之欲,有好声色焉,顺是,故淫乱生而礼义文理止焉。然则从人之性,顺人之情,必出于争夺,合于犯文乱理,而归于暴。故必将有师法之化,礼义之道,然后出于辞让,合于文理,而归于治。用此观之,则人之性恶明矣,其善者伪也。”②社会的教化、礼义、法度,是为了防止和节制人性之恶,使人向善以便共同生活而制定操作的。善是后天人为的,人的天性是恶的。人性既恶,为什么又会讲求道德,立志向善?荀子作出了自己的解释,人性为天生而来,不是人为造成,但这并不是说人注定要为恶,会成为恶人。人可以通过后天的主观努力来改变自己恶的本性,可以发挥自己的辨知之能,学习圣人所制定的礼义法度,来节制自己的利欲之心,使自己的心思行为合于仁义礼智,从而成为善人。荀子主性恶,孟子主性善,然而他们都是为仁义道德寻找根据,其根本的出发点和最后归宿,都是教人为善。孟子曾提出“人皆可以为尧舜”,荀子亦提出“途之人可以为禹”。

西方历史上的人性论,也有性善论和性恶论两种传统,大体而言,基督教的人性论和近代霍布斯等人的人性论属于性恶论,卢梭、康德等人的人性论属于性善论。基督教以上帝造人、灵魂不死、灵肉

---

① 《孟子·告子上》。

② 《荀子·性恶》。

对立为其理论前提，认定人的现实本性为恶，其原罪说认为，人类的祖先亚当、夏娃偷吃了上帝的禁果，被上帝逐出伊甸园，尘世中的人往往受物欲的影响，不能很好地赎罪，因此只能成为上帝的弃民。只有尽心信奉上帝，诚心赎罪的人，才有可能得到上帝的恩宠，成为上帝的选民。基督教所提出的种种宗教戒律，都是建立在人性恶的基础之上的。文艺复兴时期的马基雅维里和英国近代思想家霍布斯、曼德威尔等人的人性论也是主张人性恶的，他们揭示了“人对人像狼一样”的人性真实状态。马基雅维里认为，由于“人性恶劣”，总是以自我为中心，趋利避害，“人性易变”，所以人的好恶情感也在不断变化，人性总是靠不住。他建议君主宁愿被人畏惧也不要受人爱戴，因为民众的“爱戴”之心是靠不住的。

18 世纪法国启蒙思想家卢梭认为，人类就其本性来说是善良的，在自然状态下人具有两种自然的、本能的秉性，即对自身生存的关切和对他人的怜悯，前者就是自爱心，后者就是怜悯心。自爱和怜悯是自然人的两种自然情感，在自然状态下两者相互联系，各自起着特殊的作用。由于自然人具有本能的怜悯心，使得个人谋求满足需要的欲望和自爱心也会受到限制。这种怜悯心调解着自然人的欲望和感情，同时也起着使人类全体相互保存、维持和平的作用。卢梭把人类生而具有的怜悯心称作人类所具有的“唯一的自然美德”。在卢梭看来，人性本善，而人类文明的发展使人性受到污染，人是生而自由的，而人自己创造的文明却束缚了自己。土地私有制的产生标志着人类文明社会的开始，同时也是人类精神走向没落的开始。私有制使富人和穷人、主人和奴隶的心灵都失去主宰，受到极大的破坏，富人和主人变得贪婪、冷酷、虚伪、奸诈，穷人和奴隶也丧失了独立人格。整个社会充满着竞争和倾轧，人人时时刻刻都怀藏着利己之心。人类的本性随着文明和科技的发展而日趋堕落。

其次，池田大作提出了自己的人性论观点，认为人的本性既非善，也非恶，而是两者兼而有之，即性善恶混论。人性既有可能成为善的，又有可能成为恶的。“佛教也认为，在生命中是善恶并存的。就连在佛这一最高人格中，也包含着善与恶。”①性善恶混论在人性讨论思想史上占有非常重要的影响，本质上是对性善论和性恶论思想的一种综合与超越。

在中国，宋明理学家将人性区分为“天地之性”和“气质之性”两种。“天地之性”是指人性中先天性的因素，“天地之性”是纯善；“气质之性”是指人性中后天性的因素，“气质之性”有善有恶。人之修身养性的过程，就是通过学习和实践用以变化气质，从而恢复人本来的善性，即天地之性的过程。所以张载说：“形而后有气质之性，善反之，则天地之性存焉。”②张载的人性论，既重视人性中先天的因素，又重视人性中后天的因素，他将孟子的性本善与荀子的“化性起伪”结合起来、统一起来。张载在宇宙本体论的基础之上，描述了人性中善恶的二元对立。在“天地之性”和“气质之性”的人性学说中，天地之性被当成是善的本原，代表着天理；气质之性是恶的来源，表征着人欲。这样，恶就以人欲为内含而被实体化，进而形成善恶的永恒角逐。气质之性决定人有情欲(人欲)，有了人欲的蔽障、引诱，便阻碍了天理的发展，因而使人由善变恶。为了存善去恶，保存天理，就必须去掉物欲，排除蔽塞。二程曾说：“论性不论气，不备；论气不论性，不明。二之则不是。”③所谓“不备”，是说不完备、不完全；所谓“不明”，是说不明了、不能说清楚。性与气、先天与后天，既相互关联，又相互补充，但却不能把它们各自孤立起来，所以“二之则不是”，它们二者是必须结合在一起的。以往的性论往往只注意一个方面，而忽视另一个方面。张载的二性说解决了这一问题，从而结束了历史上人性善恶的争论。朱熹对此有很高的评价：“气质之说，起

① ［英］汤因比、［日］池田大作，荀春生等译：《展望二十一世纪——汤因比与池田大作对话录》，国际文化出版公司1985年版，第385页。

② 《正蒙·诚明》。

③ 《程氏遗书》卷六。

于张、程,极有功于圣门,有补于后学,前人未曾说到。故张、程之说立,则诸子之说泯矣。"①

在西方,柏拉图最早把人性分成不同的等级。这种人性上的等级差异来自构成不同等级的人在材料的质地上的先天差异。按照柏拉图在《理想国》提出的"性三品"说:构成统治者的材料质地是金,其特点是理智、智慧;武士的质地等而下之,是银子,其特点是意志、勇敢;奴隶(即劳动者)的质地是最次的,是铜铁,其"性能"特征是"欲望与节制"。柏拉图指出,正像在国家中有统治者、卫士和工农群众一样,个人的灵魂也有三个部分,即理智、激情和欲望。其中,理智是智能的,起着领导的作用,激情服从它,成为它的助手。欲望在灵魂中占据最大部分,它贪得无厌,必须受到理智和激情的控制。如果理智、激情与欲望三个部分和谐相处,理智起领导作用,激情与欲望服从而不违反它,这个时候灵魂就处于最佳状态,这个人就是能够自制的人。因此,柏拉图认为,当理智、激情与欲望三个部分做到各司其职,和谐协调,那么灵魂便能够自己主宰自己,秩序井然,这就是个人灵魂的正义和健康的表现;反之,如果它们不守本分,相互斗争,都想争夺领导地位,就造成了灵魂的不正义。亚里士多德指出,人性中不光有理性、社会性等特性,而且还包含着欲望与兽性的因素。他说:"人类所不同于其他动物的特性就在他对善恶和是否合乎正义以及其他类似观念的辨认,而家庭和城邦的结合正是这类义理的结合。"②"人类由于志趋善良而有所成就,成为最优良的动物,如果不讲礼法、违背正义,他就堕落为最恶劣的动物。"③又说:"人类的欲望原是无止境的,而许多人正是终生营营,力求填充自己的欲壑。财产的平均分配终于不足以救治这种劣性及其罪恶。"④只要是人,难免

① 《张子全书》卷二朱熹注《正蒙·诚明》。

② 亚里士多德:《政治学》,商务印书馆 1981 年版,第 8 页。

③ 同上书,第 9 页。

④ 同上书,第 73 页。

都有欲望。只有加以理性的引导和调节，才能使其达于正常、合理。如果不加节制，就可能造成危害。亚里士多德把这种能够造成危害的欲望称之为兽欲或兽性的因素，指出："至于谁说应该让一个个人来统治，这就在政治中混入了兽性的因素。常人既不能完全消除兽欲，虽最好的人们（贤良）也未免有热忱，这就往往在执政的时候引起偏向。法律恰恰正是免除一切情欲影响的神祇和理智的体现。"①亚里士多德认为，人性中不仅包含社会性、趋善性、理性，而且还包含有欲望与兽性。其中，理性与趋善性是最根本的特性，但欲望与兽性又是根深蒂固的。所以，亚里士多德强调指出，"必须用法律来订立有效的教育，人欲没有止境，除了教育，别无节制的方法。"②

在池田大作看来，性善和性恶只是各自强调的侧重点有所不同。我们可以把性善论视为一种应然判断，即人性应该是善的，把性恶论理解为一种实然判断，即人性在事实上常常趋恶，那么我们就能比较好地理解人性善恶混的真谛。人性在本质上既有向善的可能性，也有趋恶的一面，这就决定了人始终有一个趋善避恶、扬善抑恶或弃恶从善的问题。性恶论往往忽视了对善的动机的强调，性善论则往往忽视了善良的动机可能带来的罪恶后果。所以，对人性的判断应包括实然和应然两个部分。对行善之应然的强调必须建立在对人的欲望之本性的充分承认的基础之上。同时，对人之欲利本性的强调也不应停留在简单的实然描述上，更不能鼓励人们去为趋利不择手段，而是要提升，使行善成为义务性的伦理规范。

再次，池田大作的性善恶兼而有之，既强调了扬善抑恶的内在意义和价值，又凸显了道德修养的艰难，诚如人要消除自我是不可能一样，人也没有办法彻底根除性恶的一面，最多只能将其"冥伏"。在

① 亚里士多德：《政治学》，商务印书馆 1981 年版，第 169 页。

② 同上书，第 70 页。

池田大作看来,"'魔性的欲望'本来就存在于人的生命内部,是不能彻底消除的。只能反复削弱其作用,不断地使其冥伏。这种战斗,是人的宿命。"①也许如同恩格斯所说,人来源于动物界决定了人不可能完全脱离兽性,问题的关键在于兽性在人性中是被保持得多些还是少些。在论及人的动物性时,池田大作指出:"所谓人类是怎样的一种存在?并且应该是怎样的呢?当我们考虑这个问题的时候,不能无视人类也是一种动物,并具有种种本能的欲望这个事实。"②这种本能的欲望可以列举出很多,比如说食色。池田大作与汤因比的谈话专门探讨了性欲问题,认为在文明社会中"性是应当隐秘的。但是,现代的倾向是要重新认识人类的真实面目,尤其要排除这种对于性的禁忌看法,与传统的观念产生了矛盾"。当今,性解放成为世界性的潮流,其汹涌之势从根本上动摇了现代社会。"正确地理解性的问题当然是必要的,无益地将其隐秘禁锢起来也难以令人苟同。那样做也许反会促使性向不健康转化。但是至于今天性解放的状况,能不能夸夸其谈地如一些人所说是通向人类解放的道路,这是个很大的疑问。我深感这其中有某些重大的缺陷。"③在这里,池田大作既认为过分地压抑性之本能不利于人的健康发展,但又对性解放的思潮表示出深度的担忧。最好的办法是既要承认其存在的正当性,又不能放任自流,任其泛滥。因此,既需要道德的规范和引导,又不能一味而过分地压抑甚或采取过分武断的做法。这就决定了道德修养既要尊重人性又要提升和健全人性。应该说,池田大作的这一认识是符合现代伦理文明的趋势和要求的。

---

① [英]汤因比、[日]池田大作,荀春生等译:《展望二十一世纪——汤因比与池田大作对话录》,国际文化出版公司1985年版,第393页。

② 同上书,第3页。

③ 同上。

二

池田大作从自己对人性善恶的认识出发，强调人性的改造与提升。在他看来，“既然在人性中善恶并存，那么就应重视使人性中善的一面，得以自由发展，而对恶的一面，必须加以抑制”。① 正是因为人性中存在着善恶并存的状况，所以决定了人性的修养和社会教育的必要性。池田大作与汤因比共同探讨了欲望的克制和伦理实践的问题。总体来看，他们既不约而同地肯定克制欲望和伦理实践的意义和价值，认为应当使“追求爱的欲望”战胜“魔性的欲望”，但同时他们又认识到克制欲望是极其困难的，不可能真正完全克制或战胜“魔性的欲望”。

首先，池田大作认识到伦理道德和宗教是人在内心开展“爱的欲望”战胜“贪欲”或“魔性的欲望”的重要力量，认为人是可以凭借伦理道德和宗教的方式来开展积极的思想斗争，克服利己主义，朝向利他主义。在池田大作看来，在人的内心纠葛当中，能使人“爱的欲望”战胜“贪欲”的，“只有道德和伦理，而最根本的是宗教。”②又说：“宗教的真正任务是给人以克服欲望的力量和勇气，是开发‘人性’。这种宗教使人感知到存在于人内部深处的生命这一存在，进而必须使人具有把它以及宇宙生命相融合的力量。”③佛教将人的小我与大我有机地联系起来，主张将小我融入到大我中去，认为大我就是宇宙生命本身，人的生命就是宇宙生命的个体化、个性化了的东西。道德伦理和宗教都特别强调人自身的修养，强调人类个体开展积极的思想斗争，突破小我的局限，达到人我合一和天人合一。

---

① ［英］汤因比、［日］池田大作，荀春生等译：《展望二十一世纪——汤因比与池田大作对话录》，国际文化出版公司1985年版，第385页。

② 同上书，第386页。

③ 同上书，第399页。

其次,池田大作认识到道德知识和道德行为在人性修养中的不同作用,强调道德行为比之道德知识要更加重要。面对现代社会许多的不道德现象,池田大作忧心忡忡,他主张唤醒人们的道德良知,加强伦理道德教育,指出:“可以通过学校、父母以及书籍等教育,把一些有关道德的知识,灌输给比较年轻的人。”①但是,光靠道德教育和道德知识是远远不够的,人的道德品质既是道德知识和道德教育的结果,更是道德行为和道德实践的结果。同时,人的道德行为并不是只要认识和懂得就能自动发生的,在现实生活中还存在着“人人都知道不许做不道德的事,而为什么不道德的事却杜绝不了”的矛盾现象,“道德知识并不能直接变为行动的规范,常常仍然发生一些违反道德知识的行动”。究其原因在于人并不只是一个纯理性的动物,在人身上还存在着许多非理性的因素,比如情感、欲望、本能、冲动等。“人的行动是顺应理性的,同样或在更大程度上是受感情所支配的。因此,常有感情伤害伦理观念的情况。这些伦理观念,主要是以理性为基础的。”②对构成感情基础的东西予以深入的探索就会发现生物学意义上的利己主义,即人总是竭力不断满足自己的欲望和希望自己生存下去。池田大作对人之所以“虽知善,而作不到;或者虽知善却做了坏事”的理由进行了分析,指出“归根结底都是由于把爱护自己置于第一位的结果”。③ 道德行为从某种意义上说就是要挑战利己主义,并在挑战利己主义的过程中培养起利他主义和整体主义的精神。“很多有心人,为了战胜自己的利己主义,做了很多的努力。其中有些人确实做到了;有些人为了抛弃一切欲望而寻求生路;也有些人想用博爱去克服自己的利己主义。我不否定这些人是人类精神史上的伟大明灯。但是能够做到的人终归是有限的少

① [英]汤因比、[日]池田大作,荀春生等译:《展望二十一世纪——汤因比与池田大作对话录》,国际文化出版公司1985年版,第386页。

② 同上。

③ 同上书,第386—387页。

数。严重问题就在这里。"①如何把道德知识付诸行为实践,这个问题的核心就在于如何处理人的自我问题。总体上看,"消除自我是不可能的。因此要正确地看待它,有时要积极地运用它,有时要抑制它。这样自觉地进行控制,才是真正把道德知识付诸行动的良好办法"。

再次,池田大作认识到道德修养和克制自己欲望的过程是极为艰难的,惟其如此才弥足珍贵。在池田大作看来,人有各种欲望,有作为生物传种本能的欲望,有对名誉和权力的欲望,还有对知识和美好事物的欲望等等。他还提出了"本源的欲望"的概念,认为"本源的欲望"是一种冲动的能量,是一种"追求和宇宙生命合一的欲望",它从宇宙生命的底流吸取创造生命的能量,"向着创造人的生命的方向发展。""本源的欲望"供给人的生命以全部感情,传送生存的活力,并使其高涨起来。可以说人的生命引起的各种欲望都同"本源的欲望"密切相关,同时它还在不断强化新的创造性。但是另一方面在人的生命内部深处,还存在着一种推动的力量,"这种力量可以使本来为了维持生命而存在的各种欲望盲目发泄。这种力量似乎在寻找征服、破坏别人和自然的方向。"②德国现代哲学家尼采和阿德勒所说的"掌握权力的意志",西方马克思主义者马尔库塞,精神分析学派创始人弗洛伊德所指的"走向死亡的本能冲动",也都是从接近这种生命深处活动的思想中发现并提出的。"把各种欲望改变成以自我为中心的欲望,并推动其发展,使其潜伏在生命内部的这种力量",池田大作将其称之为"魔性的欲望"。"所谓'魔性的欲望'就是人想统治别人,或以自然的统治者姿态出现。这一切都可以看作是被'魔性的欲望'所迷惑的各种欲望发生作用的结果。'魔性的欲

---

① [英]汤因比、[日]池田大作,荀春生等译:《展望二十一世纪——汤因比与池田大作对话录》,国际文化出版公司1985年版,第386—387页。

② 同上书,第391页。

望’也可以说是切断‘本源的欲望’跟各种欲望之间的联系，把各种欲望置于自己统治之下的那种欲望。”①怎样把“魔性的欲望”转变为“追求爱的欲望”，怎样恢复“本源的欲望”跟各种欲望之间的联系，这就需要自我克制和积极的思想斗争。池田大作主张积极的思想斗争，指出：“人们有必要为使‘魔性的欲望’冥伏，为发现‘本源的欲望’而进行反复不断的战斗。‘魔性的欲望’本来就存在于人的生命内部，是不能彻底消除的。只能反复削弱其作用，不断地使其冥伏。这种战斗，是人的宿命。”②道德修养和积极的思想斗争说到底是人对自身生命内部所产生的欲望之间的一种斗争，诚如古希腊哲学家赫拉克利特所说的，“与心作斗争是很难的，因为每一个愿望都是以灵魂为代价换来的”。③ 或如德谟克利特所说的，“和自己的心进行斗争是很难堪的，但这种胜利则标志着这是深思熟虑的人”。④德谟克利特还说：“如果对财富的欲望没有餍足的限度，这就变得比极端的贫穷还更难堪。”因此，“我们应该不仅把那对敌人取得胜利的人看作是勇敢的人，而且也把那对自己的欲望取得胜利的人看作是勇敢的人。”⑤

池田大作继承并发展历史上许多先贤的思想，他说：“对大多数人来说，完全做到克制自己是极为困难的。妨碍克制自己的力量，是属于比欲望等意识的领域更深的东西。因此，克制自己是十分艰难的，简单地把它归结为缺乏毅力的说法是不恰当的。如果妨碍克制自己的东西在意识底层，那么也要从这意识底层去寻找克制自己的

---

① ［英］汤因比、［日］池田大作，荀春生等译：《展望二十一世纪——汤因比与池田大作对话录》，国际文化出版公司 1985 年版，第 392 页。

② 同上书，第 393 页。

③ 周辅成编：《西方伦理学名著选辑》（上卷），商务印书馆 1987 年版，第 13 页。

④ 同上书，第 85 页。

⑤ 同上书，第 83 页。

力量。我相信所有的人,都存在着完成这项艰难工作的潜力。问题在于如何把这种潜在能力引导出来。"①道德修养和积极的思想斗争,从本质上讲,"不是切断欲望,消灭欲望,而是试图使'魔性的欲望'冥伏,并从它的枷锁中把各种欲望解放出来。"他明确表示不赞成切断欲望的那种尝试,主张"寻求使'魔性的欲望'冥伏的实践方法",认为无论是对人还是对社会和宇宙,必须而且应该有必要"把欲望引向创造生命的方向"。人类生命的特质,可以说是具有生命的能动性、激发性的力量,人的生命是宇宙生命的个体化,应当使"小我"与社会宇宙的"大我"有机地结合起来。自我的生存方式,"必须经常把自己献身于宇宙"。

第四,池田大作认识到现代文明使人的欲望无限增大而造成的种种危机,主张对人进行全面彻底的改造,即开展"人的革命"。池田大作指出:"现代文明似乎把各种欲望,尤其是本能的欲望、权力欲和所有欲,从人的生命中无限制地诱发出来,似乎还要增大。欲望的放纵会产生人们之间的对立抗争,导致生命和自然的破坏。这似乎是现代的一个横断面。"②人的欲望无限膨胀,导致了对自然界掠夺式的开发利用,使自然生态系统失衡,产生了严重的生态危机。"随着人类征服自然,进而不断破坏自然,自然界固有的节奏开始紊乱。受到创伤的自然开始向人类进行报复。现代文明之所以走到破坏自然这一步,其根本原因归根结底是如下两条:一个是认为自然界是与人类不同的另一个世界。他们忘记了自然也是保持一定规律的'生命的存在'。尽管与人类生命的形式不同,但在本质上是与人类生命相互关联的。另一个原因,正如博士(指汤因比——引者注)所指出的,犹太一神教认为人类是最接近神的存在的,所以理所当然地

① [英]汤因比、[日]池田大作,荀春生等译:《展望二十一世纪——汤因比与池田大作对话录》,国际文化出版公司1985年版,第389页。

② 同上书,第390页。

要征服其他生物和自然，使其为人类服务。这种思想深藏在现代思潮的底部。”①人类所面临的种种危机，都起因于人的贪欲性和侵略性，是自我中心主义的产物或结晶。因此，摆脱这些危机的办法和路径最后还应归结到人性的改造来，归结到对“魔性的欲望”的冥伏和对自我中心主义的克服。池田大作既表现出了对人类摆脱困境的希望和信心，但也不时地透露出某种忧思和担心。“如果人类发挥聪明才智，竭尽全力，我相信是能够使造成地球污染的文明本身来一个本质性变革的。而且也必定能够开辟出一条永远无须动用核武器的道路。但是，只要人类仍然愚昧地为欲望和自私自利所俘虏，继续抱着一种虚幻，那么就永远无法挣脱人类灭绝论。”②为了避免悲剧性命运的发生，人类必须转换和改善自身的宿命，正确处理人类生命内在的利己性与种种欲望的关系，做到使利己性受制于道德与宗教，使“魔性的欲望”冥伏于“本源的欲望”，并在道德修养中将自我融入社会和宇宙的“大我”之中，实现“小我”与“大我”的有机结合。

三

探讨人性善恶，不是要揭示人的难堪或人本身的矛盾，而是要通过人性善恶的揭示为人的安身立命、处世做人特别是伦理实践提供价值的引导和精神的武装。因此，人性论大多与伦理实践论或修养论有着最为紧密的联系。池田大作也不例外。他在与汤因比的对话中从人性善恶的探讨出发专门论述了伦理实践的问题，就如何培育和提升人类的爱与良心发表了自己的看法，提出了不少具有真知灼见的观点和主张。

---

① ［英］汤因比、［日］池田大作，荀春生等译：《展望二十一世纪——汤因比与池田大作对话录》，国际文化出版公司1985年版，第32—33页。

② 同上书，第52页。

首先，池田大作特别强调“爱”的意义和价值，将“爱”视为“终极的精神之存在”，认为人的命运取决于怎样培育“爱”或对待“终极的精神之存在”。他说：“如果‘终极的精神之存在’是爱的话，因为爱本来是人内心中的东西，那么‘终极的存在’存在于宇宙，同时也就存在于人体内部了。”①“爱”贯通天地与宇宙，是人可以“与天地参”的内在精神品质。这种观点深受中国伦理文化天人合一和儒家仁学思想的影响。孟子的心性学说，特别是他所谓“万物皆备于我，反身而诚”的思想，对后世影响极大。宋代理学家张载明确地把他的伦理道德思想的重点置于博爱上。他说：“性者万物之一源，非有我之得私也。惟大人能尽其道。是故立必俱立，知必周知，爱必兼爱，成不独成。”②张载所谓“兼爱”，当然不是墨子所说的兼爱，后者所说的兼爱是功利主义的，而且是无差等之爱。但张载这里所讲的“兼爱”，其重点又确实不在于强调差等，而在于强调不仅爱己，而且要爱他人。这是从原始儒家“泛爱众”思想的一种转移：是由差等之爱向平等之爱的一种过渡。张载从人类万物都是天地所生的观点出发，提出“民吾同胞，物吾与也”的命题，要求爱一切人如同爱同胞手足一样，并进一步扩大到“视天下无一物非我”。在《西铭》中他指出：“乾称父，坤称母，予兹藐焉，乃浑然中处。故天地之塞，吾其体；天地之帅，吾其性。民吾同胞，物吾与也。”③乾坤是天地的代称，天地是万物和人的父母，天、地、人三者混合，处于宇宙之中，因为三者都是“气”聚而成的物，天地之性，就是人之性，因此人类是我的同胞，万物是我的朋友，万物与人的本性是一致的。张载还说：“大其心则能体天下之物。物有未体，则心为有外。……圣人尽性，不以见

① ［英］汤因比、［日］池田大作，荀春生等译：《展望二十一世纪——汤因比与池田大作对话录》，国际文化出版公司1985年版，第405页。

② 《正蒙·诚明》。

③ 《正蒙·乾称》。

闻梏其心,其视天下无一物非我。"[①]所谓"能体天下之物"之"大心",也就是一种能破除人与人、人与物之间的限隔而能体悟自己与天下万物为一体之境界。由此出发,凡能体悟到天地万物中,不仅人与人之间,而且人与物之间,都有息息相通、血肉相连的内在关系之人,便必然能达到"民吾同胞"、"物吾与也"的结论。池田大作关于爱存在于宇宙和人体内部的思想,与张载所说的"民胞物与"有着惊人的类似,这是一种宇宙和人间的大爱,也是贯通天地万物和人类的一座桥梁和纽带。池田大作对儒家和墨家的爱作出了自己的分析,认为两者都为现代社会所必需。我们要从儒家的爱家人出发来爱世人。他说:"儒家的爱以父子、君臣关系为中心,有亲有疏,由近及远。相反,墨子的兼爱说则不承认这种差别,主张爱人如爱己,爱他人之父如爱自己之父,爱他人之国如爱自己之国。"儒家主张的仁爱是今天社会所必需的。"现在从个人角度来看,不仅有不爱骨肉双亲、兄弟的人,甚至也有不爱自己的子女的人。我想这种风气,跟轻视自己的生命,自杀或者发展到自杀暴行的倾向,不是没有关系的。虽说要'爱人如爱己',可是现在却常有失去自爱的人。我认为爱的产生,除了深刻理解自己的生命,理解宇宙的生命外,没有别的办法。有了对自己生命的深刻理解,才能产生对其他生命的理解和尊重。"[②]在池田大作看来,人的生命是没有什么东西可以替代的,它具有内在的价值和尊严。生命的尊严还与主体的修养和行动实践密切相关。为了使生命真正成为有尊严的东西,人自己的自重以及对尊严负责也是不可缺少的。只有把自己生命的作用变成美好的东西,去怜悯并尊重一切其他生命,才能使自己的生命在事实上成为有尊严的。如果人总是为贪欲所蔽而去侵犯他人的利益,甚或无视他人

---

① 《正蒙·大心》。

② [英]汤因比、[日]池田大作,荀春生等译:《展望二十一世纪——汤因比与池田大作对话录》,国际文化出版公司 1985 年版,第 425 页。

的生命,人就很难使自己的尊严得到真正的确立。他特别强调对全人类普遍的爱,认为“对全人类普遍的爱是不会为偏见狭隘的爱所束缚的。所以不立足于普遍的爱,即偏见与狭隘的爱,大概其本身就不会是真正的爱。因此,为了体验到普遍的爱,有必要首先对从亲骨肉的偏见与狭隘的爱的羁绊中解脱出来。从中得到的爱,才是对亲骨肉的真正的爱。”①由此种认识出发,池田大作特别推崇墨子的“兼爱”,认为墨子的兼爱比孔子的仁爱更为现代人所需要。他还比较了墨子兼爱与佛教博爱,说道:“指出普遍爱的重要性的是墨子,而指出怎样使每个人从自己的内部产生普遍爱的是佛教。释迦能跨越时间和空间的障碍,受到很多人的崇敬,其原因就是因为释迦本身体现了普遍的爱。他度过了这样的一生,他的人格至今仍然继续在光辉灿烂地照亮着人们的心。”②人类历史上有许多伟大的宗教家如释迦牟尼、耶稣基督、穆罕默德等,都是具有博爱品德的人。他们的爱体现了宗教家的伟大和力量。

其次,池田大作批判了生物进化是有目的的观点,论述了爱和良心是进化的结果之一,并探讨了爱和良心在人类历史上的种种表现。在池田大作看来,爱和良心是后天习得的,与其说是由于生物进化,不如说是受社会历史的影响更为恰当。人类进化并不是为了产生爱和良心,不能说生物进化有自己的道德目的。从历史上看,“由于爱,由于良心,人类犯下了许多暴行。比如,在欧洲的历史上,十字军远征和宗教战争中所看到的残暴行为,可以设想是为了向神表示爱,是为了执行神的正义,是受良心的命令进行的。看来,爱和良心本身是具有价值内容的概念。然而实际上,爱和良心本身并不是善。大概可以说,爱的对象不同,良心的原理不同,它可能成为善,也可能成

① [英]汤因比、[日]池田大作,荀春生等译:《展望二十一世纪——汤因比与池田大作对话录》,国际文化出版公司 1985 年版,第 427 页。

② 同上书,第 428 页。

为恶。”①只有当爱的对象向整个人类,向地球上全部生命扩展,只有当良心树立在对生命尊严的无限敬畏上,“才可以说是作为善表现出来。但是,即或这时,如果有宇宙人的话,我们的善也可能作为‘恶’降临在他们头上。因此,所谓绝对的善,无论如何也是不可能有的。”②因此,爱和良心,只要不是以全人类、地球以及其他天体上的全部生物,甚至整个宇宙作为对象,就有可能产生偏弊,形成它们的不完善性。这就决定了爱与良心永远有一个培育和提升的问题。培育和提升人类的爱与良心,是人类道德修养和道德教育的重要任务。

再次,池田大作探讨了爱与慈悲的意义和价值,主张扩充爱的领域,尊重生命的尊严。在池田大作看来,现代社会最缺少的是深刻的“人类之爱”。因此强调深刻的人类之爱对现代人来说尤为重要。“但是,不管怎样强调‘爱’的珍贵,只是强调是不够的。现实中,在其深处却往往隐藏着‘憎恨’,或者戴着‘爱’的假面具的利己主义,在那里徘徊着。”③“爱”在现实的生活中总是同占有的欲望联系在一起,“给予”意义上的“爱”正在不断丧失。“爱正在变成一种不是扎根于个人感情,而是将被制度化了的东西。”④爱的非个人化表现为慈善。池田大作认为,“慈善本身作为社会行为,的确是善的,而伴随它的心理上的问题是复杂的。如同缺乏爱的慈善就失去本来高尚意义一样,不付诸实践的、观念上的爱,不也就是毫无意义的东西了吗?”在池田大作看来,对爱赋予实践性意义,如同佛法所说的“慈悲”概念一样,它应当建立在“拔苦与乐”的基础之上,“拔苦”就是把他人的痛苦当做自己内心的痛苦去感受,充满着感同身受的意识和

---

① [英]汤因比、[日]池田大作,荀春生等译:《展望二十一世纪——汤因比与池田大作对话录》,国际文化出版公司1985年版,第414页。

② 同上。

③ 同上书,第417页。

④ 同上书,第418页。

情怀。“如果没有‘同苦’,就不能产生对对方的关怀,也不可能有想除掉痛苦的实践。还可以说,这种‘同苦’的感情,是由于发达的优秀智能而产生的。就是说,看到了自己以外的存在的痛苦,于是自己也同样感到痛苦。这是需要相当高度发达的智能活动而产生的想象力。所以,对其他个体的痛苦而感到强烈的痛苦,这是人的一种特质。”①与他人产生相同感受的痛苦,实际上是人类同情心和爱心的重要表现,这样的“同苦”,无论对于爱还是对于慈悲都是最基本的情感前提。培育“同苦”的观念,形成“同苦”的感觉,才能为伦理实践提供强大的精神动力和心理支撑。池田大作不仅主张“拔苦”,而且主张给他人创造更多的快乐,想方设法使他人幸福与活得更美好,是真正的人类之爱的重要内容。

池田大作是一位对人类既深怀敬意和同情的伟大的人道主义思想家,又是一位致力于人的革命和改造,渴望通过各种路径和手段使人变得更美好的伦理实践家和宗教活动家。他对人类的前途在抱有希望的同时又满含忧虑,在充分意识到人之局限性的基础上又对人的主体能动性特别是人自己拯救自己的力量予以高度肯定。他的人性论思想最大的特色是既不忽视先天因素,又更强调后天的人为,而其所追求的理想状态,就是天与人的融注与贯通,就是通过伦理道德的实践而与宇宙大我相融合。他既承认人因为人的动物性和自然性而使人性在现实生活中每每具有趋恶的倾向,人性的事实性决定了人的道德修养的困难性和长期性,也揭示了人性毕竟有着向善的可能,人可以通过后天的修养和伦理实践使事实上有诸多缺欠的人性获得较大的改进和提升,只要人们认识人与宇宙天地相贯通的道理,超越一己的私欲或小我的局限,人就可以成为“与天地参”的万物之灵。这种源于人性而论改造人性,既认识到人性在事实层面的为私

① [英]汤因比、[日]池田大作,荀春生等译:《展望二十一世纪——汤因比与池田大作对话录》,国际文化出版公司1985年版,第419页。

性和不圆满性而感觉到人的渺小和脱俗之困难，又认识到人无论如何还有崇尚伦理道德的伟大之处，人可以凭借其对价值的向往来改造和提升现有的人性，因而使得人自有高出于万物之上的精微茂美之所在。这是池田大作人性论思想的精深博大之处。同时，池田大作的人性论和伦理实践思想立足于东西方伦理文明的制高点上博采广纳，显示了"坐集千古之智"的特点，并把目光始终集注于当代人的需要和未来的伦理道德建设，体现了向历史扎根，向未来探求和服务现实的伦理品质，其境界之高远，视野之开阔，人文精神之厚重，亦不能不使人深受鼓舞和感召，使人产生正视现实和朝向未来的伟岸而卓绝的力量。就此而论，池田大作的人性论和伦理实践思想不愧为人类在新的世纪创造伟大伦理文明的价值源泉和精神动能！

（作者简介：王泽应，男，1956 年生，湖南祁东人，哲学博士，湖南师范大学伦理学研究所副所长，教授，博士研究生导师，中国伦理学会会刊《伦理学研究》副主编，主要从事伦理学教学与研究。）

池田大作“人间革命”论析

王德明　陈文苑

被印度当代著名学者洛克什·钱德拉誉为“宣告新世纪之黎明的甘地”的池田大作先生，其名声享誉全球。先生亹亹不倦地长期奔波于世界各地，为争取世界和平而努力，为谋求全人类共同利益而奋斗。

在先生的著作和他的谈话录中，我们常常会发现“人间革命”一词。先生反复强调，倍加重视此“革命”。那么它究竟为何呢？钱德拉曾归纳到：“自我实现既不是观念论，也不是自我满足，而是要在现实的世界里，依照本身的条件去体验人的价值，也就是要以奉献他人来领会人的价值观，即所谓‘人间革命’。”①此说固符合事实，却是概念化之陈说，读者不能真正了解其深邃之内涵。“人间革命”是先生思想体系的重点，理解此革命也是理解先生思想的关键。本文试图从以下几点深入论析先生的“人间革命”。

---

① ［日］池田大作、［印］钱德拉：《畅谈世界哲学》，香港明报出版社2005年版，第129页。

一、“革命”的必要性

首看“革命”必要性的主观因素——大乘佛教的思想:钱德拉所说的“要以奉献他人来领会人的价值观”即点明了“人间革命”的最终目标是为广大民众创造充满无限价值的人生、实现全民众的幸福。此观念源于佛家“普度众生”的终极夙愿,因为先生是虔诚的佛教徒,有着佛家的慈悲之心和胸存天下的广阔襟怀,曾道:“佛法的目的是要让所有民众在现实世界获得幸福。救度全世界的民众,创造人类社会的繁荣,实现世界和平——这才是佛法究极的誓愿。”①我们知道佛教有大、小乘之异,大乘别于小乘最根本之点正如池田先生在《我的人学(下)》中所述的“(大乘)在于以‘大法’为根本,于有限而无常的世界中拯救人。”②这是自利后利他的行为。而小乘只顾自己的解脱,是为自利,大乘重点在于谋求全世界人之幸福。先生力倡大乘,主张应走出小乘的苑囿,超越“小我”,升华至“大我”的境地:“佛教主张应当超越这种‘小我’,把心的重点放在作为闪耀着利他与慈悲的英知及再生的源泉的‘大我’上”③。“从只顾个人幸福的局限跳出来,朝着关怀,祈念人类幸福的新生迈出坚定有力的步伐。”④“大我”即是全人类、所有民众。投身于追求“大我”,就是普度众生。只有献身于“大我”的奋斗才能实现人真正的价值,这恰好反映了先生对佛教精髓与真谛的领悟。

---

① [日]池田大作,潘金生、庞春兰译:《我的人学》(下),北京大学出版社1996年版,第217页。

② 同上书,第195页。

③ [日]池田大作、松下幸之助,卞立强译:《人生问答》,中国文联出版社2000年版,第57页。

④ [日]池田大作:《新·人间革命》(卷五),香港天地图书有限公司1996年版,第87页。

可见,在先生的心中,世人与“我”并无割裂,人的任务在于拯救世上苦难之士,人活动的目标在于达到全世界的繁荣与昌盛,“我”肩负全人类的发展和开拓美好未来的重任:“我们是……为了开拓宝贵的人生才出现在这个大地上”①。这种兼爱他人、博爱于众的品行,先生认为是最高的美德,他把这种品行称之“最高善”,说道:“对社会,还有对群体的‘最高善’的行为,当然成为最高‘美德’的表露——这一主张,可以说是和大乘佛教中实践方轨的‘自行’与‘化他’的逻辑,是一脉相通的。”②只有做到这种为他人谋利,心系天下才能达到真正的幸福:“所谓幸福,并不是受每天现实所左右,所拨弄的东西,也不是与之隔绝的、超然的境界……幸福只存在于:将人生中一件件偶然的事件,都能愉快地接受下来,作为前进的动力,充分加以玩味;同时,为他人,为社会,能做出有价值的贡献的生活当中。”③这里我们明显地看出池田先生认为“人”不仅要“锻炼”自身,更要造福于他人。“我”、个人的快乐终非目的,真正的快乐是要达到全人类的幸福。可见,“革命”的提出源于先生主观的也是本质的思想,甚至可以说是先生潜意识的表露。先生大乘佛教的思想决定了他必须倡导“革命”而达到全人类共同的繁荣。这种思想就是“革命”必须进行的主观因素。

再看“革命”必须性的客观因素——人类发展产生的诸多问题:如上面所述,池田先生因以天下为己任而提出了必须进行“人间革命”,博爱、“大我”的思想是“革命”理念产生的源泉,是“革命”提出的主观性因素。同时,当代社会出现了种种矛盾,产生了诸多影响人类协调发展的障碍,使得人类发展困难重重、步履维艰,许多民众在

---

① [日]池田大作、松下幸之助,卞立强译:《人生问答》,中国文联出版社2000年版,第2页。

② [日]池田大作,潘金生、庞春兰译:《我的人学》(上),北京大学出版社1996年版,第48页。

③ 同上书,第49页。

生活中并未感到真正的快乐,反而饱受各种痛苦。这些影响人类健康发展的问题又促使着池田先生不得不提出“人间革命”,这些是“革命”必需性的客观因素。

首先,先生意识到了科技进步带给人类便利的同时也带来了对人的“摧残”,表现之一是生命力的退化:“问题是在这种科技进步的背后,忘记了人自身的变革……人的异化在可怕地发展,今天几乎所有的人都会感到人的生命力的衰落和时代的衰微。”①这种“摧残”还渗透到了人的情感领域:“如同现代文明疏远,最后破坏了丰富的大自然那样,偏重物质的思想在人自身的心中也遭排挤,压垮了同情、诚挚、爱等人固有的丰富的感情。”②这种“变化”先生称之为“人的异化”或“人的精神空洞化”。这些问题产生的原因是人类在高度发达的物质条件下,没能正确引导心灵的发展,让无边的私欲、利己心占据了内心。他说:“无疑是这种利己心招致了人的精神的颓废……在摆脱对神和国家的从属,树立人的主体性方面,近代合理主义有着值得高度评价的一面。但是,这种人性解放变成了对以自我为中心的利己心的放任,科学也成了利己心的手段,起到了助长了利己心的作用。”③可见,在先生眼中,科技的进步、人们对物质生活的高度强调,滋生了利己心。人们因受利己思想的侵蚀,精神领域渐趋荒芜,道德沦丧就不可避免了。先生深深地觉察到了这些潜藏的人的“异化”,他为人类的发展担忧和焦虑,这也恰是一名慈爱者的真诚关怀!

先生不仅为人类精神世界出现的危机担虑,也为当今社会显现的诸多现实问题如环境污染、能源衰竭、世界局势的动荡等感到不

---

① [日]池田大作、松下幸之助,卞立强译:《人生问答》,中国文联出版社2000年版,第373页。

② 同上书,第375页。

③ 同上书,第378页。

安:“现在人类面临着资源枯竭,人口增多,粮食不足等各种难题。”① 也道出了他的忧虑:“核子武器、烧夷弹的发明为人类带来了惨剧”②,“核战争姑作别论,会引起人类生存危机的因素,可以考虑有各种地球资源的枯竭以及随之产生的能源问题、人口暴增、粮食不足、自然破坏和污染等。”③这些公害阻碍了人类健康发展,甚至会使人类走向灭亡。面对这些问题,池田先生认为最根本的解决之道是进行“人间革命”,其云:“由于公害病的发生,自然的破坏与污染,以及全球性的人为灾害爆发等原因,人类现在已被迫要进行自然观的变革。”④这里的“自然观的变革”就是“人间革命”;“过去我们已讨论过,无论是环境问题或核子问题,如果不进行精神革命,便不能解决。”⑤这里“精神革命”亦是“人间革命”。其实,缔造人类幸福的主体是人,人类危机、社会危害产生依然由人而起,人是缔造社会兴亡的根本,先生也说到“自己的一念不但能改变各自的人生,还能改变时代、社会,改变全人类、全宇宙”⑥。“文明无论怎样进步,时代无论怎样演变,最后的关键是‘人’本身。人的决断决定了自己的命运,决定世界的命运。”⑦所以要解决如上诸类问题,对人自身进行革命就迫不及待了。

---

① [日]池田大作、松下幸之助,卞立强译:《人生问答》,中国文联出版社 2000 年版,第 412 页。

② [日]池田大作、[印]钱德拉:《畅谈世界哲学》,香港明报出版社 2005 年版,第 130 页。

③ [日]池田大作、松下幸之助,卞立强译:《人生问答》,中国文联出版社 2000 年版,第 392 页。

④ 同上书,第 410 页。

⑤ [日]池田大作、[印]钱德拉:《畅谈世界哲学》,香港明报出版社 2005 年版,第 265 页。

⑥ [日]池田大作:《新·人间革命》(卷五),香港天地图书有限公司 1996 年版,第 146 页。

⑦ [日]池田大作,潘金生、庞春兰译:《我的人学》(上),北京大学出版社 1996 年版,第 43 页。

正如池田先生与钱德拉交谈中所说:“现代人不但在生活上必须面对核武、战争、地球生态破坏、能源问题等人类危机,在精神上也受‘身份危机’的困扰。”①的确,当前人类面临着内困外患的危机。总的说来,自身出现的倾颓与社会暴露的种种危害是促使“革命”必须进行的客观因素。

二、革命的核心——“小我”的革命

关于“人间革命”,先生说过:“从‘小我’向‘大我’,这就是佛法教说的人间革命之路。”②可见,“革命”的历程须要经由“小我”的革命后实现“大我”。

“革命”的首要步骤是要完成自我的塑造,即自我修善。只有自我完善后,才能有资格去拯救他人,才能把“革命”推广于众。如果人人都能自我修善,那么革命也势必会成功,因为变革是由千万个自我开始的。在《新·人间革命》中提道:“这是在教导,要拯救父母和他人,救渡社会,最基本是要自己成佛,也就是人间革命。”③在《我的人学(下)》中也说道:“一切均要从变革自己开始。无论生活、事业、教育、政治以及经济、科学等,一切的出发点在于人,因此自身生命的变革正是一切的起点。”④可知,“小我”革命不仅是“人间革命”的首要步骤和基石,更是“革命”的核心。“小我”革命效果是惊天动地的:“一个人的伟大的人间革命,终将实现一国宿命的转变,进而可

① [日]池田大作、[印]钱德拉:《畅谈世界哲学》,香港明报出版社2005年版,第141页。

② [日]池田大作:《新·人间革命》(卷五),香港天地图书有限公司1996年版,第186页。

③ 同上书,第258页。

④ [日]池田大作,潘金生、庞春兰译:《我的人学》(下),北京大学出版社1996年版,第151页。

能转变全人类的宿命”①。“人是创造的主体，人的生命如能变革，必波及社会，遍及围绕人的整个环境。这样不但政治，而且教育、文化、经济都将是为了人类的幸福与和平，就可以‘安国’”②。“因为一切的根本是人，是自己本身，所以自己本身的生命变革能改变家庭、改变地域、改变社会、改变时代、改变历史、改变世界。”③能否完成对自我的变革也决定了“人间革命”能否顺利开展进行：“拯救社会，拯救世界，其坚实的基础在于用人生哲学贯彻信心进行自身的人间革命，这也关系到能否在自己家庭，工作岗位上燃点欢喜与希望的灯火。”④那么究竟如何进行自我的“人间革命”呢？笔者现归纳其说，缕陈大端如下：

第一，要具备臻善的品格。这种臻善品格包括顽强的毅力。人生道路困难重重，池田先生多次强调人应具备战胜困难的勇气和克服挫折的信心：“再也没有比人毫不退缩地迎接对自己的考验，克服困难的环境更高贵，更美的了……如果我能亲眼看到这种人，我将高呼：‘这才是具有真正做人精神的人，才是最伟大的人！”⑤“人生会遇到挫折，也会有山穷水尽的时候，在这种情况下，能否以百折不挠的坚强信念，毅然跨越过去，是幸与不幸的关键所在。”⑥此外，这种臻善的品格还要求具有良好的德行，如诚实之性。“诚实的人不论

① ［日］池田大作：《新·人间革命》（卷一），香港天地图书有限公司 1996 年版，第 3 页。

② ［日］池田大作，潘金生、庞春兰译：《我的人学》（上），北京大学出版社 1996 年版，第 27 页。

③ ［日］池田大作：《新·人间革命》（卷六），香港天地图书有限公司 1996 年版，第 2 页。

④ ［日］池田大作：《新·人间革命》（卷五），香港天地图书有限公司 1996 年版，第 177 页。

⑤ ［日］池田大作，潘金生、庞春兰译：《我的人学》（下），北京大学出版社 1996 年版，第 281 页。

⑥ ［日］池田大作：《新人间革命（卷六）》，香港天地图书有限公司 1996 年版，第 8 页。

有什么缺点,接触他总有一种爽朗的感觉,所以他一定会很快获得幸福,应该说他作为一个人是成功的,胜利的。总之,只有以诚实去对待人,对方和社会才会寄予共鸣。"①再如责任感,"那种不管对大小事,懂得'承担责任'的意义的人——这意味着他们是知道如何履行自己责任的人。"②良好的德行是要具备爱心,坚强毅力是要战胜自己、塑造独立的人格。因之,只有具备了这些德行与毅力,个人的品格才能臻于完善。

第二,利他的胸怀。坚毅的性格、良好的品行固然重要,但还不能达到先生自我革命的要求,重要的是须有"利他"的胸怀:"利他行为,就是通向自我完成之路,如不尽的泉水,涌现出的'生'的原动力的正是佛法。"③毋庸置疑,这种"利他"的精神出自佛教的慈悲之心。先生说道:"慈悲——一种与人们同甘共苦,给人们消除苦恼,带来生活的欢乐热情。"④其实,慈悲也是爱,因为慈悲能产生爱。而利他主义恰是这种慈悲爱的表现:"佛教主张应当超越这种'小我',把心的重点放在作为闪耀着利他与慈悲的英知及再生的源泉的'大我'上。"⑤只有心怀利他,才能实乐于一切众生,才能拔除一切众生之苦。先生格外强调利他主义,说道:"不顾个人安危,为别人所作的行为,所以才可贵、才使人感动。这可以说是作为人,或作为领导者超越'利己'的最重大的'利他'行为所发出的闪烁的光辉吧!"⑥

---

① [日]池田大作,卞立强译:《人生箴言》,中国文联出版社 1995 年版,第 161 页。

② [日]池田大作,潘金生、庞春兰译:《我的人学》(下),北京大学出版社 1996 年版,第 147 页。

③ 同上书,第 211 页。

④ [日]池田大作、松下幸之助,卞立强译:《人生问答》,中国文联出版社 2000 年版,第 232 页。

⑤ 同上书,第 57 页。

⑥ [日]池田大作,潘金生、庞春兰译:《我的人学》(下),北京大学出版社 1996 年版,第 198 页。

这种利他主义也就是池田先生所言的"甘露精神"。甘露最大之点在于利物润人,先生呼吁人应具备此精神:"我们决意,为了人类、世界的未来,即使遇到再大阻碍,我们也要弘扬'甘露'之法,'甘露之力',直到永远。"①

与利他主义、"甘露精神"截然对立的是利己主义,它只注重私欲的满足,为达目的甚至损人利己、不计途径与手段。先生极力反对这种思想,说道:"利己主义是自我中心主义,是应当排除的"②。"单纯追求个人幸福的利己主义之中是没有真正幸福可言的。"③这种思想带有与善相对的恶:"这种利己同时带有权利欲、荣誉欲、征服欲等人的生命内在的恶。"④它含有巨大的危害性:"无疑这种利己心招致了人的精神的颓废……今天以物质为中心的庞大的社会,一方面夸耀其繁荣,同时又暴露出其脆弱的精神结构。这完全是由于受到利己心的摆弄。"⑤还是许多社会问题产生的罪恶之源:"当前,征服自然,统治自然的欲望即人类的利己主义思想已变得合法化。其结果带来了公害和对环境的破坏"⑥。

总之,自我革命首先得磨炼出顽强的毅力、塑造出完善的德行。但更重要的是要怀有利他的胸怀、甘露的精神,要摒弃以自我为中心的利己主义。革命意义非凡,但困难重重,要想成功必须克服种种挑战:"尊重每一个人,使内在的善性和创造生命得以发挥,不被欲望

① [日]池田大作、[印]钱德拉:《畅谈世界哲学》,香港明报出版社2005年版,第46页。

② [日]池田大作、松下幸之助,卞立强译:《人生问答》,中国文联出版社2000年版,第63页。

③ [日]池田大作,潘金生、庞春兰译:《我的人学》(下),北京大学出版社1996年版,第113页。

④ [日]池田大作、松下幸之助,卞立强译:《人生问答》,中国文联出版社2000年版,第145页。

⑤ 同上书,第378—379页。

⑥ [日]池田大作,潘金生、庞春兰译:《我的人学》(下),北京大学出版社1996年版,第276页。

和环境支配，筑起百折不挠，坚如磐石的自身，我们就称之为人间革命。”

三、“革命”终极实现的特征——多样性

革命的历程从“小我”始发，而后升华至“大我”，追求共同的幸福。“革命”的基石和核心是自我追求完美的修善与变革，但“人间革命”的关键是要实现全人类的安乐，这也是“革命”的最终目标。在池田先生看来，这种最终幸福实现的表现形式就是多样性。

多样性即要尊重不同特征的文化，各个民族的习性，在“和而不同”中达到和谐，而不是利用强权、霸权主义强迫他人、他国达到所谓的“一致”。它是在和平的基础上倡导的一种求同存异。在多样性的社会中，人人平等，相互友爱，人与人之间不仅互助、关爱，还与自然环境协调发展，这正是先生倡导“人间革命”所追寻的目标。他说：“‘真正的普遍’并非外间强加的价值观，它既不否定多样性，亦不讲求画一，而是一种存在于丰富的多样性当中人类共有的价值。”①多样性源于人生命的多样：“生命呈现着多样性，生命之间互相关联，生命是永续的”②。“一切生命都是宇宙的生命的孩子，拥有差异的每一个生命，都是独一无二的。”③因为人生命的多样性所以文化、文明、宗教等也会有差异。先生说道：“在多样的文明，宗教与民族的价值观里蕴涵着共通的‘真理’……结合拥有各种文化、宗教基础的多样智慧，应是现代人类的追求。”④ 概言之，多样性是对每一个生命体的爱护，是对身处不同文化背景下民族的尊

① ［日］池田大作、［印］钱德拉：《畅谈世界哲学》，香港明报出版社 2005 年版，第 241 页。

② 同上书，第 251 页。

③ 同上书，第 273 页。

④ 同上书，第 248 页。

重。多样性是包含世界和平的多样，是人人相互友爱的多样。只有承认世界的多样性，人们才能在相互平等的交往和融合中走向共同的繁荣。

四、结　语

综述之,“革命”须由“小我”出发,最终降落到“大我”之上,它追求的是一种广大民众的幸福。不论是其出发点还是终极目标,都体现出了对人生命的珍爱。其实,池田先生所有的理论和观点都建立在对人尊重的基础之上,在他看来人的生命是极其尊贵的,曾言道:“所有的人们作为各不相同的一个人的生命,都是极其尊贵的本体,都是应当平等繁荣的存在”①。“生命最为可贵,一切的出发点在于生命,今天……建立一种真正能感觉到生命尊严的,正确的生活方式,才是最最重要的。”②“人间革命”更是贯彻了这种理念,先生云:“我认为今后的时代的革命,应当是依靠以尊重人的精神为基调的崇高的理念和思想的各个人的精神革命。”③这种对人的尊重是先生发自内心的呼喊。先生的思想里无不流淌着爱的血脉,这种爱不含有丝毫的矫饰与虚伪,这是真正的人道主义精神。

池田先生所倡导的“人间革命”不是一种荷枪持弹式的反抗性、暴力性的革命,也不是一种社会的暴动。在非暴力性这一点上,与甘地的“非暴力不合作运动”有相似性,但又有本质上的区别。“人间革命”是一种人性的革命,一种灵魂的革命,一种精神上的革命:

---

① ［日］池田大作、松下幸之助,卞立强译:《人生问答》,中国文联出版社 2000 年版,第 137 页。

② ［日］池田大作,潘金生、庞春兰译:《我的人学》(下),北京大学出版社 1996 年版,第 261 页。

③ ［日］池田大作:《新・人间革命》(卷七),香港天地图书有限公司 1996 年版,第 207 页。

“‘人间革命’即社会革命,‘人间革命’即环境革命。”①同时它还是宗教的革命:“真正的宗教革命即人间革命,靠信仰苏生的人化作建设社会的肥沃土地,必然为教育、经济、政治等所有领域带来人本主义的丰硕果实。”②总之,诚如池田先生所云:“人间革命,就是一切的原点。”③虽然它是一种精神方面的革命,却会带动整个社会包括教育、环境等一切的变革。“革命”深刻贯彻以人为本思想,最终目的是要实现全人类的幸福。“革命”看似悄然不见踪迹,但会产生惊涛骇浪般的变化。它虽进行于人自身内部,但会影响到以外的社会乃至整个世界的变化发展。概括说来,它是改变现在一切不合理现象的根本措施,是拯救被各种无尽私欲吞噬的善良本性的良药,是润泽人们沙漠心灵的绿洲,是开启人类慈悲与博爱的钥匙。“革命”将会架起人与人之间相互沟通、相互理解的桥梁,让人与人、民族与民族、国家与国家间丢弃歧视与隔阂而彼此互助互爱,它将会引导人类步入真正的、永久性的辉煌。

(作者简介:王德明,男,1963 年生,广西桂林人,文学博士,广西师范大学文学院教授。

陈文苑,男,1982 年生,安徽六安人,广西师范大学文学院研究生。)

---

① [日]池田大作、[印]钱德拉:《畅谈世界哲学》,香港明报出版社 2005 年版,第 253 页。

② [日]池田大作:《新·人间革命》(卷七),香港天地图书有限公司 1996 年版,第 4 页。

③ [日]池田大作:《新·人间革命》(卷十),香港天地图书有限公司 1996 年版,第 2 页。

多元文化中与他者和谐之考察

——兼论池田大作的人学思想

奥田真纪子

如何与价值观或文化不同的人相处，怎样使得价值观或文化不同的社会和国家和谐共处呢？这个问题，在全球一体化的今天成为一个不可避免的问题。由于对其他人的不理解而产生连锁反应的憎恶情感，割断了人与人的联系，从而导致出许多不幸的历史，这是世界各地产生纷争和恐怖活动的重要原因。另一方面，在高度信息化的现代社会里，我们很容易漠视他人的痛苦，利己的个人主义也变得浓厚起来。在日常的人际关系里，只要别人与自己文化或价值观不合的话，就会放弃努力与其相处，要是认定别人是不可理喻的话，就会产生出厌恶的壁垒来。社会思想家及教育家的国际创价学会会长池田大作先生曾经指出："凡是价值观和文化不同的都是坏的，这种想法和姿态是一种现代病"，①这句话不也适合于国家与国家之间的关系吗？全球一体化会以更快的速度发展下去，在迎接地球民的时代里是所有的国家都必须要摸索的道路。在此本文仅就池田大作先生为架设文明桥梁与各国智慧人士进行的1600次对话中总结出4

① ［日］池田大作、马基德特荷拉尼安：《二十一世纪的选择》，（日本）潮出版社2000年版，第61页。

个观点，来探讨如何与价值观或文化不同的人和谐相处的途径问题。

一、其根本精神：对人的尊敬和信赖

池田先生说："人与人之间的对话，是所有事情的开始。现代的焦点是以'文明的对话'为基点的，也就是'人与人之间的对话'。我访问过很多社会主义国家，抱着'因为这里也有人'的信念，努力地去架好'友好之桥'。打破那种不是敌人就是朋友的这种二者选一的关系，站在'人性'这种共同的大地上，我坚信打开心扉来对话就能找出解决问题的关键。"①池田先生还说"要带着对他人的尊敬，来面向世界。因为那里有人类"，仅此话就浓缩了对人类的信赖这一信念。的确，在危险的世界局势和处在当时危险的世界形势之下，坚信人类的善性并不是一件寻常之事。人类是所有生物中拥有佛性这一宇宙最高价值的尊贵物种。深信这一理念，是孕育所有人类生命深处的善性，无微不至地关怀他人的幸福，永不放弃能够融化那些尘封心灵的坚强信念。这个法华经的生命观表示的人生命的观点是促使或培养人尊敬、信赖的行动。我认为，为了建筑和谐世界，克服文化差异，作为世界市民互相对话，这一点来看，这种关于人类的视角是很重要的。并且我想把调和世界的构筑以及文化的差异的克服，作为世界市民的会话推进当值得探求。池田先生的人类信赖的行动以人本主义的生命哲学为基础，超越了意识形态，出访中国和苏联，架设了友好的桥梁，池田先生的对人类的信赖的行动超越了各种思想体系，搭建了中日两国友好交流的桥梁。"不管我跟什么样的人见面的时候，我首先都要注意作为'人'互相谈论。每当我重复和别

① ［日］池田大作、马基德特荷拉尼安：《二十一世纪的选择》，（日本）潮出版社2000年版，第44页。

人讲述的时候,都好像能够听到像是从灵魂深处发出的对人类向善的声音。因此跟文化和文明有差异的人进行一种新的交流就算是有着某些冲突,但也必定丰富着彼此的思想。我就是抱着这种信念坚强地往前走着……”①我认为,支撑池田先生的“尊敬人的精神”的东西是“对贯彻宇宙生命哲学的实践和确信”和“向恩师起的要实现世界和平的誓言”,通过对话交流他感到人的共同的善性。我认为,池田先生尊敬人本身,并且相信人性以及共同的良心,为了和平、幸福,活动对话,这样信念勇气,就会唤起人们的良心。假如那个是相同人的生命发源的东西的话,可以说我们每一个生命里也正潜存着为和平活动的很大力量。

今年是中日邦交正常化35周年,今年4月引人注目的温总理访日的“融冰之旅”,使中日之间的关系有了极大的进展,中国方面的高姿态至今仍然记忆犹新。以历史为鉴,开创更美好的未来,提出了崭新的共存共荣的外交新政策。温总理在日本国会上演说时提到“佛教传到日本和日本向中国派遣唐使等等,中日之间2000年的交流”,温总理还提到“两国之间交流时间之长,规模之大,影响之深是世界文明发展史上无以类比的”,还说了“两国人民的友好关系无论经过多少迂回曲折其友好的根本是不会动摇的”②。这种热情洋溢的呼声融化了日本人心中的坚冰。与日本市民进行积极的接触的温总理的身影,更加深了日本人对恢复关系的信念。我认为日本国民感受了温总理的热情,导致了关系改善和访问成功。在访日的最后一天温总理会见了池田名誉会长挥毫题词一幅“慈航创新路,和谐结良缘”。在中国赠送亲笔题词是友情深远的证据。池田先生的回赠诗中的“融雪破冰志坚定,温文儒雅又亲民”③诗句,表达了他对温

① [日]池田大作:《我的心灵世界》,日本圣教新闻社1999年版。

② [日]《圣教新闻》2007年4月13日。

③ [日]《圣教新闻》2007年4月14日。

总理深切的尊敬之情,“言信承诺行必果”这一诗句也表达了他会一直遵守对周总理的约定这一强烈的信念和决心。在这首诗里温总理和池田先生相互之间的尊敬和到现在的感谢并且周总理托付的两国友好继续发展的激情、坚持信念都凝结在一起。池田先生 40 年以来一直在推进日中两国间的友好关系。他访问过中国 10 次,1974 年 12 月在他第二次访问中国时会见过周总理。池田先生是最先提出日中恢复邦交的一个人,早于 1968 年在一次发言中便作过这种呼吁。“周总理是由于充分认识到池田先生在开辟中日友好道路的不朽功绩,才不顾重病,坚持一定要亲自会见池田先生的”。“‘今后我们要世世代代友好下去’……周总理显然是在向池田先生托付继续发展中日友好交流的重任。”①池田先生推行了各项文化、教育交流计划,为两国筑起和平的桥梁。1975 年,由他创办的创价大学迎接了邦交恢复后的首批中国留学生。池田先生获得来自多所中国学术机构的 70 个名誉博士与名誉教授称号。还有,在中日关系困难时期,池田先生自己鼓起勇气行动起来,为架设友好之桥,向着对日本有“文化大恩”的中国多次派遣了创价学会青年交流团。这样为两国的友好交往做出了积极的行动,增进了两国人民的友好往来,我们特别是中日两国的青年将继续继承、努力学习和发扬,并且展开扩大他们先进促进的两国和谐发展的精神。这是今后对日中的青年委托的重要课题。

在佛典里有“对镜子礼拜时,镜子里的影子也在对我礼拜”②的美好比喻。佛理上表示的是对他人生命的尊敬就如镜子一样,也显示了自己生命的尊严。佛典还教导我们“所谓喜悦就是对自己和他

---

① 南开大学周恩来研究中心:《周恩来与池田大作》,中央文献出版社 2002 年版,第 68 页。

② [日]创价学会编:《日莲大圣人御书》,日本圣教新闻社 1952 年版,第 769 页。

人都是喜悦的事"[①],要在社会实践的积累中培养出"不将自己的幸福建筑在他人的不幸上"的价值观。中日两国的关系还不能说是良好,"对于相互价值观的不同和文化政治传统不同的理解和持之以恒的对话和交流是不可缺的"[②]。不仅是一个人,在一对一的两个人之间也要摈弃一切偏见,"自己敞开胸襟和主动与别人对话的勇气"和"相信人类'性本善'这一信念的行动",就能找到建设起共存共荣的道路和多元文化的和谐世界的曙光。

二、其实践方法:克服自我,打开对话

在实际生活中人们往往都是以自我为中心的,因此可以说搅乱和破坏和谐的最大根源其实是在人们的心里。"民族、种族和文化的差异并不是产生对立和分裂的原因,将人们分裂开来的是人们心里负的能量产生的"[③],池田先生更进一步地提到"文化和民族的价值观本身并不产生歧视,当歧视发生的时候,其原因决不在被歧视的一方,而是在歧视的一方。并不是对方比自己低一等,而是歧视的一方只有这一种看法而已"。[④] 从佛法的生命观可以找到歧视一方的"生命的歪斜"[⑤],进而找到歧视的原因。总之,问题是主体本身的生命观。要怎样克服自己和他人之间的"情感的差异",包括虐待等问题,是考虑日常人际关系的重要课题,从多样性中找到和谐是考虑

---

① [日]创价学会编:《日莲大圣人御书》,日本圣教新闻社 1952 年版,第 761 页。

② [日]池田大作、[美]杜维明:《文明的对话》,日本第三文明社 2007 年版,第 278 页。

③ [日]池田大作、马基德特荷拉尼安:《二十一世纪的选择》,(日本)潮出版社 2000 年版,第 5 页。

④ 同上书,第 61 页。

⑤ [日]池田大作等:《法华经的智慧》(第 3 卷),日本圣教新闻社 1997 年版,第 57 页。

问题的重要视点。佛陀说以歧视的眼光来看他人的苍老、疾病的“骄奢之心”是各种“苦”之源。他道破了“自己和他人之间的差别”这种深层的自我主义是诞生“苦”的元凶，往往也会使人陷入“独善”之中去，也就是自认为自己是绝对的善之骄奢。特荷拉尼安博士讲到的“本国文化赞美主义”的意识，也隐约地反映出站在本国文化的影子里看低他国文化的歧视心情。池田先生认为，文明间对话的开始就是宗教自身要打破独善性，以佛法哲学去探求世界共通的精神。“我与远离佛教世界的西欧思想家的对话得到了其中一点想法（佛教精神的真理是黄金），有关这一点我自己也想确认。”已故的汤因比博士是20世纪代表性的历史学家之一，他观察人类文明史的洞察力是我对自己思考体系的整体检证的最好的镜子。

总之,要克服人与人之间的差异和独善其身的想法之关键是打开封锁的心,以利他的行动,以与他人共甘苦之心,以探索共同胜利的道路的勇气是迈出对话的第一步。杜维明博士在他与池田先生的对谈集《文明的对话》中说道,对话的基础是承认他人和其他文明的宽容精神,要从根本上摆脱不光是“承认”这种“虽不否定但会无视”的心情,真正的对话是要互相尊敬和赞誉其差异,才是最重要的。为了扩展自己的视野,反复进行对话是克服分裂和对立的道路,推进交流的对话是其关键:其一,“倾听对方的主张”;其二,“面对面的对话是非常重要的”;其三,“学习前人积累的智慧,将其发扬下去”。池田先生也说过:“不是要说服对方而是要带着尊敬的心情去学习对方。正因为如此,各种层次的对话都要以非常重视的态度去对待”。① “以政治和经济为首,在各个方面以正确的对话的精神是最重要的。还有就是互相尊敬,互相学习,为了共同的幸福和繁荣,从

① ［日］池田大作、［美］杜维明:《文明的对话》,日本第三文明社2007年版,第78页。

现在开始就要构筑这种‘对话的文明’”①。为此要强调彻底的以对话为中心的生活方式。我自己也要“以对话来谦虚地学习他人的多样性”，我认为正是这一点，才是上面提到的克服个人主义的关键。

三、其克服关键：以智慧化差异为多样性

差异是多样性的通道。以法华经的视点来看，佛陀的教诲犹如慈雨，众生犹如各种草木，佛陀的教诲保障了多彩的众生和多样的文化。他教导我们“正是多样性才是生命的证据”，而且“互相尊敬其多样性从中找出同一性这才是世界共通的唯一课题”②。池田先生还讲到“以包括世界上所有宗教的‘世界精神’的视点”从对话中摸索出共通的世界精神的基础。

由池田先生创立的“户田纪念国际和平研究所”的首任所长，是有着伊斯兰教背景的和平学者马基德特荷拉尼安博士。由此可见，池田先生并不是局限于某一宗某一派的小圈子，马基德特荷拉尼安博士作为一个普通人，站在穷人一边，为了祖国的民主化运动一直坚持斗争，他的行动和信条感动了池田先生。其后8年间，他们通过书信就有关佛教文明和伊斯兰教文明进行了对话，“不光是共同点，互相承认和超越差异”之中与博士加深了信赖关系，架设了一座巨大的文明桥梁。特荷拉尼安博士说道：“两个认为世界上可以有各种各样的不同经验和思想的志士的会面，各自就自己坚信的事情来坦诚相对之时就会学到‘会有更为普遍的真实出现’的事实。”③如果考虑到世界的多元文化与和谐社会是非常重要的一句话，即使是不

---

① ［日］池田大作、［美］杜维明：《文明的对话》，日本第三文明社2007年版，第85页。

② 同上书，第153页。

③ ［日］池田大作、马基德特荷拉尼安：《二十一世纪的选择》，（日本）潮出版社2000年版，第6页。

同文明的人，如果“在不同的深层里共鸣”就会带来很大的希望。池田先生说“正是多样性才是生命的证据”的宗教，它会赞颂由差异带给人类社会的丰盛，充分发挥其智慧这个最有价值的形式。从他们两人的对话里可以听到智慧之回响。在恢复人性，探索世界精神上追求这样的智慧是具有极大的意义的。

值得强调的是，池田先生在长达40年间，与各种各样的世界领导人举行过1600次会谈，出版了作为友好桥梁的38种对谈集，通过这些出版物向全世界的人们介绍其世界的文化，把不同价值观和不同文化的人们邀集到对话的圈子中来促进了多种价值观和多种文化的团结。“我与博士超越不同文化不同种族不同宗教反复对话，从对话中遇到‘他人’，在互相启发中得到这样一个想法：‘在地球上应该要更加扩展多元的和平交流’”①，心中有这种精神的原动力、生命尊严的佛法哲学，坚忍不拔，充满勇气，在世界中架设精神的丝绸之路，将每一个人都当作自己可尊敬和最重要的朋友，并与他们结成深厚友情。在对池田先生这种伟大历史表示极大敬意的同时，我自己也要以这种精神为榜样从自己脚下作起。一对一地与人对话，以这种开放的对话精神，即使是迂回，也是实实在在地走向和平的道路。“并不只是共同点，承认差异，超越差异，是将来人类智慧的共同基点”，宗教界和教育界应该更要承担起这个责任。我期待有更多的人赞同和推广由池田先生和创价学会推动的民间多元的对话运动。

四、其实例考察：在发挥个性的共同体中实现和谐

以池田先生为领导的国际创价学会的运动，包含着多样性中实现和谐的启示。在国际创价学会推动的民间对话运动中，在普通老

① ［日］池田大作、马基德特荷拉尼安：《二十一世纪的选择》，日本潮出版社2000年版，第64页。

百姓的日常生活中,佛法的生命哲学的根本是每个人都有不可改变的价值、可能性,为了自己和他人的幸福,从生命的深处挖出来的智慧和慈悲的力量,重视家庭、地域和朋友,在自己现在所在的地方开始改变环境就是伟大的民众觉醒运动。不分男女老幼、不分时代、不分地位、不分学历,作为同样的人类,为了和平,为了人民的幸福,同心同德,倾听他人的疾苦,与他们同甘共苦,大家把自己的体验互相讲出来,共同鼓励,以激发能动的精神向前迈进。日本的创价学会积极推行的"生命尊严"、"人的尊敬"的思想启蒙运动,也积极开展政治对话运动;同时,日本创价学会作为支持公明党的政治团体,鼓励民众参与政治支持政党,监督权力的滥用,派遣能反映民众心声的代表,无代价地展开政治对话运动。这也是基于日莲的立正安国精神的社会运动。这些实践,与池田先生的对话行动是相呼应的。每个人以自己本来的样子以对话为武器来成为改变社会的力量,这是我从佛法哲学里学到的一个例子。

壮年、妇女、青年男女、小孩子以及各个年龄层,创价学会重视的异体同心的团结活动就是要让多种多样境遇的人们团结起来。"异体同心就是身体虽然不同但是我们同心合力。异体就是不同的年龄、性别、职业、境遇、人生都不同的人们,同心就是志向、目的都相同。从佛法的眼里看起来,每个人都有只有这个人才能完成的'责任',只有这个人才能担当的'使命'"①,向着人类和平幸福这个共同的目标,跟着精神上的指导者,以佛法的智慧、人本主义精神充分发挥个性,团结起来。每个人都有自己的千差万别的不幸和烦恼,其宿命可以由人间革命来转变为"辉煌的使命",以本来的样子,确立完全自己的幸福生涯。这是《法华经》说的,樱就是樱,梅就是梅,桃就是桃,李就是李,各有各的独特的生存方式。它教导我们,不要与他人去比,只要按照自己的生活方式生活下去就是胜利。会员以池

① [日]圣教新闻社教学解说者:《简单亲切的教学》,圣教新闻社,第80页。

田先生为人生的指导者,在前进中找到和谐。在创价学会的会议上,在创价大学的庆典上,在从全世界来的带有各种文化背景的人们的面前,表示出最大的尊敬,吸取前人的智慧,互相学习各自的生存方式,有时则一对一地对话,这种以心传心的对话,透过欢聚一堂,透过互相鼓励互相带来欢喜的人们的身影里,看到给他们带来和谐的领导人的影响。

现在在全世界 190 个国家和地区进行的教育、文化、和平运动是一个超越了文化、民族、国家,可以说是一股巨大的推动世界和平的力量。其中,我们可以看到一个良好的和谐多元文化的模型。在这种民众运动的历史里,也可以看到该民众共同体奠基者第二任会长户田城圣和创立创价学会的第一任会长牧口常三郎为人权而斗争的英魂。

四、结　语

参加对话的他人——价值观或文化不同的各界有志之士,和池田先生之间进行的 1600 次对谈里加深的是,互相理解,号召坚信人的善性精神,抱着一颗尊敬人的心,坚信只要是站在人性的大地上就一定能互相理解,以深深的慈悲精神为世界祈祷,这也可以说是一种"宗教性"。这些对话,引起了极大的共鸣,铺开了世界精神的道路,成了人类共同性的主轴,成了流向世界宗教的大河,从此展开的世界市民的时代,一定能够创造出崭新辉煌的地球文明。更为重要的是,从此以后我们每一个人都要持之以恒地实践下去,将对话更大规模地扩展开来,这是我们每一个人的责任。为了"互相尊敬,互相学习,共同繁荣",鼓起勇气,从今天就开始对话吧!

(作者简介:奥田真纪子,女,1967 年生,中山大学 2007 级博士研究生、肇庆学院日语教师、肇庆学院池田大作研究所研究员。)

佛教与池田大作的人学思想

李曙豪　黄华明

池田生于日本大正时代，出身贫民，他的思想代表了日本一部分倡导和平、理性精神的普通民众。随着这种思想在日本越来越受欢迎，创价学会的会员越来越多。他的思想在世界上的影响也与日俱增。而在池田大作的思想中，最基本的内核是他的“人学”思想。在池田的主要著作中，关于“人学”的论述最多。而作为日本的宗教领袖，池田也主要以他对人学的独特见解和实践，树立了他在世界上的影响力。

日本是一个崇尚“菊花与刀”的民族，独特的地理环境形成了日本人隐忍、好战的民族文化与民族性格。因此有学者认为日本是一个缺乏理性精神的民族。可是，池田大作的人学思想却充满了人文主义色彩，闪耀着理性主义的光辉。他认为理性、良心和爱等是成为人的根据：“人和其他动物虽然都有爱的感情，但应当认为，像人那样聪明的、精神的爱，是人的生命所特有的。”①他倡导和平、平等和慈爱。从这个意义上来说，池田是日本历史上一位划时代的思想伟

---

① ［日］池田大作、松下幸之助：《人生问答》，商务印书馆（香港有限公司）2001年版，第27页。

人，也是超出了日本地域的世界文化伟人。在池田的人学思想中，来自佛教的影响最大。

日本创价学会是一个受佛教思想影响的宗教学会。池田大作在加入创价学会后，在日本正学馆师从户田城圣，研究佛教。并继承了创价学会第一任会长牧口常三郎和第二任会长户田的思想。池田大作的佛法思想，是以释迦牟尼的《法华经》为基础，以日莲佛法为根本，以牧口常三郎的“价值论”、户田城圣的“生命论”为主导，根据时代要求、结合时代精神，融会各种生命哲学，不断革新、不断创造，逐步发展起来的。而池田大作的人学思想，就是以他的佛法思想为依托产生的。

池田大作关于人的平等的思想来自佛教。佛教认为世界的终极是“法”，法是一种普遍性的存在，没有因人而异的差别，人类在法面前是完全平等的。所以佛教是世界上最为宽容的宗教，也是人类共有的最理想的宗教。佛教所关心的是人的苦恼何以产生，何以消除，佛教通过实践去消除烦恼和自我，池田认为，这是佛法理念的核心。池田依据佛法来说明男女是平等的：“不论女性还是男性，同样都是人。对一方稍有蔑视思想，都应当立即改正。而基于这种思想的社会体制，当然也应当革除。”“所谓女性论也即是人论。佛法，特别是《法华经》，根据生命的根本观点，主张男女平等。所谓‘龙女即身成佛’（龙女是蛇身的畜生。以前的教权不允许女人、畜生成佛。法华经阐明龙女即身成佛），就说明了这一点”①。他还曾对日本社会的不平等提出过批判。

受佛教思想影响，池田认为，幸福的一个必不可少的条件就是要有宗教信仰：“幸福的第二个条件，是具有深刻的哲学。更具体地说，是拥有足以信仰的宗教。它是人生的主心骨，可以成为人生的指

① ［日］池田大作、松下幸之助：《人生问答》，商务印书馆（香港有限公司）2001年版，第63页。

针，成为自己希望采取什么生活态度的人生规范，成为不论发生什么事都毫不动摇、毅然面对的坚定信心，成为约束自己、提高精神的力量。有着这种精神支柱的人生是幸福的"①。池田也认为人的幸福应该建立在别人幸福的前提之上。池田人学思想中的利他主义也是来自佛教。佛法的本质在于舍己利人，佛教有"以身饲虎"的典故，维摩诘也曾对文殊师利菩萨说："众生病，故吾亦病。"这种"斯世同怀"的思想，把他人的痛苦看成是自己的痛苦，进而为他人的幸福着想，就是佛教的思想立场。池田大作说，"慈悲"中的慈是"与乐"——给予他人欢乐的意思，悲是"拔苦"——去除别人的痛苦的意思。尊重他人，为他人的幸福着想的就是善，为自己的利益而牺牲他人的利益的就是恶。为他人的利益而做出牺牲，用爱和慈悲来统一人类的行为，进行自我变革，就是"人间革命"。所以，慈悲是佛教的根本的行为规范。池田说，佛法就是要在人民的心中植下宽大和慈悲的精神，用这种精神去抑制贪欲。②

池田还依据佛教认为"心财"是幸福中最重要的因素："关于幸福的内容，一般可以举出身体健康、经济富裕、社会地位稳定等等。这些确实可以说是幸福的客观条件，尤其健康是无价之宝。佛法认为'身财'高于'藏财'，并主张'心财'是主要的，比'身财'更重要。"池田说："所谓心财，我认为是一个人自身生命深层的一种充实感，只有这种充实感才是幸福的实体。与所谓的欲望的满足相比，它是生命更深层的一种满足感。这种真正的满足感与快乐有所不同，它是通过生命主体的跃动而获得的……与这种在满足欲望的范畴中所感到的幸福相对照，真正的幸福是立足于更广阔的社会视野，决定自己的目标，并朝着这一目标努力，主体地点燃自己生命的热情，从而

① [日]池田大作：《人生的坐标》，商务印书馆（香港有限公司）2005年版，第29页。

② 苏东天：《和平与人道思想的实践者——池田大作》，香港天地图书有限公司2006年版，第277页。

感到一种生命的充实感。如果说前者是依存于他人和外在的被动的幸福,那么我认为后者是更积极、持久、主体性的幸福。"①

池田大作的修身说来自于佛教思想。佛教把开发人的内在潜力、谋求人同宇宙万物的深层次的交流融合称作"四圣"。池田说,所谓"四圣",是指通过佛陀等先觉者的教导而追求永恒真理的"声闻";通过对自然现象的观察和思索而获得真理的"缘觉";既寻求自身的觉悟,又为他人做出贡献的"菩萨";在自身内部穷究无穷真理,对万物无限慈悲的"佛陀"。对于佛教所说的"六道",池田在户田思想的基础上,也进一步做了阐述:他认为佛教的六道就存在于现实之中。地狱是对人激烈的憎恶状态;饿鬼是被欲望折磨的状态;畜生是为本能所支配而不能进行理性判断的状态;修罗是由于被自我意识扭曲而不能正确把握事物,对外界环境非执著的状态;天是指欲望得到满足而感到欢乐的状态;人是指和外在世界相和谐的平静状态。

池田说"佛法从苦苦(肉体上的痛苦)、怀苦(精神上的痛苦)、行苦(存在的、宗教的苦恼)三个层面加以分析,并说这三个层面的痛苦会凝结成死苦来袭。其中的苦苦,疼痛科的进步令人期待。至于怀苦,家属的合作或医疗体制、社会福利的整顿也能稍加缓和。""但是要超越行苦的痛苦,应该要体验立足于永恒的生死观吧。我认为,要把宗教的生死观变为生命的一部分时,就能超越三苦带来的绝望或悲伤,使人生的最后路程变得安稳、充实。"②

池田说:"我认为欲望本身是一种生命力的显现,既不是善也不是恶,也可以认为是善恶尚未分。我只是认为,根据人怎样来满足这

---

① [日]池田大作、松下幸之助:《人生问答》,商务印书馆(香港有限公司)2001年版,第60页。

② [加拿大]西马·布尔若、[日]池田大作:《健康与人生》,商务印书馆(香港有限公司)2007年版,第177页。

种欲望，既可以成为善也可以成为恶。"①如何才能超越欲望？池田认为："佛法在受环境剧变所左右的软弱的自我、充满了私心的利己主义的自我即'小我'的深层，发现了可以扩展到宇宙之大的主体性生命的'我'即'大我'。如果把我们自身生存的基础放在这个'大我'上，就会从人的生命深层发动达到创造目的的主体的力量。就是这种力量可以调和和统一知、情、意三种精神因素，开拓真正的人生"②

池田对人生生死的看法，也受到佛教的影响。首先，池田从佛教教义出发，认为生老病死是很正常的事情："日莲大圣人教示'三界之相者，生老病死'。亦即此生物界的生物，都会经历生老病死的转变，疾病也是人生中的一种样相。"③池田大作指出，大乘佛教，尤其是法华经，认为虽然最终到达的目的是成为佛陀，但是由于知觉到了生死反复即为永久的生命理念，所以不是沉沦于苦恼，而是有了一种以生死为乐事的境界。生死反复的个体生命实际上同永恒存在的宇宙是一体的。池田说，日莲大圣人的教义强调，在现在的人生中，把增强控制自己的欲望和冲动的智慧作为目标，并根据这个目标，在死后未来，进入更加充满希望的世界。他认为，在每个人的内心中，建立这样的主体性智慧和对未来的希望，并以此作为向欲望和冲动进行战斗的号角，对于树立人们积极正确的人生观，无疑是大有好处的。

一方面，池田把死看成是一种超越，他说："日莲大圣人也曾教示：'先习临终之事而后习他事'。人生一切的样相，于'总决算时'汇集呈现。佛法述说生命的境涯是能超越死亡，永远持续下去，正因

① ［日］池田大作、松下幸之助：《人生问答》，商务印书馆（香港有限公司）2001年版，第35页。

② 同上书，第43页。

③ ［加拿大］西马·布尔若、［日］池田大作：《健康与人生——畅谈生老病死》，商务印书馆（香港有限公司）2007年版，第88页。

为如此，人生的最终章才最重要。”①另一方面，他认为疾病也并不是可怕的。“疾病并不意味着人生的败北，反而是透过与疾病对抗，可能带来新的生命的充实。”相反，疾病会使人加深对生命的体悟：“日莲大圣人也说示‘因病而起道心’，人经由罹患疾病，能洞察生命的意义，学习生命的尊严，得以开拓更充实的人生。克服疾病的过程会锻炼身心，创造出更宽广的‘均衡状态’”②。

关于人的命运，池田认为“尽人事以待天命”和“开拓命运”并不是矛盾的。所谓“尽人事以待天命”，意思就是自己要在力所能及的范围内竭尽全力去做。在竭尽全力中，就包含着要尽量缩小过去认为人力达不到的领域。这就是“开拓命运”。他从佛教的过去、现在、未来三世的因果论出发认为，从根本上来说，命运是自己造成的：“佛法说：我若轻人，我身反易受人轻。夺人衣服饮食，必为饿鬼。在佛法中，命运亦称作宿业，认为宿业就是人的行为的积累，是它造成了命运。”“伟大的人格，不论身处何种环境、遭遇任何苦难，都能一生奉献对他人的爱与对人类无限的爱。佛法称这种人格为‘菩萨’。为他人奉献的人生，不会对人生最大苦恼的‘死苦’感到不安、害怕，反而会感到满足与欢喜。倾全生命慈爱他人、燃烧对人类爱的热情之道——此乃佛法的菩萨道，此金碧辉煌的人生，开示了最高的健康之道及长寿方法。”③

池田的人学思想在当代世界产生着越来越大的影响。它是在佛教思想的影响下形成的。但是，池田结合新时代的一些新问题，对佛教思想进行了新的阐扬。池田着眼于新时代，其佛教思想影响下的人学观具有“新宗教”的特色。我们知道，佛教已经是一种古老的宗

① ［加拿大］西马・布尔若、［日］池田大作：《健康与人生——畅谈生老病死》，商务印书馆（香港有限公司）2007年版，第13页。

② 同上书，第89页。

③ ［加拿大］西马・布尔若、［日］池田大作：《健康与人生——畅谈生老病死》，商务印书馆（香港有限公司）2007年版，第13页。

教。在世界上,许多古老的宗教正在慢慢失去它的魅力,如伊斯兰教、基督教。因为宗教作为意识形态,不过是人创造出来的一种精神上的形态,它也不可能是万世不变、万古长青的。在新世纪到来之后,在工业文明高度发达的当代,古老宗教还能不能适应当代人的精神需求,还是一个值得存疑的问题。以给人类的精神提供栖息之所为旨归的宗教,要想解决新时代人类的精神问题,就必须对新世纪产生的问题进行解释。佛教以其宽容、利他、隐忍等精神,具有长远的生命力。但是,释迦牟尼创办佛教的时代,还没有原子弹、艾滋病、克隆、环境恶化等事物出现,也不可能对新世纪人类所面对这些事物所产生的精神困境作出解释和抚慰。因此,佛教也是需要革新的。池田的人学思想结合了佛教的教义,对新世纪人类面对的精神问题进行探究,回答在新世纪,人的意义何在,人应该怎样生活,怎样面对现实的问题。池田的人学学说为现代人处理人与自然的关系、人与人的关系、人与自身的关系提供了依据。他的人学思想是一种新的宗教,值得我们做更深的研究。

(作者简介:李曙豪,男,1970 年生,湖南洞口人,韶关学院学报副编审,文学博士,韶关学院池田大作研究所副所长。

黄华明,男,1969 年生,广东曲江人,韶关学院外事处处长,韶关学院池田大作研究所副所长。)

以人性为基础的文化契合

——池田大作的"世界民族主义文化观"探微

施晓光

池田大作先生是日本著名哲学家、思想家、教育家、诗人和学者。其著作等身,饮誉四海。在其出版的一系列的著作中,我们处处可以体味到这位哲人、智贤和学者的理性沉思、睿智机敏和渊博学识。正如中国学界泰斗季羡林先生在拜读池田的作品后评价道:"它能鼓励人前进;它能给人乐观精神;它能增加人的智慧;它能提高人的精神境界;它能增强人的伦理道德水平;它能给人理力量;它能鼓舞人向困难作斗争;它能给人以高尚的美感的享受。"①由此可见,池田在中国,在亚洲,乃至在世界学界享有何等之高的地位和威望!池田的著作主题广泛,寓意深邃。其中有关"世界文化"和"文化国家"等概念的阐述,解释精辟,洞察敏锐,常令人感触良多,铭记极深。因此,借"多元文化与和谐世界:池田大作思想国际研讨会"之机,我愿以"以对话为手段的文化融合"为题目,释读池田大作先生的"世界—民族主义文化观",以求教诸位。

---

① [日]池田大作,卞立强译:《人生箴言》,中国文联出版社1995年版,第2页。

一、"世界民族主义文化"的意义建构

几个世纪以来,"文化"术语业已成为一个具有普遍性的概念。尤其在现代社会,文化更是被人们赋予了特殊的意义,成为脱离政治、经济等基本范畴在社会中获得自主性的,影响社会文明进步的关键性因素。如英国学者阿诺德在《文化与无政府状态》中所言,文化的意义在于"对完美的追求"。其内涵包括:"文化有着崇高的目标。它追求何谓完美并以将之推广天下为其终极目的。"①池田并非文化社会学家,但他能够同文化社会学家一样,对文化概念及其价值予以深刻的阐释。在他许多著作和文章中,人们不难发现,文化以及教育问题始终是其津津乐道的"永恒"主题。他对文化,尤其是对那种建立在相互包容,相互尊重的多元文化融合及其价值,始终抱有期冀和憧憬。如他所言:"文化的本意是'以文化之'。就是说,不是凭借权力或武力,而是用智慧和慈悲来完成人本身内在的变革,从而使社会和文明获得创造性的发展。"②"作为一个世界范围的问题来说,世界各民族一方面发展各独特的文化,同时在人性这一最深的底层,不断地相互融合为一个可以称之为地球民族的普遍的文化世界。我要呼吁:真正持久的世界和平能否实现,关键是在于创造一个能把这个世界融合为一的文化世界。"③

何谓地球民族的普遍的世界文化?其真正的意义和价值又在哪里?这是池田试图解释和回答的问题。用池田自己的话说:就是要超过民族主义、国家主义的障碍,创造国际主义的文化世界,就必须

① 曹卫东:《文化与文明》,广西师范大学出版社2005年版,第41页。

② [日]池田大作,卞立强译:《人生箴言》,中国文联出版社1995年版,第122—123页。

③ 同上书,第123页。

要立足于人性的基础之上,重新构筑一种文化。[①] 他认为,一旦这种文化得以建立,“就会汇成一股人性的伟大的潮流,冲破受权力伦理支配的狭隘的民族主义、国家主义的壁垒”。[②] 一旦这种文化建立,它就会用“其固有的光辉,把往往由政治而带来的‘不信任’、‘不和’,转为‘信赖’、‘理解’”。[③] 在他看来,“文化的交流剥掉政治、经济的表面的化妆,露出彼此真实的面貌,互相展示内心世界的一切,产生真正的理解和认识”。[④]

显而易见,在池田的思想中,世界文化成为了一种特殊的符号和意向。它代替了“真理”和“道德”,引导人们对现实生活做出选择和判断,并执行着对社会成员分类和促使他们之间彼此沟通的功能。这种对世界文化的解释表明其文化观念具有普遍主义、和平主义和人性主义的本质。一言以蔽之,是一种被概括为:“世界—民族主义”的文化观。

世界—民族主义文化观点,是对全球化挑战做出的积极的乐观主义的反应,是全世界一切爱好和平,反对战争的民众共同的心声,符合当今人类社会和平发展和进步的共同利益。众所周知,第二次世界大战之后,世界“两极格局”开始形成,美国和苏联两个超级大国之间,在意识形态的旗子下,形成两个相互敌对的社会阵营——社会主义和资本主义。它们之间的相互对峙、竞争构成了现代战争危险的主要策源地。进入20世纪70年代,苏联的没落态势逐渐显露,美国在越战的泥潭中苦不堪言。到了90年代,伴随“柏林墙”的坍塌,苏联和东欧社会主义国家的瓦解,以及冷战时代的结束,新的世界格局业已形成,出现全球化时代经济一体化,政治多极化、文化多

---

① [日]池田大作,卞立强译:《人生箴言》,中国文联出版社1995年版,第124页。

② 同上。

③ 同上书,第125页。

④ 同上书,第218页。

元化和教育国际化的总体特征。在这个时期，尽管和平与发展业已成当今世界主流趋势，但不同宗教之间的冲突，不同文明之间的对抗，不同文化之间的排斥，以及局部地区国家之间的纠纷和战争似乎并没有由此消停。尤其进入21世纪和“9·11”袭击发生之后，一些新的世界不稳定因素，如恐怖活动、核危机、贫困、环境恶化，时刻困扰着人类社会，成为威胁世界和平与发展负面力量。

如何解决当代人类社会危机和困境？许多政治家、思想家和学者都提出了许多建设性的意见。作为和平主义和人本主义宗教哲学家，池田也给出一个明确的回答。他认为，单纯经济发展、物质繁荣和科技进步似乎不是问题最终解决的有效途径，而只有文化的力量才是化解矛盾的最终力量。他坚持认为，必须构建一种具有强大包容性的世界民族主义文化理念，依靠文化和文明的力量，通过开展不同文明和文化之间的对话，完成对人类面临危机的文化救赎和拯救。他对文化概念及其价值所作的深刻阐述，对建立“地球民族”普遍的世界文化，即世界—民族主义文化理念具有深远的现实的意义，它将有助于人类摆脱目前的窘境，从而走向光明乐观主义的未来。

二、“世界民族主义文化”的内在源泉

德国社会学家，“社会风险理论”创始人乌尔利西·贝克教授在解释其第三阶段全球化理论时指出：“我们不是被一个个集中箱分割，而是紧密联系在一起的整体。”①在这种状态下，民族国家的视角越来越无法解释目前的世界格局，因此必须用一种“世界主义”概念取而代之。为了厘清概念上的混淆，贝克教授还围绕几个与之相近的概念加以区别。他认为，首先，世界主义不同于普遍主义，因为普

① ［德］乌尔利西·贝克：《世界主义是全球化的出路》，2007年北京大学讲演。http://pkunews.pku.edu.cn/Show_News.asp? Newsid = 116219&zt = &zid = 。

遍主义是要消除不同，要从平均的最根本的价值考虑问题，但这样就消除了特殊性。其次，世界主义也不同于民族主义。民族主义总是将某些价值标准化，同时和外界划清界限，对内部寻找平等，对外强调差异，并且具有不可预测性，其可能表现文明，也可能十分野蛮。民族主义时常通过宣布他人为野蛮人来给内部带来稳定性。相比之下，世界主义则认可人与人之间的不同，对内对外的态度一样。世界主义认为多种宗教不是威胁，而是更富于创造性。①

按照这种解释，池田的世界文化融合思想显然可以称得上是世界主义的，至少"世界主义"的分析框架给我们阐释池田的"世界—民族主义的文化"主张提供了一个可能的研究方法和视角。

1. 全球视阈关照下的民族主义

在池田的文化观念中，世界和民族是一个有机的整体。作为一个日本人，池田具有强烈的民族主义情结，其文化思想中仍然散发着强烈的爱国主义的情怀。然而，他的爱国主义是与国际主义联系在一起的，是一种全球视阈下的民族主义关照。

首先，他的爱国情怀是通过对日本民族未来，尤其是对日本民族文化和精神的判断和思考来体现的。他说："明治维新以后，日本人从欧洲吸取了文明，确实建造了近代文明社会。但日本人学到的竟是作为文化结果的技术和物资，似乎忘记了文化的原动力——作为人的态度和道德伦理。"②池田还指出，战前日本试图依靠"军事力量"，战后试图依靠"经济力量"，在牺牲亚洲其他国家利益的基础上建立了自己的繁荣。③ 这导致日本在沉迷于军事和经济强国的幻想

① ［德］乌尔利西·贝克：《世界主义是全球化的出路》，2007 年北京大学讲演。http://pkunews. pku. edu. cn /Show_News. asp? Newsid = 116219&zt = &zid = 。

② ［日］池田大作，卞立强译：《人生箴言》，中国文联出版社 1995 年版，第 126—127 页。

③ ［日］池田大作，卞立强译：《人生的坐标》，上海外语教育出版社 2002 年版，第 144 页。

的同时，逐渐丧失了“文化的精神价值”，曾一度被人称为“有历史健忘症”的民族。他自我反省道：“日本自古以来最大的缺点，就是心胸狭窄，带有闭塞性。……对待所谓发展中国家往往是傲慢、蔑视，根本不想‘以尊敬和亲切之心去和他们融合’。”①“这种性格如果不改，日本将会遭到全世界的厌弃，成为世界的孤儿。”②他认为：日本人应该恢复民族历史的记忆，将重要的历史当作一面镜子，努力使自己成为一个“文化国家”。③ 他呼吁道：“让我们对充满多样性的各国文化表示由衷的敬意吧。”④这种警告或许让一些部分日本人感到不舒服，但为日本未来的发展指明了方向，是爱国者行为的真正体现。

其次，池田的爱国情怀还表现在将日本的发展放到世界整体框架中去思考和定位。他在与汤因比博士对话中，通过对日本文化演进道路的回顾，得出一个基本的结论，即日本民族独特的创造性和经济成就来自其较强的文化吸收性和融合性。他说：“日本人在吸收、消化外国文明方面，发挥了卓越的民族智慧。……这种智慧的表现是随时应变，随机应变，灵活多变的。”⑤池田是一位具有历史文化记忆的日本人，是一个具有高瞻远瞩、国际视野的日本人。他的世界主义文化救赎思想不仅为各国处理国家与国家之间，民族与民族之间，文明与文明之间矛盾、误解和对峙提供了原则和参照，也为日本国家自身的未来发展开出了一剂良药。他曾经指出：“不应该以日本人的眼光看世界，而是用世界的客观的眼光来

---

① ［日］池田大作，卞立强译：《人生的坐标》，上海外语教育出版社 2002 年版，第 149 页。

② 同上。

③ 同上。

④ 同上书，第 147 页。

⑤ ［日］池田大作，正因文化事业有限公司编译：《21 世纪展望——汤因比与池田大作对谈集》，台湾正因文化事业有限公司 1999 年版，第 303 页。

重新看日本。”①在他身上，人们看不到一点某些具有“岛国闭塞性”日本人之文化心态，他在国际的舞台上塑造了一个真正“世界中日本人”的形象。

2. 以“人性”为基础的世界民族主义

池田的世界—民族主义不仅是从民族利益出发，考虑本国发展，而且是从全世界、全人类的角度去观察和结论。换言之，他所思考的不仅是日本的未来，更多是思考人类的未来。因为在他眼里，“一切始于‘人’，也归结于‘人’”。② 这里所说的“人”既包含个体的生命，也包含着整个人类的命运。

作为一个宗教哲学家，池田经常从大乘佛教的角度，注目“生老病死”这种“个体生命”的根本问题，同时也在佛法的基础上思考“整个地球社会的文明21世纪”和“人类应当争取的未来方向”。他在《建立平等互惠的地球社会》的演讲中这样表述对人类命运的关切。他指出：“人的生命存在，乃是超越任何社会、国家和民族具有普遍性和绝对性的事实。与此相对立，作为社会的存在的人因时代、民族和国家的不同而有所差异。”③基于此种信念，他认为，90年代以来乃至21世纪的个体和整体人类，应当具有的价值观不应该狭隘地将其基础仅仅置于一个个社会或国家之上，必须立足于全人类和全球性之上。他认为：“现代所必要的立足点是：纵的方面要立足于人的存在根源——生命的存在；在现实的行动上，横的方面要结成共同的具有这种生命的存在的地球人类这一普遍的团结。”④“世界各国国民对21世纪的国际社会以及即将来临的世界的地球家族的持久和

① ［日］池田大作，卞立强译：《人生箴言》，中国文联出版社1995年版，第2页。

② ［日］池田大作，台湾创价学会编译：《21世纪文明与大乘佛教》（海外诸大学演讲集），台湾正因文化事业有限公司1998年版，第142页。

③ 卞立强编选：《池田大作选集》，北京大学出版社1988年版，第90页。

④ 同上书，第92页。

平与繁荣应尽的责任是，……要打破各自人种、民族和国家的框框，立足于能给一切人带来平等的人格以及更根本的生命的尊严这一人类共有的基础之上，争取实现文化教育的社会。”①

三、实施“世界—民族主义文化”的有效途径

池田不仅是世界—民族主义文化思想的倡导者，同时也是实践者。自1960年以来41年风霜，他为宣传和推行自己的理念，促进世界和平，足迹遍布亚洲、南北美洲、欧洲、大洋洲等各个大陆，所到之处受到普遍欢迎，被誉为真正的“民间和平大使”。他的言行为世界—民族主义文化的实现提供了有效的思路和途径。

1. 真诚对话

1988年，著名学者杜维明先生关于对话的意义有过这样一段精彩的表述：“唯有对话是消除文明间的矛盾和冲突的重要途径。承认对方的存在，尊重其存在的价值和条件，互相参照、互学、互惠的对话途径在不同文明之间是非常必然的。”②显而易见，对话是两个独立主体之间的平等交流和心声表达。对话的目的在于，达到彼此的内心的认同和契合。通过对话，两个陌生的，甚至敌意的国家、民族、文明以及自然人之间彼此消除隔阂、对立甚至敌意，从而实现彼此相互的理解、尊重、欣赏和合作。如果没有对话，双方就不可能建立相互的信任和友谊。反之，拥有真正意义上的对话，一切矛盾可以轻易化解，一切冲突可以有效避免。对话的目的在于达到“求同存异，和而不同”理想，在于实现“各美其美，美人之美，美美与共，天下大同”的境界。这正是对话的出发点和归宿，是开展对话的驱动力和价值

---

① 卞立强编选：《池田大作选集》，北京大学出版社1988年版，第92页。

② 陈峰、高桥强主编：《中外学者论展望21世纪》，华中师范大学出版社2006年版，第89页。

的根本所在。

池田深谙对话的意义和技巧。在他看来,对话是构建和平的关键,是实现不同文化融合的最佳方式。他曾这样说:我的信念就是,"超越政治、经济体制或思想、信条的不同,从大家同样人的立场出发,和一切国家的人们见面,反复进行友好的对话。"①他是这样说的,也是这样做的。作为世界和平的倡导者和实践者,池田大作先生自其任创价学会第三任会长之职以来,在近半个世纪的岁月中,足迹遍及世界50多个国家,与世界上数千人展开了诚实交流和坦诚对话,始终不遗余力地倡导和宣传"佛法所主张的和平主义、文化主义与人性主义"思想,实践其"已知四海皆兄弟,到处相逢似故人"的人生理想。尤其是1990年之后的约10年期间,这种对话,大体每3天进行1次,约达1300人次。……对话主题也涉及到'和平'、'人权'、'文化'、'环境'、教育、'政治'、'经济'、'科学'等方方面面。"②正是由于他敢于"带头冲破了因国家、人种、文化差异的隔阂樊篱,走向一个和平互动的新境界",因此被称为"民间亲善的和平使者",并五次荣获联合国颁发的令人羡慕的"联合国和平奖"。③ 那么,池田的对话"情结"或者"动力"来自何方?

首先,池田开展广泛对话的内驱力来自导师户田城圣的教诲和启发。池田回忆说:"户田先生经常对我说:'今后将是对话的时代。要不断地会见第一流的人物。与人对话,也会使人们互相团结起来'。"④他还回忆说:"有一天,我问户田先生:'对话所需的力量是什么呢?'恩师这样教导我说:'当然是教养和见识。不过,要有坚定

---

① Soka Gakkiai: Introduction to Soka Gakkiai, www. sokakkai. or. jp. p. 18.

② [日]池田大作:《难忘的世界之旅》,华社研究中心2001年版,"序言"第9页。

③ 同上书,第16页。

④ 同上书,第8页。

的哲学。而最重要的关键还是人格啊'!"①池田秉承了导师的遗志，脚踏实地地开展一对一的"对话"和"接触"。他坚持认为："只有人能够对话，放弃对话，就是与禽兽为伍，成为不容商谈的暴力、等于放弃做人。""'对话的时代'才是'人的时代'。"②

其次，池田的广泛对话内在动力，还来自他对英国历史文化学者阿诺尔德·汤因比博士托付的"关于人类和平融合与精神文化复兴"文明研究课题的一种承诺和兑现。汤因比是20世纪最伟大的历史学家，他以独具慧眼的文明史观，提出了"历史的单位不是民族或国家，而应该以'文明'作为一个统合视点，尝试从宗教的视点分析人类史的方法，探求历史实像的背后存在着的'终极实在'。"③1972年，83岁的汤因比博士和44岁的池田开始了一场关于人类未来命运的"世纪对话"。对话跨越两年，总计10天，长达44小时。其结果成就了"一部有世纪影响力的'人类教科书'"。据池田自己回忆说："要结束对谈时，博士说'你年轻，希望你今后继续和世界的睿智对话，因为对话对人类融合具有巨大作用'。"④池田还表示，正是为兑现与汤因比博士的约定，自己开始了作为一个希望和平的市民，在全世界展开了对话。

2. 期冀于教育

池田认为，教育是文化的原动力，是构成人形成的骨干。"其终极目的是造就人"。⑤ 他在北京大学所作的《教育之道，文化之桥》中有这样的表述：教育能启发人的无限潜力，在人与人之间系结"平

---

① [日]池田大作：《难忘的世界之旅》，华社研究中心2001年版，"序言"第8—9页。

② Soka Gakkiai: Introduction to Soka Gakkiai, www. sokakkai. or. jp. p. 18.

③ 陈峰、高桥强主编：《中外学者论展望21世纪》，华中师范大学出版社2006年版，第89页。

④ 同上书，第3页。

⑤ 创价大学和平问题研究所编：《教育和平·文化·教育》(创刊号)，内部发行，第137页。

等”与“共鸣”的纽带。① 他还说:“教育的重要性已经不仅是国家的问题,世界和人类的命运、文明的未来都完全涉及到青年的教育。”②正是基于对教育重要性的认识,池田试图通过自己的教育实践和努力,促进世界和平主义的伟大事业。其具体的努力主要表现在:

第一,创办教育机构,开展教育活动。从1968年,池田担任创价学会第三任会长以来,先后创立了创价大学、中学、小学和幼儿园,开始实现“教育是造就下一代人的伟大事业”的宏伟理想。以创价大学为例,1971年由池田所创办的创价大学是直接作为教育机构来普及实践和平主义思想的机构。其办学宗旨是:“成为人本教育的最高学府”;“成为建设新文化的摇篮”;“成为保卫人类和平的要塞”。③ 在池田世界—民族主义文化理念的指导下,创价大学注重国际交流与合作。目前与世界44个国家和地区共101所大学建立起学术交流协议,频繁开展与世界教师、学生的交流与合作,开展留学教育。目前,共有47个国家和地区的将近300名的留学生在创价大学中学习。④

第二,世界讲学与学术交流。池田始终把教育机构,尤其是著名大学作为推广其世界—民族主义文化理念的平台,他曾在世界著名学府,如哈佛大学、博洛尼亚大学等33所高等教育院所发表过讲演;获得世界上213所大学和教育学术机构授予的名誉学术称号。⑤ 从《21世纪文明与大乘佛教》(海外组大学讲演集)等出版物中所提供的图片来看,池田在诸多世界一流大学,如美国的哈佛、意大利的博

---

① [日]池田大作,北京大学创价学会译:《理解、友谊、和平》(讲演随笔集)作家出版社2002年版,第60页。

② [日]池田大作,卞立强译:《人生箴言》,中国文联出版社1995年版,第131页。

③ 参见“创价大学校训”:http://www.soka.ac.jp/cn/index.html.

④ 参见高于婷:《价值创造:教育的最高目的——牧口常三郎及其创价教育学思想研究》,北京大学硕士论文,2007年,第111页。

⑤ 同上书,第117页。

洛尼亚、中国的北京大学等都受到高规格的热情接待，受到普遍的欢迎。这些讲演不仅让世界各国学子们目睹了池田的个人魅力，而且也深刻体会了其思想的丰富内涵和意义。

第三，向国际组织建言。池田对联合国寄予厚望，希望联合国能够成为强大而非软弱的“人类的议会”，使任何对立的意见，都可找到相互讨论的场所；帮助各国人民思想从“国家主权”向“人类主权”的思想转变；把“和平宪法”变成一种世界精神。为此，他还提出了一系列具有创造性的建议，如召开文化人的“最高和平会议”；设置“防止核战争中心”、“全球性问题研究中心”和“世界青少年交流中心”；倡导“世界公民教育年”和“国际裁军年”等。① 池田还向联合国提出实行“为了持续可能性发展的十年教育”的倡议。在倡议书中，池田提议将21世纪构筑为“为了教育的社会”。换言之，就是为了实现“以人为本的社会”②。

第四，出版翻译书籍。出版翻译自己的学术著作和文集是池田宣传自己思想和理念的主要途径之一。目前翻译的书籍和出版物多达1351册，有33种语言版本。在世界44个国家和地区广泛传播。其中占最多的是美国、马来西亚、日本、英国、菲律宾、印度和加拿大出版的英语书籍，共计357册。其次是由中国大陆、中国香港、中国台湾、马来西亚、日本和新加坡出版的中文书籍，共计276册。③

四、结　语

从本质上说，世界—民族主义文化观是一种新的文化契合论，是在对“人性”充分理解和对不同民族文化充分尊重基础上构建起来

① 卞立强编选：《池田大作选集》，北京大学出版社1988年版，第45—73页。

② 高于婷：《价值创造：教育的最高目的——牧口常三郎及其创价教育学思想研究》，北京大学硕士论文，2007年，第117页。

③ 参见同上书，第116页。

的。这种新的文化契合说代表了当今世界文化发展的潮流和趋势，是对作为极端的“文明冲突论”的一种有力反驳，是对“非利士主义”的一种文化救赎。汤因比博士是一个基督徒，池田是一个佛教徒，他们宗教信仰不同，但能够坦诚相见，举行一场“世纪对话”。戈尔巴乔夫是共产主义国家苏联的领导人，池田是一个资本主义国家日本的宗教思想家，虽然他们的政治信念不同，但他们能够对面相坐，倾心交流……可见，只要凭借“真诚”之心，以诚相待，弘扬人性，坚持和平，任何国家和民族，任何个人都没有理由不能相互理解和对话。

21 世纪是全球化时代，交流与合作、和平与发展成为世界各国共同的理想和期冀，但狭隘的国家主义倾向和顽固的民族主义的情绪仍然不同程度地存在，对人类社会构成了极大的威胁和挑战。解决这种问题的唯一出路就是，坚持以人类的终极关怀为己任，坚持对话，寻求彼此内心的理解和尊重，从而建设一个和谐友善的文化世界和文明秩序。虽然我们每个人不能都像池田那样，有机会与世界各国的领袖、知名人物开展高层次的对话，因为我们可能没有像他那样的学识和条件，但这些并不重要。重要的是应该记住：池田以人性为基础构建的文化契合思想和精神所创造的普世主义原则。

当今世界，科技发展，交通便捷，国际人员流动日趋频繁，不同民族、文化、宗教信仰人群之间的交往将会越来越紧密。不同民族、不同文化、不同宗教人群的接触在所难免。届时，一旦有机会接触，每个人都需内心叩问：我们能以一种包容、尊重的心态去接纳异质文化和人群，并与之和平相处吗？如果不能，我们的确需要认真学习一下池田的世界—民族主义文化理念，它将会给我们极大的思想启迪和人生领悟。

（作者简介：施晓光，男，1962 年生，辽宁沈阳人，博士，北京大学教育学院教授。）

池田大作的宗教伦理思想研究[1]

董　群

池田大作先生的宗教观包含了非常丰富的宗教伦理思想,反映了其基于佛教立场的高度的伦理智慧。本文从三个方面讨论这一主题:一是对宗教与道德关系的看法;二是对道德形上学的辩证思考;三是应用伦理观,特别是生命伦理观。

一、宗教和道德的关系观

宗教和道德之间有着天然的联系,这是一个常识。人类的道德有两大基本类型,一类宗教型的,另一类是非宗教型的,或者说,一类是宗教道德,另一类是世俗道德。从发生学的角度看,在人类的道德之初,也许是和宗教相关联的。有些宗教研究者或许会认为在宗教发生之初是和道德无关的,不包含道德要素,但是如果到一些原始部落区去做人类学的田野工作,会发现这些人的道德生活往往是来自于其原始宗教中的道德规则。

---

① 本文是创价大学 2006 年度日中友好学术研究资助计划——“圆满人生之门——池田大作的宗教观研究”的研究内容之一。

因此，一个宗教家在阐述其宗教思想时，必然会涉及到对道德问题的看法，这构成其宗教道德观。池田先生就非常重视这一问题，在其著作中常常要谈及这一主题。

池田先生对于宗教伦理的讨论，最为著名的一段话，可能是在与威尔逊教授的谈话中提出的：

宗教既直接在教义中阐述伦理规范，又以教义为依据，间接地制定了各种伦理规范。总之，宗教在现实社会中所表现出的影响力主要在于它的道德规范，另外，道德规范也是宗教的坚实基础。①

池田先生的观点得到了威尔逊教授的认同，威尔逊也表达了相似的看法："宗教之所以为宗教，是因为它与巫术不同，必须具有能够普遍适用的各种规定和关于个人行为、社会秩序的各种规则，换句话说，宗教必须具备伦理的纲领。……宗教如果是应该信仰的对象，那么它必然要给予人们如何生活的准则。"②

当然，这类观点在宗教史上也有过许多阐述，比如：奥古斯丁认为，"没有真正的宗教，就没有真正的德性。"③洛克认为，"真正的宗教……是为了依据美德和虔诚的原则规范人们的生活。"④费希特认为，"宗教和道德绝对是一回事，两者都是对超感性东西的把握，前者通过行动，后者通过信仰。"⑤列奥·托尔斯泰(Leo Tolstoy)认为，"试图发现一种离开宗教的道德，就好比想移植他喜爱的花朵的孩子，拔掉讨厌而多余的根须，将无根的花朵戳进地里一样。没有宗教

① ［日］池田大作、［英］B. 威尔逊，梁鸿飞、王健译：《社会与宗教》，四川人民出版社1996年版，第414页。

② 同上书，第415页。

③ ［古罗马］奥古斯丁，王晓朝译：《上帝之城》，人民出版社2006年版，第945页。

④ ［英］洛克，吴云贵译：《论宗教宽容》，商务印书馆1982年版，第1页。

⑤ ［德］费希特，谢地坤译：《费希特作选集》第3卷，商务印书馆1997年版，第415页。

就没有真正的、虔诚的道德,就像没有根须就不会有真正的花朵。"① 德国哲学与伦理学家包尔生认为,"在一个民族(至少在它发展的某一阶段)的宗教和道德之间,存在着一种十分深刻的关系。风俗需要神灵的核准。我们只需要回忆一个最著名的例子:在摩西的法典中,宗教、道德和法律的义务完全是作为一个上帝的法则的完全同质的部分出现的。它们全都具有同等的约束力,都来自上帝的意志,对每一违反的惩罚,都被民族看作是一个宗教的义务。对上帝的畏惧,是道德的基础,虔敬和善,不敬和恶,是一些同义语。"②包尔生试图解释宗教和道德产生内在的必然联系的原因,这就是,两者都出于同样的根源,即"意志对善的渴望"。③ 宗教和道德是同一个事情的两个方面,"个人就他的意志和行动追求完美而言,他是道德的;就他的感情、信仰和希望是受至高的形象鼓舞而言,他是虔诚的。"④

因此,池田先生的观点,反映了宗教史上的一种一致的看法,但他是在一个宗教及其道德功能曾被长期轻视的时代重新强调这一看法,因而有其更为重要的意义。这一表述涉及到这样的内容:其一,宗教教义包含了伦理道德的内容。其二,宗教是伦理道德的基础,这个观点,池田先生多次明确表达过,"能够带来人类之爱的宗教,却可以成为伦理观的基础。"⑤"建立支撑伦理的基础,是宗教的任务。"⑥其三,宗教通过道德发挥其最为重要的社会功能。其四,道德

① 《宗教与道德》,《列奥·托尔斯泰论文选》,转引自[美]刘易斯·第·波伊曼(Louis·第. Ojman),黄瑞成译:《宗教哲学》,中国人民大学出版社 2006 年版,第 185 页。

② [德]弗里德里希·包尔生,何怀宏、廖申白译:《伦理学体系》,商务印书馆 1988 年版,第 354 页。

③ 同上书,第 357 页。

④ 同上书,第 357—358 页。

⑤ [日]池田大作、[英]B. 威尔逊,梁鸿飞、王健译:《社会与宗教》,四川人民出版社 1996 年版,第 266 页。

⑥ 同上书,第 375 页。

又成为宗教的基础。其中每一部分的内容,池田先生都有进一步的阐述。

当然,从无神论的角度对宗教和道德的关系也有持否定态度的观点,对于宗教道德也有所批评,比如,罗尔斯曾经这样归纳休谟的观点:“休谟的特点在于,他不需要宗教;而且他认为宗教信仰是得不偿失的。它对哲学产生了恶劣的影响,对人的道德品格产生了不良影响。”①西方文化史上的这类批评多是针对基督教及其伦理的。池田先生显然对这类观点非常了解,并恰当地对待这种批评,在此基础上提出了“宗教改革”式的观点,他指出,对于宗教来说,“超经验的信仰,不应该受到不适当的夸大”。② 不要过于追求超自然的力量,“优秀伦理的普及最为重要”。③ 这强调了当代宗教应当突出其伦理功能,但池田先生的宗教观显然不能归结为“道德宗教”。

二、对佛教道德形上学的思考

道德形上学是康德的概念,可以理解为道德思想的形上基础。宗教道德有也其形上基础,康德归纳的上帝存在、自由意志和灵魂不朽实际上可以理解为基督教道德形上学的三大原则。池田先生的宗教观是基于佛教的宗教观,其宗教伦理思想也是以佛教伦理为基础的。佛教有其自身的道德形上学,最为根本的是缘起论,涉及人的具体行为及其作用,就是业报的善恶因果律以及由此而形成的轮回。

池田这样从伦理学角度谈及佛教道德形上学的重要内容:

许多宗教都有人死后生命继续存在的观点,佛教称之为轮回转

① [美]约翰·罗尔斯,张国清译:《道德哲学史讲义》,上海三联书店 2003 年版,第 18 页。

② [日]池田大作、[英]B. 威尔逊,梁鸿飞、王健译:《社会与宗教》,四川人民出版社 1996 年版,第 47 页。

③ 同上书,第 363 页。

生;基督教认为在来世人可获得永生。这表现了人类把希望寄托在死后的心理。根据人们生前行为的善恶,死后得到的报应是:或堕入地狱,或复生于净土,或升入天国。这是从伦理角度确立的思想。①

这就是佛教的业报轮回思想的表述。根据业报论,人在今生的生活状况与前生的行为善恶有关,同样,人在今生的行为,也会影响到其死后来生的生活状况。因此,业报论的理论又和三世论相联系。报应的基本规则是:善有善报,恶有恶报。无记业不发生善恶报应作用。对于每一个人来说,这种报应是公正的。来世的报应情形,佛教又分为六道,地狱、饿鬼、畜生是三恶道,阿修罗、人、天是三善道。具体而言,造上品十恶业,死后受地狱之报,造中品十恶业,死后受饿鬼之报,造下品十恶业,死后受畜生之报。行善业受三善道果报,修下品十善业,生阿修罗道中;修中品十善业,生人道中,造上品十善业,并能布施、持戒等,来世生六欲天;修四禅八定,生色界、无色界天。

池田先生明确认为这是从伦理角度而确立的,指出了对于佛教伦理的基础性意义,"一是回答了产生个人差异的原因,这个原因只用现在的人生和遗传法则是不能彻底说明的;二是适应了人应该如何生活之伦理的要求。"②个人的差异,依业报的原理,在于个人满业的作用。人们为了求得一个来生的善果,必须在今生就种植善因,所以说,人应该如何有道德地生活,业报论提供了人应当如何生活的方向。

但池田先生不是简单地重复这种业报、轮回观,而是基于当代社会人们的信仰心理和科学发展,既尊重佛教的传统教义,又兼顾时代的发展,提出了辩证性的看法。

一方面,这种生命观应符合现代科学知识,"至少在科学能够认

---

① [日]池田大作、[英]B. 威尔逊,梁鸿飞、王健译:《社会与宗教》,四川人民出版社 1996 年版,第 49 页。

② 同上。

识的范围内,它是必须能够充分说明的。"①否则就没有实际的价值,当然,他承认关于生命的永恒性问题本身是不能实证的,无法做出结论,但他强调应该和现代科学有所对话,得到科学知识的某种程度的合理阐释。这也显示出池田先生的佛教观的某种特点。

另一方面,池田先生强调这种业报轮回观对于信仰者的伦理生活的意义,可能会导致人们两种伦理生活态度:一是珍惜现世生命,二是寄希望于来世。前者认为生命只有一次,因而珍惜生命,会更注重道德修养,后者认为生命是永恒的,又把希望寄托在来世而忽视今天,可能会导致道德虚无主义。他认为,"多数人认为人生只有一次,死后一切皆无,因此持放纵享受的生活态度。"②实际上,中国佛教史上也有高僧从学理角度对于三世业报论提出过问难,唐代华严宗和禅门荷泽宗僧人宗密说:"若言死后更有身者,岂有今日身心造罪修福,令他后世身心受苦受乐。据此,则修福者屈甚,造罪者幸甚。如何神理如此无道。"③当然宗密对业报论的批评是从判教角度讲的,并不是否定其应有的意义。

池田先生对于报应的问题,尽量引入科学研究的结论和社会学的调查资料,使其观点带有某种实证性,这对于宗教研究来说,也是一个重要的方法论提示。他引用美国的濒死体现报告,认为"有些事例证明了,人们并没有因为生前的错误而受到因果报应,大家同样进入了某种光亮状态之中,并没有苦难的迹象。"④他认为这个结论和佛教传统的轮回观有着很大的不同。他提出这一证据,可能也有希望大家一起思考宗教和科学之间如何减少异见这样的含意。

---

① [日]池田大作、[英]B. 威尔逊,梁鸿飞、王健译:《社会与宗教》,四川人民出版社 1996 年版,第 49 页。

② 同上。

③ 宗密:《原人论》,《大正藏》第 45 卷,第 709 页。

④ [日]池田大作、[英]B. 威尔逊,梁鸿飞、王健译:《社会与宗教》,四川人民出版社 1996 年版,第 53 页。

从道德教化的角度，结合轮回观特别是地狱观，池田也提出了两方面的看法。

一方面，他反对恐惧的伦理教化方式，即地狱等恶道的警世方式，“宗教的确不应该带给人们无益的恐怖和不安，而应该给人们带来安全感。”①人不能因为出于对未来的恐惧而讲道德，“就现在的人生伦理、道德意识来说，不应该被死后的恐怖所支配，而应该注重培养和维护作为现代人所应有的理想和目标的意识”。②

另一方面，他又承认，对于人们心中的欲望和冲动，只依靠理性的力量和道德的教育是不能抑制的，这是事实，“佛教和基督教的地狱观带来恐怖，在以往达到了理性和教育所不能企及的深度。”③问题是在当代科学发达国家之中，“所谓地狱这样的愚昧的思考方式变得越来越没有市场了”④。因此池田先生主张用智慧和希望作为宗教道德哲学的基础来代替传统宗教的地狱观，“在每个人的内心中，建立这样的主体智慧和对未来的希望，并以此作为向欲望和冲动进行战斗的号角，这大概是正确的吧。”⑤这是为现代宗教的道德哲学提出了新的思路。

当然，地狱的观点不一定要从物理性的空间角度来理解，从价值层面来看待，作为一种极度的恶，心灵的地狱也是实际存在的。所以他说：“无论地狱还是佛的世界，都在我们的精神（生命）内部。”⑥因此，他并没有否定传统地狱观的意义。事实上，佛教的理论非常复杂，历史上就有了判教学说，佛教面对的信众的根机也非常复杂，并

---

① ［日］池田大作、［英］B. 威尔逊，梁鸿飞、王健译：《社会与宗教》，四川人民出版社 1996 年版，第 53 页。

② 同上。

③ 同上。

④ 同上书，第 51 页。

⑤ 同上书，第 53 页。

⑥ 同上书，第 39 页。

不是用一种方法教化所有的对象。作为因果报应这样的理论,在佛教的判教之中,属于最低一级的人天因果教,是“佛为初心人”而施设的①。就是在当代社会,基于人的复杂性,地狱的观点对于有些人来说可能仍然是有震慑作用的。池田先生也强调根本教义的普遍性和具体行为规范的相对性的关系。“正确地传播佛教的根本教义最为重要,具体的行为规范,要根据社会的具体情况灵活运用。”②

三、应用伦理诸观点

应用伦理是伦理学的一个分支领域,它与规范伦理和元伦理有所不同,着重讨论如何为人类的社会行为提供伦理依据,在池田先生的宗教伦理思想中,重要的内容实际上属于应用伦理的范畴,较早地涉及到生命伦理、环境伦理、跨文化伦理等问题,提供了基于宗教的解决思路,体现了宗教伦理服务于人类社会的现实功能。

池田先生对于医学伦理或生命伦理的讨论,涉及到器官移植或人体改造、安乐死、生殖伦理、性伦理等。

从医学伦理的角度看,池田先生强调日本也流行的“医即仁术”的观点,也就是说,医术本质上是一种道德之术,“仁之术,即慈爱的治疗之术”。③ 仁就是医之“道”,他认为,医学失去了医道,就不再是人的医学了,因此,“医学在立足于科学技术的同时,还应深深扎根于伦理之中。”④面对当代社会医学之仁爱精神的缺失,医患之间温暖沟通和人格接触的消失,医疗行为的对象化或物化,患者对医生的依赖感的日趋淡薄,池田先生提出医生既应该是冷静的科学家,也

① 宗密:《原人论》,《大正藏》第45卷,第709页。

② [日]池田大作、[英]B.威尔逊,梁鸿飞、王健译:《社会与宗教》,四川人民出版社1996年版,第415页。

③ 同上书,第265页。

④ 同上书,第269页。

应该具有丰富的感情和同情心。“不能把慈爱的感情交给患者并为他们的病痛竭尽全力的人,已经失去了做医生的资格。”①而为了培养医生的这种伦理素养,“宗教的信念也许是必需的”。② 在文化多元的当代,医生不一定都信宗教,但必须对此项职业有着“宗教般”的虔诚情感。

顺便一提的是,池田先生谈到的日本的医学伦理缺失现象,在当代中国大陆也是存在的。池田反思日本医学伦理缺失的原因有两点:一是忘记了患者的人格,只把病人当作病例来诊治,把人的生命对象化、客体化。二是医生只是把医疗行为看作谋生手段。在课程设置上,新的课程挤掉了人文学科课程,医学哲学、医学伦理以及医学概论等课程只有极少数的大学开设。这些思考都极有深度,实际上也是一种现实批判。

关于器官移植或人体改造,池田先生非常关注这一项技术的现状和发展趋势,从肾脏移植到大脑移植的可能性及试验,人工心肺、肾脏、心脏等人工器官的使用,池田先生表达了不同程度的看法,对于心脏、肾脏等功能性器官的移植,他认为“也许比较容易接受”③。但对于思维器官的大脑的移植,他表示了谨慎的态度:自己的人格独立性是否会受到根本的影响?他进一步思考说:“移植手术成功后,如果自己的行为、态度和气质发生了重大变化,那么由此而产生的道义上问题究竟是什么性质的问题?”④他担心的是,由于医学界流行的技术中心主义,以及医学进步至上的原则,可能会产生使患者成为“医学界的欲求”的牺牲品。他强调,人类不是为了成为医学病例或牺牲品而活着,医学是“为了人的医学”,除此之外,既不是以自身的

① [日]池田大作、[英]B.威尔逊,梁鸿飞、王健译:《社会与宗教》,四川人民出版社1996年版,第270页。

② 同上书,第266页。

③ 同上书,第273页。

④ 同上。

进步,也不是以医生为目的。

关于安乐死,池田先生认为,承认它会带来极大的危险性,"因为一步失误,就会转变成像纳粹党那样的强制安乐死"①。他反对那种认为只要是自己的生命就可以由自己处理的观念,因为这"与生命的尊严的观念是完全违背的"。② 在讨论这个问题时,他认为最根本的是如何解决对待精神和现实的痛苦,这一点又涉及宗教的作用了,因为"把对死亡和对死的恐怖作斗争的勇气以及安宁感给予面对死亡的人,这是宗教的任务"。③ 他从佛教对于苦的分类即苦苦、怀苦和行苦当中指出,死亡的怀苦即精神和心理上的痛苦比生理上的痛苦即苦苦要痛苦得多,其原因在于对于死亡的未知而引起的不安和恐惧。因此,面对濒临死亡的患者,他主张需要两方面的关爱,一是家人和医生的温暖与爱心,以避免他们单独与死亡孤军作战,二是宗教的作用,"使他们从人类的博爱和慈悲精神中获得力量。"④由此,他提出了与安乐死不同的概念"良性死"。而良性死亡的前提则是"良性生存"⑤。事实上,在这一方面,佛教的净土宗的临终助念能够发挥独特的作用。

关于生殖伦理,池田先生对于试管内人工授精的方法并不反对,前提是其他的方法行不通,但对于借用他人子宫,则认为会产生许多伦理问题。他对于这一问题的根本观点是,夫妻之爱是基本的,"人工授精是手段,培养夫妇本来的深厚感情是根本。如果爱情失去了,人工授精这种科学的恩惠就成为人的利己主义的工具了。"⑥

---

① [日]池田大作、[英]B. 威尔逊,梁鸿飞、王健译:《社会与宗教》,四川人民出版社 1996 年版,第 296 页。

② 同上书,第 299 页。

③ 同上书,第 300 页。

④ 同上书,第 301 页。

⑤ 同上书,第 304 页。

⑥ 同上书,第 325 页。

关于性伦理，池田先生强调正确的性教育的重要性，而性教育的内容不只是讲授避孕知识，应该强化"人的道德观念、恋爱、结婚和生育等性道德的内容"。①

在堕胎和避孕之间，他赞成避孕，反对堕胎。从母体的角度，"不应采取妊娠之后的堕胎方式，而应在受精之前，……采取避孕措施。"②"从生命无论如何必须受到尊重的理念出发，基本上反对人工流产。因为我认为，人工流产是人为的葬送生命的行为。"③人工流产只能在特殊的情况实施。但如果避孕不和性道德的教育相结合，受到滥用，也会引起负面的问题，"在现代，乱用避孕成为导致性道德衰退的一个原因。"④因此，对于人的原始欲望，他反对一般宗教中的压抑方法，强调升华，"把性欲停留在本能冲动的水平上，只会产生烦恼，但是一旦把它升华为丰富的爱情，就可能成为人自我完善的力量源泉。"⑤

池田先生承认，追求愉悦的性活动是文明社会无法避免的倾向，"问题在于确立与此有关的道德准则"⑥。而佛教中的不邪淫戒就是"关于性道德的"。⑦ 这要求双方的相互爱情和人格尊重，"性行为必须以相互的爱情和人格的尊重为前提"⑧。特别涉及婚姻和家庭问题，"以快乐为目的的性生活必须以维护夫妇结合的婚姻制度和家庭制度为前提。"⑨

---

① ［日］池田大作、［英］B. 威尔逊，梁鸿飞、王健译：《社会与宗教》，四川人民出版社 1996 年版，第 329 页。

② 同上书，第 337 页。

③ 同上书，第 339 页。

④ 同上书，第 328 页。

⑤ 同上书，第 334 页。

⑥ 同上书，第 401 页。

⑦ 同上书，第 333 页。

⑧ 同上书，第 398 页。

⑨ 同上书，第 404 页。

池田先生对于环境伦理的讨论,关注了人类基于公害的发生、自然被大规模地破坏和污染的增加而被迫对自然观的根本变革,他认为,处理人与环境的关系,必须使每一人都永远确立"与大自然和谐发展、共存共亡的自然观和人生观"①。和谐或融合是其提出的环境伦理的重要规范,"人类只有和自然,即环境融合,才能共存和获益。"②他否定现代科学文明深层蕴涵的那种人与自然对立的观念,强调人类自身应当克服贪欲和自私,要做到这一点,他主张"无论如何也应借助宗教的力量"③。这一方面,佛教确实具有丰富的资源,其缘起论、依正不二论、心净土净论、有些宗派的无情有性论都是可以作为当代世界处理环境问题的方法论依据。池田先生特别提到依正不二论的意义,"佛法的'依正不二'原理即立足于这种自然观,明确主张人和自然不是对立的关系,而是相互依存的。"④

对于跨文化伦理,池田先生提倡并力行的伦理精神是对话,他倡导文明对话,以自身的佛教文化立场和不同文化背景的思想家、学者和政治家对话,形成了一系列对话的著作,从中可以看到他对于异质文化的伦理态度,诚听、尊重、理解、解释。诚听是他在对话过程中让对方充分地表达观点,陈述文化立场,并真诚地倾听。尊重是对于对话的另一方以及所代表的文化类型而言的,即使有异见,池田也不是简单地否定之,而是感到很有兴趣。理解是在池田先生在尊重的基础上尽量了解对方的文化立场和逻辑,与本文化的异与同。解释是充分说明自身代表的文化类型对于世界的看法,对于问题的解决方

---

① [日]池田大作、[英]B. 威尔逊,梁鸿飞、王健译:《社会与宗教》,四川人民出版社 1996 年版,第 464 页。

② [英]A. J. 汤因比、[日]池田大作,荀春生等译:《展望二十一世纪》,国际文化出版社公司 1985 年版,第 30 页。

③ [日]池田大作、[英]B. 威尔逊,梁鸿飞、王健译:《社会与宗教》,四川人民出版社 1996 年版,第 464 页。

④ [英]A. J. 汤因比、[日]池田大作,荀春生等译:《展望二十一世纪》,国际文化出版社公司 1985 年版,第 30 页。

法,让对方了解自己。在文明对话中,池田先生是履行对话伦理的典范。

四、结 语

必须说明的是,池田先生的宗教伦理观,实际上是以佛教伦理观为核心的,他既在一般宗教的立场上,更在佛教的基础上讨论相关的伦理议题。他的宗教伦理思想非常丰富,本文只是择其一二,他的这些伦理关注从时间上讲比较早,许多观点在今天看来仍然非常具有针对性。因此,有必要对其伦理观作更深入的研究,以进一步总结其伦理智慧,顺益于人类的和谐、健康发展。

(作者简介:董群,男,1959 年生,哲学博士,东南大学教授。)

池田大作环境正义观论析*

曾建平　李雪芹

作为一位伟大的宗教家、思想家、社会活动家、杰出的和平人士、坚定的环保主义者，池田大作先生虽然没有关于环境正义的系统著述，但是他的一系列环境思想中无疑包含着思考和解决环境正义问题的最富足的思想财富。他对环境保护的呼吁，无不是对环境正义的呼吁；他对和谐世界的追求，无不是对正义社会的追求。

一、环境正义及其启示

20 世纪 80 年代，随着西方环境保护运动的深入发展，一段时间以来，西方社会看似好转的环境现象背后实际上隐藏着环境利益上权利与义务不对等的深刻问题。于是，“环境正义”应运而生。“环境正义”或“环境公正”(environmental justice)在广义上是指人类与自然之间实施正义的可能性问题，即种际正义；狭义上包含两层含义：一是指所有主体都应拥有平等享用环境资源、清洁环境而不遭受

* 本文系创价大学 2007 年度日中友好学术研究资助计划——“环境保护与社会和谐：池田大作环境思想研究”的研究内容之一。

资源限制和不利环境伤害的权利，二是指享用环境权利与承担环境保护义务的统一性，即环境利益上的社会公正。环境正义可分为程序意义上的环境正义即分配正义、地理意义上的环境正义即补偿正义和社会意义上的环境正义（实质正义）。从时空上看，环境正义包括种际正义、代际正义、代内正义。① 代际正义即环境时际正义，而代内正义又包含着环境国际正义、环境族际正义、环境域际正义、环境群际正义、环境性别正义。环境正义运动表明，以下观念十分重要。

第一，人类对待环境具有必然的责任。

以往，我们在环境利益上过多地强调权利，忽视了人类应对环境保护承担义务，从而导致了今天的生态危机。种际之间的不正义，是人类与自然之间出现严重对立的根本缘由。环境正义表明，任何人、任何团体、任何地区、任何国家都有责任保护环境，维护人与自然的和谐。发达国家不能为了维持自己的高消费而大肆消耗地球的有限资源，发展中国家也不能为了提高生存能力而过度开发对自己而言也许是富有而对人类却是宝贵的地球资源。

第二，关注自然应该同时关注人类社会内部的问题。

人类对自然的过度开发和破坏，既与工业文明所奉行的自然观、价值观有关，也与人与人之间不合理的关系和利益格局有关。人类社会内部，发达国家、地区、民族与发展中国家、地区、民族等之间在环境利益上存在着不平等关系。人与人的关系没有得到很好的协调，人与自然的关系就无法和谐，环境危机就无法得到缓和、解决。人类社会内部的问题就是代内公正问题，如贫困问题、人口问题、资源的利用与保护问题等等。

贫穷不仅仅是经济现象，而且与环境问题有着内在关系。一方

---

① 曾建平：《环境正义——发展中国家环境伦理问题探究》，山东人民出版社2007年版，第9页。

面,发展中国家的环境问题主要是贫穷造成的。贫困国家的经济主要是农业经济,大部分是以生态为主的生存经济,他们直接依赖于自然资源,如土地、水、森林、动物等资源。他们为了生存不得不对这些资源加以破坏性的利用和开发,造成了环境的压力,最终导致了环境的破坏。由于经济、技术等主要原因,再加上意识的落后,发展中国家的环境问题有越演越烈之势。另一方面,环境的恶化加剧着贫困。环境的恶化是因为自然资源过度消耗、环境污染而造成的。“世界上没有其他地区比它(指土地的不断过度使用——引者注)更灾难性地遭受导致环境退化的贫穷的恶性循环,而环境退化反过来又导致了更大的贫困。”①人们担心环境的世界性恶化,实际上担心的不是环境本身,而是由环境恶化带来的各种问题,其中包括环境退化所导致的自身贫困,以及给子孙后代造成的贫困。②

人口问题是当今社会面临的一个重大问题,人口问题不是简简单单的人口数量的增减问题,它可以导致各种与人类生存有关的重大社会问题,如饥饿、贫穷、疾病、失业、动乱等等。人口与环境是相互影响的关系。人类自身的生产和物质资料的生产是人类的两大生产,两大生产与环境也是相互影响的关系。人的生存要直接或间接地依赖自然物,自然资源是物质生产的基础,人口的增加必然要求生产更多的物质资料,从而不可避免地导致环境的进一步破坏。同样,环境的变化对人口的质量、数量也有着一定的影响,恶劣的环境会导致人口数量的减少和人口质量的降低。

在资源的利用与保护问题上,突出的矛盾表现在发达国家、地区、民族、群体与发展中国家、地区、民族、群体之间在环境利益上存在着不平等关系。在国家之内,穷人与富人在环境资源的享用与保

① 世界环境与发展委员会,王之佳等译:《我们共同的未来》,吉林人民出版社1997年版,第36页。

② 曾建平:《环境正义——发展中国家环境伦理问题探究》,山东人民出版社2007年版,第95页。

护上存在不平等关系。富人享受了过多的环境权益，而穷人则承受了过多的环境苦果。在国际之间，占地球人口26%的发达国家消耗了全球80%的环境资源。美国总统可持续发展顾问委员会在《美国可持续发展战略概要》中承认，“富国在利用地球资源上有优势，这一由来已久的优势取代了发展中国家利用地球资源的合理部分来达到他们自己经济增长的机会。”①

第三，重视环境好转中的污染转移问题。

西方国家的山清水秀看起来是环境污染得到治理的结果，其实，污染处理不是污染消失，而是通过市场、权力、不平等秩序转移到落后国家、地区、民族、人群那里。西方一些发达国家不仅从发展中国家大量掠夺自然资源、财富，还利用发展中国家环境立法宽松等弱点，把本国的夕阳产业大肆转移到发展中国家。这些“肮脏工业”不仅对发展中国家的环境造成了严重的危害，而且从根本上破坏了发展中国家进一步发展的资源、环境基础。他们直接把大量废弃物、有毒垃圾作为贸易品向发展中国家转移。据联合国环境署估计，全世界每年产出的危险废弃物高达4亿吨，其中1亿吨在异国处理，发达国家向发展中国家出口的危险废弃物达1000至2000吨。不平等的国际经济秩序使得发达国家在垃圾国际贸易中处于“双赢”，而发展中国家处于“双败”，这使得发展中国家的环境问题越来越严重。

二、池田大作的环境正义观

池田大作先生素来关心地球环境保护，关注人类世界和谐，虽然他很少使用环境正义这样的概念，但是，他的环境保护思想却透显着

① 曾建平：《环境正义——发展中国家环境伦理问题探究》，山东人民出版社2007年版，第240页。

正义性。

第一,伦理地对待地球。

人类在地球上出现的时间并不是很长,地球大约有46亿年的历史,而人类大约在200万年前才出现。人类在地球上生存的很长一段时期,并没有给地球造成过大压力,人与自然能够相安无事。工业文明时代的到来,打破了这种宁静和谐。近代科技革命创造了高度发达的物质文明,但是其负面效应也日益凸显——能源短缺、环境污染、生态危机等已成为当今人类社会面临的严峻课题。人类之所以会走到这一步,有着其深刻的思想根源。人类在与自然作生存斗争的过程中,由最初的敬畏自然到逐渐征服自然、主宰自然,对自然的控制使人类滋长了傲慢情绪,认为自己是自然万物的主人,拥有对自然万物生杀予夺的特权。在人类中心主义这一思想的驱使下,人类为了满足自己日益膨胀的欲望,开始大肆对自然进行毁灭性的掠夺。当然,大自然也开始以各种天灾的形式对人类进行报复,这种报复渐渐威胁到了人类的生存,人类渐渐意识到了自己的行为所造成后果的严重性,人类为了自救就必须伦理地对待地球。池田大作指出,“地球是我们人类借以生存的宇宙中的绿洲。我们无论如何要挽救这唯一宝贵的地球免于毁灭。为此,我认为有必要严肃考虑人类行为对自然运行、自然界的协调所产生的影响,严格限制那些哪怕很微小的孕育着危险的行为。”①人类与自然处于统一体中,人类只有遵从自然规律,才能与自然和谐相处。“人应当尊重自然界本身所具有的生命的相互关系与循环的规律,应当把自己与它相一致当作基本。不能忘记人的肉体机能与精神机能本身本来就是从自然界的规律中产生的。”②我们尊重自然,遵守自然规律,就要合理地利用自然

① [英]汤因比、[日]池田大作,荀春生等译:《展望二十一世纪》,国际文化出版公司1997年版,第36页。

② [日]池田大作、[意]奥锐里欧·贝恰,卞立强译:《二十一世纪的警钟》,中国国际广播出版社1988年版,第150页。

资源,以自然的承载力来判断我们行为的尺度。当今人类对自然的开采严重超过了其修复能力,导致自然资源面临枯竭。池田大作对这些人类行为非常担心,他指出:“自然之破坏与被损害,若任其发展下去,就意味着人类的衰退与灭亡的危险。反之,只有保护增进大自然的丰富的韵律,才是人类走向永久繁荣的最主要的关键。”①

地球上的其他一切生物和我们人类共同结成了一张地球生命之网,其他一切生物的生命与我们人类的生命休戚相关,共存共荣,我们应该像敬重人类自己的生命一样来对待一切生物。“自然和人都是有着有机关联的‘有生命的存在’,对它必须有一种敬畏之心。”②对正确处理人与自然的关系,佛教提出了依正不二的方法和准则。“正由业力,感报此身,故名正报;既有能依正身,既有所依之土,故国土亦名报也。”③通俗地说,“依”是“依报”,指人周围的环境,“正”是“正报”,指人;“不二”就是不分,即一体。“依报”与“正报”的关系就是人与周围环境的关系,即人与周围的环境是一体的,密不可分。佛法说:“自然界本身是维系独立生存的生命的一个存在。”并教喻道:“人类只有和自然——即环境融合,才能共存和获益。此外,再没有创造性发挥自己的生存的途径。”④主张人与自然是一体不二、依正不二的思想不仅表现在佛教文化中,在其他文化中也有类似的表达。例如,儒家认为人与天地万物一体,人应遵天时,师法自然,要爱自然万物,才能与自然和谐相处。《易经》说:“有天地,然后万物生焉”。《书经》说:“唯天地,万物父母”。孟子说:“君子

① 何劲松编选:《池田大作集》,上海远东出版社2002年版,第48页。

② [日]池田大作,卞立强译:《人生箴言》,中国文联出版公司1995年版,第197页。

③ 《三藏法数》。

④ [英]汤因比、[日]池田大作,荀春生等译:《展望二十一世纪》,国际文化出版公司1997年版,第29页。

之于物也，爱之而弗仁；于民也，仁之而弗亲。亲亲而爱民，仁民而爱物"①。张载第一个明确提出了"天人合一"思想,他说"儒者则因明至诚,因诚至明,故天人合一"②。道家反对人类妄自尊大,以自己为中心,贵己贱物,为了自己欲望的满足而不惜牺牲其他的生命和破坏自然环境的思想和行为。庄子说:"天地与我并生,而万物与我为一"③;"爱人利物之谓仁"④。基督教的环境思想具有强烈的人类中心论色彩,但也告诫人类要伦理地对待地球上的众多生养,人类只有合理地、负责任地管理地球万物,才能使它们遍满大地。"神说,我们要照着我们的形象,按照我们的样子造人,使他们管理……全地。"⑤"神就赐福给他们,又对他们说,生养众多,治理这地,遍满地面。"⑥

显见,池田大作对这些多元文化中所具有的共同思想做了鉴别和吸收,这才使他的环境思想卓尔不群,独具一格。他说,我们不应该是自然的统治者,应当是调整者,甚至应当是贡献者。⑦"人不过是无数生物的种属中的一种——而且恐怕还不能说是最强大、最适宜生存的种属,地球上的生物物理学的各种条件一旦发生急剧的变化,恐怕会比其他生物遭到更大的危险。那时候,人类也有从地球上消亡的可能性。"⑧我们人类没有理由不尊重自然,爱护自然万物,我们应该正确认识自己,摆好自己在自然中的位置,只有这样,我们才能挽救我们即将面临毁灭的人类的家园——地球。

---

① 《孟子·尽心上》。

② 《张载集》。

③ 《庄子·齐物论》。

④ 《庄子·天地》。

⑤ 《旧约·创世记》。

⑥ 同上。

⑦ 参见[日]池田大作、[意]奥锐里欧·贝恰,卞立强译:《二十一世纪的警钟》,中国国际广播出版社 1988 年版,第 190 页。

⑧ 同上书,第 99 页。

第二,环境权利与环境义务的统一。

享受权利就必须履行义务,没有无权利的义务,也没有无义务的权利,权利与义务从来都是不可分割的统一体。在传统的教育中,权利与义务在人类社会中是互为表里的关系,但在人与自然的关系中,实际情况却是仅强调人的权利,基本上忽视了义务的一面。[①] 享受了父母对你的养育权利,就必须履行赡养父母的义务,同样,享受了对自然资源的利用权利,就必须对生态尽保护的义务。权利与义务的分离必然导致矛盾。在现实生活中,我们过多地强调了享用自然的权利而忽视了保护自然的义务,从而导致了今天的生态危机。那么,我们对自然又有哪些权利和义务呢?在没有弄清这一对范畴在自然中的意蕴之前,我们是无法谈论享受权利与履行义务的。在环境事务上,我们大致具有以下权利和义务:

1. 享有在适宜的环境中生存的权利和保护环境的义务

人要生活在世界上,首先必须能够在这个世界上存在,其次,才能谈生活。要存在就必须具有能够使其存在的条件,自然为人的生存提供了物质基础,人的生存离不开自然环境。正如《人生地理学》所论述的,大自然对于人类的生存,是唯一无二的母体,是基础。他不仅是肉体之所需,也是人类精神的基础,是文化、文明兴隆的源泉。[②]

人类为了满足其生存,必须利用自然物,必须生存在清新的空气、洁净的水、宁静的环境等自然中。然而,人类为了在地球上生活,即我们所说的发展,就必须大量消耗自然资源,生产更多的非生活必需品,这样就必然导致在人的欲望的无限性与自然资源的有限性之间产生冲突,从而使人与自然的和谐被打破。为了自身的生存与发

---

① [日]池田大作、[意]奥锐里欧·贝恰,卞立强译:《二十一世纪的警钟》,中国国际广播出版社 1988 年版,第 198 页。

② 何劲松编选:《池田大作集》,上海远东出版社 2002 年版,第 48 页。

展,人类必须从法律上规定人类在利用自然资源的同时负有保护自然,改善环境的义务。例如,美国在1969年的《国家环境政策法》第3条中规定:国会认为,每个人都应当享受健康的环境,同时每个人也有责任对维护和改善环境作出贡献。

2. 享有使用环境资源的权利和保障自然资源合理开发利用的义务

1970年3月,一位美国环境法教授在东京召开的一次关于公害问题的国际座谈会上提出了环境权理论。他认为:每一个公民都有在良好环境中生活的权利,公民环境权是公民最基本的权利之一,应该在法律上得到确认并受法律保护。环境权又称公民环境权,指的是任何一个公民都有在未被污染和破坏的环境中生存和发展的权利以及合理地开发、利用环境资源的权利。环境权包括清洁水权、清洁空气权、采光权、通风权、安宁权和观赏权等项权利。我们每一个公民都享有这些资源的权利,但是,我们享用这些权利时,不得超过大自然的承载和分解能力。自然资源是有限的,我们应该合理开发利用。我们在合理开发利用自然资源时,提倡使用可再生能源代替一次性消费能源。关于能源问题,池田大作在其与贝恰博士的对谈集《二十一世纪的警钟》中指出,应尽量减少能量资源的消耗,同时也应设法开发太阳能、风力和水力等能源。就是说,不只是注目石油、煤炭、原子能等一次就消费掉的能源,而是要有效地利用自然经营的能源。我们应尽可能地节约资源,提高产品的技术含量,使单位产品的原料的成本降到最低。对废弃物进行回收再利用,既节约了资源又减少了对环境的污染。

3. 享有维护自身发展的权利和维持环境资源可持续利用的义务

联合国《发展权利宣言》指出:“发展权利是一项不可剥夺的人权,由于这种权利,每个人和所有各国人民均有权参与、促进并享受经济、社会、文化和政治的发展,在这种发展中,所有人权和基本自由都能获得充分实现。”人的发展有一定的目标，在马克思主义者的视野中，这个目标是人的自由全面发展，主要包括人的需要和劳动能力的全面发展；人的社会关系的全面丰富；人的自由个性的全面发展。人的需要和能力的发展、人们社会关系的丰富、人的个性的发展之间是相互联系、渗透、制约着的，并在劳动实践中内在地统一起来。

发展权是人的一项基本权利，但是，人的发展又受一定条件的制约。人的发展离不开物质产品，物质产品是人发展的物质保障，是人的发展的基础和前提，离开这个前提谈人的发展都是空谈。物质产品的创造离不开人的劳动实践，自然资源是人劳动实践的对象，因而，人的发展离不开自然资源。“人本身是自然界的产物，是在他们的环境中并且和这一环境一起发展起来的”①人为了得到全面而自由的发展，就必须为自己创造适合全面发展的外部条件，适宜的自然环境和丰富的自然资源是社会经济发展和人类自身发展的基础。由此可见，维护自然资源的可持续性利用就是我们人类发展必不可少的一个先决条件。因而，人类为了自身的生存和发展，有义务有责任保护自然环境资源，使之得以永续利用。

总之，人类作为道德活动的主体，其权利与义务是统一的。我们要享用自然就必须改造自然，向自然索取；而要保证自然可供享用性的持续则必须建设自然，向自然奉献。② 由于自然的修复力具有一定的限度，人类要保障自然资源的可持续性利用，在对自然进行改造的同时必须要建设自然，使人类与自然处于持续、有序发展中。

第三，发达国家的环境责任。

发达国家即先富起来的国家，他们利用先进的科学技术创造了高度发达的物质文明，在享受工业文明的恩惠时消耗了大量的自然资源和能源，他们的生产和消费方式是地球环境不断恶化的主要原

① 曾建平：《环境哲学的求索》，中央编译出版社 2004 年版，第 137 页。

② 参见何劲松编选：《池田大作集》，上海远东出版社 2002 年版，第 50 页。

因。池田大作认为环境问题是全球性的问题,是可与核问题相匹敌的人类课题。它是近代科技文明所带来的负面效应。科技文明的受益者只不过是先进诸国,众多的发展中国家得不到这种恩惠。① “无论是‘南’和‘北’的平衡,还是经济增长与环境保护的平衡,所面对的大部分环境问题,显然都是先进工业国人们的课题。”②因此,发达国家应对今日的环境危机负主要责任。发达国家在享受高度的物质文明的同时,应负有哪些环境责任呢?

1. 保障本国的环境资源的可持续性利用

国家的发展是以资源的利用为前提和基础,发达国家在发展本国的工业的过程中,不仅大量地利用和破坏了本国的环境资源,而且大量地消耗了其他国家的自然资源和能源。池田大作指出:今天发达国家的国民,一方面在劳动和活动方面尽量少用自己的体力,另一方面为了补救运动不足,跑到体育馆里去,利用体育机械进行运动。这两方面都要消耗能源。为了保障世界环境资源的可持续性利用,必须首先合理利用本国的环境资源,使之能可持续利用。③ 池田大作认为,应尽量减少能量资源的消耗,同时应当设法开发太阳能、风力和水力能源等可替代能源。应当对居住在发达国家的所有人们的生活方式作适当的节制或严加控制。④

2. 对发展中国家进行适当的援助和补偿

世界银行发布的《2005 年世界发展指标》指出:高收入国家人均使用的能源是发展中国家的 5 倍多,他们只占世界人口的 15% 却消耗世界超过半数的能源。能源产生的方式在很大程度上决定了环境的破坏程度。燃烧煤所排放的 CO_2 是燃烧相同数量的天然气的两

---

① 参见何劲松编选:《池田大作集》,上海远东出版社 2002 年,第 51 页。

② [日]池田大作、[意]奥锐里欧·贝恰,卞立强译:《二十一世纪的警钟》,中国国际广播出版社 1988 年版,第 35 页。

③ 参见同上书,第 38 页。

④ 参见同上书,第 39 页。

倍……发达国家通过各种途径大肆掠夺发展中国家的环境资源,低价掠夺发展中国家的初级产品又用高级制成品攫取利润,但资源开发过程中的损失和资源以外的价值均由发展中国家承担,并且还承受发达国家“破坏全球环境”的指责;把污染企业和废弃物转移到发展中国家,不仅从中牟取大量经济效益,还严重破坏了当地环境。① “今天发达国家在发展中国家进行的大规模开发和工业建设的过程,也是发展中国家的居民的生活和健康受到损害,土著民族的原有生活方式遭受彻底破坏的过程。”②作为生活在发达国家的池田先生从不隐讳指责发达国家对于发展中国家的盘剥和掠夺,这是一个真正的思想家应有的胸怀和气度。他说:“今天,发达国家的权力欲、集团的利己主义已成为直接地(开发、战争)和间接地(对发展中国家的不照顾)破坏自然的主要原因。”③从“污染者付费”的原则出发,发达国家应该比发展中国家承担更多的环境责任,应对发展中国家进行援助和补偿。由于发展中国家政治上不稳定,政府只追求眼前利益,使得这些国家的宝贵的自然资源遭到严重的毁坏。发达国家应援助他们建立稳定的政治和自立。④ 由于环境具有利用的效益性与破坏的后果性相分离的特征,任何不恰当地开发环境资源时所产生的破坏也会以“唇亡齿寒”的方式而影响世界各国的发展,因此,发达国家也应把援助发展中国家合理地开发自然作为自己的责任。池田先生认为,在当今经济社会一体化的趋势下,国家与国家之间更应相互帮助,自然环境和其他生物无国境和领域,合理地开发自然资源,这是站在世界历史的视角而得出的结论;即使是从现实看,太阳、风、到处都存在的大自然,及其不好的一面——污染、酸雨和上

① 参见曾建平:《环境哲学的求索》,中央编译出版社2004年版,第187页。

② 同上书,第137页。

③ 何劲松编选:《池田大作集》,上海远东出版社2002年版,第261页。

④ 参见[日]池田大作、[意]奥锐里欧·贝恰,卞立强译:《二十一世纪的警钟》,中国国际广播出版社1988年版,第41页。

层大气中臭氧层的枯竭所带来的各种后果等,全都是超越国界存在和发生的。大气、海水都跨越国界,以全球的规模运动着。

3. 帮助发展中国家摆脱贫困

一些发展中国家由于资金、技术等原因,在发展本国经济的过程中,造成了自然环境的严重破坏。正如池田大作所说:一些发展中国家为了实现经济上的独立,在"开发"的名义下,产生了破坏自然的事态。发展中国家的人们已发出了"贫困是最大的环境污染"的呼声,"贫穷本身就是一种邪恶,是发展中国家的最大污染。发展中国家的环境恶化主要是由贫困造成的;环境的恶化加剧着贫困。"①但是,发达国家对发展中国家的资源的掠夺也是造成发展中国家的贫困的更为重要原因。因此,发达国家应该对地球的环境污染负主要责任,发展中国家治理环境污染的费用也应该由发达国家承担。池田大作认为,"如此相互依存地前进着的世界中,只希望一国的繁荣,已是不可能的。只有探求一条相互合作,共存共荣的道路,除此之外别无他途。"②

第四,污染转移的责任问题。

无论是发达国家还是发展中国家,他们国内的不同地区、民族、人群间都存在着污染转移的问题。在发达国家内部,尤其是在美国,穷人和有色人种居住地成为有毒垃圾填埋场和污染严重的工厂所在地。在发展中国家包括中国也存在严重的环境不公正现象。如工业生产廉价地使用乡村的水、森林等资源,把污染物排放到这些地区而没有补偿生态系统(或人们)付出的代价;高污染产业已从大城市转移到中小城市、乡村;一些城市通过截污来改善地区水质,转二产促三产以提高城区空气质量,靠转移生活垃圾到乡村来美化城市面貌。

---

① [英]汤因比、[日]池田大作,荀春生等译:《展望二十一世纪》,国际文化出版公司 1997 年版,第 6 页。

② 何劲松编选:《池田大作集》,上海远东出版社 2002 年版,第 315 页。

而城市附近的农村,农民喝着不干净的水,呼吸着被附近城市工厂污染的空气,用着排污管道汇入的河水灌溉耕地。任何人都平等地享有环境的权利和承担环境保护的义务。先发达地区、富裕人群、先进民族享用了过多的环境资源就应承担环境破坏的主要责任,同时有义务对后发达地区、贫穷人群、落后民族进行经济上的补偿,向这些处于弱势的地区、人群和民族优惠转移清洁和对环境无害的技术。国家也应对这些阶层、地区作政策上的倾斜。池田大作认为,开发与自然保存不能同时并存时,应对不得不居住在这些条件不利的地区的人们进行补偿性的援助,比如在税租上是否应当考虑采取优待的措施。①

第五,当代与后代的统一问题。

当代与后代的统一是环境代际公正问题。"代际正义是指一个以空间同一性,时间差异性为维度的当代人与后代人之间行使公正的概念,其基本要求是当代人在进行满足自己需要的发展时,又要维持支持继续发展的生态系统的负荷能力,以满足后代的需要和利益。"②保持当代人与后代人的正义性、统一性就是要求当代人在享用环境资源时必须顾及后代人也有享用环境资源的权利,以保证子孙后代也同样可以享有美好的生活环境。这就是可持续性发展。池田先生指出:所谓可持续发展是指不损害满足子孙后代发展之需要,又能满足当前发展之需要的发展。基本理念之一是不仅要确保当前人们之间的公平,还要确保与子孙后代的代际公平。③ 只有当代与后代在环境利益上达到了统一性,才有整个人类的可持续性发展。

---

① 参见[日]池田大作、[意]奥锐里欧·贝恰,卞立强译:《二十一世纪的警钟》,中国国际广播出版社 1988 年版,第 44 页。

② 曾建平:《环境哲学的求索》,中央编译出版社 2004 年版,第 143 页。

③ 参见[日]池田大作、[意]奥锐里欧·贝恰,卞立强译:《二十一世纪的警钟》,中国国际广播出版社 1988 年版,第 164 页。

三、环境正义与和谐世界

“和谐”是中国传统文化的核心理念。儒家主张“仁爱”，道家要求“不争”，佛家崇尚“慈悲”，这些主张就是中国思想史上有中国特色的“和谐文化”。2004年，中国首次提出构建社会主义和谐社会。2005年4月22日，胡锦涛主席在亚非峰会发表的演讲中首次从文化角度提出“倡导开放包容精神，推动不同文明友好相处、平等对话、发展繁荣，共同构建一个和谐世界”的构想。“和谐社会”与“和谐世界”都是对中国传统文化的继承和发扬。“‘和谐世界’是一个持久和平、共同繁荣的世界。和谐是和平的更高境界。和谐的和平是内在的、持续的，是真正的和平，是实现共同繁荣的前提。‘和谐世界’不仅仅是和平共处，还要求各国协调合作、共利共赢、资源共享；人和自然也要和谐发展，共同努力消除气候变化，共同合作合理分配财富、利用财富。”[①]池田先生是世界和平的坚定主张者，他也一贯倡导并致力于构建和谐世界。环境正义是社会正义的组成部分，是构成和谐世界不可缺少的一个重要维度。因此，在池田先生那里，维护环境正义与构建和谐世界是一个内在的关系，即一个和谐的世界必须是世界各国人民共享自然资源，人类与自然协调发展的社会；而维护国际层面、国内层面的各种环境正义的目的在于构建一个和谐世纪。

但是，环顾世界，破坏环境公正的现象依然日复一日，狼烟四起。在争夺环境利益的非正义战场上，作为受害者——地球首当其冲，当地球不堪重负之时，终究没有人可以幸免。然而，在这一天来临之前，弱势国家、弱势民族、弱势群体，才是环境破坏与污染的最直接的

---

① 刘建生：《“和谐世界”思想文化渊源》，中国国际问题研究中心2007年1月。

受害者。就性别而言,由于生理与心理上的差异,女性相对于男性而言,尤其是孕妇和哺乳期的妇女往往是环境破坏最大的受害者。由于妇女承担着繁衍后代这一人类神圣使命,她们对环境变化具有非同寻常的敏感力,能深切地感受到环境恶化给自身、家人及子孙后代造成的痛苦,因而更加关注影响后代生存的环境问题。世界著名的经济学者及社会活动家黑兹尔·亨德森博士曾说过:"母亲最了解养育孩子的辛劳,因而,对'要给孩子们一个美好的未来'抱着强烈的愿望。"基于女性作为母亲的重要地位,池田大作非常重视母亲在孩子早期教育中的重要性,他说:"孩子可以说是一块洁白的布。母亲的教导自不用说,就连漫不经心的一举一动,也会敏感地全部吸收,不知不觉地染上了白布。自古以来都说孩子是母亲的镜子。一旦映照出来的像是不容易消失的,一辈子都会残留下来。"①如果每一位母亲都能用自己的行为影响自己的孩子,从小培养他们的生活技能、独立精神、高尚的品格,培养他们的环境保护意识和环境保护行为,使他们在生活的点点滴滴中养成保护环境的好习惯,就可以增强下一代保护环境、热爱自然的自觉性。

池田先生倡导的和谐世界也包括关注女性平等,他甚至说,21世纪是女性的世纪。的确,女性不仅在教育后一代、在家庭中、在消费上具有举足轻重的影响,而且在环境保护中也担当着极为重要的角色。在环境保护运动中,女性往往是先驱者和积极参与者。美国杰出的女生物学家雷切尔·卡逊就是世界上倡导环境保护的先知先觉者,如同当年斯伦夫人的《汤姆叔叔的小屋》引发了南北战争一样,她的《寂静的春天》引发了整个现代群众性的环境保护运动。1972年英国女经济学家巴巴拉·沃德在第一次人类环境大会上作了题为《我们只有一个地球》的非正式报告,成为了这次大会的理论

① [日]池田大作,卞立强译:《人生箴言》,中国文联出版公司1995年版,第114页。

准备和精神纲领,她以经济学家的敏锐和女性特有的热忱给我们传递着"只有一个地球"这样一个被民众遗忘的事实。1987年挪威前首相、世界环境与发展委员会主席布伦特兰夫人,率先定义了今天已获得举世公认的"可持续发展"。肯尼亚环境和自然资源部女副部长旺加里·马塔伊博士于2004年获得了环保领域的第一个诺贝尔和平奖。池田先生看到了环境保护运动中的这些伟大女性做出的突出贡献,他非常重视女性在社会活动中的作用,他说:无论是一个组织或是一个社会,女性的智慧与力量能否被善加活用,乃是其发展的关键,这是毋庸置疑的。一个组织,如果能够给女性充分活跃的机会,必然能够带来新的观点和辽阔的视野,令组织充满活力。重视多样性,并不止于对个人权利的尊重,因为随着凝聚丰富多彩的睿智与个性,方能酝酿出新的创造力,令社会更加和谐与发展,而这个主轴正是女性。认真面对现实,关怀相识的人,珍惜生命——这是女性的智慧与力量,只有在反映这种活力的社会里,纠缠全球的问题才可解开,世界和平才可取得确实的前进。①

在促进世界和谐的因素中,池田先生认为教育是最为根本的,他非常重视教育对于解决环境问题的重要性。池田会长于2002年8月对可持续发展世界首脑会议建言中指出:让每一个人都能把环境问题当作"切身问题",为了共同的未来,同心努力,尽力而为——这股原动力,除了"教育"以外无他。为了使教育在拯救环境中发挥应有的作用和效果,他还作了"十年教育"的规划,把它分为三个阶段:1. 了解及学习地球环境问题的现况;2. 朝向"可持续的未来",检讨自己的生活方式;3. 共同站起来解决问题,并做出具体行动,着手"变革"人心(授予力量)。

那么,如何来进行环境教育呢?池田先生指出,环境教育的重要

① 参见[日]池田大作:《改变时代的女性之声》,国际创价学会专栏2006年7月。

任务是获得正确信息、正视眼前事实;了解与学习当前的环境状况以及对生态系统的影响程度,然后在心中形成“问题意识”和“挑战的决心”。从小对孩子进行环境教育,培养孩子们珍惜自然,爱护地球,这些对孩子的未来都有不同寻常的意义。他认为“在孩童感性最丰富、吸收力最强盛、想象力或创造力最具可塑性的时期,在学校教育中进行环境教育,意义非凡。”①他极力主张教育工作者开展国际间的交流与合作,大家相互交换环境教育的投入情况,互相学习,互相观摩,促进全世界环境教育事业的共同发展。环境教育还要确立正确的伦理观,用正确的伦理观指导自己的环境实践活动。“要将伦理提升为自己的‘誓愿’,以完成‘誓愿’为‘使命’、‘喜悦’,确立这种生活方式,才是重要的。”②同时,还要培养一种通过自己的“勇气”和“力量”可以改变严酷的现实的信念。“想要改变世界,必须先改变人心。想要改变人心,必须自己先改变。”③(格雷斯博士)(Esther Gress)通过环境教育,培养自己的环境保护意识和实践环境正义的行为,如果人人都有了此种意识和行为,那么世界环境正义与社会和谐将指日可待。

(作者简介:曾建平,男,1967 年生,江西新干人,哲学博士,江西师范大学伦理学研究所所长、教授,中国伦理学会常务理事、中国环境伦理学研究会常务理事,湖南师范大学池田大作研究所研究员,主要从事伦理学教学与研究。

李雪芹,女,1977 年生,湖南常德人,江西师范大学伦理学研究所硕士研究生。)

---

① [日]池田大作:《用教育营造可持续的未来》,可持续发展世界首脑会议建言,2002 年 8 月。

② 同上。

③ 同上。

池田大作的全球视野与东方精神

洪　刚

自上世纪以来，伴随着东方国家政治变革和经济腾飞，近现代以来东方人普遍存在的精神忧伤似乎正在逐渐结束。稍加注意，人们就会发现，在中国和东方各国经济科技乘着西风快速发展的同时，随着社会发展的逐步深入，各种文化因素都在分化组合，寻找或重新确定自己的位置，并对中国和东方各国的社会改革进程发生作用。其中，西方的文化思想与生活方式也有力地冲击着东方世界，在此影响下，东方世界的面貌发生了巨大变化。

一

对于这种变化池田大作先生有着敏锐的洞察，他以全球视野观瞻人类社会的发展，指出："欧洲的近代文明带给我们很多物质和精神方面的财富，然而就其整体的倾向性而言，这种文明非但没有抑制人的野蛮的动物本能，反而成为他的最理想的隐蔽工具。"①他从多

① ［日］池田大作：《世界市民的展望——池田大作选集》，香港国际创价学会译，三联书店（香港）有限公司1993年版，第60页。

方面指出,西方文明在给世界面貌带来巨大变化的同时,也产生了很大的负面作用。

在欧洲中世纪的社会里,历史的坐标轴常常是被神而不是人占据的,到了近代,在抛弃了神的偶像以后,取代神而成为坐标轴中心的,是所谓“进步”的观念,是对科学技术的信仰。全球变暖,环境恶化等情况的发生已经使很多人认识到由于现代科学的发展脱离了人这一核心,变成了理性的自我运动,自我完成的产物。尽管科学技术文明的成果给人类带来了很多恩惠,但我们也必须认识到:科学在不以人为基轴的情况下的盲目发展,就会掉入巨大的陷阱。

从历史上看,伴随着西方科技的进步与世界贸易的发展,近代世界的版图逐渐清晰,帝国的商船不仅是以黄金和象牙的招引为驱动力的,近代西欧作为唯一的基准,即把人类社会分为文明与未开化两大部分的思考方式,产生出虚假的选民意识,而这以民主方式出现的水手号子,从背后有力支撑了殖民主义体系。也正是在这种思维方式下,伴随着利益争夺和反抗,造成近代国家间连续频繁的战争。由此以降,在这种思想方式走向极端以后,两次世界大战用血与泪给了人类以最深刻的教训。对于人类和平,歌德曾感叹道:遗憾的是迄今为止,我们还未曾发现一个国家,既有强大的军队,建成了完备的防备体制,又能始终如一地、只满足于维持这种防备体制。

也正是在这种“进步”观念驱使下,由工业文明时期开始,形成了人类中心主义,人类以科学技术为武器,在对待自然的态度上,传统人类中心主义强调征服和利用,片面强调人的利益和需要,导致对自然环境的巨大破坏,同时,只是强调一味满足当代人的需要,无视后代的权利和整个人类的长远利益。传统人类中心主义不考虑社会的责任,只是考虑到一部分人的局部利益,忽视世界上绝大多数人的整体利益。在这种传统人类中心主义的指导下,少部分人的利益的满足是以损害绝大多数人的利益为代价,造成了生态环境的恶化,人与自然矛盾的加剧。

法国文明评论家 P. 卫里尼用“欲望和意志的大小”来评论欧洲文明,尤其是近代文明,他说:“在欧洲精神所支配的地方,可以见到种种式式的极限:欲望的极限、工作的极限、资本的极限、生产效率的极限、野心的极限、权力的极限、自然环境改变的极限、谈判和贸易极限,这些极限的全体合成了欧洲或是欧洲的面貌。”①法兰西学院教授路奈·尤伊古先生对物质至上主义及隐藏在其根底的人的欲望的增大,也发出强烈的警告,尤伊古先生指出的物质至上主义,今天通过全球性市场主义而带来的自我中心主义蔓延的形式,日益加深了世纪的黑暗。地球环境的破坏,也同样是人的精神颓废的表现。把自己的利益放在最优先的位置而不顾他人,对许多重大问题装作漠不关心而加以忽视,这种“漠视他人”可以说是地球上极其猖獗的最大的“现代病例”。②

欧洲的近代精神突破了感性和本能的界限,引诱人们奔向极限。正如池田先生所评断的:在这方面,欧洲近代精神可说功过参半。

二

池田先生在《东西方艺术与人性》中论及因社会的现代化,东西方的艺术和宗教所发挥的“结合力”迅速减弱,而出现了前未有之的人之“孤独”,并且,人一旦切断与自然和宇宙的关系,他和其他人的联系也会切断,结果,孤独不再被视为社会病态。“一言以蔽之,西方主导型的近代文明的缺陷在于,一切方面都加深了分裂与独立。人与宇宙、人与自然、个人与社会、民族与民族,进而善与恶、目的与

① [日]池田大作:《世界市民的展望——池田大作选集》,香港国际创价学会译,三联书店(香港)有限公司 1993 年版,第 105 页。

② [日]池田大作、[法]尤伊古,卞立强译:《黑夜寻求黎明》,中国国际广播出版社 2003 年版,第 3 页。

手段、圣与俗等等，一切都被分裂。其中，人被逼入独立化。”①

对此，西方人也进行了深刻的反思，比较突出的可以列举两次。一次是第一次世界大战，那场惨烈的战争使得许多西方人士对西方文明产生了一种破灭感。另一次，是20世纪晚期西方文化理论界的后现代主义思潮。

20世纪20年代初，德国学者斯宾格勒所写的一部《西方的没落》针对第一次世界大战欧洲人打欧洲人的现实，反思为何自认为文化至高无上的欧洲却要自相残杀，得出结论认为西方的发展已行将末路，世界未来的发展要转眼看东方。三四十年代，英国著名历史学家汤因比著成的《历史研究》巨著，将世界文化分成20多个体系，从其哲学基础得出的结论是西方文化将来要消灭。到20世纪70年代，英国历史学家汤因比与池田大作先生进行对话，指出：“我所预见的和平统一，一定是以地理和文化主轴为中心，不断结晶扩大起来的。我预感到这个主轴不在美国、欧洲和苏联，而是在东亚。”②1988年2月，75位诺贝尔奖得主发表的宣言，更是把人类的生存与灭亡和是否能从东方儒学中汲取智慧联系起来，认为：“如果人类要在21世纪继续生存下去，必须回头到2500年前去汲取孔子的智慧。”③

西方人在反思、批判自身文化的同时，将未来的期望寄托在东方，寄望于中国。其中，也有两次比较突出。一次是18世纪启蒙思想时期。当时的启蒙思想家们，许多人对东方、对中国文化一往情深，以至有的人如魁奈竟被称为“欧洲的孔子”。大文豪歌德在其咏唱中国的诗歌中，表达了他“视线所窥，永是东方”的心声。伏尔泰

① ［日］池田大作：《世界市民的展望——池田大作选集》，香港国际创价学会译，三联书店（香港）有限公司1993年版，第41页。

② ［英］阿·汤因比、［日］池田大作：《展望二十一世纪——汤因比与池田大作对话录》，北京国际文化出版公司1985年版，第294页。

③ 蔡德贵：《大视野中的文化分合与定》，《中国青年政治学院学报》2000年第4期。

则认定中国人"是地球上无论在道德方面或治理方面最好的民族"。另一次则是第二次世界大战之后,从汤因比到今天后现代的学者与文化理论家们,对传统中国文化、东方文化充满同情的、浪漫的解读。[①] 汤因比对西方社会进行分析后得出的结论是,西方是物质文明高度发展的社会,虽然技术在物质上将世界联为一体,但根本没有缓解它的困境,反使之更趋恶化。因为现代西方文明的技术取代了原有的基督教与上帝,激发了人类内心的贪欲,只重视物质进步而忽视精神层面的追求,因此,要避免因技术的滥施而给人类带来的悲剧,就必须重建一种使精神与自然相协调的人文精神。人与自然的和谐也正是中国文明的特质,它可以弥补西方文明的弊端。

三

对于东方精神,池田大作先生曾多次论及,尤其对中国的思想文化做了深入的分析。在《走向和平之康庄大道——于北京大学的演讲》中,池田先生从几个方面发掘了中国思想的精神。

首先,在中国的思想文化中,搏动着尚文风气。纵观中国的历史,池田先生认为:与其说中国是一个尚武的国家,不如说她是一个尚文的国家。与世界文明史中经历过盛衰的其他帝国相比,在中国的历史中很难发现单纯凭借武力,明目张胆地推行武力主义和侵略主义的例证。尽管一时性的武力也曾推行过,但毕竟很快为文化或文明那大海般的力量所吸收。在中国卷帙浩瀚的史书中,只要信手翻阅几册,就可以发现其中处处充满着伦理性和伦理感。而这种尚文的风气一直是推动中国历史的巨大力量。他觉得今日世界所需要的是如何用文化和文明的"文"的力量,来抑制"武"的力量,指出中

① 参见何芳川:《21世纪东亚文化建设与文化自觉》,《北京大学学报》(哲学社会科学版)2006年第1期。

国不仅是世界上最重视历史的民族，而且中国人有一个别于欧洲人的历史观：即是把历史用来改进现在和未来。正因为中国这种尚文的传统才有可能产生巨大的力量，抑制武力侵略主义。

其次，在中国一直有抑制武力作用的传统力。这种传统力表现在：视外征为非道、不德的思想。这一点在中国古代的外交姿态中，尤其在朝贡外交、朝贡贸易中表现得十分明显。当时的中国对于绝大部分的从属国，只要求宗主权，并不试图征服。所谓朝贡亦认为中国为宗主国。为了证明自己尽了臣下之礼而带着贡物来朝进贡。对此，中国的皇帝也赠送一些中国的工艺品作为回礼。这种朝贡制度，是当时的一种特殊外交、贸易手段。这种朝贡贸易的出发点，在于以文明或文化使邻国心服。这种想法也是以尚文思想与中华民族的自豪感为基础的。

引人注意的是，在这种朝贡贸易中，作为宗主国的中国，并未从中得到任何好处，使者和随行人员在中国逗留期间的费用，全由宗主国负担，而且皇帝赠送的下赐品，总是高于朝贡所有价值，据说从属国进贡一次，总能获得五六倍的利益，作为臣下之礼的报酬。历史学家们指出，明太祖洪武帝实行海禁政策的背景之一就是因为当时的中国已经无法承受这样的负担了。池田先生认为其中反映的这种美的本质就是人或国家控制其自身本能和兽性的文明力量，亦即自制力或抑制力，而能够实现控制及废除军备的和平之路，除了积蓄和发挥这种力量之外，别无他途。

另外，中国思想文化是以人作为一切的出发点的。对此，一个日本学者谈道：中国哲学的特征，在于不断探索人的目的。哲学家们苦心思索的问题，终究没有离开人这一关系的领域，关于自然的思索总是在以自然主义的观点思索人的问题这一基础上展开的。换言之，哲学首先是关于人的学问。在中国的宗教、科学、政治等关于人的任何学问中，其基调都可以说是以人为出发点的。

与此不同，在基督教或者伊斯兰教那样的一神教的，尤其是在欧洲中世纪的社会里,历史的坐标轴常常是由神而不是人占据的。人只不过是神的仆人,而哲学只能成为神的婢女。当时的社会活动,看起来是人的活动,实际上是以神为目的的哲学,以神为目的的宗教、科学和政治。

池田先生觉得,中国的人本主义原形是在春秋末期,人在拼命寻找生存意义的艰苦探索中形成的。同样,在混沌的今日,当人在摸索如何创造历史时,中国的传统对于构建新的人类世纪也将做出巨大的贡献。英国历史学家汤因比认为:在其晚年一直有一种预感,认为中国会成为今后世界历史的主轴。他提出的最大理由是“中国民族在中国历史的长河中所掌握的世界精神”。① 在研究中国的科学方面留下巨大足迹的李约瑟,在他的巨著《中国科学技术史》的序言中说:“我们要把所有人种中的劳动的人们结成一个普遍性的协调性的共同体。当前我们正处在这种新的普遍主义的黎明。”②这种新的普遍主义的主角必然是新的民众和广大的平民。而中国悠久的历史与现实的步伐中正蕴藏着这开创未来的不可估量的动力。法国首屈一指的中国学权威范德梅尔舒教授认为:“与西欧文明相匹敌的一个文明形态正准备出现。”他所指的就是“新汉字文化圈”。③

总的来说,中国人的态度,就是“通过个别看普遍”,也就是说,从人的方面通过现实来认识天,而其重点在于本着这种认识,不断努力与实践,以改造现实,其特点与其说是静,不如说是动了。与此相反,以某种固定的观念为基准,用以判断一切的思考方式,因其过于执著固定的观念,从而看不到,所谓观念只不过是处于不断流转的生命大河中的人的实践活动的产物。看不到这一点,就会产生理论信仰、制度信仰和效率信仰,而活生生的人,就会为这些东西所控制。

① [日]池田大作:《世界市民的展望——池田大作选集》,香港国际创价学会译,三联书店(香港)有限公司1993年版,第49页。

② 同上书,第51页。

③ 同上书,第33页。

而当代信仰错误的根源，在于缺乏从人的角度来思考问题。①

四

自上世纪中叶以来，东方文化已经焕发出新的生机，展现出无限光明的前途。经过长期的文化分合，东方文化重新找到了自己的位置。未来的东方文化仍将发挥注重精神文化的特长，但会不断吸收西方物质文化的优秀成果，以丰富和完善自己，完成自己在未来的世界文化中的定位。对于全球视野中的人类文明发展，池田大作先生指出了人类文明发展之前途。

池田大作先生用佛教中的“依正不二”论指出了人的内在的伦理性变革。“依正不二”是佛教关于人作为生命主体同其所处的自然环境客体之间的关系原理。所谓“依”，是指生命活动的依据，即生命活动所赖以进行的外部客观环境，这种客观环境既包括自然环境也包括社会环境。所谓“正”是指维持生命活动的主体，池田先生用它来指人类而言。“不二”是大乘佛教的一个主要概念，指不同事物之间的“不同”即“二”其实只是表面的，就其实质而言，它们之间并非两个各自的存在。②

佛法主张依正不二，无论人还是自然界，森罗万象都是“因”、“缘”相互支持，相互关联。事物不是单独地，而是在这种关系中产生的。“正报”即主观世界，“依报”即客观世界，两者并不是二元地对立着的，而是处于相即不离的关系中，这就是佛法的基本的生命观、宇宙观。

由这种基本的理念，池田先生联系到现代社会发展，在哈佛大学

① 参见[日]池田大作：《世界市民的展望——池田大作选集》，香港国际创价学会译，三联书店（香港）有限公司1993年版，第33页。

② 参见冉毅：《“人性革命”——池田大作“人学”思想研究》，四川人民出版社2005年版，第335—336页。

的演讲中,他谈到了在新的历史纪元中,软能与硬能的问题。谈到以往军事、权力、财富等所谓硬能作为历史的动因的决定性要素,到最近,其比重下降,而知识、文化、思想、组织等软能的力量正显著增强。硬能的习性是“外发”,而软能的特征则以通过协商、理解而内发产生的力量为核心。

池田先生认为,开启软能时代的至关重要的关键在于内发的因素。所谓内发的,即是自制的,不是被他人强制做什么,而是自律地那么做。他认为这种“自律的精神”才是无国境时代的世界公民的象征,这种内发性自律,自我控制之心,是现代最需要的。因为在生命尊严人际关系淡漠的世界,它一定能使日益衰微的友情、信赖、爱情等人的宝贵关系复苏,提供贵重的贡献力量。可以说使这种潮流不再逆转乃是我们现在所担负的历史使命,现代人必须把目光放到内省的工夫上,并通过人类的内在改革为“精神革命”开辟一条大道。

美国哥伦比亚杜巴里教授应邀在钱穆纪念堂演讲时,曾述及中国传统思想的优美质素:在世界变革过程中,人起着中心的、创造的作用,而儒教是以人为中心思想,在混沌的今日,当人在摸索如何创造历史时,这种思想传统对于构筑新的人类世纪将做出巨大贡献。

池田先生特别指出:有一点应该注意的是,最近有很多人在讨论“汉字文化圈”和“儒家文化圈”,但那并不是指儒家制度和思想,因为这些制度和思想几乎已成为历史陈迹。具有意义的并不是东方具体的制度和思想,而是它们所残存的一种秩序感,一种足以矫正欧洲的超个人主义的秩序感。池田先生相信这种秩序感不是单指儒家思想,而是荣格所指出的一种更广义的“东方感觉”。①

那么,现代世界人类的文化交流应秉承怎样的原则呢?池田先

① 参见[日]池田大作:《世界市民的展望——池田大作选集》,香港国际创价学会译,三联书店(香港)有限公司1993年版,第104页。

生认为,文化交流必须基于互惠、对等和渐进原则。"文化应该像联结人们的心的琴弦,能奏出和谐美妙的乐韵。因此,交流必须基于互惠和对等的原则。单向的文化传导,只会在传播文化的国民心中播下傲慢的种子,同时在接受文化的国民心中产生屈辱和仇恨的感情。"①

池田先生指出,推动文化的交流会遇到很多不易解决的问题。具有不同价值体系的文化相互接触的时候,当然会产生一些刺激的作用,令双方发展起来,但是,当两种不同的文化体系互相渗透时,就会引发双方激烈的抗拒,结果使文化交流在引发创造性力量的同时,更会造成摩擦。他以欧洲文化渗透到日本文化过程中观察到的现象为例,提到,日本比较容易接受欧洲的科技文明,甚至后来居上,但是在精神方面,即构成文化基础的价值体系方面,日本却没有达到同样的发展程度。随着日本经济力量的增长,文化摩擦和经济摩擦成对地出现,并且文化的交流越是全面,这种摩擦就越是深刻。所以他认为,文化交流中的渐进性很重要,从日本的情况可以看出,外来文化的某些方面,如科学、技术,是可以纳为己用的,然而,整体的外来文化则不能这样移植到另一个文化上。如果急速地将一个文化强加到另一个文化上,必定会招致社会分裂,甚至会演变成战争。正因为如此,才需要长时间,以渐进的方式进行,以求互相理解,互取所长,也只有这样,文化交流才可以在和平的气氛下进行,才可以收到事半功倍的效果。

随着交通、通信工具的发展,不同文化之间的交流今后会急剧增加,人们正在寻求一个使世界合为一体,形成新的世界秩序的制度,在建立这种新的秩序的制度里,文化交流是不可或缺的。文化交流要朝着启发建设的方向进行,不能重演一再出现的历史上的摩擦和

---

① 参见[日]池田大作:《世界市民的展望——池田大作选集》,香港国际创价学会译,三联书店(香港)有限公司 1993 年版,第 97 页。

破坏。而要做到这一点就需要按照互惠、对等和渐进的原则进行。

无论如何,历史的潮流是一刻也不会停止的。诗仙李白在诗中说道:天地者万物之逆旅,光阴者百代之过客。正如池田先生所说:"在通往新世纪的大道的远方,矗立着一座文化优于政治,精神胜于强权,人民高于国家的凯旋门,那就是我们的目的地了。"①

(作者简介:洪刚,男,1979年生,辽宁辽阳人,研究生学历,大连水产学院人文法律系行政管理教研室讲师,辽宁师范大学池田大作和平文化研究所成员。)

---

① [日]池田大作:《世界市民的展望——池田大作选集》,香港国际创价学会译,三联书店(香港)有限公司1993年版,第95页。

论池田大作的和谐德育观*

王丽荣　陈志兴

池田大作先生不仅是世界著名的宗教思想家,而且也是一位杰出的教育家。他一生致力于教育事业,提出了丰富而完整的教育思想体系。对于池田先生的教育思想,国内已有一些学者做过相关的深入研究。我们认为,在池田大作博大而深厚教育思想的宝库里,蕴藏着灿烂而光辉的道德教育思想。他把培养拥有健全人格的和谐发展的人作为教育的最终目的,一直非常重视对青少年的道德教育。池田先生认为,教育中最重要的是"道德操行"教育。"我认为教育的终极目的是造就人。对于人类来说,磨炼知性、丰富知识固然重要,但我坚信更不可欠缺的是伦理和道德方面的修养。"①关于池田大作的道德教育思想,我国也有学者进行了颇有价值的初步探讨②,

---

* 本文是王丽荣主持的2006年度创价大学中日友好学术研究资助项目——"池田大作道德教育思想研究"的部分成果和王丽荣主持的2007年度教育部人文社科规划课题——"池田大作道德教育理论与实践"的部分成果。

① [日]池田大作、[德]狄尔鲍拉夫,宋成有等译:《走向21世纪的人与哲学》,北京大学出版社1992年版,第226页。

② 参见王丽荣:《池田大作道德教育思想初探》,《外国教育研究》2005年第6期。

德育目的理论。外在的德育目的往往强调国家对公民的统一道德要求,忽视了公民的个性差异和生命价值,最终造就的是只会服从统一命令的"奴性"人。如果德育只有外在的目的,不但会在实施过程中遭到学生内心的排斥和抵制,丧失其实效性,而且有导致道德功利主义的危险,为此我们认为这种德育是不和谐的德育。

池田大作正是看到了社会本位、外在的不和谐德育目的所导致的令人担忧的教育状况,如青少年犯罪现象激增,校园暴力事件频发,学生自杀悲剧层出不穷,滥用毒品等,而非常认同由哥伦比亚大学宗教系主任罗伯·撒曼博士首次提出的"为教育的社会"思考模式。"为教育的社会"体现了池田先生人本主义的德育理念①,认为德育应当从受教育者的道德本性和需要出发,注重发挥个人价值的重要性,强调德育的目的在于提升学生个体的生存价值和生命质量,使之成为自主、自由的道德主体。池田先生创立的"创价大学"的校名就深深地包含了这层寓意。"创价"二字是"创造价值"的缩写,寓意"通过教育,帮助每个人过上幸福的生活,创造有价值的人生"。笔者认为,池田大作的这种教育观,最充分地体现了其和谐的德育理念。

信息时代是知识量不断膨胀,知识更新日新月异的时代。为了赶上时代发展的潮流,现代教育出现了一系列不和谐的现象,如一味注重对学生进行知识灌输,把学生当成储藏知识的大容器。轻德育,重智育,越来越表面化、肤浅化、技术化,是各国现代教育共同面临的问题。正如我国学者所指出的,世界范围内的现代教育在增加它的"长度"("终身教育")和"广度"("大教育")的同时,正在失去它应有的"深度"("人的、人性的或人生的教育"),亦即,世界各国的现代教育在日益满足教育主体(如国家主体、集体主体、个人主体)不

① 参见王丽荣、李萍、钟明华:《池田大作教育思想特征及其思考》,《中外学者论展望二十一世纪》,华中师范大学出版社 2006 年版。

断延长和增加的教育需要，提高受教育者个体对于社会、集体和自身的“价值量”的同时，不同程度地忽视了对作为“个体人”的受教育者生命本体的关怀，放弃了对作为“个体人”的受教育者的“人性”、“人生”或“人的意义”的引导。① 池田大作基于人道的生命尊严观，对现代教育侧重灌输造成学生个体尊严感丧失和人性受到挤压的不和谐教育状况进行了深刻批判，认为：“在科学急速进步和信息流通手段呈现多样化状态下，教育偏重于知识的倾向会越来越明显。特别是日本教育，据说与其他国家相比，各学年必修的知识量相当大。确切些说，多数教师拼命让学生掌握标准量，而对于跟不上的学生也就只得弃之不顾。”②他看到了德育相对于智育而言所具有的超越本性，认为：“让学生掌握任何时代都不会变的、超越民族或国度差异的、作人的伦理观或蒙泰涅所说的‘德操’，是比什么都重要的。”③人面临着两个世界：现实世界和可能世界。人不但要适应现实世界，而且要对可能世界进行理解和把握，因为可能世界反映的是现实发展的趋向、可能和前景，使人得以不断超越现实存在，创造更有意义和价值的人生。而道德，作为人类的一种精神活动，是对可能世界的一种把握和理解。道德的这一特性，决定了德育的超越本质。

池田大作这种拒斥教育功利主义，高扬德育的超越性和本真性的德育观，对我国德育理念的发展也有重要的启示意义。随着我国改革开放的不断深化和现代化进程的逐步推进，科学技术的迅猛发展，一方面促进了物质文明水平的提高和人们物质生活的改善，另一方面也带来工具理性的张扬和价值理性的迷失。工具理性逐渐渗透到我国的教育领域，并对德育带来极大的负面影响，使德育的功利化

---

① 参见石中英：《试论现代教育的“深度”》，《教育理论与实践》1998 年第 3 期。

② ［日］池田大作、［德］狄尔鲍拉夫，宋成有等译：《走向 21 世纪的人与哲学》，北京大学出版社 1992 年版，第 233—234 页。

③ 同上书，第 234 页。

趋势较为严重。在工具理性的支配下，教育决策者在制定德育目的和方针时，优先考虑的是德育的经济、政治功能，追求的是德育服务和服从于社会政治需要和国家的经济发展，而关于德育的文化、育人功能，德育对人自身的个性发展、精神需求的促进和提升等作用则被有意无意地忽略了。国家的德育目的和方针又深刻影响了学校德育的培养目标、课程设置及德育教学的方式。在培养目标上，片面强调按照社会、市场对人才的标准化、规范化和职业化的要求来培养国家所需要的人才，使得受教育者的独立个性及创新意识受到极大的压抑；在课程设置上，偏重专业知识的传授，德育课程设置不足，而且泛政治化趋向严重，忽视了对学生人文精神的培养；在德育教学的方式上，较注重道德规范、训条的灌输，一味追求量化指标和现代化的教学手段，而贬低教师对学生进行人生观、价值观引导教育的隐性劳动。德育要走出功利化的困境，必须由外向内，重新关注人的内心世界，关怀人的精神生活，真正发挥和实现其超越性和本真性。

二、培育“内外调和”的人是池田大作的和谐德育目标论

科学技术的不断进步，带来了生产的扩张和经济的繁荣，使得人们的生活变得更为富足、便利和舒适。但是，由于人们认为依靠科技能够从自然界获取所需要的一切，改变了以前对自然的依赖感和敬畏之心，开始大肆地掠夺和蹂躏自然。这导致和加剧了人口爆炸、资源枯竭、环境污染等生态危机，打破了人与自然之间原有的平衡与和谐。技术文明的进步带来的危害，还进入了人们精神生活的领域和道德的领域，引起精神的危机和道德的危机，威胁着人与人、人与自身之间的和谐关系。关于现代社会这种物质文明和精神文明二律背反的发展结果，正如尤伊古在与池田大作的对话中所谈到的，“现在有威胁我们肉体健康的物质危机，其次有威胁心理健全的精神危机。

而最后决定性表现出来的将是道德的危机,它将窒息我们的精神生活"。①

池田先生深切地观察到现代技术文明的扩张并没有真正带来人的自由的扩大和内在心灵的和谐。因为科学技术的发展虽然增强了人们对外部世界的控制力量,扩大了外在的自由,但是另一方面,人却正在日益失去对自己内在力量的控制,被迫屈服于自身各种本能的欲望,逐渐成为欲望的奴隶。他认为,"现代文明最大的缺陷和歪曲,归根结底是在于使人们丧失了凝视自己的内面并加以正确引导的态度。"②这也就是说,现代人正在被消费文明所同化,逐渐丧失了对现实社会的反省和批判意识,变成了马尔库塞所说的"单向度的人"。正是在此基础上,池田大作认为,"人类确实把心只朝向外部,现在应当把心更多地朝向内部,实现两者的均衡。"③他把调和作为生命的法则和心灵世界的法则,充分意识到人与自然、社会以及人自身保持和谐关系的重要性。他非常赞成尤伊古关于调和的观点,"对于人来说,在其精神内部以及在其与外界关系方面,调和同样都是根本。人在其精神内部必须保持调和,使其所具有的各种可能性和能力不致受到丝毫窒息;在其与外部世界的关系方面,也必须同环境——即本质上称之为自然的我们所处的世界——之间建立调和"。④

池田大作认为,要实现人的"内外调和",最根本的出路在于发动生命内在的革命,即"人性革命"。而在他看来,要实现人性革命,主要是通过两条途径——宗教和教育。池田先生在与意大利罗马俱乐部创始人奥里利欧·裴彻对话中指出:"除了宗教之外,第二个带

① [日]池田大作、[法]路奈·尤伊古,卞立强译:《黑夜寻求黎明》,中国国际广播出版社2003年版,第8页。

② 同上书,第229页。

③ 同上。

④ 同上书,第195页。

来人类革命的因素就是教育了。”①后面又说:“我认为人类的革命主要有两部分。第一部分是应用宗教(在我来说是佛教)来发展和改善最深层次的意识。第二部分就是实际社会内的接触和活动(和宗教有关,如教育等)。当越来越多人做到内在和外在的人类革命时,人与人之间以及人与自然之间的关系会变得和谐。”②由此,可以看出池田先生较为注重培养“内外调和”的健全人格的和谐德育理念。

我国作为后发现代化国家,在赶超西方先进发达国家的进程中,也受到西方唯经济主义和唯科学主义思潮的一定影响和冲击。在发展过程中,过去一些地方片面追求经济增长速度,一切以经济发展为主导,无视经济社会的可持续发展,忽视了人们精神文化生活的改善和提高。经济的过快、单一增长,不但会引发资源耗竭、环境恶化等生态危机,而且也使得一些人在激烈的竞争中变得无所适从,内心原有的平衡被打破,出现了一些严重的心理问题,甚至是心理疾病。近年来,我国的人均国民总收入已步入中等收入国家行列,坚持科学发展观,构建和谐社会也已经取得了社会各界的共识。充分发挥德育的育人功能,培养内外调和的人,实现人与自然、社会以及自身之间的和谐,应该成为德育发展的当务之急。

三、强调情感教育、自我教育是池田大作的和谐德育方法论

池田大作一直主张用对话、爱和慈悲来解决人类面临的各种社会问题,以实现世界的永久和平。这一思想在其教育理念中的表现是,他认为教育不应该只是造就社会人和职业人的知性教育,而且更

① [意]奥里利欧·裴彻、[日]池田大作,杨僖译:《为时未晚》,香港牛津大学出版社1992年版,第86页。

② 同上书,第87页。

应该是使学生拥有丰富心灵的情感教育。在谈到日本的教育状况时,池田先生指出:"现在的大学教育'大量生产'化,已经丧失了这种人的相互接触,说是毫无感情教育也不算过分。在知性教育方面,也是单纯灌输知识的教育,可以说根本没有进行人格方面的知性磨炼。"①德育是教学生做人的学问,毫无疑问更应该进行情感教育。科技文明的快速发展,使得现代人的理性意识和思维增强,情感方面却受到漠视。人与人之间的通信手段越来越丰富,通信范围变广,通信量也增多,真正意义上的人际沟通交流却很少。受其影响,有些地方和学校以往融洽的师生关系也变得有些冷漠了。因此,在德育过程中,教育者对受教育者投入更多的关爱,与学生进行心与心的交流,对增进学生的内心和谐,促进学生的内在精神建构具有重要的意义。

在学校,实施情感教育的关键是教师。池田认为,教师是德育的首要条件,是最重要的德育环境,对学生的人格健全起着至关重要的作用。在师生关系上,他一直主张"师弟不二"。也就是说,师生之间应该"异体同心",通过相互接触和交流,走进各自的心灵世界,达成"世界融合"。为此,教师必须首先认识到自身职责的重要性,具有作为教师的神圣感和自豪感。"教师从事着培育肩负未来的青少年人格的重要工作,如果没有'圣职'的自豪和热情,就不要指望有成效的教育活动。我认为,教师'不是被硬加给',而是作为自身的觉悟,恢复'圣职'这一职业的荣耀,才是再建教育的一个出发点。"②只有热爱教育事业,能舍弃对金钱和名誉的欲望的人,才能从事好和献身于教育事业,成为一个受人尊敬的教师。在德育过程中,教师要与学生进行双向对话,平等沟通,以增进彼此的相互理解和信

---

① [日]池田大作,卞立强译:《人生箴言》,中国文联出版公司 1995 年版,第 136 页。

② [日]池田大作、[德]狄尔鲍拉夫,宋成有等译:《走向 21 世纪的人与哲学》,北京大学出版社 1992 年版,第 264 页。

任。教师要意识到师生之间不是对立的关系，德育的效果也不是来自于教师的威权，可以在“师生的耦合”中通过爱和良知来建立师生间的牢固情谊。正如池田所说，“因权威结成的师生，在现实中已坠入来自儒教思想单纯的礼节，变成徒具形式的过去的遗物。……也就是说，当意识到彼此既是老师又是学生这种深刻的人与人的关系来相互接触时，友好也会结出极为丰硕的果实。没有人在一切方面都是老师，也没有人在一切方面都必须作为学生来学习。在这里会无意识地出现彼此既是老师又是学生的人与人的关系。”①在与路奈·尤伊古的对话中，池田大作还谈到，佛教的不轻精神应当是真正意义上的教育的根本精神，“不论是任何时代，优秀的教师都会以这种不轻的精神来对待学生。我觉得东方和西方这一点都是同样的。我要强调的是，在教育制度的体系、教育机构和教育理念的基本上都应当贯彻这样的精神。教育如果能进行这样根本的变革，我认为整个社会的思想和人们的生活态度也会发生变化的”②。所谓不轻，是指因为一切人身上皆有佛性，对一切人的生命、人格都表示敬意，对任何人都从不轻视。教师以不轻精神对待学生，也就是说教师要把学生当作与自己平等的人，对学生加以关爱，同时平等地对待学生，关注到每个学生的生命尊严和独特个性，不以成绩好坏作为评判和区别对待学生的标准。另外，池田先生还高度重视家庭德育的情感教育功能，认为“家庭是一切的基础，根本是教育”，“父母能真心实意，一定会感动孩子的心。要最大限度地想着孩子。这会铭刻在孩子的心里，长大以后一定会起作用。最好的家庭教育是‘爱’”。③

① [日]池田大作，卞立强译：《人生箴言》，中国文联出版公司1995年版，第141页。

② [日]池田大作、[法]路奈·尤伊古，卞立强译：《黑夜寻求黎明》，中国国际广播出版社2003年版，第142页。

③ [日]池田大作，卞立强译：《人生的坐标》，上海外语教育出版社2002年版，第102—103页。

德育要走进学生的心灵，除了教师应该与学生建立良好的双向互动关系外，还应该充分弘扬学生的自主性，帮助他们通过自我认识、自我评价、自我审察、自我批评等途径实现自我教育，达到我国著名的教育家叶圣陶先生所说的"教是为了不教"的德育效果。在人性观上，池田大作坚持佛教的"善恶不二"论，认为人性可善可恶，包含着善恶两方面的可能性。"佛教则主张'善恶不二'，认为人的生命本来就不能片面地规定是善还是恶，而是既具有善的可能性，同时也具有恶的可能性。"①正是基于"善恶不二"的人性观，池田认为，人必须弘扬人性善的一面，并努力抑制人性恶的一面。"最重要的是：每个人都应该自觉认识到人的内心深处都存在着善恶两方面，并竭力抑制残暴的破坏性冲动。"②实现扬善抑恶，不是依靠社会的强制性力量，而是依靠道德教育充分发扬生命的自主性和能动性。池田大作认为，仅仅依靠法律制度来约束和恐吓人，必将导致人的尊严的丧失，"因为仅依靠来自外部的社会的和权力的力量来消除人的野蛮性，必然会忽视个人的内在的抑制力"③。发动生命内在的革命，实现自我教育，必须处理好"小我"和"大我"的关系。池田认为，小我是与欲望相连的，完全消除欲望是不可能的，必须"通过对'大我'（宇宙的普遍的自我）的觉悟，去克服跟欲望相通的'小我'（个人的自我）"④。在教育过程中，首先要靠个体自我（"小我"）进行自我教育，其次要把个体自我（"小我"）和类自我（"大我"）结合起来，互相联结，互相渗透，互相促进，形成比较完整意义上和初步发挥作

① [日]池田大作、[意]奥锐里欧·贝恰：《二十一世纪的警钟》，中国国际广播出版社1988年版，第94页。

② [日]池田大作、[德]狄尔鲍拉夫，宋成有等译：《走向21世纪的人与哲学》，北京大学出版社1992年版，第100页。

③ [日]池田大作、[苏]A. A. 罗古诺夫，卞立强译：《第三条虹桥》，中国国际广播出版社1990年版，第42页。

④ [英]汤因比、[日]池田大作，荀春生等译：《展望二十一世纪》，国际文化出版公司1985年版，第395页。

用的自我教育。池田大作也非常重视家庭教育在培养孩子自我教育能力方面的重要性。他认为,“教育的‘育’就是培育的意思,并不只是在父母的庇护下单纯的保护。如何培育孩子自己去开辟人生的能力、坚定生活的能力——即‘自主的精神,可以说是家庭教育中的一个重点’。”①

池田大作推崇的情感教育和自我教育等德育方法,对我国现阶段的德育实践也有很大的启发作用。德育,本质上就是在教育者的正确引导下受教育者的自我精神建构活动。德育虽然存在从外部施加影响的过程,但是其主题却应是促进、改善受教育者主体自我建构、自我改建的实践活动的过程。在当前德育片面强调正面理论灌输的情况下,调动学生的自主性、能动性、积极性,引导他们进行自我教育,已经成为德育界以及全社会的共识。由于人不仅是理性的人,而且还是理性、情感和意志和谐统一的人,德育就不能被片面发展成知性教育,而应该是认知、情感、意志和行为等德育心理要素相结合的全面教育。针对当前我国德育大多偏重知识教育的病理,德育应重点加强对学生的情感教育,提升他们自我教育的能力,实现教育者与受教育者心灵之间的沟通,促进受教育者的精神建构,帮助他们实现内在世界与外在世界的和谐。

(作者简介:王丽荣,女,1958 年生,湖北黄石人,博士,中山大学教育学院教授,博士生导师,池田大作与亚洲教育研究中心副主任。

陈志兴,男,1979 年生,江西东乡人,中山大学教育学院博士研究生。)

① [日]池田大作,卞立强译:《人生的坐标》,上海外语教育出版社 2002 年版,第 100 页。

池田大作的青年德育思想及其启示

纪亚光　刘　伟

池田大作不仅是国际创价学会会长、日本创价学会名誉会长，世界著名的社会活动家、政治思想家、文学家和诗人，同时也是杰出的现代教育家。他不仅通过演讲和著述，阐释他的教育思想与理念，而且切身实践，独树一帜地创立了从幼儿园、小学、中学到大学和研究生院的创价教育体系，在日本产生了极为深刻的影响。在池田大作教育思想中，青年人格的塑造与培育占有重要地位。近年来关于池田大作教育思想的研究成果对此多有涉及①。本文拟在借鉴前人研究成果的基础上，就池田大作青年德育思想进行专门探讨。

---

① 其中包括贾蕙萱：《池田大作的教育思想》，载贾蕙萱、张可喜主编：《池田大作研究论文集》，香港社会科学出版社有限公司 2004 年版，第 182—194 页；黄富峰：《池田大作教育思想初探》，载冉毅、曾建平主编：《关爱人性　善待生命——池田大作思想研究》，湖南师范大学出版社 2003 年版，第 51—61 页；胡华忠：《池田大作"人间革命"中的教育思想》，载《和平 · 文化 · 教育》创刊号，2004 年，第 135—148 页；王丽荣：《池田大作道德教育思想特征之我见》，载《和平 · 文化 · 教育》创刊号，2004 年，第 183—194 页；曾峥：《论池田大作的现代教育观》，载王新生主编：《21 世纪东方思想的展望》，北京大学出版社 2005 年版，第 175—184 页；黄富峰：《池田大作教育伦理思想探析》，载王新生主编：《21 世纪东方思想的展望》，北京大学出版社 2005 年版，第 266—273 页。

一、教育的根本在于人格的塑造和培育

池田大作非常重视教育,将教育放在"人生至极之圣业"①的地位。早在20世纪70年代初,池田大作就在数万人面前公开宣言:"教育是我人生总完成的事业。"②这一信念,他一直坚持至今,并"正扎实地进入此信念实现的阶段"③。在演讲和著述中,他多次强调如下的观点:"要开拓世界和平、人类平等、精神自由之路,这是'教育'的神圣使命。不如此则无法形成万人活得像个人的'人性绿洲'。此外,要打破阻止此趋势之权力者,打破权力魔性,使权力、权势归属于民众,也是要仰赖'教育'才能做到。"④"教育才是打开世界上无知、社会病态等人间苦恼、解放人们的'武器'。"⑤

不过,池田大作所重视的教育,与其说是传播知识,不如说是塑造、培育人格,即德育。可以说,德育是池田大作教育思想的核心内容。

教育的目的是教育家对教育何为的最根本看法,是对教育根本价值的判断。池田大作在其有关教育的讲演中,开场白往往会旗帜鲜明地提出"教育为了什么"这一问题。他认为,"教育是培养'人'的事业"⑥,"教育的根本课题是在于说明和回答人类应当怎样存在,人生应该怎样度过等这些人类最重要的问题"。⑦

---

① [日]池田大作:《教育指针》,台湾正因文化事业有限公司2000年版,第9页。

② 同上书,第17页。

③ 同上。

④ 同上书,第10页。

⑤ 同上书,第23页。

⑥ 池田大作:《教育之道文化之桥》,作家出版社2002年版,第54页。

⑦ [英]汤因比、[日]池田大作:《展望二十一世纪——汤因比与池田大作对话录》,国际文化出版公司1985年版,第60—61页。

池田大作对于“教育为了什么”这一问题的回答,可以用“追求人生意义”这六个字来概括。同时,他还言辞犀利地指出:“现代教育陷入了功利主义,这是可悲的事情。这种风气带来了两个弊病,一个是学问成了政治和经济的工具,失掉了本来应有的主动性,因而也失去了尊严性。另一个是认为唯有实利的知识和技术才有价值,所以做这种学问的人都成了知识和技术的奴隶。”①“教育者应该致力的最重要的事情不是‘讲授某个学科的知识’,而是‘教育人’本身,就是使受教育者的人格健康向上,德才都得到开发。”②

可见,池田大作所信奉的教育宗旨,就是对人生意义的追求和对功利主义的批判。他深刻指出:“现代社会的危机是源自教育的危机;教育的危机则是源自‘教育目的’的模糊不清。……智能是为了什么——是为了培育能为人类奉献的‘心’与‘力量’。不管拥有再多的‘力量’,若无那份‘心’,就毫无意义可言。”③

池田大作以德育为核心内容的教育思想,源于他对社会发展的思考、对人类命运的关注,而这些思考又积极地继承和发扬了创价学会第一任会长牧口常三郎和第二任会长户田城圣的“创造人生价值”思想。

包括池田大作在内的许多有识之士都指出,现代社会中人与人之间的关系、人与自然之间的关系日益恶化。在分析其内在原因时,池田大作指出:“人类虽然由于科学技术而获得了巨大的力量,但是却不想把这种力量用于谋取全人类的幸福和维护作为人的尊严,而是企图按照仅满足自己欲望这一利己的目的和确保对他人的优越感

① [英]汤因比、[日]池田大作:《展望二十一世纪——汤因比与池田大作对话录》,国际文化出版公司 1985 年版,第 63 页。

② [日]池田大作、[英]B. 威尔逊,梁鸿飞、王健译:《社会与宗教》,四川人民出版社 1991 年版,第 148 页。

③ [日]池田大作:《教育指针》,台湾正因文化事业有限公司 2000 年版,第 13 页。

这一竞争心理，来利用这种力量。”[①]他又进一步指出：“凡自己内心世界不能取得调和与平衡者，在对他人的关系和社会生活中，也会经常播下不和与斗争的种子。”[②]因此，归根结底的原因是人与自身内心的分裂和不和谐。而解决这种不和谐的根本出路在于通过教育，引发人们对社会、对人性的思考，促使人内心能够取得和谐，即完成“人性革命”。当越来越多的人做到这种从内到外的人性革命时，人与人之间、人与自然之间的关系也会变得和谐。池田大作强调：“教育之‘根’的深度，也就是‘社会的深度’、‘文化的深度’。此外，教育也是联结人与人的‘连带的源流’，也是开创未来‘繁荣的能量’。而且，也可以说是让人最像个人的，开出花朵的‘和平的大地’。因此，轻忽人性教育时，无论政治、经济、科学或者是宗教，都有可能蕴藏压抑人性的危险。”[③]因此，教育对于国家发展、对于民族进步，对于社会中个体的成长具有独特的地位和作用。池田大作认为：“‘教育’是最重要的事业，全神贯注在教育上，在此有真正的‘人性主义’，是时代之先驱，如何充实教育是世界一致的焦点。”[④]

池田尤其重视对青年的德育教育。他对青年寄予厚望，认为：“一切取决于青年”[⑤]。他希望，“青年，无论在任何时代，胸中都要抱持炽热的理想，雀跃着伟大的远景，担负起使命，成为创造未来，强而有力的推动力量。”[⑥]池田大作认为，使青年承担起创造未来的责任，关键在于教育。他多次强调，“青年是力量，培养此力量，并将其引发出来的是教育。青年是未来，除了全力倾注于教育外，别无创造

① ［日］池田大作、［意］奥锐里欧·贝恰：《二十一世纪的警钟》，中国广播出版社1988年版，第174页。

② ［日］池田大作：《池田大作集》，上海远东出版社1997年版，第45页。

③ 同上书，第75页。

④ 同上书，第15页。

⑤ 同上书，第127页。

⑥ 同上书，第119页。

未来之途。”①因此，他反复强调，要重视青年人，“以年轻人为焦点，倾注生命好好培育。惟其如此，才能有光辉的‘未来’。”②可见，青年教育于国于民都是一件极为重要的事业。

二、人格培育的内容与方法

池田大作不仅重视青年人格的塑造与培育，而且提出了一整套青年人格培育的内容和方法，并躬身实践，取得了世人瞩目的良好效果。归纳而言，这些内容与方法主要表现在如下几方面。

1. 教育内容观：注重能力教育，人文科技并进

教育的目的是通过教育的内容实现的。池田先生认为，教育应该包括两方面内容，“规律性内容”和“价值性内容”。他提出，“对于知识和良知，本来两者具备才能得到正确发挥。不管积累多少知识，如果不培养其使用它的人的良心，知识只会成为人本来具有的利己心的工具，到处滥用。”③可见，只有把二者结合起来，才能发挥出二者应有的价值。

对于学生的学习能力教育，池田大作认为，“一般来说，在严格筛选、浓缩必要知识的同时，让学生扎实地掌握实际考虑问题的基本方法是非常重要的。之所以这样说，那是因为科学技术飞速发展，生活状况也令人变得目不暇接，今天还属必要的知识很快就被淘汰，代之崭新的知识又不断成为必要。要想成功地应付多变的现实，必须掌握基本的思考方法。”④

---

① ［日］池田大作：《池田大作集》，上海远东出版社1997年版，第14页。

② 同上书，第122页。

③ ［日］池田大作、松下幸之助：《人生问答》，中国文联出版社2000年版，第354页。

④ ［日］池田大作、［德］狄尔鲍拉夫：《走向21世纪的人与哲学》，北京大学出版社1992年版，第234页。

在教学内容的安排上，池田先生认为，现阶段学校教育中，过于重视纯粹知识的教育，而忽视了学生思想、道德、人格方面的培养。“今天大学教育的大量生产化，已经丧失了这种人的相互接触，说是毫无感情教育也不算过分，在知性教育方面，也是单纯的灌输知识的教育，可以说根本没有进行人格方面的知性磨炼。”①池田大作认为，教学内容安排上的问题不单单只是忽视了人文素质的培养，而且在内容方面更是出现了只注重科学技术，而忽视人文知识的不合理现象，其原因在于比起人文知识，科技知识能带来更多更快的社会财富的增加。但是这种只重视科学技术的社会，发展是畸形的、不和谐的。

所以，池田大作认为，在现代教育内容的安排上，要以人文教育为先导，以科技教育为基础，只有把这两方面的教育内容有机结合，加之人性、品德、情感等方面的培养，方能培养出社会所需要的合格人才。

2. 教育方法观：师弟不二，共同进步

正确的教育方法观源于正确的教师观和学生观。池田大作认为：“教师从事着培育肩负未来的青少年人格的重要工作，如果没有‘圣职’的自豪感和热情，就不要指望有成效的教育活动。”②池田大作把教师看作是教育的首要条件，是最重要的“教育环境”，认为教师在学生的成长中起着重要的作用。

因此，池田大作对于教师这一职业提出了以下要求：第一，教师必须具有高尚的人格、丰富的知识、坚定的信念。他认为，“可以担任教师的人，一定要是人格高尚而又知识丰富的，足以教育承担下一时代重任的青少年的人”。他并多次强调，“作为教师必须具有自己

① ［日］池田大作：《人生箴言》，中国文联出版社 1995 年版，第 135—136 页。

② ［日］池田大作、［德］狄尔鲍拉夫：《走向 21 世纪的人与哲学》，北京大学出版社 1992 年版，第 248 页。

坚定的信念，必须成为一个值得学生尊敬的人。今天特别要求教师在这个意义上觉悟、感到自豪并具有责任感。”①第二，教师要注重自身的人格磨炼。“知识本身是可观的，利用讲义、传声器完全可以传授。而人格形成、人性等应当如运用知识的价值创造问题，是要通过教师和学生之间的交流和接触才会自然刻印在生命中的。”②池田大作一直主张“师弟不二”，他认为，“孩子的幸福是第一位的。孩子也是人，就有人格问题，发挥孩子们的可塑性是教师的责任”。③ 而教师要首先完成对自己的塑造。第三，教师不仅是重要的教育环境，而且还是教育变革最重要的力量。他认为，“脱离社会的教育”是没有生命的。同样，“失去教育使命的社会”也是没有前途的。④ 他相信，教育革命必须以人的革命为前提，实现这样的革命，教育者必须首先进行革命，形成自然的人格和人性，确立关注人生和追求人的进步的积极品格。⑤

学生观就是关于学生的根本观点和看法，即我们把教育对象当作什么，如何对教育对象实施教育。池田大作多次强调：要把学生当成有充分自由发展权的个体，并充分尊重他们的个性自由。

首先，教育要以学生为中心，充分调动学生的积极性。学校教育的各个层面、各个环节都要以学生的成长为中心，让学生主动参与进来，充分激发学生的主动性，让学生发自内心地参与到各项活动中来，提高自身素质。

---

① ［日］池田大作、［德］狄尔鲍拉夫：《走向21世纪的人与哲学》，北京大学出版社1992年版，第260页。

② ［日］池田大作、松下幸之助：《人生问答》，中国文联出版社2000年版，第330—331页。

③ ［日］池田大作：《谈教育》，日本第三文明社2003年版，第47、48页。

④ ［日］池田大作：《人生的坐标》，商务印书馆（香港）有限公司2003年版，第105—115页。

⑤ 参见李云芳等：《池田大作教育观述论》，《苏州大学学报》（哲学社会科学版）2002年第3期。

其次，教师与学生要相互尊重，相互学习，促进二者共同成长。池田大作认为，教育的目的是追求人生意义。那么从另一层面上说，教育要注重人格的塑造和培育，这就要求教师要充分地尊重学生。也就是说，“当意识到彼此既是老师又是学生这种深刻的人与人之间关系来相互接触时，友好也会结出极为丰硕的果实。没有人在一切方面都是老师，也没有人在一切方面都作为学生来学习。在这里会无意识地出现彼此既是老师又是学生的人与人的关系。”①

3. 教育社会观：家庭、学校、社会三位一体教育体系

池田大作积极倡导大教育观念，即教育不仅仅局限于狭隘的学校教育，而且包括家庭教育、社会教育等方面，且三者要形成一个完整意义上的三位一体的教育体系。

第一，家庭教育是一切教育的基础。池田大作说过：“母亲是孩子的第一个启蒙教师。”他还说过，“教师、父母是最大的教育环境”，“孩子是看着父母的行为长大的，自古至今，这种情况没有改变过，父母的人生观、生活观毫无疑问、很自然地会传授给孩子”。② 池田大作认为，“家庭是一切的基础，根本是教育。”③虽然家庭教育如此重要，“但在现代社会中，家庭教育却遭到了忽视，甚者变成了好像是学校教育的转包单位”。④ 因此，池田大作呼吁对家庭教育的高度重视，认为家庭教育是各种教育中最完善的“育人教育”、“灵魂教育”，其主要内容就是父母通过自己的生活态度、礼仪和风范，使孩

① ［日］池田大作，卞立强译：《人生箴言》，中国文联出版社 1995 年版，第 136 页。

② ［日］池田大作：《谈 21 世纪的教育与人》，日本第三文明社 1976 年版，第 41、61 页。

③ ［日］池田大作：《人生的坐标》，商务印书馆（香港）有限公司 2003 年版，第 105—115 页。

④ 同上。

子认识正确的人生态度。①

第二,社会实践是教育的重要组成部分。当今社会科技发展日新月异,人的思维多元化趋势明显,只单单依靠学校教育已无法完成培养现代人的历史重任,教育需要全社会的关注。在提到学习和实践关系的时候,池田大作多次强调,"脱离现实社会中的生活基础,只是掌握知识、学习理念,往往陷于为知识而知识,导致在概念的世界中游戏的结果。在与现实相结合中来领会学到的知识时,知识就不会是暂时死记硬背的知识,而成为给智慧带来营养的源泉,变为该人自身的血肉。各种思想或理念如果有着现实生活的基础,就会获得正确的位置,能够灵活地加以营运。"②

4. 教育制度观:机会均等,全面发展

教育制度是实施一定教育内容,贯彻一定教育原则和方法,实现教育目的的重要保证。因此,池田大作认为,建立一种机会均等、全面发展的教育制度,才能促进教育的健康发展。

第一,建立教育机会均等制度。池田大作曾表示:"每当我想到那些由于经济和时间的原因而在青少年时代未能充分受到教育的人们,我就不得不痛感到,必须有群众一方面从事职业,同时可以进行学问研究的制度——即有能力和愿望的人可以平等地从事学问的所谓终身教育制度。"③由此,池田大作又提出,"从教育的机会均等这个角度来考虑,却是不可能全面的由个人承担教育经费"。因此不得不采取国家和公共团体援助的方式。④

---

① [日]池田大作:《人生的坐标》,商务印书馆(香港)有限公司 2003 年版,第 105—115 页。

② [日]池田大作、[意]奥锐里欧・贝恰:《二十一世纪的警钟》,中国广播出版社 1988 年版,第 213 页。

③ [日]池田大作,卞立强译:《人生箴言》,中国文联出版社 1995 年版,第 131 页。

④ [英]汤因比、[日]池田大作:《展望二十一世纪——汤因比与池田大作对话录》,国际文化出版公司 1985 年版,第 62 页。

第二,建立促进学生能力发展的教育评估机制。池田大作对于应试教育是持反对意见的,他说,"学生在考试前一天死记硬背一夜,而考试一结束不免就全部忘掉,到后来什么也没留下。可以想象,这种教育弊病,随着时代知识量的膨胀将变得越来越突出。"①这种应试教育的评价机制,对于考查学生的分析能力、洞察能力、乃至创造能力,培育立足于整体观点的综合能力,以及开发人性,可以说是极其无力的。② 因此,池田大作呼吁改变这种应试教育模式,建立促进学生能力发展的教育评估机制。

第三,建立有自身特色的先进教育体制。池田大作主张教育要有国际视野,而且积极推动教育的国际交流与协作,这也成了其创办创价教育体系的一大突出特点。在此基础上,池田大作呼吁:"要进一步建议世界各国的教师、家长、学生应当齐聚一堂,建立'教育联合国',以求实现立足于全人类视野的教育。"③但同时,池田大作认为,要取得教育的成功,就必须要形成符合自身特点的独特的教育制度。他指出,"教育可以说是培育承担一个国家、一个社会的未来的人。由于国家,特别是由于社会的不同,其文化土壤、历史背景和气候风土也不一样,所以实行培育人的教育必须要适应这些条件。因而由于某个国家获得了成功,就把这种教育制度或教学内容原封不动地带到别的国家,这不仅不会取得成功,也许会以极大的失败而告终。"④同时,池田大作主张教育要积极开展国际交流与合作,吸收不同国家先进的办学理念、教学经验,把有益之处补充到自己的教育体制中去。因此,各国、各地区要建立先进经验与实际情况相结合的教

① [日]池田大作、[德]狄尔鲍拉夫:《走向21世纪的人与哲学》,北京大学出版社1992年版,第232页。

② [日]池田大作:《人生箴言》,中国文联出版社1995年版,第131页。

③ 同上书,第134页。

④ [日]池田大作、[意]奥锐里欧·贝恰:《二十一世纪的警钟》,中国广播出版社1988年版,第194—195页。

育体制。

三、几点启示

首先,青年德育要贯彻学校、社会和家庭教育齐心协力的原则。

池田大作认为,“家庭教育是人的教育的基础,在这一基础上,学校教育才有可能很好地开花结果。”①青年德育不只是学校的责任,更是家庭的责任。学校要与家庭取得长久密切的联系,对于青年进行有针对的培养。池田大作指出,“在考虑教育青年时,不能忽视学校与家庭的联系。教师有必要积极负责地与学生的家长保持联系。不言而喻,从家庭、父母方面来说也是同样。一切委托他人的态度都是不对的。”②当然,青年德育更离不开社会教育,池田大作认为,如果社会环境不好,对于青年的成长是极为不利的,若社会出现“人诚实而失败”、“不诚实反而成功”的景象,那么学校教育最后也会归于失败。所以,“要通过演讲、对话、教育等方式,对市民进行启发。也就是说,需要进行变革现实的活动”,以使有好的社会教育来促进学校教育。由此,池田大作呼吁,“人性的磨炼不应当全委托于学校,应当作为家庭、地区乃至整个社会的问题提上日程。”③

其次,要在社会实践中培育青年。

教育只有与现实社会生活相结合,才可能使教育富于灵性,使学到的东西更好地发挥作用,才能培育青年为社会更好地贡献力量的意识和愿望。池田大作认为,“脱离现实社会中的社会基础,只是掌握了知识、学习理念,往往陷于为知识而知识……各种思想或理念如

① [日]池田大作、松下幸之助:《人生问答》,中国文联出版社2000年版,第373页。

② 同上书,第355页。

③ 同上书,第372—373页。

果有着现实生活的基础,就会获得正确的位置,能够灵活地加以运用。”①事实证明,如果只让青年学生关起门来读书,不参加劳动,不接触社会实践,不了解工人农民是怎样辛勤创造社会财富的,不培养对劳动人民的感情,是不利于他们健康成长和全面发展的。青年适当参加一些物质生产劳动,应成为一门必需课,不是可有可无的。但是在我国现有的青年教育模式中,只重视书本知识和应试技巧的培养,“死读书、读死书”的情况广泛存在,青年学生的社会实践成为一种奢侈,甚至流于形式,造成的结果就是这种教育模式下培养出来的青年学生不适应社会的需求,这可以说是现代教育的一种悲哀。

第三,要培养青年的国际视野。

池田大作主张青年要有国际视野,各国要积极推动教育的国际交流与合作。他强调:“我坚信应该将世界的永久和平、民族与民族间的合作、国家之间的平等互利、创造和谐的富有生气的社会作为‘教育’的基础。教育就是使社会向新的高度飞跃、充满活力的甘洌的人类文化之泉。”②池田大作相信,在这样的“教育”环境下培养出来的学术人才,能够超越国家主义的束缚,也无意识形态束缚,有的只是对人类未来共同的责任和对真理不断追求的洞察力的挖掘。因此池田大作主张:“学问就是普遍的世界,可以超越国界、民族、语言来进行交流。教育应该担负起培养立足于全球视野的世界公民的职责。”③池田大作就是力图通过“教育”的交流,来超越国家的局限,从而形成人类的共同意识。

(作者简介:纪亚光,男,1969 年生,河北省人,博士,南开大学马

① [日]池田大作、[意]奥锐里欧·贝恰:《二十一世纪的警钟》,中国广播出版社 1988 年版,第 213 页。

② 创价学会指导集编辑委员会:《创价学会指导集》,日本圣教新闻社 1976 年版,第 318 页。

③ 同上书,第 319 页。

克思主义教育学院副院长、副教授,南开大学周恩来·池田大作研究会指导教师。

刘伟,男,1985 年生,天津市人,南开大学硕士研究生。)

池田大作的道德教育思想渊源初探

曾庆平　何小平

无论是从西方古希腊的神话道德教育，还是从中国古代原始氏族社会奉行“天下为公，选贤为能”的朴素道德风尚来说，道德教育是人类教育史上较早产生的教育形式。道德教育作为一种培养人格和塑造完美人格的过程的教育方式，迄今已有几千年的发展史，在这一历史长河领域中已产生无数名家典范。当代著名的社会活动家、宗教家、教育家池田大作当属其一。在他的教育思想中莫不侧重于道德教育。他曾谈道：“如果进一步深谈教育内容，可以说是‘知性’和‘感情’的教育。所谓知性，从根本上来说，则是作为个人的人格方面的知性。更具体地说，则是为了造就社会人、职业人而给予和吸取知识智慧的教育。另外，我之所以称之为‘感情’，是因为它意味着大的心灵丰富，这也是做人的条件。”①无论是知性即道德之知还是人的心灵的感情都是围绕着道德培养和教育。进一步追究池田大作道德教育思想的根源，笔者认为它主要来自三方面：一、对人类永无止境大小冲突和战争的思考；二、对中国古代孔儒思想的汲取；三、

---

① ［日］池田大作，卞立强译：《人生箴言》，中国文联出版公司 1995 年版，第 135 页。

佛教的影响。

一、对战争的思考

池田大作1928年出生于东京，在他人生观、世界观萌芽时期的青少年时代，一直处于战争时期。其兄也在第二次世界大战中命丧战场。就战争而言，战争的结果是没有真正的赢者。第二次世界大战给各国人民都带来了惨痛的教训。那么，人类为什么不能阻止战争的发生？战争产生的真正根源何在？对此池田大作进行了反思和探索。探索的起点是从人性这一基点出发，池田大作提出了自己的人性论观点：人性既不是善的，也不是恶的，而是善恶并存的。他说："人人心中潜伏了'恶性'和'善性'。"①而战争正是由于人性中的"恶性"的爆发而产生，池田大作谓之"魔性的欲望"，在他看来"所谓'魔性的欲望'就是人想统治别人，或以自然的统治者出现。这一切都可以看作是'魔性的欲望'所迷惑的各种欲望发生作用的结果。"②这里所说的"这一切"当然包括人类的战争。既然战争由"魔性的欲望"所引起，那么又该如何控制这种欲望呢？池田大作认为，只有通过"人性革命"方能控制"恶性"彰显"善性"。他指出："作为人性的善与恶，是人与生俱来的生命本身所固有的，人对生命的尊重与否实际上仍只是人性善恶的一种外化、延伸和表现形式，因此，对生命的尊重可以作为善恶判断的外在标准，要截断恶源，必须从人性的恶的认识开始，这也是'人性革命'的起点。"③要达到"人性革命"

---

① ［日］池田大作：《和平世纪的倡言》，香港天地图书有限公司1997年版，第145页。

② ［英］汤因比、［日］池田大作，荀春生等译：《展望二十一世纪——汤因比与池田大作对话录》，国际文化出版公司1985年版，第392页。

③ 冉毅：《"人性革命"——池田大作"人学"思想研究》，四川人民出版社2005年版，第166页。

这一目标其根本途径在于通过道德教育。池田大作指出:“除了宗教之外,第二个带来人类革命的因素就是教育。”(前面已论述池田大作的教育是指向道德教育,在此不再赘述)据此可见,池田大作认为战争的终止依赖于道德教育。只有通过对所有社会成员进行道德教育,使其获取全面的道德知识,才能终止战争。这一观点也与德国著名哲学家康德的思想不谋而合,康德在《历史性批判》中指出:“随着社会的发展,特别是随着启蒙运动的开展,通向永久和平的可能性增大了。”①正是由于池田先生极端厌恶战争,因此,他对战争的发生、过程、结果做了深入的理性的反思,他的结论是必须通过人性革命才能使人性发生真正的变化,而这有赖于教育,特别是道德教育。由此可见,池田的道德教育思想首先是出于对战争的思考。

二、对中国孔儒思想的汲取

作为儒家创始人的孔子,其思想对国人的影响自不必多说,对于一衣带水的邻国日本也是具有相当普遍而深远的意义,池田大作曾指出:“日本自古代国家统一以来,不,严格地说从更加遥远的从前,一向在中国文明的影响下,不断地获得生机勃勃的发展。我们的佛教也是从中国传来的。我们在做‘勤行’时所念诵的佛经也是用汉文写的。政治哲学和道德等都是直接吸取了中国的佛教。就在今天已经完全日本化了的各种风俗习惯,如果要追根溯源的话,大多也是起源于中国。”②池田大作的道德教育思想确实传承并且发扬了孔儒道德教育思想,以下几点为证:

---

① 康德:《普遍历史理念》,《康德文集》第八卷,改革出版社 1997 年版,第 27 页。

② [日]池田大作,卞立强译:《光荣归于战斗的学生部》(1968 年 9 月 8 日在东京日本大学堂举行的创价学会第十一届学生部大会的讲演),转引自《日中恢复邦交秘话——池田大作与日中友好》,经济日报出版社 1998 年版,第 56—57 页。

其一,从道德教育目的来看。池田大作追求世界和平、人类生存环境和谐共生。而要达到这一目的,必须通过道德教育,培养出有道德责任感,有全球视野的"地球公民"。池田大作指出:"并进一步建议世界各国的教师、家长、学生和硕学之士应当齐集一堂,建立'教育联合国',以求实现立足于全人类视野的教育。"①在池田大作看来,只有这样的教育才能培养出合格的"地球公民";只有通过合格的"地球公民",才能促进世界和平,人类和谐。他进一步指出:"像这样不受国界约束的教育的有利点是,可以给肩负未来的青年们带来不受国界约束的视野,而且当这些在大学生活中结成友谊的青年们很快成为各个国家的领袖时,就可以防止国家之间的纠纷于未然,给处理各种问题的协商与合作的顺利进行打下基础。"②这与孔子的道德教育目的不谋而合。孔子认为道德教育的根本目的在于"修身、齐家、治国、平天下",即达到一个"为政以德"的和谐社会。孔子说:"道之以政,齐之以刑,民免而无耻;道之以德,齐之以礼,有耻且格。"③又说"为政以德,譬如北辰,居其所而众星拱之。"④而要达到这一终极价值和目的并不是一蹴而就,其基本渠道在于道德教育,即教育首先要遵循"德教为先"的原则,培养出最理想、最完善人格的"君子",再由这些既有弘道和行道的志向,又有弘道和行道之德才的"君子"去影响广大群众,影响整个国家,使整个社会达到治国、平天下的目的。据此,在道德教育目的这一点讲,池田大作的道德教育思想是在孔子的思想上的进一步延伸并深化的。

其二,从道德教育方法上看。池田大作以为道德教育应该是在

---

① [日]池田大作,卞立强译:《人生箴言》,中国文联出版公司 1995 年版,第 134 页。

② [日]池田大作、[意]奥锐里欧·贝恰:《二十一世纪的警钟》,中国广播出版社 1988 年版,第 197 页。

③ 《论语·为政》。

④ 同上。

师生之间平等和谐的对话交流的方式,才有更好的效果。他强调:“知识本身是可观的,利用讲义,传声器完全可以传授。而人格形式,人性等应当如运用知识的价值创造问题,是要通过教师和学生之间的交流和接触才会自然刻印在生命中的。”①他这种言传身教的教育方法同孔子的完全一致。众所周知,孔子教育弟子就是在对话交流方式中完成教育内容的。再者,池田大作认为道德教育必须要与道德实践同步进行,不能脱离社会环境,纯粹为教育而教育。他指出:“脱离社会的教育是没有生命的。同样,失去教育使命的社会也是没有前途的。”②这种观点与孔子提倡身体力行的道德教育方法近似。“子贡问君子。子曰:‘先行,其言而后从之。’”③所以,从道德教育方法来说,池田大作的思想也是得到了孔子思想的精髓。中国传统文化博大精深,特别是孔儒思想源远流长,池田先生结合日本实际,关注世界动向,从孔儒思想中汲取养料,形成了具有儒家特色又有个性的道德教育思想。

三、佛教思想的影响

池田大作一生致力于促进世界和平、人类和谐。所以在道德教育方面一直提倡一种无疆之爱、广生之爱的利他主义道德教育理念,把这种超越国界全球普遍的爱看作是人们现在拥有的国土之爱。他指出:“那一定就是把全世界看成‘我的祖国’的人类爱、世界爱。那时,国家规模的国土爱可能就相当于现在所说的乡土爱了。”④在池

---

① [日]池田大作:《谈教育》,日本第三文明社2003年版,第47—48页。

② [日]池田大作:《人生的坐标》,香港商务印书馆有限公司2003年版,第105—115页。

③ 《论语·为政》。

④ [英]汤因比、[日]池田大作,荀春生等译:《展望二十一世纪——汤因比与池田大作对话录》,国际文化出版公司1985年版,第425—426页。

田大作看来，有了这种无疆之爱，各种各样的国家冲突与战争将不会产生，也使人的生命尊严获得尊重和保护，而生命尊严是他思想中最核心，最高贵的价值标准。池田大作曾指出："必须把生命的尊严当作最高价值，并作为普遍的价值基准。就是说：生命是尊严的，比它再高贵的价值是没有的。"①这种无疆之爱、广生之爱的利他主义思想正是源自于大乘佛教的菩萨道观念：普济众生，广生慈悲。把爱心播撒世人，为世人解除痛苦。"释尊成道以来，用各种各样的手段来引导众生，利益众生，普度众生。这种大慈大悲活动一直'未曾暂废'。"②

从佛教思想引申出的另一种道德教育理念是和谐道德教育思想，即从"依正不二"这一佛教基本原理导出"色心不二"的道德教育思想。"色"是指人的肉体、身体；"心"指的是人的内心、精神；"色心不二"就是要求人的身体和心灵统一为和谐的一体。道德教育就是培养道德情感、意志；树立道德，坚定信念，使之成为一种道德习惯和生活准则，即由"心"及"身"。只有身心合一"色心不二"，方能称得上是一种健全的人格，也只有这样"内外调和"的人性，才能达到人与世界外部环境的和谐相处。在这一点上，池田大作与尤伊古观点一致，"对于人来说，在其精神内部以及其外界关系方面，调和同样是根本。人在其精神内部必须保持调和，使其所具有的各种可能性和能力不致受到丝毫窒息；在其外部世界的关系方面，也必须同环境——即本质上称之为自然的我们所处的世界——之间建立调和。"③

池田大作所指向的和谐道德教育，并不是说要在道德教育上什

---

① ［苏］戈尔巴乔夫、［日］池田大作：《二十世纪的精神教训》，香港天地图书有限公司2004年版，第486页。

② 《妙法莲华经并开结》，创价学会2002年版，第482页。

③ ［日］池田大作、［法］路奈·尤伊古，卞立强译：《黑夜寻求黎明》，中国国际广播出版社2003年版，第195页。

么都要求统一规划,统一进行。人与人之间毕竟存在着差异性,在对不同的人进行教育时,应采取不同的教育方法,使其保留各自的特性,尊重他的自由,才能维护他的生命尊严,池田大作指出:“要实现人的教育,我认为首先必须要改变大人的社会观、价值观。无须多说,人类常年试行的错误的结果,已认识到把以生命的尊严为基础的民主主义当作一切的大前提。也就是说,梅花就是梅花,樱花就是樱花,应当把各个领域里开出真正自己的花当作骄傲,这才是未来社会的理想形象。”①池田大作相信只要方法得当,每个人在道德素质上都能达到一个更高的境界,这种差别教育思想也源自于佛教思想。在《法华经药草喻品》中就是把草木都看作是有差异的生命个体,不同的生命个体都能领悟佛法,甚至草木都能成佛。在《妙法莲华经并开结》一书中如此描述道:“虽一地所生,一雨所润,然诸草木各有差别。迦叶啊!当知如来亦如是。出现于世如大云涌起,以大音声普遍世界的天、人、阿修罗,如大云遍覆三千大千国土。”②

综上所述,我们可以认为,佛教思想是池田道德教育思想的深厚土壤,孔儒哲学是池田道德教育思想的基本来源,而思考战争则是其道德教育思想的出发点,这三个方面构成了池田道德教育思想的渊源。

(作者简介:曾庆平,男,1975 年生,江西新干人,江西师范大学伦理学专业硕士研究生。

何小平,男,1953 年生,江西新余人,江西师范大学教授、硕士生导师,主要从事道德哲学与道德教育研究。)

① [日]池田大作,卞立强译:《人生箴言》,中国文联出版公司 1995 年版,第 139 页。

② 《妙法莲华经并开结》,创价学会 2002 年版,第 242 页。

池田大作与杜威的教育目的观比较探析

原青林

约翰·杜威是美国现代著名的哲学家和教育家。他的教育思想集中体现在1916年出版的教育巨著《民主主义与教育》中。杜威既是一个教育思想家,又是一个教育实践家。他于1896年创办的芝加哥大学实验学校,成为他开展教育问题实验研究的基地,对其教育思想的形成产生了重大影响。池田大作是当代日本著名社会活动家和教育家。他的著作和演讲闪烁着精辟的教育思想,而他又亲身践行着自己的教育思想和理念,创立了从幼儿园、小学、中学到大学的创价教育体系。从实质上看,杜威的民主主义教育思想与池田大作的和平和谐教育思想具有明显的可比性。本文拟就两种教育思想中的教育目的论作一比较探析。

一、杜威的教育目的观

杜威的教育思想大致包括教育本质论、教育目的观、教育教材观以及教学方法论等一些主要的教育思想。其中对于教育目的,杜威则有相当篇幅的阐述。杜威虽然说过"教育本身无目的。只是人,即家长和教师等才有目的;教育这个抽象概念并无目的",但这段话只不过是杜威对目的的主体问题作了一点提示，实际上在他的哲学和教育理论中，杜威明确地承认目的和教育目的的存在。在讨论杜威的教育目的时，关键要弄清楚杜威支持什么样的目的，反对什么样的目的。杜威反对外在的、固定的、终极的教育目的，认为外在的教育目的不能顾及儿童的兴趣和需要；固定的目的不具备灵活性，不能适应变化了的具体情况；终极的目的是一种理论上的虚构，因为世界是变动不居的。杜威明确指出，“教育过程在它自身之外无目的，它就是它自己的目的”，“教育即生长：在它自身之外没有别的目的”。① 杜威实际上是把“生长”作为教育的目的。

杜威主张以生长作为教育的目的，其主要意图在于反对外在因素对儿童的发展的压制，在于要求尊重儿童的兴趣，使他们从教育本身中、从生长过程中得到乐趣。② 我们知道，教育目的应当回答“教育应为一定的社会培养什么样的人”这个问题。而杜威的“教育为了生长”是从儿童发展的过程这一角度来规定教育的目的，它没有反映教育目的的本质属性，也没有揭示教育目的应揭示的东西，也没有给人们提供一个切实可行的目的。那么，杜威到底有没有谈到为什么样的社会培养什么样的人呢？

作为一个社会改良主义者，杜威从不隐讳教育的社会性目的。他在《教育的社会目的》(1923)、《教育的方向》(1928)、《教育与新的社会理想》等论文中，都讨论了教育目的的社会性，要求教育为社会服务。他的社会理想是民主主义，而这种民主主义是美国资本主义发展过程的产物。杜威要求教育为社会进步服务，亦即是要为完善资产阶级的民主制度服务。由此，它非常强调教育的社会功能。倘若无教育，民主主义便不能维持下去，更谈不上发展。教育应是为

① 赵祥麟、王承绪：《杜威教育论选》，华东师范大学出版社 1981 年版，第 154、79 页。

② 吴式颖：《外国现代教育史》，人民教育出版社 1997 年版，第 47—49、56 页。

了民主的，应是民主的工具。

杜威的民主主义理想还要求个人得到充分的自由。他认为，个人各种能力的自由发展是民主主义的特征。个人发展与民主的社会目标是一致的，在民主主义的旗帜下，个人与社会的对立、个人本位论与社会本位论的对立都将消失。个人的充分生长和发展既是民主主义的要求和体现，也是其得以维持和发展的保障。从杜威的教育论述中可以发现，人的培养主要强调 4 个方面的素质。一是具有良好的公民素质，具有民主理想和参与民主政治生活的能力；二是具有广泛的职业素养，能通过从事某种职业发展个人能力，并为社会做出贡献；三是掌握科学思维的方法，具有解决实际问题的能力，能适应变动不居的社会；四是具有良好的道德品质，能处理好个人与社会的关系，有为社会服务的精神。① 这些素质鲜明地反映了杜威力图通过教育培养有民主意识的新人，从而使社会得到改造的一贯思想。

就道德教育的目的而言，杜威认为道德教育的主要目的在于协调个人与社会的关系。杜威反对将社会和个人割裂开来，主要体现在他对个人主义的看法方面。在美国社会中，个人主义占有极其重要的地位。旧个人主义只强调个人的独立性、独创性和毅力，反对政府对个人自由的控制。随着美国社会由农业社会向工业化的转型，旧个人主义遂流于自由放任主义，在经济和政治生活中逐渐走向无政府主义，使社会控制失衡。因此，杜威在抨击旧个人主义弊端的基础上，要求以所谓的新个人主义取代旧个人主义，要求培养一种新型的理智、新型的情操和新型的个性。按杜威的观点，教育就是要培养一种新的个人，这种个人并不是只顾追逐个人利益而不顾公益的人，也不是头脑僵化、固守陈规的人，而是重视社会性和理智的作用、具有合作精神、运用科学方法谋求社会改善的人。② 杜威希望通过培

① 吴式颖：《外国现代教育史》，人民教育出版社 1997 年版，第 47—49 页。

② 同上书，第 56 页。

养这种新个人主义品质的人来改良资本主义制度,缓和社会矛盾。

二、池田大作的教育目的观

池田大作对教育的目的作出了精辟论述。在他的多部著作中,谈到教育时,第一个问题往往就鲜明地提出"教育为了什么"这一问题。教育不仅是传授知识,更重要的是培养人的能力和品质。关于人的能力和品质是什么的问题,他强调指出:"教育的根本课题是在于说明和回答人类应当怎样存在,人生应该怎样度过这些人类最重要的问题。"因此他认为,教育的终极目的就是造就人。对于人类来说,磨炼知性、丰富知识固然重要,但伦理和道德方面的修养更不可欠缺。①

教育的目的无疑是在于创造知性。传授知识作为其中的一环当然也可以说是重要的使命,但是知识本身并不能直接给人的生活态度、为人的理想带来影响。知识对人不能创造性地发挥作用,通过灵活运用知识——人的智慧,才会带来创造性。而人的智慧就是懂得"应当怎样做人"。② 在这里起作用的是人的正确的价值判断和意志的力量。之所以必须要确认教育的根本理念不仅是传授知识,还要教导和培育"作为人的理想",其原因可以说就在这里。

池田大作一针见血地指出,现代教育陷入了功利主义,这是可悲的事情,这种风气带来了两个弊端:一个是学问成了政治和经济的工具,失掉了本来应有的主动性,因而失去了尊严性;二是认为唯有实利的知识、技术才有价值,所以做这种学问的人都成了知识和技术的奴隶。③ 他认为,就教育来说,确实可以从中得到很大的实利效果,

---

① 参见胡华忠:《池田大作"人间革命"中的教育思想》,源自创价大学:《平和·文化·教育》,东京纳品代行株式会社2004年版,第137—138页。

② 同上。

③ 参见何劲松选编:《池田大作集》,远东出版社1997年版,第125页。

但这终归是作为结果而自然形成的，仅把实利作为动机和目的，这不是教育应有的状况。

池田大作针对教育目的在现实中的功利化倾向提出了自己的教育目的。也就是说，教育目的应当超越功利主义色彩，应当以为人的价值服务为最高境界。教育的根本目的是培养人的道德品质和道德能力，这样的人才能更好地创造人生的价值和意义。在池田大作看来，教育的目的并不在于国家、社会、政治、经济、世界和文明等等，而是在于阐明和回答人类应当如何生存、人生应当如何度过等一些人类最重要的问题，人类固然可以从教育中得到很大的实利效果，但这终归是作为结果而自然形成的，不是教育应有的状况或自觉追求的目的。教育必须使青少年的个性得到自由自在的发展，成为全面发展的人。这一切都是教育目的的重要内涵。①

池田大作在多年的教育实践中，始终坚持“教育是造就下一代人的伟大事业”的理念。他还指出，教育是文化的动力，是构成人的形成的根本。所以他深信，教育必须根据独立于国家权力之外的独特立场来组织，并从学术上来进行探讨。他强调指出，教育的任何课题都必须从人乃至生命的尊严这一普遍性的立场出发，并回归到这一立场上来。② 可见池田大作所奉行的教育宗旨，就是对人生意义的追求和对功利主义的批判。

三、对比分析

纵观杜威和池田大作的教育目的观，我们可以看出，它们之间有许多共同之处。首先，杜威和池田大作都把学生的成长和幸福作为

① 参见［日］池田大作：《人生寄语——池田大作箴言集》，社会科学院出版社1996年版，第113页。

② 参见［日］池田大作、松下幸之助：《人生问答》，中国文联出版社2000年版，第330—331、353页。

教育的首要目的。尽管杜威并不是“儿童中心”思想的首创者，但他是赞同“儿童中心”的。杜威认为，学校生活组织应该以儿童为中心，使得一切主要是为儿童的。因为以儿童为中心是与儿童的本能和需要协调一致的，所以在学校生活中，儿童是起点，是中心，而且是目的。杜威强调说：“我们必须站在儿童的立场上，并且以儿童为自己的出发点。”①池田大作则提倡“为了教育的社会”，让教育回归到儿童幸福的原点，关心学校教育质量，教育是中心，一切社会活动都是为了教育而展开，而教育的最终目的是“谋求孩子的幸福”。②

其次，杜威和池田大作的教育目的观都是在批判现存教育弊端的基础上提出的。从批判现存学校教育的做法出发，杜威指出，教育的目的就是生长，就是获得更多更好的教育。教育目的是内在的，而不是外在强加的，外在强加的目的并不是从儿童经验自由发展而来的，而是外来的命令强制决定的。因此，外在的教育目的只是名义上的教育目的，并不是儿童自身的目的，它只是达到别人比较隐蔽目的的手段。同样，池田大作也对现代教育的功利主义一面提出了尖锐批评，认为这是可悲的事情，它使学问成了政治和经济的工具，失掉了本来应有的主动性和尊严性，同时颠倒了“什么知识最有价值的”标准，使做学问的人变成了知识和技术的奴隶。他强调指出，教育的本来目的是培养人，而不是追逐实利。

再者，两种教育目的观都对当今教育产生了重要影响。无论是杜威的教育目的观，还是池田大作的教育目的观，都是对传统教育目的的批评和纠正，具有积极意义。杜威和池田大作都认为传统教育是一种功利主义教育，这种教育目的把教育看成预备，看成是学习并获得将来有用的东西，这种目的是遥远的。他们对于传统教育目的

① 赵祥麟、王承绪：《杜威教育论选》，华东师范大学出版社1981年版，第154、79页。

② ［日］池田大作：《21世纪：建设“为教育的社会”》，《学术研究》2001年第7期。

的批评和指正,一定程度上有利于纠正当前教育改革中广泛存在的急功近利的教育现象,也使得关心教育的人士对于教育内在的目的和外界强加的教育目的具有一个清晰的区别认识,这有利于缓解外界强加于学生的身心压力,有利于学生身心素质的综合发展,也给当前的教育改革提供了较好的理论参考,使得我们在进行教学活动中,要时刻注意区分内外在的教育目的的不同,从而更好地发挥不同教育目的的指导作用。总之,无论什么时候,我们都不能丢失教育的真目的。

最后,杜威和池田大作的教育目的观之间还存在着一种发展的关系。杜威的教育目的观主要从本民族的利益出发,着眼于培养有民主意识的一代新人,以此实现其民主主义的社会理想,其目的在于改良美国资本主义社会制度。不过它毕竟立足于现代社会物质文明和精神文明的基础之上,其价值是超越国界的。就池田大作的教育目的观而言,尽管它是以日本的社会现实和教育现状为主要背景,但它是从全球的利益出发,着眼于培养爱好世界和平的国际型公民,是为构建和谐的国际社会、促进世界和平服务的。任何一种思想和理论都多少受到社会发展现状的制约,多少带有时代的烙印。杜威的教育目的观在一定程度上受制于 19 世纪末 20 世纪初的国际形势特点和美国社会与教育现状。假如杜威能够活到经济全球化和世界一体化的今天,他的视角和思维也会超越美国社会,而去关注全球的利益和发展。所以从某种意义上我们可以说,池田大作的教育目的观是杜威教育目的观在当今社会的发展。

(作者简介:原青林,男,1959 年出生,河南辉县人,博士,肇庆学院教育学院副教授、副院长,肇庆学院池田大作研究所所长,广东省比较教育研究会理事。)

池田大作的自然观与他的写景纪行散文

谭桂林

作为一个宗教家，池田大作的智能有着丰富的体现，其中最突出的一个部分就是他对自然的亲近以及他对人与自然关系的认识。池田大作在将创价理念推向世界的奋斗过程中，曾经不知疲倦地奔波在世界的都会与乡村之间。每到一处他都对那里的水光山色、花木虫蝶予以特别的关注，不仅用摄像机拍摄到了许多美丽动人的瞬间，而且用文字记录下了自己对自然风光的细腻的感受和从自然中悟出的道理。这些相片与写景纪行的散文互为参照，交相辉映，其中深深蕴涵着池田大作的自然体验，既体现着池田大作用自我的生命与自然相融时所获得的心灵的愉悦和精神的力量，同时也散发着池田大作对人与自然关系这一已被人类经常忽略的本原问题的充满智性的思考。这里面饱含着自然的灵光和生命的智慧，是研究池田大作精神世界丰富性的重要的资源，十分值得我们着力地探讨。

一

人类宗教的产生其根源在于从自然分离出来的人类对于自然的敬畏，所以，尽管大部分宗教教义宣讲流布的主要是人类伦理与正义等人类自身的问题，但那些成熟的宗教无不对自然的本质以及人与自然的关系进行过深入的思考，而宗教对于自然本质以及人与自然关系的思考往往决定着一个民族文化的精神特质。毫无疑问，池田大作的自然观与佛教文化的智慧紧密联系在一起，池田大作的万物有灵、众生平等、和谐共生观念，既包含着佛教教义的启示，同时又体现出他对自然本质的独特思考。

万物有灵这本是西方泛神论者的一种自然观念，这种观念肯定了自然中不仅灵长类的动物具有能够脱离开肉体而存在的灵魂，而且一切具有生命体征的有机物都具有属于自己的精灵。从宗教的角度来看，泛神论也许同样遭到一神教和多神教的一致反对，但是世界历史上的泛神观念却往往深受文学家的青睐，因为泛神的观念为文学的想象力提供了一个十分广阔的驰骋空间。作为宗教家和教育家的池田大作，对于万物有灵的问题曾经有过独辟蹊径的理性思考，他在批评认为自然是应该被人类所征服，就算是破坏和牺牲也在所不计的"人道主义"观念时指出："人类的英知是明白到如果缺少了与自然调和的话，是不能得到生存和幸福的。因此，或承认自然的万物里有神灵而去崇拜，或假想统辖宇宙、自然的整体是超自然的实体——或是法则，而设法想与此冥合。"①可见承认万物有灵，是池田大作为人类处理自身与自然关系所设想的一条重要的途径。而作为文学家的池田大作拍过不少的风景，也写过不少的风景，从那些生气勃勃的画面和绚丽多姿的文字中，我们能够清晰地感受到池田大作观察和体验自然的万物有灵的立场与心性。在他的散文中，小白兔可以在美丽的庭院中思考着："真不可思议呀！山楂树上还低垂着花朵，瓢虫之子就是瓢虫。我就是小白兔。"②（《光之诗·童话之

① ［日］池田大作：《日本是公害实验国吗?》，《我的提言》，香港佛教日莲正宗1980年版。

② 本文所举池田大作的散文作品都连载于2000年前后一段时间的《圣教新闻》，只在文中注明篇名。

国——德国》)"蔬果也是一种生命体,也能呼吸,也有热度。"(《光之诗·秋收之赞歌》)而且池田大作在观赏风景时总会想到:"花若有心,当绽放春华时它会想到什么?花若能说话,它将说些什么?"(《光之诗·樱树灿烂》)"当燃烧殆尽的一小叶片于枝头脱离远行时,其他的伙伴就像在风中响起喝彩声般,为其送行"。(《光之诗·京都枫红之秋》)而"秋樱在风中颔首微笑","雪柳相当敏感,只要有人走过,或是风微微摇动,就会摇曳不已。"在许多的文人笔下,风会吟咏,树会舞动,动物会思考,森林会做梦,但对大多数文人来说,那不过是一种拟人化的修辞手法而已。但在池田大作这里,这不仅是一种写作上的修辞手法,更是一种整体世界观的呈露。因为池田大作知道,"宇宙总在向地球述说着什么,高谈阔论",而在池田大作的心目中,只有"诗人的耳朵能听懂一般人听不见的大自然静谧的声音和歌唱"①,因而真正伟大的诗人必定是一个自然的信徒,是万物有灵的信奉者。

从宇宙论的意义来看,自然是外在于人类的宇宙空间中存在的一切物体,而众生即是这一切物体中具有生命体征的物体,既包括灵长类动物,也包括非灵长类动物,既包括动物,也包括植物。在西方文明的进化理论看来,宇宙间具有生命体征的物体无以量数,在亿万年的演变进化过程中,生物的存在已形成了显著的等级差别。而西方文明的宗教学说也在创世传说中将生命物种划分了等级,上帝创造了许许多多的生命物种,不过是供给人类维持自身繁衍的消费品。西方文明一以贯之的征服自然的理念就是从这种科学与神学的双重论争中得到依据的。所以,即使在18世纪的启蒙主义运动中,新兴的资产阶级高张平等的大旗,但那旗帜上大写的只有一个人字。在这一点上,佛教的思想具有突出的特点。佛教首先从主体论上强调了每一个生命物体的平等性,每一个生命物体,不论是会思考的人

① [日]池田大作:《理解·友谊·和平》,作家出版社2002年版,第1页。

类，还是只能在地上爬行的虫豸，它都是一个生命的主体，都拥有它的生存的权利。中国20世纪20年代的知名作家周作人就十分赞赏贤首在为《梵网经》中的戒律注疏时说过的“倘无主，鸟身自为主”的话，认为这段话看来是用以提醒信徒不能偷猎鸟类，其实这句话里包含着深厚博大的人道主义精神。生命物体的功能性与结构性可能存在天壤之别，但它的生命主体性却是必然平等的。这种平等性就是佛教戒杀生的一种生物伦理学依据。其次佛讲慈悲，不仅人对人应有怜悯之情，而且人对动物也应常怀恻隐之心。池田大作曾经引释迦牟尼的话来说明这种慈悲怜悯，人对众生应“如同母亲舍命保护自己的独生子一样，对一切众生都应当产生无量慈悲之心”。而释迦牟尼舍身饲虎、割肉喂鹰，牺牲自己所救者就是即将遭到灭顶之灾的动物，从而为佛教的无量慈悲树立了一个典范。正是因为佛教的众生平等自然观的独特境界，佛教的慈悲精神才显得如此博大与广远。池田大作对佛教的这种众生平等观是极力推举的，这不仅表现在他一生不断地反对暴力，主张和平，既反对人对人的暴力，也反对人对动物的暴力，而且也表现在他的众生平等思想深受日莲大圣人的影响。日莲大圣人曾称人类是“有才能的畜生”，这其实也就是将人类与其余种类的动物置放到了同一的地位来下定义的。受到日莲大圣人这一观点的启发，池田大作认为在20世纪的后期和21世纪的现代，已是人能否真正成为人的转折关头。而“在这之前，人并没有摆脱有知识的动物的境地”。① 这些阐述也从一个侧面证明了池田大作心目中人在众生中的地位。

在万物有灵和众生平等的思想基础上，池田大作肯定了人类是大自然的一部分的观点，并进而提出了他的“和谐共生”的自然理念。这一理念的理论前提无疑是佛教的“缘起”学说，缘起说世间万物的成住坏空皆是因缘凑泊，和合而生，互相依赖，互相转化，有彼方

① 何劲松选编：《池田大作集》，上海远东出版社1997年版，第9页。

有此,无此亦无彼。而就人与自然环境的关系而言,佛教也有过许多具体的阐述。池田大作曾在多次会议和对话中提到的"依正不二"论,就是佛教在处理人与自然关系方面提出的重要的原则。在中国佛教中,天台宗的妙乐大师湛然在《法华玄义释签》中将"依正不二"论作了详细的阐述,指出这里的"正报"是生命主体,"依报"是指生存环境,如果说"正报"是人,那么"依报"就是指包括生态系统的地球环境。所以,"依正不二"的道理就是说明人的生命和自然生态系统的关联性是"而二不二"的关系。在日本,日莲圣僧也从"正报"的立场出发,用形与影的比喻生动地论述过"依正不二"的道理:"十方是依报,众生是正报。依报比如是影子,正报则是身体。没有身就没有影。同样没有正报也就没有依报。另外,这个正报是以依报形成身体。"没有正报就没有依报,是说没有人类自然也就没有了意义,而正报是以依报形成身体,则深刻地揭示了人是由于环境的保护和支持才能成长发展的道理。池田大作深谙这些佛学要义,他将这一佛学要义应用到人与自然的关系这一问题的观察与思考上,同时也结合现代科技高度发达所产生的具体情况,指出 21 世纪是生命的世纪,而在这个生命世纪到来的时候,人与自然的和谐共生可以说"是一种深刻认识到在关系复杂交错的'自然——人类'生态系中自己的存在意义的生存方式。并且,一方面立足于宇宙根源之生命(佛教称之为'佛性'),一方面洞察在时空中展开的宏伟的现象界中孕育的活生生的生命的尊严性"。"所以,不要因利己的欲望而被生命中的魔性牵着鼻子走。不仅对人类,而且对生态系统也要有同情及道德的共识。立足于这样的大境界,就是为了万物,一方面控制自己的利己主义与烦恼,一方面把创造他人生命与地球生命圈的价值作为生存的意义,最高的人生,向往积极的利他行为。"①这种人与自然

① [日]池田大作:《人类的危机与菩萨道:生命世纪的开始》,《池田大作集》,上海远东出版社 1997 年版,第 256 页。

和谐共生的理性观念充分地表现在池田大作的艺术创作中，以致在他的摄影作品里，我们经常"会有种世界已然融合的协调感，有种聆听贝多芬的《田园交响曲》的错觉"，而在他的写景纪行的散文作品中，自然的多样性与生命的共同体也就成为池田大作最喜欢表达的主题。在《睡莲的传说》中，"月亮、花朵、星星、湖水、人儿，形成一连串的锁链，生生不息"。连《童话之国——德国》中的小白兔也会歪着头想着："小鸟在歌唱，好像草儿也在倾听着，花儿似乎也听得很高兴，真不可思议呀！莫非花也内藏着乐器，一起拨弹和声。花儿喜悦，虫儿也愉快，虫儿一增多，鸟儿也随之增多。因为这有着连锁关系呀！虫儿与花朵，花与鸟儿，鸟与我，大家应该是一家人吧！"这里所描写的无疑就是一幅池田大作心目中一直向往着的人与自然、自然与自然和谐共生、协调共荣的风景图。

二

普济众生，广大慈悲，这是大乘佛教的菩萨道观念，也是池田大作在写景纪行散文中表现得最为突出的一种自然精神。池田大作曾经讲过一个故事，他的家乡的多摩川原来是一条经常暴涨的河，大正7年，政府开始对河川进行整治，10余年后，整治工程竣工，但距离河口20公里的区域却成了杂草丛生的荒地。当时有的政府官员决定种茅草，也有的人认为能领受茅草恩惠的人毕竟是少数，不如在长堤遍植樱花，百年后就能成为赏樱的好去处。后者的意见是平民的，大众的，池田大作十分赞赏后者的建议，并且在《樱树灿烂》一文中赞扬了这个建议的提出者和促成者河野一三先生，把此事当作自然风景的普济性与众生性的一个佳话。确实，自然乃是最无私的，最大度的，无论有人观赏还是无人观赏，花朵都会将自己的美丽与芳香尽情地绽放；无论是富翁还是穷人，月亮也会以自己柔和的光辉为你照亮黑暗中的道路；无论是有心还是无心，大海总会以无量的胸怀容纳与净化四面八方汇集而来的滚滚浊流。在《睡莲的传说》中，池田大作借用一个美丽的传说，歌颂了大自然的这种给予与包容的精神特质。化成睡莲的娜雅姑娘，“却是谁也不恨，谁也不怨的，真心地开出纯白的花朵。亚马逊人们在花朵中，看到‘宽广之心’。不管对方如何，依然能看到她绽放体贴的心及一贯的诚实”。从娜雅姑娘化成的睡莲，池田大作联想到了娜雅姑娘的故乡亚马逊河的壮阔伟大，他称赞亚马逊河的“硕大的生命感”，能“切除所有狭窄的感情，一下子吹得无影无踪”，他指出“在这样的环境下，连友人也能以广大的慈爱而生”，希望人们的生命都能像亚马逊河流般生生不息，“不管是悲剧、误解、心胸狭窄，都能大量包容，大量承受，越发深爱人类、爱惜人生，滔滔不绝，奔向前行。”在《雪中梅花》中，池田大作也特别深情地赞美了雪花的泽惠天下、利益众生的精神品质，他称赞“雪花是来自上天的信息”，“是超越现实的丑陋世界，从遥远的天上美景飘落至地面的使者。”“雪花一视同仁的，飘落于金碧辉煌的宫殿上，也沉淀于贫瘠之家的屋檐下。没头没脑地，铺白整个地表。就好像掩盖住了地表面般，在告诉人们要返璞归真，让心灵沉淀。”这种无私给予不图回报、惠及众生不择贫富的自然精神，无疑与作为宗教家的池田大作的宏大愿景是一致的，或者说池田大作感悟到了这种自然精神与自己所信奉的佛教大乘观念的相通性，因而不仅对美丽的自然有一种天性的亲近与沉醉，而且能够时时以自然的精神勉励自己，成就自己。

在自然中，我们经常可以看到这样一些令人震撼的景观：一株野草，突破巨石的重压，即使弯弯曲曲，它也要向上生长；一丛沙棘，在茫茫戈壁之中，烈日之下，即使永远不会有人从这里走过，它也要向炎炎烈日呈现出一团微弱的绿色。这就是自然的生命力，蓬蓬勃勃，永远向上。“光向上喷泄而出，生命也往上喷泄。应该说是过于盛开，还是压抑再压抑，仍挡不住春天的力量，就像纯白的‘光明喷泉’般奋涌而出”。（《雪柳・光之皇冠》）这是池田大作对自然生命力的礼赞。由于自己身世坎坷，奋斗的道路曲折艰难，因而，池田大作对自然的这种精神品质具有深切的体会与感悟。他赞扬雪柳“仅倾注全力专注某事。那就是充分发挥上天赐予的生命力。抱持自己的种子，一股劲儿的开花、表现，除此之外，别无他愿。也从不与其他的花朵争奇斗艳。不管他人如何看待自己，只想竭尽心力。”即使孤寂，即使艰难，“可是，雪柳毫不受动摇。不管是雨天、寒风，都一直伫立一方，让自己的根扎得更坚实。”（《雪柳·光之皇冠》）他也赞美秋樱，“看似随风摇曳的纤纤花朵，却能坚强地面对寒风冷雨。只要日照良好，就能尽情绽放，从不会挑剔土质，即使荒地或贫瘠之地，依然能见其英姿。”“一经栽种，每年一定能绽放美丽的花朵。即使被风吹倒，依然朝向天空，依地而起，再绽放其惊人风采。”（《兵库秋樱之风》）池田大作还赞美过很普通的油菜花，不仅是因为油菜花具有提炼菜籽油的实用价值，不仅是因为油菜花的黄色最接近光的颜色，也不仅是因为花朵楚楚动人，使人生起缅怀过往的情愫，而且是因为油菜花一直都是保持明朗的精神。所以，池田大作号召“人要向花朵多学习，花朵总是拼命向上，绝对没有放弃自己而绽放的花朵，也没有毫无生气的花朵，也没有中途气馁的花朵，更没有会忘记笑颜的花朵，也绝无执著于以往，专挑人毛病的花朵。”（《黄金花束》）

值得一提的是，时有春秋代序，花有开谢交替，池田大作对于自然的生命力和向上精神的强调其着眼处不仅放在那些自然生命的朝气蓬勃的时段上，而且特别注意到了自然生命处于萎缩时段中的力量的迸发和向上的执著。关于樱花，不知有多少日本诗人贡献过赞美的诗篇，池田大作的赞美可以说是别开生面，他说：“樱花，应该不是盛开于年轻的岁月。开花，应该是年末的飨宴才是。当花瓣散尽后，樱花就会开始结出花芽，于夏天形成。秋天过后，苦熬寒冬，等待着来春，经过一年的努力，最后才徐徐绽放华彩。”由此池田大作联想到人生的夕阳之美，“人啊，也是知道人生的最后，才会绽放花朵。全程参与、准备，能到最终才绽放春华，这一生才是幸福。”（《樱树灿烂》)如果说通常人们观赏樱花只是欣赏樱花灿烂的那一段短暂的生命辉煌,在这里,池田大作所关注的则是一个生命的向上过程,是隐蔽在辉煌背后的生命力的坚忍。在《京都"枫红之秋"》中,池田大作写到了另外一幅壮烈的自然生命景观:"秋就好像在树叶上喷洒金泥、红彩及金箔般,以浑身的光芒妆点,并吹奏出生命的最后乐章。千万叶片随风起舞,万叶齐唱,那是生命最后的祭典"。这一幅生命的景观展示的是生命在一个饱满的过程之后生命之光所激发起的最后一闪。人也有如这秋天的枫叶,"在有限生命中,一直往前前进,每年每年都能更加辉煌。直到最后最后的那一天,十分鲜烈,更超前般,如同要烧灭死亡般,鲜活强烈地活下去。"这里谈的是生,其实所言是在通过秋枫的"最后的祭典"告知人们怎样理解死和面对死。死不是生命的衰竭,也不是生命的叹息,更不是生命的暴弃,而是生命的大欢喜,大飞扬。所以,池田大作认为"面临死亡却能了解生命的辉耀,这正是秋枫的象征"。"在这绚烂无比的皇室王朝中,却蕴藏着死亡、人生无常的佛教哲学。"池田大作十分崇敬的中国现代作家鲁迅也曾如此赞叹过死亡,在他的笔下,"死亡是生命的极致的飞扬与大欢喜"。这两位文化伟人之所以能够如此积极昂扬地、审美地来理解死亡、描写死亡,应该说是因为他们都曾深刻地接受佛教哲学影响。

佛教哲学讲世界讲人生以缘起理论为基础,但缘起说的阐述通常有两条不同的思维路向。从消极的路向来说缘起,万物的成住坏空都由因缘而起,物体本无自性,也就一切皆空,无所执著;从积极的路向来说缘起,则万物的生成既然由缘而起,因而相互依赖,共生共存,每一种生命体都在承受着别的生命体的恩泽,同时,每一种生命体又以自己的存在而惠及别的生命体。佛教哲学的"依正不二"讲的就是这个道理。在自然观上,池田大作曾在多种国际环境会议上阐述过佛教哲学的"依正不二"思想,而在他的写景纪行散文中,感恩也就成为自然的一种突出的精神品质。如《雪柳・光之皇冠》中写雪柳，池田大作不仅写出了雪柳永远向上的生命力，而且特别突出了雪柳谦逊的品质。“雪柳总不会忘记对太阳的感谢之情。太阳毫不吝惜地照射大地。而雪柳因时常接受阳光光泽的照耀，因此就像回报太阳似的，也明朗地反照周遭。”又如《兵库秋樱之风》中写秋樱，池田大作描绘了这样一幅动人的景象：“风吹着，花朵们发出‘谢谢’的声响能够活着，要感谢大地、虫儿们，及感谢阳光。风走了，心手相连的使者却仍随风摇曳，让我们看到风的运作。”在这些作品中，美丽娇艳的花朵傲霜斗雪，忍寒耐热，但谦让和平，始终抱持一颗感恩之心，感激自己所受到的来自自然的种种恩惠。当然，这是池田大作的和谐共生的自然观的形象表达，同时也是池田大作的生命理念与人格精神的体现。无论是在生活中还是在写作中，池田大作总是心怀感恩之情，想到含辛茹苦哺育自己的母亲，想到呕心沥血培育信任自己的恩师，想到在年少时给自己带来许多温暖的火钵，想到护育着自己长大的故乡庭院中的石榴树，并且时时以这些曾经给予自己恩惠的人和物来勉励自己为了创价理念的实现而奋勇向前，百折不挠。所以，池田大作的写景记行散文往往是将写景与写自己融合在一起的。由于池田大作的高洁人格和优美性情，他的一举一动、一言一念，本身就是一道美丽的人生风景，所以写自己就是写风景。而他的散文中诸如雪柳、秋樱、油菜花、秋枫、睡莲、石榴这些美好的自然景物，其实也从各个方面成为池田大作优美人格的象征，所以池田大作写景其实也是在写自己。

三

形散而神不散，这一散文的基本特点在各个民族的文学中都是大体相似的。池田大作的写景散文有时娓娓叙来，像一条山溪，顺势而下，有时腾挪跌宕，则像山回路转，错落有致。这是因为池田大作的写景散文看似随意之章，其实每一篇散文都有一个串起全篇的核心观念,也就是通常我们所说的“文眼”。这些“文眼”有的放在文章的篇末,如《香港·月光之门》写香港的中式庭园建筑,这种庭园多以圆形来碹开白壁,门内别有洞天,造成窥视,吸引人更想探幽访胜。这种描写对中式庭园建筑的特征的把握无疑是很精当的,散文不仅写景,也写到了人,指出自古以来中国的文人为了逃离俗世琐事,而追求别有天地的休闲场地,这实际上是写出了中式庭园形成的一种国民心理机制。但如果仅止于此,这不过是一篇写得精致的记叙散文而已,因为这些意思文学史上已经不知有多少作家表述过。散文最后写到一个创价学会的一直奋斗不懈的草创前辈,池田大作不禁深深感慨:“唯有庶民那美丽的‘心灵庭园,就像是皎洁月光般,恒常不变。”这一结尾就如“文眼”,既照应了前面关于香港变与不变的议论,也照应了题目中的月光之门,同时将风景与文人墨客的恒常关系置换成庶民即一般普通民众的“心灵庭园”的美丽,从而提升了作品的主题意义。有的“文眼”嵌入作品的中间,如《翻越安第斯山脉》,此文写池田大作为了攀登“21 世纪的和平之山”访问智利途中飞越南美大陆的安第斯山脉的感想,安第斯山脉贯通南美大陆的南北,全长 1 万公里,群峰耸立,就如同波涛般绵延不断。作者从巴拉圭飞往智利的四个小时,有一大半时间都在翻越安第斯山脉。“即使攀越、再攀越,无垠无际的安第斯山脉依然耸立于前。”作者从翻越的关山重叠与艰难险阻想到了自己在推行创价精神与和平理念时曾经遭受的腹背受敌、孤立无援的经历,不胜感慨:“不去攀登峻岭,就没有劳苦,不去坚持,就不会遭到强劲风势。”这段感慨表达了池田大作为了创价理想百折不挠、九死不悔的意志和信念,同时它也形成了一个“文眼”,将写景与言志、翻越安第斯山脉和翻越“21 世纪和平之山”融会在一起,使得文章形神聚合,浑然一体。

池田大作是一位桂冠诗人,同时也是一位摄影高手,无论诗歌,还是摄影,对于大自然的诠释都是通过富有创造性的意象来进行的。诗人与摄影家对于意象的爱好和敏感也体现在池田大作的写景纪行散文中。在他的散文中，许多优美独特的意象给读者留下了深刻的印象。如在《冬日清晨》中作者用对话的意象写日本人过去用的长火钵，“一般的电器是无法与之对谈的，而却能与炭火产生对话”。这一意象描绘了人们在过去时代里拥着火钵取暖时的其乐融融的人性化场面，表达了对这种微妙的长火钵文化逐渐被冰冷机械的电器所取代的无限的惋惜与感念。又如《银铃般的柿子》中说：“即使遭逢任何痛苦，柿子也绝不让心坚硬如石，也绝不会让纤细、柔软的感受就行死去，绝不流于惰性。”作者所强调突出的是柿子的柔软意象，不仅外表是柔软的，而且心也是柔软的，即使酷热严寒，也不会改变自己的本质形象，体现出了一种从不放弃自己的忍耐精神。如果说这种意象本身包含着意义，包含着作者自己的综合性的生命体验，那么有些意象则是作者瞬间的灵感，或者是作者快速捕捉到的生命的瞬间。如“水光映影中飘落一片片枫采。三重绘彩摇碎一溪艳红”（《京都“枫红之秋”》）；“从特拉斯看到夕阳如‘黄金般’渐渐地舞向西方的水平线。东方山谷的彩虹绘出长长的弧形”（《蓝色的夏威夷》）；“被加州灿烂的阳光照耀着，高高的棕榈树，似乎直想往上伸至天际般。那道笔直的云彩划过树干，在湛蓝晴天中，恍若纯白的弹道般，遥穿天际”（《洛杉矶上空的飞机云层》）；“不知何时，夕阳西下，巍峨群壑上的雪层，映照在晚霞长空下。举目所及，只见下弦月及金星高挂长空。”（《翻越安第斯山脉》）这些意象描写，都具有强烈的画面感，生动，有力，凝练，显示出了池田大作卓越的感受、定格与诠释自然的能力。

池田大作对色彩的感受与辨析能力也是一流的。他的写景纪行散文在着色方面特别的鲜明艳丽，油菜花的黄色黄得就像“开出一朵朵光彩夺目的太阳”，秋枫的红叶红得就“如柔和的火焰般四处漫烧开来”，“雪白的云彩融入蓝空中的那股澄静感，讨人喜欢。”“那红艳欲滴的红梅，就像是裁下朝霞的红云，再由精灵针针密密缝合般。而白梅，就好像是集结月光的光彩，如同精雕细琢的水晶般晶莹剔透。”诸如此类的景物描写在池田大作的写景散文中随处可见，俯拾皆是，鲜明艳丽的着色显现着池田大作开朗乐观的心情、积极向上的人生态度和充满力量与光明的生命精神。池田大作不仅喜欢浓墨重笔地铺染色彩，而且也在自己的散文中经常谈到自己对色彩的看法。如他对白色的分析：“白色是个十分华丽的色彩。白色中隐藏着无数缤纷的色彩。彩虹的七种色泽也是由白色所撷取出来的。白色是所有色彩的根源。”（《雪中梅花》）又如他对枫叶的红色的分析：“红色素却是由叶片本身的糖分转变而成，借由阳光的光合作用而转变成糖分。也就是所谓的燃烧自身‘储藏的太阳’而成为红叶”。而池田大作对蓝色的分析，则更是精辟，他说：“蓝色，是个不可思议的颜色。蓝色，总是在远方。海洋的蓝，用手一舀就消失了。天空的蓝，无论如何地接近，还是清晰透彻。”（《蓝色的夏威夷》）池田大作是特别喜欢蓝色的，甚至在写雪中白梅时，他都从雪白雪白的颜色中看到了蓝色：“宽广的白雪绢绸，更将庭园的花木疏影，映照得更澄蓝。这澄蓝，是雪花，将故乡与蓝空相恋而从心的深处，缓缓渗出来的色泽。”池田大作说过，红色是生命的颜色，蓝色是精神的颜色。确实，只要一提到蓝色，我们就会情不自禁地想到天空，想到海洋。所以，蓝色是精神的颜色，这句话的深刻含义其实也就是希望人的精神能够像天空一样深远，像大海一样宽阔。可见，即使从专业的色彩美学的角度来看，池田大作对于色彩的分析也有自己的富有哲理的思考，显示出一个宗教家、教育家的过人之处。

（作者简介：谭桂林，男，1959 年生，湖南耒阳人，文学博士，现任湖南师范大学文学院教授，院长，博士生导师，湖南师范大学池田大作研究所研究员，《中国文学研究》杂志主编，湖南省普通高校哲学人文科学重点研究基地现代文学研究中心主任。）

文学即人学

——试论池田大作的文学观

张露平

池田大作先生作为一个桂冠诗人和作家,对文学必然有自己的观点和看法,他也的确在自己的作品以及在与一些著名人士的对话中,经常探讨文学问题。文学是艺术的一种,但不同于其他艺术的是,它是语言和文字的艺术,并能够传达出某种思想,引人思索。池田大作先生也探讨过艺术问题,但就他而言,"被称为'Renaissance'(意即'重生'或'再生')的'文艺复兴'——现在期待中的新人文主义(Humanism)中,建立其核心'文学的复兴'备受渴求"①,文学显然有其重要的地位,它是"文艺复兴"的核心。文学在艺术中的地位何以如此重要呢?池田大作先生认为,"文字是显示一切众生的心法形态"②,文字作为语言和文字的艺术,其重要作用毋庸置疑;再者,文学带有普遍性,能超越种族、民族的差异,对全世界的人们予以精神上的影响,文学和宗教之间具有很大的相似性,因而他在与人对话时经常谈到文学问题。而在探讨文学问题时,池田大作先生在他的

---

① 金庸、[日]池田大作:《探求一个灿烂的世纪》,北京大学出版社1998年版,第196页。

② [日]池田大作、齐藤克司等:《法华经的希望》,明报出版有限公司2002年版,第34页。

作品中多次提起萨特曾经问过的问题:“面对饥饿的人们,文学能顶什么用呢”。池田大作先生认为佛法最终的意义是实践,在于能否投身于民众之中,拯救现实中苦恼、迷茫的民众,使他们前进,乃至把时代引向理想的方向。那么,与宗教具有很大相似性的文学是否也有这样的作用呢?从他这个问题的提出,也许我们从中能窥测出池田大作先生的文学观来。

一、文学的对象

池田大作先生在讨论文学的作用问题时其针对的对象是“饥饿的人们”,我们适当放宽范围,可以说他的针对的对象是人们,是民众。亦即是说,他是从民众的角度来看待文学问题的。他旨在告诉人们,文学的受众离不开民众,更不能忽视普通民众。这一观点也许离不开池田大作先生的宗教思想。佛法主张众生平等,佛教本来就不是为了少数当权者或贵族阶级,而是为了普救那些受到压迫、为生老病死而苦恼的民众的,在任何时代,众多处在底层的民众,支撑着人的各种营生。他认为民众是历史的主体,甚至,他在论述民众与知识分子之间的关系时提出,无论知识分子还是大众,都因是生命的存在,应被同等对待,“人类在分为知识分子和大众之前,都是相同的人。必须把这一点作为大前提。至少站在这一立场上,就没有知识分子和大众的界限。”①知识分子只是民众的一部分,他们只有在民众生活的舞台上才能发挥作用。而“无论怎样优秀的知识分子,在现实生活中也是大众的一分子,与其他任何人没有什么不同。一般被称为大众的人们,也都是掌握着丰富知识的‘知识分子’”②。因

① [英]汤因比、[日]池田大作:《展望二十一世纪》,国际文化出版公司 1985 年版,第 77 页。

② 同上。

此文学是应该为大众服务的，将读者定位为民众，而不应该局限于某些所谓的“知识分子和精英阶层”，从这一基础出发，“那些善用精致的心理描写的现代文学就显得可怜，它只偏重于读者、文学青年和知识分子”①，它们很难穿越时空，予人类以恒久的影响。

二、文学的目的

既然文学应该为大众服务，而大众是由形形色色的人聚合而成的，不同的人有不同的需要，人们就不能对文学的目的加以限制。“文学的目的受到限定当然是错误的”②，“如果文学受到社会目的的某种制约，大概是不会从中产生真实的文学的。即使文学对饥饿的人起不了什么作用，也不允许有限定文学的目的，扼杀自由创作的现象。……”③池田大作这一观点大概是源自他具有宽容性的宗教观，佛教是最为重视个人尊严和主体地位的宗教；佛法是贯串于社会的多样性活动之中的一种法理，它既不会造就某种固定的人，又不会要求完全适合于某种类型的人，而应该有充分的自由，来顺应众生不同的“机根”。文学亦是如此，文学目的遭到限定以后，必然带来的结果就是作者言论和思想的不自由，这无疑又将陷入到“文艺复兴”④前的黑暗时代。一旦文学的目的得到限定，固然文学会在某一领域得到一定的发展，但在其他的领域，文学就会凋零；即便文学在限定领域得到了发展，那也是畸形的，它限定了作家创作才能的自由

---

① 金庸、[日]池田大作：《探求一个灿烂的世纪》，北京大学出版社 1998 年版，第 309 页。

② [英]汤因比、[日]池田大作：《展望二十一世纪》，国际文化出版公司 1985 年版，第 76 页。

③ 同上书，第 72 页。

④ 此处的文艺复兴，是指西方 16 世纪盛行的那场思想文化运动，它将西方从中世纪基督教的思想桎梏中解放出来。

发挥,而只能进行框架内创作,这对于文学而言无疑是极大的损失。这样的情况,不远的历史中我们就能找到例证,如苏联文学等。因此,文学的创作必须使作家能够“随自意”、“无问自说”①。

三、文学定位

文学的受众既然是大众,大众又是历史的主体、创造者,任何东西离开了民众的土壤是无法继续生存和发展的,“文学是时代的精神,也是反映社会的镜子”②。池田大作先生认为佛教应该“上求菩萨,下化众生”,“下化众生”,就是要求深入九界的众生中,努力救济民众的实践。时代也有三种:正法时代、像法时代和末法时代,不同的时代,应该有不同的法,日莲大圣人传的法便是末法时代的法。而文学作为传播思想的一种途径,也应该扎根于民众的生活中,反映民众的生活,而众多的民众的生活合在一起便能显现出一个时代的特点,不同时代的文学作品应显示出不同的特点。在建构文学作品时,应该充分反映当时社会的时代背景、时代的精神,从而使该时代的特色能够通过文学作品,展现在人们的眼前,这样人们就能通过文学作品获得有别于历史记录,更贴近当时生活的历史感受。“大仲马、雨果的作品洋溢着的那种‘使生命复苏的力量’之大,在现代文学中是少见的。当然,作品也触及‘时代’,一旦触及就会挑起更大的‘生命脉动’。”③正因为文学作品反映了当时的时代,它也就能拥有强大的生命力,“生命脉动”跳动不止,充满勃勃生机,这样在文学长廊中,这份独特能让它永不逊色了。

---

① “随自意”、“自问自说”,是指强调佛法的“主体性”、“自动自发”。

② [英]汤因比、[日]池田大作:《展望二十一世纪》,国际文化出版公司1985年版,第73页。

③ 金庸、[日]池田大作:《探求一个灿烂的世纪》,北京大学出版社1998年版,第195页。

四、文学的主体

从文学本身的角度来看，大众是历史的主体，而文学是“反映社会的镜子”，那么文学的主体就应该是人物形象，文学“要紧的不仅是故事情节，而是怎样描写塑造人物吧”①。就佛教而言，它既重视佛典的结集，同时也重视以一般民众为对象的教法，所以佛典中最重要的大乘佛典“多半具有巧妙的譬喻并富于文学的表现，它们由大众容易理解的故事构成”②。难以理解的佛法正是借助着“种种譬喻”③，才使民众理解得容易了，因而在文学中，情节是十分重要的。

“在谈到文学中具体人物的名字时最令人铭刻难忘。至少我认为这是中国文学传统中的特质，《三国演义》④是最具这个特质象征意义的作品。它塑造出这样的人物：智慧之人——诸葛亮，仁德之人——刘备，霸道之人——曹操，刚毅果断之人——孙权……一个个都堪称是中国大陆孕育出来的气宇轩昂的人物形象，而每一个人都是一部‘史诗’和小说。这部作品长期以来在朝鲜半岛和日本受到欢迎，其众多的英雄就构成扣人心弦的‘史诗’和‘小说’吧！”⑤佛法中的最高经典《南无妙法莲华经》“是基于十界生命（诸法）而不断显

---

① 金庸、[日]池田大作：《探求一个灿烂的世纪》，北京大学出版社1998年版，第197页。

② [日]池田大作，卞立强译：《我的佛教观》，四川人民出版社2001年版，第179页。

③ “譬喻”是指佛典中为了使佛法较容易理解而举例说明的故事。

④ 此处的《三国演义》不是指我国罗贯中所写的《三国演义》，而是指日本吉川英治的《三国志》，它与中国的《三国演义》稍有不同，吉田使“中国小说加以现代日本小说化”，作品也是以“孔明之死”结束的。

⑤ 金庸、[日]池田大作：《探求一个灿烂的世纪》，北京大学出版社1998年版，第299页。

现的宇宙根源的法(实相)”[①],诸法包含了“十如是”:“如是相”、“如是性”、“如是体”、“如是力”、“如是作”、“如是因”、“如是缘”、“如是报”、“如是果”、“如是本末究竟”等。佛法认为一切事物都包含了这“十如是”,因而在池田大作先生看来,文学也应包含了“十如是”。文学中人物的外貌就是“如是相”,人物的个性、特质就是“如是性”,人物整个展现出的身心、全体就是“如是体”,人物的能力能产生某种作用就是“如是作”,人物的生命是“如是因”,事情产生的助因即是“如是缘”,事情的发生是“如是果”,事情显现于现实就是“如是报”,它们之间的各种关系就是“如是本末究竟等”。文学中所表现出的人间形态即是诸法,实相从中显出。文学通过塑造人物形象,表现人的生活,人的情感,人的理想等,并通过它们传达某种思想和精神,从而显现出人类世界的“实相”。文学作品中人物形象包罗万象,描绘出人世间的各种缩影,而各种各样的文学形象,就像佛法中表现的地狱界、阿修罗界、人界、天界乃至菩萨界……可以从中感受到多种多样的人生和人的生活道路。

池田大作认为人世间真正的强大,不是来自外表风度、权力、财产和地位,而是来自强烈的“人性”,即为了自己既定目标而甘愿献出一切的“人性”。赤裸裸的人性的呼唤才能抓住人心。因此,为了使文学作品抓住读者的心,文学就必须展现人性,而人性的展现有赖于形象的塑造。鉴于文学的受众乃是广大的民众,那么要抓住他们的心,在塑造文学形象时,从民众的角度进行写作便尤为重要了。因为“除了在民众之中,是不会看到人类社会的真实的影像或实相的”[②],“在这里现实的生活者——民众的目光,才是能够写出一切的最澄澈的、最公平的、最确切的‘观察的眼睛’”[③]。佛法认为,为了

① [日]池田大作,卞立强译:《续·我的佛教观》,四川人民出版社2001年版,第104页。

② 同上。

③ 同上。

将法传于大众，佛法的传播者应理解说法对象，采用“世界悉檀”和“为人悉檀”①的方式。因此，文学作品在塑造形象时，应采用“法用方便”②、“利钝由缘”③的方式，这样才能使塑造的人物形象更富于魅力，从而深深地打动民众的心。所以《新·平家物语》的魅力在池田大作那里，就是在作品中到处都可看到著者以平等看人的“目光”。

五、文学的意义

在谈到萨特的“面对饥饿的人们，文学能顶什么用”这一问题时，池田大作先生认为：“许多作家认为不能通过文学拯救饥饿的人而流于虚无主义”④，亦即是说，就他而言，是能够通过文学来拯救饥饿的人的，“我希望能有这样一种伟大的文学被创造出来，……作为最终结果，它连饥饿的人也拯救出来”⑤。

池田大作先生在评论托尔斯泰的《战争与和平》一书时曾讲道：在俄国这样一个经历过俄罗斯土壤——在所谓“到人民中去”的知识分子大规模自发的“下放”运动的土地上，萨特提出的问题本身，已经是不言自明的。因此，1975 年他在莫斯科大学所做的演讲《东西文化交流的新途径》中，他就指出过：“萨特提出的问题本身，特别是对于俄国来说，已经是不成问题的问题”，因为对于和民众的幸

① “世界悉檀”，“为人悉檀”，指那种理解说法对象的态度、思想和心情，并运用一般论述而使对方信入佛法的说话方式。

② “方便”在佛法中是指提高民众智慧的表现。天台大师将其分为三类：法用方便、能通方便和妙法方便。“法用方便”就是顺应众生的机根所生的各种法。

③ 所谓“利钝由缘”是指用佛法启发智慧时既不要偏向于利根，也不要偏向钝根，而要适应有缘的听众，自由运用。

④ ［英］汤因比、［日］池田大作：《展望二十一世纪》，国际文化出版公司 1985 年版，第 75 页。

⑤ 同上书，第 76 页。

福、解放、和平这种万人共同的愿望共同呼吸过来的俄国文学或艺术说来，没有产生这种疑问的余地。他为何会有如此看法呢？佛法是使人幸福的“生命名医”，它解明痛苦的原因，教导人们直面人生，因为“烦恼即菩提”，从而教导人们生气勃勃地生存下去，来获得幸福。文学也应有如此作用。

文学既然能够拯救饥饿的人，那么文学的意义到底何在呢？

池田大作先生认为，在人生遭遇到的事件中的某一场面，有时会像用照相纸洗印出来的一张照片一样，鲜明地刻印在胸中，超越时间的流逝，决定人生旅途的方向。当人们沿着某一信念所指引的道路前进的时候，通过与世俗价值观的对抗以及与种种考验的搏斗，就会加深原初的体验，升华成为从深层推动自己的“原动力”。在介于历史变动之间的人的行动的轨迹上，那经常构成原动力的“信念之核”，就会闪烁出光芒。文学既能通过提供上文提到的“事件的某一场面”，鲜明地刻在人的心中，更能通过人物形象的塑造，使文学人物的美好精神如诚实、坚毅、真挚、意志坚毅、对他人的关怀、珍爱人生等，来影响大众的世界观、人生观、性格等，从而影响他们的人生。因此，在池田大作先生而言，文学的意义主要在于思想和精神上对人施加影响，然后再通过精神指导行动，对实际人生产生客观有益的影响，文学的意义在此并不是虚无的，而是有实义的。故而对于“饥饿的人们”，文学是能拯救他们的，文学通过文学中的场景和文学人物表现出来的性格、精神等，对饥饿的人们予以精神指导，使他们在困境中不至于悲观失望，能拥有向上的精神动力，最后人们在这些精神指导下，他们的力量得到激发，产生改变现状的强大动力，最终改变现状，将自己拯救出来。因此文学同强调实践的大乘佛法一样，它的作用不仅在于精神方面，更在于它能通过这种精神来指导实践，来对现实造成影响。

从上文，我们可以看到池田大作先生文学观的形成，是与他佛学思想家的身份分不开的。另外，佛教自身对文学的看法，亦影响了他的文学观。佛教是世界宗教的一种，在人类历史上，宗教与文学之间的关系错综复杂，经常交织在一起，宗教与文学相互影响。文学对宗教的传播有着重要影响，文学主要通过将宗教理想审美化来使宗教得到广泛传播。这一传播首先是通过宗教经典本身的文学性来实现，如《圣经·新约》，它作为基督教的教义经典本身就是一部文学作品，它通过文学传记、诗歌、寓言、箴言等文学形式来表现对上帝的信仰和推崇，实现对野蛮民族的教化，使他们皈依基督教；另一方面则是借助于文学家们创造的文学形象来传播宗教的教义，如中世纪和文艺复兴时很多的文学家就通过文学创作来传达基督教的精神，莎士比亚在《威尼斯商人》中就通过安东尼奥传达出仁爱的理想的基督教精神等。就佛教而言，在中国古代历史上，更出现了很多的诗僧等，他们通过诗歌来传达佛教的教旨，佛教经典很多都选用文学传记等文学形式来传播佛教教义。“以《法华经》为首的许多佛经都采用了民众易懂的譬喻方法及文学表现形式”①，“《维摩经》仅次于《法华经》而被广泛诵读的原因，大概是由于它具有文字性吧”②。正是由于池田大作先生清楚地看到了在宗教的传播中，文学的作用可谓功不可没，因此他才将文学的作用看得十分重要，它是现今应进行的“文艺复兴”③的核心。而文学对宗教传播的功绩主要在于对宗教思想的传播，那么文学本身的意义也就在于文学能够传达某种精神和思想，给人们以精神指导了。文学传达宗教思想的手段是使宗教理想形象化，因此文学自身在传达某种精神时，最好的手段便在于采用形象化的手法，而文学中传达精神最形象化的手法莫过于塑造文学形象，同时通过文学形象反映人们的生活、情感、性格和理想，以

---

① ［日］池田大作，卞立强译：《我的佛教观》，四川人民出版社 2001 年版，第 137 页。

② 同上书，第 145 页。

③ 此处的“文艺复兴”不是指西方国家在 16 世纪盛行的那场思想文化运动，而是指前文提过的“现在期待中的‘新人文主义’”。

此来影响人。同宗教要影响大多数的人,并对他们的实际生活产生影响相似,在池田大作先生看来,文学所传达的思想和精神也应该用来影响人们精神和实践,因而文学的受众也应该是人,佛学认为“众生平等”,每个人都有拥有好的精神指导来使自己的生活得以好的改变的权利,那么文学的受众就不应该得到限制,而应是广大的民众。另外,文学对宗教的传播的确起到了很大的作用,但文学的目的并不限于此,所以出于同样的思考,池田大作认为文学的目的不应该加以限定也在情理之中了。

总而言之,在池田大作先生那里,不论是文学的对象、目的,还是文学的定位与主体,文学都离不开人。文学是社会生活的反映,也是对人类自身的关照,人是文学的出发点,文学更是因人而产生的,文学的主要内容也是人,人的生活、情感、理想和精神。综观文学的一切,都与人紧密相连,因而文学即人学。

(指导老师:赵炎秋教授)

(作者简介:张露平,女,1984 年生,湖南省湘潭县人,湖南师范大学北比较文学与世界文学研究生,研究方向为比较文学。)

池田大作的音乐文化思想和中国的音乐教育

董芳胜

一、池田先生的音乐文化观

1. 音乐的大众性

我想我们每个人都曾有着这样的一种经验，当我们去听他国的音乐，或者去观赏其他民族的音乐舞蹈时，即使当时没有语言的解说，我们也能从音乐旋律的律动、音乐节奏的弛缓、音的强弱、或音乐造就的整个氛围当中，都能或多或少地感受到其中的音乐表现所在。这就是说，音乐本身有了它的一个特征，即“音乐的大众性”。

对这一点，池田先生曾经有过这样的精辟论述：“音乐里面不存在国界。音乐是每个人都想拥有的东西，因为它是文化的精华，是艺术，同时它又是世界共同的一种语言。”①同时，池田大作还曾经说道：“音乐是超越国界，超越人种，超越社会意识形态的世界上最美

① ［日］池田大作：《音乐队寄语》，《第三文明》1964 年第 8 期（池田大作在担任创价学会第三任会长时写给创价学会音乐队的寄语，1964 年 8 月 2 日发表在《第三文明》第 8 期）。

的语言。"这就说明池田先生从音乐本身的内在价值中寻找到了音乐的这种广泛性的特征。而这种广泛性正是体现在:音乐不用受像语言那样的区域限制,能超越语言的地域障碍,从人的感受经验中寻觅到音乐的普遍共性。而人无论是男性还是女性,也无论是年老还是年少,我们都可以去感受音乐,而且也无论你的感受经验是多还是少,这种感受经验是我们人的一种感情的外在表现。所以这种感受经验正好反映了音乐赋予人类的一种"大众性"。

那么,池田先生所说的"音乐的大众性"具体是指什么呢?针对此,池田先生曾经从另一个角度进行论述过。

他在创建民主音乐协会时把自己的想法和愿望向协会的工作人员曾经这样表白过:"我希望(民主音乐协会)今后多举办一些能让每一个普通老百姓穿着木屐也能听到的音乐会。我是怀着这样的一个心愿才决心创办民主音乐协会的。"同时,池田先生在谈到这个心愿时还说道:"艺术本来就不是一部分人的独占物。如果是这样的话,那么艺术就成了炫耀自己的一种工具,只是成了点缀自己的一种装饰品。这样的艺术就本末倒置了。另外,艺术不是专门为点缀绅士淑女而存在的。他应该是为普通老百姓而存在的。音乐演奏会也是如此,美术馆也是如此。"①显然,我们从这里可以看到,池田先生把音乐的根本目的明确化了,即音乐是为普通老百姓服务的。那么池田先生为什么会把艺术的终极使命归宿于普通的民众之中呢?我们可以从他的长篇小说《新·人间革命》中寻找到答案。他在小说《新·人间革命》中的《文化之花》章节里曾经这样写道:"我提议开设举办音乐节、文化节的另一个理由就是想把艺术重新夺回到大众的手里。因为我坚信艺术是在民众的大地中成长盛开的。没有民众

① [日]池田大作:《和世界对谈—第4回世纪的小提琴家梅纽因》,《圣教新闻》2006年5月28日。

的艺术最终是空虚的一层贝壳。”①也就是说，池田先生从音乐文化的起源角度来阐述艺术的来源，认为艺术是由人民群众创造出来的，所以它应该归还到人民群众中去。他的这种对艺术文化的起源解说和毛泽东主席创导的“从群众中来到群众中去”的文艺思想是一致的。从这里我们也可以看出，正因为池田先生看到了“音乐大众性”的这个特征，所以无论从音乐文化的起源角度也好，还是从音乐文化的目的论也好，他都主张艺术文化是和民众分不开的，而且这个“大众性”的特征也正是从人和音乐的交往过程中表现出来的。

总之，无论从音乐本身的内在价值，还是从人和音乐的交往过程的角度来看，在池田先生看来，如果没有“音乐大众性”这个特征的话，那么音乐、艺术的存在只是一种空虚的、没有内涵的艺术形式了。

2. 音乐的功能特征

在谈到音乐的功能时，我们可能很快会联想到近一二十年兴起的音乐疗法这门新型学科。随着科学技术的发展，特别是脑科学的飞速发展，它在某些方面为解析音乐的功能性提供了许多科学依据。但这些只是从音乐有形的外在表现来说明音乐有利于我们身体方面的健康发展。可是，在池田先生的音乐观里，我们能找到比这更深一层次的、音乐有利于我们精神方面的健康发展的理论阐述。

早在 1964 年池田先生在给音乐队的寄语里曾经这样写道：“（音乐队的使命）是站在佛法民主主义的舞台上，充当第三文明建设的旗手和号手，为撒下新大众文化的种子，为人类发展燃烧起明天的希望。只有这样，才能使听音乐的人、接触音乐的人在无形之中感动，从自身的内心世界里不断涌现出人间革命的原动力。……音乐队的前进发展从广义上来看，它可以给世人带来正确的认识史观，在世界文化的发展贡献中做出先头表率。从狭义上来看，它可以鼓舞我们成千上万的同仁志士的士气，可以给痛苦烦恼的同志送去希望

---

① ［日］池田大作：《文化之花》，《新·人间革命》第 7 卷。

和勇气。”①这里我们可以看出，在池田先生寄语音乐队的希望里，把音乐的内在价值和人在接触音乐时应有的志向性作了非常完整的综合论述，阐明了音乐文化的特殊功能性在于它是“人间革命的原动力”。人在和音乐的接触中应有的志向性是指“佛法民主主义”、“第三文明建设的旗手和号手”、“撒下新大众文化的种子”、“为人类发展燃烧起明天的希望”等人的内在表现。而音乐的内在价值正是通过人的这些内在表现才显示出来。人进行自我的人间革命的原动力正是人在感受音乐时产生的发自内心的一种志向性。所以只有把在这两方面有机结合起来，才能让音乐给人“带来正确的认识史观”，给同仁志士们“鼓舞士气”“送去希望和勇气”的功能发挥。也就是说，在池田先生看来，音乐的功能性是在人的音乐方面的志向性和音乐本身的内在价值的有机结合中表现出来的。

那么，人的音乐志向性和音乐本身的内在价值是怎样结合的呢？关于这一点，池田先生说道：“音乐是直接表达人的心情的东西，除了音波这种中介媒体以外，不需要什么理由和理论。……总之，没有比音乐那样诚实正直地表达人类心情的东西了。即使你想撒谎也没办法撒谎，不需要语言，也不需要理论，更不需要你摆什么架势去理解它。只要我们竖起两耳，我们心中拥有的自然乐器就会和它产生共鸣。如果我们人和人之间也能这样产生心中的共鸣，那么要解决作为21世纪人类的最大课题：抹杀地球上的血腥风沙这样的难题时，音乐就是唯一能带给其光明、成为解决此难题的最佳手段了。作为人类文化的音乐也应该赋予其这种使命。”②这就是说，只有我们敞开心扉直接明了地去接触音乐，那么我们内在的感情世界也会直接地表现出来。用这样的音乐情怀来解决冲突纷争的话那就不是什么难题了。所以，后来池田先生在和巴西钢琴家比尔拉交谈时，共同

① ［日］池田大作：《音乐队寄语》，《第三文明》1964年8月2日。

② ［日］池田大作：《我的想法》，《日本经济新闻》1968年8月4日。

谈到社会寄予音乐的希望时说道："音乐里面也有唤起人生命的跃动、朝气向上的音乐，也有使人走向贪图享乐、寻觅安逸，使人的思想境界低趣化，甚至使人导向不幸的音乐。但只要我们胸中的音律和宇宙根源的音律形成一体时，那么我们胸中的幸福之曲、和平之歌就会永远奏响。佛法经典里面对此已经有了精辟的阐述，即佛法里的'耳根得道'的道理，其意就是说，在地球上，生命的永远之道和宇宙的真实之道只有靠声音才能获得的。"①从这里我们就可寻找到人的音乐志向性是怎样和音乐本身的内在价值相结合的答案了。根据池田先生的音乐思想理念来看，人自身的"自我"和音乐的内涵，它们的关系是表层和内里的关系，人的"自我"是衬托在表层的音乐内在价值里面的，而音乐的内在价值是人内在的"自我"表现。人自身的"自我"涵养越丰富，音乐本身的内在价值也越深厚。反之双方都是肤浅狭隘的。当两者达到融为一体时，那么这种音乐的情感体验就变成了万人相通的了，正如池田先生所说："优美艺术是超越民族和国家达到万人共感的效应。"也就是说，音乐的功能表现就体现在万人相通的事实上了。这也就可以为解决冲突纷争，为促进世界和平作贡献。

以上就是池田先生从人类的精神发展方面来展开他对音乐功能的独特见解的阐述。在池田先生看来，音乐的这种功能特征表现是存在于我们每一个人的音乐志向和音乐内在价值的不断深化的有机结合之中。

3. 音乐的哲学文化性

音乐的哲学文化性是指音乐赋予的哲学理念。具体地说就是指人们在通过音乐的活动中所获得的人生哲理，或者说音乐所带给我们的哲学思维方式。这个问题看起来似乎太渺茫，也无着边际，因为很多人包括古今中外的许多哲学家、艺术家都认为：艺术特别是音

---

① [日]池田大作：《圣教新闻》1992年10月30日。

乐,它是一种感性认识观,是人的一种感情表露。而哲学思维或人生哲理,它是一种理性认识观,是得靠人的逻辑思维辩证方法才能理解和表现的。可是,在池田先生看来,音乐或者艺术正是这两种认识观融会之处的表现,并且强调任何一种哲学思想它的最终表现将是通过音乐艺术才能转化为人进步的动力。例如,池田先生在给音乐队的寄语中曾经这样写道:

> 古往今来,无论哪个国家,也无论哪个民族,当人民群众为争取和平和幸福挺身而起时,它的根基里面肯定有一种新伟大哲学思想的存在。并且,这种伟大哲学思想的实践就会如滔滔不绝的大河奔流一样,化作人民群众的呼声和跃动,最终肯定会通过伟大的音乐艺术表现出来,成为民族前进发展的大动力。①

也就是说,池田先生认为音乐艺术是哲学思想的具体表现,它的繁荣又将成为推动人类民族前进发展的大动力。由此,不禁使我们想起古代中国的盛唐,唐代的繁荣最终也是通过艺术的形式表现出来了。这可以从敦煌艺术宝库中得到考证。同时,我们也可联想到欧洲的近代史,从文艺复兴之后至今,欧洲的科学技术得到飞速发展,进而再次激起了欧洲各民族思想的转变,最终也是通过文化艺术表现出来,比如从音乐方面来看,至今被称为高雅的古典音乐都是以欧洲音乐艺术为主流的世界音乐。设想一下,如果盛唐时代,声音记录的技术发达,或许东方音乐将成为当今世界音乐界的主流。当然这只是一种假想。在此,我们也不必要去争输赢,我们只要注意,不管是哪种音乐艺术的存在,它们都是反映了某种哲学思想的存在。关于这一点,池田先生也有精辟的论述。池田先生说:"基督教传布的时候也出现了非常好的音乐和绘画。同样,共产主义产生的时候也带动了新型科学的发展和新音乐体系的产生。当一种思想的兴起必定带动新文化的产生。扎根于日莲大圣人思想的第三文明的音乐

---

① [日]池田大作:《音乐队寄语》,《第三文明》1964 年 8 月 2 日。

就必须用这种思想进行新价值的创造，这就是第三文明的音乐。”① 同时，他还在寄语文化节时强调说：“艺术是人性的必然表现。而且艺术是和宗教密不可分的。比如法国巴黎有名的罗浮宫的西洋美术作品，大部分都是以基督教思想为根基的艺术展现。虽然各个作品的表现形式不同，每个作品也表现出每个画家的独特个性，但它们把基督教的宇宙观、世界观共同地表现出来了，让我们感动。所谓艺术生命就是指：无论是绘画，还是音乐、舞蹈，它们都是我们感动的源泉，表现出普遍的精神世界。”②由此我们可知，池田先生认为任何一种音乐都反映出一种哲学理念。换句话说也就是说，音乐赋有哲学文化的特征。

从以上池田先生对音乐文化的认识来看，他认为音乐应该扎根于人民群众，以人为本。同时音乐是应该成为人间革命的动力源泉，只有这样才能完成它的使命。也只有这样我们每个人才能拥有正确的音乐志向，才能发挥出音乐内在的最大价值。只有当这样的音乐出现在我们面前时，它才能反映出我们人类的普遍哲理，所以在池田先生看来，音乐文化和人本身的意识形态是一个表里一体的东西。以上我们从理论的层面上了解到了池田大作先生对音乐文化的独特见解，下面我们再从他的实践活动中来探讨一下他的这种思想。

民主音乐协会是池田先生在1963年10月18日创建的，从该协会至今的组织活动中来看，里面有从古典音乐体系到现代音乐体系，还有从娃娃学语的歌谣到传统的民间艺术，取材广泛，种类繁多，形式多样，其目的就是为人民群众提供优良的音乐素材，同时加深世界各国、各文化团体之间的交流，推动世界音乐文化的发展。③ 比如

---

① 《第三文明音乐》，《第三文明》。

② 《新·人间革命》第7卷，《文化之花》。

③ 民主音乐协会主页，http://www.min-on.or.jp/about/（以下有关材料均参照该网页）。

2006年邀请的中国京剧院的赴日公演就是其中之一。众所周知，京剧是代表中国民族文化艺术的典范之一，对日本人来说，几乎都是只知其一不知其二。可是为什么还要邀请到日本来演出呢？这不禁让我们想起，刚才前面也提到过的池田先生在创建民主音乐协会时给予的希望。并且从现实的实际情况来看，我们也知道按一般的国际艺术交流来说，邀请的国外艺术团体一般只限制在大城市里公演。可是我们从中国京剧院赴日公演的日程表得知，他们的公演已经安排到了小小的一个乡镇。更可贵的是，民主音乐协会的这次公演其目的在于：一是通过文化艺术的交流增进中日之间的友谊；二是希望日本人民了解中国的民族文化；三是为一般的普通老百姓也能欣赏或接触到国外一流的文化艺术，从中启发人们的音乐志向性，提高自身的修养，进而为他们思考寻求自己的人生哲理提供材料。当然，所有的演员也赞同民主音乐协会的理念，不辞辛劳，不管观众人数是多还是少，坚持用饱满的精神状态和精彩的表演为观众奉献一场场美丽动人的京剧戏。从中国京剧院赴日公演的艺术交流活动中，我们也可知池田先生对音乐艺术的独特的宝贵见解了。

另外，我们在日本还可以从各地举行的各种文化活动中，了解到创价学会的有关部门来参加的各种艺术文化活动，比如每年各地举行的祭祀活动中，创价学会的音乐队及鼓笛队的成员就会表演出他们的精彩节目，还有各种艺术竞赛也有创价学会的成员或团体代表参加，同时创价学会各地每年还会举办从幼儿儿童到老年人的自己的各种文化节。创价学会的会员们无论参加什么样的文化艺术活动，也无论是个人独自参加还是团体参加，也不管自己掌握了该艺术领域的多少本领和技能，每个人都是全心全意地投入该文化艺术的活动，用自己的全部生命去撞击这“文学艺术的生命”，通过它来提高自己的艺术文化的志向性，进而创造或提高自己的人生价值来为社会新价值的创造作贡献。从这些成员参加的文体活动中也能寻找到池田先生对音乐艺术文化的独特见解。

从以上的民主音乐协会的活动及创价学会会员参加的各项艺术文化活动的具体实例中,我们也可认识到池田先生把来源于人民群众的音乐艺术文化归本于民,从而激励每个人对音乐的最佳志向,进而唤起每个人对自己的人生哲理的追求。

二、中国的音乐教育现状:《音乐课程标准》反映出来的音乐文化观

从以上的理论和实践中,我们了解到了池田先生对艺术文化的独特的宝贵的见解。那么他的这种艺术文化思想对我们中国的音乐教育有何借鉴和启发呢? 为了探讨其价值,在这里让我们先剖析一下我国现行下的音乐教育现状。这里所说的音乐教育是指在幼儿园、小学、中学等所谓的基础教育中实施的音乐课程的教育。为什么把这个范围限定在基础教育中呢? 其一,基础教育是面向广大人民群众的,而音乐专业学校里的音乐教育只是面向一部分人的。其二,基础教育是人成长的基础。所以,通过了解基础教育中的音乐教育的实施理念来探讨池田先生的音乐文化思想,对中国的音乐教育有何借鉴价值就显而易见了。

1.《全日制九年义务教育·音乐课程标准》的设置基准

在谈到基础教育中的音乐教育时,我们离不开指导我们教育活动的根本标准,因而,下面就专门针对为九年义务教育制颁布的《音乐课程标准》(以下简称《标准》)作个简单的分析,了解基础教育中的音乐教育活动的根本目标和思维理念。

在《标准》中阐述了音乐的基本属性和价值。“音乐是最具普遍性和感染力的艺术形式之一,是人类通过特定的音响结构实现思想和感情表现与交流的必不可少的重要形式,是人类精神生活的有机组成部分;是人类文化的一种重要形态和载体。……对音乐的感悟、

表现和创造,是人类基本素质和能力的一种反映。"①音乐课程的价值主要体现在"审美体验价值"、"创造性发展价值"、"社会交往价值"、"文化传承价值"等四个方面。从这个音乐的基本属性来看,音乐赋有普遍性的原理,这一点和池田先生的"音乐的大众性"是相通的。同时,音乐表现了人的思想和感情,表现了人类的精神生活,这一点也正和池田先生强调的"音乐是人间革命的原动力","是一种哲学思想理念的最终表现"的理念是一致的。

另外,国家规定的四个方面的音乐价值体现也和池田先生的三个音乐观是一并相融的。人通过审美体验、创造发展达到自己对音乐志向性的提高,在音乐活动中注重人和人之间的社会交往,进而把优异的音乐文化继承下来,这样的音乐活动就把音乐本身的内在价值不断加深扩大了,人们在通过这样的音乐活动中,也就有利地发挥出了音乐本身的特殊功能性,同时也促进了每个人自己的人生哲理的形成。

2.《音乐课程标准》里的音乐文化

在以上的设置基准下,《标准》里面反映出了什么样的音乐文化呢?带着这个问题我们来看看《标准》里的内容结构。因为音乐文化的产生除了基本理念以外,那就是音乐内容的结构了。从音乐的内容中可以探讨出音乐文化的真实内涵。

从《标准》的内容分段来看,1—2 年级主要围绕自己身边的有关人的"声音"和乐器的"声音",进行能感受和会用简单的方式表演。为此,首先应了解"声音",在了解"声音"的性质时,学习掌握西洋音乐的基本乐理。

3—6 年级主要学习表现自己的方法和技能。这些方法和技能大部分都是能正确地使用人声方法并能了解和掌握各种表现形式的

① 中华人民共和国教育部:《音乐课程标准》(实验稿),北京师范大学出版社 2001 年版。

基本技能，如合唱、合奏、独唱、独奏。所学歌曲的内容大部分都是现代儿童歌曲、颂歌、叙事歌曲、抒情歌曲、艺术歌曲、通俗歌曲等。学习的器乐内容大部分是旋律器乐、西洋打击乐等。创作形式的表现主要是以即兴创作为主，如改换歌词、即兴动作表演、即兴伴奏等。

7—9 年级主要围绕乐器的学习，学习各民族音乐的简单知识和简单表演。

从以上《标准》的各阶段的主要内容来看，现行我国的基础教育中的音乐教育内容主要是基于西洋音乐文化的载体上，也就是说《标准》里的音乐文化是以西洋音乐文化为主体。那么在这样一种音乐文化的基础上，如何具体地实施呢？我们来看看《标准》实施的具体思路。

3.《音乐课程标准》的实施构思

《标准》对具体实施的基本理念是作如下规定的。

(1)以音乐审美为核心：根据音乐艺术的审美表现特征，引导学生对音乐表现形式和情感内涵的整体把握，领会音乐要素在音乐表现中的作用。

(2)以兴趣爱好为动力：在不同的教学阶段，根据学生身心发展规律和审美心理特征，以丰富多彩的教学内容和生动活泼的教学形式，激发和培养学生的学习兴趣。

(3)面向全体学生：义务教育阶段音乐课的任务，不是为了培养音乐的专门人才，而应面向全体学生，使每一个学生的音乐潜能得到开发并使他们从中受益。

(4)注重个性发展：要把全体学生的普遍参与与发展不同个性的因材施教有机结合起来，创造生动活泼、灵活多样的教学形式，为学生提供发展个性的可能和空间。

(5)重视音乐实践：积极引导学生参与各项音乐活动，将其作为学生走近音乐，获得音乐审美体验的基本途径。通过音乐艺术实践，增强学生音乐表现的自信心，培养良好的合作意识和团队精神。

(6)鼓励音乐创造:音乐创造的目的在于通过音乐丰富学生的形象思维,开发学生的创造性潜质。在教学过程中,应设定生动有趣的创造性活动的内容、形式和情景,发展学生的想象力,增强学生的创造意识。对音乐创造活动的评价应主要着眼于创造性活动的过程。

(7)提倡学科综合:综合包括音乐教学不同内容之间的综合,音乐与舞蹈、戏剧、影视、美术等的综合,音乐与艺术之外的其他学科的综合。在实施中,综合应以音乐为教学主线,通过具体的音乐教材构建起与其他艺术门类及其他学科的联系。

(8)弘扬民族音乐:应将我国各民族优秀的传统音乐作为音乐课重要的教学内容,通过学习民族音乐,使学生了解和热爱祖国的音乐文化,增强民族意识和爱国主义情操。随着时代的发展和社会生活的变迁,反映近现代和当代中国社会生活的优秀民族音乐作品,同样应纳入音乐课的教学中。

(9)理解多元文化:世纪的和平与发展有赖于对不同民族文化的理解和尊重。在强调弘扬民族音乐的同时,还应以开阔的视野,学习、理解和尊重世界其他国家和民族的音乐文化,通过音乐教学使学生树立平等的多原文化价值观,以利于我们共享人类文明的一切优秀成果。

(10)完善评价机制:评价应包括学生、教室和课程管理三个层次,可采用自评、互评和他评等多种形式。评价指标不仅要涵盖音乐的不同教学领域,更应关注学生对音乐的兴趣、爱好、情感反应、参与态度和程度,以及教师引导学生进入音乐的过程与方法的有效性等诸多方面。

从这些实施理念中,我们可知,"以兴趣爱好为动力"就是从人的音乐志向性出发开展教学。"以音乐审美为核心","鼓励音乐创造"就是以音乐的内在价值作为核心内容,通过学习和接触音乐的内在价值达到提高每个学生的素养,让学生对自己有个综合的理解和评价,确立自己的正确人生观。“注重个性发展”就是根据各个学生的个性发展规律进行教学活动,体现了因人而异的音乐哲学文化性。“面向全体学生”就是注重音乐的大众化。“重视音乐实践”,“提倡学科综合”就是注重音乐价值的起源和归宿,用科学的教学方法进行教学。“理解多元文化”就是以多元文化为视点开阔视野。“弘扬民族音乐”就是以各民族的音乐文化为内容。从以上音乐课实施的基本理念可以看出,我国基础教育中的音乐教育实施是从人的音乐志向性出发,以音乐的内在价值为核心,根据音乐的发展规律和学生个性的发展基准,利用科学的教学方法,站在多元文化的视点,采用各民族音乐文化,以面向广大学生的教学宗旨来开展音乐教育的教学活动。因而,从这些理念中我们完全可以认为:中国音乐教育理念和池田先生的音乐文化思想是一致的。但是,我们应该注意到,在前一项谈到阶段的教学内容时,中国的音乐教育主要是处于西洋音乐文化的载体上,以西洋音乐的文化内容为学习的主体对象,这就不免让我们对这些具体的实施理念在实施过程中的效应问题产生质疑。因为西洋音乐的理论不一定和我国多民族的音乐文化性都相通,也不一定能真正反映出我国多民族的文化意识形态,所以用一个音乐文化载体去定量一切的音乐教学活动未免出现差错。因此,为了克服这个缺陷,我们可以从池田先生的“音乐的哲学文化性”这个思想来探寻答案。

三、构筑和谐社会的音乐文化基础

构筑和谐社会是当今我国的主要课题,而和谐社会的构建也正是世界所期盼的、所追求的。因而可以说构筑和谐社会不仅是我们中国的主要课题,更是世界的主要课题。为此,培养拥有世界之心、爱好和平之心的人才就至关重要了。那么,从我国的音乐教育来看,国家的音乐教育理念是一个正确、博大的良好基底,但教学内容里反映出来的音乐文化载体却也不免留有创新的余地。那么怎样创新呢？我们不妨从以上论证的池田大作的音乐文化思想来探寻一点线索，因为在池田大作的哲学思想体系里，和平思想是其最大的理念支柱，而他的音乐文化思想也是建立在此基础上的。

首先，我们从池田先生的“音乐的大众性”这一音乐文化思想来探讨。池田先生的“音乐的大众性”抓住了音乐的基本属性——“民众的音乐”。任何一种音乐都是反映当地民众的一种感情。我国的多民族音乐文化正好反映了我国各民族人民的心声。所以，在音乐教育教学中，就应该大力推广这些民族间的音乐文化，把各民族的音乐文化大力纳入音乐教学内容里面，奠定尊重各民族文化氛围的基础。这样，也就可以弥补《标准》中以西洋音乐文化为主要教学内容的缺陷了。另外，池田先生的“音乐文化的大众性”还突出了音乐文化的交流应站在民众的视点里。在音乐教育教学中，如果我们用这样的视点去接触各民族的音乐文化时，不管是哪个民族的音乐文化，我们都可以站在该民族人民的角度里去感受该民族的音乐文化，我们也就能理解该民族人民的心声，懂得该民族人民的心胸情感。用这样的思维理论去指导教学，那么，在音乐教育中就能培养出情感丰富的音乐人，能营造民族团结、社会和谐的氛围。同时，也可以消除人们以为西洋音乐文化就是最佳的艺术文化的错误认识。

其次，我们从池田先生的“音乐是人间革命的原动力”这一音乐特殊功能的文化思想来探讨。上面我们说到，池田先生认为音乐是直接表达人的感情的一种方式，人通过音乐交流就可以毫无掩饰地向对方抒发自己的情怀和伤感。也就是说，不管你是何种民族的人，也不管你年纪大小，任何人都可以直接感受音乐，只要我们用这样感受音乐的方式来进行我们彼此间的情感交流的话，不仅能提高我们每个人自身的内在修养，加深自己对万物的涵量，更能克服民族语言上的障碍，达到各民族之间的人们的内心交流，为构建和谐社会的发展推波助澜，最终为促进世界和平发展作贡献。

最后，我们再从池田先生的“音乐的哲学文化性”这一音乐思想来探讨。池田先生在谈到时代造就音乐还是音乐造就时代这个问题时说：“法国的国歌是一个不懂音乐的青年人在一个晚上的时间里写成的。日莲大圣人佛法中也有‘听这个国家的音乐，就可知该国的兴衰’的说法。……时代能造就音乐，音乐也能造就时代。关键在于每个人自身的艺术生命的浪花。”①也就是说，音乐可以挽救一个国家，国家也可以造就新型音乐的体系。但这其中的根底还是在于每个人拥有怎样的艺术生命哲学。我们可以想象，像我国有那么多的少数民族的音乐文化，它们都表现了各民族人民的生活方式，即使人口最多的汉族人民里面，在不同的地区，也有不同地区的人们的生活方式，况且每个人对音乐的感受也不同，但只要我们发挥音乐的特殊功能性，使每个人都有从音乐的情感体验中探索自己正确的人生观、世界观，并用直接感受音乐的方式来进行民族和民族、人和人之间的各种交流的话，那么和谐社会的构建也不是很难，当和谐社会不断发展时也就会产生象征和谐社会的音乐艺术，反映和谐社会的音乐文化。反过来，如果和谐社会的音乐文化不断得到发展，那么它正是表现了和谐社会的一种思想理念。因而在基础教育中进行音乐教育教学时，如果我们注意用“音乐的哲学文化性”这一思想理念去引导学生的话，那么每个学生都能得到一种真正的情感哲学的体验，从而促进他们身心的健康发展，为和谐社会的构建营造氛围，为世界的和平贡献力量。

总之，在今后具体实施《音乐课程标准》时，如果我们从池田先生对音乐文化思想的独特见解中获得借鉴，将有利于解决我们在展开具体音乐活动教学中所遇到的难题。特别是对少数民族的音乐文化教学中更有参考价值。因为多民族音乐文化是我国音乐大众化的一种表现，多民族音乐文化的融合正需要音乐的特殊功能的发挥。

---

① 《轰鸣！正义之曲，前进的勇气！》，《圣教新闻》2002 年 11 月 23 日。

同时,和平音乐文化的不断升华也象征了和谐社会进步的蓬勃发展,反映了和谐社会思想的体系构建。

(作者简介:董芳胜,男,江西赣州人,学校教育学博士,创价大学教育学部儿童教育学科讲师。)

一衣带水　一脉相承

——浅析池田大作摄影作品与中国传统绘画精神

武　丹　马　红

中国和日本是一衣带水的邻邦国家，有着长达两千多年的友好交流史。池田大作先生在推进中日友好事业中的突出作用及其所作出的重要贡献尤为引人注目。池田大作先生是一位杰出的社会活动家、哲学家、教育家、诗人，同时他还是一位艺术家。让世人记住的不仅是他那石破天惊的“池田倡言”，更有他的与自然对话的风物摄影作品。

从池田先生的摄影作品中，不难看出中日两国文化与审美的认同。池田先生追求自然、诗意的摄影境界，恰恰是中国绘画写意精神的诉求。写意，是中国传统文化独具特色的美学因素。它是中国人对宇宙，对大自然中形、色、意的独特感受，通过特定的内容描绘和特定的笔墨意趣表现，追求心灵与精神的共鸣和满足。是借物抒情，是画家对客观世界的描绘和内心主观情感表现的有机结合，是心与物交融的产物。“摄影，是任何人都能将所见拍摄下来的艺术。况且，重要的是，即使所见相同，但怎么反映在生命中？如何感受？观点的差异、境涯的差异，自然而然地也呈现在作品之中。”①池田先生所说

---

① 池田大作：《与自然对话》，岭南美术出版社 2005 年版，第 11 页。

的个体差异与感受自然而然地也呈现在作品之中，反映的是对人与自然深层次相互关系的哲学思考，是“不仅只是拍摄事实，而是与其中所蕴涵的真实和本质的生命在战斗”①。传统中国绘画讲究摹写，摹就是师古人，写就是师自然。中国画不讲“画”，而说“写”，表达的是一种领悟，一种加入了画家精神追求与内心感悟的程式语言，亦即对“道”的领悟。“天人合一”、“与天地参”等哲学理念，强调的是人必须奋发图强，不断行进，才能与天地自然同步。天地自然在昼夜运转着、变化着、更新着，人必须采取同步的动态结构，才能达到与整个自然和宇宙相同一。由心理伦理而天地万物，由人而天，由人道而天道，由政治社会而自然、宇宙。于志学先生的中国画《月光曲》表现的是冰雪世界。在天寒地冻的月夜，几只活泼可爱的小麻雀不惧严寒，雀跃在被冰雪覆盖却顽强生长的树枝上，营造了一派自然和谐的境界。池田先生的摄影《梅花冠雪》（1990 年 2 月拍摄于日本东京）就是拍摄了冰天雪地之中，三株红梅傲雪怒放的情境。银白的大地上，洒下了画外树木斑驳的投影，形成了一种流动的背景，三个形似三角形的雪堆，安静而压抑，在动与静构成对比中，枝枝梅花顽强地从雪堆里探出头来，迎接寒风，笑傲凛冽，彰显了生命的尊贵。这正是中国儒家美学思想中人与自然、宇宙动态同构理念的诠释。

老子认为宇宙天道之妙全在于阴阳动静，宇宙万物都包含着“阴”和“阳”，万物的变化都是由于“阴”和“阳”的相互转换，它们最后都在“气”中得到统一。气是宇宙万物的本体和生命，是万物生命产生的根源，没有“气”就没有万物的生机与造化。“气”是中国古代哲学中重要的范畴，影响十分广泛。在此基础上，南齐谢赫提出的“六法”中，首推“气韵生动”，成为历代绘画艺术的审美范畴和作品评判的重要因素之一。在张仃先生的焦墨画《太行四屏 · 潭头》中，运用墨线的浓淡、干湿、曲直对比，赋予了线条极大的张力，留白处让

① 池田大作：《与自然对话》，岭南美术出版社 2005 年版，第 11 页。

人仿佛看到水雾缭绕，仿佛听见瀑布轰鸣，怎一个“气韵生动”了得。池田先生的摄影《晚霞辉映，绣出金色线条》（1996 年 7 月拍摄于美国爱尔巴索至洛杉矶之间）就是一幅深谙气韵的佳作。池田先生采用俯瞰构图，在太阳的余晖照射下，天与地的界限模糊了，由远而近的河道，披上了落日的霞光，炫目而旖旎，作者巧妙地将放射状的天光与蜿蜒曲折的河流衔接在一起，把天地山川之气和谐地统一在一片祥和温暖的韵味之中。

受老庄思想的影响，中国传统绘画追求归真返璞，把得天趣作为一种审美尺度，由情生趣，有趣方动情。海天先生的工笔画《秋水如镜》，选取生活中一生动场景，把视觉焦点集中在飘落水中的一片红叶，引来几尾顽皮的小鱼在追逐、嬉戏，让人顿生情愫。我们在欣赏池田先生的作品时，有时见到诗人的情怀，有时见到农民的意趣，有时在老人身上看到儿童戏鱼的欢乐。池田先生的摄影《清凉宇宙》（2001 年拍摄于日本群马）就是池田先生以 73 岁的高龄拍摄的一幅别有情趣的作品。在以鱼缸为主的满构图画面里，三条小锦鲤傻傻地静卧在水中，仿佛儿童上课一般，整整齐齐，不荡起一丝涟漪，水中的石子连纹路都清晰可辨。在这个小小的空间里，时间似凝固般有力，把世间的一切纷扰躁动都划在了这个小天地之外，天蓝色的主色调，更使人如饮甘泉般清冽凉爽。正如池田先生所追求的“一流的摄影家，在彻底磨炼自己的同时，会不断努力将这时的感受和真情刻印在照片里。历经磨炼的生命的光辉，亦会令其拍摄的作品生辉，这样的作品自会打动人心！”

中国传统绘画中“意境”是重要的审美标准之一。意境是一种美的创造，是客观存在的审美对象对艺术家的思想、感情所唤起的能动反映。意境的表现是“形似”到“神似”的跨越，是“笔不到而意到”的境界。要求画家有敏锐的观察力和高超的表现力，更要求画家拥有丰厚的学养和脱俗的精神境界。笔者的一幅彩墨画《清漓晨雨》中运用了墨色的浓淡渲染，把山水甲天下的桂林雨中的青山、碧水、农舍、竹林融合在一种静谧诗意的意境之中。池田先生的摄影《疑是明珠滴泪》(1971 年 11 月拍摄于日本神奈川)中,遥远的天空,有一轮明月,清澈明丽,孤独地亮着,仿佛倾诉着相思。铺满画面的竹叶朦胧而摇曳,烘托着满月。动与静、虚与实和谐相生,传达出一种“此时无声胜有声”的意境,引人浮想联翩。

事实上,中日人民的友好交流史,是渗透到两国文化、艺术、哲学等领域,甚至是渗透到两国人民血液中的历史。我们相信和平、发展是两国人民共同的心声,正是有了像池田大作先生这样许许多多有爱心、佛心、童心的人的努力,两国人民一定会世世代代友好下去,因为我们一衣带水,一脉相承。

(作者简介:武丹,1963 年生,湖南永州人,桂林电子科技大学设计系教授、硕士生导师。

马红,1968 年生,辽宁大连人,广西师范大学美术学院讲师、艺术设计三教研室主任。)

池田大作的家庭观

井上比吕子

一、前　言

池田大作先生(创价大学的创立者),不仅是一位宗教思想家、和平活动家、教育家,而且也是作家和诗人。他不仅出版过与专业佛法思想相关的专著,而且还把以和平、文化、教育这些 SGI 的基本理念为中心的建议和与世界各位有识之士的会谈集、创价学会的历史,写成了小说《人间革命》、《新·人间革命》。池田先生还广泛地执笔于面向青少年阅读的童话作品。他在普通书籍、周刊和月刊中,发表了有关佛学、教育、文化艺术、和平运动等各类文章,同时他还经常接受媒体采访。

关于池田先生的教育观,反映在他本人的著作《教育提言》、《SGI 提言》等文献中。在学校教育中,他创立了从幼儿园到大学,因而学校保留了他作为创立者从开办到现在的很多的指导性的言论和讲演资料。试着查阅过去的文献,就会发现池田先生关于教育理念、思想的研究主要涉及学校教育领域,言及家庭教育的却很少。

在此,我想试着考察和介绍池田先生从家庭教育角度出发的教育思想。本文采用了 20 世纪七八十年代的一些资料,其中包括池田先生在妇女杂志上发表过的有关家庭教育、育儿的文章记事，和与教育界有识之士的会谈集。这些资料中有不少是池田先生以创价学会这一宗教团体的会长、名誉会长的身份来写的随笔，其中涉及了很多池田先生作为一个有家室的父亲自身的“夫妇应如何共同生活”、“为母之道”、“育子之道”等家庭教育观。

本文通过研究池田先生作为3个孩子的父亲的育儿经历、所发表的文章记事，来介绍池田先生有关家庭教育、育儿等方面的观点和主张。再通过一般教育思想和理论的关联性，验证池田先生教育思想的独特性和卓越性。笔者认为通过对过去资料的研究考察贯穿池田先生教育思想的观点和其他教育思想未能先见的视点，是今后从多方面视角推进池田研究所必需的一项基础性工作。我们可以通过池田先生贯穿于人格教育理念中“人应该怎样生存”的视点，以及从将家庭生活视为创造价值、培养对大自然和宇宙怀有敬畏之心、重视尊重生命的精神等主张中，找出他给现代的家庭教育带来的新视点和启发。

二、池田先生的家庭观

1. 何为人格教育

在论述家庭教育之前，我想首先考察一下池田先生在“教育”上曾经有何主张。池田先生指出，教育的根本是建立在以培育独立的人为目的的前提之上的，家庭教育的重要性，体现在“人格教育”这一点上。也可以说，家庭这个场所，是孩子在自身的知识和技术得到锻炼以前的生活基础，也可以理解为是孩子的精神和肉体发展的基盘（池田，1971年）。即是说，人生的目的和教育的目的是一样的话，视什么为中心就非常重要了。池田先生指出教育应以一个人格上的“人格完成”为目标前进，将此点明确于心时，一切的劳苦皆会结成果实（池田，1988年，240页）。同时，他强调“正因为教育，才使人真正成为‘人类’。由‘人类’来建立社会、创建国家。因此,‘教育’本身才是根本。”(池田 · sadovinichii,2004 年)在家庭中丈夫和妻子,都应以完成人格成长为目标,并在为此做出的努力中自然地闪耀人类的光辉。

2. 为妻之道

首先,我想指出的是,这里介绍的报道以及池田先生的主张,都是以日本20世纪七八十年代为社会背景的观点。也就是说,是以当时普遍的家庭形态,即丈夫是主要的劳动力在外边工作,妻子无论是专职主妇还是有工作者,都要基本担任全部的家务和保护家庭的责任,夫妇俩有一两个左右的孩子这样组成的小家庭为主要背景。在2007年的现代日本,出现了离婚家庭增多、女性进入社会、结婚形态多样化等现象,以性别来分工的主要家庭形态也渐渐消失。因此,池田先生原本的主张,也许不是非常适用于现今的状况。我想现代的中国或许也有这样的趋势。但尽管如此,本文还是想着眼于这些超越时代潮流的家庭教育的普遍理念来研究建造家庭的根本思想,以及育儿中母亲应有的姿态等观点。

池田先生采用了“家庭和社会是相似的形态”这一说法来指出,家庭是构成社会的细胞,其中作为妻子、作为母亲的女性,则被予以重大的责任(池田,1965 年,198 页)。池田先生在大量的投稿记事中强调,女性“应该是贤明的妻子”这一观点。也就是说,如果妻子怀着信赖和尊敬与丈夫接触,家庭的和平与协调就会自然到来。他认为,男性往往易被认为有权力欲望、名誉欲望等攻击性欲望,而与此相对的女性,则被认为自身潜藏着和平性的温柔和内在的母性特质,如果能够充分利用这些特质,就能构筑协调和相互理解的家庭。

那么,什么是构筑家庭中最为重要的因素。池田先生指出,夫妇圆满的秘诀在于怀有“感谢”之心和拥有“共同的目标”(池田,1990年,260 页)。他说道,夫妇最初是没有关系的两个个体,而在岁月的流逝中渐渐产生了一同生活下去的“共同体”的概念,两人之间在

“责任”、“信赖”与“相互鼓励”之间，自然而然地结成了彼此的纽带。夫妇在持有家庭是一个生命体的观点中生活，并在共同的目标下成长，这才是池田先生誉为的“成长家族”。

池田先生呼吁“向社会敞开的家庭”这一家庭的存在形式（池田，1968 年）。他强调女性不仅要有工作，还应该参加对社会有利的运动，在社会的连带中完善自身的人格，妇女应该有与社会的交点，应该有社会意识（池田，1966 年；池田，1971 年；池田，1972 年）。只有这样才能使她们意识到，在育儿过程中提高孩子的独创性与创造力、与人的协调性和保持互相理解之心等社会性，以及教育孩子平等意识、对他人的宽容之心和热爱和平等基本伦理观，这些教育活动不仅包含在家庭中，还与社会有着紧密联系。

池田先生还将价值创造的观点应用于家庭生活，这一观点已在 20 世纪 60 年代的投稿记事里露出端倪。池田先生主张生活本身即是创造，从家庭经济的观点出发也同样，生活不仅仅只是消费，还应为了创造产生活力（池田，1966 年）。这一点不仅仅只针对家庭经济，家庭幸福也应在生活中创造而生。他指出在每天单调的生活中不断用心去创造，这件事本身就是主妇贤明、过人的体现（池田，1972 年）。再者，他引出“创造家庭”、“创造家族”的词语，来体现闪耀创造的生命，协调全体家族成员开拓未来的重要性。他主张不是在每天的生活中碌碌无为，而是能够持久保持创造新的价值的态势才是最重要的。这一观点，显示了池田先生独有的女性家庭观。也就是说，所谓家庭，就是能够每天充实人的心灵，根据家族每个人的关系磨炼人格，使之成为向上的“创造人格的场所”。并且，池田先生赋予相互怜爱、互相体谅而加深人们纽带、共同前进的家庭以“成长家族”的美名，并且要求位于此家族中心、为妻为母的女性应该始终聪慧、贤明（池田，1987 年）。

3. *为母之道*

其次，本文想归结一下池田先生关于为母之道的观点。池田先生多次强调家庭中母亲作用的重要性。家族既然能够团聚人们，就可以说是一个小的社会。其中，女性作为妻子、作为母亲无偿的爱和慈悲是家庭生活的基调。正因如此，丈夫和孩子才能够回到家中，从这个意义上讲，也正强调了女性在家庭中的作用非常之大（池田，1975 年）。

池田先生强调，家庭环境是孩子度过大半个幼儿期的场所，也是最初培育孩子人格的最高场所。加深孩子对温暖的人间之爱的精神，培育他们对人的感谢和关怀之心这一中心，正是家庭不可替代之处。再者，家庭中母亲的言词、行动以及心理对幼儿的生命带来的影响是不可估量的。对孩子来说，最亲近的母亲的人格、人性，给孩子纯真的心灵的投射，会渐渐形成孩子人格的基础。也就是说，作为母亲的人的姿态自身，是直接关系孩子人性成长最根本的问题。从这个意义上来说，母亲是孩子最亲近的范本，其责任之大毋庸置疑。池田先生强调，家庭必须是"孩子们休息的场所"，是"培育丰富人性的土壤"，是"无限明亮、孩子们梦想的温床"（池田，1970 年，52 页）。因此，母亲也应该饱含着爱来与孩子接触，尊重孩子的人格。

同时，孩子本来有着"生长"、"成长"的生命之势。因此，正确地引导孩子，绝不可忘记使孩子的身心能够生活在呼吸自由轻松的空气之中。池田先生还主张，创造能够让孩子更好地磨炼人格，拥有能够完成自己将来使命的力量的教育环境也是父母的责任，是社会赋予父母的职责（池田，1988 年）。

家庭可以说是开启人格教育之智的场所。池田先生主张，教育不单单只是谆谆教诲知识，还应重视活用所学的知识来丰富人生，发挥其悠然自得地活下去的"智慧"①。无论怎么有知识，像贫穷的守财奴一样是不可能度过丰富的人生的。也就是说，如果没有富裕的心灵，就不会有精彩的人生。我们是为了满足和丰富自己的内心世

① ［日］池田大作：《为了培育人性丰富的孩子》，《主妇生活》1977 年 1 月号。

界,而有必要掌握“智慧”和“教养”。从这个意义上说,在家庭中与其学会知识,倒不如重视培育“作为人来活着的必要智慧”。

池田先生通过自己家庭的一些经验,举出了美好的家庭都拥有以下三个共同点。第一,在日常生活中,家庭成员全体都向着同一个目标相互鼓励、相互前进。第二,在每天的日常生活中,懂得寒暄和遵守约定等做人的基本准则。第三,父母尊重自己的孩子已具有的非常独立的人格,并且信赖他们(池田,1985 年,314 页)。这些要素,与池田先生之前叙述的对孩子的教育观一致。他强调在家庭生活中,父母与孩子、丈夫与妻子彼此尊重相互的人格,将成为培养家庭团结的巨大原动力(池田,1965 年)。无论怎样的孩子,都会有一颗极为年幼的心,另一方面,也会孕育着惊人的对于成年的觉悟。像这句话所说的:“能够将孩子作为一个人格来尊重的父母,可以称为伟大的家庭人”(池田,1965 年,215 页),不管孩子有多年幼,作为父母应该有一颗从心里尊重孩子的观念。从这个意义上说,母亲在任何时候都应该被认为是孩子绝对信赖和放心的对象,家庭自身应该被认为是哺育丰富人性的人格教育的场所。

父母自身的修养、风范和态度给孩子的成长、发育带来的影响之大可以说是不可估量的。古畑强调,在父母的养育态度中,“父母丰富而深邃的爱,恰当的富有知性刺激的环境,充满情感而极其微妙的互相作用、交流、互相施与,温暖而带包容性的基本姿势,给予孩子与发育阶段相适应的言行以承认和称赞,对于孩子不合适的越轨行为适时制止和否认,都是无法替代的”。以上这些行为是非常必要的(古畑,1998 年,256 页)。他还表示,在父母的教育基准中需要有一致性。如果父母没有自己坚定的基准,与孩子接触的做法也没有一致性,会使孩子产生不安的感觉,精神上容易不稳定。当孩子做出同样的事,有时候被赞扬,有时候被责备,孩子会变得不知道怎样做才好。池田先生也强调教育孩子要有一致性的重要性,主张父母要明白,不是“娇纵”孩子,而是“接受”之难;不是“责备”,而是好好地

"批评"之难,这样才能与孩子接触(池田,1985 年)。关于父母对待孩子的态度这一点上,古畑先生和池田先生的主张有着相通之处。

关于家庭这个场所,高垣在《生存与自我肯定感》中,主张家庭是培育孩子不可动摇之"自我信赖感与自我肯定感"的场所(高垣,2004 年,171 页)。要培养自我肯定感,需要能够全部接受自身存在的强与弱的地方。幼儿园和学校等社会场所也是很好的地方,但是家庭环境对孩子来说最为重要。当然,这是以父母和孩子的信赖关系为前提的。自我肯定感,绝不是因为与别人比较自己要出色、能够使自己骄傲的事很多,这样的理由产生的"肯定自我"的感觉;而是指自己的短处、弱处和好的部分都是包含于自身的存在,都是好事,都能够被容许,而完全肯定自己,这样的标准才能被称为自我肯定感。池田先生也强调,以给予孩子自信为初等教育之目的的重要性,这个重要性就在于拥有"人格基础"的家庭。他说,为了使孩子自信,让孩子在父母面前被肯定,使他们拥有"自己被接受"的自我肯定感是非常重要的(池田,1993 年)。从这一点上,可以看出池田先生与高垣先生关于在家庭教育中建立父母与孩子之间信赖关系的重要性的观点是一致的。

4. 生命之尊严

最后,我想着重强调池田先生"对于生命尊严的尊重"这一家庭教育中独特的见解。池田先生的这一观点是因科学文明的发达和地球问题等产生的人性丧失、轻视人类生命尊严的现象而提出的(池田,1974 年)。譬如回顾 20 世纪的人类历史,以令人痛心的战争问题为首的各种问题不都是因为无视人的生命而发生的吗?因此,任何时候都回到"人类幸福"的原点,在教育中也从对生命尊严的考虑这一着眼点出发是非常重要的。教育是为了什么,社会是因什么而存在?人类只有最大限度地开发人类自身的可能性,使自身提高、自身生存下去,才是教育的目的,才是社会存在的理由。从这一点出发,就能看出池田先生强调从幼儿教育阶段就开始重视对生命尊重的精神这一独特的教育观。

试着查阅池田先生关于人类生命的记述,“在雄伟壮丽的人类生命当中,潜藏着财宝、名声、权力都无法买到的无限的价值。就随意举例而言,创造的热情和才智、思考的力量、慈爱的情感、发现真理的洞察力、正义感和良心、充满勇气不屈不挠的意志等等,都能够充分表现出人类的尊严”(池田,1974 年,123 页)。在这些生命的特质中所潜藏的巨大价值,也充分体现了与既存教育理论的一致性。

那么,池田先生为何如此重视“对于生命尊严的尊重”这一点呢?池田先生想通过教育,塑造怎样的人呢?他强调,要成为自立的人,要拥有能够实现与别人共生的力量,并且能够创造人生价值的人。为了将这些观点在家庭教育中实现,使孩子最大限度地开发出作为“人”的可能性,笔者认为,我们需要尊重自己的生命,也需要尊重他人的生命,更需要尊重一切生物全体的生命。这一点也正是与佛法相通的思想。佛法中所谓的“佛”,就是指生命内部的尊严。也就是说,在每个人的生命里,都存在着无限宝贵的善良和珍贵的佛性。佛法是指探究这个大宇宙“外部空间”和自己生命中“内部空间”如何协调和一体化的思想形态,也可以说它是思考生命尊严的思想形态。同时,在这万物一体的生命观的扩展中,佛法促进我们思考应该怎样赋予自己正确的位置,应该怎样生存。

一般的幼儿教育书中教授有关“生命的重要性”,只是停留在一般的“认识生物是有生命的”、“珍视生命”这种日常的、一般的伦理道德教育阶段对“生命的尊重”这一环。譬如,《心灵教育的基础与基本》中所说的,亲近自然的风景事物,在宇宙中驰骋想象,对这个世界所有的存在抱有敬畏的心情,体会生命的珍贵等,都被称为培育丰富人格的基础。① 但人们却将为何要尊重生命看成不言而喻的事,并且关于这方面的考察也很少。

---

① 参见人格教育研究协会编辑:《教育论坛》第 32 号。

然而，在池田先生的幼儿教育观中，要让孩子理解如“父母尊重孩子的生命”，“孩子在成长的过程中，应该身心共同体会对自然的敬畏之情，以及生命的尊严”这样随处可见的观点一样，使他们掌握这些基础而重要的观点，才能使孩子能够提炼和领会“尊重生命”的理念。父母有必要帮助孩子，教会他们人类应该怎样面对世界、自我定位、为人之道、处世之道和发展自律性的思考。笔者认为能够认识到深奥、广大的自然与世界的联系而成长起来的孩子，会热爱自然、拥有一颗容易被美好事物感动的丰富的心灵，同时也会对超越人类力量的事物怀有更深的敬畏之情。生命的珍贵，即所有的事物都是由生命开始，尊重生命不仅仅是对自己，也是对别人，也就是说在共同摸索共生的道路中，蕴藏着“人格教育”最基本的生命脉搏。同时，也不仅仅是尊重别人，还要对活着并能生存下去的所有生命怀有尊敬之心，才能认识到自己是不可替代的。正因为如此，我们才能精力充沛地将自己的生命最大限度地活跃、最大可能性地展开，也就才能致力于创造价值的人生。综上可以看出，池田先生从尊重生命到创造价值的一连串主张，并将这些主张应用于家庭教育确实是独树一帜的。

在家庭教育中，与孩子接触应该让孩子树立起整体观，使他认识到他们的全部都是在广阔的整体世界中进行的。譬如婴儿降生于这个世界而生存下去，又如我们每天吃饭、呼吸，人类活于此世这些事本身，就与外界广阔的世界保持着各种各样的联系。如果有了这样的观念，我们就应该教育孩子不仅仅只关心和感谢眼前的事物和人，还应该重视对广阔无垠的大自然和宇宙深处的相关事物怀有敬畏的心情。这个观点与牧口先生的人生地理学中，在“乡土”和“世界”双方都能找到坚定的立足之处，无论是在地区，还是在国际社会，都能够共存共荣的观点有着很大的关联性。（熊谷，1978 年）。

三、结　语

此次，本文引用了池田先生有关家庭教育的投稿记事和书籍，验证了其观点的普遍性和独特性。虽然必须要考虑现代(2007 年)日本家庭的状况，与刊登在 20 世纪七八十年代的报道中的日本的社会背景有所不同，但笔者认为，池田先生有关育儿和培育人格性的基本家庭教育观，在现在也能被充分应用，并在教育实践中给予我们启示。

池田先生的思想，与创价教育之父的牧口常三郎的价值创造理念有着很多的共同点，他们都主张家庭生活、夫妻生活、育儿等所有活动都应在每天的创造活动中盛开花朵。例如家庭成员之间产生相互信赖、爱和尊重之情，都属于家庭中的价值创造。在此之上，池田先生将尊重生命到创造价值这一连串的思考都应用于家庭教育之中，并鲜明地描绘了整个过程，这一点才是他的过人之处。他强调，教育应该是对生命本身鲜活的憧憬，是以对宇宙、生命、人类的尊敬之心为轴，不是陷于物质主义、偏重知识教育之流，而应该重视人内在精神的价值。笔者认为正是从这一点上，显示出了池田先生从幼儿教育阶段就开始重视尊重生命精神这一独特的教育观和人格观。

心灵教育的最大焦点是，“培育能够全面照顾从广阔的视野到脚下，在共生状态下实现幸福的力量”(尾田，1999 年，40 页)，这种自己和他人共同繁荣的精神，与之前提到的池田先生以人格教育为最高目标的主张有很大的一致性。什么是教育的原点呢？池田先生指出，发现在每个人生命深处隐藏着无限可能的人类之心，并培育这个尊贵的“生命之宝”才是真正的教育。笔者认为这个观点始终贯穿着尊重人类生命价值的“人类中心”、“人类主义”的精神，并且给现代的“心灵教育”、“人性丧失”等诸多问题提供了一个新的视点。

(作者简介：井上比吕子，女，创价大学创价教育研究中心。)

论池田大作的女性观

刘　可

"新的女性的世纪/随同新的太阳来临。/女性的世纪/争取女性的幸福,/和平的胜利。/这将是生活的胜利,/运动的胜利,/行动的胜利,/前进的胜利,/坚定生活的胜利,/全家的胜利。/新世纪的/向无限飞跃的/坚强的女性,/万岁!"①这节诗摘自池田先生的诗《绚丽的21世纪,女性的世纪来临》。池田先生是国际创价学会会长,世界闻名的佛教思想家、社会活动家。他作为一个男性,为何如此热情洋溢地赞誉女性,在思想上和行动上支持女性运动呢?这和池田先生的女性观息息相关。本文试从五个方面来论述池田先生的女性观。

一、从佛教思想中悟出的男女平等思想

长期以来,佛教一直因为认可和助长歧视女性的思想而受到批判。特别是近年来,伴随着妇女解放运动的发展,包括佛教在内的各

---

① ［日］池田大作,卞立强译:《新女性抄》,上海财经大学出版社2004年版,第2—3页。

种宗教都从女性的角度重新受到质疑，这些宗教被谴责为“压制女性的装置”。然而，池田先生作为创价学会这一国际性佛教团体的领导者一直在思想上和行动上支持女性运动。他说：“世界的一半是女性，支撑半边天的也是女性。女性的声音、女性的力量已日益成为改变时代和社会的力量。”①并且预言：“绚丽的21世纪，女性的世纪来临。”

其实，在几千年的佛教历史中，虽然关于女性价值、地位的思想几经嬗变，关于男女平等的思想却源远流长。释迦牟尼将自己所说的佛法比喻成车，并说“乘这样的车的人，不论是男是女，实际上都要通过乘这辆车，走向涅槃。”②对于婆罗门，释迦牟尼进行了如下论述：“人不是生来就分贵贱的，也不是生来就成为婆罗门的教徒。而是根据行为分出贵贱，凭借行为成为婆罗门教徒。”③由此可知，释迦牟尼认为人类的尊贵与否不取决于他的自然属性，而是取决于他的行为，身份和性别不是重要的问题。池田先生经常提到的日莲大圣人也有非常进步的女性观。日莲明确否定各种经书中女性不能成佛和排斥女性的思想，在《法华经》中强调女性可以成佛。日莲还明确否定“女人五障说”（女性一者不得作梵天王，二者不得做帝释，三者不得作魔王，四者不得作转轮圣王，五者不得作佛身），说：“今生已斩断三条绳索（三从），那五个障碍（五障）也已解除了吧。心灵之佛性是没有遮挡的明月，人生的罪障和污垢也都消失。你已即身成佛，善哉善哉。”④日莲认为成佛的必要条件不在于性别，而在于坚定、有深度的信仰。笔者以为，这可看做很进步的男女平等的思想。

① ［日］池田大作，卞立强译：《人生的坐标》，上海外语教育出版社2002年版，第88页。

② 转引自王新生主编：《21世纪东方思想的展望》，北京大学出版社2005年版，第67页。

③ 同上。

④ 同上。

正是佛教男女平等的思想成为池田先生女性观的基础。如他所说:"本来佛教对于万物来说可以看成一个永恒高尚的伟大生命的体现,这是释尊的悟道。以这个开悟之眼观之,是看不到男女之差别的。"①他曾强调,在将"法"向社会普及,使其深入人心的过程中,"宗教者自身也许会在无意识的状态下接受社会的差别意识。如果这样,'法'就被歪曲了。歪曲了的教义,会更加助长社会差别意识,那么,社会上就会出现更多的根深蒂固的'恶'。追溯佛教中女性观的历史发展变化,不就是这样曲折迂回吗?"②正是在对历史的借鉴下,在男女平等思想的指导下,在对女性这一"第二性"群体的关注下,池田先生对女性的指引首先是在"成为一个人"这个层面上的。他说:"作为女性,在成为母亲之前,首先要成为一个人,不受痛苦束缚,构筑自己真实而幸福的人生,才是妇女解放的终极境界。"③"希望女性在成为女性之前先成为作为人的胜利者。我认为,一个人要保证作为人的胜利,需要在思想上、哲学上的深刻度和对人生的诚实态度。"④这些语重心长的话是在男女平等的基础上对女性的正确指引。池田先生断言"'男女共同参与社会'是21世纪最重要的一项课题"⑤。

二、从池田先生对居里夫人的评价看池田先生的劳动的性别分工思想

池田先生是将居里夫人作为一个典范向女性推介的。在他的著

① [日]池田大作等:《法华经的智慧》,香港明报出版社有限公司1997年版,第125—129页。

② 同上书,第129—130页。

③ 转引自王新生主编:《21世纪东方思想的展望》,北京大学出版社2005年版,第73页。

④ 同上书,第76页。

⑤ [日]池田大作,卞立强译:《新女性抄》,上海财经大学出版社2004年版,第112页。

作《我的人学》中有以《坚强的母亲居里夫人》为副标题的一节来谈论这个作者心目中的女性榜样。“我经常向女青年们谈起居里夫人的事迹。我认为作为一个女性,一个妻子,一个母亲,她所走过的道路,具有极大教育意义。……我所关注的不是她的这些业绩(指两次获得诺贝尔奖——引者注),而是她作为伟大的科学家,同时又是一个战胜悲痛,把两个女儿培养成人的坚强的母亲生涯。”①之后,他还引用艾薇在《居里夫人传》中的描写:“玛丽心中从未考虑过在家庭生活与科学家之间进行选择的问题。她一直把妻子的爱、母亲的责任和科学研究摆在同等位置上。她决不放弃其中的任何一个,而且以极大的热情和意志获得成功。”②在他的《新女性抄》中谈到居里夫人时说:“由于收入微薄,为了安排家庭经济,早晨在去大学之前,她先到廉价的市场去购物。尽管不熟练,但她也要亲自做饭。到了晚上,她把一天的支出详细地记在家用账簿上。这和科学实验一样都是她每天的工作。”③池田先生赞誉居里夫人:全力以赴地投入战斗,作为学者从事研究,作为主妇安排生活,尤其要作为母亲教育孩子。

在此,我们不难看到,池田先生所赞赏的女性是在公领域和私领域都获得成功的女性,而私领域内的胜利是作为一个值得肯定的女性的底线或者说是最起码的条件,缺了这个条件,这个女人就做得不合格。一个女性之所以成为女性是由于她的妻子身份和母亲身份,也就是说,在职业妇女和主妇身份、社会工作和家庭工作这两对相互对应的范畴中,池田先生希望女性首要做好的是两个后者。正如在他的著作《女性箴言》中说的:“一个女性不管怎样时髦和出类拔萃,

---

① [日]池田大作,卞立强译:《新女性抄》,上海财经大学出版社2004年版,第108页。

② 同上。

③ 同上。

如果她连家计也安排不好,那就只能算是一个非常原始的妇女。"①对于已婚妇女参加社会工作,作者也流露出他的这种妇女首先一定要主好内,要优先做好家庭工作的观点。"近年,夫妻共同就业的现象急速增加,这也许是政治贫困带来的生活艰难所造成的一种可悲现象,但反过来说,如果这能对提高妇女的社会地位有所裨益,当然也是一种可喜现象。……我忧虑的只是:妻子和丈夫同样外出工作,结果丢掉了为妻的分内工作,从而常使丈夫处于内心不满状态。"②言下之意是女性的主妇身份是首要的,职业妇女的身份是附加的和次要的,当这两者发生冲突时,工作角色应该服从家庭角色。

所以有学者评论:"池田的立场十分鲜明,不仅是男性中心的,而且是传统至上的。"③笔者以为,池田的立场与其说是男性中心,还不如说是家庭中心。一个完整的家庭我们可以看做是一个最稳定的图形——三角形,丈夫、妻子、孩子各占一个顶点。一个家庭的中心在哪里?我们可以根据找三角形的中心的方法找到。这一点不在三角形的任何一个顶点上,也就是说,绝不是以丈夫为中心,或以妻子为中心,或以孩子为中心。妻子所做的家庭工作——辅佐夫君,养育孩子正是站在一个顶点扶持和支撑另外两个顶点,使整个家庭得以完善,是以整个家庭为中心,推动整个家庭的进步,而并非以丈夫为中心,或以孩子为中心,或以自我为中心,这是有别于传统的男性中心思想的。

对于女性的这份工作,相信很多人会提出异议:凭什么男主外女主内?没有任何科学依据可以表明女性比男性智力低下,性别与智力之间有必然联系。然而,池田先生作出这样的判断是源自于他对女性价值的判断和对女性特征的认识和肯定。他的劳动的性别分工

---

① [日]池田大作,仁章译:《女性箴言》,吉林人民出版社1986年版,第84页。

② 同上书,第25页。

③ 李小江:《女人读书——女性/性别研究代表作导读》,江苏人民出版社2006年版,第257页。

中没有劳动的贵贱之分,也没有性别的尊卑之分,他是站在不同的性别有不同的性情,不同的性情适合不同的工作的角度进行的角色分工。如他所说:“要把妇女从家务、养育子女、生孩子等只有妇女才能做的工作中解放出来,反倒会使人类陷入停滞状态。对妇女来说,这也可以说是放弃了她们的天职和她们最大的根据地。”①这是对激进女性主义的反拨。激进女性主义的代表人物之一费尔斯通在她的代表作《性的辩证法》中表达了这样的观点:“生育机制是女性受压迫的根源”,②“女性解放要靠‘生物革命’和与此有关的一系列技术进步,这一革命不仅要使婴儿的养育脱离母奶,而且要使生育过程脱离子宫”。③ 同时,池田的女性价值观也有别于传统价值观。传统价值观中男主外女主内的思想基础是男尊女卑,劳动有贵贱之分,池田先生的男主外女主内的思想基础是男女同尊,社会工作、家庭工作都创造价值,男女分工合作。这两者(指反拨激进女性主义和有别于传统价值观)的结合正符合池田先生所尊崇的中庸之道和天地法则。

笔者以为,我们在潜意识中存在两个误区。一个是认为家庭主妇的工作是对女性的侮辱,使女性成了男权社会的牺牲品,成了男性的附庸。池田先生没有这种偏见,他是从他所认识的女性的普遍特征——耐心、细致、善于体察关心别人来下判断的,事实上,这种品性在家庭工作中是不可或缺的,或者说是更适合家庭工作的。我们的另一个误区是如波伏娃所指出的女性在家庭工作和社会工作中两者不可兼得的观点。她指出:“母性毕竟是使女性成为奴隶的最技巧的方法。……只要人们仍然认为女性的主要工作是养育小孩,女性便不会投身于政治、科技。进一步说,她们便不会怀疑男人的优越性

① [英]阿·汤因比、[日]池田大作,荀春生等译:《眺望人类新纪元——汤因比与池田大作对话录》,香港天地图书有限公司2002年版,第139页。

② 李银河:《女性主义》,山东人民出版社2005年版,第28页。

③ 同上书,第50页。

……我们几乎不可能告诉女性洗碗盘是她们的神圣任务，于是告诉她们养育孩子是她们的神圣任务。”①事实上，在家庭和事业上两者兼得的女性除了居里夫人之外绝对不乏其人，而池田先生也并非把女性完全限制在家庭领域。池田先生在另一篇赞颂女画家格兰默·摩泽斯的散文中说：“她出色地操持着家务，却不局限于家庭主妇的生活，而努力使自己的每一天充满‘创造性的辉煌’。”②他还引用美国林德伯格夫人的话：“当女人投入到忘我的创造性的工作中时，就会发现自己的价值。”③并表明了对家庭工作和社会工作的看法：“我认为，每个人都有某种自己最擅长的才能，这不仅表现在艺术领域中，即使在日常的家务劳动或社会工作等方面，都存在着展现自己才能的机会。”④所以，池田先生是鼓励女性在操持好家务的前提下投入到社会工作中，完善自我的。

三、家庭工作创造无可估量的价值

女性在家庭领域从事家庭工作，这样的工作有意义吗？创造价值吗？我们很多人都会认为，男人在外挣钱养家，女人只是在家花钱。这种观念使女性一直处于低下卑微的社会地位。

池田先生通过评山本周五郎的《桃井》，用女主人公的话阐明了自己的观点。治家和持家不是一件事务，而是同和歌一样的创作，在这个创作的过程中，女性力量所发挥的作用尤为重大。正如日莲大圣人在佛书中所写：“箭之行在于弓之力，男人的行动来自女人的力

---

① ［日］池田大作，仁章译：《女性箴言》，吉林人民出版社1986年版，第22页。

② 李小江：《女人读书——女性/性别研究代表作导读》，江苏人民出版社2006年版，第255页。

③ ［日］池田大作，吴瑞钧、王云涛译：《心灵四季》，时事出版社1998年版，第62页。

④ 同上。

量”，“夫如箭，妻如弓”。如果弓坏了，箭就无法飞出。……因此就需要两个人之间有共同的理想、目标——志向。确实，要发挥作用，箭离不开弓，弓离不开箭，谁能说出哪个更加重要吗？谁能说出个孰优孰劣、孰尊孰卑吗？池田先生说：“家庭经济最后不单单是一种消费，而必须是一种具有创造性活力的经营。这样看来，家庭主妇实际上是一个为生产者服务的生产者。”①对于池田先生的这句话，李小江教授质疑：“谁是那个‘生产者’呢？无疑是那个‘家庭主妇’的丈夫，是男人。……他仍然义无反顾地站在以男性为主体的传统的男性立场，仍然是在传统‘关系’（家庭、夫妻、子女）中界定女性的生存空间和价值。”②

笔者以为“家庭主妇实际上是一个为生产者服务的生产者”这句话应从两个方面来认识。第一，这句话的主干是“家庭主妇是生产者”。言下之意，家庭工作也是一种生产，同样创造价值。家庭工作的重头是辅佐夫君，养育孩子，孩子是父母生命的延续，是一个国家、一个民族、一个社会的希望，是未来的主人，这个工作不是在创造价值吗？这个工作还算鸡毛蒜皮吗？这副担子还轻吗？而我们在评价女性时，总是以创造物质财富为标准，总是狭隘地从挣钱、花钱这个角度来看待女性的价值，从不尊重她们在人类再生产中的重要性。池田先生这句话首先是肯定家庭工作的价值。第二，“为生产者服务”中的生产者确实是指男性，而后一个生产者是指女性，同样都是生产者，哪有高低贵贱之分呢？至于“服务”一词，我们总觉得有某种不平等的观念在里面，其实这种服务是两个生产者之间的相互行为，类似于“人人为我，我为人人”的关系。我们不要拘泥于男女两性的性别对立，而要站在“人”这一角度，站在家庭、社会乃至人类的

① 李银河：《女性主义》，山东人民出版社2005年版，第27页。

② ［日］池田大作，吴瑞钧、王云涛译：《心灵四季》，时事出版社1998年版，第62页。

高度来认识池田先生的这一思想。只有丈夫与妻子之间，人与人之间分工合作，互相服务，一个家庭，一个社会才会和谐，才会进步。

四、女性在推动和平中的重要作用

以上三个方面都是论述女性在家庭领域中的重要作用，下面我们来探讨池田先生所认为的女性在广阔的社会领域中尤其是在推动世界和平进程中的重要价值。

20 世纪 70 年代在美国女性主义中出现的文化女性主义明确提出"女性是优越的"和"女人是天生的和平主义者"等口号。法国著名女性主义者伊丽加莱认为女性倾向于和平、干净的环境以及维持生活所必需的产品的生产，这才是人性的选择。女性主义理论家吉尔曼也从社会主义女性主义角度出发提出过女高男低的观点。她指出，她们具有关怀、爱、保护这一类特征，这些品质来源于母性，是从母亲角色培养出来的；而男人就没有这些品性，所以他们必须从女人那里学习这些品性。男人的基本特征是暴力、对立、斗争、相互践踏。

池田先生也有与之相关的论断。在题为《和平——女性的慈爱与智慧》的文章中，他说："我始终认为只有女性才是保卫和平的旗手。"①他赞同和平学者加尼杜革博士的观点：99% 的战争是由男性挑起的。他认为"女性对亲人的生命怀有无比的慈爱。当一旦需要保护自己的亲属时，女性作出的巨大努力是男性无法相比的。因此，对于夺走宝贵生命的战争，女性出自本能深感厌恶。"②并呼吁"20 世纪是'战争文化'的时代。无数的母亲、女性们流尽了悲伤的眼泪。正因为如此，21 世纪应当是母亲、女性出来担任主角，愉快地创

① ［日］池田大作，吴瑞钧、王云涛译：《心灵四季》，时事出版社 1998 年版，第 70 页。

② 同上。

造‘和平文化’的时代。”①

池田先生是世界闻名的佛教思想家,是一位和平使者。他对战争的深恶痛绝和对人类和平的强烈渴望使他孜孜不倦地寻求人类和平之路。他在女性身上发现的母性美德和母性力量是他所推崇备至的女性文明的核心载体。在题为《丰富的“女性的力量”会改变时代》的文章中,他说:“在现在最前沿的和平研究领域中得到广泛关注的,据说是‘女性的价值’。具体地说,就是‘多样性’、‘同情心’、‘公平’、‘爱’和‘尊重生命’等女性特有的美德。也就是说,女性的这些活力会启发好战的男性转向和平,也会在社会上掀起‘非暴力’、‘废除战争’的变革的浪潮。所以,扩大女性权利的运动作为一股巨大的和平力量是很重要的。”②他为世界纷争开出的药方是“女性运用与军事、经济力量等‘硬力量’相对立的,以文化、信息、智慧为象征的‘软力量’,聪明地、生机勃勃而又顽强耐心地从底流来推动时代的变革”③。

池田先生站在人类和平的高度,看到了母性的美德使人性得以回归和女性是战争的最大受害者这一事实,倡导“集结母亲的力量,争取和平与文化的世界”,“把女性的正义的团结推向地区,推向社会”,预言“‘女性的世纪’是‘和平的世纪’。‘女性的世纪’是‘文化的世纪’。‘女性的世纪’是‘生命的世纪’”④。对女性的热情洋溢的赞扬实际上是对那种尊重生命,关爱生命的美德的赞扬。佛法说“我观一切,普皆平等”,“母爱通向大爱”,池田先生在佛法的引导下苦苦寻求人类和平之路,真正做到了“路漫漫其修远兮,吾将上下而求索”。池田先生期望通过肯定女性价值,弘扬母性美德来引导人

---

① [日]池田大作,卞立强译:《新女性抄》,上海财经大学出版社 2004 年版,第 50 页。

② 同上书,第 189 页。

③ 同上书,第 190 页。

④ 同上书,第 6 页。

类走向和平与和谐。他曾说:“时代要求能把女性所具有的优美的创造力、温和亲切、人情味等反映到社会中来。要使只追求物质与效率的社会回归到心心相通的真正的人的社会,女性的力量是不可缺少的。”①

五、池田先生女性观的缺失

通过以上分析,我们可以看到池田先生超越传统性别观念的羁绊,在尊重妇女、提高妇女地位、肯定妇女价值方面的积极思想。作为一个在日本这样传统的社会文化氛围熏染下的男性,这些都让人生敬佩之心,是笔者在沉痛的生活体验之后,深刻钻研佛法,关注民生疾苦,苦苦寻求解答的结果。但笔者以为,池田先生的女性观也存在一定的缺失,这种缺失主要表现在两个方面:

其一,池田先生对于劳动的性别分工确实是站在不同的性别有不同特征,不同的特征适合不同的工作的角度进行的角色分工。作为一个既得利益群体的成员,他意识到了边缘群体的重大价值,却没有意识到边缘群体的利益和要求,这种要求在美国自由主义女性主义的代表之一弗里丹的代表作《女性的神话》中得以显山露水:“它的千言万语如果用一句最响亮的话语来概括就是:对家庭主妇的形象说一声‘不’!她认为,对于女性发自内心的呼声——除了我的丈夫,孩子和家庭之外,我还有所企求——再也不能漠然不顾了。”②因为有了丈夫、孩子……得到这一切之后仍有深深的失落感和自我实现感的缺乏,她们充满无名的烦躁感和无意义感。不管池田先生如何同文化女性主义一样赞誉女性的特征,呼吁整个社会和男性世界

① [日]池田大作,卞立强译:《人生的坐标》,上海外语教育出版社2002年版,第89页。

② 李银河:《女性主义》,山东人民出版社2005年版,第29页。

重新评价和接受女性特征,不管他如何认为“在日常的家务劳动或社会工作等方面都存在着展现自己才能的机会”,不管他如何尊崇“我观一切,普皆平等”,他的劳动的性别分工总是女性的千年之痛。你可以说女性适合家庭工作,但把是否做好家庭工作作为衡量女性是否成功的唯一准绳,就是过于片面的一刀切。女性的特征要肯定,家庭工作的价值要肯定,但只应谈到适合与否的问题,若谈到“应该”,我们不禁要问,这是谁规定的?谁有权干涉我的家庭生活,干涉我的自由选择?我们的现状是“女性肩上的‘社会/家庭’双重角色像两副沉重的担子,在女性的现实生活中以义务劳动的形式出现,在精力、体力、时间、情感各方面牵制着女子的人生,使绝大多数已婚职业妇女狼狈不堪”①。若到了这步田地,才是女性的失败。所以,女性应作为一个自由选择的主体,在以家庭为中心的前提下,选自己适合的、感兴趣的,有挑战性的,不要让任何观念干涉了你的自由选择。女性不应怨天尤人,顾影自怜,把自己定义为弱势群体,首先要树立男女同尊的观念,然后要努力成为生活的强者。

其二,“女性是天生的和平主义者”这一论断带上了浓厚的性别色彩和理想主义倾向。和激进女性主义一样认为男性天生好战,女性天生热爱和平这一论断很经不起质疑和推敲。首先,这是一种本质主义的解释。就像因为男女性情有别而进行劳动的社会分工,把狭窄的私领域分给女性,把广阔的公领域留给男性一样,把战争涂上男性特征,把和平染上女性色彩,这将推导出性别决定论,将进一步深化性别不平等,也无益于建立一个两性和谐的体系。其次,马上有人会举出撒切尔夫人的例子。撒切尔夫人当政时,英国不是跟阿根廷打了仗吗?还有日本妇女在日本侵略战争中不是给予了巨大的支持吗?战争的原因绝不能简单地归结于男性天生好战,应该还有经济的利益驱动、政治冲突、宗教冲突、种族冲突、民族矛盾,等等。

---

① 李小江:《女性/性别的学术问题》,山东人民出版社2005年版,第63页。

“女性”也不是一个整合的概念，并不因为其性别的一致而必然对战争采取相同的态度，男性也一样。更何况矛盾错综复杂，母性的美德在这些矛盾纷争面前显得苍白无力。

六、结　语

从以上的论述中可以知道，佛教发展历史中的一脉相承的男女平等思想和妇女解放思想在池田先生那里得到了很好的继承和发扬。首先是毫无疑问地肯定男女平等，然后有与传统价值观貌合神离的劳动性别分工思想。他的独特之处正在于他一方面在男女平等的基础上坚持男女分工，另一方面承认妇女工作的重大价值，肯定她们也是生产者，这就使他既有别于男尊女卑的传统价值观，也有别于女尊男卑的女性主义价值观。他的观点可概括为男女同尊，分工合作。但是，笔者以为，正所谓瑕瑜互见，池田先生的女性观这块玉石也有些许瑕疵，一个是用一根准绳——是否做好家庭工作来衡量女性的价值，另一个是女性有一些美德确实是人性的选择，但这些美德同样在一些男性身上得到彰显，所以“女性是天生的和平使者”这一论断带上了浓厚的性别色彩和理想主义倾向。但总而言之，瑕不掩瑜，池田先生进步的女性观是建设和谐社会值得推广的，因为一个社会的和谐肯定包括两性的和谐，而男尊女卑或女尊男卑都不利于社会的和谐。

（指导老师：赵炎秋教授）

（作者简介：刘可，女，1981年生，湖南湘乡人，湖南师范大学文学院比较文学与世界文学专业在读硕士研究生。）

池田大作读书观初探

官建生

池田大作先生是世界著名的佛教思想家、哲学家、社会活动家和文学家，是世界知名的和平人士，先生的崇高理念及为世界和平事业所做出的杰出贡献，受到了世界各国人民的高度颂扬。池田大作先生以著书、摄影、诗歌、演讲等各种形式，将自己的和平思想和主张广为传播。池田先生提出"书本是人类历史上最伟大的发明之一"①。从池田先生著述甚丰，涉猎极广，可知其博览群书，并对读书有精辟的见解和独到的方法。他关于读书的认识主要集中在《希望对话——给21世纪的青少年》一书中，概括起来有如下四点：

一、书本是人类历史上最伟大的发明之一

1. 好书如同伟大的老师

书籍是知识和智慧的积淀，是文化和历史的化石，它蕴藏着前

---

① ［日］池田大作，创价学会译：《希望对话——给21世纪的青少年》，香港明报出版社2003年版，第89页。

人的真知灼见。池田先生说："没有老师是人生最大的不幸，这意味着生命中缺失了一份最伟大的爱。"而"读一本好书，如同邂逅一位伟大的老师。一个人的人生只有一次，但阅读能使你接触自己以外几百几千个人的人生，能和古圣先贤对话，没有时空的限制。""凭自己的人生经历，只可以知道'一个人的人生'，但透过读书，就可以学习到无数人的经验、知识，像看到很多套人生戏剧般。"①

书籍是人类的朋友。它以宁静之躯,包罗知识的星星之火,跳跃不息。在池田先生看来,"读书不光能补充知识,还可以通过书籍,使作者和读者在对话中,产生生命的共鸣,共同去塑造人生"。而"不读书的人,不光人要变得浅薄,也将被社会的前进步伐所抛弃"。正如著名作家高尔基说的:"我兴奋地惊异地阅读了许多书,但这些并没有使我脱离现实,反而加强了我对于现实的兴趣,提高了观察、比较的能力,燃起我对生活知识的渴望。"这正反映了池田先生的求知读书观。

2. 读书能结交到"心灵朋友"

池田先生认为:书中的"每句话都具有一颗心"。"透过读书,能结交到一生的'心灵朋友',也可以和已过世的伟大文豪'交谈'。"②"书本给我们知识。书本给我们感动。书本给我们勇气。书本给我们体贴。只要养成读书的习惯,这人生的道路上,便永远不会失去'希望'。"③而"在走向人生这一征途中,最重要的既不是财产,也不是地位;而是在自己胸中像火焰一般熊熊燃起的那一念,即'希望'。""假若偶然遇到一本好书,我会高兴得爱不释手。就像足以谈心的好友难遇一样,这样的好书是难得的,但也不是绝对没有。每当

---

① [日]池田大作,创价学会译:《希望对话——给21世纪的青少年》,香港明报出版社2003年版,第89页。

② 同上。

③ 同上。

这时候，我甚至深切地感到活着是多么有意义。”①

3. 懂得“读书的乐趣”

池田先生说：“阅读能发现人生的花絮、河川、道路、旅程。有星辰，有光，有高兴，有愤怒，有辽阔的感情大海，有理智的船只，有无边无际诗样的风，有梦想，有戏剧，别有天地。”②

池田先生认为：“不懂‘读书乐趣’是人生一大损失，没有比这事更不幸的了。就好像身在宝藏中却不识货，还过着贫穷生活的人。如果懂得‘读书的乐趣’，就好像获得‘时光隧道’、‘万能飞机’一般。书本可以带领我们到任何时代、任何国度，无论是五千年前的金字塔王国、文艺复兴时代的意大利，又或者是信长、秀吉生存时代的日本战国时代，我们都可以前往。通过书本，我们可以超越时间、超越空间，到任何地方，甚至可以知晓‘生在那个时代的人也不知道’的事情。”③“读书的乐趣”，在于人们发现书本中的营养，结交到“心灵朋友”和享受“读书的乐趣”正是池田先生的怡情读书观。

二、书本的世界是“第二个宇宙”，想象力让读书变得有趣味

科学知识让人们了解自然宇宙的现象与法则；文化知识令人通古博今；文学作品则给予读者在主人公的悲欢离合中体验生命、生活与人生。这可谓读书的静观之处。“书本”是人类历史上最伟大的发明之一。如果记得这项发明的“使用方式”、“享受方式”，人生便宛如获得最大的武器。

---

① ［日］池田大作：《我的读书方法》，http://sgichn.org/works/cht/others/reading-cht.html。

② ［日］池田大作，创价学会译：《希望对话——给21世纪的青少年》，香港明报出版社2003年版，第91页。

③ 同上书，第88页。

1. 书本的世界是“第二个宇宙”，需发挥想象力

池田先生说：“书本的世界是‘第二个宇宙’，请成为能在这广大世界自由自在旅行的人。”①他认为“电视、漫画一开始就有影像、图画，所以不用自己费力想象。但书本只有文字，所以有些人一看书就想睡觉，觉得沉闷。可是，当渐渐习惯后，每一个字都好像充满生命般，会改变姿态。黑黑的文字会变成绿色的树丛，又会变为红色、黄色的花坛，再变为纯白色的雪花，也会变成深蓝色的大海。我们还可以听见当中的声音，就像听到刚出生的婴儿那令人感动的哭声、听到与恶奋战的勇者的呐喊声，也能听到贝多芬的名曲。”②

“那就是书，那是想象力的力量。借着‘阅读’文字，我们可以不断地锻炼想象力。”③“这就是书本的妙处，一百个人阅读（同一本书时——笔者注）时，就有一百个（书中人的）模样。因为和自己的心完全契合，所以会一生将书中主角视为自己的‘知心朋友’，埋藏心里。”④正如法国哲学家伏尔泰（Voltaire）所言：“再怎么有价值的书，有一半价值是由读者赋予的。”所以，“再好的书，如果读者不发挥想象力，就变得没有趣味了。”⑤

2. 锻炼了想象力、理解力，读书一定会变得有趣

池田先生认为：阅读“首先从自己喜欢的书开始，试着‘把一本书读完’不是很好吗？”在“尚未养成阅读习惯之前，是不知书中的乐趣的”。如果“养成‘再稍微努力念下去’的习惯，渐渐地锻炼了想象力、理解力，读书一定会变得有趣。”⑥

---

① ［日］池田大作，创价学会译：《希望对话——给21世纪的青少年》，香港明报出版社2003年版，第95页。

② 同上书，第91页。

③ 同上。

④ 同上书，第92页。

⑤ 同上。

⑥ 同上。

池田先生说:“人,为了活得像个人,什么事情才重要呢?我认为‘想象力绝对重要’。想象力使人类进步,想象力是创造力。爱因斯坦认为‘想象力比知识重要’。欧洲学者说:光看电视会制造出‘只是被动地接受资讯’以及‘不深入思索’的人。”池田先生认为:“遭遇种种困难时,如何去超越,得靠‘想象力’。‘希望’是从不败给眼前现实的‘想象力’中产生出来的。”①

3. 阅读致和谐

池田先生说:“想象力丰富的人,能了解别人心中的痛苦。(在行动时会联想后果,会考虑)这么做,对方可能会不愉快、会痛苦吧!——想象力能发挥这种‘心的力量’。相反,如果变成人人都‘不喜欢阅读’的社会,那么,也会变成‘不体贴别人的社会’。”②如果通过读书人人都能做个互相体贴的人,社会就能一片和谐。他还提倡“书本的世界是‘第二个宇宙’,请成为能在这广大世界自由自在旅行的人”。③ 这是池田先生的和谐读书观。

三、利用这“算计”的宝贵的时间,尽量多读几页书

池田先生说:“读书是我的人生中最大的嗜好之一。一种愉快的嗜好。所以我读书虽有偏向,但并未特别意识到所谓读书方法之类的方法。”但是“精读一本书,深深挖掘下去,就能寻根求源,探得其中之奥妙,这是一种好的读书方法”④。

针对有人提出“我想读书,怎样才能找到适合自己的书”,以及

① [日]池田大作,创价学会译:《希望对话——给21世纪的青少年》,香港明报出版社2003年版,第89页。

② 同上书,第94页。

③ 同上书,第95页。

④ [日]池田大作:《我的读书方法》,http://sgichn.org/works/cht/others/reading-cht.html。

人们因为是在有限的一生中的有限时间内读书，所以有人担心像洪水般涌来的书籍会泛滥成灾，因而费尽心思寻找什么有效的方法的问题，他的作风是，何不利用这算计的宝贵的时间，尽量多读几页书呢！？说得过分些，这也许可以称为"贪婪的方法"。①

池田先生认为："不只是坐在书桌前看书才算读书，有时利用短短的时间来阅读，印象反而会特别深刻。所以"要随身带书"，"书不离身，不读也没关系，总之要带着书。"②"书本不会逃跑，无论是何时何地，只要你打开它，就可以驰骋其中。在电车中、在候车间、在下课休息的时间、在厕所中都可以。"③读书的时间，要挤总会有的。

四、厚积薄发，有的放矢

池田先生说："我年轻时读书有严重的偏爱，但后来因迫于需要，读书的范围便慢慢地广泛了。——因为我觉悟到，就像健康的人体需要各种养分一样，要训练一个思维敏捷的大脑，消化各种书籍是极为重要的。俗话说良药苦口，有些书是需要特别下番苦功去读的。"④

在图书的收藏方面，池田先生说："一般是翻看我所需要的新书广告，在查找中得知想获得的已出书籍的书名。这样，只要我有钱，便可以不断地得到新出的书和旧书。这样，现在已积存了大量的书籍，恐怕一辈子、两辈子也读不完。不过我想这也没有关系。""一般

---

① ［日］池田大作：《我的读书方法》，http://sgichn.org/works/cht/others/reading-cht.html。

② ［日］池田大作，创价学会译：《希望对话——给21世纪的青少年》，香港明报出版社2003年版，第94页。

③ 同上书，第89页。

④ ［日］池田大作：《我的读书方法》，http://sgichn.org/works/cht/others/reading-cht.html。

说来，书一到手，我首先怀着某种期望迅速地翻阅一遍。这是非常愉快的时刻。如果碰上一本引人入胜的书，我便一口气把它读完。因为这种书里有着足以使我把它读完的吸引力。许多书我觉得以后读也不晚，我把它们放进了书库，因为需要时还可以把它们请出来。"①

池田先生说："我有时一边看着积存在书库里的书籍，一边心里想，我真希望在自己的晚年能埋头于这些书中，过着专心读书的生活。不知道这一微小的内心的愿望能否实现，但这种想法也是在书库中的乐趣之一。"②

（作者简介：官建生，男，1962 年生，广东始兴人，韶关学院图书馆研究员，韶关学院池田大作研究所所长。）

① ［日］池田大作：《我的读书方法》，http://sgichn.org/works/cht/others/reading-cht.html。

② 同上。

中国文化与和平精神

和平:中国文化的内在精神

唐凯麟

中华民族是一个爱好和平的民族。这不仅是基于中国数千年来发展的历史事实,也是基于中国传统文化对和平问题曾经作过的深入认真的探讨和不懈的追求。和平是中国文化的内在精神。它集中地体现在中国传统文化如下的三个基本理念中:一是"和为贵"的理念;二是"和而不同"的理念;三是"仁和"的理念。

一、"和为贵"的理念

儒家是中国传统文化的主干。儒家的创始人孔子在《论语·学而》中说道:"礼之用,和为贵。先王之道,斯为美,小大由之。"这里的所谓"先王之道",主要是指以尧、舜、禹、汤、文、武、周公等为代表的治国之道,它最突出的特点是礼乐政治文明,而这种"先王之道"之所以为历代儒家所推崇,被视为政治文明的理想形态,原因就在于它突出了"和为贵"这一价值原则,强调确立一切事情,无论大小,都要以"和"为出发点和归宿,也即"小大由之"的行为理念。

为什么要把"和"作为一种理想的价值目标来追求?或者说为什么要以"和"为"贵"、为"美"?这是因为在中国的先贤们看来:

"和实生物"[1],即"和"是事物产生和发展的内在根据,"和"是"万物之母"。不仅自然界"致中和",就能"天地位焉,万物育焉"[2],而且人类也是因为"受此天地中和之气以得生育"[3]。既然如此,根据中国传统的"道法自然"和"天人合一"的思维模式,人们在处理人与人、国与国的关系上也要以"和"为贵。因此,儒家的另一部经典《易传》说:"保合太和,乃利贞。首出庶物,万国咸宁。"所谓"太和",乃"和之至也"。儒家认为,致"太和",就可以万国安宁,民族繁荣昌盛。可见,自古以来,中国人民就意识到和平是社会发展与国家安定的首要条件。

正是基于对"和"的这种本体论与生成论意义的认知,中国历代的思想家都提出了"敬和"思想,如《尚书·多方》提出:"不克敬于和,则无我怨。"这里,强调对"和"的尊重,主张按"和"的要求办事,不这样就会有伤"和气",导致不良后果。这种对"和"的尊崇和敬畏意识表明:中国人民对于和平的认知不仅表现在理性的层面,而且还逐渐地内化成了中国文化的一种深层的结构,支配着中华民族在处理各种关系包括国际关系时的行为方式。可见,对和平,中国人民自古就十分"爱好"。所谓"爱好",孔子曾讲:"知知者,不如好知者,好知者,不如乐知者。""爱好"是一种"好知者"、"乐知者"的境界。而一个民族对和平的认同一旦上升到"爱好"的境地,她就会将战争排除在处理各种关系乃至国与国的关系的方式范围之外。历史表明即使是在中华民族强大的时候,中国历代先贤和政治家都强调对周边国家采取"修文德以来之"的外交方略,如郑和七下西洋,带给邻邦国家的不是战争、掠夺、殖民主义、种族灭绝,而是文明、文化、友好与和睦相处。

---

① 《国语·郑语》。
② 《中庸》。
③ 《左传·成公十三年》,孔颖达疏。

关于中华民族对和平爱好的这一特性,历来受到西方的一些正直的思想家、政治家所推崇。被誉为"20世纪的智者"的英国哲学家罗素就说:"到现在为止,我只找到一个答案,中华民族是世界上最有耐心的民族。……假如中国能够免于被驱使进入战争,那么她的压迫者最终会被自己拖垮,让中国人自由地追求符合人道的目标,以取代白人国家所热爱的战争、掠夺和破坏……如果世界上有'骄傲到不肯打仗'的民族,那么这个民族就是中国。中国人天生的态度就是宽容和友好,以礼待人并希望得到回报。假如中国愿意的话,他们的国家将是最强大的国家。但他们希望的只是自由而不是支配。"20世纪初,日本著名学者渡边秀方也指出:"世界诸民族中大概再没有像中国人那样渴望和平的了,他们几千年的历史,毕竟是渴望和平的历史。他们很少对别的民族从事侵略战争,他们的战争往往是出于对自己文明的维护。"①事实确实如此。纵观中国的历史,历代王朝基本上都做到了把"协和万邦"作为自己处理种族关系、国际关系的基本原则,将"和为贵"的价值理念贯穿于处理人类的各种关系的方方面面。

二、"和而不同"的理念

说中华民族是一个爱好和平的民族,不仅意味着中华民族没有向外扩张和侵略的传统,同时也意味着在处理各种复杂的国际关系中,中国文化能提供丰富的具有积极意义的和平文化思想资源,其中很重要的一点,便是"和而不同"的理念。

中国人民确实如罗素说的花了好多个世纪的时间来思考和平问题。早在如西方哲学家雅斯贝尔所说的"轴心时代",即中国历史上的春秋战国时代,战争(霸道)与和平(王道)问题就是先秦诸子们思

① 《世界名人论中国文化》,湖南人民出版社1992年版,第448—456页。

考的焦点之一。而诸子们的这种思考并不限于政治学的层面,而是将其上升到了哲学或道德哲学的层面,这就是当时所谓的"和同之辨"。"和同之辨"从孔子之前的政治家、思想家史伯和晏子开始,中经孔子,直到孟子和荀子,数百年间,经过不同学派的反复论辩,基本上达成了"和而不同"这样一种共识。这一思想的要点是:

(1)应该把"和"(包括和谐、和平)作为最高的价值目标来追求,前面讲到的"和实生物"与"和为贵"的思想就是如此。

(2)以"和"为"贵",但"和"又有别于"同",不能以"同"来取代"和",或者说不能将"和"与"同"混为一谈。什么是"和"? 史伯说:"以他平他谓之和"。这意思是说,"和"是指系统内各种不同或对立的因素即"他"之间的平衡与协调的关系,简言之,"和"是指一种在多样性基础之上的协调、统一的状态,就如五行、五音一样,不可或缺其一。否则,就如史伯指出的:"若以水济水,谁能食之? 若琴瑟之声一,谁能听之?"①与"和"有别,"同"是指一事物的简单相加或凑合,是"我"与"我"的杂陈,是一种排"他"性的或没有多样性的混合状态。而这种"同"的状态,在史伯、晏子看来,是根本不利于事物发展的,所以他们说:"同则不继"。

(3)正因为"和实生物,同则不继",所以"和"的达成是通过"我"与"他"之间协调、协商、对话的形式逐步实现的,而要做到这一点,又必须以对"他者"的尊重、理解为前提。这就是"和而不同"、"以他平他谓之和",也即"平和"。这种"平和"就是以"平"为基础的"和"。这是中国传统"和平"文化中最具现代价值的思想。

在当代全球化的背景下,由于各民族国家的经济发展水平不一样,也由于各民族的文化传统存在着极大的差异性,使得在如何处理国际关系问题上就具有了鲜明的时代特色和异常的重要性。然而现

---

① 《左传·昭公二十》。

在,却有一些国家热衷于将自己国家的价值观念、意识形态作为处理国际关系的唯一标准,大搞单边主义,试图在全球建立起自己的话语霸权或独尊地位,由此而造成的“文明的冲突”和不断的局部性战争,已经成为严重威胁当代世界和平的阻碍因素。这种打着诸如“人权”的幌子,貌似以“维护世界和平”的企图之所以难以奏效,一个重要的原因就是漠视“和而不同”的价值与意义。因为根据“和而不同”的理念,世界和平的达成首先要以平等为前提,要国家不分大小、贫富、强弱,一律平等相待,不能搞以大欺小、以强凌弱,不能搞强权政治、霸权主义,而要充分尊重各民族文化的多元合理性;然后在此基础上,通过对话、沟通的方式来化解不同文明的紧张与冲突,使各种文明之间相互包容、相互学习,既保持各自的特色,又促进相互间的共识。只有这样,“文明的冲突”才能化解,世界的和平才能达成。

纵观中华文明的发展历史,可以发现:中华民族在对待外来文化如佛教文化问题上,就基本坚持了“和而不同”的原则,很少出现像欧洲中世纪那样因为文化和宗教的冲突而诉诸如“十字军东征”之类的战争的现象。也正是这种文化传统,使得中国人民今天在面对异彩纷呈的世界文明时,能够采取兼收并蓄的态度来吸收之。至少在中国人民看来,今天的所谓“文明的冲突”是可以化解的。由于文化的不同而诉诸战争,在中国人民看来是不应该的。

三、“仁和”的理念

一个国家、民族之所以好战,崇尚以武力来解决纷争,深层地看,是因为这个民族的文化传统中缺少对民族自我欲望的深刻检视与道德规约。而中国传统文化则不同,它非常强调和平的达成与道德修养之间的内在相关性,因而提出了“仁和”的思想。

儒家学说创始人孔子并不讳言人类对富贵的追求,他肯定:“富与贵，是人之所欲也”，“贫与贱，是人之所恶也”①。荀子则明确指出：人性是“生而好利”的，如果顺从这种人性的发展，就会产生争夺与战争，因为相对于人的无穷欲望而言，社会财富始终处于相对短缺的状态之中。而一旦发生战争，便会“争则乱，乱则穷”②，越穷则人的欲望就越难以得到满足，就越有发生战争的可能性。因此，要摆脱战争与贫穷之间的恶性循环，除了发展经济，创造更多的物质财富之外，儒家认为还必须做到三个方面：一是“制礼义以分之”，对现在的物质财富根据人们的社会身份的不同进行分配；二是提倡“节欲”、“制欲”，克制自己的欲望以免其过度膨胀，以至于“安贫乐道”；三是人与人之间要相互仁爱，这就是所谓“仁者爱人”。三者之中，孔子认为最要紧的是仁爱，因而提出了以仁为核心的系统学说。在他看来，“人而不仁，如礼何？人而不仁，如乐何？”③如何做到仁爱呢？孔子提出了“忠恕之道”，具体说就是“己所不欲，勿施于人”，“己欲立而立人，己欲达而达人”。一个人如果能够做到推己及人，将心比心，就会爱己及人。而“仁者爱人”乃是社会稳定、人际和谐的道德基础。

不仅如此，仁爱也是用来处理不同民族、国家关系的基本准则，通过行仁爱，用和平而非战争的方式来实现“天下大同”的理想，乃是儒家和平文化的重要特征之一，也是中国传统文化的内在精神的体现。所以孔子在评价春秋时期著名的政治家管仲时认为，尽管管仲的行为多有“违礼”，但仍不失为“仁者”，因为他帮助齐桓公“九合诸侯”，却“不以兵车”。而孟子对于那种“以功伐为贤”的价值观则作了全面的否定和尖锐的批判，提出了“仁者无敌”的思想。所以，在处理人与人、民族与民族、国家与国家的关系过程中，中华民族有

① 《论语·里仁》。
② 《礼记·礼论》。
③ 《论语·八佾》。

非常好的传统，就是把“修身”与“平治天下”紧密连接在一起，十分强调仁义道德的调节作用，主张走一条由“仁”而“和”的和平之路，反对以战争与暴力的方式来解决民族之间和国家之间的纷争。这充分说明，中华民族对和平的爱好乃是基于一种仁爱的道德使命感而非一种纯粹的功利考量，因此，她对和平的爱好绝不会因为自身的强弱而有所改变。

（作者简介：唐凯麟，男，1938年生，湖南长沙人，教育部人文社会科学重点研究基地湖南师范大学道德文化研究中心主任，教授、博士生导师，国务院学位委员会哲学学科评议组成员、国家社会科学基金评委、教育部全国普通高校哲学教学指导委员会委员、中国伦理学会副会长。）

先秦礼文化及其和谐伦理观

邓志伟

建立有序和谐的美好世界始终是人类孜孜以求的社会理想。中国被称为“礼仪之邦”，礼是中国文化区别于其他文化的一个重要方面。先秦礼文化的建立与完备，是中华文明的重要内容，它影响着中国社会生活的各个领域，调整着人与天地宇宙、人与人、人与自身的关系。先秦礼文化中以“和为贵”的思想不仅奠定了中华民族“礼仪之邦”的基础，而且孕育了中华民族崇尚和谐、热爱和平的精神风貌。因此，探讨先秦礼文化及其和谐伦理观对于当今“努力建设持久和平、共同繁荣和谐世界”具有重要的理论和现实意义。

一、先秦礼文化

礼文化是中国传统文化的重要组成部分，中国文化是延续古礼发展而来的原生文化。先秦时期，礼便承担着文化传承的功能，从礼俗发展至三皇、五帝和三王之礼，再到孔子儒学，构成了一个以礼文化为核心的源远流长的发展系列，其中主要包括礼制、礼俗、礼学和礼教等内容。

《周礼》把先秦礼制分为吉、凶、宾、军、嘉等“五礼”。吉礼居五礼之冠，主要是对天神、地祇和祖先的祭祀典礼。目的是向天地神灵祈福消灾，用以保国安邦。凶礼是哀悯、吊唁、忧患之礼，主要包括丧、荒、吊、禬、恤礼。宾礼是接待宾客之礼，《周礼》中主要是指天子与诸侯国以及诸侯国之间的往来交际之礼。嘉礼是和合人际关系，沟通、联络感情的礼仪，包括饮食、婚、冠、宾射、飨燕、脤膰、贺庆之礼等。军礼是部队操演、征伐方面的礼仪，包括大师、大均、大田、大役、大封等礼。

先秦礼俗通常包括孝敬父母、男女有别的家庭礼仪，包含诞生礼、命名礼和民间婚庆的人生礼俗，与农事、宗教、祭祀等习俗相互渗透、相互融合而成的生产习俗和岁时节日礼俗等多个方面。

先秦礼学主要是指“三礼”及先秦儒家对它们的诠释和研究。《周礼》、《仪礼》、《礼记》统称为“三礼”。《周礼》是周王室官制和战国时代各国制度的汇编。该书大约是战国时人参考西周、春秋时代的文献以及当时的现行制度并掺合作者的理想而成。《周礼》有六篇，每篇详述各官职的名称、爵位等级、人数及职责。《仪礼》是先秦各项礼仪的记录汇编。一般认为该书是孔子为了教学需要，对先秦礼仪进行整理和订定而成，记述了贵族生活的 17 项礼仪。《礼记》是解释《仪礼》的资料汇编，阐明了礼的作用和意义，还载有《仪礼》所没有记载的内容。多是孔子弟子及其后学所记。在汉以后的两千多年中，“三礼”一直是各朝制定礼仪制度依据的经典著作，被称为“礼经”。春秋战国时代，礼乐文明解体，但是以孔子为首的儒家对礼进行了全面深入的探讨，整理保存了礼仪典籍，形成了理论形态的“礼学”。儒家礼学通过孔子的创立，孟子的过渡，荀子的发展，构建了一个庞大、完善的礼学体系，适用范围更加宽广。中华礼文化通过儒家的弘扬而脱离它原先赖以存在的形式，形成我国传统的伦理哲学，在以后的社会重建中仍有巨大的规范和导向作用。

礼教是指礼的普及传授和教育。先秦礼教既是学校教育的重要内容，又是统治者的治国方略。在三代之前，已有了专门的学校进行礼的教育。《学记》记载:"古之教者,家有塾,党有庠,术有序,国有学。"在周代"总计学校已百八十,合六遂而计之,则三百六十矣"①。如此数量之众的学校所教的内容皆为礼:"司徒修六礼以节民性,明七教以兴民德,齐八政以防淫,一道德以同俗,养耆老以致孝,恤孤独以逮不足,上贤以崇德,简不肖以绌恶。"②《周礼·大司徒》还详细地记载了以礼为中心的12个方面的教育内容:"施十有二教焉。一曰以祀礼教敬,则民不苟。二曰以阳礼教让,则民不争。三曰以阴礼教亲,则民不怨……"其后,孔子创立儒学体系,首开"礼下庶人"的先河,使礼文化从过去的贵族特权向民间逐渐普及。他还将《礼》(《仪礼》)作为教育学生的"六艺"之一。礼教经过先秦儒家的完善和发展,成为了社会教化和学校教育的主要内容,对中国礼文化的形成和发展起到了重要的推动作用。

二、"和为贵"是先秦礼文化的精髓

中国传统社会的世界观是关注经验世界的,是关乎天、地、人的伦理哲学;关心的是各种关系的和谐。正如《论语·学而》所说:"礼之用,和为贵",礼的施行,最为可贵的是要达到各种关系的和谐。各种关系的和谐共存是先秦礼文化所要达到的目的和要求。可以说,"和为贵"充分体现了先秦礼文化之"和"的目的论和价值论意义,是先秦礼文化的精髓。

早在西周,"和"的范畴就已出现,认为单调没有生气,只有多种因素的相成相济才可以生出丰富的世界来。多种因素的相成相济,就是"和"。《国语·郑语》说:"夫和实生物,同则不济。以他平他谓

① 柳诒徵:《中国文化史》第1册,中国大百科全书出版社1988年版,第134页。

② 《礼记·王制》。

之和,故能丰长而物归之;若以同裨同,尽乃弃矣。”“和”谓可否相济,相辅相成,故和能生物。“同”谓无所差异,单一不二,故同无所成。“以他平他”是不同因素乃至相反成分之间的匹配、相成相济的关系。“以同裨同”是同一事物的因素、成分的简单重复、相加。总之,“和”是“和谐”,而和谐是万物生机的源泉。

然而,“和”是有原则的,一方面,它强调“和而不同”。《论语·子路第十三》说:“君子和而不同,小人同而不和。”“和为贵”追求的是内在的和谐统一,而不是表象上的相同和一致。另一方面,它强调“和而不流”。《中庸》说:“故君子和而不流,强哉矫!”在孔子看来,“和而不流”是“强”的表现,即有原则、主见的表现。绝不能因讲“和”而随波逐流,同流合污。“和”是有节度的,必须符合原则的量度,无过之而无不及,即立中。《中庸》说道:“喜怒哀乐之未发,谓之中,发而皆中节谓之合。中也者,天下之大本也;和也者,天下之达道也;致中和,天地位焉,万物育焉。”

根据先秦礼学文献的内容,“和为贵”应当包含三方面的含义:一是处理人际关系时应采取的和顺态度。如《易》卷九《说卦》“和顺于道德,而理于义”。和顺即顺应,后来又有和善温顺之义。二是处理人际关系的方法。《易》卷一《乾》说:“利者,义之和也。……利物足以和义。”所谓和义,就是使事情各得其所、恰到好处、互不相害。三是人际关系的状态或处理人际关系要达到的和谐和平的目标。《易》卷四《咸》说:“圣人感人心而天下和平。”可见,“和为贵”提供的是和顺的态度、和义的方法,以及达到和睦和谐的境界。当然,“和为贵”是相对于“礼”而言的。“礼”是等级结构的制度安排,而“和”是礼所要达到的目标。“礼”的功用就在于能使上下贵贱等级各当其位、各得其宜,从而相安无事,社会就会和谐安宁。这是“礼”作为宗法等级制度应有之义,“和是礼中所有”,是“礼”之能“经国家,定社稷,序民人,利后嗣”的内在属性和要求。因此,正如荀子所说,这种“和”并不是基于道德感情的和睦、和善关系,而是“皆使人载其事而各得其宜,然后使悫禄多少厚薄之称",达至各等级身份及其行为"无相夺伦"、互不侵犯而恰到好处的和谐状态,即"农以力尽田,贾以察尽财,百工以巧尽械器,士大夫以上至于公侯,莫不以仁厚知能尽其职"。①

三、先秦礼文化之和谐伦理观

"和为贵"作为先秦礼文化的精髓,讲究的是天人关系、人际关系和个人自身关系的和谐有序。王国维说:"周之制度典礼,实皆为道德而设。"②虽然先秦之礼基本涵盖了制度文化的一切方面,其中包括法律、道德、风俗和习惯等内容,但在本质上,礼首先是一种伦理道德,它通过一定的仪式来确立一整套制度和伦理规范,要求人人都严格遵循,以便维持一种以各种道德关系作为调节杠杆的稳定和谐的等级秩序。因此,可以说,关系和谐伦理是先秦礼文化的本质特征。它体现在三个方面:人与自然的和谐、人际关系的和谐以及个人自身的和谐。

1. 人与自然的和谐

人与自然的和谐是人与人、人与社会之和谐的基础。人与自然的和谐关系是先秦礼文化最为关注的问题。礼文化中人与自然的和谐伦理表现在两个方面:以敬神(天)为核心的宗教伦理和以"人与自然和谐"为主要内容的环境伦理。

从礼的起源来看,礼文化中的伦理本质最初体现在宗教生活中,表现为以处理天(神)人关系为目的、以敬神(天)为核心的宗教伦理。在理性认识不发达、生产力极其低下的原始社会,原始人的全部生活几乎都依赖于自然界的恩赐。自然界作为一种有着无限威力和

① 《荀子·荣辱》。

② 王国维:《观堂集林》上册,中华书局1959年版,第477页。

不可制服的力量与原始人对立。人们面对着天崩地裂、电闪雷鸣等自然现象感到迷惑不解，最终只能将其归因于冥冥之中神灵的支配。原始人置身于自己编织的神话世界中，创造出形形色色威力无穷、能随心所欲地带给人幸福和灾难的神灵，这些神灵多是自然物的化身。原始人认为，自然之神能对自己的生产和生活发生重大影响，所以需要祭祀。"山川之神，则水旱疠疫之灾，于是乎禜之。日月星辰之神，则雪霜风雨之不时，于是乎禜之"①。这种对自然界的崇拜体现了人对自然规律的顺从，认为只有顺应自然，才能求福免灾。《礼记·乐记》也说："大乐与天地同和，大礼与天地同节。……乐者，天地之和也；礼者，天地之序也。和故百物皆化；序，故群物皆别。"这种源于自然崇拜的祭祀礼乐在本质上便是一种天人和谐统一的世界观的反映。

由于农耕的需要，先民在崇拜自然界的同时，还认真探索并认识自然规律，"制天命而用之"，将在自然科学领域所获得的经验加以总结，并以礼的形式固定下来，先秦的岁时节日礼俗多源于此。礼法自然是先民制礼的基本原则。《礼记·礼运》曰："圣人作则，必以天地为本，以阴阳为端，以四时为柄，以日星为纪，月以为量，神鬼以为徒，五行以为质，礼仪以为器，人情以为田，四灵以为畜。"这表明先哲们制礼的依据是"以天地为本"。礼法自然还表现在古人制礼对自然时令的重视上，《礼记·礼器》说："礼以时为大"；"昔先王之制礼，必顺天时。"

人与自然关系的和谐不仅体现在先民对自然规律的认识上，还表现在确立和实施一系列协调二者关系的实践措施和行为准则上，来保证他们的和谐与共存。《礼记·月令》将一年分为12个月，还规定了立春、立夏、立秋、立冬四个节气。国家还规定，春、夏、秋、冬各有农事。礼的规定成为农业生产的时间表，以遵法自然规则，适应

① 《左传·昭公元年》。

其四时变化、协和万物生长。先秦礼学文献，尤其是《礼记》中，还有许多依据季节时令和气候冷暖进行水土保持、生态平衡和环境保护的思想及理论，反映了先民在生产生活实践中对环境保护的重视，以及对协调人与自然关系的环境伦理的探索。

从自然崇拜出发，先民还提出了"天人合一"的观点，追求"天人合德"的境界。"天人合一"观念是先秦思想中最深层的观念，它表现在诸子百家思想尤其是儒道两家中。例如，老子提出"道生一，一生二，二生三，三生万物"①，"王法地，地法天，天法道，道法自然"②；庄子提出"天地与我并生，而万物与我为一"③等。这些"天人合一"的理论表达了他们崇尚自然、敬畏天地等环境伦理思想和人与自然和谐相处的道德规范和美好理想。

2. 人际关系的和谐

先秦礼文化主要是由一系列协调人际关系的规范和准则所组成的。人际关系不外乎家庭内部的夫妇、父子、兄弟关系，社会政治的君臣关系以及一般社会交往关系。因此，先秦礼文化中处理人际关系的伦理规范就体现为处理家庭人伦关系的家庭伦理、处理政治伦理关系的政治伦理、处理一般社会交往关系的社会伦理。

家庭关系的和谐是社会和谐的重要基础。先秦礼文化对家庭关系的和谐尤为重视。这种家庭人伦关系和人伦之常主要表现为三种：夫妇之伦、兄弟之伦和父子之伦，其核心在于父子之伦。夫妇是人道之始，万化之基。《礼记·中庸》说："君子之道，造端乎夫妇。"有了夫妇，然后才有父子、君臣、上下等级关系。有夫妇必有夫妇之伦。《左传·昭公二十六年》提出："夫和而义，妻柔而正"。虽然夫妻伦理强调夫义妻正，但其显著特征是妻子对丈夫的顺从、服从。兄

---

① 《道德经·第四十二章》。
② 《道德经·第二十五章》。
③ 《庄子·齐物论》。

弟之伦在《诗·小雅·常棣》和《左传》都曾有过记述，后来，儒家把它概括为“兄友弟悌”和“兄友弟恭”。父子关系是家庭关系的核心和主轴。父慈子孝体现了父子之伦。父慈子孝强调的主要是孝的一面。“孝”要求的是子女对父母的奉养、尊敬和顺从，以及对先祖的祭祀。孝有特殊的道德作用，如果儿子能奉养和服从其父，子孙能“永言孝思”，对先祖祭祀不绝，就可以维系宗室和整个宗族的和谐稳定，从而也就巩固了等级秩序和天子、诸侯、宗子的统治地位。因此，“孝”在宗法道德规范中占据了主要地位。

政治关系的和谐是社会稳定的保障。先秦时代，家国同构，家国相通，政治具有浓厚的家庭宗法伦理色彩。国君是全国大家庭的总族长，因而维护父子关系为宗旨的“孝”的原则自然便演变为以维护君臣关系为宗旨的“忠”的原则。当春秋战国时期，“孝”的伦理规范无法适应诸侯力征而礼崩乐坏的政治局面，体现新的政治规范的“忠”君观念便产生，并被抬高为第一位的政治道德原则。在“溥天之下，莫非王土。率土之滨，莫非王臣”的时代，君主代表国家，国家的代表就是君主，因此，忠君就是爱国，爱国就要忠君。不过，此时的君臣伦理是有条件的，是君臣之间相互的权利和义务关系，正如《孟子·离娄》所说：“要为君，尽君道；要为臣，尽臣道”。遵循着忠君的伦理原则，君臣上下的政治关系就得以和谐而安定，整个社会政治就可以保持在有序状态。

尊长敬老，是先秦礼文化处理一般社会交往关系的重要原则。它有着古老的传统，经过三代统治者和思想家们的利用和改造，成为协调和维护社会关系的行为规范和社会准则。先秦时期，老年族被划分为几类：“五十曰艾，服官政；六十曰耆，指使；七十曰老，而传；八九十曰耄，……百年曰期颐。”①并且以各种礼仪形式表达对他们的优待与尊敬。《礼记·内则》说：“有虞氏贵德而尚齿，夏后氏贵爵

① 《礼记·曲礼上》。

而尚齿，殷人贵富而尚齿，周人贵亲而尚齿。虞夏殷周，天下之盛王也，未有遗年者。”虽然三代以上所贵不同，但尊老传统却未改变。养老是尊老的第一要务，各代都有养老礼。“凡养老，有虞氏以燕礼，夏后氏以飨礼，殷人以食礼，周人兼而用之。”①而且养老与学校教育相结合，养老是教育的一个部分。

崇尚道德也是先秦人际交往的一条重要原则。选拔贤能之士需要考察贤者的道德，一般人际交往同样强调彼此的谦敬礼让。因为这种敬让具有重要的社会伦理意义，“尊让、絜、敬也者，君子之所以相接也。君子尊让则不争，絜、敬则不慢。不慢不争，则远于斗辨矣。不斗辨，则无暴乱之祸矣。斯君子之所以免于人祸也。故圣人制之以道。”②可见，道德是人际交往和谐的重要保证。所以，先秦统治者和儒家均十分强调道德的作用，从周代提出“以德配天”、“敬德保民”，到孟子和荀子的“人皆可以为尧舜”、“途之人可以为禹”，道德从统治者的德行走向了社会关系中人人应当遵守的规范，并成为人人都可以实现的目标。

总之，先民将协调人与人、人与社会关系的各种行为准则和道德规范贯穿于具体的礼仪实践之中，经过长期的潜移默化而落实到人们的行为上，从而起到融洽人际关系、和谐社会秩序的作用。

3. 个人自身的和谐

在各种和谐关系中，个人自身的和谐是实现其他和谐的关键，也是构建社会和谐的核心环节。先秦礼文化对人自身的和谐的问题十分重视，强调以礼协调个人身心，礼是人的立身之本和区分人格高低的标准。个人自身的和谐首先是身心的和谐，这就意味着官能满足和占有欲望的合理性，但无限制地放纵欲望和情感则会导致人性的堕落，因此，就人的感官情欲而言，需要建立起满足而不放纵的和谐。

---

① 《礼记·内则》。

② 《礼记·乡饮酒义》。

所以，礼文化在肯定“饮食男女，人之大欲存焉”①的基础上，又强调以“礼”克服个人私欲，从而化解了欲望膨胀或情感泛滥可能引发的生理危机。礼的确立为在欲望追求和情感宣泄上达到和谐境界架起了桥梁。孔子提出：“不学礼，无以立”。②《左传》也说：“礼，人之干也。无礼，无以立”。《礼记·冠义》还把有礼无礼作为人有无修养，甚至是人区别于禽兽的分水岭，“凡人之所以为人者，礼义也。礼义之始，在于正容体，齐颜色，顺辞令。”对此，孔子有明确的解释：“君子所贵乎道者三：动容貌，斯远暴慢矣；正颜色，斯近信矣；出辞气，斯远鄙倍矣。”③君子严肃自己的容貌，就可以避免别人的粗慢无礼；端正自己的神色态度，就可以使别人相信；谈话时注意言辞声调，就可以避免别人的粗俗和错误言论。但是“恭而无礼则劳，慎而无礼则葸，勇而无礼则乱，直而无礼则绞”④。可见，虽然恭敬、谨慎、勇敢、直率，但如果不注意礼节礼仪，不受礼的约束，就会变得不文明。所以，必须“道之以德，齐之以礼”⑤，用“礼”来约束人的行为，并要做到“非礼勿视，非礼勿听，非礼勿言，非礼勿动”⑥。荀子说：“礼者，所以正身也。”⑦他还指出，以礼的规范去克服个人私欲，才能成为一个有品德之人。儒家礼学追求的健全人格就是身心和谐的圣人与君子，这就是和谐人格，这些圣人和君子通过自己的行为活动，能够将自我世界调整到理想的最佳状态，能够和谐生活。和谐人格需要通过礼教和修养两个途径才能达到。因此，先秦时期有专门的学校教导贵族子弟学习礼的内容，而且还要求以礼来教化万民。之后，孔子

① 《礼记·礼运》。
② 《论语·季氏》。
③ 《论语·泰伯》。
④ 同上。
⑤ 《论语·为政》。
⑥ 《论语·颜渊》。
⑦ 《荀子·修身》。

创立儒学体系,礼教是其中的重要部分。礼教的作用最终需要通过个体的道德修养才能转化为个人的道德行为,所以,作为处理个人行为的礼是先秦礼文化中道德修养的主要内容之一。

礼在道德修养过程中的作用有三:其一是“明分”。礼能教人明辨分位,自觉遵守,不仅自己不逾越,也警觉他人的非礼行为,使之不获其志,即便“获志”,也不得善终,以此来保持稳定的社会结构和等级秩序。其二是“防欲”。在荀子看来,人的天然本性是追求利欲的,而“礼”可以对人的贪欲做出限制。通过礼的修养可使人心从善远恶,节欲而防贪。其三是“博爱”。孔子认为仁是礼之质,只有以仁爱之心处理好君臣、父子、夫妇、族人、兄弟、师长、朋友等各种关系,才可以保证社会和谐、家庭和谐、群己和谐。

四、先秦礼文化及其和谐伦理观的影响及价值

先秦礼文化是中国传统文化的重要组成部分。当代中国的发展及现代化离不开对优秀传统文化的继承,中华民族要自立于世界民族之林就必须保持自己的民族个性和文化特色。可以看到,先秦之礼在中国传统文化和道德生活中占据举足轻重的地位,并影响着世世代代中华民族的生活方式和行为仪表。当然,它的影响有积极的一面也有消极的一面。积极的一面就是人们在这种礼义道德的氛围中,养成了崇尚和平、追求和谐的风尚。正如《礼记・礼运》所说:“父子笃,兄弟睦,夫妇和,家之肥也;大臣法,小臣廉,官职相序,君臣相正,国之肥也;天子以德为车,以乐为御,诸侯以礼相与,大夫以法相序,士以信相考,百姓以睦相守,天下之肥也,是谓大顺。”这可以说是中华礼仪之邦的一种写照。不仅如此,礼文化还是一种凝聚力和向心力,它使中华民族能够经受住无数次自然和社会的困难,克服了分裂危机,凝结为一个团结和谐统一的整体。先秦礼文化的消极影响也是极大的,人们在礼制和礼俗的严重束缚下,仅仅是循规蹈

矩肩负多重义务，不敢也不能越雷池一步，而人的自身价值、民主意识被压抑被忽视，独立的人格、尊严、自由、平等和权利也丧失殆尽，这就必然导致整个民族性格的因循守旧，极大地桎梏了民族性格的自然发展。所以，对于先秦礼文化的态度，我们坚持的是取其精华、去其糟粕的原则。如果我们抛弃先秦礼文化中的等级观念、束缚个性的因素、重礼轻法的倾向和不合时宜的繁缛仪节，使礼文化更符合国情、合乎世情，这对于构建和谐社会必将起到巨大的推动作用。

英国哲学家罗素在《中国问题》一书中说："中国至高无上的伦理品质中的一些东西，现代世界极为需要。这些品质中，我认为和气是第一位的"。"若能被全世界采纳，地球上肯定会比现在有更多的欢乐、祥和"。① 所以，我们还应当发挥先秦礼文化的优势，积极参与国际事务，用其中的和谐伦理观为目前复杂的国际争端和人类困境贡献出我们的智慧。就处理人类社会所面临的人与自然、人与人、人与社会三种基本关系而言，以"和为贵"的伦理观对待人与自然的关系，就会做到尊重并顺应自然规律，与大自然和谐共处、生息共存，这些将有助于保持人与自然关系的和谐。然而，从近代开始，人类在对待自然的关系上犯过太多的错误，引发了诸多人与自然关系不和谐的现象。可喜的是，当前，人类对人与自然关系的认识有了明显的提高。我们相信，通过全人类的共同努力，"和为贵"的思想将在人与自然关系的问题上取得共识。依靠人类的智慧、良知和先进的科学技术手段，一定会实现人与自然的和谐及共存共荣。同样，在对待人际关系上，先秦礼文化所倡导的人伦秩序和"尊老爱幼"观，有助于保持人与人、人与社会关系的和谐。当今社会，个体之间的实力竞争、企业之间的市场竞争以及国家之间的综合实力竞争非常激烈。因此，"和为贵"应成为处理这些问题的准则。尤其我们还应当看

---

① 转引自中国人权研究会编：《东方文化与人权发展》，东方出版社 2004 年版，第 197 页。

到，先秦礼文化对于推动当代世界的持久和平也具有重要的启发意义。从当代全球局势来看，政治经济的多元化是当今世界的主要特征，许多有正义感的民族和有远见的政治家，都在努力构建一个具有共同规则而又共同守约的和谐世界，以使各个国家和民族能够和平共处、和平发展。中国礼文化也受到了世界的广泛关注，更多的人力图从古代中国的礼文化中寻求和谐发展之道。正如汤因比博士与池田大作先生的对话所说："将来统一世界的大概不是西欧国家，也不是西欧化的国家，而是中国。"①这是对中国传统文化的整体智慧和博大胸怀的赞赏，以及对中国传统文化追求和谐、对现世人间充满终极关怀的价值观的普世性的高度认同。在对待人与自身的关系上，礼文化所具有的自省意识、价值自觉和修养工夫，避免了西方那样因狂热的宗教情绪、彼岸意识或非理性思潮而导致的人类肉体与灵魂、感性与理性的分裂与对立。

现代不能超越传统，社会不能超越文化。任何一种社会的政治经济活动都渗入一个民族的传统精神，而一些传统精神又具有世界性的普遍意义。在中华民族优秀的传统精神和道德宝库中，先秦礼文化中的和谐观是我们借鉴和批判继承的精髓，是具有普遍意义的瑰宝。我们知道，当今世界仍然存在着诸多不和谐的因素：一定范围的利益冲突、道德失范、市场无序、人心失衡等问题；国际社会面临的生态环境的恶化、文化与宗教的冲突、恐怖主义的威胁、局部战火的绵延、多元价值观和多极世界模式受到挑战；等等。要解决这些问题，先秦礼文化自有其发挥优长之处。先秦礼文化中强调个人身心和谐，注重天人关系、人际关系的和谐伦理观必将愈来愈受到全世界的重视和关注，它必将为推进中国社会的和谐发展和繁荣、世界和平发挥重要的作用。

---

① 参见[英]汤因比、[日]池田大作，荀春生等译：《展望二十一世纪——汤因比与池田大作对话录》之《译者后记》，国际文化出版公司 1985 年版，第 304 页。

（作者简介：邓志伟，女，1969 年生，湖南宁乡人，湖南师范大学伦理学专业博士生，讲师。）

中国传统“和合”文化的现代伦理审视

刘志飞

“和合”文化是中国传统文化的核心价值体现之一。当然，我们今天来探讨“和合”文化，其实质就是要挖掘其现代伦理价值，这对于我们批判继承中华民族传统的优秀文化、弘扬传统的人文和合精神与传统的和合价值导向具有重要的意义；对于促进人与自然和谐、培育当代社会主体理想人格与现代意识、建立和谐的人际关系以及实现经济社会的可持续发展，并最终落实科学发展观、实现社会主义和谐社会具有重大的理论和现实意义。

一、源远流长的“和合”文化

中国传统的“和合”文化博大精深，积淀丰厚。任何一个生于斯、长于斯的中国人无不受其熏陶和影响。我们党提出构建社会主义和谐社会的战略思想，它的理论渊源、精深沃壤，正是中国传统文化价值体系中根深蒂固、源远流长的人文“和合”精神。

“和合”，作为中国传统文化的基本价值原则之一，其初义是指具有两个或两个以上要素融合、结合的意思，确立于我国西周与春秋战国时期，是先秦各家“同归而殊途，一致而百虑”的“一致”和“同归”之所在。[①]《周易》说：“乾道变化，各正性命，保合太平，乃利贞。”意思是说，宇宙间各种事物都有自己的“性命”，合在一起就称为“太和”，天道变化的重要作用是保持宇宙的谐和。《诗经》曰：“亦有和羹，既戒既平”。在这里，“和”蕴涵着“他”与“他”的关系，是一种因各种不同因素、不同事物间的相互差异、相互作用、冲突融合而达平衡；“同”则是排斥差异的简单同一，从而事物难以生存与持续发展，它既深刻反映了人生天地间的自我创造使命，又和盘托出了天地自然与人事活动“并育而不相害”、“并行而不相悖”的原始话题。

先秦儒家也崇尚“和合”。孔子以“和”作为人文精神的重要内容，有所谓的“君子和而不同，小人同而不和”。[②] 孔子认为，这实际反映了君子与小人两者不同的处事原则和不同的人格行为。孔子的弟子子路则认为“礼之用，和为贵”是为人为政之道，认为“和”是治国处事的基本价值标准，一切礼仪制度都应以“和”为尚，进一步揭示了“和”的内涵。孟子则讲“天时不如地利，地利不如人和”，高度重视“人和”对社会发展和社会稳定的重要性。荀子认为，“万物各得其和以生，各得其养而成”，[③]人之本性与道德和合而天下可以大治。可以这么说，孔孟儒家关于“和”的论述，其实质就在于统一体内多种因素的对立与统一，把理论与实践结合起来，进一步深化了儒家的“和合”思想。

道家也重“和合”，老子以“道”为其道德哲学的最高范畴，有“道生一、一生二、二生三、三生万物，万物负阴而抱阳，冲气以为和”。[④]庄子则是从人的生存方式与生存境界出发，认为“夫明白于天地之得者，此之谓大本大宗，与天和者也，谓之天乐。所以能均调天下，与

① 参见张立文：《和合学概论》，首都师范大学出版社 1996 年版，第 479 页。

② 《论语·子路》。

③ 《荀子·天论》。

④ 《老子·第四十章》。

人和者也，谓之人乐”。[1] 庄子认为，人之所以能够洞察天地的根本就在于能够与天和而得天乐；之所以能够治理天下，就在于与人和而得人乐。庄子所追求的看起来是天和的境界，其实质是视“和”为真、善、美相融合的人的和谐精神境界。由此可见，“和”可以说是万物生存之基与万物的恒常性之所在，人类要长生久视，像万物一样恒常不绝，也就必须知“和”，始终处在和谐相处的统一体中。墨家则从“兼相爱，交相利”的原则出发，将“和合”视为处理家庭、社会、国家、经济生活中各种关系的基本原则，认为如果不能“和合”，则家不成家、国不成国，社会生活与经济发展将停滞不前，将陷于一种交相恶的状态之中。故有“内者父子兄弟作怨恶，离散不能和合。天下百姓，皆以水火毒药相亏害”。[2] 意思是说，人和家庭为社会的根本，父子兄弟的关系可以说是各种社会关系的根本，如果父子兄弟之间都是形同仇人而怒目相视、形同陌人而离心离德而不能和合，则天下百姓就会如同水火猛兽一样相互残害。因此，要使家庭和睦、社会发展、国家稳定太平，就必须按照“和合”的思想来处理家庭、社会与国家之间的关系，使得人与人之间相互爱护、相互帮助、和睦共处、实现共赢而天下归同。《管子》与《易传》也曾论述过“和合”思想。它们把“和合”看做是至高无上的目标和人生追求的终极理想。它们认为：“畜之以道，养之以德。畜之以道，则民和；养之以德，则民合。”蓄养民众以道和德，就能使民众和合。和合就能使人与人之间达到和谐共处，和谐就能团结一致而不相互伤害。可见，“和合”是以道与德蓄养民众的目标，而要真正能实现和达到这个目标，不仅要通过“畜之以道，养之以德”，更要通过祭祀天地神明达天人合一。可以说，在这里，“和合”是人类要追求的至高无上的目标。

到了秦汉时期，“和合”思想得到了进一步的继承与发展，《吕氏

---

① 《庄子·天道》。
② 《墨子·尚同》。

春秋》、《中庸》等传统经典都崇尚“和合”思想。《吕氏春秋》认为：“天地和合，生之大经也；夫物合成，离而生，知合知成，知离知生，则天地平矣。”意思是说，万物生存的根本，就在于天地的和合，和合而成，别离而生，这是天地自然之常道，也是人类社会发展的必然和客观规律。《中庸》则将和合思想作了进一步的发挥，把“和合”思想与人的性情禀赋、聪明才智和儒家之道紧密地结合起来了，认为“和合”使人与人的性情相连，使天下和谐相处：“喜怒哀乐之未发谓之中，发而皆中节谓之和。中也者，天下之大本也；和也者，天下之达道也。致中和，天地位焉，万物育焉。”

此后，尽管中国的历史社会不断地变迁与发展，但“和合”思想却在总体上没有被遗忘、曲解与否定。中国哲人们历来承认事物的美好与对立、矛盾与斗争，认为人与自然应该是协调发展、人与社会应当是和谐共处、人与人则要和睦友爱，人类社会的最终结局或最佳状态是“和”且“合”。

二、“和合”文化的基本内涵

“和合”本身就是个内涵丰厚且伦理意味非常浓厚的概念，有和谐、和顺、谐和、调和、和睦、中和等多种相异而又相同的含义。在关于传统“和合”文化的儒家学说中，“和合”一般可以概括为以下几层含义：

(1)和生万物。“和合”这种理念，是一切事物生存与发展的基础。《易传》说：“坤厚载物，德合无疆。含弘光大，品物咸亨”，所强调的都是和合，唯和合才能使万物育焉，唯和合才能使四时之气调谐，万物各得其宜。可以说，万物生存的根本，就在于天地的和合，和合而成，别离而生。这是天地自然之常道，也是人类社会发展的必然和客观规律；否则，事物难以生存与持续发展。“和合”既深刻反映了人生天地间的自我创造使命，又和盘托出了天地自然与人事活动相互依存、相互统一的关系，同时也把人的性情禀赋、聪明才智和儒家之道紧密地结合起来了，认为和合使人与人的性情相连，是天下之大本、达道。可见，“和实生物，和生万物”，这种境界有着丰富和深刻的内容，这是对“和合”思想最基本特征的揭示。如果事物要生存下去，或者新的事物要产生，就需要有“和合”。事事物物的生成与存在，都需要多种因素、多种力量的作用，这是多种因素与多种力量共同推动的结果；如果只有一种因素、一种力量，事物的生成与存在就没有可能或没有保障。这是中国古代思想家们再三阐明了的道理，也为自然与社会的延存与发展所证明。

(2)中和、中庸。“和合”为中和、中庸，是一种和谐、适度的状态。孔子认为中庸至德是“山之静”与“水之动”的和谐统一。“以他平他”也好，“相存相济”也好，都要力求适中、恰当，以免“过”与“不及”。孟子认为，对一切事，只要以“和”为原则，力求适中，合宜即可。“中和”在这里有两方面的含义：其一，是指时时执中。《中庸》说：“道也者，不可须臾离也；可离，非道也”。中和强调的是对道的时时、处处的坚持。其二，要求应时而中，即“执中善权”。总的来说，传统的“和合”思想特征之一就在于推崇“中和”，重视“以礼节和”，“惟义尚权”，又“变不逾常”，即为达到中庸至德，围绕“仁、礼”为中心，发挥“和”的作用。从而要求人们在待人处事的社会实践中，坚持适度的原则，恰到好处，以实现人格完善、社会和谐。“中和”、“中庸”既是“和合”的最高标准，也是“和合”价值实现的严格原则与规范。

(3)和而不同。“和合”这种境界，从根本上说是一种多元与开放的状态。当然，“和合”本身就意味着多样性和多元性，没有多样性与多元性，就意味着没有“和合”可言。不管是儒家“民胞物与，协和万邦”的道德境界，还是道家的“与物为春，与天地同流”的自然境界，都不是单一与静态的。这种状态，就人与自然而言，是人与自然的协调与合一；就人与社会而言，是人之融于社会；就人与人而言，是人与人之间的和睦与友爱；就自然本身而言，是自然世界的和谐而有序的运行；就社会而言，特别在政治方面，是允许各种意见的表达；在价值观方面，是允许多元价值并存；在宗教方面，是允许多种宗教共存共处；就人之生存而言，是个体的身心处于一种和谐而安宁的状态。当然，作为一种融突和谐的多元与开放的状态，和合既是现实的，也是理想的。中国历史上也曾存在过这种和合的状态，最能代表中国传统社会之和合精神的盛唐时期，就是一个极其多元与开放的社会，但在大部分时间里，它是一种理想。

(4)和而不流。“和合”这种境界，并不是随声附和、“和稀泥”、无原则地退让的折中主义，而是有鲜明的原则性。当然，要坚持这种原则，要达到“和合”或“和谐”这种整体境界，尽管可以通过不同的途径获得，但不管是儒家所追求的完善的道德境界，还是道家所向往的自然无为的逍遥境界，都饱含着对人世间的整体关怀与社会发展的深沉忧患意识。在列国纷争的春秋战国时代，面对“古礼失，贫富悬殊”的动荡局面，如何来整合社会秩序，建立一个理性化的社会，如果要表现儒家心目中理想的社会秩序，没有什么比“礼乐”更恰当了。如果说礼是从“分”来达到维护社会秩序的目的，那么与礼相伴的乐则更加注重“和”的功能。礼是为了“辨异”，乐则是为了“统同”。因此，“礼乐和合”，使社会既有秩序又有和谐，这是中国古代的“和合”思想的体现。正是这种鲜明的原则精神，体现了一个国家、一个民族在历史发展过程中表现出来的富有生命力的优秀思想、高尚品格和坚定志向，是一个国家、一个民族兴旺发达的精神支柱，是维系本国、本民族人民生存发展的精神底蕴。

可以这么说，“和合”文化，成为千百年以来中国传统文化的基本伦理精神之一，是中国几千年来传统价值系统中的核心思想的终极体现之一。

三、"和合"文化的现代伦理审视

中国古代思想家们的"和合"主张尽管不一,但他们都对人与自然规律和社会发展和谐共生的内在联系有着殊途而同归的看法,充分体现了"和合"文化博大精深的伦理意蕴以及人文精神。

(1)天人合一。"和合"思想之所以是中国传统文化思想的普遍性原理,也许不仅仅在于它强调的是一种道德观、宇宙观,而且在于它开启的一种人生境界——一种天人合一、物我两忘的境界,这是一种对生命真谛的把握。在中国的传统文化中,从来就有一种对天地的敬畏心理,并把"顺乎天"、"与天地准"看做是人类的最高道德准则,并明确提出了"天人合一"的命题。认为人类和万物一样,是天地的产物,人类社会是自然发展的结果,人是自然界的一部分,自然环境是人类生命的源泉;民众百姓都是我的兄弟同胞,应以仁爱相待;应该相互爱护、相互保护。"天人合一"思想作为古代思想家人生追求的一种境界,提倡敬畏天命,高扬人在自然界中的重要地位的生存智慧价值之所在,要求遵循这一境界就会产生一种渗透于自然万物的关切情怀和生命体验,从而自觉地与自然同体同德,与自然万物和睦相处。当然这一境界的拥有,必须唤醒人的道德自觉,在对待人与人、人与自然、人与社会要有宽广的胸怀与视野,在不破坏自然、善待自然的同时使之自由发展。中国古代的思想家正是把保护自然、善待自然作为"爱物"的出发点。《论语·述而》说:"子钓而不纲,弋不射宿。"孔子认为,"钓而不纲",只能用一竿一钩钓鱼,而不能截网捕鱼;"弋不射宿"是说虽然也射鸟,但绝不射归巢之鸟。如果说"钓而不纲"还只是表明取物有节的话,"弋不射宿"则明显表现出孔子对自然与生命的爱惜之情。在对待主体与客体的关系上,即人与自然的和谐相处问题上,孟子进一步发挥了孔子的爱物思想,主张对自然资源要取之有时、用之有节。他还把这种有计划地利用资源视为“王道之始”，尖锐地指出人们对自然资源过度索取必定给生态带来恶劣的影响。荀子也提出了“天人相分”、“制天命而用之”的思想，尽管他认为人与自然是有区别的，但并不排斥人与自然的和谐共存，主张作为社会主体的人既要改造和利用社会的客体——自然，又要保护和爱惜自然。荀子以此为基础，提出了一系列禁止人类破坏自然与生态行为的主张，要求人们不能采用灭绝动物物种的工具与行为；禁止从根本上违背生态学规律的行为，以便维护生物的可持续的生存与发展，从而实现人与自然的和谐相处，最终实现共存共荣。可见，以上这一系列的自然保护思想措施不仅具有很高的伦理意蕴，形成了我国古代独特的生态文化风貌，而且具有强大的现实意义。

(2)人际和谐。贵“和”本身是传统“和合”文化的精髓之一，传统的“和合”文化非常重视人际的和谐，追求人与人之间关系的和谐发展，把“忠恕之道”看成是处理人际关系问题的两个基本原则，强调人际关系要以仁义道德为基本准则。所谓“忠”是忠诚待人，“己欲立而立人，己欲达而达人”；所谓“恕”是指宽恕待人，“己所不欲，勿施于人”的“忠恕之道”，亦是推己及人的仁爱之心。这是“和合”文化处理人际关系问题的指导原则。但是，社会是一个极为复杂的人际关系网络，包括不同层面的、多种类型的人际关系。“忠恕之道”分别表述为仁、义、礼、智、信等不同伦理规范，强调人人都要遵循人伦纲常，要求每个人的言行都不超出人伦纲常，人与人之间也就能维持一种持久的秩序，相安无事，从而人人各安其位，每个人都应善尽自己的责任与义务，并努力维系伦理间的和谐关系。当然，如果要表现“和合”文化中的和谐人际关系，没有什么比“重礼贵仁”更恰当的了。正如近代大学者王国维指出的那样：“纳上下于道德，而合天子诸侯卿大夫庶民以成一道德之团体，亦即周公制礼作乐的本意。”①

---

① 王国维：《王国维遗书》第一册，古籍书店 1983 年版，第 116 页。

“礼”,从狭义上看,指“典礼”、“礼节”;但从广义上看,则是理想的社会秩序。荀子言:“礼者,贵贱有等,长幼有差,贫富轻重,皆有称也。”儒家认为,礼本于人际的和谐与统一,所以又主张遵循宗法血缘的自然秩序来建构伦理政治秩序;但是儒家理想中的政治是道德政治,儒家为了弥补“礼之分”框架结构的严峻与冷酷,从而又在其中注入“仁”的这种人性化的道德因素。“仁”可以说概括了以孔子为代表的儒家思想对个人行为的所有道德之精髓。“仁”是由家庭伦理中推演出来的“爱”,孔子与孟子都曾将“仁”解释为“爱人”。孔子认为人若为“仁人”,首先要做好儿女、好子弟、好国民。当这种合乎人情的思想,演变为做人的道德标准时,便自然推论出“己欲立而立人,己欲达而达人,己所不欲,勿施于人”的“忠恕”之道。这无疑对个人德行的培养与维护社会秩序、社会制度都将起到一定的规范作用。使人的内心世界与外在言行都合乎“道”的要求,使得儒家心目中的理想社会是一个上下有序、万民和乐、处处充满和爱的和谐人际社会,也成为维系中国古代君主政治“长治久安”、“万世一系”所不可或缺的政治伦理支柱。

(3)社会和睦。与人际和谐相联系,“和合”文化也注重社会和谐,追求社会整体的和谐发展。中国传统的“和合”文化强调的社会和睦是天、地、人之间的和谐,其终极价值指向就是理想的“大同”社会,其特征就是“天下一家,中国为一人”。在这样一个社会里,所呈现的是一派安定祥和的气象,人人相亲相爱,没有压迫,没有战争。那么,在当时的现实政治生活中,怎样才能实现“大同”世界呢?第一,要坚持人道主义的道德原则,要同情人,平等待人,强调人的尊严。治国者若能够在施政过程中坚持以同情人、尊重人、平等待人的原则对待老百姓,老百姓就会无怨恨了,人与人之间就会和谐相处。第二,统治者要不断加强道德修养,才能实施仁政,达到治国、平天下的目的。孔子曾对“政”做过这样的解释:“政者,正也。”为了“身正”,治国者就要通过自身的道德修养达到治国的五德:“恭、宽、信、敏、惠。”①只有实现这五者的和合，才具备了治国者的为政之德，这样才能担当起治理天下的社会责任。第三，选贤任能，实行民主政治。在博爱与人道主义的基础上，儒家认为，要想治理好国家，最终达到“大同”，必须实行民主政治，选贤任能。为了实行民主政治，孔子还提出了“礼之用，和为贵”的思想，也就是说，只有在安定团结的局面下，才能实行民主政治。第四，维护和平的“慎战”思想。儒家对“慎战”有着明确的表示：“子之所慎：斋、战、疾。”②认为以礼仪治国才是对的，才能使别的国家信服，达到和平共处的和谐境界。尽管“和合”思想反对战争，但同时认为，为了防备别国的侵略，有充足的军备还是必要的。这些思想从根本上反映了中国传统文化中反对战争、维护和平的态度。无疑，它必将成为祖国大团结、大统一和构建社会主义和谐社会的强大推动力。

（4）文明谐和。中国的传统“和合”文化历来强调“天下一家”，中国历史上社会秩序的关键，就在于构建一个以文化认同为基础的“权力共同体”。其历史特征即“天下一家”，以达到伦理认同、道德整合，从而实现社会稳定。当然，这个秩序及其共同体的界限不仅仅是出于权力及其功能的整合，同时也是基于权力的效益及其对秩序等概念达到和谐的解释，以及基于权力资源为基础的文化认同，进而深刻地影响到绵延中国几千年历史的以儒、释、道“三教合流”为基础的中国传统文化。中华民族历来倡导“协和万邦”，要求民族和亲，亲仁善邻，讲信修睦，礼尚往来，强调不能以大欺小，以强凌弱，以富压贫，以众暴寡；强调国际间的争端要通过协商来和平解决，而不能以暴制暴，以怨报怨。这样只能加剧暴力与战争，于民于国于世界有百害而无一利。而“和合”主张“和而不同”，“和平共处”，“天下一家”，强调各文明由于宗教信仰、价值观念、思维方式、生活习惯的

① 《春秋繁露·王道通三》。

② 《论语·学而》。

差异而各不相同；而差异就有可能发展为冲突，冲突就在于化解，在化解中要相互理解；在承认各文明都对人类的发展作出了不可磨灭的贡献的基础上，应该相互尊重、平等相待，相互学习、保持特色，营造和平、合作的国际良好氛围，而不应仇视、敌对乃至战争，这样不仅害人，其实也害己乃至殃及无辜的人民大众。可见，“和合”这种思想于民于国于世界有百利而无一害。今天，我们要弘扬“和合”思想这种博大宽容与兼容并蓄的精神。不仅要有恢弘的气度，理解和尊重其他国家和民族的传统和文化，重要的是要以开放的心态积极参与国际的经济、政治、文化的交流与合作，让其他国家的先进技术、成功的管理经验、合理的制度、优秀的文化为我所用，以促进我们的技术创新、制度创新和文化创新，将全球化的有利因素发挥到最大。站在今天的角度，我们也就不难理解：为什么几千年以来中华民族历经磨难而生生不息，就在于这种“和合”精神在中华文化传承中不断得到弘扬与发展，并由此而培养起来的民族包容性和民族凝聚力。这种民族文化，是中华民族生生不息、发展壮大，在长期的岁月里薪火相传、继往开来的强大精神力量。

（作者简介：刘志飞，男，1973 年生，哲学硕士，江西省社会科学院办公室。）

非暴力与中国佛教

前川健一 著　冉毅 译

“非暴力”就是指不杀生的意思。佛教进入中国初始，它给中国人最深印象的就是佛教不杀生的思想。①《魏书·释老志》中记载的关于早期中国佛教思想里，已经包含了五戒，其中的“不杀生戒”有重要注释。在中国成书的疑经《提谓波利经》更是以“五戒”作为中心内容。以“不杀生”思想为基础的“素食”和“放生”（不开杀戒，放生鱼类）、水陆会（养水陆两栖生物之法）等法事的盛行正是“不杀生”佛教教义的实践。甚至可以说，“不杀生戒”不仅仅给佛教，而且给道教的戒律也带来了影响。

儒教的习惯是用肉食等来祭奉祖先，由此可知不杀生的思想与中国传统思想相违，对中国人来说完全是异质的。因此，作为佛教特征的不杀生思想在中国备受瞩目。一方面，在佛教带来的因果报应的思想中，教导杀生会有恶报，所以，不杀生被民众广泛接受。因果报应的思想在佛教传入中国之前，中国的传统思想中虽然也有，但它是指自己犯的罪会对子孙有影响（三世报应说）。与此相对应的是，

---

① 参见福井文雅：《中国思想和大乘佛教》，载平川彰他编《大乘佛教和其周边》（讲座；大乘佛教 10），（日本）春秋社 1985 年收录。

佛教的教义是指自己行为的结果由自己承担,即自作自受的思想。两者相互影响,形成了中国佛教的伦理观,但不管从哪个立场思考,被视为最大罪恶的都是杀生。并且,它的对象并不仅仅只是人类,而是认为它涉及所有的生物。

本文引用了在中国成书的《梵纲经》的主张,下面想就其有关非暴力的思想提出我的思考。

有关中国佛教的经书,都是从印度获得的原版经书翻译而成的。但是,实际上根据各种各样的需要创造经书的情况也不少。一般像这样由中国著述的经书被称为“疑经”、“伪经”。在这样的经书中,大多数以“孝”、报恩这样中国人固有的传统思想和民间信仰融合入佛教理念,再以经书的形式给中国佛教独自展开的思想增添权威的色彩。一本经书是否是“疑经”,经过中国的佛教信徒严格的考证,多数的疑经已经从正式的经书名录中除却消亡了,但其中也有直到近代为止都作为正式的经书被接纳的。其中一本就是《梵纲经》。

一般认为《梵纲经》是五世纪中期创作的。[①] 这个时期,中国佛教在稳定、普及进而通俗化的同时,也是北魏太武帝大举废止佛教,佛教界大骚动的时代。一般都认为《梵纲经》是在这样的风潮时代,为了明确作为大乘菩萨的实践而撰成的。《梵纲经》中著有大乘菩萨的戒律,其中有“十重戒”和“四十八轻戒”。这个戒律是总结了各种各样的经书中的戒律,为迎合中国的现实调和而撰成的,这些戒律给东亚的佛教实践带来了巨大的影响。基于以上叙述的《梵纲经》的成书背景,这里我想谈谈关于中国佛教中非暴力思想的百家争鸣。

---

① 有关《梵纲经》的成立,望月信亨:《佛教经典成立史论》(京都,法藏馆 1946年)第 9 章第 2 节,参照姚秦鸠:《摩罗什传译之梵纲经》,第 441—471 页。

“十重戒”的第一戒是“不杀生戒”。[①]《梵纲经》中,不仅仅是自己不杀生,让人杀生、赞叹杀生、看见杀戮的行为还欢喜的行为都是禁止的。

不杀生的思想作为中国式的展开而受到瞩目。“四十八轻戒”中的第三轻戒是“禁止一切的食肉行为”。[②] 禁止食肉的思想在最初的佛教教义中是没有的,构成了大乘佛教后才普及并一般化的。特别是《涅槃经》中,禁止肉食是有名的,这一戒律给东亚佛教的生活规范带来了巨大的影响。基于禁止食肉的素食,现在在中国台湾等地的佛教徒基本都严格信守这一戒律。

而第十轻戒是“不可携带用于兵器和杀生的器具”。[③] 第十一轻戒是信徒“禁止作为国家使节往来于诸国间,或军务使节进入阵地”。[④] 也就是与禁止佛教徒与战争行为相关。但是,大乘佛教(特别是《涅槃经》)中说到,为保卫佛教而使用兵器的行为是被认可的。在这一点中尤其重要的是《涅槃经》中说到了有德王和觉德比丘的传说。这个传说是说,有德王为保卫觉德比丘跟邪恶的巴拉蒙等战斗而身负重伤的故事。接着,据说根据此功德可来世听法。在皇权高于一切、大于一切的中国,佛教和王权的关系曾处于剑拔弩张的状态。所以出现了像慧远(334—416)这样,主张

① “佛子,汝杀,使其杀,赞随意杀,见其作而喜,乃至,咒杀,乃为杀之因,杀之缘,杀之法,杀之业。乃至,妄杀一切有生命之生物。为此菩萨以常住之慈悲心,孝顺心,以一切手段来普救众生。同时,正其心志,以快意杀生是为菩萨之波罗夷罪。”《大正藏》24,1004 中 16—20(以下《梵纲经》之引用只注页数)。

② “汝,佛子,更不应食肉,不应食一切肉,此为大慈悲性之种子之断绝也。不得弃众生,是故,一切的菩萨不食众生之肉。食肉则为无量之罪。是为故意食肉则犯轻垢罪。”(1005 中 10—13)

③ “汝,佛子,不得储备一切的刀杖,弓箭,斧钺之战争用具。以及不得储备一切扑具罗网之杀生之具。菩萨曰杀父母必其报,况及余之众生也。故,储备一切刀杖则犯轻垢罪。”(1005 下 14—19)

④ “佛子,为私利,借国名,兴军阵,使相伐,弑无数众生。为此菩萨入军中往来。不得作国贼,作之则犯轻垢罪。”(1005 中 10—23)

“出家人不应拜帝王”的人，一部分人接受了这个主张。但是一般来说，佛教是在王权的保护下才得以存续，并且被视为从属的东西，向皇帝拜礼，视为与佛同等。① 此外，为了战争胜利，佛教徒进行祈祷等也是一般化的行为。像这样与王权有着深切关联的中国佛教，在现实的政治中原原本本地主张非暴力（不杀生）是非常困难的。

第二十轻戒是关于放生的规定。② 这就是所有的生物都是过世父母的转世，因此都应该解救他们。放生是积善因的行为，在以中国为首的东亚普遍盛行。其次，以所有的生物都是过世父母的转世的这个思想为基础，再添加上各种各样的要素，在被称为“水陆会”的法会中，这一法会直至现在也在中国的佛教圈内广泛盛行着。③ 同样，从爱护动物的精神来说，穿绢质的衣服也受到了批判。④ 它是指为了取得绢而必杀死蚕，这与不杀生也是相悖的。

以上概观了《梵纲经》中所见的非暴力（不杀生）的思想。不杀生的思想对于中国佛教富有很深的含义，但这一思想给现实带来的影响，却仅限于禁止食肉和爱护动物等日常的方面，而在战争等政治层面并没有带来广泛的影响。这是否表明作为外来宗教的佛教的弱势，在以强大的皇帝权力支配为基础的社会制度下，如果没有王权的关联是无法存续的。

---

① 参见塚本善隆：《中国之佛法与王法》，载宫本正尊编：《佛教之根本真理》，东京三省堂，1956 年收录。

② “汝，佛子，要以慈悲心放生。一切之男子都为吾父，一切之女子都为吾母。是为吾之生于是。致是六道之众生皆为吾之父母。杀而食之，即为杀吾父母，杀吾之故身。一切地水是吾先身，一切火风是吾之本体。故应时常放生，生生受生为之常法。如世人杀牲畜，则应予以救护，解其苦难，常以菩萨之言予以教化，以救度众生。遇父母兄弟之忌日则要请法师讲说菩萨之戒经，以福资亡者。得诸佛之看待，得生于天际，如不之然，则犯轻垢罪。”（1006 中 9—18）

③ 参见牧田谛亮：《中国佛教史研究第二》，东京大东出版社 1984 年版，第十章《水陆会小考》（213—235 页）可参照。

④ 参见沈约：《究竟慈悲论》，《广宏明集》卷二十六。

（译自《东洋学术研究》2003 年第 42 卷第 2 号，第 87—91 页。）

（作者简介：前川健一，日本东洋哲学研究所研究员。）

多元文化与世界和谐

多元、共生与和谐

卢　风

在21世纪，许多学科都在谈论多元化与和谐问题，这与我们刚从一个对抗与斗争的世纪走出来有关。在国际上，20世纪发生过两次世界大战，第二次世界大战结束后，世界又经历了30多年的“冷战”时期，那时新的世界战争似乎随时都在威胁着人类。“冷战”与两大阵营各自坚持的独断论意识形态密切相关。以苏联为首的社会主义阵营坚持认为，马克思主义是唯一的、排他的真理体系；而以美国为首的资本主义阵营认为，自由主义是唯一的、能支持自由民主的真理体系。“冷战”的结束似乎可以让热爱和平的人们舒一口气了，但是今日的世界仍不太平。西方人认为，极端宗教势力所煽动的恐怖主义是对世界和平的威胁，这只指出了症状，而未触及病根。无论如何，追求和谐、呼吁和平是世界舆论的主流。在中国，我们这些20世纪50年代出生的人，亲身经历过轰轰烈烈的“文化大革命”，亲身感受过“以阶级斗争为纲”时代的斗争氛围。那时，人们相信，“斗则进，不斗则退，不斗则垮”。毛泽东曾说：与天斗，其乐无穷；与地斗，其乐无穷；与人斗，其乐无穷。可是，事与愿违。我们越斗越穷，至20世纪70年代，我国国民经济已到了崩溃的边缘。邓小平号召“改革开放”，可谓救国民于危难关头。如今，中国共产党号召构建和谐社会,“和谐”成了当代汉语的关键词,这是对“文化大革命”时代斗争哲学的最终纠正。然而,无论是谋求和谐的世界秩序,还是构建中国的和谐社会,都不是简单的事情,都存在种种障碍,既有现实中的障碍,又有思想认识方面的障碍。本文将主要探讨思想认识方面的障碍。

一、科学主义与逻辑主义

谋求和谐的基本前提是承认各种差异和多元性的合理、合法地位。在学术界、思想界尤其要承认思想差异和思想多样性的合理、合法地位。但在我国学术界极有影响力的科学主义和逻辑主义不能承认差异和多样性的合理、合法地位。

科学主义者认为,只有实证科学、数学、逻辑学才提供真正的知识,如果把实证科学、数学、逻辑学统称为科学,便是认为,只有科学才提供真正的知识,科学之外无知识。正因为持此信念,科学主义者通常是很不宽容的。他们鄙视人文学和一切宗教学说,认为这些学说不是情绪化的表达,就是迷信。在现实生活中,较为温和的科学主义者会宽容人文学者,但那种宽容是居高临下的。

科学主义是现代性思想的基本构成部分,它预设如下基本观点:

(1)要严格区分分析命题与综合命题。分析命题包括严格的定义、逻辑命题和数学命题,其真值与人们的经验无关。综合命题就是人们对经验现象的判断,其真假依赖于人们对经验现象的感知。只有这两类命题才算得上命题(即有真值,有意义),不属于这两类命题的语句都只是“伪命题”,是无所谓真假、没有意义的语句。

(2)要严格区分描述性话语与评价性话语。描述性话语是有真值的,因为它描述事实;而评价性话语是没有真值的,因为它只表达说话者的态度或情感,不描述任何事实。这一观点通常被简称为事实与价值的二分。

(3)知识发现与发现者的道德品质和精神境界没有什么关系，一个道德平庸甚至道德败坏的人也可以是一个优秀的知识发现者。知识发现主要靠科学方法，科学方法是一种逻辑程序或操作规则，这种程序或规则与人们的道德没有什么关系。可称这种观点为逻辑主义。

(4)所有的真理将汇聚于一个内在一致的逻辑体系，于是，只有能纳入这一逻辑体系的话语才是真的，凡不能纳入这一逻辑体系的话语都是假的。逻辑实证主义者曾发起过"统一科学"运动。著名逻辑实证主义者纽拉特说："科学的统一化运动的最重要的目标之一，就是促进各种各样的科学汇合。"①曾参加过维也纳学派学术活动的洪谦认为，各个学科汇聚成一种统一的科学是科学发展的必然趋势。他在 20 世纪 40 年代发表的《维也纳学派哲学》一书中写道："……过去许多原则上独立的理论，和根本上分离的科学，现在已经渐渐地统一起来联合起来了。譬如物理学中的力学、声学、光学、热力学、电磁学以前是分离的，现在则声学成了力学的一部分，光学成了电学的一部分，热力学一部分属于电力学，一部分属于力学；至于电力学和力学的联合，也不过是个时间问题。还有化学、天文学与物理学原为三种根本不同的学科，现在则化学与天文学的若干部分已成了物理学的研究对象，生物学与生理学是原则上不可分离的了。从生理学中又促成生物学与心理学的联系。精神科学之能与历史学联系，心理学实为媒介，这也是无从否认的。""总之，科学之为知识理论的体系，就是一种真理的系统。真理从其本质而言，是统一的整体的联系而不可分离的。各种各类的真理不是有其事实上的关联性，就是有其理论的相互推演性。科学之目的也就是将这个各种各类的真理从理论上加以统一，从概念上加以组织，以期构成一个整

① 转引自涂纪亮:《分析哲学及其在美国的发展》，中国社会科学出版社 1999 年版，第 214 页。

个的统一的精确的真理系统和科学的世界。”①

当代政治的极权主义不是以科学主义为其理论依据，便是以某种宗教的原教旨主义为其思想基础。在科学主义盛行的非民主法治国家，给不同意见扣上“伪科学”或“反科学”的帽子，往往就是一种政治批判。

二、消解科学主义与逻辑主义

逻辑实证主义比较系统地坚持以上的观点，从而是科学主义和逻辑主义的典型代表。20 世纪 50 年代以来，英美分析哲学的演变是大致沿着对如上观点的消解和批判而展开的。

1953 年，美国哈佛的著名逻辑学家、分析哲学家蒯因发表了《经验论的两个教条》，在分析哲学领域产生了巨大的影响。蒯因用精细的逻辑分析和语言分析方法消解了分析命题与综合命题的截然二分。蒯因认为，没有什么绝对不可修正的、永真的分析命题。语言的意义单位既不是语词，也不是陈述，“经验意义的单位是整个科学”。整个科学是沿边缘与经验紧密接触的人工织造物。“只要我们对系统某处做足够强烈的调整，那么，任何陈述在任何情况下都可以被认为是真的。即使面对执拗经验之反驳的很靠近边缘的陈述也能以出现幻觉为借口或通过修改被称作逻辑规律的那类陈述而被认为是真的。同理，没有任何陈述是可免于修正的。修改逻辑排中律甚至曾被提议为简化量子力学的途径；那么，这样一种改变与开普勒之代替托勒密，爱因斯坦之代替牛顿，或达尔文之代替亚里士多德，在原则上有什么区别呢？”②

---

① 洪谦：《维也纳学派哲学》，商务印书馆 1989 年版，第 127 页。

② W. V. Quine, Two Dogmas of Empiricism, in Paul Benacerraf and Hilary Putnam (ed.) *Philosophy of Mathematics*, Prentice-Hall, INC. Englewood Cliffs, p. 362.

蒯因的基本观点是，数学、逻辑命题与实证科学的命题共同构成科学体系，如果把这个体系比作一张大网的话，那么这张大网的边缘是与人类的经验紧密接触的，逻辑和数学命题则离经验较远。这个体系是我们适应环境、改造环境、追求意义、追求幸福的智能工具。在使用这个工具的过程中，随着世界新事物的发生，我们可能会觉得这个工具需要修理、更新，否则就会越来越不好使。即我们必须不断根据新经验或新思想去修正、调整、补充我们的科学体系，否则它就不能方便地说明新事物、解决新问题。在修正、调整、补充我们的科学体系时，你可以保留其中的任何一个命题，也可以修正其中的任何一个命题，不管它是数学、逻辑命题，还是实证科学命题，但在这样做的时候，你要对整个科学体系作适当的调整。这样，就没有什么不可修正的（或永真的）分析命题了，或者说，在分析命题与综合命题之间没有截然分明的界限。蒯因的分析和论证是细腻和严密的。经过蒯因的分析、论证之后，我们没有理由再坚持分析命题与综合命题的严格二分了。不是说二者之间没有任何区别，但必须承认二者之间的界限是模糊的。

当代著名分析哲学家普特南则对科学主义观点（2）进行了理据充分的消解和批判。普特南继承了蒯因的语义学整体主义，并把语义学整体主义又向前推进了一步。在普特南看来，每一个概念的意义都依赖于它所属的语言框架整体，而任何一种语言框架又依赖于特定的文化传统，归根结底，概念的意义依赖于文化传统。没有什么价值中立的文化，也没有什么价值中立的、纯描述性的语言。“一个抛弃了日常道德观念，或用源自不同意识形态和道德观的观念取代了日常道德观念的文化，将会丧失恰当、明白地描述正常人际关系、社会事件和政治事件的能力。”“概念框架的选择**必然**反映价值判断。”①既然概念框架

① Hilary Putnam, *Reason*, *Truth and History*, Cambridge University Press, 1981, p. 212.

不可能是纯粹描述性的，不可能是价值中立的，而语词、语句的意义又总是依赖于概念框架的，所以，任何一种语言表达都不可能是纯粹描述性的。

"一只猫在一张草席上"似乎是个典型的事实判断，但这种判断也是有价值意蕴的。如果某人真的在特定语境中下了这个判断，那么他便用了"猫"、"在……上"、"草席"这样三个概念，而这些概念是由特定的文化提供的。这几个概念的存在和通用反映了那种文化涉及兴趣和价值的某种东西。我们有"猫"这一个范畴，因为我们认为把世界划分为**动物**和**非动物**是重要的，我们还对特定动物属于哪个**物种**感兴趣。说一只**猫**而不只是随便一个**东西**在那张草席上才是**恰当的**。我们有"草席"这个范畴，因为我们认为把无生命的事物划分为**人造物**和**非人造物**是重要的，我们还对特定人造物所具有的用途和性质感兴趣。说那只猫身在其上的是张**草席**而不是随便一个**东西**才是恰当的。我们有"在……上"这一范畴，因为我们对空间关系感兴趣。① 我们所说的话不仅应该是真的，而且必须是恰当的。假设一个从来没有见过桌子、椅子的人，进到一个有桌子、椅子的房间，这时他对房间的描述可能是真的，但可能是完全不恰当的。而完全不恰当的表达是不能为他人所领会的。语言表达或判断的恰当性与人们所看重的价值密不可分。很显然，我们只能在特定的文化传统**中**，在特定的语言框架**内**，说恰当的话，下恰当的判断。而文化传统和语言框架的形成总是与特定族群的价值追求密不可分的。所以，没有什么纯粹的描述性话语，"在真实世界和真实语言中，事实/价值的区分是不可救药地模糊的(hopelessly fuzzy)"。② 每一个事实都负载着价值，每一种价值都负载着事实。事实就是某种能合理相信

① See Hilary Putnam, *Reason*, *Truth and History*, Cambridge University Press, 1981, pp. 201 - 202.

② Ibid, p. 139.

的东西,更精确地说,事实观念(或一个真陈述)是一个可合理相信的陈述观念的一种理想化。“合理可接受性”和“真”是两个可以互换的观念。合理性涉及恰当性标准和合理可接受性标准,而恰当性标准牵涉到我们的全部价值。判断一个世界图景为真和**回答恰当的问题**依赖于且反映着我们整个价值承诺系统。没有价值的存在也就没有事实。[①] 总之,价值与事实是相互渗透、相互依存的。

科学主义者很看不起伦理学,我国哲学界的科学主义者尤其如此。普特南是很有成就的科学哲学家,他晚年甚至坚持宣称自己是科学实在论者。但他总在为恢复伦理学的学术地位而努力。在普特南看来,物理学并不是什么绝对客观的、与外在物理世界相符合的真理,伦理学也并不是不可合理辩护的任意偏见的表达。伦理学是可以获得合理辩护的,我们是可以根据合理可接受性标准去审视价值判断的合理性的。普特南认为,科学主义中有一派可被称作物理主义。物理主义断言一切有意义的言说都可被还原为物理学语言,断言一切学科都可还原为物理学。但科学史表明物理主义是不对的,20 世纪 50 年代以后的科学哲学也从逻辑学和语言学的角度表明物理主义是不对的。伦理学不与物理学相冲突,它只是不能还原为物理学话语,它可能是非科学的(non-scientific),但并不是反科学的(unscientific)。[②] 祛除了科学主义,我们就自然能体认伦理学的重要性。

普特南在对西方合理性概念进行清理时已触及对科学主义观点

① See Hilary Putnam, *Reason*, *Truth and History*, Cambridge University Press, 1981, p. 201.

② Ibid, p. 145. 消解了事实/价值二分之后,我们容易发现科学与非科学之间的界限也是模糊的。另外,如果说现代科学方法论指导的科学对伦理学没有什么支持,那么以生态学、系统论、信息论、耗散结构论和复杂性理论为典范的新科学可为伦理学提供较为直接的思想支持。例如,许多当代环境伦理学家就自觉地从生态学那儿寻求理论支持。

(3)的批判。他说:"合理性也许不能定义为一个'标准'或一套原则,但我们确实有指引我们的不断进化的认知美德(cognitive virtues)概念。"①普特南认为,在学术研究中,有些理智美德(intellectual virtues)是极为重要的,如洞开的心灵、思考推理和论证的意愿、接受好批评的能力等等。② 这些表述与逻辑主义者的表述形成了鲜明的对比。逻辑主义者大多是不屑于谈论美德的,因为他们认为美德与真理发现无关。普特南已为批判逻辑主义准备了条件,但对(3)的直接批判是由福柯等欧陆哲学家完成的。

逻辑主义认为,发现真理主要关涉逻辑程序和证实(或证伪)方法,与发现者的精神状态(如情感、意志、态度、审美情趣、道德情操、道德品质)关系不大,如果说与这些精神状态有关系,那也只是外在的关系,而不是内在的关系。事实与价值二分的实质是真与善(广义的善涵盖美)的二分。逻辑主义设定真高于善,真优先于善。对真理的追求与对善的追求没有内在的联系,追求真理与追求者的德性也没有内在的联系。这是现代性思想的独特之处,无论古代西方思想还是古代中国思想都不是这样的。

中国传统儒学从来就没有事实与价值的截然二分,从而没有真与善的截然区分。对儒家来讲,一个没有美德和境界的人居然能发现真理(闻道),那是绝对不可能的事。儒家不怎么谈论"真",但"诚"却是个极为重要的概念。"诚"代表着真与善的统一。而且,"诚"不仅是人的德性,还是"天德"。

下面让我们看福柯通过对西方哲学史的回顾而对科学主义观点(3)所进行的批判。

说起古希腊哲学,人们自然会想起德尔斐神谕:"认识你自己!"

---

① Hilary Putnam, *Reason*, *Truth and History*, Cambridge University Press, 1981, p. 163.

② Ibid, p. 165.

而苏格拉底在劝诫别人认识自己时则要求他们“关心自己”（epimeleia heautou）。“首先，‘关心自己’是一种态度：关于自身、关于他人、关于世界的态度；其次，‘关心自己’也是某种注意、看的方式。关心自己包含有改变他的注意力的意思，而且把注意力由外转向‘内’。……人们必须把注意力从外部、他人和世界转向‘自己’……第三，epimeleia 不只是指这种一般态度或这种把注意力转向自己的方式，epimeleia 也总是指某些人自身训练的活动，人通过它们控制自己、改变自己、净化自己和改头换面。由此，就有了一系列的实践，大部分都是（在西方文化、哲学、道德和精神史上）有着特别漫长遭遇的训练。比如，沉思的技术、记忆过去的技术、良心考验的技术、根据表象对精神的表现来检验表象的技术，等等。”①福柯把这种意义的“关心自己”的问题称作“精神性问题”。而“最古老的、最根本的‘epimeleia heautou’和精神性问题，……是达至真理的条件。”②强调关心自己，是要求人们重视不可脱离实践的生活智慧，对前苏格拉底的哲学家来说，“不通过某种实践是达不到真理的，这类非常特殊的实践改变了主体的生存方式”。“在苏格拉底之前，就有着一套修身的技术，它与认识有关，涉及通向真理的特殊知识。”③所以，“关心自己”就是修身，就是净化自己，“不净化自己就接触不到诸神手中的真理”④。

在这里，我们看到了古希腊思想与中国传统儒学的共同点：强调修身对于求知的必要性和重要性，并且认为求知是“关心自己”。孔子说：“古之学者为己，今之学者为人。”⑤程子解释道：“古之学者为

---

① ［法］米歇尔·福柯，佘碧平译：《主体解释学》，上海人民出版社 2005 年版，第 12—13 页。

② 同上书，第 33 页。

③ 同上书，第 50 页。

④ 同上书，第 51 页。

⑤ 《论语·宪问》。

己,其终至于成物。今之学者为人,其终至于丧己。”①为己之学是“关心自己”的,是与实践不可分的关于如何修身的学问。古代中国哲人与古希腊哲人都认为,最重要的知识既不是纯粹工具性的知识,也不是关于如何征服自然的知识,而是关于培养美德或修身的知识。

西方到了近代,求知传统发生了重要的转折。笛卡儿时期“既在哲学上重新确定‘认识你自己’,又同时贬低‘关心自己’。”②“这时,大家一致认为让主体可以达至真理的条件是认识。”福柯说:“真理史上的现代是从唯有认识才使人达至真理的时期开始的。这就是说,从这样一个时期开始的,即在没有别的要求的条件下,在不需要改变其主体存在的条件下,哲学家(或智者,或只是探求真理的人)就能够通过自己的认识活动,认识到真理,并能够达至真理。当然,这不是说真理的获得是不需要条件的。这些条件分属两个层面,但是都不属于精神性。”③就这样,西方“哲学思想摆脱了一直与它相伴的精神性条件”。④ 逻辑主义渊源于斯。

事实证明,知识探究并非与探究者的道德品质无关。仅就实证科学而言,知识发现也依赖于发现者的道德品质。实证科学的基本特征之一是尊重事实,即极为注重用来自观察和实验的事实(数据)去检验理论假说。科学的这一特征通常被称为实证性。科学主义者倾向于把实证性原则当做纯粹的科学方法论原则,进而认为这一原则与道德无关。实则不然! 坚持实证性原则的关键是科学实践者的真诚。科研人员失去了真诚,就会捏造数据、剽窃他人成果、夸大科研成果的价值。如今屡见不鲜的科学造假实例充分地说明了这一点。实证性原则就是实事求是原则。仅当科研工作者有求真的真诚

① 转引自朱熹注:《四书集注》,北京古籍出版社2000年版,第169页。

② [法]米歇尔·福柯,佘碧平译:《主体解释学》,上海人民出版社2005年版,第15页。

③ 同上书,第19页。

④ 同上书,第31页。

时,他们才会在科研活动中实事求是,或说仅当科学从业者有求真的真诚时,科学才能保持其本真特征——实证性。科学坚持其实证性离不开其从业者的真诚。可见,实证性原则不是纯粹的逻辑原则,也不是纯粹的方法论原则,它内含道德要求。这正可以说明道德是科学必不可少的内在维度。

逻辑主义的盛行使精神修养成了无足轻重的事情。当精神修养不再是追求真理的必要条件时,真与善在现实中的分离就在所难免了。这一点表现于不同层面:(a)随着社会分工的日益细化,一个人的知识追求往往只与他的职业相关,一个在化工某个分支深钻的人,其知识探究与其道德修养和精神性没有什么关系。他完全可以是个造诣极深的专家,同时又是个道德败坏的人(如用其专业知识为贩毒集团服务)。(b)科学打着价值中立的旗号而把自己凸显为最高价值,科学集中代表着真理的追求,真是高于善的,于是科学成了最高贵的探究事业,其从业者的日常生活当然应受社会公共道德的约束,但科学作为一项事业不应受道德的约束。在现实中,科技又与商业、军事和政治联合。总体发展方向不受道德约束的科技终于导致了人类生存的深刻危机:全球性的生态危机,尖端技术用于战争从而可能导致人类的毁灭,现代生物技术和信息技术的结合可能导致人类的彻底异化。可见,科学主义观点(3)不仅是错误的,而且是有害的。

批判科学主义观点(4)的当代哲学家很多,库恩、普特南、罗蒂、哈金等人都批判过,他们的进路各有不同,不必在此赘述。经过这么多著名哲学家的批判,我们没有理由再相信(4)了。这对于承认多元化,培养倾听不同声音的学术态度至关重要。只有当人们认为(4)是不能成立的时候,人们才不会把思想多样化当做一种须努力消除的思想混乱状态,而会把它当做社会思想的常态。

一位学者是否相信(4),直接关系到他的学术境界。只有那些认为(4)已被驳倒了的学者才能杜绝科学主义者常有的那种心态:

只有我研究的学科(如逻辑学、数学、物理学)才是真正的探究真理的学科,只有我信持、捍卫的理论才是必然汇聚于那个唯一的真理体系的理论,与我信持的核心思想不一致的思想必定是荒谬的。如果我们认为(4)是不能成立的,就不仅能培养真正的学术宽容精神,而且还能培养真正谦逊的学习态度。实际上,如果你认为(4)是不能成立的,那么你就应该从学术宽容态度提升到谦逊的学习态度。宽容显然包含强者怜悯弱者的态度。今天某些温和或世故的科学主义者对人文学者的宽容,就显然属于这种态度。如果一个人不认为(4)是真的,从而认为不同学科永远都不可能汇聚于一个统一的真理体系,认为不同的学科有不同的意义,认为那些自己没有进入的领域真的具有很多自己不懂而又重要的思想,他就不会居高临下地宽容那些从事不同于自己所从事的研究的人们,他会培养自己的倾听能力,以便从他人那儿学习自己所不知道的知识。学习是比宽容更高的学术境界。但坚信(4)的人们很难培养这种境界。

三、多元主义与和谐社会

如果科学主义观点的(1)(2)(3)(4)都被驳倒了,那便意味着没有任何个人、党派、阶级和学科可以合理地宣称,只有他(们)发现(阐述)的才是真理,凡与他(们)所发现(阐述)的思想不同的思想都是谬误。这便要求我们由衷地承认多样思想的合理、合法性。这不仅要求我们在学术讨论中培养学习态度、对话精神和倾听能力,而且要求我们在社会生活中培养公共理性、对话精神和民主精神。

科学主义可支持极权主义。极权主义统治无疑会导致社会压迫,当今世界的极权主义统治最终会引起极度的社会动乱。在市场经济条件下建构和谐社会的根本途径是培养公共理性,培育公民社会,逐渐走向民主法治。一个走向成熟民主法治的社会,势必是个思想自由、信仰自由的社会。这样的社会是否就一定和谐了呢？未必!

这样的社会仍须提防宗教原教旨主义和宗教狂热所导致的社会分裂和冲突。不仅思想上的科学主义者和政治上的极权主义者常表现出思想上的不宽容,各种宗教中的原教旨主义者和极端狂热者也常表现出思想上的不宽容。

在现实生活中,我们不难发现这样的基督教原教旨主义者:他们认为基督教思想体系是唯一的、排他的、普遍的真理体系,因为陈述这一真理体系的经典——《圣经》——是根据上帝的启示写就的;只有信仰基督教的人们才能得救,死后才能进天堂,凡不信基督教的人们统统要下地狱!他们的思想不宽容显然更甚于科学主义者。但有了政教分离的现代民主法治,他们只能在思想上坚持自己的信仰,而不能借助政治强制力把自己的信仰强加于不同信仰者。在现实生活中,他们常常很热心地帮助、关心不同信仰者,但他们内心里有一种绝对的精神优越感。他们相信自己是作为能得救者去帮助那些不改变信仰就不能得救的人们。在民主法治社会,这样的基督徒如果占人口的绝对多数,势必会形成对非基督徒的精神压力,这种精神压力甚至会威胁民主法治。所以,如果我们真的珍惜人权和自由,就必须尊重支持思想信仰的多元化。科学主义居于绝对主流地位会威胁民主法治,特定宗教居于绝对主流地位也会威胁民主法治。多元共存才真正有利于民主法治,有利于社会和谐。多元共存与民主法治是互相支持的。和谐社会不是单一同质的社会,多元化恰恰是和谐的前提。

现代西方社会似乎是真正的多元化社会,与集权政治国家比较,西方社会内部也较为和谐。但实际上,西方社会不是真正的思想多元化社会。它表面的多元化掩盖了它的资本主义实质。在“冷战”期间,资本主义通常被看做与社会主义对立的意识形态。但“冷战”结束以后,许多西方思想家把资本主义看做是中立于一切宗教和意识形态的制度,其实不然。在现实中,资本主义已成为一种综合性的价值观和人生观,其意识形态实质未随“冷战”之结束而改变。它激励人们无止境地追求财富,导致了财富分配的两极化,是世界战争的根源。论述这一点需很大篇幅,无法在此展开。

池田大作认为21世纪"等待着人类的最大危险"是"人们被一种不断'分裂'的力量所摆布"①,简言之,最大的危险是分裂。他一方面认为"没有任何东西可以比追求绝对的、完全的最后真理、完全的最终主义志向更让人觉得不自然的了"②,另一方面担心"价值观的多元化、相对化,不是带来了不同的价值观的诸如百花齐放的盛况,……反而生出了对价值本身毫无兴趣或极尽挖苦嘲笑之能事的态度"。③ 这种担心是有现实依据的。在当代中国,无论是全身心地拥抱现代性的学者,还是信持解构主义的学者,都表达过道德相对主义和虚无主义的立场。他们认为,道德话语没有真假之分,人们的价值选择也没有高下之分,在伦理学讨论中,"何谓善"的问题应被"什么是可行的"问题所取代。然而,道德相对主义和虚无主义是错误的,认同多元主义不等于接受道德相对主义和虚无主义。

认同多元主义绝不等于人云亦云、随波逐流;相反,认同了多元主义,我们才能真正以"开放的心灵"去参与"开放的对话",才能培养真正的"创造性的批判精神",而"创造性的批判精神"是"认真分清是非"的、追求精神卓越的精神。④

当代的道德相对主义并非真正支持多元主义,相反,它强有力地支持物质主义、经济主义和消费主义价值观。根据道德相对主义,各种价值观,要么"没有多大差异","大家都一样无聊、荒唐"⑤,要么都同样"正确"。"可行的"就是"正当的","可行的"价值观就是绝

---

① [俄]戈尔巴乔夫、[日]池田大作,孙立川译:《21世纪的精神教训》,社会科学文献出版社2004年版,第225页。

② 同上书,第243页。

③ 同上书,第244页。

④ 参见同上书,第247页。

⑤ 同上书,第246页。

大多数人正在奉行的价值观，而物质主义、经济主义、消费主义就是绝大多数人正在奉行的价值观，于是这些"主义"就是正当的价值观。殊不知恰恰是这种"可行的"的价值观正把人类引向深渊。①

摒弃科学主义和逻辑主义只要求我们杜绝以真理垄断者自居的独断心态，不要求我们放弃真与假、善与恶、正当与错误、高尚与卑鄙之间的分别。断言没有任何人、学派、党派、学科能垄断真理的发现，否认真理将汇聚于一个统一的、内在一致的、排他的逻辑体系，并不意味着我们无法判定在具体语境中对立的思想观念的对与错。根据现代人片面追求物质财富、经济增长和全球性生态危机凸显的事实，我们断定物质主义、经济主义和消费主义价值观是错误的、粗鄙的，以这种价值观指导制度建设和政治决策是极度危险的，因为它会通过制度激励几十亿人的物质贪欲。几十亿人的物质贪欲固然是推动经济增长的巨大动力，但也构成破坏地球生态平衡的巨大破坏力。遗憾的是，多数人都被现代性的浮华蒙蔽了眼睛，他们看不到物质主义、经济主义和消费主义价值观的普遍影响与生态灾难之间的内在关联。显然，必须有"创造性的批判精神"才能看出这种内在关联。

四、万物共生与自然和谐

科学主义和逻辑主义是认识论的观点，但它们有存在论的预设，或干脆依赖于特定的世界观（或存在论）。这种世界观或者是机械论的，或者是物理主义的。机械论世界观宣称，世界就是一部巨大的机器，其基本规律就是机械规律。认识论的物理主义认为，一切知识都必须用物理学的语言表述，只有能被这样表述的话语才堪称知识。它所设定的世界观便是：世界归根结底就是物理世界，物理学所揭示的规律便是世界的根本规律，"自然就是原则上能被我们所控制的

① 参见卢风：《经济主义批判》，《伦理学研究》2004年第4期。

自动机”①。如今,如果说已没有多少人相信机械论世界观了,那么物理主义的世界观仍有相当大的影响。与“统一科学”理想和逻辑主义相应的存在论信念是:世界秩序是统一的,它就是一个自在的逻辑体系,人类只要有幸发现这个体系的基本公理,就可循着逻辑或科学方法的路径,逐渐揭示这个内在一致的逻辑体系所蕴涵的所有奥秘。所以,人类知识可逐渐达到其“欧密茄点”,即终点。当人类知识达到“欧密茄点”时,人类即可在宇宙中为所欲为了。这种世界观不仅支持了认识论的科学主义,而且激励了人类对自然的征服,从而与全球性的生态破坏密切相关。如果说现代性导致了严重的不和谐的话,那么人与自然的对峙才是最严重的不和谐!

显而易见,20 世纪许多西方著名哲学家对科学主义观点(4)的批判,也正是对物理主义世界观(或存在论)的批判。当代科学家中像普利高津这样的佼佼者,则直接批判了物理主义世界观,同时描绘了一种有机论的世界图景。

根据物理主义世界观,世界的基本规律是与时间无关的,“从古典牛顿力学到相对论和量子物理学,物理学基本定律所描述的时间都不包含过去和将来之间的任何差别”②。说世界的基本规律是与时间无关的,即是说世界的基本规律是永恒不变的(“天不变,道亦不变”)。但普利高津等新一代科学家认为,“自然界既包括**时间可逆**过程又包括**时间不可逆**过程,但公平地说,不可逆过程是常态,而可逆过程是例外。可逆过程对应于理想化:我们必须忽略摩擦才能使摆可逆地摆动。这样的理想化是有问题的,因为自然界没有绝对真空。”③如果不可逆过程才是自然事物的常态,那便意味着自然界的一切都是流变的,而且变化的并非只是现象。自然是生生不息的,

---

① 转引自 Ilya Prigogine, *The End of Certainty*: *Time*, *Chaos*, *and the New Laws of Nature*, The Free Press, 1997, p. 12.

② Ibid, p. 2.

③ Ibid, p. 18.

自然界随时都在涌现着新事物。

在普利高津之前,我们倾向于把人与自然看做根本不同的存在者。现在我们可以说,人与非人的自然物之间的界限不像笛卡儿以来的现代哲学家所说的那样不可逾越。笛卡儿以降,主流哲学设定:人是主体,一切非人自然物是客体。主体是具有能动性和创造性的,而客体是毫无能动性和创造性的。主体是凌驾于客体之上的,主体抽离于客体,能分析、解剖、认知客体,进而能改造、控制或征服客体。也正因为如此,认知过程才可以被归结为与认知者的精神境界毫无关系的认识过程。主体在认知、征服客体的时候无须任何同情心,因为主体与客体之间不存在什么内在的关联。但后现代科学不再设定如此严格的主客二分。普利高津说:"我总是把科学看作与自然的对话。如同现实中的对话一样,答案常常是出人意料的——有时甚至是令人惊讶的。"①与自然对话者就不再把自然看做毫无主体性的客体了,对话只能发生于主体之间。可见,普利高津认为,大自然也有主体性,因为"大自然确实涉及对不可预测的新奇性的创造,在大自然中,可能性比实在性更加丰富"。② 普利高津关于大自然具有创造性的观点是彻底的反现代性的(当然也是反科学主义和逻辑主义的),在笛卡儿、密尔等人看来,自然是毫无创造性的。如果"大自然确实涉及对不可预测的新奇性的创造",那么控制和征服自然就是妄想。普利高津说:"理解自然的努力一直是西方思想的基本目标。然而,理解自然不应等同于控制自然。"③

20 世纪下半叶以来的新科学正在描绘一幅新的世界图景。这幅世界图景是:世界是无限的,世界不仅在时空上是无限的,而且存在无穷无尽的奥秘,因为它是生生不息的。正因为如此,人类知识永

① Ilya Prigogine, *The End of Certainty*: *Time*, *Chaos*, *and the New Laws of Nature*, The Free Press, 1997, p. 57.

② Ibid, p. 72.

③ Ibid, pp. 153 - 154.

远也到达不了终点；相反，人类之所知相对于自然隐匿和创生的奥秘，永远都只是沧海一粟。人类的生存是依赖于地球生态系统的，人类必须谋求与地球生物圈的共生，如果地球生物圈彻底崩坏，那么人类也将走向灭亡。如池田大作所言，“万物存在于相互的‘由缘而起’的关系性之中，独自能单生的现象是不存在的。”①所以，仅谋求人类共同体内部的和谐还远远不够，还必须谋求生物圈内部的和谐。

五、结　语

和谐是一种理想。和谐只能体现为多元竞争的和谐，只能体现为多元关系的适度张力。我们必须追求三个层次的和谐。一是个人内心世界的和谐，即个人理性、情感、意志之间的适度张力和健康协调；二是人际关系的和谐，即各民族（国家）、各阶级、各阶层、各群体、各行业、各个个人之间的适度竞争与和平协作；三是人与自然的和谐，具体说来，就是地球生物圈内部的和谐，就是体现为地球生态系统的动态平衡，体现为生态系统内部不同物种之间的受生态学规律约束的生存竞争和互惠共生。

在21世纪的人类生存境遇中我们能看出，这三种和谐是内在关联的，缺了其中的任何一种，其他两种就失去了保障。

某些现代思想家认为，只要有民主法治和市场经济就能保障人际关系的基本和谐，有了人际关系的基本和谐也便有了一切；而经济增长是保障人际关系和谐的充分必要条件，从而是社会改善的充分必要条件。长期以来，这种意识形态指导着许多国家的制度建设。于是，物质主义、经济主义、消费主义和拜金主义盛行于全球。人们的物质贪欲得到了主流意识形态和制度的支持与激励，人们失去了

---

① ［俄］戈尔巴乔夫、［日］池田大作，孙立川译：《21世纪的精神教训》，社会科学文献出版社2004年版，第226页。

内心的宁静，他们永远也得不到满足，于是失去了内心世界的和谐。正因为人们永不知足地追求物质财富，于是永不知足地探寻、开采自然资源，肆无忌惮地占有野生动植物的生存空间，破坏生态系统，于是破坏了地球生物圈内部的和谐。发达国家诚然比较好地谋求了各国内部的社会和谐，欧洲也比较好地谋求了欧盟内部的和谐，但由于各国都把自己的国家利益当做最高利益，所以，正义原则不能有效地贯彻于国际交往。于是，世界的永久和平只是和平主义者的幻想。一些超级大国总打着维护正义的旗号，干着谋求霸权和国家利益的勾当。所以，现代性谋划也不能促进国际关系的和谐。

多元共存的和谐不能排除竞争。社会没有竞争便没有活力，而且没有竞争便必然出现形形色色的垄断。当然，竞争须保持在适当的限度内，须采取恰当的方式。现代社会是通过促进经济竞争而激励社会活力和推动社会进步的，事实正日益表明仅由经济竞争推动的进步是危险的，未经"创造性的批判精神"审视的全球性经济竞争正把人类文明推向日益深重的生态危机。如果我们承认思想、信仰、价值的多元化是民主政治文化的永久性特征，①那么就必须承认，为确保人类文明的健康活力，我们还必须有另一种竞争，那便是池田大作所十分看重的"人道的竞争"。池田大作说，各种宗教共存于世，不是"无原则的离散集合"，而要发挥"人格形成的作用"，要进行富有创造性的思想竞争，"譬如竞争去做一个'世界公民'并使之人才辈出"。简言之，"人道的竞争"是"人格形成的竞争"，是"争相当世界公民的良性竞争"。② 其实，"人道的竞争"不应仅限于不同宗教之间的竞争，它应是不同文化、不同思想、不同信仰、不同生活方式之间的良性竞争，即相互批评、相互学习的对话交流。这样的竞争可通

---

① See Cf. John Rawls, *Political Liberalism*, Columbia University Press, New York, 1996, p.36.

② ［俄］戈尔巴乔夫、［日］池田大作，孙立川译：《21 世纪的精神教训》，社会科学文献出版社 2004 年版，第 248 页。

过公共领域影响、改变人们的共识,而引导人们的公共生活。这样的竞争可激活人们的“创造性的批判精神”,从而可帮助纠正人们共识中的错误。

在现代性思想的指引之下,人们既无法培养健康和谐的心态,也无法谋求世界永久和平,更无法实现人与地球生物圈的和谐共生。现代文明正面临深重危机,如潜在的战争危机和全球性的生态危机。只有走向一种全新的文明,人类才能走出危机。谋求三种和谐的努力就是走向新文明的努力。这个全新的文明就是生态文明。

为谋求人的内心世界的和谐,需要破除科学主义、经济主义、消费主义和物质主义,需要多种超越性价值观的互竞。在这方面,传统中国的儒家、道家、释家都是重要的思想资源。

为谋求人类共同体内部的和谐,需要培养多元主义所支持的对话精神、学习态度和倾听能力。非民主法治国家须逐步走向民主法治。而以美国为代表的发达国家必须放弃基督教和自由主义的普遍主义,以真正平等的心态和学习的心态对待其他国家的文化。

为谋求人与自然之间的和谐,人类必须促成科技的生态学转向,必须彻底改变工业文明的生产方式,必须彻底改变经济思想和经济增长模式,必须彻底放弃对自然的征服态度。

在生态文明中,“万物并育而不相害。道并行而不相悖”。那将是一种远比现代文明和谐的文明。

(作者简介:卢风,男,1956 年生,哲学博士,清华大学哲学系教授,博士生导师。)

全球一体与世界和谐

江　畅

今天的人类已经越来越清醒地意识到，世界的状况怎样，国际关系的状况怎样，事关各国的命运，事关人类每一个个体的命运，事关整个人类的命运。世界像国家一样，也是一把双刃剑。好的世界是为其全体成员（包括个人和国家）更好地存在而构建的和平、公正、合作的美好世界，它的唯一使命最终是要保证和增进全人类所有个人的幸福。坏的世界则是为统治和压迫其中大多数成员构建起来的战乱、强权、侵略的罪恶世界，其使命则是要通过强权的方式确保其中少数国家和少数人的利益而不顾甚至牺牲大多数国家和大多数人的利益。为了使世界成为好的世界，而不至于成为坏的世界，首先必须研究人类幸福所需要的世界意味着什么，这样的世界应该怎样构建，如何保证世界成为好的世界而不成为坏的世界。

一、全球一体化的两种模式

人类生活在地球上，地球是世界的地理条件和环境，但地球并不是世界。世界是在地球上出现了人类以后才逐渐形成的，直到今天世界尚处于生成之中。在世界生成的过程中，人类自觉参与和干预的作用越来越大。虽然全球一体化远未完成，但自 20 世纪以来，特别是自第二次世界大战以来，全球一体化的进程在加速度发展着。到今天，全球一体化已经显示出其雏形，其主要标志是世界各国在贸易、经济、科技、环境、政治、法律、军事、文化、信息乃至生活方式等人类生活的各个方面相互联系、相互依赖、相互渗透且日益明显，整个人类的生存和命运越来越不可分割地紧密联系在一起；世界性组织、国际性组织、区域性组织不断增多，而且对各国事务和人类生活的干预作用不断增强；世界性会议、国际性会议、区域性会议不断增多，而且对各国政府的决策和人类生活的影响不断增强。

这种一体化的趋势不是外在地强加于各国的，而是在各国自愿作用和参与下促成的。各个国家都逐渐感到，本国的问题仅靠自己无法得到较好的解决，而需要借助他国的思想、文化、经验、技术，需要着眼于国际、着眼于全球、着眼于人类，需要把自己国家的发展纳入到世界文明的轨道；本国的许多问题本来就是地区乃至全人类所共同面临的，这些问题的解决，需要各国在一起共同商量解决，需要国际性、区域性乃至世界性合作；本国的发展需要有世界和平和公正的环境，需要有良好的国际环境，而这一切都是一个国家甚至几个国家都无法解决的。基于这些考虑，今天的世界各国几乎无一例外地都愿意并且积极地参与国际合作，都愿意承担一定的国际义务，都愿意接受并服从一定的国际关系准则。正因为如此，我们可以预料，全球一体化尽管今天还是初步的，但将会进一步加速度地发展，整个世界成为一个整体、整个人类成为一个家庭是不可避免的，而且是指日可待的。这不是预言家的预言，而是各国和整个人类利益的必然要求，也是各国和整个人类理性的必然选择。

全球的一体化或世界的一体化并不意味着世界会成为一个世界性集权国家，就像传统的集权国家一样，整个世界是一台大机器，除了少数机器操纵者外，其他所有个体都不过是这个机器中的一个部件。世界一体化绝不应该是集权式的、专制式的，这是因为历史经验已经表明,集权式、专制式的社会管理模式压制个性发展、阻碍社会进步,正因为如此,这种模式已经逐渐为人类所摈弃。可以肯定,这种模式连一个国家都管理不好,怎么可能管理好世界呢?历经磨难而且越来越有经验、越来越理性化的人类,是不可能选择把这种枷锁套在自己的脖子上的。更何况,整个人类的情况极其复杂,各个地区千差万别,一个包揽一切的集权式、专制式机构是根本无法运行的。因此,世界的一体化只能是分权式的、民主式的,就像一个民主国家一样,一体的世界是多元主体的,这种主体当然不可能直接就是每一个个人,而只能是每一个国家,尽管不能否认个人是世界的终极主体。

与个人作为国家的主体相比较,国家作为世界的主体具有更独立的地位,具有大得多的自主性。这是因为,任何一个人都不可能完全独立自主地处理自己的一切事务,无论多么独立自主的人都不能不依赖于他人和社会。例如,一个人不能主宰自己的生死,年少时得依赖父母,成年时得依赖社会。与个人不同,一个国家即使在各个方面都与世界接轨,它仍然能够而且应该有自己的价值体系,有自己的独特生活方式,有自己的民族特色,仍然能够而且应该独立自主地处理自己的一切事务。一句话,它必须有自己的主权。因此,国家作为主体具有更大的独立性、自主性和完整性。人们把作为世界主体的国家比作一体世界中的"极",这是十分恰当的。多元主体的世界就是一种多极的世界。

全球一体化可能与世界多极化相矛盾、相冲突,但绝非必然如此。当霸权主义统治世界时,有可能将某一个国家的价值观念和意志强加于其他国家,否认各国的独立、主权和尊严,使整个世界成为某一强权国家的独霸天下。然而,这种霸权主义今天为世界各国所普遍反对,已经成为世界各国所否弃的世界一体模式。今天,尊重各国的独立和主权,国家不分大小强弱,都应该和平共处,都应该平等地对话和参与处理国际事务,这已经成为全人类和各国政治家的普遍共识。今天世界发展的总态势是,在世界一体化加强的同时,世界的多极化也在加强。事实证明,世界的一体化不仅可以不与世界多极化相矛盾、相冲突,相反可以相互补充、相互促进。只有世界的多极化,才会有世界的多样化,而且世界越是多极化,各国就越是要形成独自的特色,越是要追求独特的价值,世界也就越是多样化。世界越是多样化,各国越是有特色,世界的交流和合作就越是有必要、越是有意义,各国的相互需要也会越增强,各国的联系也会越紧密,世界也就越会结合成为一个整体。更何况,一个丰富多彩的世界比一个一统的世界更美好,更能满足人类幸福的需要。全球一体化与世界多极化的关系实质上是与国家一体化与社会多元化的关系一样的。我们相信,既然能在一个国家范围内实现一体化与多元化的互补,那么在世界的范围内也必定能如此。

由以上的分析我们可以看出,世界一体就像国家一体一样也有两种情形:一种情形是一统式的,另一种是和谐式的。

一统式的世界一体是以一国强权为基础、一国为了独占全世界的利益而靠武力强制地使世界联系成为一个整体的,我们可以称之为霸权主义的世界。这种霸权主义的世界有以下特征:第一,各个国家的关系不是平等的,而是不平等的,是主人与仆从的关系、统治与被统治的关系、剥削与被剥削的关系;第二,世界不是各国及其公民共同控制和管理的世界,而是某一国家甚至是某一个人主宰的世界;第三,世界秩序是以强权(实即武力)为基础并靠武力维持的。这种霸权主义的世界是不公正的强权世界,国家之间没有真正的合作,只有掠夺、剥削和压迫。由于不公正,所以必然会遭到大多数国家的反对,因而这种世界经常会陷入战乱。强权、侵略和战乱是霸权主义世界的主要标志。

和谐式的世界一体则是以各国自主为基础,各国为了实现各自的利益而通过交流、竞争和合作自愿地使世界联系成为一个整体的,我们可以称之为和谐主义的世界。这种和谐主义的世界有以下规定性:第一,世界各国的独立、主权必须得到尊重,它们必须都是自主的主体,可以自由地构建自己的价值体系,选择自己的生活方式和发展道路;第二,国家不分大小、强弱一律平等,它们必须能以平等的身份参与国际竞争和国际合作;第三,世界的事务必须由各国通过民主的方式共同管理;第四,世界的秩序必须主要是由各国公认的世界性法制维持的。和谐主义的世界由于各国的独立、主权得到尊重,而且世界事务是由各国以民主的方式共同处理的,因而它是公正的。各国为了更好地发展以平等的身份参与国际竞争和合作,通过公平的国际竞争和合作,实现各国优势互补,使世界的资源得到最佳配置。既然各国都是世界的主人,世界不是某一个国家或某一个人的世界,而且世界事务由各国平等协商处理,那么这个世界就能告别战乱,实现和平。总之,和谐主义的世界必须是公正、合作、和平的世界。

由以上分析可以看出,和谐的世界必定是一体的世界,但一体的世界未必是和谐的世界。弄清这两种情形之间的不同,对于正在走向一体化的今日世界作出正确选择是十分必要的。今天的人类应该追求世界一体化,但这种一体化应该是和谐主义的,而不应该是霸权主义的。如果世界成为霸权主义的一统世界,整个人类就会陷入巨大的苦难之中。建立霸权主义一统世界的主张虽然今天为人类所普遍否弃,但绝不是从此以后就会绝迹。从历史上来看,试图称霸世界的国家和君主几乎到今天都未曾间断过。之所以如此,是因为追求世界霸权是国家利己本性的自然倾向,每一个国家像每一个人一样都存在着这种利己的自然倾向。只要一个国家足够强大,而且没有强有力的制约机制,这种自然倾向就有可能变成自觉行动。对此,整个人类和各国都必须有清醒认识并保持高度警惕。

二、世界和谐:人类应有的选择

世界走向和谐是世界各国利益的需要,也是人类整体生存、发展的需要。人类文明发展到今天,也为世界走向和谐提供了可能。在世界已经联系成为一个整体的现时代,人类要更好地生存和发展,人类要避免自相残害和自我毁灭,构建和谐的世界是唯一的选择。

在世界同时走向一体化和国家化的情况下,人类和平、世界公正和国际合作是世界和谐的三大基本问题。我们就主要从这三个方面来具体讨论世界和谐的必要性问题。

人类和平是人类生存和发展的基本前提,没有和平的国际环境,不用说人类的普遍幸福,即便是人类的生存都会面临严重的威胁。战争的威胁是我们时代最尖锐的问题之一。在世界一体化的情况下,任何战争都已经不只是交战国双方的问题,而是世界问题,都会对整个世界产生消极影响。由于新科学技术的应用和大批新型杀伤性武器的出现,未来战争的破坏将会空前扩大,对人员的杀伤,对设施的破坏,对环境的污染,对财力的消耗均将达到空前巨大的程度;未来战争的战场范围也将空前扩大,不仅涉及交战国的领土、领海和领空,而且将扩展到极地、海底乃至包括月球在内的外层空间;不仅如此,未来战争的突然性也将比以往更大。所有这些并非危言耸听,而是活生生的现实。在这种情况下,不仅人的自由,而且人的生存,不仅个人的生存,而且人类的生存,不仅人类的生存,而且地球上生物的生存都面临着严重的威胁,因而这是人类最担忧和最悲观的问题。事实表明,人类和平对于当代人类生存不仅是必要的,而且是十分紧迫的。

在世界一体化和各国交往日益频繁的情况下,世界公正的问题也日益凸显出来。近代以来的世界一体化过程是与世界不公正相伴随的,甚至可以说是以世界不公正为代价的。20 世纪以来,殖民地国家纷纷从殖民统治之下独立出来,获得国家主权,那种赤裸裸的侵略、掠夺和抢劫已经不多见了,但是发达国家与发展中国家之间、强国与弱国之间的不平等并没有从根本上改变,只是从公开变成隐秘、从表层进入深层。发达国家对发展中国家经济上的剥削、政治上的控制、军事上的干涉、文化上的渗透,是现时代世界不公正的突出表现。这种不公正不仅影响了国际分工和合作,影响了世界各国相互促进和共同发展,而且还造成了发展中国家与发达国家之间的对立、矛盾和冲突。在世界普遍一体化的情况下,各国都有自己的利益和尊严,当利益和尊严得不到尊重的情况下,一些国家就有可能采取极端的对抗手段。当今世界许多局部战争和一些恐怖活动不能说与此没有关系。在局部战争此起彼伏、恐怖活动频繁发生的国际环境中,不仅发展中国家的生存和发展受到威胁,发达国家的生存和发展也受到严重影响。

世界的一体化,特别是世界经济、科技和信息的一体化,要求世界各国不能彼此封锁、彼此隔离,更不能彼此对抗,而只能相互开放、相互交流、相互分工、相互竞争、相互合作,从而实现相互促进、相得益彰。世界正形成一个有机的整体,国家之间的任何方面的任何冲突都会使这个有机整体的正常运行受到干扰和阻碍。每一个国家都要最大限度地实现自身的利益,但存在着极端利己和合理利己这两种实现方式。唯利是图、不择手段的极端利己方式已经证明虽然可能使某些国家暂时得到一些利益,但最终只会导致相互伤害,只会使世界陷入战争状态。推己及人、互利合作的合理利己方式则可以实现各国利益的相互促进和共同增进。国际合作不仅可以克服各国之间的相互伤害问题,而且可以促进国际分工,促进人类共同拥有的资源的最佳配置和利用,从而提高整个人类的效益。问题更在于,世界的一体化和现代文明给现代人类提出了许多前所未有的全球性的人类问题,如环境问题、资源问题、人口问题、犯罪问题等。所有这些问题绝不是一个国家或少数国家所能解决的。如果没有世界各国的配合和合作,这些问题不仅不能解决好,相反会更为严重。当代人类共同面临的一些重大全球性问题已经将国际合作的要求更紧迫地提到了各国面前。合作才是出路,合作才有可能集中全人类的智慧和努力来解决人类已经面临和可能面临的诸多难题。

在世界同时走向一体化和国家化的前提下，实现世界和谐不仅是必要的，而且是可能的。首先，人类已经意识到世界和谐的重要性。尽管今天各国都互相提防，都把他国设想为自己的“敌人”，都还将数额巨大的费用用于军队和国防，但人们已经普遍意识到和平比对抗好，并努力寻求持久和平与全面合作的途径，试图用和平取代战争，用合作取代敌对，用对话取代对抗。人类共同生存和发展的需要已经使全人类更有理智，更加理性化。人类尚未找到实现世界和谐的道路，尚未构建出世界和谐的框架，但人类已经意识到世界和谐的重要性这一点则是完全可以肯定的。我们相信，有了这种意识，人类终究会找到实现世界和谐的道路，构建起真正和谐的世界。其次，人类已经进行了构建和谐世界的尝试并积累了一些经验。由于人类意识到构建世界和谐的重要性，因而人类也已经在这方面进行了许多有益的探索和尝试。例如，国家之间建立长期战略伙伴关系，区域建立各种经济、贸易、政治、军事、文化等多方面的合作组织，建立各种世界性的组织，举行各种世界性会议和世界性赛事，等等。最后，各国的独立自主为世界走向和谐奠定了基础。和谐的世界秩序只能以各国的独立自主为基础和前提。和谐是以多样性为前提的，最丰富最充分的多样化则是以主体的多元化为前提的。世界的国家化，也就是世界主体的多元化，世界的多极化，这是世界有可能走向和谐的最根本条件。

世界和谐对于人类幸福具有种种重要意义，这里我们择要列举几个方面。

首先，世界和谐可以使全人类彻底告别战乱和消灭贫困。如果世界真正成为和平、公正、合作的和谐世界，那么国家与国家之间的战争就会减小到最低限度，甚至可以彻底消灭战争这一人间最大的罪恶。和谐的世界首先可以消灭世界性大战。如果整个世界像一个国家一样可以通过强有力的世界民主机构、世界维和部队和世界公众舆论来维护自己的和平的话，那么，各个国家就不一定需要庞大的军队,也不一定需要自己完整的国防体系。我们完全可以设想,如果每一个国家都把庞大的国防开支用于消灭贫困,人类彻底告别贫困就不应该是很大的问题,更何况,裁减军队还可以把大量的人力资源用于经济发展。因此,我们认为实现世界和谐才是人类最终消灭贫困的出路。

其次,世界和谐可以为个人的生存和发展提供更好的环境、创造更多的机会。世界和谐可以消除人类的生存威胁,使人类的每一个成员都有安全感。这种安全感不仅是人生活的基本需要,而且是其他需要产生和满足的前提。当人们普遍感到安全,没有生存威胁,他们就能更好地规划未来,更好地把握自己,就更愿意把自己的时间和精力用于谋求自己的长远和整体发展,就能真正成为自己的主人。如果一个人感到世界的末日明天就可能降临,他就不会谋求长远的整体的发展,生活在这种朝不保夕的环境中,他就会得过且过,降低自己生活的要求,只追求保命,而不会追求生活得更好。和谐的世界不仅是和平安全的,而且是公正合作的。在这种环境下生活,人们不仅不会有安全的压力,而且会感到自由、宽松、愉快。在和谐的世界中,世界成为了人们活动的空间,人们可以进行广泛的国际交流与合作,可以在国内谋求发展,也可以在国外谋求发展,可以面向国内谋求发展,也可以面向国际乃至全世界谋求发展。

最后,世界和谐可以使个人得到更多更好的享受。世界和谐不仅可以使人们获得生命财产安全,可以获得生活的平静和心灵的安宁,而且会极大地开发人们享受的需要,并给这种需要以越来越好的满足。在和谐的世界里,全球对每一个人都是开放的,人们可以欣赏到世界各地的自然景观、风土人情,可以享用世界各国提供的产品和整个人类文明的成果。国际分工、竞争和合作必定极大地促进生产力和科学技术的发展,必定会使产品极大地丰富而且日新月异,人的每一种健康的需要和欲望都可能得到满足,而且人们新的需要和欲望会伴随着产品的开发而不断产生和变化。和谐的世界是一个人间乐园,人们可以在其中得到尽情的享受。这是一个封闭的国家所绝对不能提供的。当然,和谐世界可以给人们提供无穷无尽的享受,但一个人能不能享受它还取决于自己的素质、作为,取决于所在国家发达的程度。在和谐世界里,每一个人的生活都应该能得到最低限度的保障,但要生活得好则得靠每一个人自己的努力。

三、走向世界和谐的道路

世界和谐正在向人类走来,而且必然会到来,但远未能真正实现。实现世界和谐比实现国家和谐更复杂,会面临更多难以解决的难题和难以克服的障碍。为了使和谐世界早日到来,整个人类和各个国家还需要作很多努力。

首先,要增强整体意识。

今天的全球一体化走向基本上还是自发的、自在的,是各国追求自身利益的结果。这种自在的自发走向缺乏规划性,容易出现混乱,也就是通常所说的无政府状态;缺乏导向性,容易走弯路,从而会延缓实现世界和谐的进程;缺乏协调性,容易产生冲突,可能给人类整体利益带来损害。因此,全球一体化进程必须从自发转向自觉、从自在转向自为。这种转向的前提就是要增强整个人类和各个国家的人类整体意识。

近半个世纪以来,人类的整体意识伴随着全球一体化趋势的出现开始觉醒并日益增强,但是远未普遍深入人心,更没有转变为自觉的追求和行动。与人类所具有的国家意识相比较,人类所具有的世界意识还是十分微弱的。今天的人类,几乎每一个公民都具有爱国主义观念,都愿意效忠国家、报效国家,但只有极少数人,通常是哲学家、宗教家,才意识到要爱世界、爱人类,才有博爱主义或世界主义观念,愿意为全人类的解放、自由和幸福工作。每一个人都知道自己是国家的公民,但没有多少人同时知道自己是世界的公民。我们经常说人类中心主义是我们过去奉行的观念，实际上我们人类过去长期奉行的并不真正是人类中心主义，而依次是家族中心主义、氏族中心主义、部落中心主义、民族中心主义、国家中心主义。增强人类整体意识，就是要全人类从国家中心主义、民族中心主义、爱国主义走向世界中心主义、人类中心主义、博爱主义。这种走向不是否定，而是超越。就是说，我们人类中的每一员不仅要爱祖国、爱民族，也要爱世界、爱人类。这两者之间并不存在矛盾和冲突，这就如同我们每一个人都要爱自己、爱家人，而这并不排斥我们每一个人都可以同时爱祖国、爱民族一样。有了这种博爱主义的观念，我们就不再只是把自己的国家看做是自己的家园，而是同时也把世界看做是自己的家园；不再只是把本国的国民看做是自己的同胞，而是同时也把别国的国民看做是自己的同胞；不再只是把自己看做是国家的公民，而是同时也把自己看做是世界的公民。有了这种博爱主义的观念，我们每一个人就会有全球眼光、世界眼光、人类眼光，就会着眼于整个地球、整个世界、整个人类观察问题、思考问题和处理问题。

其次，要强化世界组织的作用。人类要构建和谐的世界整体，不仅要有人类整体意识，而且需要世界组织保证。只有在组织中并通过组织的作用，人类普遍的人类整体意识才能最终形成。第二次世界大战以后，出现了许多范围和作用大小不一的各种类型的世界组织，包括世界性组织、国际性组织和区域性组织。所有这些组织在推进世界一体化、人类一体化方面发挥着巨大的作用。概括起来，这些作用包括：第一，各种世界组织从不同方面使人类过去最大范围的整体即国家扩展开来，这为人类进一步走向一体化作了准备；第二，建立了一些国际性甚至世界性的活动规范；第三，开始从事世界事务管理和处理世界问题。可以设想，如果没有众多的世界组织活动在世界舞台上，世界可能不会有今天的秩序和和平。所有这些组织对于世界和谐的实现已经发挥并将继续发挥巨大的作用。当然，到目前为止已经建立的世界组织还不能使世界完全实现和谐，它们还是彼此隔离的,没有形成权力中心,因而还不具有使世界成为像国家一样的实体的强制力量。但是,它们在如何将世界有机地组织起来方面奠定了基础,积累了经验。只要各国政府和各种世界组织共同努力,进一步加强世界组织特别是具有世界机关性质的世界政治、经济、军事组织的作用,并且使各种世界组织的作用协调起来,使之进一步正规化、规范化,世界和谐的实现就有了组织上的保证。

最后,要扩大国际合作。国际合作是走向世界和谐的桥梁。国际合作对于世界和谐的意义在于,国际合作使各个国家之间相互联系、相互依赖、相互渗透,使世界各国在利益上你中有我、我中有你,因而国与国之间不愿意敌对、动武,而愿意和平共处、互惠互利。显然,参与国际合作的国家越多,合作的领域越宽广、程度越深入,越有利于世界和谐的实现。另一方面,国际合作是以参与合作的各国可以实现自身的利益为前提的,也就是有关各方是有利可图的。因此,国际合作不是外部强加的,而是有内部动力的,是自愿的。正因为如此,国际合作对于全球一体、世界和谐是根本性的。

国际合作是以国际交往为前提和基础的。国际交往古已有之,而国际合作是伴随世界一体化的进程出现的,第二次世界大战之后呈加速度发展的态势。但是,我们也应该看到人类的国际合作还仅仅是开始。促进和扩大国际合作必须清除国际合作方面存在的障碍。国际合作的广度和深度不够与国际合作方面所存在的这些障碍直接相关。国际合作的主要障碍就在于由历史原因所造成的国际分工不合理和国际竞争不公正。国际分工不合理、国际竞争不公正尤其表现在经济领域,表现在发达国家与发展中国家之间。发展中国家生产力落后,经济技术不发达,它们的产品由于科技含量低而价格低廉,缺乏竞争力,不仅难以占领国际市场,而且难以占领日益开放的国内市场。它们只能靠廉价的劳动力和天然的原材料参与国际分工和国际竞争。结果它们成了发达国家的原材料基地和商品销售市场,经济技术的渗透不是双向的,而是单向的。这种状况是由历史原因造成的,我们很难简单地说这是发达国家对发展中国家的经济掠夺,但这种国际分工和国际竞争不是在同一层次和水平上的,因而是不合理、不公平的。在经济技术等表层领域是如此,在思想文化等深层领域也是如此。发展中国家不仅经济技术落后,实际上思想文化也同样落后,因而发达国家思想文化的单向流入也是不可避免的。这种单向的渗透在情感上甚至比经济技术的渗透更难以为发展中国家所接受。这种现实不仅妨碍了平等的国际合作,甚至还会影响到民族感情和国家尊严,导致发展中国家与发达国家的对立。因此,怎样在尊重历史和现实的前提下使国际分工尽可能合理、国际竞争尽可能公平、国际合作尽可能平等,是世界走向和谐面临的最难解决的问题。为了妥善解决这一问题,需要建立具有权力和权威的世界管理和协调机构。

(作者简介:江畅,男,湖北浠水人,哲学博士,湖北省道德与文明研究中心主任,湖北大学哲学学院教授,博士生导师。)

当代文化多元境况下社会和谐的起始条件

彭定光

在市场不断扩大、新的传播技术被广泛运用和全球化进程加快的当代社会里,人们真切地感受到了世界上多种文化的存在,逐渐地了解到了不同的文化及其相互之间所存在着的差异或者差别,也深刻地意识到了其他文化对自身活动的限制或者影响。于是,多元文化的并存便成为了人们极为关注的重大问题。这一重大问题,或者说,不同文化之间的差异或者差别的存在,向人们提出了这样的课题:存在着多元文化的当代社会是否有可能实现社会和谐?社会和谐怎样才能得到实现?它实现的最初条件是什么?在实现和谐社会的过程中,不同文化会面临着什么样的命运?本文将就这些问题进行尝试性探索。

一、多元社会失谐的原因

自从社会分工出现以后,社会分化的过程就已经开始。这种社会分工与原始社会那种根据男女性别和年龄大小而形成的自然分工根本不同,它是基于生产性质或社会职能的区别而进行的劳动分工。它所引起的现象,不只是有关特殊生产领域的劳动经验的内部传承,不只是生产工具的开发技术的独自精进，更重要的是社会关系的丰富，特殊利益观念的出现，新的意义世界和价值模式的建构，人们的自主意识和选择能力的增强。

不过，直到资本主义社会存在以前的所有社会都不是多元社会。即使这些社会有了职业分工、阶级分化，甚至同一阶级内部存在着分层，但是，由于这些社会的主要矛盾是人与自然界的矛盾，人们的各种活动只是在狭窄的范围内和孤立的地点上进行的，人们仍然保持着涂尔干所说的“集体意识”或者“集体表象”，因而，社会分工，甚至社会不平等对统一的社会秩序并没有产生多大的影响，也并没有使一元的社会改变为多元的社会。之所以如此，是“因为低级社会的团结是靠共同信仰和共同情感来保证的。其实，不管分工所产生的关系紧张到了什么程度，……社会凝聚也不会受到威胁。尽管人们在愿望受到挫折以后，往往会产生一种不满的情绪，但这并不足以使那些遭受痛苦的人们去反对这个带来痛苦的社会秩序，他们必须不断依附于这种秩序。之所以如此，……是因为这种秩序包含了人们能够见到并生活其中的各种信仰和惯例”。① “然而，自中世纪晚期以来，西方国家进入了社会差异化的过程，该过程在近代又加速发展。以前相对单一的和稳定的社会关系解体了，让位于一个从多重方面看是多元和动态的社会”。②

多元社会作为一种历史现象，它在西方的出现是多种社会历史因素共同起作用的综合性结果。除了社会分工不断细化这一原因以外，导致它出现的条件：一是作为中世纪占统治地位的意识形态的宗教受到人们的揭露和批判，失去了往日的光辉，在人们心目中的地位大为下降；二是中世纪专制统治被摧毁，人们获得了自由和平等，自

① ［法］埃米尔·涂尔干，渠东译：《社会分工论》，三联书店 2000 年版，第 338 页。

② ［德］奥特弗利德·赫费，庞学铨、李张林译：《政治的正义性》，上海译文出版社 1998 年版，第 411—412 页。

此以后,凌驾于个人之上的强大权威已经不复存在,国家或者政府的功能受到了限制,变成了亚当·斯密所说的“守夜人”国家或者诺齐克所说的“最低限度国家”;更主要而深刻的原因则是市场经济的出现和发展及其对全球化进程的推动。这些条件所导致的结果,其一是“古代的血缘共同体和地缘共同体已被现代文明社会所淘汰”①,在多元社会里,人们即使具有建立温暖和睦的共同体的愈来愈强烈的欲望,但欲建立相对牢固稳定的、整体利益至上而个体(包括民族、国家、利益集团、个人)利益无足轻重的共同体是无论如何也不可能的,而只能建立如诺齐克主张的个人可以自由选择加入或离开的共同体。其二是社会生活领域在不断扩大,它们相互之间的差别和独特性日益突出,这种差别和独特性正是它们存在的理由和其社会功能之所在;同时,每一社会生活领域的内部分工和专门职能越来越细化,从事不同专门职能的人掌握了本专门职能所需要的越来越多的劳动经验、知识和相关技术,却对其他专门职能所需要的相关经验、知识和技术知之甚少,甚至有“隔行如隔山”之感,这使那些从事自己未曾从事过的专门职能的人产生了不适,感到困难重重。其三是社会关系越来越丰富和复杂,其层次也越来越分明和多样,各自的特殊性被受到特别的重视。其四是不同的利益主体都千方百计地追求各自的利益并使之最大化,这样,整个社会的活动更主要的是通过众多的个体活动方式而被实现,由于各个个体关注的焦点是其活动是否达到了他所预期的目标或者是否实现了他所追求的价值,因而,作为整体的社会将不断地缩小自己的地盘,难以有效地控制各种利益主体的活动。其五是个人扮演越来越多的社会角色,而这些社会角色的差别也越来越明显,在此情形下,个人往往会产生角色冲突,并且会越来越难以对自己生活于其中的社会产生认同,“缺乏认同

① [日]池田大作、[英]威尔逊,梁鸿飞、王健译:《社会与宗教》,四川人民出版社1991年版,第132页。

或许反映出一个原子论的观点,人民完全以工具化的方式看待社会"①。在此情况下,统一的社会秩序在多元社会里就成了问题。

由于上述五个方面实际上都是与人们对生活价值和意义世界的不同理解相联系的,因而,整体社会生活的失谐,归根到底是由多元文化造成的,更准确地说,是与文化之间的差异或者缺乏文化共识直接相关的。

二、文化共识的达成是否可能

面对多元社会的失谐,人们首先想到的是通过达成文化共识(或者道德共识、正义共识)来寻求整个社会的和谐,实现社会的整体化或者一体化。正如哈贝马斯所说:"关于社会一体化,我和杜克海姆(Durkheim)都把它理解为通过价值和规范来保障某种社会生活世界的统一。"②这就是说,多元社会要实现和谐,有赖于文化共识、道德共识或者正义共识的生成。多元社会一旦形成了文化共识、道德共识或者正义共识,就确立起了人们审视现实社会生活的尺度,就有利于统一人们的思想,减少摩擦,防止纷争,节省社会成本,协调人们的行动,就可以具有共同的价值导向,从而建立起统一的社会秩序。

那么,多元社会可否达成文化共识、道德共识或者正义共识?对此,西方学者有三种不同的观点。第一种观点是后现代主义者的观点,他们认为,后现代社会生活奉行的是"怎么样都行"的原则,由此而主张后现代社会是不可能达成文化共识、道德共识或者正义共识的,也是没有必要达成文化共识、道德共识或者正义共识的。

---

① 汪晖编:《文化与公共性》,三联书店 1998 年版,第 216 页。

② [德]尤尔根·哈贝马斯,张树博译:《交往与社会进化》,重庆出版社 1989 年版,第 148—149 页。

第二种观点认为多元社会是可以达成文化共识、道德共识或者正义共识的,并且也要求统一的价值导向,但他们对这种文化共识、道德共识或者正义共识应该如何定位却见解各异。孔汉思、库舍尔等全球伦理或者普遍伦理论者认为,15 世纪以前的人类历史是一个不同文化之间彼此知之甚少的“独白时代”,从 16 世纪开始,人类文化的发展超出了国家或者民族的界限,彼此相互渗透、相互影响,进入了“对话时代”。这一时代要求达成“对一些有约束性的价值观、一些不可取消的标准和人格态度的基本共识”①的全球伦理或者普遍伦理,这种共识只限于世界所有不同宗教和伦理传统中的最低限度的共同之处,其达成的途径就是不同宗教和伦理传统之间的对话、比较、讨论或者沟通。与从所有已有的不同文化传统中寻求文化共识的全球伦理或者普遍伦理论者不同,罗尔斯认为,多元社会也可以达成文化共识、道德共识或者正义共识,不过,国内和国际的情形是有所不同的。就国内而言,虽然“民主社会的政治文化总是具有诸宗教学说、哲学学说和道德学说相互对峙而又无法调和的多样性特征”②,但可以达成超脱于各种宗教学说、哲学学说和道德学说等“完备性学说”之上,又可以得到它们共同认可的“重叠共识”,这种“重叠共识”就是“政治的正义观念”、“公共观念”或者“公共理性”。就国际而言,尽管可以达成文化共识、道德共识或者正义共识,可是,这种共识并不是同时存在的所有国家或者民族的共识,而只是部分国家或者民族的共识,即他所说的“万民社会”的共识。而“万民社会”只包括他所划分的五种类型的国家或者民族中的“理性的自由民族”和“体面的民族”。

第三种观点认为不同文化之间是不可能达成文化共识、道德共

① [德]孔汉思、库舍尔编,何光沪译:《全球伦理——世界宗教议会宣言》,四川人民出版社 1997 年版,第 72 页。

② [美]罗尔斯,万俊人译:《政治自由主义》,译林出版社 2000 年版,第 3 页。

识或者正义共识的。麦金太尔认为,社会或者共同体的文化并不反映社会发展的需要,并不由现实的交往关系和生产方式所决定,而是由其自身的历史和传统文化所规定的。就此而言,他认为,全球同时存在的各种社会或者共同体,都只是由各自的历史和传统文化所规定的互异的社会;不存在什么反映历史必然性的共同利益,只存在由特殊历史文化所规定的公共利益。他由此而得出结论:生活在同一种历史文化中的人们必定会产生相同的文化共识;由于不同的历史和传统文化是不可能存在可以公度的标准的,因此,处于不同历史文化中的人们是不可能达成一致的文化共识的。恩格尔哈特则认为,当代社会是道德多元的社会,"一度曾是构造单一的社会,现在都必须承认一个以多种多样的道德直觉和道德理解为特征的世界。……它使得一度曾占统治地位的、毫无疑问的价值观念成了问题"。[①] 在这种社会里,人们并不总是对立的,其道德也并不是无任何共同性可言的。实际上,"人们发现自己是在两种不同的道德观照中享受自己的道德生活:一种是能够与道德朋友共享的,另一种是能够与道德异乡人共享的"。[②] 其中更主要的是,一个人必须与隶属于相互不同的道德共同体的成员相处,就像医生和病人之间那样,他们各有自己的道德价值观念,他们并不具有共同的道德前提或者道德基础,他们互为道德异乡人。在此情形下,多元社会的中心问题就凸显出来了。这一"中心的问题是,尽管存在着实质性的道德分歧,人们之间还有没有可能进行有道德权威的合作?"[③]恩格尔哈特将道德多样性情况下人们进行和平的道德的合作的可能性作为自己探讨多元社会的唯一任务。他得出的基本结论是,由于人的理性无法证明哪一种实质性的道德标准是唯一合理的,唯一正确的道德观或者文化共识并不

---

① [美]H. T. 恩格尔哈特,范瑞平译:《生命伦理学的基础》,湖南科学技术出版社1996年版,第2页。

② 同上书,第30页。

③ 同上书,第3页。

存在,道德异乡人无法凭借理性论证来解决彼此的道德争端。由于社会总是需要一定的秩序,人们总是需要共处和合作,因此,人们只能寻找超出于各个道德共同体的实质性道德的道德。这种道德是道德异乡人之间的“程序性道德”,它的建立方式是程序性商谈,其唯一的原则就是允许原则。允许原则要求人们在做出涉及他人的行动时必须尊重他人、征得他人的允许;否则,一切行为都是不适宜的,即使是在行为主体看来的善行也是如此。这一原则的通俗化表述就是“人所不欲,勿施于人”。这就是说,对于人人普遍交往的多元社会而言,由于道德异乡人各自关注自己的特殊利益,无法在实质性价值上统一起来,因此,处于不同文化之中的人们是不可能达成文化共识的。这就决定了他们在交往时不能依据自己的特殊利益去对待生活于其他文化中的他人,只有这样做才会真正地尊重各个道德异乡人的特殊利益。

尽管这些观点的结论各异,但它们都对能否达成文化共识的条件进行了探讨,所不同的是,有的人探讨的是达成文化共识的条件,有的人探讨的是文化共识不可能达成的条件。可以肯定,学者们所发现的所有这些能否达成文化共识的条件,并不是他们主观臆造的,而恰恰是对现实生活的把握。

那么,目前的现实社会生活中是否具备了达成文化共识的条件?不可否认,这样的条件是一定程度地存在着的,但还远远不够。目前还缺少达成文化共识的充分条件,既缺少文化自身方面的条件,又缺少文化之外的条件。

不同的文化之间之所以在目前尚难达成文化共识,是因为:

第一,文化的形成是具有一定的客观基础的,它是人们对自己生活于其中的自然条件和社会条件的价值把握;同时,它的发展或者演变,总是同自然条件和社会条件的变化相伴随的。这意味着,不同的文化是具有其产生和演变的不同的自然条件和社会条件的,它们若要达成共识,就需要具备相同或者相似的自然条件和社会条件。假若它们只具备相同或者相似的自然条件，而缺乏其相同或者相似的社会条件，文化共识是难以达成的。在当今社会里，应该说前者是具备了，但后者却并不具备，甚至对于不同民族或者国家来说是大相径庭的。

第二，以价值模式和意义世界为核心的文化，它不是短期内就能够产生的，而是历经漫长的历史过程而形成的。这意味着，即使目前产生全新文化的相同或者相似的自然条件和社会条件都已具备，文化共识也难以马上达成。

第三，文化总是一定社会群体的文化，它积淀下来，成为一定社会群体所共同遵循的价值标准和被该群体成员一致认可的共同的行为模式，它不仅变成了一定社会群体的稳定的心理结构、某一民族的深刻的共同情感甚至持久的共同价值追求，而且是一定社会群体及其成员的安全感、安宁和尊严之所在。爱因斯坦指出："人类最重要的努力莫过于在我们的行动中力求维护道德准则。我们的内心平衡甚至我们的生存本身全都有赖于此。只有按道德行事，才能赋予生活以美和尊严。"①正因为如此，某一社会群体或者民族的文化是不可能轻易被改变的。

第四，文化是同利益密切地联系在一起的，它不仅确定一定社会群体追求利益的方向和利益的结构，而且确定利益的分配和群体成员对利益的态度。可以这样说，不同的文化是不同利益的表达，文化的区别标志着不同社会群体在利益追求和对利益的态度上的根本不同。某一社会群体之所以会对外来文化持谨慎、怀疑或者拒绝、排斥的态度，是因为它十分清楚：持守和维护自己的文化，抵御外来文化的入侵，就是实现和维护自己的利益。事实上，强势的西方国家对其他国家或者民族的文化输出，总是有着利益的目的的，这必定会导致

---

① ［美］H. 杜卡斯、B. 霍夫曼编，高志凯译：《爱因斯坦谈人生》，世界知识出版社 1984 年版，第 83 页。

减缓文化共识达成的进程。

三、出路:正确的文化态度

不同的文化之间在目前尚难达成文化共识,是否意味着社会和谐的实现没有任何的希望了呢?如果有希望,社会和谐的出路何在?在我们看来,出路就在于所有的民族、国家或者社会群体都抱有正确的文化态度。可以肯定,文化共识的达成与社会和谐的实现之间有着内在的联系,但是,这并不意味着如果没有文化共识,任何形式的社会和谐就会成为不可能。其实,多元文化并存境况下的社会和谐可以具有不同的层次和程度,人们不应该用理想的和谐形态来对待现实生活中的实际和谐形态。如果说文化共识是社会和谐的实质方面的话,那么,正确的文化态度就是社会和谐的形式方面,它虽然不能导致多元社会的永久和谐,但它至少可以维持多元社会的暂时和平,并成为多元社会走向全面而稳定的和谐的起始条件。

文化态度是某一民族、国家或者社会群体及其成员对待文化的观念、情感和行为等的总和。它可以从不同的角度来进行划分。从主体角度来划分,文化态度可以分为某一民族、国家或者社会群体的文化态度与其成员的文化态度,这两种主体的文化态度有可能是一致的,也有可能相反。从对象角度来划分,文化态度可以分为不同文化相互对待的态度与对待自身文化的态度。迄今为止,这两种文化态度总是有所不同的,甚至存在着根本的区别。从层次角度来划分,文化态度可以分为高层次的与低层次的文化态度:高层次的文化态度是理性上肯定、情感上认同、信仰上确信某种文化的态度;低层次的文化态度是那种达不到信仰上确信某种文化的态度,甚至有可能是理性上肯定而情感上却难以认同的态度。从性质角度来划分,文化态度可以分为正确的文化态度与错误的文化态度:前者是一种能够科学地审视自身文化、合理地对待其他文化、促进文化之间的对话和理解、有利于自身文化的发展和文化共识的达成的文化态度；后者则恰恰相反。

对于不同文化之间关系的处理而言，关键在于抱有正确的文化态度。正确的文化态度是一个系统，其主要方面包括以下三个理念和三项原则。

首先，应该树立如下理念。第一，差异理念。差异理念主要有两个要求，一是独特性要求，二是多样性要求。独特性要求指的是应该肯定各种文化都有特殊的对待生活价值和意义世界的视角，都有独特的文化内容，都有不同于其他文化的独有个性，都有各自的发展道路和轨迹，都有保持自己的独特品质的必要。多样性要求指的是不同文化在其内容和形式上都是有所不同的，它们都是人类文化整体中的一个部分，人们不应该依据自己的文化来衡量其他的文化，也不应该因为文化之间的差异而认为它们一定会导致民族、国家或者社会群体之间的冲突。由于差异理念只涉及不同文化的内容，而与其地位丝毫无关，因此，前者要求摈弃民粹主义或者民族中心主义，后者要求反对文化霸权主义。

第二，求同理念。求同是以差异为前提的，在此意义上，求同不是趋同，不是向既有文化的任何一种的趋近、认同，既不是如当代美国学者弗朗西斯·福山所主张的那样向资本主义社会所提倡的文化观念的趋同，又不是如文化多元主义者所期望的那样对弱势族群文化的完全接受。求同既不是简单地对不同文化传统的共同方面的概括和总结（如全球伦理或者普遍伦理论者所主张的那样），又不是任何主观设计的某种价值的普遍化，而是对人类的共同价值的寻求。其过程是十分漫长的，而且是自然而然的。对于所有文化来说，它不是一个各自文化的内容的减少过程，也不是文化种类的减少过程，而是一个文化增量的过程，它是在各自文化既有内容的基础上增加新的内容的过程。这一新的内容是对人类共同利益和普遍的交往关系的把握。正因为如此，求同就不能采取政治的方式，而应该是非政治的方式,即通过人类的相互交往和共同实践来逐渐达到。

第三,共存理念。“维护世界和平则需要接受全球的多元文化性”①,需要所有文化的共存。在此意义上,不同文化的共存就是在文化存在差异的基础上的共存,差异是文化共存的一种方式,是不同文化独立生存的方式。除此之外,求同也是不同文化共存的方式,亨廷顿指出:“文化的共存需要寻求大多数文明的共同点,而不是促进假设中的某个文明的普遍特征。在多文明的世界里,建设性的道路是弃绝普世主义,接受多样性和寻求共同性。”②正是在这种求同中,不同文化获得了一种共生的方式。

其次,应该坚持如下基本原则。第一,承认原则。1995 年联合国科教文组织在澳大利亚召开了“全球文化多样性”大会,在此大会上,世界文化与发展委员会提出了处理不同文化的原则,并肯定了各族群平等享有“文化认同权”。这种文化权利实际上是基于承认原则而享有的。承认原则一方面要求承认各种文化的特殊性和存在价值,承认文化的自我认同和自我发展,承认其成员对生活于其中的民族、国家或者社会群体的认同感和归属感;另一方面要求承认作为他者的其他文化,承认彼此在交往和对话过程中相互渗透、相互影响,既不自我封闭也不排外。

第二,尊重原则。这一原则是在 1995 年联合国科教文组织在澳大利亚召开的“全球文化多样性”大会上提出的,得到了 1998 年在斯德哥尔摩召开的“文化发展政策政府间会议”的认可。斯德哥尔摩会议的报告《我们创造性的多元化》阐述了尊重的要求。尊重包括三方面的要求:一是要求尊重自身的文化,尊重自身文化对生活价值和意义世界的独特理解,尊重自身文化发展的特有道路;二是对他

① [美]塞缪尔·亨廷顿,周琪等译:《文明的冲突与世界秩序的重建》,新华出版社 1999 年版,第 368 页。

② 同上书,第 369 页。

者文化的尊重，不歧视他者文化的任何内容和形式；三是尊重现有文化的价值差异，而不否定、抹杀或者强制性地消解这种差异。

第三，平等原则。国际国内所出现的文化问题，不是由不同文化之间的差异所导致的，而是由不遵守平等原则所造成的，"不是民族差异，而是统治和不公正致使不同文化的人们成为敌人。……因而，从本质上讲，与民族关系和冲突相关的根本问题，不是民族的差异，而是一种政治的动员。"①平等原则一方面要求不同文化彼此平等相待，既不藐视和歧视他者文化，阻碍他者文化的存在发展，又不谋求自身文化的霸权地位，成为强势文化；另一方面要求国际社会或者国家政府平等对待各种文化，在各种文化中保持中立，既不用某种文化所提倡的价值标准来判断其他文化的优劣，又不使某种或者某些文化边缘化，更不能如希特勒法西斯那样以灭绝种族的方式来毁灭某种文化。

值得指出的是，正确的文化态度对于社会和谐的实现的作用是有限的，而且只是前提性的。当然，这样的前提条件是非常重要的，如果它不具备，不同文化的对话和交流就无从谈起，文化共识就不可能达成，社会和谐也就无望了。

（作者简介：彭定光，男，1963 年生，湖南双峰人，哲学博士，湖南师范大学伦理研究所教授，湖南省伦理学学会理事。）

---

① 联合国教科文组织：《世界文化报告（2000）——文化的多样性、冲突与多元共存》，北京大学出版社 2002 年版，第 28 页。

多元文化社会与包容的德性

向玉乔

虽然多元文化社会自古就存在，但是它开始受到普遍关注仅仅是20世纪末期的事情。在国际社会进入经济全球化时代以后，特别是在第二次世界大战之后，殖民地国家的相继独立和国际文化交流的日趋频繁将整个世界变成了一个多元文化社会。在多元文化社会背景下，人与人之间、族群与族群之间不可避免地会存在文化差异，因此提倡包容的德性是必要而重要的。所谓包容，就是要容忍和尊重异质的文化。包容不以消除人与人之间、族群与族群之间的文化差异为目的，而是以追求不同文化之间的同生共荣和社会和谐为旨归。提倡包容的德性既有利于遏止种族歧视和种族隔离现象，也有利于遏止文化殖民主义。

一

“多元文化社会”这一概念可以在国家和国际两个层面上来加以理解。在整个世界步入经济全球化时代之前，世界上的许多国家在弘扬主流文化的前提下对其内部存在的不同民族文化、不同区域文化和不同文化思想不同程度地采取包容的态度，这就导致了国家层面的多元文化社会。在国际社会进入经济全球化时代之后，特别是第二次世界大战之后，殖民地国家的相继独立和国际文化交流的日趋频繁使以国家为单元标志的不同民族文化并存和争鸣的局面全面形成，这就催生了国际多元文化社会。国际多元文化社会是国家多元文化社会的延伸和拓展。在经济全球化时代，世界各国相互依赖、相互作用、相互影响，国际多元文化社会便不可避免地应运而生。

国家层面的多元文化社会自古就有。中国自先秦时代以来就是一个由多种民族文化组成的多元文化社会。18 世纪末才登上人类历史舞台的美国更是一个融合印第安土著文化和各种欧洲移民文化建立起来的多元文化社会。国际多元文化社会的形成与第二次世界大战之后在西方出现的多元文化主义思潮有直接关系。战后爆发的民族独立运动不仅使第三世界国家相继成为主权独立国家，而且为它们保留和发展民族文化开辟了道路。第二次世界大战之后的世界是一个多元文化世界，也是人们从各个角度普遍关注多元文化问题的世界。具有不同民族文化背景的人们不仅从理论层面探讨多元文化并存的必要性和可能性，而且努力将理论成果作为政治、教育、文艺诉求的出发点和依据，这就形成了声势浩大的多元文化主义思潮，并导致了国际多元文化社会的出现。

传统的国家多元文化社会将社会文化生态建立在强势族群文化武断压制弱势族群文化的基础之上，不同族群文化所构成的“文化元”并不是平等的。在古代、近代中国，长期处于强势地位的汉族文化对少数民族文化的压制是显而易见的；在 20 世纪中期以前的美国，占据主导地位的盎格鲁-撒克逊文化对各种少数族群文化的压制也是世人皆知的。进入 20 世纪末期以后，国家多元文化社会和国际多元文化社会都发生了根本性变化，其根本标志是在多元文化社会背景下，虽然强势族群文化压制弱势族群文化的现象依然存在，但是绝大多数人希望并努力将社会文化生态建立在同时重视族群文化差异性和平等性的基础之上，他们追求的是不同民族文化的同生共荣。

二

当多元文化社会以差异性、平等性和共生性来规定其文化"元"的特征时,包容便成为了一种普遍的德性。这种"德性"不仅适合于认识和处理不同族群文化之间的关系,而且可以进一步延伸到社会公民的文化思想和观念之中,并成为多元文化社会普遍追求的一种德性。尤其是在那些民族矛盾严重的多元文化社会里,由于不同族群成员在文化思想和观念上的差异已经演变为尖锐对立和尖锐冲突的民族文化意识,提倡包容的德性更显得必要而重要。

哈贝马斯认为,包容即包容他者。他所说的"他者"主要是指来自不同共同体的人及其思想和观念。"包容"不是简单地把来自不同共同体的人及其思想和观念收为己有,更不是将其拒之门外,而是以开放的姿态或开明的态度对待那些来自不同共同体且希望在某种程度上保持其陌生性的人。

哈贝马斯提倡的"包容"是以承认和尊重人与人之间、民族与民族之间、国与国之间的文化差异为前提的。在他看来,来自不同道德共同体的个人显然具有不同的道德价值观念,不同民族和不同国家之间的文化差异也是根深蒂固的。因此,不仅人与人之间、民族与民族之间、国家与国家之间的和平共处需要依靠"包容"的德性来支撑,而且社会的统一性与和谐性也只能依靠"包容"来确立。他说:"不同种族共同体、语言集体、宗教群体和生活方式之间的平等共存,不能以社会的零散化为代价。痛苦的分离过程不能把社会分解为无数相互隔离的亚文化。"①他尤其反对社会主流文化对亚文化(非主流文化)的武断压制,认为通过武断压制建立起来的社会主流

① [德]尤尔根·哈贝马斯,曹卫东译:《包容他者》,上海人民出版社2002年版,第167页。

文化是抽象的、空洞的。为了保持强大的约束力,社会主流文化必须对形形色色的非主流文化形态进行整合,使之统一起来,以确保整个社会不致四分五裂。也就是说,多元文化社会在承认社会文化的多元性的同时,需要确立一种居于主导地位的主流文化。显然,哈贝马斯想强调的是,不同文化形态之间的相互包容并不会导致社会主流文化之主导地位的丧失。

哈贝马斯所说的“包容”具有丰富的内涵,它既涵盖了个人对来自不同文化共同体的“文化陌生人”的容忍,也涵盖了持有不同文化思想和观念的不同族群之间的相互宽容;既包括同一社会共同体中的不同文化群体(强势文化群体和弱势文化群体)之间的相互认同,也包括不同国家对彼此的民族文化所给予的尊重。“包容”就是要容忍、认同和尊重异质的文化,就是在文化思想和观念方面求同存异。

包容德性的主体可以是政府,也可以是个人;可以是一个族群,也可以是一个族群的成员;可以是一种文化模式,也可以是一种文化思想。在一个多元文化社会里,政府需要实行多元文化政策,个人需要善待来自不同文化背景的人,一个族群需要把另一个族群视为相对独立的文化实体,一种文化模式需要与另一种文化模式和平共处,一种文化思想需要容忍另一种文化思想的存在。

在一个多元文化社会里,需要首先强调主流文化对非主流文化的包容。一个社会的文化之河恰如自然河流一样,有主流和非主流(支流)之分。非主流文化是丰富社会生活、促使社会百花齐放和繁荣昌盛必不可少的因素;主流文化则是主导社会发展方向、整合各种社会力量、确保社会和谐的最重要力量。一个社会的发展必须依靠主流文化,但也不能缺少非主流文化,因此前者对后者的包容是一种社会需要。其次,多元文化社会应该重视现代文化对传统文化的包容。任何一个社会的现代文化都不是无源之水,它必然导源于该社会特有的文化传统。现代文化是市场经济文化、民主政治文化、高科技文化的综合体，与传统文化有着根本区别，但它毕竟是在传统文化基础上孕育进化出来的，尤其是传统文化中的积极成果是现代文化成长和发展必不可少的营养，因此，现代文化对传统文化的包容是在所难免的。再次，多元文化社会需要包容外来文化。多元文化社会的形成意味着各种外来文化会大量流入，这是任何力量都难以阻止的。一个典型的例子是，中国在实行改革开放政策之后，来自美国、欧洲国家、日本、韩国的现代资本主义文化便迅速向中国社会的每一个角落渗透，这使美国的麦当劳、欧洲的摇滚音乐、韩国电视剧等在中国的文化市场上占据了不容忽视的位置。

对于个人来说，包容“文化陌生人”是一种可贵的美德。来自不同文化背景的人必然具有不同的文化思想和观念。从一种文化模式进入另一种文化模式的人会产生“文化恐惧感”，而站在一种文化视角面对另一种文化的人也会产生“文化陌生感”。这样一来，来自不同文化背景的人要进行必要的了解和交流，唯一行之有效的办法是包容——相互包容。此种情况下的包容并不意味着一方应该或必须接受另一方的文化思想和观念，而是仅仅以开放的姿态或开明的态度看待和对待另一方的文化思想和观念。如果没有这样一种姿态和态度，来自不同文化背景的人根本无法和平相处。在多元文化社会里，包容文化陌生人是一种必要的美德。它能够让来自不同文化背景的人搁置文化思想和观念上的争议，并在各自的文化群体里为一个社会的文化发展作出贡献。

三

多元文化社会是包容的现实依据。包容即允许他者的存在。然而，包容的目的不仅仅是为了凸显多元文化社会特有的文化多元性，更重要的是为了实现多元文化社会的和谐。

在谈论社会发展问题时，人们大都持“和谐论”。这种观点不仅设想人类社会必须在特定的秩序中发展，而且将“和谐”确定为人类社会发展的理想目标。古希腊哲学家柏拉图追求的“理想国”，当代美国哲学家罗尔斯向往的正义社会，古代中国哲学家孔子试图实现的“大同世界”，当代中国人努力构建的社会主义和谐社会等等，都反映了“和谐论”对和谐社会理想的憧憬和强调。

“和谐”也是多元文化社会发展的理想目标。虽然多元文化社会承认和重视异质文化形态之间的差异性和平等性，但是它更加重视它们之间的可协调性与和谐性。一个多元文化社会不可能依靠文化元之间的隔绝、分裂和敌对建立起来，而是只能依靠它们之间的沟通、包容和融合才能形成。因此，多元文化社会的根本特征是文化元之间的包容与和谐，而不是它们之间的排斥与隔绝。不同文化元之间的尖锐隔绝、分裂和敌对往往是导致一个多元文化社会分崩离析的深层原因。

上述观点对于我们进一步认识和处理社会主流文化与非主流文化之间的关系是有帮助的。一个社会的主流文化与非主流文化应是一种求同存异的并存关系。具体地说，它们既应该保持各自的特色，也应该彼此包容，并追求共同的终极目标。然而，虽然非主流文化的存在和发展是任何一个社会都必需的，但是它的发展必须围绕、顺应并服务于主流文化所代表的方向，而不是与之背道而驰。在一个主流文化模糊不清或完全缺乏的国家里，其国民必然因为追求多元文化而不具有应有的方向感和价值观，其民族必然因为难以统一的文化心理而不具备应有的向心力和内聚力，其社会必然因为文化上的分裂而动荡不安，其社会风气必然因为社会正气难以得到弘扬而污浊不堪。若长此以往，则该社会必然出现民风败坏、道德沦丧、邪恶丛生、动乱四起的局面。因此，如何实现主流文化和非主流文化之间的包容与和谐是建构和谐多元文化社会的关键所在。

上述观点对于个人在多元文化社会里培养包容的德性也有启发意义。为了社会的和谐发展，每一个社会成员都应该树立多元文化价值观,并培养包容的德性。这两者的缺乏必然导致种族主义丑恶现象的出现。种族歧视和种族隔离之所以在20世纪末期以前的美国泛滥成灾,就是因为当时的美国民众普遍缺乏多元文化价值观和包容的德性。以盎格鲁-撒克逊文化之代表自居的美国白人为了保持美国文化的“纯白色”,对印第安土著文化和来自世界各地的移民文化采取排斥和压制的态度,结果导致了一次又一次少数族群争取多元文化共存的社会文化运动。好在美国在20世纪末变成了世界多元文化主义思潮的发源地,这对当今美国种族关系的改善无疑起到了极大的促进作用。

四

当今世界是一个多种民族文化共存的多元文化社会,但也是一个民族文化矛盾依然非常严重的多元文化社会。在同一个国家或社会里,不同族群、区域和个人之间的文化差异依然存在。在国际社会里,虽然经济全球化带来了一定程度的文化趋同化,但是民族与民族、国家与国家之间的文化差异性并没有因此而消失。因此,提倡包容的德性对于当今世界具有特别重要的现实意义。

从国家层面来说,提倡包容有利于遏止种族歧视和种族隔离现象。当今世界,虽然许多国家制定了促进民族平等和民族团结的政策和法规,但是种族歧视和种族隔离的现象依然严重存在。在美国,白人警察无端殴打黑人的事件时有发生。在非洲的一些国家,甚至还存在民族大屠杀的现象。因此,包容是推动国家层面的多元文化社会健康发展必不可少的一种德性。

从国际的层面来说,提倡包容有利于遏止文化殖民主义。第二次世界大战之后,赤裸裸的军事殖民主义受到了整个世界的唾弃,一些西方资本主义国家转而追逐文化殖民主义。它们以文化观念上的差异为借口,试图将其世界观、人生观和价值观强加于其他国家和民族。少数国家甚至不惜发动侵略战争来维护它们自行定义的民主、人权等文化概念。这种文化殖民主义行径与包容的德性背道而驰，既不利于国际多元文化社会的和谐，也不利于世界经济全球化进程的健康发展。

多元文化社会必然以多元文化的并存为特征，但它的发展必然以追求多元文化之间的和谐为旨归。这种和谐只能依靠包容的德性来实现。包容的德性不以消除人与人之间、族群与族群之间的文化差异为目的，而是追求不同文化之间的相互宽容、相互尊重、同生共荣与和谐发展。多元文化社会因为文化多元性而显得异彩纷呈，但必须依靠包容的德性才能显得和谐美丽。

（作者简介：向玉乔，男，1967 年生，湖南长沙人，哲学博士，湖南师范大学伦理学研究所教授。）

多元文化中的道德与世界和谐

聂文军

当今世界，诸多国家和地区之间发生的矛盾冲突甚至战争，经济政治方面的利益固然是其根本的原因，文化上、价值观或道德方面的对立也是不容忽视的重要因素；在特定条件下，价值观或道德的对立冲突，能够直接引发或导致国家或地区间的关系紧张甚至战争。不同民族、不同文化、不同社会形态之间的道德关系或伦理关系是否和谐，已经成为影响世界和平与世界和谐的重要因素。

纵观人类的道德生活史和伦理思想史，实际存在的道德的多样性和相对性、伦理理论的多样性与相对性都是不争的事实。各个哲学家和伦理学家面对这一现象非常迷惑，有的一味主张道德的特殊性、多样性，有的竭力寻求某种统一性、普遍性。究竟有没有客观的、普遍通用的道德，有没有可以解决一切道德分歧和纷争的最基本的道德原则？在当今世界经济发展全球化过程中，道德的发展会是怎样的？各个民族、各个国家都不可能摆脱其文化传统，抛弃其既有的道德体系，但我们又必须在同一个星球上共同生活和相互交往；为了在同一个世界中和谐地生活，作为生活在不同文化、地域和社会制度条件下的我们，究竟应当在道德上采取怎样的态度呢?

道德的产生和发展与人类所处的生产条件、生活条件以及地理环境密切相关。综观人类文明或文化的历史发展过程，道德的绝对性（普遍性、同一性、确定性）与相对性（特殊性、差异性、变易性）始终是紧密联系、不可分割的。生活在一定地理条件下和社会生产条件下的社会群体或社会组织，其所具有的道德对该群体或该社会组织的成员来说具有普遍的约束力，也就是说，这一道德体系对该群体或社会组织的全体成员而言是普遍的、确定无疑的、绝对的。但是,任何道德体系又都是相对的、可变的。适用于一定群体或社会组织的道德不一定能被别的社会群体或社会组织所接受;即使就同一群体或社会组织来说,随着其生产生活条件的改变以及所处地理环境的变化,该群体或社会组织所需要的道德也会或快或慢地发生相应的变化,特别是由生产方式所带来的社会形态的改变,能够使相同的群体或社会组织的道德体系发生实质性的改变,由此又使得产生于一定条件下的任何道德体系总是呈现出较为浓厚的相对性。

道德的绝对性(普遍性、同一性、确定性)与相对性(特殊性、差异性、变易性)是人类道德生活所具有的两个方面,但是,生活在不同地理条件和社会条件下的个人以及生活在相同的地理条件与社会条件下的个人,常常表现出对道德的绝对性与相对性的不同追求或偏好。有的人侧重于道德的绝对性,强调道德的同一性、普适性和确定性;有的人则倾向于道德的相对性,强调道德的差异性、特殊性和变易性(或灵活性)。就伦理思想的倾向而言,西方文化更多地倾向于道德的相对性,而东方文化则更多地倾向于道德的绝对性。由于诸多因素的影响,不同的个人——特别是不同的学者——常常在道德的绝对性与相对性这两个方面走向极端,使道德绝对主义与道德相对主义成为伦理思想史上的两种极端。

道德绝对主义（moral absolutism）又被称为伦理绝对主义

(ethicalabsolutism)①,它认为存在着绝对的、普适于全人类的道德原则和道德规范,这些道德原则和道德规范对于任何时代、任何民族、任何社会形态中的人都同等适用,它是永恒不变的。正如弗罗姆所指出的:"'绝对'伦理的含义是,伦理命题既是不可怀疑的、永远正确的,也是不容修正的。这种绝对伦理的概念出自于权威制度。它从上述这一前提中逻辑地推断出,正当性的标准就是权威所具有的不容怀疑的优越性和无所不知的能力。这种优越性的真正本质是主张权威不会犯错误,它的命令和禁律是永远正确的。"②对于这种绝对伦理的产生或形成,歧见迭出。传统社会通常认为源于权威;基督教主张源于上帝;理性主义学派则宣称源于人类的理性,如康德的义务论伦理学主张实践理性能够为人类制定普遍的道德律,而且人类的意志能够做到自律。道德绝对主义主张,存在着普遍有效的和必不可少的道德价值;如果某一社会、民族或文化不接受这些价值,那么它们就是不道德的。

道德相对主义(moral relativism)亦称伦理相对主义(ethical relativism),它认为道德规范、道德原则以及道德体系的现实运用总是不确定的、有限的、缺乏普遍性的,不存在普遍有效的和必不可少的道德价值;道德只是相对于特定的社会、民族或文化才是确定的和有效的。这几乎是贯穿全部西方伦理思想发展史的重要思想倾向,它汇聚了众多的思想人物和理论流派;西方伦理相对主义既不是一个独立的伦理学派,也不是某一时代的伦理思潮,而是在西方伦理思想发展史上所体现出来的一种具有长期性和普遍性的倾向——它在古希腊即有萌芽,在现当代得到凸显。欧洲中世纪在主要方面来说,确实是追求伦理绝对主义的,其相对主义的因素虽然较为少见,但依然存

① 一般而言,这两个概念是同义的,可互换使用;也有学者认为两者间存在细微差别。道德相对主义与道德绝对主义之间的关系也是如此。

② [奥地利]埃·弗罗姆,孙依依译:《为自己的人》,生活·读书·新知三联书店1988年版,第215页。

在相对主义的思想因素——具有浓厚的相对主义性质的现代基督教的境遇伦理学就以基督教的《圣经》为理论资源；基督教新教在使基督教世俗化和资产阶级化的同时，也表现出较为明显的相对主义倾向。

伦理相对主义的形成和发展既受到人们的哲学传统、社会习惯、价值观念等方面的影响，更多的是因为西方科学技术发展造成的对人们思维方式和价值观念的冲击。相对论、量子力学、计算机技术、遗传工程等新学科或技术的出现，极大地转变了人们的观念和思维方式："一切不再享有某种永恒的经典权威，相对性意义开始弥漫于各种科学、文艺和道德生活领域。观念的更迭、价值的变换以及人们思维方式和生活方式的革新，出现了前所未有的频率和态势。这一状况无疑影响到西方社会的价值观念和道德理想。道德相对主义取代传统的绝对主义而成为现代伦理思潮的一种普遍趋势。"①在现当代，伦理相对主义更是学派纷呈，蔚为大观。道德相对主义或伦理相对主义有多种类型，一般可分为认识论的道德相对主义、文化的道德相对主义和境遇的道德相对主义，其中尤以文化的道德相对主义最具影响力。

就一个社会本身的客观情况而言，道德体系本身具有相当程度的确定性，它得到该社会中的大多数成员的认可；而从跨文化的视角来看，一个社会中的道德绝不能原封不动地照搬到别的社会之中，一个社会中的道德仅仅对该社会或文化传统中的成员是确定的、普遍的和有效的，对别的社会或文化传统中的成员来说，则表现出十分鲜明的相对性。人类学家通常都非常怀疑发现普遍的道德原则的可能性。因为他们所看到的大多是不同民族、不同地区和不同社会的道德生活实践的巨大差异。文化相对论者通常认为，"一切道德信仰和道德原则都相对于不同的社会文化或个别的人。相对主义者主

① 万俊人：《现代西方伦理学史》上卷，北京大学出版社1990年版，第22页。

张，一个人的价值观或一种社会文化的价值观，并不或无需支配别人的行为。……道德的正确性或错误性随地区而异，并不存在可以在一切时代应用于每一个人的绝对的或‘放之四海而皆准’的道德标准。”①文化的伦理相对主义者主张“习俗支配一切”、“道德随地理而异”，不同的文化各有自己的是非标准和善恶标准，不能用一种文化的是非标准、善恶标准去衡量在另一种文化中生活的人的行为，不能站在一种文化之外的立场上（别的文化的立场上）去评判这一种文化。随着人类学研究的不断深入，相当一部分人类学者承认不同文化形态里的道德的多样性，但反对对这些不同的道德体系进行价值等级的排列：“各地的道德准则有差异，可是我们并不能因此说哪一种高，哪一种低。较为正确的观点是，每一种准则都适应着它特有的社会状况，应当根据它们维持社会秩序的效力作出评价。”②不同文化、不同民族之间的道德多样性和相对性应当使我们承认各种道德体系的平等性。

人类学家通常认为，伦理类型决定于文化类型，伦理是文化形态的组成部分。文化类型只有作为一个统一整体才能加以理解，在某一文化中，道德总是同诸如语言和基本政治制度等其他文化特征紧密相联的。属于不同文化的各个社会形态，其道德上所赞成的与所反对的事物往往十分不同。但是在一个社会内部，所有社会中的大多数人都具有道德的共同性，即关于道德上正确与错误的一般知识。对文化的伦理相对主义的反驳或批判，则主张人类本性的结构相同，至少是人类的基本需要存在着同一性，由此导致了生活于不同文化中的人类形成了基本一致或相同的道德原则和道德规范。由此可见，道德的相对性中包含了道德的确定性、普遍性和绝对性。

---

① ［美］汤姆·L. 彼彻姆，雷克勤等译：《哲学的伦理学》，中国社会科学出版社 1990 年版，第 50—51 页。

② ［美］雷蒙德·弗思，费孝通译：《人文类型》，商务印书馆 1991 年版，第 104 页。

道德相对主义与道德绝对主义都具有一定的真理性；由于它们各自对所揭示的部分真理的极端强调而使自己陷于片面和谬误。道德总是相对性（特殊性）与绝对性（普遍性）的辩证统一。一方面，道德规范和道德习俗具有历史性、民族性和时代性，这是一切道德都不可避免的；相对性中总是蕴涵着绝对性。人类自原始社会以来直到封建社会，各民族、各地区通常是在相对封闭的地理条件和落后低下的社会生产条件下各自独立地发展，他们之间的交往和交流往往是偶然的、松散的；与此相适应，他们的道德体系不仅在不同社会形态中要随着生产方式的不同而不同，而且常常在相同的生产方式或社会形态中表现出不同地区、不同民族或不同文化的特色。无论是文化还是其中的伦理，都既有适应其生存环境的特殊性，又有超越其特定环境而普适于人类社会的普遍性。著名道德心理学家科尔伯格指出，"人们在道德发展过程中，总是不断地将其普遍性的道德判断或原则从其主观的或文化中的特定的习惯、信仰、习俗中分化出来。"①习惯、风俗和信仰的不同并不一定意味着道德的不同，即使意味着道德的不同，也只是道德现象的不同，而非道德本质的不同。"多样化道德的存在，各种文化所制约的不同习惯的存在，这些情况与各式各样的非相对主义的伦理学理论是完全相容的。"②生活于不同文化形态下的人们虽然就善恶的具体内容来说常常有着极为不同的看法，但就他们都有善恶观念而言，就他们都要求讲道德和力求行善避恶而言，无疑是相同的，这即是道德绝对性（普遍性、共同性）的体现。另一方面，道德的绝对性也离不开相对性，绝对的（普遍的、共同的）道德总是要通过不同时代、不同文化、不同民族的特定道德而表现出来："所有道德总在某种程度上与社会性的当地情况相关联，当代的

---

① 郭本禹：《道德认知发展与道德教育——科尔伯格的理论与实践》，福建教育出版社1999年版，第73页。

② ［美］汤姆·L. 彼彻姆，雷克勤等译：《哲学的伦理学》，中国社会科学出版社1990年版，第61页。

道德力图摆脱全部特殊性而成为一种普遍性道德的愿望，只不过是一种幻想。”①道德的绝对性只能通过道德的相对性而体现出来。随着市场经济在世界范围内的发展，人类愈益突破地理环境对人类发展的外在限制和社会条件对人类造成的自我限制，使得生活在不同地区、具有不同文化特色的各个民族越来越广泛和深入地卷入到世界经济或全球经济的洪流之中；正是由于人类生产和生活的共通性和交互性，形成了人类共同的需要和能力；在此基础上能够产生或形成各种文化之间共通的道德规范。正是在经济全球化这一背景下，普世伦理或全球伦理日益提上议事日程；但普世伦理或全球伦理绝不意味着消除民族的或文化的特色而在形式上千篇一律。

道德相对主义强调差异、差别或多样性；道德绝对主义强调相同、同一或普遍性。道德的相对性与道德的绝对性不是相互对立，而是可以相互兼容的。“通常我们总是引用人类学和社会学的证据来说明道德判断是相对的。我们往往注意到其他文明社会中的道德观与我们社会的道德观迥然相异，也看到了某一特定社会中的道德观的历史演变。根据这一观点可以推知道德伦理是相对的，因为相对不同的社会与时代而言它们并非亘古不变。假如这种观点对道德标准产生怀疑，那么它也在怀疑科学，这是我们所常常忽略的。任何一个对科学史所知无几的人也会知道，今天的科学理论已经大大不同于一个世纪以前的，但很少有人试图以此为根据来否定科学研究的价值。”②正如科学的历史性并不排斥或否定科学的确定性和绝对性一样，我们也不能以道德的历史性（变易性）和多样性来否定道德的确定性和普遍性，道德的相对性并不排斥和否定道德的普遍性和绝对性。伦理思想的形成和发展，正如整个人类思想与文化的发展一

---

① ［美］A. 麦金太尔，龚群、戴扬毅等译：《德性之后》，中国社会科学出版社1995年版，第159页。

② ［英］宾克莱，孙彤、孙南桦译：《二十世纪伦理学》，河北人民出版社1988年版，第222页。

样,既有普遍性(共性)又有特殊性(个性),既有着民族(或地域)性又有能够互相沟通的共同性。

我们应当扬弃道德相对主义与道德绝对主义的片面性,辩证地综合它们各自的合理性,践行多元主义的道德观或价值观。

建立在道德的相对性与绝对性的辩证统一基础上的多元主义的道德观,倡导不同民族、不同文化、不同社会制度下的人们在相互交往中保持平等、相互理解、相互尊重和相互宽容。不同的社会、不同的民族有不同的道德准则和道德信念,而且每个社会的道德信念都深受其文化传统的影响;各个民族、各个社会都不能摆脱其历史、文化传统、风俗习惯、宗教信仰等因素的影响,这是不容置疑的事实。我们应在面对和接受这一现实的基础上,平等对待各个民族和不同社会各自的道德选择,在多元文化的背景下,在世界范围内相互尊重传统,实行价值的多元平等。对人类道德生活的历史相对性的充分认识有助于促进相互理解,相互理解的加深促进相互宽容。“宽容是我们这个多种族、多民族、多元化的社会的核心价值之一。……这个社会中的不同群体拥有非常不同的价值、宗教和习惯,为了能够和平相处,我们对这些差异的宽容是必不可少的。虽然有些行为与我们的行为截然不同,并且与我们所认为的正当的东西相差甚远,但我们仍要强迫自己对这些行为保持宽容(同时也意味着我们必须接受它们)……”①主张理解和宽容,绝不意味着抛弃本民族和自己社会的价值立场和价值主导。多元主义的道德观鼓励我们探索那些与我们有别的道德信念的理由,并促使我们审视我们自身所拥有的道德信念和价值观的理由。这使我们能够保持一种开放的海纳百川的心态而不是封闭的心态来盲目地拒斥外来文化。

建立在道德的相对性与绝对性的辩证统一基础上的多元主义的

---

① [美]罗伯特·所罗门,张卜天译:《大问题:简明哲学导论》,广西师范大学出版社 2004 年版,第 293 页。

道德观，要求各个民族与社会共同体相互学习，增进共识，为全球伦理或普世伦理的形成作出各自应有的贡献。由于道德的相对性中蕴涵着道德的绝对性，因此，不同民族、不同文化中的道德蕴涵了道德的普遍性和共同性，特殊的文化形态同时具有世界性的意义。“文化是属于人类全体的，不应有东西泾渭分明的对峙。每个民族的创造与发明，虽是克服各自环境挑战的成果，但这些成果不应只是个别社群的专利，而应供全人类所共享。”①任何文化固然具有相对性，其伦理的体系也不可避免地具有相对性；但个别、特殊的东西中同时既蕴涵了一般的、普遍的内容，任何一种特定的文化，同时也具有普遍的内容，正如我们所常说的，“越是民族的，越是世界的”。作为特定文化之一部分的伦理体系，在其相对的性质之中蕴涵着绝对的、普遍的成分。不同民族、不同文化、不同社会制度下的人们相互学习，取长补短，求同存异，从而能够对现当代的“普世伦理”或“全球伦理”的建设有所贡献。

文化的差异与价值的一致可以相容，这已经成为当代学术界的共同追求。从逻辑上看，世界和谐已经潜在地蕴涵了文化的多元性或多样性。失去了文化的多元性或多样性，和谐就无从谈起。道德的多元正是文化多元的有机组成部分。世界的和谐是动态的充满活力的和谐，而不是静态的一潭死水的自我等同。道德的和谐是世界和谐的重要内容和组成部分。在世界多极化和文化多元化的条件下，践行建立在道德的相对性与绝对性辩证统一基础上的多元主义的道德观，将极大地促进不同民族、不同文化、不同社会制度下的人们的相互理解、相互尊重，确立平等、宽容、和谐共处的伦理关系，这是人类走向世界大同的必经之路。人类的大同世界绝不是一个相同的、毫无差别的世界，大同世界意味着包括一切民族和种族在内的人

① 李日章：《科学与人文的护法——杜威》，（台北）允晨文化实业股份有限公司 1988 年版，《当代学术巨擘大系 · 总序》，第 3 页。

类全体成员达到了真正平等自由的状态。人类不仅摆脱了自然力对人的压迫,而且彻底消除了人对人的压迫,从必然王国进入自由王国;不仅实现了人与自然的和谐,而且实现了人与人的和谐。

(作者简介:聂文军,男,1967 年生,哲学博士,湖南师范大学伦理学研究所副教授。)

《法华经》中的和平思想

川田洋一 著　冉毅 译

一、三界乃火宅

《法华经·譬喻品》用“火宅”这个词来表现我们所处的现象世界，而佛就出现在这个世界之中，其具体内容如下：

> 大慈大悲，常无懈倦，恒求善事，利益一切。而三界生朽故火宅，度众生生老病死，忧悲苦恼，愚痴暗蔽，三毒之火，施以教化，使众生得阿褥多罗三藐三菩提。①

这里的三界（欲界、色界、无色界）就是指我们所居住的这个现象世界。此处充塞着以生老病死为代表的各种各样的苦恼，熊熊燃烧着“三毒”（贪欲、嗔恚、愚痴）之火。于是佛就现身在这“三界的火宅”之中，用大慈大悲之心来灭除三毒，以将众生从烦恼中解脱出来为己任。

即便是人类已经进入了21世纪，但每天在反复上演着“憎恶与暴力”的悲剧，仍不能免除憎恨、贪欲与自私这三毒之火的炙烤。

---

① 《妙法莲华经并开结》，创价学会2002年版（本论文译自《东洋学术研究》2006年第45卷第2号第64—86页的内容），第172页。

不仅如此，在人类刚刚迈进21世纪之际，2001年9月11日发生的恐怖袭击事件可以说是“炎然火起，焚烧舍宅”（譬喻品）①的历史性事件。之后恐怖主义与反恐怖主义之间引发了极大的纷争，甚至还导致了全面的战争，迄今为止这“三毒”之火大有蔓延到全世界各地，呈现愈演愈烈之势。

池田SGI会长在“9·11”事件发生之后，马上就洞察出21世纪人类必须直面的“三宅之火”本质，并导入了佛家的智慧。

池田会长和其他许许多多有良知的知识分子一道，并没有把“9·11”恐怖事件视为是所谓“文明的冲突”。他对于这次的恐怖袭击事件，发表了如下独特的见解：

“恐怖主义是对‘人类和平生活权利’的破坏。不管它是以什么正义或者崇高的名义进行，都是绝不能被允许的。即使是从生命尊严这一佛法的立场来看也是‘绝对恶’的。然而，如果简单来看待这一事件，把它仅仅解释为宗教和文明的对立，却是不正确的，甚至是流弊无穷的。”②

“9·11”事件的背后其实隐藏着政治、军事、经济等诸多方面的差异，横亘着巨大的压抑性结构。根据约翰·嘉顿的分类，战争、纷争以及恐怖事件的频频发生，属于“直接性暴力”，然而其罪魁祸首却是看不见的各种差距、压抑性构造以及贫困、饥饿、环境破坏、人权践踏等“结构性暴力”。此外，各种宗教的极端派别在看待其他宗教时，总是戴着一副有色眼镜，肆意歪曲其形象，引发“文化性暴力”。面对各类“暴力”，其中就包含这些“结构性暴力”和“文化性暴力”，如果不进行综合性努力的话，就不能防止“恐怖主义”和“纷争”的发生。

---

① 《妙法莲华经并开结》，创价学会2002年版（本论文译自《东洋学术研究》2006年第45卷第2号第64—86页的内容），第165页。

② 《〈和平世纪〉的大道》，《圣教新闻》2001年12月25日、26日、28日。

在《法华经·譬喻品》的经文之中,生老病死之苦就意味着当今"暴力"所引发的各式各样的苦恼,而这种暴力的表现形式多种多样。佛教在这些苦恼的最深处,在人的生命中发现了"三毒之火"。

站在佛教的这种立场上,"9·11"事件之后黑暗笼罩了整个文明社会,而池田会长却能独具慧眼,对其本质洞若观火,指出其实这就是不能明确区分"自己"与"他人",所谓"人性缺失"这一现代恶灵。并总结道:"真正的威胁,或者说必须战斗到底的敌人是贫困、无休止的憎恨,而其中最难对付的强敌是'人性缺失'这一现代恶灵",①以及"精神病理的本身"。②

这里所说的"贫困"是指在贪婪的驱使下,通过伤害他人、破坏他人来满足自身欲望这种欲壑难填的能量。也就是说,自身无法控制的欲望就是贫困的基础。所谓"不共戴天"其实就是自身控制不住了的嗔恚的外在表现。佛教认为嗔恚就是生命内在的愤怒、憎恨、烦恼、妒忌达到一定的强度,汹涌澎湃,最终成为"害"(暴力性)而喷涌出来。"贪婪"与"嗔恚"就是形成"结构性暴力"的诸恶之总根源。然而,池田会长却进一步指出这些万恶之源的发端就是"人性缺失"。这种"人性缺失"正是佛教表述的"无明"(愚痴),也就是我们一般所说的"利己主义"。

"无明"就是从"心中无人"这一狭隘的利己主义出发,从而否定了他人本身,将他人"物化"后,把他视为自己的敌人。最终的结果是将物化了的敌人与自己对峙起来,把自己也物化了,于是就压抑、削弱了自己内在的善性,并导致"三毒"的汩汩而出。

实体化之后的"自"与"他"都变成了"物",往往会产生一种相对于"缘起之法"的障碍("无明"),而这种"缘起之法"就是提倡自

① 第27回SGI日纪念提言《人性主义——地球文明的黎明》,《圣教新闻》2002年1月26—29日。

② 同上。

他应当相互依存、相互进步的。于是就会受到“三毒”的蛊惑，分离并最终了断自己与他人之间的联系。

进一步说，佛教的智慧指出现代社会不断出现的各种恶行（比如暴力与贪婪），其根源就是“无明”，也就是“人性缺失”。

池田会长在“9·11”事件之后，与各派宗教，包括基督教、伊斯兰教、犹太教、印度教、佛教等精神领袖一起，向在美国出版的题为《对于美国遭受恐怖袭击我的一点看法——灰烬中的重生》的论文集投稿。池田会长撰写的论文是《我们必须战胜的恶魔》，在这篇文章中，池田认为消除恐怖主义是一项艰巨的挑战，不仅要构筑一个暂时性的国际合作机制，而且还应该把它作为一个文明史上的课题逐步推进其理解，并主张要对人的善性进行深层次的发掘。①

“‘憎恶’与‘破坏’是割裂人类社会的万恶之源。但与此同时，‘慈悲’与‘创造’也是蕴涵在同一个人的心灵深处。如果每个人都能意识到这一点，用肉眼看不到的‘生命纽带’把单个的人结合成一个社会的有机体，我们将会迎来从割裂到结合，从破坏到创造的巨大时代变革。凭借军事力量等硬实力来解决问题，并未涉及问题的本质，因而不能从根本上加以解决。”②

因此，在任何场合我们都大声疾呼要通过对人内在“善性”的开发来进行文明之间的对话。在时代发生巨变的关键时刻，倚仗军事力量等硬实力来解决问题的话，就会引发大规模的流血惨案，在人们的心底埋下憎恶的种子。故而我们必须找出能适用于一切层面，具有综合性与复层性的方法。

此时，首先浮现于我们脑海里的是防止恐怖主义与纷争扩大的国际性的法律法规，或曰“国际法院”等依据法律来解决的模式。

然而如前所述，在直接性暴力背后隐藏的是意识结构性暴力，当

---

① 《圣教新闻》，2001 年 10 月 31 日。

② 同上。

我们触及这一深层时，就会发现以联合国为中心，各种形式的 NGO 组织彼此合作与协调，是“人类安全保障”中不可或缺的环节。前面讲到的“人类安全保障”，在今天正是为了满足人们的基本需求，即这个世界的主体——普通民众——的“能力强化”的重要形式。

这里，与“人类安全保障”相辅相成的是“人性开发”，两者缺一不可。只有哲学与宗教才是开发人生命中“善性”的钥匙。人通过善性能克服“人的缺失”之类的烦恼。使开发善性变为可能的：其一就是教育；其二就是各种文明、各种宗教之间的对话。通过和平教育、环境教育、人权教育等能开启孩子们生命中所蕴涵着的“善性”。这样我们就相当于从时间上的横轴上来开展教育，然后再从空间上的纵轴上来展开文明之间、宗教之间的对话。

通过“对话”能增加人与人之间的信任，打破潜藏在人们心底被歪曲了的文明观与宗教观，使个体的人能尝试着去了解各种文明与宗教中蕴涵着的共同美好内核。遵循人类比较普遍的共同美好内核包括爱、慈悲、非暴力以及人性伦理。当我们发现这些美好内核时，我们就会从以前割裂各种宗教与文明这种狭隘与误解的桎梏中解脱出来，打破“憎恶”的牢笼，开辟一条崭新的前进道路。

从世界各国最高领导人之间的对话，到各专门领域中对话，再到普通民众层次上的对话和交流，以及各种层次之间的对话，都是强调以上列举的各种对策和方法，这难道不是最根本的东西吗？只有把这种能开发“善性”的对话潮流扩大到全世界，方能在法律层面、经济层面、政治层面发挥出有效的作用。

二、《法华经》中的三大思想与和平

在《法华经》的三大思想之中，第一是“万人的成佛”；第二是“永远的佛”；第三是“菩萨道的实践”。从这三点出发，笔者想谈一下最终能导出什么样的和平思想。

第一是“万人的成佛”思想。《方便品》认为佛现身到这个现象世界的目的是“一大事因缘”。所谓“开示悟人”中“四佛知见”的这一句。

“诸佛世尊欲开众生佛知见,得清净,故出现于世。欲示众生佛知见,故出现于世。欲悟众生佛知见,故出现于世。欲导众生进入佛知见之道,故出现于世。”①

这里所说的“佛知见”也就是天台宗所说的佛性。② 佛出现的目的是使人们开启蕴藏在生命深处的“佛知见”(佛性),使众生得悟,引导他们步入佛道。这句话很好地展示了佛教尊重人的尊严这一主题。人的尊严就是其生命内部包含着的“佛知见”(佛性),即所谓的“宇宙的大生命”。

在一神教中,神的形象与平常的人十分类似,但其不同之处就在于突出“人的尊严”,以人权思想为一切的基础。与此相对,佛教虽然也是基于人权思想,但是它突出的是蕴藏在人身体之中内在的“佛性”。

《法华经》认为,每个人的心中都有内在的“佛性”,并归纳为二乘作佛,恶人成佛,女人成佛。具体来说,就是认为不分人种、性别、民族、文化、出生、身心状态、职业等,每个人心中都有“佛性”。这同时也是主张众生平等的依据。

所谓“开示悟入”蕴藏在生命内部的“佛知见”是指,能够使潜伏在生命内部的“可能性”显现出来。生命内在的“可能性”是指一个人所具有的善性、能力、感性与生命力等。

只要一个人心怀智慧与慈悲的善性,与周围的环境融为一体,积极发挥出自己的主观能动性,就可以与释尊同样伟大,同时使“可能性”全面变成现实。这就是佛教中所展示出来的“人的开发”的基础

① 《妙法莲华经并开结》,创价学会 2002 年版,第 121 页。

② [日]菅野博史:《法华经——永远的菩萨道》,大藏 1993 年版,第 95 页。

与方向性的根据。

《法华经·药草喻品》中有一个三草二木的比喻，指出不仅人类社会自身要和谐相处，而且人类还要与周围的环境和谐共处。具体如下：

“虽一地所生，一雨所润，然诸草木各有差别。迦叶啊！当知如来亦如是。出现于世如大云涌起，以大音声普遍世界的天、人、阿修罗，如大云遍覆三千大千国土。”①

这里把佛的出现比喻为大云起，把佛的说法比喻为大云覆盖三千大千世界（一切现象世界）。佛的说法就像大云之后的大雨，能平等地倾注到众生身上。然而，众生就像三草二木那样，根据其宗教能力的不同其领悟也各不相同，这就是这句经文的本义。

从这一点出发，池田会长在哈佛大学的演讲中，得出了“万物共生与和平的影像”这一命题。

“（这一比喻）直接表现了所有的人都能沐浴到佛的平等大慧之法，所有的人都能成佛。不仅如此，从人到山川草木等各种生命体，都在一边呼吸着佛的生命，一边讴歌着丰富的个体生命。这就是‘万物共生的大地’，一幅十分美好的画卷。”②

三草二木的比喻很好地说明了草木的个性与特征。在大宇宙平等的作用之下，万物就能充分地实现其可能性。日莲把个体的全面实现称为“樱梅桃李”。③

其实每个人也跟草木一样，一边呼吸着大自然，也就是“佛的生命”，一边发挥着各自不同的个性，就像上述比喻所描绘的那样，与大自然共生共荣，以及人类社会的和平和谐。这里我们将不再破坏生态环境，超越“直接性，暴力性结构”，人类共生繁荣的文化社会将

① 《妙法莲华经并开结》，创价学会2002年版，第242页。

② ［日］池田大作：《21世纪文明和大乘佛教》，圣教新闻社1996年版，第28页。

③ 《日莲大圣人御书全集》，创价学会1952年（本文在《昭和新纂国译大藏经·日莲宗圣典》东方书院1928年版中有收藏）版，第784页。

成为现实。佛教的终极目标就是创造出这种和平社会。

第二是“永远的佛”思想。《如来寿量品》称为“久远的释尊”。《法华经》根据“释尊”的解释，洞察出其本体就是“久远的释尊”或“永远的佛”。

“世间的一切，如天与人以及阿修罗等皆出自如今的释迦牟尼佛之宫，去伽耶城不远，坐道场，谓得阿褥多罗三藐三菩提。然善男子啊！我实成佛以来，乃无量无边百千万亿那由他劫。”①

其后，在五百点劫的比喻之中，释尊自身成佛，其实就是在阐述永远的过去。即便是关于未来，成佛之后到现在为止时间的两倍。实际上来说，未来的寿命也是无限的。

作为“永远的佛”，释尊与“永远的法”是一致的。于是“永远的释尊”就变成了“永远的救世佛”。释尊在过去以来永远成佛的活动，具体所示如下：

“是自从来，我常在此娑婆世界，说法教化。亦于余处之百千万亿那由他阿僧柢之国，导利众生。”②

释尊成道以来，用各种各样的手段来引导众生，利益众生，普度众生。这种大慈悲活动一直“未曾暂废”。③

创价学会的第二代会长户田从宇宙论的立场出发，将“永远之法”与“永远的救世佛”合为一体，把它们作为“宇宙佛”的大慈悲行进行展开。《法华经·见宝塔品》在空间上统一了十方诸佛，此外《寿量品》又在时间上统一了三世诸佛，将“永远之法”与“永远的救世佛”合为一体，把它称为“宇宙佛”，这是十分恰当的。

户田会长在慈悲论中讲道：“此宇宙都是佛的实体，都是宇宙万象的慈悲业，慈悲应当是宇宙的本然之行。”④而对于生在大宇宙中

① 《妙法莲华经并开结》，创价学会 2002 年版，第 477—478 页。

② 同上书，第 479—480 页。

③ 同上书，第 482 页。

④ 《户田城圣全集》第三卷，圣教新闻社 1983 年版，第 44 页。

人的使命，他又作了如下论述：

“既然宇宙本身是慈悲的，那么我们的日常行为当然也就是慈悲业的本身了。既然人是一种特殊的生命，那么人就不能站在一般动物与植物的立场上。只有更加高级的行为，才是真正佛弟子的态度。”①而且“必须在自觉的真慈悲上生息”②。

这里从宇宙论的观点出发，指出人的生命与存在意义以及使命是息息相关的。也就是说，生活在这个地球上的人，其存在的“宇宙论使命”就是参与了大宇宙的慈悲业，这就大大增加了它的作用程度。所谓“慈悲程度的增加就是参与了宇宙创造性的进化”。

《方便品》认为，人的尊严是人权论的基础，每个人心中都具有佛性，其潜在的可能性都能够转化为现实。此外，《寿量品》认为“佛性”是完全可以实现的，但只有作为“永远的救世佛”来参与“宇宙佛的大慈悲”才是实现的根本前提。换而言之，在大宇宙中“人的尊严”与“宇宙佛”是紧密结合的，实现慈悲的创造，也就是“宇宙的使命”。

在地球上，“人的尊严”并非是以“人”的生命形态体现的，而是“人”这种生命形态中所蕴藏的“佛性”全面实现之后，再通过慈悲等善性来参与“永远的救世佛”的救世行。

“三毒”与憎恶是伤害、破坏“自己”与“他人”，甚至包括大自然在内各种生命体的利刃，是对大宇宙慈悲行的一种反动，对于这样的人我们就不能认为他有什么尊严。然而，正如《法华经·提婆达多品》中所说的那样，佛教中没有永远的地狱。即便是反对大宇宙慈悲业的“人”，也可以根据内心的“佛性”来求取救世，再从佛教的立场出发参与实践的行为，最终就能发挥出人的尊严。如此看来，佛教的人权论与和平论的基础就建立在“宇宙佛”的永远救世行之上。

---

① 《户田城圣全集》第三卷，圣教新闻社1983年版，第45页。

② 同上书，第48页。

于是，这些肩负着“宇宙论使命”的任务形象，在大乘佛教中就作为“菩萨”出现了。

第三是“菩萨道的实践”思想。笔者首先尝试着把《法华经》中提到的各种菩萨的形象划分为以下两类：其一，地涌的菩萨；其二，其他的菩萨。

池田会长在《法华经的智慧》一文中，把“地涌的菩萨”看成是“本体化的菩萨”，将《法华经·药王品》以下的，比如药王、妙音、观音、普贤等诸菩萨看成是“形迹化的菩萨”，并阐述了两者之间的关系如下：

“首先打一个比喻。光线在通过三棱镜之后就会分散成七种颜色，光线是一个整体，而颜色是被分开出来的部分。在后灵鹫山会中形迹化的菩萨就用佛界之光来照射到心中，为每个人的使命涂上五彩斑斓的颜色。”①

具体来说，地涌菩萨（本体化菩萨）就是“光线”这个整体，而形迹化的菩萨就好比是七彩之色，各自有各自不同的使命。

地涌的菩萨在释尊入灭之后，作为弘扬《法华经》的菩萨，出现在《自地涌出品》之中。关于这类菩萨，该品的描述是：“身皆金色，三十二相，有无量光明。”②采用了几乎与佛差不多的言辞来进行表现。

在地涌的菩萨中有四位导师：“一名上行；二名无边行；三名净行；四名安立行。是四菩萨，于其众中，最为上首唱导之师也。”③

《法师品》认为此四导师铭记《法华经》，以弘扬《法华经》为己任，记载道：“此人为如来所使，为如来所遣，行如来之事。”④这就很

---

① ［日］池田大作：《法华经的智慧》第六卷，圣教新闻社2000年版，第13—14页。

② 《妙法莲华经并开结》，创价学会2002年版，第452页。

③ 同上书，第455页。

④ 同上书，第357页。

好地展示了地涌菩萨的存在特征。具体来说，在释尊入灭之后，地涌菩萨就成为佛的使者，由佛派遣行“佛事”，也就是行佛普度众生之事。

日莲引用了《御义口传》中《法华文句辅正记之九》的句子，说上行、无边行、净行、安立行等四菩萨分别配有常、乐、我、净四德。所谓四德就是在佛的生命中所具备的德行。“经文中说四导师是指四德：上行表示‘我’；无边行表示‘常’；净行表示‘净’；安立行表示‘乐’，有时一人兼具此四义。”①

我们看看现在一人所具有的四德，其中上行之德“我”就是与“永远的救世佛”融为一体的“自己”，从佛那里承担了“宇宙论的使命”，是救济民众与进行慈悲活动的主体。因为他与永远的“宇宙佛”融为一体，所以就能自由自在地破除各种障碍，为每个人都施以慈悲业。

净行中的“净”之德就是生命净化的作用。主体的“自己”（我）发挥作用破除恶心（烦恼），转换善性（菩提）。充满善性的“自己”就能自由自在地超越一切无边的障碍。这里的无边行中出现了“常”之德。所谓无边行就是上行表现出来的“自由性”。

把恶性心转变成善性的同时进行救济民众的“自由”活动，上行的“自己”（我）才能使安身立命的境界得以确立。只有这种境界才是真正的“乐”，我们把这种境界用“安立行”来表示。

地涌菩萨所具备的“四德”中，上行的“大自己”就与“永远的救世佛”合为一体，在进行救济民众、自由自在的活动时，就会在一种很高的境界或者善性之中展现出生命深处的真实活动。只有具备了“四德”的地涌菩萨，才能担当起“人类安全保障”与“人的开发”的重任，也就是《法华经》中所展示出来的人的各种类型。同时，也就

① 《日莲大圣人御书全集》，创价学会 1952 年版（此文献在《昭和新纂国译大藏经·日莲宗圣典》东方书院 1928 年版中有收藏），第 751 页。

是实现自我目标理想人的形象。

在“三界的火宅”中,地涌菩萨的慈悲行发挥了十分具体的作用。《药王品》以下就从各个角度描绘了这种行为,用另外一些菩萨的形象来表示。

“形迹化的菩萨”是一个群体,包括药王、妙音、普贤、观音等诸菩萨。这些菩萨活跃在医疗、艺术、学术、信息等各个领域,然而这里以人权思想为本,从各个侧面来理解“地涌菩萨”救济众生的自由作用。

从以上角度来看,在“三界的火宅”中,药王菩萨担当着“从疾病中解脱出来的自由”,保障一个人的粮食、水、医疗、保健,并还表示民众追求健康与长寿的权利。妙音菩萨主张音乐所象征的“艺术表现的自由”。普贤菩萨主张追求“学问与思想自由”的权利。

于是,倾听民众的诉求,实现其愿望,使民众达到无所畏惧的境界,这就是施无畏者,也就是观世音菩萨。观世音菩萨救济的具体内容是“具有现世利益性”的东西。在化为“三界火宅”的现实社会中,聆听民众的呼声,满足众生的心愿,构筑了“人的安全保障”的内核。我们从人权思想的角度来举出若干个具体实例。①

(1)即使冲入火海浑身也不带半片烟灰,即使被洪水冲走也能到达浅滩。这就是指自然灾害中“从恐怖中解脱出来的自由”。

(2)脱却大海中罗刹之难,三千大千世界中的夜叉与罗刹都不能加害。这就是作为夜叉与罗刹(恶魔)表现出来的“从暴力中解脱出来的自由”。

(3)遭逢王难之苦,被判处死刑命悬一线的时候,“刀寸寸而断”。既可以说是“政治权力的自由”,也可以说是“享受基本人权的自由”。

(4)即使被枷锁等刑具所束缚,也能够轻快地解脱出来。这就

① 《妙法莲华经并开结》,创价学会 2002 年版,第 623—624 页。

是在任何政治体制下"享受基本人权的自由"。

(5)遭遇他人毒手,无意或被迫喝下了千万种毒药之后,不仅自己安然无恙,加害的人反受其毒。这就具体地表现了"从毒药恐怖中解脱出来的自由"。

观世音菩萨慈悲的作用,不就是确保"从暴力、灾害、毒物等各种恐怖中解脱出来的自由"吗?

用"形迹化的菩萨"的慈悲来象征"自由",如今"人的安全保障"、"人的开发"、"人权"等都是救济民众的具体内涵。

《法华经》中的众菩萨,包括"地涌菩萨"和"形迹化的菩萨",最终将他们融为一体,人类一直梦想的"自我实现"这种最高境界,正是通过这些菩萨表现出来。

三、"积极性和平"的实现

佛教中所描绘的"恒久和平"并不是指没有战争的"消极性和平",而是提升到了一个更高层次、超越了"结构性暴力"所表现出来的"积极性和平"。在"直接性暴力"横行无忌,"结构性暴力"恣意扩张的今天,人们不由得把目光投向了"人的安全保障"。我们始终要把重点放在活着的人身上,比如说他们的生存状况、生活情况以及获得尊严。

"人的安全保障委员会"于 2003 年 5 月发表了最终报告书。该报告书指出,安全保障的重点必须从国家安全转换到个人安全上,主张安全地参照转移。同时,该委员会还给"人的安全保障"下了一个定义,那就是:"一定要坚守人生中不可替换的中枢部分,让每个人都能实现其自由性与可能性。"①所谓"生"的中枢部分是指人应当

---

① 《安全保障的今日课题——人的安全保障委员会报告书》,日本朝日新闻社 2003 年版,第 11 页。

享受到的基本权利与自由。“人的安全保障”中包含各种各样的自由,主要包括“从缺乏中解脱出来的自由”、“从恐怖中解脱出来的自由”和“为了自身而采取行动的自由”等。

吉田文彦在《“人的安全保障”战略》①一书中认为,“从缺乏中解脱出来的自由”包括“从贫困中解脱出来的自由”、“从饥饿中解脱出来的自由”、“从疾病中解脱出来的自由”和“确保清洁的水资源与空气”等。“从恐怖中解脱出来的自由”包括“从暴力、犯罪和药物中解脱出来的自由”。而对于“为了自身而采取行动的自由”,他则列举了“参加家庭生活和各种民族集团的自由”,政治上的安全保障则列举了“享受基本人权的自由”。于是,委员会认为“人的安全保障”就是拥护人生存的基本自由,守护个人使之免遭广泛而严重的威胁。②

人如果要守护基本的自由,特别是自己为了提高自身,如何才能把内在的潜能激发出来呢?报告书从战略的高度出发,指出主要是“保护”与“能力强化”。所谓“保护”是指经过国家、国际机构、NGO、企业等努力,使个人免受暴力、纷争、贫困、恐怖主义、金融危机、人权践踏、艾滋病等威胁。所谓“能力强化”③是指一个人即使是在孤寂的环境中也能自立自强,能把自身的潜能发掘出来,强化自己的综合素质。

只要能通过教育积极地转变观念、摄取知识与信息、培训技能等,自己的能力得到强化之后,主体就能参加并实现“人的安全保障”。

拓展“人的安全保障”的范畴,甚至把它延伸到人生命内在的“潜能”层面,这样就必须把它跟“人的开发”紧密相连。“人的开

① [日]吉田文彦:《“人的安全保障”战略》,日本岩波书店2004年版,第7页。

② 《安全保障的今日课题——人的安全保障委员会报告书》,日本朝日新闻社2003年版,第11页。

③ 同上书,第19—21页。

发"这一概念最早是由巴基斯坦的玛卜鲁·帕克与印度的阿玛鲁提亚·森提出来的。

"可持续人的开发"的实现则必须根据《人的开发报告书》(1994年)的内容,具体如下所述:

"人生活在这个世界上的同时,兼备特定的潜能。开发的目的就是要提高每个人的能力,创造出横跨两代人,能扩大获取机会的环境。'人的开发'真正的基础就是每个人追求生存权利得到普遍的认同。"①

"人的开发"就是把人的潜能挖掘出来并加以提高。因此,森指出:"现实世界中总是有很多东西制约、束缚着人的生命,阻碍了潜能现实化的实现。人的开发主要的侧重点应该放到消除这种阻碍之上。"②至此,就出现了许多用来衡量人的开发的具体指标,比如说有个人开发指数(HDI)、性别授权指数(GEM)、千年开发目标(MDGS)等。

印度的斯瓦米那善认为,"综合性的评价基准应该包括:教育;医疗保健;寿命;识字能力;在物质充分的基础上的男女平等;获得职业、技术、教育的机会。"③

森认为"人的开发"与"人的安全保障"的关系相辅相成,不可分割,具体如下所述:

"在广阔的领域里进行人的开发,必须把重点放在推动人的进步与增进人的认识之上,使他生机勃勃,充满活力。这种概念的目的就是使人的生命活动更加丰富多彩,让他勇于征服新的领域。应该坚守的不能轻言放弃,除此之外必须奋勇向前。在这里'人的安全

---

① UND,《人的开发报告书》,国际协力出版社1994年版,第13页。

② 《安全保障的今日课题——人的安全保障委员会报告书》,日本朝日新闻社2003年版,第31—32页。

③ [印度]M. S. siwaminasan、[日]池田大作:《"绿色革命"和"心灵革命"》,日本潮出版社2006年版,第148页。

保障'这一概念就具有特殊的意义。"①

关于两者的相互联系,如下所示:

"'人的安全保障'这一概念,必须通过对'状况恶化的危险性'表示直接的关心,来补足乐观的、扩大的个人开发。""在大多数情况下'人的开发'必须把重点放到'在成长的前提之下确保平衡'之上,关于这一点,已经有很多的文献资料论述过了,此外在现实中也有很多的政策意识到这一点了。与此相对,一定要认真考虑'人的安全保障'在'危机下的安全确保'。"②

"人的安全保障"只有在危机的状况之下,其安全性才能得到确保,为了"人的开发"机会才会变大,选择的道路也才会增多。这也就是"自由"的增加。如果两者相辅相成,共同合作,具备各种环境条件的话,就能很好地激发人的潜能,也将会踏上自我实现的康庄大道。

森还触及了"人的安全保障"与人权之间的关系。

"主张人某种基本的自由应当得到尊重、支持和延伸,这是人权进步的重要标志,这也应该说是人权观念的规范性本质。然而,什么样的自由应该与人权相匹配,为社会所承认,保护和推进?对这样的问题我们还不能做出回答。"在这一点上,如果我们要回答新旧基本的危险性因素中什么样的自由更重要这个问题的话,"人的安全保障"的提出就作出了重大的贡献。具体来说,这就是在人的生命中,重视安全思维方式的源泉。在大多数情况之下,承认特定的自由是人权在伦理上的先决条件,这也是人权与伦理的结合点。这样人权就能与"人的安全保障"共同前进,共同提高了。③

如上所述,在各种危险状况中,如果要指出什么样的自由更为重

---

① 《安全保障的今日课题——人的安全保障委员会报告书》,日本朝日新闻社 2003 年版,第 32 页。

② 同上书,第 32—33 页。

③ 同上书,第 34—35 页。

要的话,“人的安全保障”就是一条能通向最终答案的重要线索。另一方面,要具体推进“人的安全保障”,作为伦理性的力量,人权将发挥出重要的作用。“人的安全保障”、“人权”、“人的开发”相互补充,相互倚靠,保护“人的生命”,守护生存权与基本的自由,开发和强化内在的潜能,使每个人都能够享受到丰富多彩的人生。

根据“人的安全保障”与“人的开发”,它们所开发出来“人”的能力和可能性到底是指什么?人的安全保障委员会认为,在“人的安全保障”前提之下,决定人的生活方式的是人本身,做任何事情都应该从这种思维方式出发。人为了自身而进行各种努力,而“人的安全保障”则是支撑这种努力的基础和前提。①

主动地去开拓自身的潜能,应该度过什么样的人生,应该如何进行自我实现等都一定要取决于他的自身。具体来说,消除实现自身可能性的阻碍因素,在提高自身能力而努力进步的过程中,必须是在人本身所持有人生观的范围之内。

《法华经》从和平论的角度出发,在《方便品》中写道“万人成佛”,其意思就是说每个人的身上都具有善良、生命力、感性以及各种能力。在使那些“可能性”得以实现的方向之下,活用各种环境条件,在自我自由意志的前提下进行选择,这就是人生的目的。

“人的安全保障”、“人的开发”中所说的“能力”也就包括了佛教中的各种能力,也就是指各种潜在的“可能性”。“能力”中包含有知识、经验、技术的训练,要自我实现则必须活用这些能力。这将关系到我们是用“三毒”与利己主义来蒙蔽自我,还是用善良来实现自我的大问题。

当然,“人的安全保障”、“人的开发”、“人权运动”中所期待的“自我”就是富有善性的“自我”。佛教认为善性中包含了信任、惭

① 《安全保障的今日课题——人的安全保障委员会报告书》,日本朝日新闻社2003年版,第12页。

愧、无贪(能控制贪欲的力量)、无嗔(能控制嗔恚的力量)、不害(抑制暴力的力量),通过这些就能实现慈悲,就能超越"无知",即"无明"这种"人的缺失",启迪并获得大智慧。

被这些善性所守护的"自我",将会发挥出各自不同的个性,运用我们已经掌握的能力,使生命更加丰富多彩,最终达到自我实现。

这样的"自我"就确保了"自我尊重",充满了骄傲与自豪。这种理想的模样就是地涌菩萨的"我"(大我),也就是我们实现了自己的使命,而这种使命是大宇宙交给我们的"宇宙论的使命",因此我们的内心中就包含着自豪。"宇宙论的使命",这是一种人生态度,是为了使烦恼的人得到解脱并使他们获得幸福而在活着时发现了生命价值的人生态度,将"自我"实现与他人幸福融为一体,其终极目标是使"自"、"他"都能享受到丰富的人生。只有《法华经》所描绘的这种具有菩萨精神的"自我",才是创造和平的主体,也就是与21世纪地球市民的"自我"相适应。所谓"人的安全保障"、"人的开发"乃至"人权运动"的目标也就是创造"和平",就是培育其主体的人们和地球市民。

四、地球市民的条件——靠近不轻菩萨

《法华经》能找到不轻菩萨,而地涌菩萨的具体行动被视为释尊过去修行的模样——不轻菩萨。日莲在《崇竣天皇御书》中说道:"一代之关键乃《法华经》,《法华经》修行之关键乃《不轻品》,崇敬不空菩萨之人,任何情况下,佛主释尊出世之本怀就在人的行为。"①在《方便品》中,释尊有一大事因缘,这就是出现在这个现象世界的目的就是作为人的真实行为,也就是不轻菩萨在礼拜修行中所描

① 《日莲大圣人御书全集》,创价学会1952年版(此文献在《昭和新纂国译大藏经·日莲宗圣典》东方书院1928年版中有收藏),第1174页。

绘的。

作为与地涌菩萨相并迹化的菩萨群，如果与在《法华经》中所记载的菩萨“自己”相符合的话，就符合了与地球市民的“自我”条件，那就能学习不轻菩萨的实践，进行“自我”的行动。

《不轻品》中说，在增上慢的比丘具有大势力的时代，出现了一位名叫“常不轻”的菩萨，向自己所遇到的人施礼，并称赞他们。

“我深敬汝等，岂敢轻慢？所以如何，汝等皆行菩萨之道，当得作佛。”①

然而，对于不具备任何资格常不轻菩萨的授记，有人居然骂道：“我等不用受如是虚妄之授记”。于是众人手执木棍与瓦石欲打。不轻虽然避开了，但口中仍唱道：“我不敢轻汝等，汝等当得作佛。”不轻菩萨在临终时，听到了从虚空中传来的威音王佛在涅槃之前所说的《法华经》的偈语，于是就变得六根清净，延长了自己的寿命。不久增上慢的众人听说了不轻菩萨之法后，大为信服。

经典中所记载常不轻菩萨的这种行为，大概会给作为地球市民“自我”的行为一些启示吧。

第一，不轻菩萨尊敬他人，即使增上慢的众人表现出明显的厌恶之情，但他仍向隐藏在人内心的“佛性”施礼。于是，所有的人都能实践菩萨道，必然使“佛性”显现出来，都能切身体会到充满善性、成佛的大境涯。也就是说对所有的人，即便现在迫害他人的人，也要将他们作为未来佛进行平等的尊敬。在此，佛教徒有对尊敬他人生命的绝对信仰。洞察隐藏在烦恼内部闪闪发光的“佛性”，显示出作为相信其有形化人的真实生活方式。在实践上证明“人的尊严”。

第二，不轻菩萨为了使“佛性”显现出来，作为一种手段始终贯彻“非暴力”。采用非暴力反抗英国殖民主义者，并将其发扬光大的英·甘地，就将人的尊严视为非暴力的精神力量。

---

① 《妙法莲华经并开结》，创价学会 2002 年版，第 557 页。

“暴力是野兽之法,非暴力是人类之法。野兽的精神总是沉睡,除了身体力量之外野兽对其他法一无所知。人的尊严要求服从更高的法,这就是精神的力量。”①

对于憎恶与迫害,不轻菩萨用精神的力量来进行应对。甘地将宇宙的实在表现为“真理”,作为体现“真理”的手段而高扬“非暴力”的旗帜。于是,两者的关系就譬如硬币的正反两面,“真理”的获得与表现都只能源于“非暴力”。

《法华经》将宇宙的实在表现为“永远之法”,为了表现与该法融为一体的“永远之佛”,解说了菩萨道的实践,这种实践还包含以不杀生戒为首的各种持戒。将“永远之佛”从生命深处显现出来,除了贯彻非暴力之外别无他法。把暴力与厌恶作为手段来表现佛界是不可能的。

不管在任何场合,不轻菩萨都关注着对方的“佛性”,采用非暴力与善性来进行应对。实现和平就只能采取和平的手段,这就表现出目的与手段是不可分割的。

第三,不轻菩萨在临终之际,倾听到了佛的声音而变得生命清净,延长了寿命。既是临终时佛界的表露,也是佛性的全面开花。不轻菩萨依靠佛界的生命力延年益寿,然后又将延长了的生命奉献出来,以此解救众生。即使是迫害过不轻菩萨的众生,听了不轻菩萨的说法之后也能信受。也就是说,在被恶心所笼罩众生的生命深处,佛性在开花,作为信受的善性表现出来。在此,“自”、“他”一起根据“佛性”的显露而出现了幸福的境涯。

像不轻菩萨这种菩萨道,所谓“自我”实现就是“自”、“他”一起的佛性开花,只有在与他人的相互关联之中,才有可能完成“大我”,而不是仅仅自己一个人的平安与和平。在地球上所有人的全体和平

① 《剑的教义》,[印度]Mahatoma · gandi,[日]森本达雄译:《我的非暴力1》,misuzu书房1970年版,第6页。

之中,才能实现所有人的平安。这样的话,对“人的安全保障”、“人的开发”这种目标的能力强化,就表现在朝着“自”、“他”一起的幸福进行非暴力的努力。

池田 SGI 会长展望 21 世纪,作出了以下的论述:

“只有在新世纪,只有在 21 世纪,无论如何必须将‘不杀生’这条大原则作为人类的‘根本正义’。‘作为诉诸自我所主张的主义之手段,决不能采用暴力’,如果不把这一共通理念传播并根植到全世界的话,人类将‘一点也学不到 21 世纪的教训’吧。21 世纪真正的战争既不是文明与文明之间的战争,也不是宗教与宗教之间的战争,而是暴力与非暴力之间的战争。”①

担当这种“非暴力”战争的主体是地球市民。最后笔者想列举一下《法华经》中所示的关于地球市民的条件。

第一,地球市民必须要以支撑人的尊严、生命的尊严的深远生命观作为基本前提。地球市民的生命观是建立在“永远的东西”、“根源性东西”基础之上的。《法华经》在《寿量品》中论述了与“永远之法”融为一体的“永远之佛”。将宇宙生命本身作为自身的宇宙佛,就是永远的解救佛。

第二,将永远的解救佛作为基础,就能使《方便品》中的“万人成佛”得以确立。地球市民的“人的尊严”不论其人种、性别、民族、文化、职业、出生都具有“佛性”。然而,要将其显现出来的“万人成佛”观具体化。

第三,就像不轻菩萨的行动所表现出来的那样,地球市民要始终贯彻“非暴力”的思想。作为创造和平的方法不采用暴力,利用非暴力的手段,发挥智慧与慈悲来进行开发。比如开展对话、交流,参加教育、文化和意识启蒙等活动。

---

① 《难得的相遇》第三十二回,《圣教新闻》2001 年 9 月 23 日,印度文化关系评议会 xikeli 原长官。

第四,所谓地球市民的自我实现是指,为他人而奉献,为解救人类和实现地球的永久和平而竭尽全力,毫无保留。就像地涌菩萨出现所表现出来的那样,《法华经》中的菩萨道就是为"永远的佛"所托付的,担负起解救人类的这一"宇宙论的使命"。主动意识到出现在这个世界上自己所担负的使命,开拓"誓愿"的菩萨道。

第五,作为永久和平社会的模样,《法华经》的《药草喻品》中提到了一个三草二木的说法。也就是说,地球市民具有实现"多即一"、"一即多"的"多文化共生观"和"和平文化观"。即在各自使"樱梅桃李"和个性开花,以及强化能力的同时,在最终的协调之中,共生的统一性得以保存的文化社会。

第六,形成"多文化共生"文化社会的地球市民"自身"也必须是多元化的"自我"。就像《法华经》中形迹化的众菩萨行动那样,以各色各样的模样现身,再根据不同的对象开辟出实现众生之路。根据众生的苦恼,以不同的法身出现,比如妙音菩萨有 34 法身,观音菩萨有 33 法身。至于地涌菩萨与形迹化菩萨的关系,既是多元化的自我,也是统一的自我,显示出"多样性与协调的统一性"的"自我"。

第七,地球市民的菩萨性"自我"就是"全球性思考,地域性行动"。从该观点中看到菩萨性"自我"的结构,就会浮现出"自我"的多重性。创价学会第一任会长牧口在《人生地理学》中论述,作为"世界达观的顺序"①的"乡民"、"国民"和"世界民"。如今,自己居住的地方就是"乡土",仔细观察这里的话,就会将视野扩展到"民族"和"国家",可能就会变成与大自然共生的"地球市民"。牧口会长认为如果强烈地诉诸乡土生活的体验,以此为出发点放眼世界的话,就可根据现实性来培育"地球市民"。

菩萨性的"自我"具有多重性,是"民族性的自我"、"国民性的自我"与"作为地球人的自我"相互重叠,最终协调统一的"自我"。那

① [日]牧口常三郎:《人生地理学》(1),圣教文库 1971 年版,第 29 页。

样的“菩萨性的自我”一方面扩大了“乡土”，即生活的场所；另一方面作为“国民”，甚至作为“地球市民”，在各自不同的场所和领域中进行活动。

以上所分析的，具有统一性的，贯彻“地球市民”的一切条件是指，为“永远的解救佛”所托付的“宇宙论的使命”，即“誓愿”这一目的，以及能实现该目的的“非暴力”与“慈悲”这一手段。为了实现这种“目的”与采用这种“手段”而生活的“地球市民”，就能创造出《法华经》所描绘的“永久和平”。

（译自《东洋学术研究》2006 年第 45 卷第 2 号，第 64—68 页。）

（作者简介：川田洋一，东洋哲学研究所所长。）

《法华经》智慧的慈航

——融合·共生

冉　毅

池田大作在实践其佛学理念的过程中,表现出惊人的毅力和睿智。这勾起我们一个思考,促使池田超越自身的局限,不断地向精神思考领域的难题——“与自然的共生”、“与人的融合(和谐)”、“为实现人类和平寻求方略”的动因何在,驱动着池田前瞻性地思考的思想源泉究竟由来于何处。笔者认为,这是研究池田宗教哲学思想必须展开的课题。

池田认为:东方拥有“接纳多元性”的传统,……深信东方社会的“尊重多元性”、“积极宽容性”将成为21 世纪的正确指标。池田还指出,由于20 世纪过分重视单一哲学,人类思想亦局限在表面的意义形态,因此“文化的多元性”一直遭到否定。例如,由于人类将西方的“物质文明”视作绝对价值,世界便产生了许多乱象。① 池田的论述总结了20 世纪的精神教训,并启导众生总结教训,在21 世纪以“尊重多元性”、“积极宽容性”为指标,建设生活,丰富精神。

---

① 参见[日]池田大作、[印度]钱德拉:《畅谈世界哲学——钱德拉与池田大作对谈录》,新加坡明报出版社2005 年版,第7 页。

池田在表述他的佛学理念尤其是生命的意义时,有一个极其简约的表述:生命其自身既是作者,又是作品。作为"作者",人是创造的主体,而作为"作品",人又是创造的客体,正是这种主、客体"不二",价值创造才是可能的。同时也必须将创造理解为在现实生活中进行的创造,重视以创造活动变革现实的意义,池田认为,自由的实相只有在活生生的现实中探索、构造。所谓人的现实,是民众生活里的真实感的别名,如果分割开来,就不是"为人的自由",而是为"自由的人"。①

在以上的理念阐述中,池田表现了一个本源性思想,即佛教的基本宗旨始终是从人类生命的内部开发智慧,强化以每个主体生命的实践性、创造性体现生命的意义。而生命过程的世界观、价值观的形成沿着怎样的思维方法论取向正是在佛法修炼的全过程中不气馁的追求,这一过程就是生命创造价值。

池田的宗教哲学思想有非常丰富的阐述,著作浩繁,尤其是他的关于生命创造价值的思想的来源与《法华经》之精髓有着不可分割的渊源联系,尤其在他实践《法华经》智慧的过程中,表现出了丰富多元的形式,对推进人类和平,构建世界和谐、融合、共生有普遍意义,有启导意义。所以,从客观意义上说,研究池田的这一思想是有价值的。本文依凭池田著作中阐释的《法华经》精神的文献,探讨池田宗教哲学思想中最精髓的"融合 · 共生"思想和他的佛学"生命观"的来源。《法华经》是天台宗最为核心的根本大法,本文必然言及天台宗东渐日本的部分史事,但本文并不是这些史事的历史考证,只是通过《法华经》和与此相关的天台三大部——《法华文句》、《法华玄义》、《摩诃止观》——传播至日本及其对池田宗教哲学思想的形成的渊源影响作论据而阐述。

① 参见[日]池田大作、[印度]钱德拉:《畅谈世界哲学——钱德拉与池田大作对谈录》,新加坡明报出版社 2005 年版,第 54 页。

一、池田对法华智慧的弘扬

池田著作中大量地陈述了《法华经》的精神理念，他著有《法华经的智慧》、《法华经的慈光》、《法华经的福德》、《法华经的寿量》、《法华经的欢喜》、《法华经的希望》①六部著作。

●早在20世纪70年代，池田先生与汤因比博士对谈，展望21世纪，探讨生命的"终极存在的合一"的问题，池田说，《法华经》中指出："生命"的这种转变的秘诀，那就是按着伟大的佛"法"去开导存在于自己内部的佛性。在开导自己生命的佛性时，教育人们对其他的一切都要表现出无限的慈悲。池田生动地描述了"菩萨界"和"佛界"的区别，说"菩萨界"是达到"佛界"的过程。池田说，《法华经》指出的佛的目标，也是使所有的人跟佛本身一样达到悟性。佛的悟性、佛的境界——"在宇宙背后的终极的精神之存在"一样——就是指醒悟存在于宇宙背后，并包含整个宇宙的"法"，与"法"合为一体，得到"大我"的人格。因此，所谓"佛界"的生命，不能根据某一特定部门的性质下定义。它只能表现为包括横（空间的）的一切的"完全"，包括纵（时间）的一切"永恒的满足"的状态。换句话说，佛的境界，就是这个生命通过知觉而感知的内部状态。在显现于外的具体现象的范畴中，它或者是"菩萨界"、"天界"、"人界"等九界。对于如何把握生命的存在形式，池田说用动的观点把握生命——"十如是论"表述了生命的"动"，因为"天界"的生命出现时，生命跟外界怎样联系，肉体表现出什么变化、什么特点并怎样进行流转。所谓"如是"就是对真实要原原本本地去认识的意思。在《法华经》的"方便品"中，对"十如是"有所论述。其内容有相、性、体、力、作、因、缘、

① 该系列丛书1997年译成中文，台湾正因文化出版；日文原版出版于1982年。

果、报等,而这些又是融为一体的。第一个“相”,是生命表现于外的形象。按照“三谛论”,可以认为相当于“假”。“性”是生命的内在天性,是指人的生命的性质、心、智慧、精神等而言,相当于“三谛论”的“空”。“体”是生命的统一主体,把作为“相”的身和作为“性”的心统一起来的生命主体,相当于“三谛论”的“中”。“相”、“性”、“体”三者是指生命的实际说的。就是说,生命的实际可以从“相”、“性”、“体”这三种观点去理解。“相”、“性”、“体”这三者相互联系,同时又构成一个统一体。剩下的七个“如是”,把这种统一体的运动状态规则化了。

●池田在《续·我的佛教观》①一书中,论及了罗什《法华经》的汉译,南岳慧思与《法华经》,慧思的法华开悟,天台大师的《法华文句》、《法华玄义》以及“一念三千”的含义。尤其以智顗一生对《法华经》的弘扬实践,阐述了池田自己弘扬《法华经》理念的缘起以及如此执著之因由。池田说:“归根结底可以这么说,鸠摩罗什所译的汉译经典,在古今翻译史上是罕见的名译,为人们广泛读诵,直至今天仍然未失其光辉。特别是他译的《妙法莲华经》,是为数不多的佛典中的最高峰,在以后长达1500年期间,最为广泛地为人们所读诵。这是不可动摇的事实。《高僧传》罗什临终时与众僧诀别,言:‘自以阇昧谬充传译,……若所传无谬者,当使焚身之后,舌不焦烂。’这表明最后罗什的身体虽然消失了,但他译出的《妙法莲华经》却放出不朽的光辉,永存后世。”②在《法华玄义》中,天台大师用“名、体、宗、用、教”五重玄解释了《妙法莲华经》的经题。池田经年修习法华,学达性通其真意,他教导其弟子们,在谈论《法华玄义》时,必须要围绕天台五重玄这个中心。《法华玄义》首先提出:释名第一,辩体第二,

① [日]池田大作:《续·我的佛教观》,四川人民出版社1998年版;日文版出版于1976年10月。

② 引自同上书,第68页。

明宗第三，论用第四，判教第五，释此五章，有通有别。认为“通则七番共解，别则五重各说”。这里所说的七番共解是：一标章，二引证，三生起，四开合，五料简，六观心，七会异，即通述五重玄的概要。其次是别释五重玄义。在第一释名章中，解释了“妙法莲华经”五个字。认为“妙法”是法，“莲华”是比喻，“经”是通名。关于“法”，智𫖮认为是心、佛、众三法，并认为这三法无差别，是十界互具、百界千如，如一即一切实相，即一切法都阐明平等圆融。日莲在《撰时抄》中准确地给三大部定下了位置：“在像法一千年之半时，天台智者大师出现，将妙法莲华经的五字题目详释于《法华玄义》五卷一千页中。《法华文句》十卷始于‘如是我闻’，终于‘作礼而去’，一字一句作出因缘、约教、本迹、观心四种解释，亦写一千页。以上《法华玄义》、《法华文句》二十卷，将一切经之心当作江河，将法华经比为大海，使十方界佛法之露一滴不漏地注入妙法莲华经之大海。而且，天竺之大论诸义，一点不漏；汉土南北十师之义，该破者破之，该取者取而用之。”池田总结说：天台三大部写成以后，《法华经》由于《法华玄义》和《法华文句》而获得理论上的明确解释；就《法华文句》的内容，池田强调说日莲《撰时抄》的归纳是：天台大师是以因缘、约教、本迹、观心四种解释方法解释了鸠摩罗什译的《妙法莲华经》的一部八卷的文句。池田指出：天台大师在当时是“内鉴冷然”，从其悟达的境地在理论上把《法华经》体系化了。一念三千出典于《摩诃止观》第五上中的“第七之正观、十境、十乘之观法”的第一，起名为观不可思议境。其中说了一念三千的法门：“夫一心具十法界，一法界又具十法界、百法界。一界具三十种世间，百法界即具三千种世间。”所谓“一念三千”乃谓众生在其刹那生起的介尔一念之中，即具足三千世界一切诸法性相。这就是说，我们的一念的心中具足三千诸法，以空假中的圆融三谛来观不可思议的妙境，这就是天台的圆顿止观的实相。所谓“止观”，止是把念同法界相联系，观是把念同法界合二为一，完全是在自己的心中观十法界。天台大师自 7 岁听《法华经》

普门品到57岁讲说《摩诃止观》的50年期间,一直孜孜不倦地钻研《法华经》。他幼小学习《法华经》,钻研佛法的奥义,在中国的大地上行动的足迹,都是弘通法华的远征。

●池田在,1997年出版的《法华经的智慧——畅谈21世纪的宗教》一书中,谈到莲华的文化史意蕴。南无妙法莲华经,题目以梵文的"namasu"为始,下接汉文妙法莲华经。这句题目中不仅融合了东方和西方的文化,调和了印度、欧洲和东亚的语言。此题目的本源显现了人性美的本质。莲华的神圣象征苏生,回归到现实的"世界和平"和"人类幸福"。在古印度,太阳、月亮以及莲华都是各种重要哲学概念的象征。由于释尊以万物根源为立足点,所以佛教经典总是把释尊描述成静坐于富有宇宙性的莲华之上的佛陀。而这莲华的茎则扎根于世界深远,是世界的轴心。在莲华当中,释尊被比喻为最高贵的白莲华,他佛则被喻成其他花。白莲华变称"芬陀梨伽"(pundarika),不但有高洁优美的价值,也是欲为他人尽心尽力的最高慈悲的象征,更是唤醒万物内在悟得的象征。莲华(花)有理想、尊严、向上之意蕴,有"淤泥不染之德",在充满苦恼的现实世界里,秉持清纯的心与实践,有"因果同时之德",无论现在处于什么境界,每个人的生命都具有本性清净的"佛的生命",有"种子不失之德",生命本来具有清净的"佛的生命",不论何时都不会受损,而且只要接触到"缘",必能显现出来。池田强调:第一项的"淤泥不染之德"是指,应在社会上实现菩萨的理想,也就是从事创造价值的行动。第二项的"因果同时之德"则是生命尊严、人性尊严的宣言,也是一个为了引导人到达崇高境界的希望讯息,意思是指每一个人应自觉、奋起,领悟自己是可以自由决定自身未来的主体。第三项"种子不失之德"则督促人不断向上,无论处于任何状况,人人都拥有为获得悟得与幸福而挑战的资格。池田的这些针对莲华的阐释,已经为身处现代文明狭路的人指出应循之道,指明世人如何步向智慧、慈悲与行动之道。池田自身深邃的洞察力和丰富的创造力,以慈悲的亲和力引导人走向与宇宙共同和谐发展的新时代。池田曾引用《法华经·宝塔品》:"于恐畏世,能须臾说,一切一人,皆应供养。(即使身处恐怖的世间,只要能在一瞬间宣说《法华经》,也必将受到一切的天、人所尊崇。)"教诲其弟子们"象征崇高精神的莲华,必将从苦恼深渊盛开"①。据此,池田本人所表现的执著和智慧也就不难理解了。

●1998 年 10 月,池田在与印度文化国际学院理事长、著有 462 种有关佛学书籍的佛学专家钱德拉对谈时,阐述了《法华经》的精神在于使民众鼓起奋勇心,以迈向人格坚定的道路。② 他认为:《法华经》一直教导人,要在现实的生活、社会里,勇敢地对抗三障四魔③,以摘取三世成佛的正果。此处取义《法华经》:"若说俗间经书,治世语言,资生业等,皆顺正法。"④

●2002 中国佛学大师季羡林先生、中国社会科学院亚洲太平洋研究所史学专家蒋忠新教授在与池田先生的对谈中⑤,池田说,为了使 21 世纪能够成为光辉的"生命的世纪"、"和平的世纪",我希望能谈谈我们应当从《法华经》学习什么的问题。季羡林先生十分赞成地说,这是一个至关重要的问题。三位佛教博学从不同的角度阐述了《法华经》所使用的语言;《法华经》产生的时代和思想的状况;《法华经》的思想价值表达了释尊的"真意",以及各种《法华经》版本;《法华经》在印度、中国、日本的传播;等等。

---

① [日]池田大作、[印度]钱德拉:《畅谈世界哲学——钱德拉与池田大作对谈录》,新加坡明报出版社 2005 年版,第 214—231 页。

② 参见同上书,第 54 页。

③ 三障四魔:妨碍佛道修行的三种障(烦恼障、业障、报障)与四种魔(队魔、烦恼魔、死魔、天子魔)。参见同上。

④ 《法华经》(法帅功德品)第十九。意指,对奉持《法华经》的人来说,举凡一般世间书典的道理,为了治理社会所倡导的思想,或为了生活所从事的工作,皆与正法互相吻合。

⑤ 参见[日]池田大作、[中]季羡林、蒋忠新,卞立强译:《畅谈东方智慧》,四川人民出版社 2004 年版。

由以上池田与《法华经》的部分相关资料集锦可知，池田和佛教《法华经》"信受"精神的共通之处在于他把佛教的永恒性和人类的未来结合起来，一并以佛教的观点来解释，以宇宙根源的创造力来阐释梵天，很富独创性地提出了创造性的共生及内发性的意志这些新概念，这些必能凝聚人心，促使世人展开献身的行动。无疑这也正是池田自己生命实践的价值体现。他把佛的慈悲、宽容、融合思想作为现代社会人的社会生命实践的"道义基础"，《法华经》是大乘佛教的真髓，它的根本精神是在于觉知民众（即自己）心中所具有的终极的实相，从而开发无限的英知，创造真正幸福的人生。下面不妨简要地陈述一下池田个人的信仰之路。

池田皈依佛教，开悟于 1947 年。池田因一个偶然的机会参加了一次"关于生命哲学"的会议，就在这次会上，他见到了决定自己人生道路和命运的人生导师——户田城圣先生。当时，池田向户田提了三个问题："什么是正确的人生？""谁是真正的爱国者？""怎样看待天皇？"对此问题，户田作了简明扼要、直截了当的回答。池田觉得此人可以信任，可以托付终身。后来，他打听到户田在战争期间曾反对过那"愚蠢的战争"，且面对军部独裁的国家权力镇压仍不屈服，表现出大义凛然之气概，身陷囹圄之时，仍坚守自己的信念而毫不动摇。这种人格魅力是"我信任他的决定性因素"。① 十天后，池田便在东京中野的日莲正宗寺院受戒，成为创价学会的一员。池田曾回忆那次相遇说："正当我从思想的'安眠'向精神上的'不眠'发展的千钧一发的时候，我终于遇到了人生的导师。"②

池田自 1947 年走上信仰之路，其思想每一发展都同其投身于创价学会的社会实践活动有着密切的关系。但是，我们应注意的是，池

① ［日］池田大作，铭九译：《我的人学》上，北京大学出版社 1988 年版，第 50 页。

② 同上书，第 51 页。

田作为一位宗教社会活动家和思想家对于日本和世界未来的走向的基本思路仍然没有脱离出传统佛教教义，也并未放弃其本位的信仰立场，而构成池田宗教哲学基础的思考就是由户田所提出的“生命论”。池田基于《法华经》“生命论”的悟达，笔者已经在《人性革命——池田大作人学思想》一书中作了专门的论述，这里不再赘述。这里，笔者认为有必要对《法华经》的佛学史意义作一陈述。

二、关于《法华经》的佛学史意义

1600年前，出生于龟兹国的稀世天才鸠摩罗什汉译了《法华经》。它的全称是《妙法莲华经》，七卷。“鸠摩罗什译的《妙法莲华经》是《法华经》的第七个汉语译本。它一经问世便立即代替了以前的所有的汉译本。鸠摩罗什翻译《妙法莲华经》对于《法华经》向包括中国和日本在内的整个东方的传播起了决定性的作用。”[①]池田在与季羡林先生对谈《法华经》时，强调说日莲曾经赞扬鸠摩罗什译的《妙法莲华经》正确地传达了释尊的精神。从印度把经论翻译传播到中国的人，实际上有176人之多。但其中唯有鸠摩罗什一人没有在教主释尊的经文中随意掺杂个人的话。[②] 中国社会科学院《法华经》研究专家蒋忠新教授指出：首先，从总体上来说，《法华经》是对中国影响最大的一部佛典，而这种影响又是通过鸠摩罗什翻译的《妙法莲华经》来实现的。在对于现存的汉译佛典的古抄本的数量尚未进行严密统计的情况下，我们至少可以说，汉译《法华经》是拥有最多古抄本的汉译佛典之一。而在汉译《法华经》的古抄本中，则无疑以鸠摩罗什翻译的《妙法莲华经》占绝对多数。

---

① ［日］池田大作、［中］季羡林、蒋忠新，卞立强译：《畅谈东方智慧》，四川人民出版社2004年版。

② 参见同上书，第168页。

现存的最早的木刻本汉译佛典也是《妙法莲华经》，其刊印年代应当不晚于武则天周朝中期（659—699）。这比以前公认的最古的、刊印于唐咸通九年（868）的《金刚经》① 木刻本早了 170 年左右。

毛泽东于 1959 年 10 月 23 日外出前亲自指明要携带的一个图书的目录，其中就包括四部佛书，即《六祖坛经》、《般若波罗蜜多心经》、《法华经》、《大涅槃经》。由此可知，毛泽东读过《法华经》。②

池田创立的东洋哲学研究所借用俄国科学院圣彼得堡东方学研究所收藏的写本、版本等，近年来，分别在东京（1988 年）、维也纳（2000 年）和德国的沃尔芬比特尔③（2000 年），举办了“法华经与丝绸之路”展览会。在东京展览会上，展出了《法华经》在丝绸之路通过地区的 13 种文字、14 种语言的写本和版本。有竖写的，也有横写的。不仅有写在贝叶④和纸上的，还有写在白桦树皮和羊皮上的。《法华经》除了译成汉语外，还译成了西藏语、蒙古语、古代土耳其

① 《金刚经》，全名为《金刚般若波罗蜜经》，因用金刚比喻智慧有能断烦恼的功用，故名。有七种汉译本，通用鸠摩罗什的译本。

② 曾为毛泽东管理了 17 年图书的逄先知同志，在一篇题为《毛泽东读书生活之我闻我见》的回忆录中，就毛泽东读佛教的书有过一段文字，其云：代表中国几个佛教宗派的经典如《金刚经》、《六祖坛经》、《华严经》以及研究这些经典的著述都读过一些。对于禅宗的学说，特别是它的第六世，唐朝高僧慧能的思想更注意一些。禅宗不立文字，通俗明快，它的兴起，使佛教在中国民间广为传播。《六祖坛经》一书，毛泽东要过多次，有时外出还带着。这是一部在慧能死后由慧能的弟子编纂的语录。哲学刊物上发表的讲禅宗哲学思想的文章，毛泽东几乎都看。（文载《1946—1976 毛泽东生活实录》，江苏文艺出版社 1989 年版）就在这篇文章的附录中，作者还附记了以上列举的经书。此文转引自李付华：《慧能与谈经》，珠海出版社 1999 年版，第 18 页。

③ 沃尔芬比特尔，德国东北部城市，是中世纪建造的名城。

④ 贝叶，印度贝多树的叶子，用水沤后可以代纸，古代印度多用以写佛经，故称佛经为贝叶经。

语、满洲语和安南语等。到了近代,有 E. 比尔诺夫①的法语泽本、H. 凯仑②的英语译本以及南条文雄③和泉芳璟的日语译本。汉译本最著名的是鸠摩罗什④的《妙法莲华经》,被誉为“绝后光前”的名译,至今仍为人们读诵。西夏语译本等是从汉译本转译的。在历史上,《法华经》还被翻译为藏语、回鹘语、西夏语和蒙古语,对于操这些语言的民族的文化同样都产生过重要影响。

堪称为中国研究《法华经》的硕学专家蒋忠新教授认为,鸠摩罗什对于传播大乘佛教的贡献之大是划时代的,在古代是没有人可以与他相比的。

第一,他对印度当时的佛教经典和非佛教经典都进行过全面而系统的研究。

第二,他在翻译佛教经典以前,已经对当时佛教内外的各种教义了如指掌。

第三,他能够有计划地用最恰当的汉语把佛教经典最准确地翻译出来。因此,他翻译的佛典流传得最快、最广、最长久。而其中拥有读者最多的就是《妙法莲华经》。

《法华经》的最大特点在于“众生平等”这一思想。人们不管处

---

① E. 比尔诺夫(Eugene Buraouf,1801—1852),法国东方学家,研究巴利文等东方语言。他用法语译出的《法华经》,是世界上最早的西方语言译本。

② H. 凯仑(Hendrik Kern,1833—1917),荷兰的印度学者,莱顿大学教授。1884 年出版英译《法华经》,1908—1912 年与日本南条文雄共同出版了《法华经》的梵文原典。

③ 南条文雄(1849—1927),日本佛教学者。曾任东京大学讲师、大谷大学校长等职。与荷兰的凯仑共同出版过梵文《法华经》。1913 年与泉芳璟共同翻译出版了日文《法华经》。

④ 鸠摩罗什(Kumarajiva,344—413),略称罗什,意译童寿。后秦佛教学者。与真谛、玄奘并称中国佛教三大翻译家,与弟子僧肇等八百余人,共译出佛经 74 部 384 卷,主要有《妙法莲华经》、《维摩诘所说经》、《阿弥陀经》、《金刚般若波罗蜜经》、《中论》、《大智度论》、《成实论》,对中国佛教产生巨大影响。名弟子有道生、僧肇、道融、僧叡,当时称为“什门四圣”。

在什么不同的境遇，内心里都有“佛”。因此认为人人都是平等的。这就是《法华经》超越时空使人们感到魅力无穷的原因。

蒋忠新教授将梵文版的各种经典抄本与《法华经》抄本作了仔细对照，他说：我本人既无宗教，也无党派，仅仅是一名试图以“实事求是”为指导方针的普普通通的研究者。他认为《法华经》起源于印度。与其他任何一部佛典的现存的梵文抄本相比较，现存的梵文《法华经》抄本具有非常明显而且是独一无二的以下特点：

第一，现存的梵文《法华经》抄本的数量最大；

第二，现存的梵文《法华经》抄本的发现地点最多，它们覆盖的地域也最广阔；

第三，现存的梵文《法华经》抄本之间的语言、结构和篇幅等方面存在的差别最复杂；

第四，现存的梵文《法华经》抄本抄写的年代持续最长久。

把以上特点综合起来加以研究，我们可以得到一个明确的结论：那就是，《法华经》在印度佛教史上是一部影响最为广泛而持久的佛典。《法华经》传播到古代西域之后，又成为古代西域佛教史上影响最广泛而持久的一部经典。因为在古代西域境内至今出土的梵文《法华经》抄本在数量之多、发现地点的范围之广、版本之复杂、抄写年代相隔之久远等方面，也是其他任何一部佛典不能与它相提并论的。例如，在古代西域境内至今所发现的《金光明经》①的梵文抄本就非常之少。

蒋忠新教授强调说，《法华经》对于中国文化的发展起了不可忽视的重大作用。如果不研究中国的“法华文化”，就不可能全面而深入地了解中国文化。大致可以说，隋、唐以前，《法华经》在中国佛教史上处于翻译和讲解的阶段。在此阶段，中国佛教只有学派或学说，

① 《金光明经》，大乘经典之一。除梵文原典外，还有昙无谶、义净等的汉译本和藏文译本等。日本当做护国经典读诵。

尚未出现宗派。而对于《法华经》的学说在中国的传播作出最大贡献的人无疑是鸠摩罗什法师。从隋、唐开始，中国佛教进入创建宗派的阶段。在此阶段，对于《法华经》在中国的传播作出最大贡献的人则是天台宗的创立人智𫖮大师。天台宗以《法华经》为宝典，又称法华宗。智𫖮大师贡献何在，下面作一探讨。因灌顶《摩诃止观》中说："智者《观心论》云：'归命龙树师。'验知龙树是高祖师也。"①而《佛祖统纪》则云："北齐尊者，宿禀自然，不俟亲承，冥悟龙树即空即假即中之旨，以为心观，以授南岳。南岳修之以净六根，复以授诸智者。智者有管家以悟《法华》，乃复开拓鸿业，以名一家。"②所以，按照天台宗的传法世系，该宗以印度龙树为初祖，北齐慧文为二祖，南岳慧思为三祖，而智𫖮为四祖。又据史料记载四祖智𫖮弱冠出家于果愿寺，"长沙像"前发弘大愿，誓作沙门，荷负正法，为己重任。下面就智𫖮弘扬佛法的实践中，对"一念三千"的包容、和谐的核心理念在当今社会实践及现实意义作一思考。为了更好地把握智𫖮大师，首先概述一下三祖慧思开悟"法华三昧"。

慧思（515—577）③，俗姓李氏，武津（在今河南上蔡县境）人。年十五出家，专诵《法华经》及诸大乘，苦行精进。禀受具足戒后，深感诸法无常，立愿自证菩提，然后度人，遂持戒益精，苦行益厉。道宣《续高僧传·慧思传》云：及禀具足，（思）志道弥隆，迥栖幽静，常坐综业，日惟一食，不受别供，周旋迎送，都皆杜绝。诵《法华》等经三十余卷，数年之间，千遍便满。"法华三昧"出典于《法华经》的妙音

---

① 《摩诃止观》卷一上，见《大正藏》卷四六。

② 志磐：《佛祖统纪》卷六，见《大正藏》卷四九。

③ 按慧思的生年，今存二说。道宣《续传》卷十七本传记其寂于陈太建九年（577），"春秋六十有四"；惠祥《弘赞法华传》卷四《慧思传》及宗鉴《释门正统》卷一《慧思世家》记载均同。唯志磐《佛祖统纪》卷六《慧思传》载为"寿六十三"。诸载实以志磐为正确。《南岳思大禅师立誓愿文》云："我慧思即是末法八十二年，太岁在乙未十一月十一日，于大魏国南豫州汝阳郡武津县生，至年十五出家修道。"岁在乙未，则当公元515年，至太建九年圆寂，则"寿六十三"也。

菩萨品第二十四和妙庄严王本事品第二十七,其中说道:"净眼菩萨于法华三昧久已通达。"妙音菩萨品中说:妙音"久已植众德本,供养亲近无量百千万亿诸佛,而悉成就甚深智慧"。结果获得法华三昧,即"实道所证一切,名为法华三昧"①。可以认为这是把菩萨如说修行法华经所获得的实证起名为"法华三昧"。在天台宗的发展史上,慧思是对这一宗源的创立有过直接启导之功的重要人物,虽然在今存慧思的著作中我们未曾见到有关"一心三观"、"十如是"之类的论述,但智𫖮尝亲炙慧思是为事实,慧思之禅法以观心为枢要亦为事实,慧思以"一心具万行"为"《法华》圆顿之旨"的观念十分明显,同时亦已然具备诸法实相的思想:"而观诸法如实相者,五阴十八界十二因缘,皆是真如实性,无本末,无生灭,无烦恼,无解脱,亦不行不分别者。生死涅槃无一无异,凡夫及佛无二法界,故不可分别。"②在某种意义上,这些思想可视为"一念三千"、"十如实相"等天台宗核心观念的先声。

就慧思本人的思想而言,其所依持的经典主要为《法华经》与《大品般若经》。由定发慧,止观双修是其一贯坚持的核心,而断灭独头无明,照见心性本空,无生无灭,具足万行,以证取法华圆顿三昧,得自度度人,乃是智慧一生为之不懈追求的最高境界。慧思云:《法华经》者,大乘顿觉,无师自悟,疾成佛道一切世间难信法门。凡是一切新学菩萨,欲求大乘超过一切诸菩萨,疾成佛道,须持戒忍辱精进,勤修禅定,专心勤学《法华》三昧。③ 这就证悟《法华》三昧与"持戒忍辱精进勤修禅定"之间的关系,也是顿觉与渐修禅定的关系。正因顿觉必以渐修为前提,《法华》三昧乃是勤修禅定之果。

---

① 《法华文句记》。

② 《法华经安乐行义》。

③ 《法华经安乐行义》,《大正藏》卷四六。

“法华三昧”的修行就是以三七日——即 21 日为一期限，读诵《法华经》，谛观其中所说的诸法实相和中道一实的妙法，是通达法华经底奥的修行法。

1. 智𫖮法华宗要之集成

智𫖮(538—598)，俗姓陈氏，字德安，祖籍颍川(今河南许昌)，后随晋室南渡，寓居荆州之华容(今属湖南，与湖北交界，临长江)；生于梁武帝大同四年(538)，卒于隋文帝开皇十七年十一月(598)①。其父名陈起祖，“学通经传，谈吐绝伦，而武策运筹，偏多勇决”②，湘东郡王萧绎(后为梁元帝，508—555)为荆州刺史，尝引为宾客，入朝领军；即帝位后，又拜为散骑常侍，封益阳县开国侯。其母姓徐氏，温良恭俭，勤于斋戒。据传，智𫖮生时，乃有种种灵异，神光满室，目有重瞳。至七岁而喜游寺庙，一僧口授《普门品》，一遍即能成诵。元帝成圣三年(554)十一月，西魏军大举进攻江陵，元帝“亲临阵督战”，然六军败绩，“城陷于西魏”，元帝见执；次月被害，西魏“乃选百姓男女数万口，分为奴婢，驱入长安，小弱者皆杀之”③。这是梁末改朝换代之际的一大变故，同时亦成为智𫖮坚持要出家的一大因缘。灌顶《智者大师别传》云：年十五，值孝元之败，家国殄丧，亲属流徙，叹荣会之难久，痛凋离之易及，于长沙像前发弘大愿，誓作沙门，荷负正法，为己重任。既精诚感通，梦彼瑞飞临宅庭，授金色手，从窗隙入，三遍摩顶。由是深厌家狱，思灭苦本。然当时因“二亲恩爱，不时听许”，遂“刻檀写像，披藏寻经，晓夜礼诵，念念相续”，虽未出家而实际已作出家事业。后二亲殄丧，从兄求去，投湘州果愿

① 关于智𫖮的生卒年，道宣《续高僧传》谓其寂时“春秋六十有七”，而灌顶《智者大师别传》则谓“春秋六十”，这里从《别传》，见《大正藏》卷五〇。又据《别传》，智者入灭于开皇十七年十一月二十四日，以公历纪年应在 598 年 1 月 7 日。以 597 年为智者入灭之年是误。

② 灌顶：《智者大师别传》。

③ 《梁书·元帝纪》。

寺沙门法绪出家，时年18岁。[①] 出家以后，初依慧旷学律部[②]，兼通《方等》。又至湖南大贤山，诵《法华经》、《无量义经》、《普贤观经》。20岁受具足戒。既已精通律藏而常思禅悦，然苦于江东无可问者。闻慧思栖光州大苏山，心向往之，"遥餐风德，如饥渴矣"[③]，遂于23岁时，即陈文帝天嘉元年(560)涉险北上，诣光州大苏山。初获顶拜，慧思曰："昔日灵山，同听《法华》，宿缘所追，今复来矣！"即示普贤道场，为说《法华经》安乐行义。自是刻苦研心，精进无已，虽资供贫乏而勇于求法，"切柏为香，柏尽则继之以栗；卷帘进月，月没则燎之以松"。经二七日，诵《法华经》至《药王品》"诸佛同时赞言，善哉善哉，善男子！是真精进，是名真法供养如来"，豁然寂而入定，陀罗尼因静而发。"照了《法华》，若高辉之临幽谷；达诸法相，如长风之游太虚。"及将己之所证告于慧思，慧思更为开演说法，大张教网，遂得观慧无碍，禅门不壅，问一知十，辗转不穷。慧思叹曰："非尔弗证，非我莫识。所入定者，《法华》三昧前方便也；所发持者，初旋陀罗尼也。纵令文字之师千群万众寻波士顿辩，不可穷矣。"于说法人中最为第一。当时慧思欲往南岳(湖南衡山)，智𫖮欲从之，而慧思戒之曰："吾久羡南岳，恨法无所委，汝初得其门，甚适我愿，吾解不谢汝，缘当相揖。今以付属汝，汝可秉法逗缘，传灯化物，莫作最后断

---

① 按关于智𫖮的各种资料均记其18岁出家。据《梁书·元帝纪》，孝元江陵之败在承圣三年十一月，十二月辛未被杀(公历纪年已在555年1月27日)，时智𫖮应为17岁，故《智者大师别传》谓"年十五值孝元之败"者有误；湛然《辅行传弘决》及志磐《佛祖统纪》皆已正之。《智者大师别传》又云："后遭双亲殓丧，丁艰荼毒，逮于服讫，从兄求去"，推之前后文义，智𫖮双亲盖江陵陷后不久即已亡故，或亦亡于江陵之役欤？故智𫖮年18岁出家，与其双亲亡故在同一年，即555年，其间不可能有三年丧服时期。《智者大师别传》"逮于服讫，从兄求去"之说亦不确。另据《辅行传》，果愿寺沙门法绪者，即智𫖮舅氏。

② 慧旷(534—613)，俗姓曹氏，《续高僧传》卷一〇有传，称其"律行严精，义门综博，道俗具瞻，纲维是寄"。

③ 《智者大师别传》。

种人也。”①又云：“汝于陈国有缘，往必利益。”②既秉承师命，智𫖮遂于陈光大元年（567，时智𫖮30岁）南下陈都金陵。至金陵，智𫖮遂大展其辩才，深获道俗钦仰，又得一时名臣如仆射徐陵、尚书毛喜、沈君理等的推重③，名动朝野，其辩说恢弘，闻者折服。陈宣帝太建元年（569），沈君理请居瓦官寺，开讲《法华经》，宣帝敕停朝一日，令群臣往听。这是智𫖮一生弘法活动的重要时期，由于其精湛的佛学造诣及其本人的卓越努力，金陵不仅成为当时的佛教中心，而且以定慧双开为基本特征的南北禅风融合统一的局面已基本形成。灌顶在《智者大师别传》中述当时之盛况云：“白马惊韶、定林法岁、禅众智令、奉诚法安，皆金陵上匠，德居僧首，舍指南之位，遵北面之礼。其四方衿袖，万里来者，不惜无赀之躯，以希一句之益，伏膺至教，餐和妙道，唯禅唯慧，忘寝忘餐。先师善于将众，调御得所，停瓦官八载，讲《大智度论》，说《次第禅门》。蒙语默之益者，略难称纪。……昔浮头、玄高④，双弘定慧，厥后沉丧，单轮只翼而已，逮南岳挺振，至斯为盛者也。”此言说明北方自佛驮、玄高之后，重禅而轻慧，犹如车之

---

① 《智者大师别传》。

② 道宣：《续高僧传》。

③ 徐陵（507—583），字孝穆，东海郯（今山东郯城）人。仕梁、陈二朝。陈朝官至尚书左仆射、左光禄大夫、太子少傅。工词章，词藻华美，构思巧密，当时号为“词宗”，编有《玉台新咏》。通老、庄之义，又好佛学，陈后主在东宫时尝令讲《大品般若》，义学名僧皆自远来，而四座莫能与抗。《陈书》本传：“自有陈创业，文檄军书及禅授诏策，皆陵所制。”“为一代文宗，亦不以此矜物，未尝诋诃作者。其于后进之徒，接引无倦。”毛喜（516—587），字伯武，荥阳阳武（今河南原阳）人。工书法。仕梁、陈二朝，于陈官至吏部尚书、散骑常侍。因谏陈叔宝之沉湎于酒色，出为记嘉内史。在郡有惠政，祯明元年征入朝，民道路而追送者数百里，病卒于途中。沈君理（525—573），字仲伦，吴兴（今属江苏）人，仕梁、陈二朝。其为人美风仪，有识鉴，于陈官至尚书右仆射，领吏部，加侍中。

④ 浮头，当指佛驮跋多罗（359—429），北天竺人，游学罽宾，约于后秦弘始十二年（410）至长安，教授禅法。因与鸠摩罗什观点有异，率徒南下，止庐山。玄高（402—444），俗姓魏，本名灵育，冯翊万年（今陕西临潼东北）人。专精禅律，尝师从佛驮跋多罗，旬日之中妙通禅法，佛驮感叹，逊不受师礼。

单轮或鸟之只翼，及慧思倡导定慧双开，至智𫖮之瓦官弘法为盛况空前。可见止观之不得偏废，以南方义学与北方之禅法相互贯通融合，乃为智𫖮在金陵弘法的一个基点，其所创宏的禅法之所以获得巨大成功，则表明其融会南北之风的卓越努力，实际上已开创出新的包容、超越、和谐的佛学新风貌。

而后，智𫖮于太建七年(575)秋九月入住天台山。初至天台，智𫖮尝流连于幽谷飞瀑，往返于山涧鸣泉，凭吊支道林等往贤遗踪；旋止佛垄岭之北峰，创立伽蓝，栽植松竹，汲引清泉；于次年在华顶峰独修头陀之行。及太建九年二月，陈宣帝下诏云："智𫖮禅师，佛法雄杰，时匠所宗，训兼道俗，国之望也。宜割始丰县(即天台县)调，以充众费；蠲两户民，用给薪水。"①于是其散去之徒众又皆返回。次年五月，陈宣帝敕智𫖮所止寺名为"修禅寺"，由毛喜题篆。祯明元年(587)，于光宅寺讲《法华经》，弟子灌顶与听，记为《法华文句》。次年陈亡，智𫖮遂离开金陵，杖策荆湘，备尝路途颠沛之苦，过江西而憩于庐山。开皇十二年(592)，智𫖮再经庐山，度夏毕，于八月至潭州，往衡山营建功德，报慧思之师恩。十二月至荆州，答地恩。次年于荆州当阳县玉泉山创立玉泉寺，又重修十住寺；并于玉泉寺讲《法华玄义》。开皇十四年(594)于玉泉寺讲《摩诃止观》。由此而完成天台宗思想体系的完整建设。

智𫖮一生备尝颠沛流徙之困厄，为弘佛法而奔波于江浙荆湘，为统合融会南北佛学，创立天台宗的教观体系贡献了毕生精力。智𫖮一生著作极多，大多为弟子灌顶所笔录。其中灌顶笔录整理的"天台三大部"——《法华文句》20卷、《法华玄义》20卷、《摩诃止观》20卷——的完成乃为天台宗理论体系之成熟的基本标志。智𫖮尝亲炙慧思，于天台实修的九年之中，酝酿成熟了天台宗要。天台宗是中国佛教自其发轫以来随着各种经论之传译的不断完善、义学研习的不断

① 《国清百录》卷一《太建九年宣帝敕施物》。

深化与禅法实践的不断深入而实现其自身作为一种信仰——实践系统之完善性的本质要求,同时也是智顗基于佛法自身演进与发展的整体态势而对东流一代佛法在理论与实践上进行全面深入反思的结果。

以上就天台大师智顗立愿、修行、弘法、成就天台宗作了概述,18岁出家,至湖南大贤山,诵《法华经》、《无量义经》、《普贤观经》,20岁受具足戒。这里笔者重点欲提出分析思考的是智顗诵《法华经》,著述有《法华文句》、《法华玄义》,最后提出"一念三千"实相论。这一命题是智顗在《摩诃止观》中正式提出并完成其理论阐释的,湛然认为这是智顗晚年的成熟思想。智顗这一观念是以《法华经》的诸法实相说、《华严经》的"唯心偈"、龙树的《中论》与《大智度论》等为其经典依据的,同时也有来自慧文、慧思二师之思想的启导,并且已然贯彻于其关于《法华经》的系统诠释之中,而在《摩诃止观》关于圆顿不可思议境的阐释之中,拈出了"一念三千",以作为其关于诸法实相之终极理念的理论概括。

所谓"一念三千",乃众生在其刹那生起的介尔一念之中,即具足三千世界一切诸法性相。这一命题的具体论证过程,则以《法华经》关于诸法实相的"十如是"说、《华严经》"十法界"说以及《大智度论》"三种世间"诸观念的普遍联系与相互涵融为基本理论方法而开展。

智顗云:此一法界,具十如是,十法界具百如是;又一法界具九法界,则有百法界、千如是。游心法界者,观根尘相对,一念心起,于十界中必属一界,若属一界,即具百界千法。于一念中,悉皆备足。①百界千如悉皆备足于众生之一念,这是"一念三千"之前奏。《大智度论》卷四七云:"世间有三种,一者五阴世间,二者众生世间,三者国土世间。"五阴世间为众生之身心现象之别相,众生之所以有种种区分,正以其所摄受之五阴不同,因此五阴世间也是构成十法界的共

① 《法华玄义》卷二上。

同要素;众生世间是众生所持正报之别相,即如饿鬼、人、天等等;国土世间则众生所依存之环境的别相(如地狱依赤铁住、畜生依地水空住、人依地住等等)。

此三种世间再与百界千如互具,即得三千世界,故谓“一念三千”;由是尽摄一切世间一切众生一切诸法,辗转无尽,是故港然称之为“终究究竟极说”。智顗论云:夫一心具十法界,一法界又具十法界、百法界。一界具三十种世间,百法界即具三千种世间,上三千在一念心。若无心而已,介尔有心,即具一千。亦不言一心在前,一切法在后;亦不言一切法在前,一心在后。① 这是智顗关于“一念三千”的经典性表述。然于三千之数,我们盖亦不必拘执为定数,而实不妨视之为一切色法、心法之无尽差别相。按照智顗的理解,此三千种法即为众生之“介尔”一念心所具足,三千诸法与介尔一心无内外前后之别,不纵不横,不离不散,刹那一念,即三千具足。故以三谛观照三千世间一切诸法,皆一假一切假,一空一切空,一中一切中,体一互融,了无碍隔,是为“言语道断,心行处灭”的“不可思议境”。

由上述可知,“一念三千”这一概念是由十如是、十法界、三世间诸种观念的相互涵融而得到的,但数字的相乘与叠加绝非智顗之本意,以此来阐明其实相的观念才是其真意之所在。“一念三千”的实相论通常被称为“性具实相论”。性即法性,或称产性、理性,亦即佛性。智顗认为,心性原不二,心具、性具,其义为一。智顗有论云:无明痴惑,本是法性,以痴迷故,法性变作无明,起诸颠倒善不善等……今当体诸颠倒即是法性,不一不异。虽颠倒起灭,如旋火轮,不信颠倒起灭,唯信此心但是法性。② 此明法性通于染净,并具有在染净两种向度充分展现其自身的可能性。在染的向度上,法性即是我明痴惑之本,一切颠倒起灭却是法性起灭;而在净的向度上,法性即是菩

① 参见《摩诃止观》卷五上。

② 同上。

提,即是佛性本身,故若得“还源反本,法界俱寂”,即“一切流转皆止”,即得根本解脱。其于染净之法性在经验的现实世界中即与“此心”同一不二。因此在智𫖮的实相论中,“一念”或“一念心”即是法性在经验状态的自我表呈,它同样是通于染净的,具足一切善恶性相,故智𫖮尝称之为“一念无明法性心”。《法华玄义》卷五上云:但明凡心一念即皆具十界。一界悉有烦恼性相、恶业性相、苦道性相。若有无明烦恼性相,即是存在观照性相。何者?以迷明故起无明,若解无明即是于明。……凡夫一念即具十界,悉有恶业性相,只恶业性相是善性相。……凡夫一念,皆有十界识名色等苦道性相,迷此苦道,生死浩然。关于“一念”的含义,没有比这里的解释更清楚的了。一念即是“凡心一念”、“凡夫一念”,是根尘相对、倏忽起灭的经验状态之下的一念之心。如是凡心一念,即具足三千世界一切善恶性相,这是一念三千的本义。正由于“一念无明法性心”之通于染净,既是无明痴惑之本,也是解惑成悟、得证菩提之本;既是生死浩然流转不已的依据,也是超出轮回臻于佛界的依据。因此,智𫖮认为,“观心”才显示出特殊的重要性。亦只有在心或法性的这一意义上,所谓“烦恼即菩提,生死即涅槃”才是可以理解的。“一念三千”亦不是一个形而上学的本体论命题。这一观念的提出乃以经验事实为其依据,而其意义则仍然延展于丰富的经验世界。

“一念三千”即实相整体,是不可思议境。智𫖮云:亦不言一心在前,一切法在后;亦不言一切法在前,一心在后。例如八相迁物,物在相前,物不被迁;相在物前,亦不被迁;前亦不可,后亦不可,只物论相迁,只相论物迁。今心亦如是。若从一心生一切法者,此则是纵;若心一时含一切法者,此即是横;纵亦不可,横亦不可,只心是一切法,一切法是心。故非纵非横,非一非异,玄妙深绝;非识所识,非言所言,所以称为不可思议境,意在于此。① 这是《摩诃止观》中关于

① 参见《摩诃止观》卷五上。

"一念"与"三千"之间关系最为清楚的表述。他所强调的无疑是一心与一切法之即时的共在共融;处于这种共时共在的共融状态,一念与三千不再有任何可以使两者得以鉴别出来的相对界限。对于这种无先后内外亦无中间,非纵非横亦非一非异的心与一切法的即时共融俱在,不仅经验常识无能及之,而且实际上超越于任何语言之表诠能力,因为作为实相整体,一念具足三千是不可能被任何概念、范畴、关系等所限定的,因而亦是不可能以任何逻辑方法来进行分析的,故谓之玄妙深绝,非识所识,言语道断,心行处灭。它只能是它本身所自呈的样式,亦即是其本身所自是的状态。智顗在论说其本人关于一念心与三千法之关系的观点时,指出:"心与缘合,则三种世间三千相性皆从心起。一性虽少而不无,无明虽多而不有。何者?指一为多,多非多;指多为一,一非少。故名此心为不可思议境也。"①按照他的观点,心本身即具足三千世界一切性相,不须另有依持,而心又只以其自身的本然存在为依据。因此所谓一念之具足三千世界,亦即是一念自我完满、自我充足地具有三千世界一切性相的可能性;若一念之未动,并不是无念,而只是念处于未表达的自存状态,是可谓之"一"。另一方面,"心不孤生,必托缘起"②,故当"心如缘合,则三种世间三千相性皆从心起",可能性即获得其自身的充分实现,亦即原先处于未表达状态的心即时实现了其自身的充分表达,由是而展现为三千世界的多样性,一实现了多。因此之故,一念与三千之间并不存在时间上的先后,实际上亦没有因果关联,而是一种即时的共在共融。作为一念之所具足的可能性的即时实现,三千世界的一切差别相仍不过为一念的存在方式而已,多即是一;反之亦然,一即是多。被实现了的可能性仍然是可能性本身的存在方式,"心即实

① 《摩诃止观》卷五上。

② 《摩诃止观》卷一下。

相”①。

2.《法华经》东渐日本

据《宋史》记载，日本于钦明天皇十一年(梁承圣元年,552)从百济传入佛教②为始，后圣德太子曾于隋开皇二十年(600)遣使求取《法华经》。隋大业三年(推古天皇十五年,607)，日本以小野妹子为大使，来隋求取佛法，其“使者曰：‘闻海西菩萨天子重兴佛法，故遣朝拜，兼沙门数十人，求学佛法。’”炀帝于次年遣文林郎裴世清为使，送小野妹子一行回国③，由此揭开中日两国正式邦交的序幕，而促成这种邦交的，正是在中国已高度发达的佛教文化，其中，天台宗对于中日双方交流互动，尤其发挥了积极而重要的作用。

唐代的中国文明在整体上达到一个辉煌的高度。日本的“遣唐使”20 次［最后一次 894 年（宽平六年）因菅管道真的反对，仅任命未果］来唐求“法”，其中以传写经典、弘扬佛法为主要目的的学问僧，不仅是历次遣唐使团的主要成员，而且亦是民间文化交流的主要使者。日本来华僧人同时亦推动了中国高僧的赴海外弘法活动。就天台宗的对日传播而言，最早将天台宗的主要典籍《天台三部》带往日本并进行弘传的是著名律学高僧鉴真（687—763）。

鉴真应日本僧人荣叡、普照的诚挚邀请，自天宝二载至十二载（753），十年间六次渡海，矢志不渝，第六次渡海终告成功，止于

---

① 《法华玄义》卷一上。

② 《宋史》卷四九一《东夷列传·日本传》。

③ 《隋书》卷八一《东夷列传·倭国传》。然《隋书》未载日本使者的姓名，“小野妹子”之名，乃据日本史籍的记载。小野妹子为日本孝昭天皇的皇子。当时其使团中有数十名僧人，正说明其使隋的主要目的乃在修习佛法。又，大业四年送小野妹子一行回国的隋使斐清，日史作斐世清。斐清盖于大业五年归国，其时日本又再以小野妹子为大使，难波吉亡雄为小使，随斐清至隋，其随行人员中有留学生及学问僧 8 人，《日本书纪》具载其姓名；参见李则芬：《中日关系史》，第 67—68 页(台湾中华书局 1982 年版)；刘建：《佛教东渐》，第 23 页(社会科学文献出版社 1997 年版)。

日本东大寺，成为律学之祖。鉴真在国内依弘景律师出家并受戒，是南山律祖道宣的三传弟子，然其所学，并非局于律藏，同时亦精通天台圆教，并将律仪、戒法与台教相结合。① 其东渡时携去日本的各种典籍中，天台宗的主要教典全部在内，除号称“天台三大部”的《摩诃止观》、《法华玄义》、《法华文句》以外，还有《四教义》12 卷、《次第禅门》11 卷、《行法华忏法》1 卷、《小止观》1 卷、《六妙门》1 卷。② 在弘传律学的同时，鉴真亦畅演天台止观，《唐招提寺缘起略集》云：

> 从（天平宝字）三年（759）八月一日，初讲读《四分律》并《疏》等，又《玄义》、《文句》、《止观》等，永定不退轨则。……兼和上（鉴真）天台教观，禀法进僧教，如宝少僧都、法戴、思托等和上，化讲天台，代代相承而于今不绝。③

最澄（767—822），俗姓三津首，幼名广野，近江（现滋贺县）人。“在东大寺得到鉴真和尚带来的天台宗的教籍，此后深深皈依三谛一如的妙教，和徒弟义真一起入唐，求取天台宗没传到日本的经释典籍。”④桓武天皇延历二十二年（803），最澄由其徒弟义真做翻译，搭乘遣唐使藤原葛野麻吕的船只，从难波（大阪）出发，然因遇风暴而折回；次年七月再从筑紫（今福冈）出发，九月二十六日抵明州（宁波），当贞元二十年（804）。同行的还有弘法大师空海。抵明州后，最澄等径至天台，从道邃、行满学习天台一乘圆教，又与义真一起从道邃受菩萨大戒，复从禅林寺翛然学牛头禅；旋至越州龙兴寺，遇顺晓阿阇梨，与义真同受三昧灌顶，得授法文、图样、道具等。最澄在唐

---

① 关于鉴真与天台宗的关系，可参见巨赞法师：《鉴真大师的律学传承》、《东渡弘法的鉴真大师》二文，见《巨赞集》，中国社会科学出版社 1995 年版。

② 参见真人元开：《唐大和上东征传》，中华书局 2000 年版。

③ 转引自《巨赞集》，第 234 页。

④ 参见［日］村上专精，杨曾文译：《日本佛教史纲》，商务印书馆 1981 年版，第 45 页。

一年，于贞元二十一年（805）三月离华归国。此后矢志传教，大弘天台教观，正式开创日本天台宗，而尊道邃为初祖，以国清寺为祖庭。圆寂于弘仁十三年（822）。至清和天皇贞观八年（866），追尊“传教大师”之号，是为日本有大师称号之始。[①] 最澄于贞元二十年九月至台州之时，先参谒台州刺史陆淳，“献金十五两、筑紫斐纸二百张、筑紫笔二百管、墨八挺、刀子一、兰木九、水晶珍一贯。陆公……以纸等九物达于庶使，返金于师（最澄）。师译言：请货金贸纸，用书天台止观。乃命大师门人之裔哲曰道邃，集工写之，逾月而毕。”[②]最澄在唐，以天台宗义未决十条请问于道邃，道邃悉为解答。其归国之际，台州刺史陆淳、明州刺史郑审则皆为撰《印记》，证明其“远求天台妙旨，又遇龙象邃公，总万行于一心，了殊途于三观，亲承秘密，理绝名言”。道邃则专为《付法文》，不仅“开宗示奥，以法传心”，示以一心三观、三谤圆融之旨，且以“共持佛慧，同会龙华”为期。[③] 最澄在天台山所师从的另一和尚行满（735—822）[④]，万州南浦人，大历年间与道邃共学于湛然。最澄“不惮劳苦，远涉沧波”，而“求妙法于天台”，行满曾“倾以法财，舍以法宝”，心授其天台奥旨。最澄辞别之时，行满也为撰《印信》，并希望其“早达乡关，弘我教门，……向一国土，成就菩提，龙华三会，共登三初首”[⑤]。

自鉴真首传天台教观于日本，尤其经最澄入唐回国后再传天台

---

① 参见［日］村上专精，杨曾文译：《日本佛教史纲》，商务印书馆 1981 年版，第 51—53 页。

② 台州司马吴凯：《送最澄上人还日本国序》，出处同上书。

③ 《天台山发现一批唐代中日文化交流史料》。

④ 按行满的生卒年，《宋僧传》谓卒于开宝中，年可 80 余岁；《佛祖统纪》谓卒于开宝中，年 88 岁；周叔迦先生已对此极为怀疑（见陈垣《释氏疑年录》卷五末按语）。日僧圆仁《入唐求法巡礼行记》载开成四年（839）天台禅林寺僧敬文往扬州见圆仁，提到“满和尚已亡化，经十六年”，则行满寂于 822 年无疑；取《佛祖统纪》88 岁之说，则其生年在 735 年。

⑤ 《天台山发现一批唐代中日文化交流史料》。

之教,天台宗遂作为一个独立而又特具"圆义"的宗派而在日本正式成立,并由此而改变了日本佛教的基本格局,在日本佛教史上产生极为深远的影响。中国天台宗创始人智𫖮已对《法华经》作了详博的论释,提出了系统的实相论和观心论。最澄把天台宗移植日本,并不是中国天台宗的简单移植。最澄被称为具备圆、密、禅、戒"四种传承",因此他在创教立宗之时,既以中国的天台教观为基础学说,同时又融合了禅、密二宗的思想及菩萨圆戒,密宗的成分尤其突出,遂导致"台密"的形成。此后圆仁、圆珍亦均在传台教的同时兼传密教,其在唐朝所集经典,亦台、密兼备。天台宗传入日本以后,对此后"日莲法华宗"的形成及其创立亦有深刻影响。该宗由日莲上人(1222—1282)创立。日莲俗姓贯名氏,幼年出家,学真言宗,后尝至比睿山研究天台教典十余年。日莲在自己的著作中称所创的教派叫妙法莲华宗,简称法华宗,后世用他的名字通称日莲宗。日莲宗主要依据的经典是《法华经》(《妙法莲华经》)和日莲的重要著作《立正安国论》、《开目钞》、《观心本尊钞》及《撰时钞》、《报恩钞》等。日莲在继承天台宗的基本概念和命题的基础上,结合所处时代的特点和自己的思考,对《法华经》作了独特的解释论证,建立了以"妙法莲华经"五字经题为无上佛法的教义体系。其中最重要的是"五纲"判教理论和"三大秘法",论证"唱题"优胜和必要性的五纲——教、机、时、国、序的判教理论。那么,日莲为什么不袭用他们的教说,而另立自己的教义呢?

3.《法华经》在日本的弘扬

至平安朝末,日本皇室势力衰落,诸侯争雄。后由源赖朝夺得了政权,统一全国,源氏于后鸟羽天皇建久三年(1192)在镰仓设立将军幕府,从而拉开了日本历史上长约七百年的幕府政治的序幕。从后鸟羽天皇将军幕府在镰仓设立,到醍醐天皇元弘三年(1333)北条高时灭亡为止,称为"镰仓时代"。

镰仓时代,是日本历史上佛教最为兴盛的时期。其中日莲创立的提倡持诵《妙法莲华经》而成佛的日莲宗，乃以《法华经》、《无量义经》、《观普贤经》为依据，然《无量义》为《法华经》的"开经"，《观普贤经》则是《法华经》的"结经"，因此实际上只以《法华经》为其根本经典。日莲认为《法华经》优于其他经典的内容主要有三点：一是讲一切人可成佛，其中包括声闻与缘觉二乘的人、恶人及被佛教一向歧视的女人；二是讲"一念三千之法门"；三是讲释迦法身佛为"久远实成"之佛。① 其判教方法，日莲受容天台智𫖮的"五时"（华严时、阿含时、方等时、般若时、法华时）和"四教"（藏、通、别、圆）的判教理论。在日本持诵《妙法莲华经》的首创者就是日莲。日莲在提出五纲判教理论的同时，又以所谓法华本门肝心"妙法莲华经"（或前加"南无"二字）五字经题为中心提出"三大秘法"。此五字（或七字）从被奉为信仰对象来说，称为"本门本尊"；从被作为修行唱念的内容来说，称为"本门题目"；从尊奉和唱念此经题有防非止恶的功能来说，则称之为"本门戒坛"。日莲在《法华取要钞》中有这样一段文字：

问曰：如来灭后二千余年，龙树、天亲、天台传教所留秘法为何物耶？

答曰：本门本尊、戒坛、题目五字也。

……

问曰：何舍广，略而取耶？

答曰：玄奘三藏舍略好广，将四十卷《大品经》成六百卷。罗什三藏舍广好略，将千卷《大论》成百卷。日莲舍广略而好肝要，所谓上行菩萨所传妙法莲华经五字也。

---

① 这里概述其义，日莲在不少文章中已谈到。集中见于《开目钞》。所谓《法华经》讲"一念三千"，是日莲的引申说法。《法华经·方便品》仅有"所谓诸法如是相，如是性，如是体，如是力，如是作，如是因，如是缘，如是果，如是报，如是本末究竟等"。智𫖮称此为"十如"，与十法界、三世间相搭配，在《摩诃止观》中提出"一念三千"的理论。

可见，日莲将三大秘法作为他的独创，是对《法华经》教法舍广而取要的结果。

中国天台智𫖮虽在《法华玄义》中就此经题大加解释和发挥，但并没有提倡唱念经题。从日莲《唱法华题目钞》中介绍智𫖮《法华玄义》对“妙法莲华经”五字的解释来看，他自然是受了智𫖮的影响的，认为经题包含一切妙法。撇开其中的神话因素，是说在所谓“末法初”应提倡唱念法华经题的。又说治愈末法众生谤法、破法之“病”的“良药”就是“《寿量品》肝要——妙、体、宗、用、教‘南无妙法莲华经’是也”。这里日莲仅套用智𫖮的说法，没有从“五重”方面作具体论证。

日莲在《三大秘法禀承事》中说：“……像法时南岳、天台等亦唱南无妙法莲华经，但只为自行，未为广为化他而说，是理行之题目也。今日莲入末法所唱题目，异于先代，亘为自行化他之南无妙法莲华经也，为名、体、宗、用、教五重玄之五字也。”这是说他提倡的唱经题做法，应超出日本，广传到中印乃至世界各地；并自称这种唱题比南岳慧思、天台智𫖮只为“自行”的唱题（此缺乏史证）优越，是“自行”又教化众生，具有五重玄义的唱题。从日莲开始，唱念经题成了日莲宗信徒的主要修行内容。

经题有什么含义，为什么要唱经题？日莲认为《妙法莲华经》中包含天台宗的一念三千、百界千如、三千世间及心、佛、众生三无差别的一切法门。① 他认为，对于天台宗的“理具”一念三千等法门，普通的人理解不了，自然也不能通过坐禅观心领悟实相而解脱，但通过唱念五字经题会在不知不觉中接受实相妙法，达到解脱。日莲也强调主观信仰、信心，说：“唯唱南无妙法莲华经而成佛之事，尤为大切也。由信心之厚薄也。佛法根本以信为源。”②

① 《唱法华题目钞》。

② 《日女御前御返事》。

在池田那里,“法”不是人格神,而是宇宙生命与真理,它无法被“收买”,当我们“南无”它时,它所“告诉”我们的只是“我们应该如何行动的道理”,而不是成佛本身,也就是说:“单单的祈祷并不能获得结果,要紧的是在祈祷以后要按道理去努力行动。这是全乎一切努力和结果的原理,为了强化进行努力的自我,向御本尊祈祷就成了根本。”①佛法实践的唱题只是人的伦理实践的一种前奏,“南无”的目的并不只在祈祷本身,而是引导人们走向现实的创造活动,使创造活动成为一种与现实生活紧密相联的活动,即变革现实的活动。池田说:“佛教的基本宗旨始终是从人类生命的内部开发智慧,强化每个人的主体性”②,而主体地生活,就是创造性地生活,就是要把自己当做创造的主体,自己对自己的所作所为负责,即佛教因果学说所讲的“自业自得”。人之创造并不是意味着“主人”的自由意志的无限扩张,它必须是在与宇宙生命的融合过程中去充分发挥自己的主体性,是一种“发现”式的创造,就如园丁照顾植物,“无论怎样,植物只能内发,渐进地成长,园丁能做的只是创造更优良的生长条件”③。从这一意义上说,“主人之创造”又是具有受动性的创造。创造,最根本的含义是“自由地创造”和“现实地创造”。而且必须使创造成为“人之创造”,即确立人是创造的主体的地位,使创造成为“主人”式的创造。

日莲认为《法华经》的教义是“即身成佛”④。他还向朝廷请求在比睿山建立授大乘戒的戒坛。在他死后的一周朝廷下达了“敕许”。以后,日本天台宗成了中心的教团,向全日本传播了《法华

① [日]池田大作、[德]狄尔鲍拉夫,宋成有等译:《走向二十一世纪的人与哲学——寻求新的人性》,北京大学出版社1992年版,第200页。

② [日]池田大作、[英]B.威尔逊:《社会变迁下的宗教角色》,香港三联书店有限公司1995年版,第24页。

③ 同上书,第25页。

④ 即身成佛,佛教用语,一切众生可以立即直接成佛的意思。

经》。池田指出,“日莲圣僧把《法华经》的真髓确立为一种人人可以实践、可以成佛的修行方法。因而确立了真正意义上的民众佛教。圣僧广泛而深入地考察了释尊的经典,得出的结论是,释尊最重要的教义是《法华经》。与此同时,他鉴于末法①时代,提出了适应时代的、体现《法华经》真髓的修行方法。天台大师根据《法华经》,提出“十界互具”,建立了所有人本来都具有佛性、都可以成佛的法理,从而揭示了普度众生的原理。建立了这样一种人人可行的修行方法——只要对着本尊念“南无妙法莲华经”,任何人都可显现本来具有的清净的佛界,都可以成佛。无疑,这是一种唯心主义的生命唯识方法论,非笔者所能苟同之思考。

日莲基于《法华经》理念而提出的“立正安国”却是引导人们,应当在社会的各个方面显现《法华经》的慈悲精神,应当争取实现社会正义和理想社会。他按照《法华经》提出的“娑婆即寂光土”、“此土即佛国土”的理念,主张应当将这个现实的娑婆世界当做“寂光土”、“佛国土”。日莲为了拯救因自然灾害、疾病、饥荒而受苦受难的民众,著述《立正安国论》。这里所谓的“立正”,是说要变革以领导人为首的全体社会成员的精神和思想,使其符合《法华经》的生命尊严等理念。所谓“安国”,意思是全世界民众的和平与安宁。说“国”,并不意味国家主义。日莲在《立正安国论》中多处将“国”字写作“囻”,表明了“民”是“国”的根本的思想。池田尤其教导他的弟子们,《法华经》最精髓的思想就是鸠摩罗什所译的《妙法莲华经》中,释尊所教导的“所多饶益,安乐众生”。为了一切众生真正的幸福和安乐,向广大民众开示佛自身悟达成佛,这样的教导可以说是“普遍性的法华经”。“非让成千上万的人得到幸福不可”这种智慧与慈悲之心,就是“法华经的精神”,就是永恒的真理。池田强调说:我坚信

① 末法,佛教用语。佛教按佛法的盛衰把时代划分为正法、像法、末法三期。各期时间长短,各宗说法不一。末法是佛法已无人信奉的衰退时期。

《法华经》的思想价值正在于此。回顾世界历史,首次以佛教和平精神促成不同文化交流的,就是印度孔雀王朝(Mauryan Empire)①的阿育大王。为了弘扬佛法,阿育大王先派遣他的儿子(一说是他的弟弟),前往斯里兰卡,和西邻赛琉古王朝(Seleucid Dynasty)②的叙利亚,然后再派遣使节前往希腊人群居的希腊文化国,以及斯里兰卡、尼泊尔等地。由此可知,阿育大王本身就是多元文化共存的证明。池田先生本人也正是这样,视促进人类幸福、世界和平为己任,不遗余力与各界领袖交流对话,大力提倡和平才是人类未来的大事。

三、结 语

从慧文的启导,慧思苦行修道,其所重者,特在《法华》一经,专业精勤,诵之千遍,甚至于以其用心之勤苦而感梦中有梵僧特为启导,最终得证《法华经》三昧。“自斯以后,勤务更深,克念翘专,无弃昏晓,坐诵相寻,用为恒业。”③即或坐禅苦修,或持诵《法华经》,以为日常之专务。“由此苦行,得见三生所行道事”。《慧思传》云:江东佛法宏重义门而轻视禅法,北方佛学则重视禅定实践而轻视义学,慧思则互不偏废,坚持定慧双开,以至于“昼谈义理,夜便思择”,为统一南北学风作出了卓越的努力。其最终的成就是以其地域上的南

① 孔雀王朝:统治古印度摩揭陀国(Magadha)的王朝(约公元前317—前180),首都为华氏城(Patalipatra)。王朝的始祖是旃陀罗笈多(Chandragupta)。以第三代君主阿育大王(生卒年不详,约于公元前268—前232年在位)的时代国力最盛,建立了印度史上第一个统一国家。[日]池田大作、[印度]钱德拉:《畅谈世界哲学——钱德拉与池田大作对谈录》,新加坡明报出版社2005年版,第67页。

② 赛琉古王朝:亚历山大大帝的武将赛琉克一世(Seleucus Ⅰ Nicator,约公元前358—前281)建立的王朝(约于公元前312—前64),统治了印度河至地中海的广大区域,拥有希腊化诸国中最大的版图。[日]池田大作、[印度]钱德拉:《畅谈世界哲学——钱德拉与池田大作对谈录》,新加坡明报出版社2005年版,第64页。

③ 道宣:《续高僧传》。

移为契机的，这表明南方重视义学的方面因与北方学风相互和谐而易于融洽。

四祖智颉内鉴冷然开讲《法华文句》、《法华玄义》，集成法华宗要，对《法华经》作了详博的论释，提出了系统的“实相论”和“观心论”，还提出“十界互具”，建立了所有人本来都具有佛性、都可以成佛的法理。从而揭示了普度众生的原理，建立了这样一种人人可行的修行方法——只要对着本尊念“南无妙法莲华经”，任何人都可显现本来具有的清净的佛界，都可以成佛。鉴真、最澄把天台宗移植日本。法华精神广布流宣。至日莲持诵《妙法莲华经》，认为《法华经》的教义是“即身成佛”。这一本源性思想的基本宗旨始终是从人类生命的内部开发智慧，强化每个人的主体性。这一历史见证了学理交流的重要意义。这一历史的过程都是不同的文化融合、人与人的交流。公元1世纪以后，尤其是在魏晋南北朝三百多年的历史进程之中，佛教经过与中国本土文化（如儒、道等）的碰撞、冲突、借鉴、融会、互动、共生，已逐渐消解其外来的异域色彩而充分汇入于中国民族文化之主流，并逐渐深入于中国的文化心灵而成为民族文化之整体构成的一个重要部分。至陈、隋之际，随着各种大小乘经论的不断传译及研习，佛教在其发展过程中呈现出多元性以及义学实践上的多样性。由于南北朝的地域分割及南北所依经论的各有侧重，其学风也各自呈现出较为鲜明的特色，即所谓北方重禅定而南方重义学。就当时的佛教界而言，如何圆融呈现各种经论中的佛学思想并使其获得根本的统一，如何兼摄南北的不同学风并使之成为僧伽内部的普遍共识，正是佛教在其发展过程中所面临的又一历史课题。智颉及其所创立的天台宗率先承担起了融会南北学风、整合释迦教义而为佛教别开生面的历史任务，而这一过程的完成正是以《法华经》精神的实践为主线实现的。由此可以定论，《法华经》谓之为传播最广，渗透众生心灵最深入、最旷日持久的一个根本原因正是《法华经》的理念内涵有丰富的融合包容的思想，有强力的凝聚力，能知道信仰者实现其精神目标的追求。

当今世界，为了克服文明和宗教的对立，我们听到了大量呼吁需要宽容性的声音。那么，真正的宽容性是指什么呢？不能接受对方的思维和行动，便采取默认，这可能是一般被认为的“宽容”。当我们关注池田的思想和行动时，发现他却是采取积极地评价其他思想和文化，并称赞它们的方式。当然，池田不是评价其他的思想，就放弃自己信仰着的佛教的思想，而是自己的信念立足之后，与生活于不同文化的人们对话，相互理解，尽量涵盖所有的人。池田在社会实践中建立了强有力的组织，创造了信仰的体系。但是，他不是凭借那样的力量和影响波及、支配人们，而是指导他们发挥自己的力量。不是为了组织的信仰，而是为了个人的信仰，这一重要的实践方式是十分有创造性的，“慈航创新路，和谐结良缘”。池田特别指出，作为交流的方式，他最重视对话。这本身就是《法华经》精神的实践。

美国著名佛教研究专家、美国佛教研究杂志 *tricycle* 的前总编克拉克·苏陀郎多先生在接受记者采访时，对池田为弘扬东方思想的精髓佛学，不屈不挠地把东方思想的智慧佛学经典传播至西方的实践作了如下的评价，他说：现在世界上大多数的宗教，不是克服原本所在狭窄地域的部族主义思想界限，进入世界历史的。我认为这就是成为现代宗教间对立的原因。与此相对的佛教，特别是《法华经》，有着巨大的包容力，它赞叹多样性，教导包罗万象。源于这一本源思想，日莲的思想才超越了部族主义。而且，为了佛学精髓智慧的传播，最不可缺少的是有力的领导。池田正是这样一种存在的意义。他有着面向世界未来的理想。《法华经》的教导能在世界的不同地域广泛流传，也可以说是他的这个理想的缘故。① 笔者从这里感受到《法华经》普遍性的一个方面。由此，我们评价，池田合理地应用佛教思想体系中的天台法华精神，使宗教适应现代社会发展和

① 引自《圣教新闻》，2006 年 10 月 1 日。

人们真正的精神需要而作出的说理充分、比喻生动、内容丰富的诠释以及池田的自身修行实践、创造性的改革宗教,对当今社会的发展有启发意义,更有作为实践之指南的意义。

《法华经》曾经为生活在丝绸之路上、具有多彩文化的人们所接受,相互具足、相互涵融,而他们最大限度地发挥这种多样性,开辟了一条和平共生的道路。继往开来,我们所求索的不正是这样的价值路向吗?不正是多元文化与世界各民族的融合吗?

(作者简介:冉毅,女,1954 年生,四川梁平人,哲学博士,日本滋贺县立大学地域文化研究人间文化学博士学位,湖南师范大学池田大作研究所副所长、教授。)

世界民族文化多样性问题的伦理思考

黄东桂　王玉生

民族文化多样性是当今世界的客观存在。承认民族文化的多样性,高度肯定民族文化多样性对人类自身发展的促进作用,是当代世界发展的时代潮流,也是促进世界和平、发展与合作的客观需要。然而,当今世界由于不同民族文化的存在,也带来一些相关问题和影响,以什么样的方式应对?本文受池田先生的启发拟对处理民族文化多样化问题应遵循的一些原则进行探讨。

一、世界民族文化多样性的客观现实性

人类社会是一个由不同类型民族文化所构成的共同体。在漫长的历史发展过程中,每个民族都在创造着自己的文化。由于地域、历史、传统的差异以及种种现实因素的影响,不同地域、不同时期、不同传统的人类社会共同体,总是在社会的生产方式、生活方式和思维方式以及相应的语言、宗教、科学、伦理等文化体系方面,表现出不同程度的独特性。向更高层次发展,还构成一些不同的民族文化类型,使整个人类文化表现出鲜明的多样性,并成为世界文化的一个基本特质。

造成民族文化差异性的主要原因有以下几个：首先，自然地理环境的差异是多样文化产生的客观基础。由于自然区域的差异，人们在长期与自然界的生存斗争中逐渐形成了与各自所处的地理环境相适应的谋生方式和组织形式，从而造成不同民族、种族和地域的人们在生产、生活、思维、道德、情感等方面的差异，并由此最终发展为特定的文化类型。随着生产力的发展和交往程度的扩大，封闭的民族文化必然要走向世界，在各民族文化的互动和融合中发展本民族的文化。其次，文化的民族性差异也是文化多样性与特殊性的源泉。文化的民族性就是指体现在特定民族文化中并作为其基本内核而存在的民族文化心理素质及其特征，具体体现在民族风俗、语言、习惯、礼仪、情感和艺术风格等方面的特色。从纵向上看，文化的民族性具有与该民族共存亡的超时代性。从横向上看，民族性反映着不同文化之间的特殊性、多元性和相对性，更多地体现为空间性和地域性。正是由于文化的民族性差异的存在，人类文化才呈现出多姿多彩的面貌。再次，文化的历史差异也是文化多样性形成的根源。人类的文化存在是历史地发展的。文化的时代性差异，就是指由于各民族或地域发展的不平衡性而产生的处于不同发展水平上的差异。它表现为文化进化过程的不同时间维度及其代谢更迭。承认文化的时代性差异，是对历史与文化的发展原则与进步原则的坚持，从而使人们能够客观地把握每一种文化的时代特征。①

正如联合国教科文组织发表的《世界文化多样性宣言》所说："人类的共同遗产文化在不同的时代和不同的地方具有各种不同的表达形式。这种多样性的具体表现是构成人类的各群体和各社会的特性所具有的独特性和多样化。"②池田先生也说："我相信，文化的

① 房广顺：《国际关系视角下的文化多样性问题》，《当代世界与社会主义》2007年第1期。

② 联合国教科文组织：《世界文化多样性宣言》，参见 http://www.chinesefolklore.org.cn，2006年7月8日。

独特性与普遍性绝不是互相排斥的。个性独特的文化,含有动人肺腑的普遍性。正因这样,文化才得以在历史上跨越国家民族的障碍,广泛地传播开去。”①由于全球化带来了资本与信息的自由流动,互联网等先进的传媒工具和技术使得文化信息在世界各地迅速传导,文化传承不可能拘泥于一个国家、一个民族范围内,而是被纳入世界性的文化版图。马克思指出:“在历史发展的最初阶段,每天都在重新发明,而且每个地域都是独立进行的”,“当交往只限于毗邻地区的时候,每一种发明在每一个地域都必须单独进行——只有当交往成为世界交往并且以大工业为基础的时候,只有当一切民族都卷入竞争的时候,保持已创造出来的生产力才有了保障。”②因此,在民族多样文化共存共融、相互交流的时代,某一民族、国家完全可以通过向其他民族、国家学习,直接吸收新的文明成果和文化特质,从而站在一个较高的起点上开始发展自身的文化。

二、世界民族文化多样性的相关问题

问题之一:西方发达国家为自己的战略利益强制推行其文化。

西方发达国家把其物质生活方式、人生观和价值观作为一种普适的行为准则加以推行,赋予自己在文化上的支配地位,它力图通过文化的整合同化其他民族文化,使各种民族文化都变成西方文化的翻版,以便按自己的意愿塑造世界,获取既得利益,即国家的现实经济、政治、文化利益。西方发达国家凭借政治霸权和军事霸权走上历史舞台,又因世界相互依存程度的加深,导致大国传统权力手段有效性的下降。在当代国际政治条件下,文化霸权已经成为西方发达国家一种可以操作的政治资源,美国等西方发达国家把传播西方文化

① 何劲松选编:《池田大作集》,上海远东出版社 2003 年版,第 240 页。

② 《马克思恩格斯选集》第 1 卷,人民出版社 1995 年版,第 107—108 页。

看做追求国家利益的有效手段，将其视为对他国进行干涉的“精良武器”。在以朝着共性和个性两极不断延伸为基本特征的全球化背景下，这种试图将多元文化归宗于一种文化统治之下的西方文化霸权显然是对文化多样性的否定，其最直接的后果就是使广大非西方国家的本土文化受到压抑，失去“活性”，处于被西方文化吞噬的危险境地，使多样文化之间本该平等的文化交流变成一种完全单向行为的“文化输出”，给本来就不安宁的国际社会增加新的冲突源。

问题之二：“攻势文化”和“守势文化”两种文化的摩擦和交锋。

当前不同民族文化向先进文化的趋同并不完全是平等文化交流，更多的是强势文化挤压、同化弱势文化。“强”文化和“弱”文化是历史发展所造成的一种客观存在，一般是以物质文明是否发达来划分的。但就文化的深刻内涵而言，强弱之分都是相对的。强势文化不一定就是先进文化；而弱势文化也不一定就是落后文化。亨廷顿认为文化和意识形态的吸引力是根植于物质上的成功和影响的，西方的价值观和体制之所以吸引了其他文化的人们，乃是因为它们被看做是西方权力和财富的源泉。① 国际政治、经济关系中的不平等，给予了西方强势文化渗透的可能性和能力，从而构成了对第三世界国家文化的控制，形成了一股同质化、全球化的文化趋向。这种一花独秀、百花凋零的文化趋同扼杀了文化发展的生机与活力，破坏了文化平等的交流与融合的机制，是造成当今全球文化冲突的主要根源，由此带来文化民族主义在世界范围内的复兴，越来越多的民族国家以文化为旗帜，开始了针锋相对的文化交锋，呈现出“攻势文化”和“守势文化”两种文化态势。这两种文化态势相互敌对，由此引发出各国政治、经济、文化等各个层面上的摩擦和交锋。

问题之三：由文化特征、宗教基础等因素引起的跨界民族问题。

---

① ［美］塞缪尔·亨廷顿：《文明的冲突和世界秩序的重建》，新华出版社 1998 年版，第 88—89 页。

跨界民族是指跨越两国乃至多国边界而居的历史上同一的民族。由于共同的民族情感、文化特征、宗教信仰、地缘联系、历史渊源等因素,跨界民族极易产生在政治、经济、文化包括宗教上的相互影响或主观上即人为的渗透以及边界领土纠纷等问题,因而成为国际社会非常敏感的民族问题之一。特别是泛民族主义在世界范围内的兴起和扩张,对当今国际社会秩序无疑是一个极其严峻的挑战。宗教民族主义是文化民族主义的一个主要表现形式,现在也已成为全球广泛关注的一个热点问题。它借助一些民族在宗教信仰方面的同一性,以共同的宗教信仰为联系纽带,以共同的宗教理念为思想核心,以同一宗教的信徒为民众基础,推行带有明显的政治化倾向的主张。这种民族主义严重地破坏了现有的国际规范和秩序,甚至侵犯了某些国家的主权,严重地威胁着这些国家的安全,成为当今世界上引人关注的问题。

问题之四:因语言文字、宗教信仰、种族歧视所引起的部分地区种族间的仇杀。

在非洲等落后地区，由于西方殖民主义在非洲留下的毒害远未被消除，部族之间的发展是极不平衡的，而且相互积怨甚深。它们之间的语言文字、宗教信仰往往相差很远，由此而产生的摩擦和冲突通常要通过部族间的仇杀方式来解决，这就给当事国的社会稳定和当地人民的生命安全带来了严重的威胁。民族间的冲突和争斗往往对历史文化遗产有着极大的破坏作用，造成人类文化的破损。世界上许多民族间的纠纷往往要诉诸武力才能解决。在武力争斗中，由于敌对双方对对方民族文化的轻视甚至是仇视，因而肆意破坏对方民族的文化实体，大量的建筑、文物、古迹被毁于一旦，如巴以冲突以来，大量的清真寺和建筑被摧毁，有些甚至具有极高的艺术价值。在民族间的冲突中，一些民族的语言甚至其民族自身都有可能被摧毁而不复存在，如阿富汗塔利班政权执政时，因民族宗教因素而毁坏了举世闻名的巴比扬大佛，造成了人类历史文化遗产的巨大损失。①

三、解决世界民族文化多样性问题应遵循的伦理原则

上述问题的存在加剧了世界民族文化发展的不平衡，严重地影响了世界文明的发展进程。世界民族多元文化如何在政治多极且强权盛行的现实环境中共处、生存与发展？世界各国学者提出许多不同的解决问题的构想，其中池田大作等人的思想引人深思，给人许多启迪。笔者认为，无论人们关于普世伦理存在多少争议，随着多样民族文化交往的加速和扩大，在世界民族文化的交流和对话中，应该形成一定的普世伦理共识，遵循相应的交往原则：

1. 平等原则

任何民族文化都是一定民族存在和发展的权利的组成部分，甚至是其核心部分。因此，与人权与生俱来的平等性一样，民族文化本质上是平等的。要使得多元文化的沟通、对话和理解成为可能，就必须树立各种文化平等的观念，只有这样，才能确保各文化主体参与对话并对各自的价值作出合理的判断。“所谓文化交流，可以说是真正消灭‘心之距离’、使人与人沟通的基点。”②可以说，这是多样文化间保持开放与公平的首要条件。池田大作认为，人类“除了平等，相互尊重，站在友好的立场上共有之外，别无他法”。正是在这一意义上，必须要把这种关于人的尊严的平等观点当做绝对的前提。只有在这一前提下，才能搭建一座普遍主义的思想平台，使全人类打破民族、体制、地域、文化之种种壁垒，把地球作为一个统一体，从全人类的整体利益出发来共同应对现实危机。可以说，认识生命尊严所

---

① 熊坤新、于磊：《世界民族问题热点对各国文化的警示》，《中央社会主义学院学报》2007 年第 1 期。

② 何劲松选编：《池田大作集》，上海远东出版社 2003 年版，第 254 页。

具有的平等意义并以此树立起全人类的共同信念，是走向精神统一的关键所在。为此，池田极力主张各国国民要打破各自人种、民族和国家的框框，立足于能给一切人带来平等的人格以及更根本的生命的尊严这一人类共存的基础之上，争取创造美好的理想社会。当前，国际社会普遍倡导民族文化多样性，一方面反映了在经济全球化的进程中，各个国家、民族自我意识普遍增强的趋势；另一方面也反映了以美国为首的西方世界利用全球化进程，推行文化霸权所引起的民族主义抗争。无论如何，国际社会对民族文化多样性的保留、传承和发展正在形成普遍的共识——保护生态的多样性是可持续发展观念的重要内容。同样，保护民族文化多样性也已成为实现可持续发展不可忽视的内容。

2. 尊重原则

池田大作认为："世界正迎接国际化的时代。只强调民族意识的牢固性和独特性，并没有积极意义。相反要是继续那样做世界就会陷入混乱。……尽管'苏美和平'靠强大的军事维持但始终称不上是一种稳定的秩序。假使'苏美和平'崩溃，世界最忧虑的问题将是民族主义的复兴。……'民族'问题的严重性，反映出怎样跨越'民族'的界限是一个重大问题。无论多么困难，也需建立某种形式的世界性和普遍的理念。这是迈向21世纪所必然面对的课题。"为此，他提出"内在的普遍主义"的人类观，即彻底向内探索人类生命的价值，每一个个体都具有其内在价值，人类应该排除"民族"、"人种"等一切外在的差别。历史上，人类各个部族、民族、国家、地区之间曾经发生过无数的战争和暴力冲突。从其社会历史根源来分析，往往确有不同程度的文化冲突的因素在内，并且其广泛性和持久性都不可低估。国际冲突一旦染上文化色彩，冲突双方便会根据自己的价值尺度和标准对国际冲突进行认识和判断，并为自己的政治行为和目标寻求符合自身价值认同的文化界说，从而使利益和权力的争夺升华和内化为神圣的文化追求，使冲突在现实中丧失妥协和让步的余地，这将极大地增加通过协商和谈判解决国际冲突的难度。但我们并不能因此将文化差异所致的冲突视为国际冲突的根本原因。纵观世界历史，国际冲突的根源一般与以下五个方面的因素有关：一是人性中的权欲；二是国家之间的误解和隔阂以及狭隘的民族主义；三是贫困及财富分配不均；四是国家内部出现危机，企图挑起外部冲突以转移视线；五是国际体系不健全，缺乏制止冲突和战争的有效机制。① 可见，所谓文化或文明的冲突，不是造成某些战争或暴力冲突的唯一因素，其最直接、最根本的原因在于利益，在于经济利益或某种程度上国家、民族利益的矛盾，在于某些社会势力追求财富、土地、权力，以扩张自身利益的贪欲。因而，文化差异本身并不会引发战争。各个国家和地区都要尊重世界文化的多样性，允许每个国家自主选择其文化价值和文化发展方向，世界各国基于不同的历史发展道路，有着不同的文化背景和价值观念，延续着不同的生活方式，这些差异不应是发展正常国家关系的障碍，而应成为加强相互交流与合作、促进共同发展与进步的动力。每一种文化，都要摒弃以自我为中心的心态和无视异质文化的自恋情结，学会与其他文化和平共处、取长补短、求同存异、共同发展。

3. 人道原则

在探讨如何矫正现代文明造成的环境污染、能源危机、物欲横流等问题时，池田大作早在1974年在美国加利福尼亚大学洛杉矶学院的演讲——“成为人道的世纪——对21世纪的建议”中就提出：“我认为未来的21世纪将是给生命这一事物的本源带来光明的世纪。……只有这样，文明才能在真正的意义上从工业技术的文明发展为人道的文明。”②“文明之所以发达，也可以说正是由于人们有着

① 参见房广顺：《国际关系视角下的文化多样性问题》，《当代世界与社会主义》2007年第1期。

② 何劲松选编：《池田大作集》，上海远东出版社2003年版，第5页。

迷恋,有着烦恼。如果没有对财富的迷恋,就不会有经济的发达;如果没有征服严冬的意志,也不会有自然科学的发展;如果没有热爱爱人的烦恼,文学的重要组成部分恐怕就不会发达。”①但是,“如果受欲望的支配,一味地追求无常的现象的世界,不论在哪里怎样发挥聪明智慧,从根本上来说,仍和为本能而生活的动物没有什么不同。只有注目于现象深处的、肉眼看不到的实体,人才会显示出人的价值。”②对于如何建立平等互惠的地球社会?人类未来往什么方向发展?池田认为:“人类应当具有的价值观,不应该狭隘地将其基础仅仅置于一个社会或国家之上,必须立足于全人类和全地球的观点。……人是生命的存在,乃是超越任何社会、国家和民族具有普遍性和绝对性的事实。与此相对立,作为社会的存在的人因时代、民族和国家的不同而有所差异。从这一意义上说来,人要想真正像人一样生活,首先必须要承认自己的基点——生命的存在这一大前提,并把立脚点放在这里。也就是说,我认为现代所必要的立脚点是:纵的方面要立足于人的存在的根源——生命的存在,横的方面要结成共同具有这种生命的存在的地球人类这一普遍的团结。通过在政治、经济、文化等各个领域扩大地球人类这一普遍的团结,在我们的地球上消灭一切战争,建立平等互惠的地球社会,这是我们的生命的人道主义运动的伟大目标之一。”③为了实现防止冲突、促进合作这一文化对话的宗旨,使对话仅仅停留在平等的层面上是不够的,还必须寻求并增进普遍价值,唯此,才能在各种文化之间架设深入对话、沟通互动的纽带和桥梁,才能为全球化提供精神支持。没有一种超越民族—国家视阈,观照全人类的普世主义精神,国际政治、经济新秩序的建立是不可思议的,这是文化作为人类交往工具的当然责任,也是其自

① 何劲松选编:《池田大作集》,上海远东出版社 2003 年版,第 6 页。

② 同上书,第 8 页。

③ 同上书,第 13—14 页。

身发展的内在要求。

4. 共生原则

“共生”一词来源于希腊语，首先是由德国真菌学家德贝里(Anton de Bary)在1879年提出的。他将“共生”定义为不同种属生活在一起。随着共生研究的逐渐深入以及社会科学的发展，20世纪50年代后，“共生”的思想和概念已不为生物学家所独享，逐步引起人类学家、生态学家、社会学家、经济学家、管理学家甚至政治学家的关注，一些源于生物界的共生概念和方法理论在诸多领域内正在得到运用和实施。日本建筑和城市规划学者黑川纪章曾从后工业社会生产和信息的共生出发探讨了发达国家与发展中国家、经济和文化以及农业、工业和信息技术等的共生问题，认为全球已进入了一个共生时代。共生理论认为：(1)尽管共生包含了竞争和冲突，但它强调了从竞争中产生的新的、创造性的合作关系；(2)共生强调了存在竞争的双方的相互理解和积极态度；(3)共生强调了共生系统中的任何一方单个都不可能达到的一种高水平关系；(4)共生是在较大的社会、经济和生态收支背景下，共生单元寻求自己定位的一种途径；(5)共生强调在尊重其他参与方(包括文化习俗、宗教信仰等)的基础上扩大各自的共享领域。①

池田大作在题为“21世纪文明与东亚”的演讲中提出：“东亚地区的文化，特别是构成其流脉的风土人情、精神思考，具有什么特征呢？当然这并不是一种可以笼统地一概而论的性格，但假如予以简单的描绘，那么大概可以说这地区贯通着一种‘共生的ethos’的道德气质。在比较温和的气候、风土里孕育出的一种心理倾向，就是取调和而舍对立、取结合而舍分裂、取‘大我’而舍‘小我’。人与人之间、人与自然之间，共同生存，相互支撑，一道繁荣。”

① 参见刘荣增：《共生理论及其在构建和谐社会中的运用》，《中国市场》2006年第3期。

池田大作认为：开拓21世纪的关键词是“共生”，在“为教育的社会”的21世纪，无论如何，人不是受孤立与分裂的摆布，而是要超越人种或国境，加强团结，与大自然尽情地交流，齐奏共生和谐之音——这就是完善人格的目的，应占排列顺序的第一位。① 他说：“在如此相互依存地前进着的世界中，只希望一国繁荣，已是不可能的。只有探求一条相互合作，共存共荣的道路，除此之外别无他途。不论是国与国之间的关系，还是人与人之间的关系，可以讲，共同生活共同繁荣的‘共生’是时代的关键所在。现在需要的是全球性的‘有益于共生的总体革命’。为此，需要在人类的精神方面来一个变革。”②

文化和谐与文化冲突相对应，是多元文化并存共生的状态，是民族、国家以和谐为基本价值取向，倡导多元文化相互交流、对话、借鉴，百花齐放、百家争鸣、共同发展。《世界文化多样性宣言》明确指出，“各种形式的文化遗产都应当作为人类的经历和期望的见证得到保护、开发利用和代代相传，以支持各种创作和建立各种文化之间的真正对话”，“从文化多样性到文化多元化在日益走向多样化的当今社会中，必须确保属于多元的、不同的和发展的文化特性的个人和群体的和睦关系和共处”③。

（作者简介：黄东桂，女，1965年生，广东潮州人，硕士，广西大学政治学院教授，硕士生导师，主要从事思想政治与道德教育研究。

王玉生，男，1967年生，广西全州人，哲学博士，广西大学公共管理学院副教授，硕士生导师，主要从事伦理学研究。）

---

① 参见[日]池田大作：《21世纪：建设“为教育的社会”》，《学术研究》2001年第7期。

② 何劲松选编：《池田大作集》，上海远东出版社2003年版，第315页。

③ 联合国教科文组织：《世界文化多样性宣言》，参见 http://www.chinesefolklore.org.cn，2006年7月8日。

宗教的角色及其在世界和平中的作用

——兼论池田大作及其创价学会对世界和平的贡献

暴景升

和平是人类的共同目标和理想,任何对人类负责任的组织、个人都应该为这个目标承担相应的责任,作出相应的贡献。在这些组织中,民族国家当然负有义不容辞的责任,然而民族国家在某种意义上也只能在消极的意义上来保卫国家的和平,在实现世界和平,特别是消除战争等问题上往往难以从根本上解决问题,因为国家与国家之间经常表现为以武力的相对平衡来维持短期内的和平。而要从根本上消除战争,实现持久的和平,必须从人类的精神素养方面下工夫,包括文明的涵养、精神的深化以及外界变化所左右的意志等。在这方面宗教的作用绝对不可低估,因而它在某种意义上也就成为维护和平的最重要力量之一。① 和平是池田大作先生及其日本创价学会所致力的目标之一。本文试图就宗教尤其是佛教对于在当代国际社会中构建世界和平的精神基础所发挥的作用进行初步的探讨。

---

① [日]池田大作,梁鸿飞、王建译:《社会变迁下的宗教角色——池田大作与B. 威尔逊对谈录》,香港三联书店有限公司 1995 年版,第 239 页。

一、当代宗教之地位

宗教与文明的历史同样悠久，比我们今天所置身于其中的世俗文明要早得多。宗教是人们的感情依托方式，也是人们精神活动的主要方式之一，在人类的历史发展过程中，它曾发挥过巨大的作用，而且在继续发挥作用。但是，任何事物都具有两面性，宗教具有涵养人类精神的一面，也有因信仰差异与争端而导致战争的一面。对此，基督教表现得尤其突出，耶稣基督曾经说，他来人世，带来的是刀剑而非和平。[①] 在西方的历史上，多次宗教战争印证了这一点。宗教曾经作为战争的口实，为战争政策的合理化提供帮助。[②] 但是，现代绝大多数国家已经取消了“圣战”观念，只有在少数奉行原教旨主义的国家中还存在着类似的观念。因宗教而引发战争的可能性已经大大缩小，在一定意义上说，现代战争主要是世俗战争或者是以世俗面貌而进行的，无须借助于宗教为战争寻找合理性的论证，因此宗教也不会像以往那样在战争问题上具有发言权了。当代的政治家们往往借助于宗教以外的力量，如技术、情报等去进行统治。由于现代化的冲击，宗教的影响力大幅度地缩小了。在当代的文明发展中，不仅宗教的作用衰退了，甚至一些宗教领袖也放弃了能够给予文化以影响的明确主张。但是，这并不能说明宗教在文明的发展中的作用就真的衰减了。

理性的作用在当今社会是极端重要的人类禀赋，但是理性本身并不自足，它需要良心的指引，因为“理性欺骗我们的时候太多了，我们有充分的权利对它表示怀疑。良心从来没有欺骗过我们，它是

① 参见[美]弗里德里希·沃特金斯，黄辉、杨健译：《西方政治传统——现代自由主义发展研究》，吉林人民出版社2001年版，第37页。

② 在宗教史上，基督教和伊斯兰教尤其明显。

人类真正的向导”。[①] 正如卢梭所揭示的,科学与艺术使人虚伪、异化而丧失自由、道德以及生存的能力;科学与艺术之付诸实行在于科学与艺术本身,即源于人性之罪恶:闲暇、奢侈、贪欲和虚荣。在他看来,正是科学和艺术使人迷失了良心。良心以一种强大的浩然之气贯通了感觉和理性的认识领域,弥合了人的二元分裂,并为人生设定了永不谬误的价值导向。卡西尔曾精辟地指出:良心“它指向一个领悟的领域,并在其中大显身手”。而宗教就是这样一个领域。葛里姆斯利曾说道:“宗教对人是重要的,因为宗教关涉到人的原初的存在并赋予人生以意义,否则生存是残缺的。”[②]

20 世纪 90 年代以来,随着冷战体系的终结,“人民之间最重要的区别不是意识形态的、政治的或经济的,而是文化的区别……人们用祖先、宗教、语言、历史、价值、习俗和体制来界定自己。他们认同于部落、种族集团、宗教社团、民族,以及在最广泛的层面上认同文明”。亨廷顿断言:“在这个新世界中,区域政治是种族的政治,全球政治是文明的政治。”[③]在他看来,21 世纪的最普遍的、重要的和危险的冲突不是社会阶级之间、富人和穷人之间,或者以经济来划分的集团之间的冲突,而是属于不同文化实体的人民之间的冲突,最危险的文化冲突是沿着文明的断层线发生的那些冲突。文化既是分裂的力量,又是统一的力量。但是文化确实是可以改变的,其对政治、经济的影响也随着时间的变化而变化,文明之间的政治和经济差异则根植于其所属的文化之中。亨廷顿强调说,遍及世界大部分地区的宗教复兴正在加强这些文化差异。由此观之,根植于宗教的文化差异成为文明差异的主要原因之一。在当代世界,最主要的文明主要是西方文明,虽然它仍很强大,但是相对于其他文明它的地位却在下

---

① [法]卢梭,李平沤译:《爱弥儿》,商务印书馆 1996 年版,第 419 页。

② Grimsley, *The Philosophy of Rousseau*, p. 73.

③ [美]塞缪尔·亨廷顿,周琪等译:《文明的冲突与世界秩序的重建》,新华出版社 2002 年版,第 6—7 页。

降,儒教文明和伊斯兰文明正在增强自己的力量。当然,就主要文明而言要有七八个之多。很显然,是宗教导致了文化间的巨大差异,而文化差异的界限往往也就构成了文明的断层线。

西方的思想家们或许是受到基督教幽暗意识的影响,当然也是出于对人类和平希望的热切关注,他们总是在世界格局发生变化之时,对未来的世界前景作出相应的预测,而且多以一种谨慎而悲观的论调作出。19 世界末有斯宾格勒的《西方的没落》问世,20 世纪末期,又有亨廷顿的《文明的冲突》诞生,他们多是从忧患意识角度来认识和观察这些问题的。如果说 20 世纪的宗教在各种冲突中的作用逐渐式微,那么在 21 世纪宗教因素很可能成为导致文明冲突的最重要原因之一。区别文明的因素有许多,如血统、语言、宗教、生活方式等,但是"在所有界定文明的客观因素中,最重要的通常是宗教"①。

19—20 世纪,人类才最终将各种文明囊括到全球网络之中,因此掺杂着军事、政治、经济、文化、宗教以及意识形态的冲突与纷争持续不断。那么在 21 世纪将如何抑制冲突、维护和平,是所有负责任的思想家和政治家们所必须思考与面对的问题。摆在人们面前的问题是:是否所有的宗教在现代冲突面前都显得软弱无力,哪种宗教能承担起促进世界和平的使命?回答是肯定的,池田大作先生认为,能够承担起这个使命的就是佛教。

二、佛教的和平功能

虽然在许多宗教中,其影响主要限于信仰者,但是佛教的情形有所不同。因为"佛教致力于人性的深化和完善,它所告诉人们的,是

① [美]塞缪尔·亨廷顿,周琪等译:《文明的冲突与世界秩序的重建》,新华出版社 2002 年版,第 25 页。

‘作为一个人应有的智慧’，因此，不信仰佛教的人也能接受佛教的影响”。[①] 佛教的特殊性就在于它并不仅仅影响信仰者，而是教人以智慧，这是教俗两界都能接受的，佛教站在和平的立场上来教导人们。佛教在安慰人们的情感、规制贪欲、培养责任感和同情感、形成良好的习惯、满足自身的命运、热爱自己的同胞等方面都有着重大的作用。

宗教的功能主要受到现代经济体制中各种组织的效益和欲望、权力体制中的非情感化操作、科学技术系统中的纯客观标准性、庸俗化的享乐主义等因素对宗教净化作用的销蚀。但是，不容忽视的是，正是现代化的影响掩盖了人类生活中最柔弱的部分——情感世界，无论如何，人性发展方向的源泉只能存在于宗教之中。目前，世俗组织关心的主要问题是环境保护、能源与资源的节约、防范恐怖主义、危险产业与技术的控制等。但是，很少有人注意到比环境破坏、能源危机更为严峻的是心灵的危机。在当代，人们在对付各种问题与伤害时，总是试图通过与产生问题相类似的方法来解决，于是又陷入新的更加深刻的危机之中的循环路径。很少有人去找寻新的形式、新的价值观来从根本上来消解矛盾与冲突的方法。应该说在这方面，宗教有着独特的作用。

在人性发展的源泉、多样化地方利益与人类共同利益的沟通方面应主要依赖于宗教。宗教的主要责任应该是在丰富和完善人性方面下功夫。池田大作先生将其称为“人性革命”，这个使命是现代科学，以及经济发展和社会结构所无法承担的，或者说现代文明与生活方式及其思维方式恰恰是使人性变得贫弱的原因。在人类进入文明时代以来，人们的生活就一直笼罩在战争的阴影与恐惧之中。20 世纪的 100 年间大小战争就有 300 多次，直至今天全球还处在核阴影

---

① ［日］池田大作，梁鸿飞、王建译：《社会变迁下的宗教角色——池田大作与 B. 威尔逊对谈录》，香港三联书店有限公司 1995 年版，第 241—242 页。

的威慑之下。人们曾经想方设法来避免核灾难以维护世界和平，爱因斯坦曾表达过这样的观念："原子裂变改变了世界的一切，但没能改变人的思维方式。因此，人类正在走向空前灾难。"要避免战争就应该使人们从战争思维当中解脱出来，即从贪欲、掠夺、仇恨、自我中心的泥潭中拔出腿来，对此，佛教有其独到的功能。且看佛祖是如何化育众生的：

> 释尊洞悉娑婆众生在贪嗔痴的驱迫下，会造成种种罪孽，"强者伏弱，转相克贼，残害杀伤，迭相吞啖，不知为善，后受殃罚"。世间众生以强凌弱、以众暴寡、弱肉强食、冤怨相报、凶残伤害、蟒蛇吞蛙、蛙食蚯蚓、人食猪羊，伤生害命，广作不善，因愚痴而种下恶因，自然难逃苦报，因而坠入三恶趣(畜牲、饿鬼、地狱)中，辗转其中，世世相累，无有出期。佛祖释迦牟尼以无尽悲心传授佛法，欲令众生脱离苦海。他教导人们以慈悲心、平等心、公正心与人相处，以谦逊耻辱心来化解世界上的沉重。众生一体，自他不二，利人正是利己，杀彼乃为自杀。所以众生应该明因慎果，断恶修善，方能实现天下太平。诚如佛祖所示：佛所行处，国邑丘聚，靡不蒙化。天下和顺，日月清明。风雨以时，灾厉不起，国丰民安，兵戈无用。崇德兴仁，务修礼让。国无盗贼，无有冤枉，强不凌弱，各得其所。①

这里所描述的正是人类和平安乐的生活场景，既有国内的物阜民丰，秩序井然、祥和温馨的生活，也揭示出国家之间兵戈不起、和平相处的局面。所以如此，就在于佛的教化功能。可见，佛教的文化理念，十分有利于世界和平之缔造，并且与中国儒家"和为贵"的思想有异曲同工之妙。在国际政治交往中通行的和平共处五项原则，正在于它体现了贵和的传统文化精神。佛教中的慈悲忍让、和谐平等的理念，对被邪恶强权日渐浸染的社会集体，不啻为一副强有力的解

① 《大乘无量寿经》。

毒剂。①

从逻辑的角度看，一个能为世界和平有所贡献的宗教绝不应该是狭隘的民族宗教，而应该是世界宗教，或者称为“人类的宗教”。佛教就是具有这种性质的宗教，因此它才能走出印度向全球传播。佛教的外传主要有北传佛教、南传佛教，佛教也曾传播到古代希腊、罗马等地。其中北传佛教以大乘佛教为中心，它虽然兴起于印度，但是主要发展在中国和日本。佛教在与印度完全不同的文化圈——中国和日本——的传播本身就表明了其作为世界宗教的性质，因为一般认为南传的上座部佛教是印度佛教的延伸。而北传佛教虽然保持了佛教一贯性，但是却加进了其他民族的文化因素，而与原有的印度佛教有所不同，形成了一种崭新的佛教。然而，北传佛教正是保持了与原始佛教一贯性才使其成为具有普遍意义的人类宗教。

佛教之所以能广泛传播，一个重要原因就是它所关注的是人类所共同面对的、无法回避的问题。凡是人，谁都不能摆脱生老病死的困扰，谁都可能面对各种社会矛盾所导致的苦厄，而佛教恰是在解决这些问题上给人以指导。在某种意义上说，佛教是一种无神宗教，主要是对人生本质的认识。佛教虽然以人生之苦为其主旨，但是它并没有否认人的世俗的快乐生活，它只是对人们蒙蔽于诸苦的根源的昏暗无明的无知状态感到悲哀。所以，佛教面对的是众生的苦厄，它教人的是一种智慧，即如何摆脱苦难的智慧，包括它的世界观及其修炼的一些方法。它揭示的是人类的共同本质，解决的是人类共同面临的问题，要解决人们的纷争，只有以人的开智为始，通过修炼达到开悟的境界，这是解决问题的根源所在。

佛教对世界和平能够有所贡献的另一个重要因素，是佛教处处体现出对人的尊重，对人的价值的高扬。

① 参见魏磊（释大安）：《净土宗教程》，宗教文化出版社 1998 年版，第 14—15 页。

佛告文殊师利：六道四生，唯人最贵，唯人最灵，佛从人中修成，业从人中造就。人能修福，决升天上；人能造恶，必坠地狱。有德为神，有道成圣……

佛言，智者知也。智人，知有佛道可修，知有圣教可学，知有名师可求，知有福可作，知有罪可忏，乃至知有世出世间，轮回因果，如天有日，如暗有灯，能知能见，善恶报应，一知见后，便能舍恶从善，改邪就正，非理不说，非事不为，非道不行，非物不取，念念中正，步步真实，积德成名，流传后世，是名智人。

愚者暗也，愚人心暗，不识高低，不知有天堂地狱，不信有罪福轮回，一向贪花恋酒……从六根，贪六尘，取性快乐，邪伪多端，颠倒无数，但念目前受用，不顾身后招殃，迷真逐妄，背觉合尘，纵遇圣贤，不能救度，常沉苦海，永失真性，一入转回，万劫不复。

悟者，觉也，悟人觉知自心是佛，慕道修行，三业无亏，六根清净，有方有便，无我无人，自度度他，同成佛道，虽有世间，世法不染，坐尘劳内，转大法轮，化娑婆界为极乐邦，变地狱为天堂，指迷途，见佛性，作诸佛事，度脱有情，不舍慈悲，誓相救拔。①

在万物生灵中，人最为尊贵。人是自身的因果主宰，但善恶分途，既能行善，亦能作恶，二者分殊之基础就在于智、愚。智者从善如流，恶者深沉苦海、万劫不复。

佛者无他，就是觉悟者，即为度己度人者，以慈悲心、感恩心习佛见性。以智者之心，与人为善，不仅是社会交往的基本准则，也应该是国家间交往的准则，因此，它也就是营造国际和平的首要前提。因为国家间的冲突甚至战争实际上就是放大之个人——共同体的贪欲所致，最终会将国家引向灾难。之所以如此，就在于掌握国家权力的领导者也是人，也有智愚之分。

① 《佛说大乘金刚经论》。

人们常常认为佛教是“苦”的文化，儒教是一种“乐”的文化，而基督教是“罪”的文化。其实这三者都是基于人性的分析，佛教不仅看到了人生之苦，更重要的是它一直致力于寻找苦的根源及其教导人们摆脱苦海的方法，这种救度是在佛理的指导下的一种自救与他救相结合的方式。基督教也是对人类苦难的一种解说，认为人的苦难是基于原罪，基于人的根性，它需要在自身的努力下，依靠外力的位格神——上帝的救助。所以，基督文化也是一种等待的文化，要求人们以一种虔敬心等待救世主的来临。这二者都是关于人性的深层分析，都有对世俗生活背后原因的深刻洞见。而儒教则主要是一种积极的处世态度，展示的是一种乐观的人生场景，它的前提就是不计较利害，否则就会生出苦与乐，乐与苦本身就是相对的，苦是与某种事物相联系的乐，比方说要得到某种器物，得到就乐，得不到就苦，总是把苦与乐与某种物品联系起来，所以根源在于人们的工于计算。而孔子的乐是一种超越这种以关系为标的的乐，因而是一种绝对的乐，他原不认定计算而情志于外，所以他毫无所谓得失，而生趣盎然，天机活泼，无入而不自得，绝没有哪一刻是他心里不高兴的时候，所以他这种乐不是一种关系的乐，而是自得的乐，绝对的乐。所谓烦恼这个东西对他而言是踪影皆无，心里无时不乐。因此他才说道：“仁者不忧，知者不惑，勇者不惧。”①儒家的乐是一种超然于物外的人生态度。孔子并不是没有考虑到鬼神等超然的事物，只是采取了避而不谈的态度而已，即“敬鬼神而远之”。

世界上的这几大宗教都将对财、物的贪恋、嫉妒、掠夺等作为产生社会冲突的根本原因，而对人的尊重、对物的寡欲是抑制冲突与战争的根本途径。而要做到这一点就必须注重人的精神修养，这就是宗教的作用。宗教对政治、经济、文化都有着不可替代的影响，诚如甘地所说：“缺乏宗教信仰的政治犹如‘死尸’”，“欠缺宗教信仰的政

---

① 梁漱溟：《东西文化及其哲学》，商务印书馆2000年版，第142页。

治,如一根吊着国家首级的绳子"。① 针对经济发展中的拜金主义,阿马蒂亚·森曾说道:"经济须讲究伦理"。② 所以,在池田大作先生看来,像日本这样的国家,只知道经济发展,以为通过经济发展就能解决一切问题,只是一种虚无缥缈的幻想。要把日本"无哲学,文化颓废"的局面改造成为心胸丰饶并重视人性的国家,只有通过弘扬佛法才能实现。

三、对话——走向世界和平之途径

和平虽然是人类的共同愿望,但是历史的发展却是不断地卷入战争,这是一个悖论。在池田大作先生看来,造成这种悖论的原因要归结到人的"生命"问题上。要消除战争,只有从根本上变革人的心灵深处的生命,这就是缔造真正的世界和平的哲理,是日本创价学会的绝对信仰,也是其实践的目标。③

和平是一个良好的愿望,但并不是消极坐等就能实现的,实现和平的首要前提是争取世界和平的实践。而且,世界和平并不是凭一部分人的努力就能实现的,它是需要世界各国人民统一思想,不断地宣传和实践世界和平,而非暂时的和平。暂时的和平,池田大作先生称之为"瞬息间的和平",这并不是"真正的和平",即永久的和平。而"瞬间的和平"就是霍布斯所说的"战争状态",这种状态并非就是真实的战争状态,而是随时发生战争的可能性。

和平——这一人类的理想目标之一,是无数思想家、政治家、宗教界人士、学者共同关注的主题之一。文明的、文化的冲突,经济的、意识形态的纷争,领土的纠纷乃至宗教纷争究竟哪种方式才是实现

① 转引自池田大作:《法华经的希望》,香港明报出版社 2002 年版,第 117 页。
② 同上书,第 120 页。
③ 参见池田大作:《人生问答》,香港商务印书馆 2001 年版,第 482 页。

和平的途径，一直是思想家思索的主题。作为当代著名的和平主义者，池田大作先生认为，对话是通往和平的一条重要道路，也是在实现和平问题上比较现实和理智的选择。他多年来一直致力于与世界上许多国家的领袖、政治家、学者进行多维度、多领域的对话，并将其推展为推进人类和平事业的主要方式。

首先，当今的世界多种文明、多种文化并存。只有通过对话才能做到不同文化、不同文明之间的真正了解与沟通，通过武力、战争等方式都不能做到不同文化之间的接受、理解，更谈不上相互间的支持与合作。只有通过对话才能寻找出不同文化之间的共同点。

其次，对话的方式超越了国家、民族、地区、经济发展程度、宗教信仰的界限，共同探讨人类共同关注的和平问题，因此也就从根本上撇开了国家、民族、地区、宗教等方面的一己之私，而是从人类的共同利益出发，来探寻消除隔阂、冲突与战争的可能性。

再次，不管文化、宗教的差异有多大，但是作为它们理论基础的人性部分是相通的。它们之间的差别只不过是从人性的不同侧面来阐释各自主张的。如基督教的罪感文化是基于人类自身的缺陷，使其本性遭到的侵蚀；佛教文化是基于人性对于人生本质的无知状态，而儒家文化则基于摆脱利害计算的精神愉悦，它们的出发点都是人性。既然病根就在人性问题上，那么也只有通过实现“人性革命”才能消除造成战争的种种根源。

最后，池田大作先生所致力的缔造和平的方式——对话，已经逐渐被国际社会所接受，成为国际交往中的重要交往方式。它不同于政府间的交往，要受到有形的、无形的各种因素的限制，而是一种朴实、深入的民间交往，不仅成本低，而且基本不受国家间关系的影响。对话的主体可以是国家领袖、政治家、宗教界人士、学者等等，而对话的主题也比较灵活多样，但多是和平、环境保护、教育、文化、人身健康等共同关心的话题。池田先生与他人的对话集，大多已经出版，对世界和平已经产生了重大的影响。

总之,在21世纪,伴随着科学技术的发展,物质财富的日益丰富,社会的逐步多元化,宗教对于涵养人类的精神素养、实现人性革命具有不可替代的作用。如果近代以来,尤其是工业化以来是宗教逐渐淡出的时代,那么,这个新世纪——21世纪,很可能就是宗教振兴的时代。佛教是世界性宗教,而且是对人性揭示最为深刻的宗教之一,因此在人性革命方面必然将发挥出它的优势来。对话应该是实现以人性改造为基础的永久和平的基本途径。

(作者简介:暴景升,男,1965年生,辽宁凌源人,政治学博士,辽宁师范大学副教授。)

多元文化中的和谐社会

伍胜蓝

和谐是人类社会所追求的理想状态，是一种理想的境界，它表明人与自然、人与社会、人与人之间存在着协调而良好的关系。中外学者一直将其视为理想社会的核心价值。在我国传统思想中，孔子所崇尚的礼的根本价值就是“和”，主张“礼之用，和为贵”。老子反对战争，主张人们安居乐业，幻想着“民至老死不相往来”。墨子则主张“兼爱非攻”，做到“爱无差等”，以平等作为社会相互交往的基本准则。西汉的《礼记·礼运》中则较为详尽地描绘了“大同”这一人类社会的理想蓝图。这些都是古代人们向往和期待美好生活的具体反映。在西方，早在柏拉图的《理想国》中，就设计了一个公平正义的和谐社会。在这个国家中，人们各尽所能，各尽其职，统一管理，共享劳动成果。以莫尔为代表的空想社会主义思想家们，从资本主义社会的矛盾出发，提出了美好社会制度的设想。莫尔的《乌托邦》第一次描绘了空想社会主义的蓝图，以共同劳动的公有制为基础，消灭社会的矛盾，达到个人与社会的统一。之后的傅立叶、马克思、恩格斯等都不断对社会制度进行研究，他们的成果为当今和谐社会的构建提供了思想资源，为寻求社会和谐提供了目标指向、具体选择途径以及价值取向和价值支撑。

现代社会有别于以往任何社会，它不再是老子、庄子所向往的“小民社会”。在此社会中，国家与国家之间的交往非常频繁，世界成为了一个“地球村”，任何国家都必须把自己置身于世界之中，孤立的生存只能招致自己的落后。同时，国家与国家之间的依赖性也不断加强。一个国家的发展离不开其他国家的存在和发展，国家与国家之间都互为生存的前提。在这样情况下，各国的和谐就必然要求世界的和谐。然而，现实生活中却存在着不利于和谐的因素，存在着某种文化冲突或者道德分歧。这种文化冲突或者道德分歧是当前人们之间的冲突意志的表现，正如麦金太尔所说：“当代的道德语言最显著的特征乃是它如此多地被用于表达分歧，而这些分歧在其中得以表达之各种争论的最显著的特征则在于其无休无止性。”①在文化多元的前提下如何构建和谐社会呢？我们认为，关键是人们应该对和谐社会的实质达成一致的共识。

一、和谐社会是人的全面发展的社会

和谐社会的主体是人，人是社会创造的主体力量。社会的发展最终反映在单个人的发展上。任何社会的发展最终都指向人的发展。因为社会是由单个人所组成的，离开单个人的社会也就无所谓人类社会。马克思认为和谐的理想社会应当是“自由人联合体”。它是社会发展的最高境界。在这个联合体中，“每个人的自由发展是一切人的自由发展的条件”②。人类只有进入这样的社会，才能够实现真正的社会和谐。虽然我国还处于社会主义的初级阶段，但是仍然具有实现和谐社会的可能。因为我国的根本体制和社会的根本制度要求个体与国家的利益根本一致。在这多元化的社会中，我们

① A. 麦金太尔，宋继杰译：《追寻美德》，译林出版社 2003 年版，第 7 页。
② 《马克思恩格斯选集》第 1 卷，人民出版社 1995 年版，第 294 页。

要把握和谐社会的实质，就必须全面地理解“人的全面发展”的含义，其实质就是如何理解人的全面发展的内容。

“人的全面发展”是马克思在描绘未来社会时提出的一个重要思想，主要表明“人的全面发展”不仅是表象社会中的现象，而是指人的本质的真正发展，是人的真正自由的体现。依据马克思主义理论，这最终意味着人类从必然王国向自由王国的飞跃，实现人的最终的解放。而这个过程就是人们对求真、求善、求美三者统一的过程。“人的全面发展”的具体内容就是真、善、美三者内容的完整统一。

第一，人在认识世界和改造世界的过程之中，就是不断地深化认识的过程。人们面对外部自然界必须获取真理，依据外部世界的固有规律办事，人才能获取相应的自由。所以认识的过程首先就是获取真理性的过程，同时这也是获取自身需求的物质资料的过程。只有通过人们认识和把握真理，才能将其应用在自身的社会实践当中，将其变为人的所需求的使用价值和功用价值，丰富人类的实际生活，造福人类，推动人类社会的整体进步。但在求真的过程中，人们由于自身的条件性以及技术性，尤其是认识的主体素质的限制，往往不能够随心所欲，这必然意味着认识过程的曲折性。这就需要世界和谐的共享。人类社会的科技等真理的共享会使得许多认识过程缩短，减少许多弯路。人类共同的努力，不断地发展社会的生产力，丰富人类的物质生活，都需要和谐作为其前提和理念。

第二，人不仅仅在于有对真的追求，而且必然有对善的向往。只有这样才能协调人际关系，营造社会良好的人际环境。求善的过程不仅仅是追求价值导向的过程，而且也是人类社会解放自身的方式，理所当然它成为人的全面发展的内容。“善”要求人类提升自己，其根本任务在于对美好生活的追求，而这种美好生活就是实现所有人的幸福。这种幸福不是功利主义所主张的简单个体幸福相加的总和，它应当是社会利益与个人利益的统一。只有在“真实的集体”当中，善的含义才具有完整性。因而，“善”不仅是表现在人对自然有目的的改造过程之中,同时也是人对社会有目的的改造过程,是公正合理、公平平等的社会关系和社会制度的追求。一方面求善要求社会以公平作为价值理念,协调主体之间的人际关系,创造和谐有序的状态,防止社会中的利益冲突。另一方面,求善的过程也是约束限制和规划个体成员的行为准则。个体在进行社会活动之时必然需要社会的引导,其前提就是抑制个人的无法满足的欲望。和谐社会必然要求合法、合理、有序,这样才能处理好人与自然、人与社会、人与人之间的关系。社会中的人必须以"善"的道德观念作为行动的指南,恰当调节自身与周围现实环境的关系,通过个人良心、社会舆论以及社会风气习俗等,达到自律与他律的统一,实现人的全面发展。和谐社会不是虚无缥缈的空中楼阁,它要求立于应然世界,实现实然世界,构建理想的人类社会。

第三,在求真、求善的同时,人们还需要自我的创造追求,这便是求美。"美"是人们衡量物质实践活动的标准。依据马克思主义理论,人在实践活动当中,具有美的诞生。"劳动创造了美"。劳动作为人与自然的物质变换的中间桥梁,一方面改造自然外界条件,满足物质需求,同时也是创造人自身的过程。全面发展中的人不仅是满足个体的基本物质生存,而且还是在身体基础之上的精神升华,体现在文化精神方面的创造,诸如文艺、音乐、美术等。这些都使得主体的个人能够具有各种本质力量去寻求更多的生活欲望,激发主体完成实践活动的积极性与创造性。因而失去了人类的"美",那不是全面发展的个人,同动物无异。求美的过程是丰富人类精神生活的过程,提升精神境界,提高思想觉悟,挖掘主体自身的潜能。从这个意义上说,"求美"就是社会文明的发展程度的标志,是衡量其进步的试金石。

"人的全面发展"的丰富内涵是真、善、美的统一,它意味着社会发展与人的发展的统一。一方面全面发展的人应当把自己置身于社会当中,个体不能够离开社会而存在。社会是人的生存与发展的客观基础和保障。人的生存要依赖于社会生产以及形成的生产关系。另一方面,社会的发展必然是以人的发展作为条件。人是构成社会的基本细胞,是推动社会进步的力量。离开了人的发展,社会也必然停滞。因而,社会的发展必然内在地要求人的发展。在一定程度上,社会的发展必然以人的需要的满足作为其尺度和内容。只有当人成为人格完善的个体,发展为全面的人,他才能成为社会发展的根本动力,社会才能因此而获得其不断发展的力量源泉。

二、和谐社会是人全面参与的民主社会

和谐社会要求以"和"为先,而"和"的达成是以承认和尊重差异为其前提条件的。只有如此,社会才会有真正的稳定有序、安定团结。承认和尊重差异,就是让更多的人表达自己的想法和意见,吸纳不同的声音。这就需要社会中的人的全面参与。全面参与的社会就是民主社会。民主实施的过程也就是和谐体现的过程。只有当所有的人能够以主人翁的积极姿态参与社会事务,社会才能焕发蓬勃生机与活力,人们才会具有乐观向上的创造精神。可见,和谐社会就是人的全面参与的民主社会。

"民主"是人们寻求社会生活尤其是社会政治生活的理想方式,它的存在是确定人们社会角色的重要保证。"民主"体现一定历史时期的社会文明程度。在现实生活中,虽然各个社会生活领域都需要民主,但政治生活领域的民主更为重要。因为政治生活最能体现公共生活的本质,它的运行方式直接反映着人们的根本利益。公共利益的存在直接决定着政治权力行使的方式与内容。因而,政治生活的民主是民主在社会中实行的核心环节。

政治生活中的民主说到底就是指人民当家做主,自己管理自己,决定自己的事情,同时也是人民能够参与国家政治生活并对国事自由发表意见的权利。在我国,坚持民主集中制原则,就是将在民主基

础上的集中和在集中之下的民主相结合,普遍反映人民的心声,充分体现人民的主人翁地位,这必然是社会前进的大趋势。因为建设和谐社会,没有民主是不可能实现的。民主是实现社会和谐的重要条件,只有广大人民群众直接或间接地参与国家政治生活与社会管理,对国家重大事务享有知情权,就各项重大决策和立法建议进行充分表达和交流,才能更好地反映大多数人的根本利益和共同意志。只有以人民的根本利益为出发点,发挥人民创造历史的主体性地位,和谐社会才能实现。无论是西方资本主义制度还是我国社会主义制度,历史和现实都证明,民主是社会存在的有利条件,同时也是人权得以保障的前提。只有以人为本,发扬民主,保证人民依法行使民主权利,才能为和谐社会提供广泛的力量支持。因此,民主是和谐社会的制度之源,也是寻求政治合法性依据的根本保障。

真正的民主社会一定是法治社会,没有法治,民主是不可想象的。因而,法治就是民主真正实现的根本保障,是保证人民能够自由表达的法律依据。法治就是指任何人和任何集团在法律面前一律平等。任何人和任何集团的社会活动都不能超越法律的界限,否则将会受到法律的制裁。它要求预防、矫正和惩罚任何牟取非法利益、侵犯他人的合法利益的行为。从这个意义上讲,真正的法治是和谐社会的重要表征,是和谐社会得以正常有序运行的重要保证。这也要求国家的权力机构必须严格办事,依法行权,将一切社会生活和社会关系纳入法治的轨道,做到“有法可依,有法必依,违法必究”。

但是我们也要注意到,多元文化中的民主与法治在不同国家可能会有不同的形态,我们要区分必要的实现民主的方式和多层次的民主程度,毕竟每个国家都有自己不同的社会背景和社会生活方式。国情的不同造就不同层次的民主与法治。我们既要相互尊重不同的民主方式,同时有必要汲取其他民主方式的经验,为我所用。无论怎样,民主与法治是和谐社会构成的重要内容,也是其运转的必要制度保证。它不仅是国家政治管理的重要手段,而且是社会自治所必须遵循的基本准则。遵循民主与法治必定会把公共治理引入新的阶段,有效地制止权力行使的腐败。所以,社会的制度制定、制度实施、分配方式以及社会分工与合作都离不开民主与法治。离开民主与法治,和谐社会也就失去了制度保障。

三、和谐社会是“多元化”与“一元化”统一的社会

随着改革开放的不断深化,与世界各国的接触也越来越频繁。在世界各国的交往过程中,文化的交流也成为必然的趋势。由于人类文明具有多样性,价值观也必然多样化。坚持以前的那种唯一的生活方式和经济方式在当今是行不通的。如今可谓是“百花齐放,百家争鸣”的时代,政治、经济、文化等都存在着不同的价值观念和价值取向。这就要求和谐社会恰当处理好当前社会价值观念和价值取向中的“多元化”与“一元化”之间的关系。“多元化”与“一元化”的关系直接影响到国家与国家之间相互关系的处理。其实,这种“多元化”与“一元化”从本质上看并不是绝对矛盾而无法协调的。和谐社会必然与和谐世界联系在一起。没有和谐世界的存在,单个和谐社会也无法实现。因而,处理“多元化”与“一元化”的关系关键在于我们如何看待,只要我们坚持“一元化”下的“多元化”,和谐社会就一定能够实现。

我国目前正处于社会发展的转型期间,社会的发展在许多领域都具有“多元化”的表现。在经济方面,原有的单一经济体制被打破,取而代之的是各种经济成分的并存,包括私营经济体制、个体经济体制等等。这就需要我们掌握其中新经济体制的主导价值倾向。一般来说,计划经济体制的生产方式和管理方式显得呆板、僵硬,没有生机活力,但市场经济体制本身也有自发性、滞后性等缺陷,同时,市场自由交易原则往往产生许多的负面影响,诸如金融领域的泡沫经济。在政治方面,政治生活方式在改革当中不断优化,党内民主与

党外民主充分调动了统一战线的力量,从而确立了党与人民、党与国家、党与民主党派的良好关系。但是,由于西方文化的渗透,政治生活领域产生了不同的政治理念冲突,这对我国建设和谐社会必定会产生某种影响。在文化方面,由于经济全球化进程不断加快,相互的文化交流的速度也不断加快。世界范围内各国文化、各种理论思想相互碰撞,社会意识形态的不同往往使得文化交流中出现许多外在的矛盾性。同时,很多人对西方文化不能正确地分析和鉴别,有的甚至盲目地追求西方文化,西方敌对势力也从未放弃对我国实行文化思想上"分化"图谋,这些都会严重地影响到和谐社会的建设。

上述领域的价值多元化所导致的后果是,一方面,人们追求"自由个性",标新立异,寻求各自所崇尚的文化思想;另一方面,社会也失去了"一元化"的价值导向。然而,任何社会都必须确立主导价值的权威性,只有这样才能在"一"的基础上真正为"多"的存在提供条件。"多"是"一"的"多",否则就会使自由主义泛滥,社会成员无法相互合作,社会也无法安定团结。

如何处理"一元化"与"多元化"的关系呢?首先,"一元化"的价值是"多元化"的主导。构建和谐社会需要共同的社会理想、共同的社会信念、共同的社会精神支柱,这样才能万众一心、相互合作。在我国,我们应该坚持以马克思主义为指导思想,这个根本的立场不能改变。共产主义社会是我们共同的理想目标。我们必须坚持马克思主义在整个价值取向中的指导地位。虽然我国目前的形势呈现多元化的趋势,但是必须树立主流的意识形态,防止马克思主义边缘化。另一方面,"多元化"的价值是丰富"一元化"的基础。人的需要的多层次必然要求人们不断地接受新的知识和适应新的领域。社会的和谐必然要同世界走到一起,与国际接轨。所以,和谐社会应当接受不同价值的声音,容纳不同的价值观念。这样,和谐社会才会充满生机。因而,在面对各种不同的价值观念和价值取向的时候,人们的不同生活方式只要不危害社会和他人的利益,坚持分析批判的态度,我们是可以接受的。在面对文化价值的冲突时,我们要坚持“求同存异”、“和而不同”的原则。只有这样,整个世界才会真正走向和谐。

(作者简介:伍胜蓝,女,1983 年生,湖南永州人,湖南师范大学伦理学研究所硕士研究生。)

从多元文化的视阈看当今美国的种族问题

周　君

1991年春始于洛杉矶后蔓延到数个城市的罗德尼·金案以及之后的美国各地黑人教堂被焚事件引起了美国,这个对于骚乱事件和刑事案件向来司空见惯的国家的高度重视。而由这些事件所暴露出来的社会问题,特别是种族问题,引起人们的思考,在一个如此宣扬自由、平等的人权国家里,为何还会有浓厚的种族主义存在?在当今世界各国的政治对话、经济往来和文化交流不断加强,全球化的进程不断加快,世界多元文化共荣共生的局势下,自诩为"世界警察"的美国扮演的又是一个什么样的角色呢?

一、当今美国种族问题的存在现状

无论从历史的维度还是现实的维度来看,美国一直都是一个多元文化社会。作为一个移民国家,美国种族之多,世界上的其他国家难出其右。由不同种族的文化所构成的多元文化现象在美国早已存在。从新大陆被发现,到殖民地时期、建国直至现在,美国汇聚了来自世界各地的不同国籍、不同种族的人,美国的历史是由各种族人民共同创造的。在美国的历史发展进程中,不同种族之间的文化相互影响,构成了美国社会特有的文化内涵,从这个意义上说,美国社会生来就是一个多元文化社会。其次,最新统计显示,当今美国的种族构成是:“白人占69.1%,讲西班牙语的美国人占12.5%,非洲裔美国人占12.1%,印第安人及阿拉斯加原住民占0.7%,亚裔美国人及太平洋岛原住民占3.6%,其他占0.3%,两个以上种族占1.6%。”①从其种族构成上来看,美国已经是一个多元化社会。同时,在当今美国,许多多元文化主义者都在积极地推行多元文化的理念,试图将文化作为切入点来解决美国的种族问题,而且在国际社会反映美国多元文化的思想在很大程度上已经得到了认可。从以上几个方面看,当今美国已经是一个多元文化社会,由文化的多元性带来的社会问题,特别是种族问题尤为严重。

“种族”这个词本身不是社会问题,它主要是指以人的体质形态上所具有的某些共同遗传特征,如肤色、眼色、发色、血型、骨骼等为标志,将人们区分为不同的种类。但对于美国这样一个种族成分复杂的移民国家来说,“种族”总是不自觉地与“问题”联系在一起。自殖民时代至今,“种族问题”一直是破坏美国社会和谐的重要问题之一。种族主义者追求的是种族压迫、种族隔离、种族歧视,它将自己的种族看成是优于其他种族的,将自己种族的利益凌驾于其他种族的利益之上。具有讽刺意味的是像美国这样一个自诩为世界上自由、平等、民主和尊重人权的典范的国家,种族歧视却在这里得到了充分的理论支持和实践。时至今日,法律上的歧视制度虽已消除,然而积久成习的白人至上心理事实上仍影响着大多数美国人的价值取向。

美国的种族主义最为明显地体现在对待黑人的种族问题上。美国总人口现有二亿八千多万人,非白种人大约有八千四百万人,其中

① 姬虹:《从2000年美国人口普查看美国种族现状》,《国外社会科学》2002年第4期。

黑人约三千四百万人。在美国,黑人等少数民族属于二等公民,在政治、经济、教育等方面受到不同程度的歧视。黑人由于无法享有与白人同等的政治权利和受教育权利,又缺乏必要的职业技能训练,黑人的就业情况和收入情况使大多数美国黑人处于社会经济生活的最底层,并承受着来自各方面的压力。在17世纪初,黑人奴隶被强行运到弗吉尼亚州,这段时期,黑人奴隶被虐待、践踏,被任意买卖和残杀。南北战争后颁布的《权力法案》,虽然林肯总统在法律上废除了黑人的奴隶地位,但种族歧视并没有因此停止。第二次世界大战之后,西方殖民主义体系的瓦解大大加强了弱小民族的自信心,同时也增强了美国国内的少数民族的民族自觉性,反种族压迫和种族歧视运动一度高涨,黑人和其他种族的境遇有所改善。到20世纪60年代民权运动后,种族主义在法律上的不平等被联邦最高法院取消,黑人和其他少数民族在法律上取得了与白人同等的地位,但是原因更复杂、范围更广泛、方式更隐蔽的种族歧视仍然大量存在。“种族问题,长期以来是美国的一突出问题。近些年来这个问题不是在缓和,而是进一步加深。”① 80年代之后,种族矛盾和斗争有回升之势,罗德尼·金案以及之后的美国各地黑人教堂被焚事件就是典型的例子。“1992年4月29日美国加州地方法院宣判殴打黑人青年罗德尼·金的4名白人警察无罪(陪审团由12名白人组成)。此举引起黑人的强烈不满,洛杉矶和美国一些城市随即爆发了由黑人民权组织发起的示威游行,并迅速演化为大规模的骚乱,美国政府出动联邦军队才得以平息。这场骚乱造成50多人死亡,2000多人受伤,6000多人被捕,500多座建筑物被毁坏,经济损失达10亿多美元。”②无独有偶,90年代中期,在美国南方,针对黑人教堂的纵火案接连发生,

① 颜声毅、曹云霞:《从种族歧视看美国的人权问题》,《贵州民族研究》1998年第4期。

② 同上。

"从1995年1月以后的18个月中就有30多座教堂被烧,仅1996年6月的一个星期被大火吞噬的黑人教堂就有4座。"①这些只是近年来美国种族歧视较为集中和激烈的缩影,范围更为广泛,方式更为隐蔽的种族压迫和种族歧视现象在美国各地普遍存在。

除了非洲裔黑人之外,在美国受到种族歧视和偏见之害的还有拉美裔和亚裔少数民族等。总之在这个以白人新教徒为主流人群的美国社会里,其他有色人群都在不同程度上受到来自各方面的种族歧视和偏见。1996年8月,克林顿在出版的新著《希望和历史之间——迎接美国21世纪面临的挑战》一书里写道:"种族紧张关系仍在分裂我们,……我们必须继续弥合种族分裂,这种种族分裂在撕裂我们的国家。"②

二、美国种族问题形成的文化根源

美国种族问题形成的原因是多方面的,有历史的根源,有社会结构的因素,其中根深蒂固的文化霸权意识起了十分重要的作用。当今美国社会已经很少看到以暴力流血事件为表现形式的种族冲突,但以文化侵略和文化压迫为手段的,更为隐蔽的方式却在大张旗鼓地进行着。"尽管种族问题如今仍是困扰美国社会的大问题之一,但是,明目张胆'种族歧视'的人是越来越少了。……美国的种族歧视从目前来看,开始在新的领域呈现出新的现象,……简单的单一种族歧视被文化上的隐性歧视所代替。"③以文化侵略和文化压迫为手

① 秦德占:《现代美国种族矛盾和冲突述论》,《北京行政学院院报》2006年第6期。

② 转引自颜声毅、曹云霞:《从种族歧视看美国的人权问题》,《贵州民族研究》1998年第4期。

③ 宋兰娥、任伟利:《美国种族歧视问题的现状及根源》,《山西农业大学学报》(社会科学版)2004年第3期。

段的种族歧视已经成为当今美国种族歧视现象中更加隐蔽但危害性更大的存在方式。

1. 主流文化——WASP 文化意识根深蒂固

自建国以来,美国社会的种族歧视现象就一直存在,这与其历史进程中形成的 WASP 文化有着密切关系。"WASP"是英文 White Anglo-Saxon Protestant 的缩写,意为"盎格鲁-撒克逊白人新教徒"。它的基本特点是:"以英语为主要交流工具;以白人为主体;以英国移民为多数;以基督新教为主要宗教信仰。"①16 世纪初,一批受英国王室专制和国教迫害的清教徒为了信仰,背井离乡,移居北美,试图在这块尚待开发的土地上建立一个理想社会,WASP 文化就是在这种情况下形成的。其中的清教徒意识认为,移居北美大陆的盎格鲁-撒克逊人是"上帝的选民",他们是在上帝的指导和保护下,用他们的生活方式、他们的美国文化(WASP 文化)去拯救和解放其他种族,而且以这种借口堂而皇之地去霸占土著印第安人的土地,传播美国文化,宣扬其价值观和社会制度。它将美国文化看做是一个独立的人文体系,其他民族包括土著印第安人和其他外来民族的文化都必须在这种文化体系的统治下发展,这种文化使美国人形成了一种自信、扩张的民族性格,并经常以世界的"领袖"和"霸主"自居,趾高气扬地把散播美国文化作为帮助"落后"民族摆脱"愚昧"、步入现代社会的一种手段。从哥伦布发现美洲大陆,以英格兰移民为主体的西欧白人大量驱赶和屠杀土著印第安人开始,美利坚民族形成和发展的进程中就一直伴随着种族之间的矛盾斗争。WASP 文化正是这种矛盾斗争的文化根源之一。

表面上提倡多元文化的美国人,在现实生活中坚持的仍然是一元文化论,美国少数种族一直被排除在白人主流文化(WASP 文化)

① 董小川:《美利坚民族认同问题探究》,《东北师范大学学报》(哲学社会科学版)2006 年第 1 期。

之外,其文化和价值观受到歧视和排斥。如上所述,美国是一个由不同种族、不同国籍的人组成的多民族国家,各民族有各自的语言、宗教信仰、生活方式和价值观念,多元文化现象在美国已经成为一个既定的事实,不同的文化在这里汇聚并发生碰撞,而且在世界政治、经济和文化日益全球化的背景下,不同文化之间也将逐渐达成妥协,共生共荣,最后形成一种新的、美国所特有的文化。然而,事实并非如此,大多数占据美国社会政治、经济主流地位的白人关注的主要问题是怎样保存、传递和促进主流社会的文化信念和规范,如何归化移民,让所有移民美国的人都与美国主流文化思想体系相认同。这种以白人文化为社会主流文化的思想"深深印着'文化帝国主义'的政治烙印",不但没有消除美国各种族之间的隔阂,相反加剧了亚文化与主流文化之间的矛盾。

2. 文化差异性的过分膨胀

由于多元文化强调尊重不同种族之间的文化的差异性,这不仅没有消除美国社会的种族歧视,反而使这种歧视现象更加严重。20世纪的早中期,由于大量德国人、爱尔兰人和东南欧移民的涌入,美国社会的种族结构发生了重大变化,改变了以英裔为主的状况。同时,民主思想运动也在这一时期开展起来。这些使美国国内开始出现一种与盎格鲁-撒克逊文化观相左的思潮。一些民主知识分子认为"美国只是一个政治实体,美国的文化群体是多样的,不仅仅只有清一色的WASP文化,也包括许多有各自独特文化的种族,而且不同民族群体间应该相互尊重、认同与平等"①。他们主张文化多元化,认为"美国文化应该是一种能够反映移民、黑人和城市生活包容性的文化"。② 当今美国的多元文化主义在王希先生那里解释为:

① 詹晋洁:《论美国多元文化主义的形成及其与自由主义民主的相互影响》,陕西师大硕士研究生论文2002年。

② 同上书,第15页。

"(1)美国是一个由多元民族和族裔构成的国家,美国文化是一种多元的文化;(2)不同民族、族裔、性别和文化传统的美国人的美国经历是不同的,美国的传统不能以某一个民族或群体的历史经验为准绳;(3)群体认同和群体权利是多元文化主义的重要内容,也是美国社会必须面临的现实。"①多元文化主义不仅强调尊重不同种族和族裔的文化和传统,而且要重新界定美国的传统主流文化,主张各种族和族裔在政治、经济生活中实现自由平等。然而,在实践中,多元文化加强了美国社会对不同种族和族裔的群体利益的敏感度,原来被排斥在主流文化之外的黑人,在逐渐进入美国主流社会之后又提出了诸如"非洲中心论"的学说,突出他们与白人的区别,恢复并发扬黑人文化,这引发了一些极端主义的种族冲突暴力事件。又如,在实施"肯定性行动计划"之后,白人认为纠正种族歧视的措施已经"矫枉过正",这使得对黑人和外来移民的不满情绪在美国主流社会又有所上升。文化差异性的过分膨胀势必加强各种族之间的差异性,这不利于种族间的融合。

3. 国内种族主义与国际文化霸权主义的相互助长

美国在实行国际文化霸权主义,对世界其他国家进行文化侵略和压迫的过程中,其种族优越感和天赋使命观得到进一步扩张,在侵蚀其他国家和民族文化的同时也加强了其国内的种族主义。在国际社会,如今运用政治和军事等高压手段来实现国家的对外侵略已受到挑战,美国人便企图利用文化进行"和平演变",用美国的价值观来统一全球;他们运用文化手段颠覆、演变非西方国家的信念,在全世界扩展"民主"、"自由",积极推行其文化殖民主义。美国的种族主义与国际文化霸权主义的相互助长,不利于美国种族问题的解决。

① 王希:《多元文化的起源、实践与局限性》,《美国研究》2000 年第 2 期。

三、结　语

由经济全球化推动文化多元化的今天，世界文化的多元性空前加强，不同的民族、地区和国家之间的文化交流日趋频繁，各单元文化间的关系也日趋和谐，整个世界将成为一个国际多元文化社会。在对待文化的多样性和差异性问题时，许多学者都认为我们应该以求同存异的包容德性追求不同文化间的和谐，应该追求各单元文化间的相互宽容、相互尊重和同生共荣，以促进世界的和谐发展。

美国作为一个多元文化的国家，在这种趋势的推动下，不同种族之间形成了某些共同的价值观，种族之间的差异也得到了一定程度上的尊重，整体上体现一种融合的态势。而且，作为当今世界的超级大国，美国在世界多元文化的发展进程中占据十分重要的位置，对多元文化的健康发展也起到了一定的作用。但是，即使在这种国际和国内环境下，许多美国人对文化歧视却仍抱着宽容和允许的态度，在实践中仍一意孤行地坚持一元文化论，从美国主流文化（WASP 文化）滋生出的文化霸权主义在美国国内表现为严重的种族主义，在国际社会则表现为国际文化霸权主义。这反映出美国社会存在着与世界潮流背道而驰的思想。

当今世界是一个多种文化共存的多元文化社会，我们不仅要看到各文化间融洽和谐的一面，也要看到它们之间还存在激烈的矛盾和斗争。经济全球化带来的文化全球化没有也不可能消除民族与民族、国家与国家之间的文化差异，各异质文化间的矛盾冲突不可避免，这是我们发展多元文化社会必然会遇到的困难，怎样调和各单元文化并存与和谐发展的问题是我们需要探索的课题。

（作者简介：周君，女，1983 年生，湖南郴州人，湖南师范大学伦理学研究所硕士研究生。）

伦理道德与社会和谐

“伦”的传统及其“终结”与“后伦理时代”*

——中国传统道德哲学和德国古典哲学的对话与互释

樊　浩

一、问题:“伦理观念”与“关于伦理的观念”

如果用一个字诠释中国传统伦理的精髓,那就是“伦”;如果有一个字可以概括现代中国伦理所遭遇的根本性挑战和最大难题,那就是“伦”。

孟子曾经这样诠释伦理的发生:“人之有道也,饱食、暖衣、逸居而无教,则近于禽兽。圣人有忧之,使契为司徒,教以人伦:父子有亲,君臣有义,夫妇有别,长幼有序,朋友有信。”①这段依据传说并带有明显思辨色彩的解释日后之所以被奉为伦理的经典并积淀为中国伦理的传统,就是因为它揭示并奠定了中国传统伦理的最为重要的文化内核和道德哲学基石:中国伦理在人兽之分的意义上给人性立论;人伦,是人兽之分的根本,是人自我肯定即“肯定自己是一个人”的根本;“教以人伦”,是超越“近于禽兽”的文明忧患的根本解决之

---

* 本文为国家哲学社会科学重大项目“构建社会主义和谐社会进程中的思想道德与和谐伦理建设的理论与实践研究”成果。

① 《孟子·滕文公上》。

道。由孟子这段话可以演绎的结论是:伦,准确地说,人伦,是中国传统伦理的历史起点与逻辑始点。中国传统伦理的特殊文化气质、文化意蕴和道德哲学精髓,首先在一个“伦”字。可以支持这一立论的直觉根据是:中国哲学将“伦理道德”相接相联系,“伦理道德”从何开始,亦是从“伦”开始。所以,如果借用孔子的话语方式,伦,或者说人伦,就是中国传统伦理与伦理传统的“一以贯之”之“道”。

时至今日,中国的伦理传统已经发生了巨大而深刻的变化。但是,无论揭示还是研究这些变化,以往的努力往往都聚焦于伦理的现象形态,尤其是伦理观念和伦理存在(如伦理关系、伦理生活等)诸方面。结果,正如人们已经感受到的那样,虽然可以现象地部分复原已经发生的变化,但最终解释和解释者本身却不幸都陷入解释的“碎片”之中,而不能为这些变化提供完整的现象学图景和更具哲学根据,尤其是精神哲学根据的合理而有力的解释。原因很简单,解释的触须只游移于“伦理现象”,至今还未延伸和深入到“伦理本身”,即伦理的概念或人们关于伦理的观念经过时代的涤荡在道德哲学层面所发生的那些更具根本意义的变化。造成这种状况的逻辑原因是:无论“伦”还是“人伦”,都内在着两种可能的规定或理解:一是现象形态,主要是伦理观念和伦理存在;二是概念形态或本质形态,即“关于伦理”的观念、理念、信念等等。

笔者的观点是:现代中国所发生的最为彻底和最为深刻的变化,不在伦理观念和伦理存在,而在于人们关于伦理的观念和“伦理”方式;当代中国伦理发展与道德建设的最为深刻的难题,不是人们在于伦理观念、伦理生活和伦理关系方面的重大改变,而是在于伦理本身,在于人们对伦理的观念、理念和信念,即人们对于“什么才是伦理”、“如何达到伦理”等哲学规定方面发生了根本性改变。一句话,在伦理传统方面发生的最深刻、最重要但未被充分揭示和研究的变化,不是人们的“伦理观念”,而是人们“关于伦理的观念”。“关于伦理的观念”,概而言之,就是所谓“伦理观”。

显然,"伦理观念"和"关于伦理的观念"属两个不同层面的问题域,前者虽具主观性与内在性,但仍处于现象界,而后者则是人们关于伦理的概念、理念和信念等更具形上意义的问题,是伦理观的问题。中国伦理传统在经过近现代古今中西交会的百年沧桑之后,最需要关切而又最缺少关切的,就是对于"关于伦理的观念"变化的反思。当伦理观念和伦理存在经历了一个多世纪的持续不断的巨变之后,传统的变革已经深入到"关于伦理的观念"这个对传统更具颠覆力的层面。"伦理观念"的变革已经发生,"关于伦理的观念"的变革正在发生。中国伦理已经进行了"伦理观念"的传统变革,中国伦理正在进行并必须审慎而合理地完成"关于伦理的观念"的巨大而深刻的革命。

现代中国道德哲学"关于伦理的观念"的最深刻、最集中的变化,首先在于并集中表现为:伦,或人伦。

二、"伦理"的道德哲学本性及其"两种观点"

如何把握"伦理"的本性?黑格尔有一个著名的论断:"在考察伦理时永远只有两种观点可能:或者从实体性出发,或者原子式地进行探讨,即以单个的人为基础而逐渐提高。后一种观点是没有精神的,因为它只能做到集合并列,但是精神不是单一的东西,而是单一物和普遍物的统一。"①黑格尔这里讲得很绝对:"永远只有两种观点可能"。显然,他肯定"从实体性出发"的观点,否定"原子式地探讨"的观点,否定的理由只有一个:"没有精神"。

如果黑格尔的论断具有真理性,那么,"从实体性出发"和"原子式探讨"这两种"永远"的可能,便是共时又历时的两种"关于伦理的

① ［德］黑格尔,范扬、张企泰译:《法哲学原理》,商务印书馆1996年版,第173页。

观念”和伦理方式。

“从实体性出发”的真义是什么？我们先看看黑格尔讲这段话的语境。这段话的主要任务是解释和展开他的一个立论：“伦理性的实体包含着同自己概念合一的自为地存在的自我意识，它是家庭和民族的现实精神。”①伦理性的实体即家庭与民族；家庭与民族的现实精神，就是伦理性实体的真理性的自我意识；由此，“从实体性出发”的基本内涵，就是从家庭和民族的现实精神或伦理性的自我意识出发。伦理的现实性在于它在实体性中扬弃个人的抽象性。“伦理性的东西不像善那样是抽象的，而是强烈地现实的。精神具有现实性，现实性的偶性是个人。”②“精神”为何具有现实性？“精神”何以使“伦理性的东西”具有现实性？因为“精神是单一物和普遍物的统一”。精神使“伦理性东西”中的个体与伦理实体达到统一，使伦理实体的现象性存在与它的实体性概念本质达到统一，从而使伦理实体具有现实性。由此，从“实体性出发”的真义，也就是从“单一物与普遍物统一”的精神出发，亦即从“家庭与民族的现实精神”出发。

如果以上频繁的考证还不足以彰显“从实体性出发”观点所考察的“伦理”的真义，那么，在《精神现象学》一书中，黑格尔对伦理本性的揭示就更为直截了当了。“伦理本性上是普遍的东西”。③ 根据黑格尔的观点，家庭与民族作为“普遍的东西”的伦理性或它们作为两个基本伦理实体的本质，不是指家庭与民族中个体性成员之间的自然关联，而是这些自然关联的“精神本质”，即个别性的人与家庭或民族这两个实体之间的那种“单一物与普遍物”的统一的那种“现

① ［德］黑格尔，范扬、张企泰译：《法哲学原理》，商务印书馆 1996 年版，第 173 页。

② 同上。

③ ［德］黑格尔，贺麟、王玖兴译：《精神现象学》下卷，商务印书馆 1996 年版，第 8 页。

实精神”。换句话说,个别性的人,只有作为家庭成员或民族公民而行动时,亦即从家庭与民族的“实体性出发”而行动时,才是伦理性的存在。“伦理行为的内容必须是实体性的,换句话说,必须是整个的和普遍的;因而伦理行为所关涉的只能是整个的个体,或者说,只能是其本身是普遍物的那种个体。”①黑格尔这里为伦理、伦理关系和伦理行为提供了一个判断标准:伦理不是个别性的人与人之间的关系,而是个别性的人与他们的实体之间的关系;伦理行为不是个体与个体相关涉的行为,而是并只是个别性的人与他们的共体或公共本质相关涉的行为;“伦理本性上是普遍的东西”。一句话,伦理就是个别性的人作为家庭成员或民族公民而存在;伦理行为就是个体作为家庭成员和民族公民而行动。

黑格尔以家庭关系诠释“伦理是本性普遍的东西”的抽象规定。在家庭伦理实体中,家庭成员之间的伦理关系“不是情感关系和爱的关系”,而是“个别性的家庭成员”与“对其作为实体的家庭整体”之间的关系。这就澄清了一种混乱与误解:将家庭伦理关系当做个别性家庭成员如父子、夫妇、兄弟之间的关系,尤其是他们间的情感关系或爱的关系。家庭伦理关系的本质是个体与家庭实体之间的关系,其精髓是“个别家庭成员的行动和现实”、“以家庭为其目的和内容”。②

黑格尔关于家庭伦理关系的规定很容易让人想起《论语》中孔夫子“父为子隐,子为父隐,直在其中”的那种“亲亲相隐”的著名伦理逻辑。“父为子隐,子为父隐”,何“直”之有?“直”于什么?根据黑格尔以上关于伦理本质的规定,问题就很明白了:它“直”“面”家庭的伦理实体本性,“直”就直在在家庭伦理实体中个体作为家庭成

① [德]黑格尔,贺麟、王玖兴译:《精神现象学》下卷,商务印书馆 1996 年版,第 9 页。

② 同上书,第 8—9 页。

员而行动的伦理诉求。如果将伦理当做个体与个体之间的关系,那么,“父为子隐,子为父隐”显然就是非伦理和不道德的;但是,如果将伦理理解为个别性的人与他的伦理实体之间的关系,那么,“父为子隐,子为父隐”就是在特殊境遇下“直”面伦理的本性,是伦理本性的特殊显现,是家庭成员“从实体性出发”在特殊境遇下对于伦理本性的固持。这句话可以作如下道德哲学上的演绎:父为子隐,子为父隐,伦理就在其中,伦理的真谛就在其中。孔子以一种极端的情境彰显了家庭伦理的一个根本要求和绝对逻辑:“个别家庭成员的行动和现实”“以家庭为其目的和内容”。在这里,孔夫子提出了一个特殊的伦理悖论。在这个悖论中,如果反“父为子隐,子为父隐”而行之,那么,结果便是两个:瓦解家庭的自然伦理实体性;个别性的人丧失作为“家庭成员”的伦理本性和伦理资质。争议在于,“父为子隐,子为父隐”的现实后果是一种道德上的恶。但是,其一,如果将孔子这段话理解为对伦理本性的道德哲学诠释,那么其真理性与合理性便显而易见;其二,即便它会造成个体道德行为的恶,但与伦理实体的本性丧失的“大恶”相比,委实是“两害相权取其轻”的中庸之举,因为,家庭作为直接的和自然的伦理实体,是全部伦理的基础,家庭伦理实体的瓦解,必将导致整个伦理世界的崩溃,其严重伦理后果已经在历史上的诸多社会试验包括中国“文化大革命”时期的伦理生活中得到了体现。

在中国传统道德哲学中,伦理作为“本性上普遍的东西”的本性集中体现和表达为一个“伦”字,中国传统道德哲学的“伦”或“人伦”,正是“从实体性出发”“考察伦理”的观点。无论是在道德哲学意义上还是在生活世界中,“伦”或“人伦”的内核都指向由个体之间的诸多关联所构成的实体,其真义并不是指个别性的人与人的关系,而是个别性的“人”与他所处的那个实体性即“伦”之间的关系。中国传统道德哲学中的伦理关系,不是单个的人与人之间的关系,而是“人”与“伦”之间的关系,所谓“人伦”是也,其现实性是个体与他所处的伦理分位之间的关系。正因为如此,安伦尽分才是传统道德的基本要求;而按照伦理实体要求而行动的"正名",自孔子以来就是应对伦理失序的基本对策。台湾学者黄建中先生在《比较伦理学》中对"伦"与"伦理"作了比较详尽的辞源学考证,认为"伦为人群相待相倚之生活关系"。"伦理者,群道也"。① 伦是人与他所处的群体的关系,也是个体复合为群体的关系。"伦"的关系虽然是具体的,在传统社会中具有范型意义的是"五伦"关系,但无论是父子、兄弟、夫妇的家庭伦理关系三伦,还是君臣、朋友的社会伦理关系二伦,其要义都不是单个的人如父与子之间的关系,而父或子与他所处的父子关系的复合体之间的关系,即父或子与父子之伦之间的关系。由于单个的人在不同伦理情境中具有多重伦理角色,因而人伦关系根本上是"人"与"伦",即人与伦理实体之间的关系,这种关系始终是伦理的合理性与合法性之所在,否则便是"不伦"、"乱伦"。中国文字以"辈"、以"类"、以"序"训"伦",②实体、秩序、区别,都是内在于"伦"的概念规定,这些规定所体现的道德哲学方法的根本要求就是"从实体性出发"。

以上考察可以得出的结论是:"伦",就是中西道德哲学传统"在考察伦理时"的方法论或把握伦理真谛方面的会通点,也是古今中西道德哲学和伦理传统的基本会通点。

三、"伦理"的现象形态与"伦"传统的"终结"

考察"伦"的传统概念裂变也许是一个难以完成的任务,直观的办法是分析它在现象领域即伦理世界所发生的那些变化。

---

① 黄建中:《比较伦理学》,山东人民出版社 1998 年版,第 21、25 页。

② 许慎:《说文解字·人部》曰:"伦,辈也。"杨琼:《〈荀子·富国篇〉注》:"伦,类也"。赵岐:《〈孟子·离娄下〉注》云:"伦,序。"

“伦理世界”是黑格尔在《精神现象学》中提出的一个道德哲学概念，其本意不仅指伦理作为“本性上普遍的东西”的现象形态，也是他所说的客观精神的自在形态。在他看来，伦理世界是由“伦理实体——伦理规律——男人、女人”构成的“无限和整体”。家庭与民族是伦理实体的两种形态，它们是“本性上普遍的东西”的实体性表现或外化；家庭与民族分别遵循“神的规律”与“人的规律”，伦理世界中的这两大伦理规律或两大伦理势力既相互对立又相互过渡，由此造就伦理世界的整体；男人和女人是伦理世界的两个“元素”，在伦理性质上分别指向家庭与民族两个不同性质的伦理实体，在伦理世界的缔造中构成结构性的互补。这样，“诸伦理本质以民族和家庭为其普遍现实，但以男人和女人为其天然的自我能动的个体性”。①

黑格尔在思辨中所建构的“伦理世界”的概念，经过文化翻译实际上就是中国传统道德哲学的“伦”的世界。伦理的自在形态是伦理实体。中国传统社会的结构特征是家—国一体，由家及国，家与国构成社会的两极，因而家庭与民族作为两大基本伦理实体，便不仅是黑格尔式的道德哲学思辨，而且是直接的历史现实性。伦理的自为形态是伦理规律。黑格尔所说的伦理世界的两大伦理规律，即“神的规律”与“人的规律”，在中国道德哲学的话语系统和中国人的伦理生活中便是所谓的“天伦”与“人伦”，在一定意义上也可以说是“天道”与“人道”。② 天伦与天道是家庭伦理实体的规律，人伦与人道是民族伦理实体的规律。伦理的自在自为形态是伦理精神。伦理精神是使“单一物与普遍物相统一”达到“本性上普遍的东西”的那

---

① ［德］黑格尔，贺麟、王玖兴译：《精神现象学》下卷，商务印书馆 1996 年版，第 17 页。

② 在中国传统道德哲学中，“天伦—人伦”与“天道—人道”的范畴既相通又具有不同的指谓。前者一般就伦理而言，后者一般就道德而言，二者在交叉重叠中也具有彼此不能包含的某些内涵。

种精神。中国传统道德哲学将伦理与道德相连,形成“伦—理—道—德”的伦理精神发展的辩证过程。“伦”是自在的普遍性即伦理实体;“理”与“道”可以诠释为自为的普遍性,即伦理规律,区别在于,“理”是意识形态或在意识中把握的普遍性或伦理规律,“道”是意志形态或冲动形态的普遍性与伦理规律,二者构成“精神”的一体两面;而“德”则是既自在又自为的伦理普遍性,“德者,得也。”“得”什么?得“道”,“德”就是“伦理上的造诣”。由此,伦理的实体便内化为道德的主体,伦理普遍性便外化为既自在又自为的伦理精神。

这样,伦理实体—伦理规律—伦理精神便构成一个活生生的伦理世界。这是一个中西方民族、中西方文明共有的世界,也是在传统社会中已经证明是一个可以共享也应当共享的世界。

“伦”的实体性内核,以及“伦理”作为“本性上普遍的东西”的本质,是中国传统道德哲学的概念基础,也是中国伦理精神“关于伦理”的根本观念、理念与信念,以实体性和“本性上普遍的东西”为概念规定的“伦”,构成了中国道德哲学和中国伦理精神最基本和最重要的文化气质和民族特质。然而,随着传统伦理的终结,随着伦理传统的不断被涤荡和摧廓,“伦”作为“本性上普遍的东西”的概念与观念传统逐渐被消解,甚至在相当意义上“退隐”和“终结”。这种情景与现代性的西方伦理具有十分相似的性质,它是现代中国道德哲学与伦理精神建构面临的最深刻和最根本的难题与挑战。

伦理实体以及关于伦理实体的观念方面所发生的最大和最明显的变化,就是所谓“市民社会”及其概念的出现。“市民社会”是黑格尔在《法哲学原理》中提出的概念。在《精神现象学》中,黑格尔认为伦理实体有家庭与民族两个形态;而在《法哲学原理》中,黑格尔提出了“家庭—市民社会—国家”的伦理实体的结构。仔细考察便可以发现,在《法哲学原理》中,“市民社会”实际上是一个具有很强思辨色彩的过渡性质的伦理实体,是伦理实体的否定性环节。但是,在后来尤其是当代学术研究中,“市民社会”却成为现代社会的特质,甚至被用来借此区分传统社会与现代社会。事实上,无论是黑格尔的原意,还是在概念内核方面,市民社会都是伦理世界与伦理精神的“法权状态”。法权状态是社会的“原子状态”,其基本伦理特质是原初实体性的丧失,正因为如此,黑格尔才认为只有过渡到国家,它才具有合理性。个别性的人以自身为目的而形成的“需要的体系”,以及个体与个体互为中介而构成的形式普遍性,是市民社会及其伦理实体的两个基本原则,①所以,市民社会是“个人利益的战场”。“市民社会”否定了家庭伦理实体的自然质朴性,但还没有达到民族国家的伦理实体意识。“市民”从根本上说是一种工具性和原子式的伦理实体的自我意识,与“家庭成员”和“民族公民”的伦理实体意识具有原则区分。与家庭和民族相分离的抽象的市民社会观念,可能既是对家庭伦理实体和伦理精神的消解性因素,也是对民族伦理实体和伦理精神的消解因素,当遭遇全球化思潮和浪潮时,它便成为民族精神的一种消解性因素。当今中国“伦”的观念和伦理实体性意识的动摇和消解,在伦理世界和伦理生活中的第一种表现,便是抽象的市民社会意识的生成,以抽象的“市民”取代“家庭成员”和“民族公民”的伦理实体意识。②

“伦”的传统的消解和伦理实体的退隐在伦理规律方面的体现,就是“人伦关系”向“人际关系”的蜕变。“人伦”是“伦”的传统及其观念的基本内核,“人伦”的本质,是个体性的人与“伦”即他的实体的关系,“人伦关系”概念的道德哲学精髓,是以对人的“实体性存在”的肯定为前提。而“人际关系”作为现代性的概念,以对个体的

---

① 参见[德]黑格尔,范扬、张企泰译:《法哲学原理》,商务印书馆 1996 年版,第 197 页。

② 我并不一般地否定和反对“市民社会”的概念和“市民”意识,更不否定市民社会问题讨论的学术意义,只是认为,如果脱离了“家庭—市民社会—国家(民族)”的伦理实体的辩证结构,无论“市民社会”还是“市民”,都将变得抽象而不合理,消解伦理的实体性本质。

殊异与对立、以对个体“原子式存在”的肯定为前提。现代道德哲学和伦理生活中“人伦关系”概念的退隐，“人际关系”概念的兴起，表征着对传统伦理世界中“天伦”、“人伦”的伦理规律的否定，以及一种与“市民社会”相适应的“人际”伦理规律的生成。“人际关系”的概念代替“人伦关系”，表征着“人际”伦理规律取代“人伦”伦理规律。这种变化可以从婚姻伦理观念与职业伦理观念中窥测一斑。现代婚姻关系之所以不稳定，离婚率之所以呈上升趋势，一个道德哲学上的重要原因在于：现代人往往只是将婚姻关系看成男女两个个体性存在之间的原子式关系，或者是两个单子之间的“情感或爱的关系”，而不是婚姻中的个体性存在与婚姻所构成的家庭实体之间的关系。于是，离婚便成为两个单子之间的私事，其中任何一个单子、任何一件偶然的事件都可以任意而任性地对婚姻行使否决权，甚至在此过程中可以不考虑婚姻关系中的第三相关者如子女的利益和命运，从而使婚姻关系逐渐丧失其伦理性。婚姻伦理观念中实体性意识的丧失，是现代家庭关系日趋脆弱的道德哲学根源。“职业”观念也是如此。韦伯曾经说过，新教伦理催生“资本主义精神”的重要表现之一，就在于将世俗的“职业”观念转换为以“完成上帝交给的任务”为内涵的“天职”，由此形成一种新的劳动伦理观。“天职”与“职业”两个概念的道德哲学区别，在于前者以实体认同和实体回归（如上帝）为本质规定与根本目的，而对后者来说，职业只是谋生的目的和手段。在现代劳动伦理中，“天职”已经成为一个遥远的童话，它如此被人们过度冷落以致可能成为一个接近消逝和死亡的概念。“天职”观念的退隐和消解，标志着劳动伦理中价值的失落和实体性意识的消逝。婚姻关系与职业关系中这些概念内涵的变化，体现了伦理世界中伦理规律，尤其是由“人伦”伦理规律向“人际”伦理规律转变的十分值得注意而又未被充分关注的趋向。

伦理精神方面变化的集中表现，就是“单一物与普遍物统一”的伦理感和伦理能力的式微。伦理这个“本性上普遍的东西”透过“精神”,才能达到个体与实体、个别性与普遍性的统一。然而,在“市民社会”中,人们正日益沦为“无精神的单子”,“伦—理—道—德”中那种向实体的回归、冲动和运动,逐渐为“利益驱动机制”所取代,从而形成“个人利益的战场”。在中国传统道德哲学中,“伦理”与“道德”的概念既联系又区分。“伦理”向“道德”转换的实质,是由实体向主体,即外在实体性(普遍性)向内在实体性(主体性)的运动。市场逻辑改变了这一运动的道德哲学意义,这种改变可以从“德性论”向“正义论”的道德哲学范式的转换中获得启示。传统德性论的道德哲学精义是强调个体至善,强调“德”作为“伦理上的造诣”的道德哲学意义;正义论的道德哲学精义是强调社会至善,强调社会合理性包括伦理合理性对个体德性建构的意义。二者的根本区别在于:德性论强调实体、伦理普遍性对个体的绝对意义;正义论本质上以个体,确切地说以“集合并列”的个体存在及其判断为“普遍物”绝对价值,“正义”的结果在相当意义上取决于“市民社会”中个体利益的博弈。如果说极端发展的德性论可能会导致伦理专制主义,那么,极端发展的正义论则可能会导致道德相对主义与伦理虚无主义。德性伦理精神向正义伦理精神的演变,伴随着也表征着“伦”传统的解构,罗尔斯之所以遭遇“谁之正义,何种合理性”的“麦金太尔难题”,就是由于它“原子式地进行探讨”的结果。我们已经发现,在对德性传统的反叛中,在对“正义”的抽象追究中,“伦理”正在祛魅,“精神”正在退隐,社会的伦理同一性能力正在式微。

“伦”传统的这些变化,归根结底是黑格尔所说的“考察伦理”的“观点”的变化,或“关于伦理的观点”即伦理观的变化,变化的实质,是在道德哲学方法论方面由“从实体出发”到“原子式地进行探讨”的演变。自宣布“上帝死了”之后,西方社会与西方伦理日益消解其实体性,造就了一个以法权社会为基础的“原子式地进行探讨”的伦理观念和伦理世界。经过一个多世纪欧风美雨的沐浴,中国社会在不断解构“伦理的传统”的过程中,也逐渐解构“关于伦理的传统”。

可以说，中国社会虽然没有经历西方式的现代性，但“原子式地进行探讨”的现代性的“关于伦理的观念”已经侵蚀并颠覆了“从实体出发”的“伦”传统。应该说，中西方伦理发展中的这种历史演变从一开始就概念地或逻辑地内在于“伦理”之中，否则黑格尔也不能如此武断地说“在考察伦理时永远只有两种观点可能”。在这个意义上可以说，中西方伦理的这种演变早就为黑格尔所思辨地预言。

四、“后伦理时代”及其“集体记忆”

现代中西方社会“关于伦理的观念”以及由此所建构的伦理世界，日益具有“原子式地进行探讨”的性征。问题在于，“现存”的这种演变是否具有现实性与合理性。黑格尔以一句话描述“原子式探讨”的特质：“以单个的人为基础而逐渐提高”；也以一句话击中其要害：“没有精神”，“因为它只能做到集合并列”。“原子式探讨”的伦理观也试图并努力达到伦理的普遍性，区别在于它将个体视为单子即原子式的存在，试图透过某种外在性，如规范、法律、利益（即市民社会中的所谓“需要的体系”）等建立同一性与普遍性，最终只能做到无“精神”的“集合并列”，而不能达到“单一物与普遍物的统一”。所以，“原子式探讨”的最为严重的缺陷在于人与它的实体性本质，或个体与实体的分离与对立，它使伦理也使社会丧失自己的同一性本性和同一性能力。现代社会中日益严重的人与自然、人与人、人与自身的矛盾与分裂，在道德哲学上就是“原子式探讨”的伦理观的必然后果，是人与他所处的自然实体、社会实体和生命实体的对立与分裂。

内在于“原子式探讨”的伦理观中的这种深刻缺陷，要求人们超越“现存的就是合理的”的缺乏创造性和缺乏反思精神的思维定式，对正在伦理世界和伦理精神中发生这种深刻变化采取批判的态度。前文已经指出，现代中国社会发生的最深刻的伦理变革，不是人们的伦理观念，不是社会的伦理存在，乃至不是一般意义上的伦理传统，而是关于伦理的概念、观念、理念、信念的根本改变，是“关于伦理的观念”或所谓伦理观的根本改变。由“从实体出发”并指向实体的、绝对的、神圣的伦理概念、伦理观念、伦理理念、伦理信念，向从个体性出发指并指向个体自我的、主观的、相对的、世俗的伦理概念、伦理观念、伦理理念、伦理信念转化。伦理的概念本性不再是“本性上普遍的东西”，而是原子式个体的“集合并列”；伦理观念和理念的灵魂不再是“单一物与普遍物统一”的精神，而是个体性的固持；伦理信念的内核不再是个体内在的实体性或普遍本性即所谓“德”的建构，而是个体性与个体利益的充分实现。在这个意义上，伦理从根本上“祛魅”了，一种伦理“终结”了，社会似乎正进入一种“后伦理时代”，至少具有某些“后伦理时代”的特征。“后伦理时代”是消解伦理的同一性和神圣性，代之以主观性和世俗性的时代。在这个时代，韦伯在《经济与社会》中所说的那种“伦理的神”退隐了，死亡了。它不是一般的“伦理失序”或“道德失范”，也不是一般的无伦理，而是像尼采所言说的那种逻辑：我就是伦理！我就是道德！正像黑格尔在《法哲学原理》中所说的那样，每个人都坚持和坚信自己主观而缺乏客观公度性的良心，结果都“处于作恶的待发点上”。这是“原子式探讨”的“法权状态”所奉行的必然逻辑。

因此，对于现代中国伦理变革来说，最重要的是两项工作。一是敏锐地发现并指出在“关于伦理的观念”即伦理观方面发生的那些深刻而重大的变化，而不是将研究的触角只流连于在“伦理观念”方面的那些现象层面的变迁；二是对正在发生和已经发生的“关于伦理的观念”变化进行反思性批判，合理而能动地引导这场变革。如果说一场伦理观方面的“悄悄的革命”正在发生，那么，亟待进行的是关于这场革命的再革命。伦理观的变革——在中国集中表现为“伦”的观念传统的变革，当然具有一定的现实性与合理性，这个变革留下的最大难题，是伦理普遍性与社会同一性的解构与重构，一些智慧的伦理学家已经发现这个基本难题并对此作出回应，哈贝马斯的“商谈伦理”在一定意义上便可以视为在“原子时代”和“法权状态”下建构伦理普遍性与社会同一性的努力。道德哲学应当为新伦理观的催生而启蒙，但在启蒙中必须保持和建构对于伦理本性的坚定而合理的信仰，否则启蒙就会失去理性的性质而沦为自发的情绪躁动。启蒙指向现实的变革，信仰指向合理的传统。传统的意义认同是解决启蒙与信仰的矛盾，进行伦理观革命的再革命的关键。

胡适先生早在20世纪20年代就说过，新思潮本质上是一种新态度。“关于伦理的观念”或伦理观变革的关键，是形成对待“伦”传统的新的合理态度。哈贝马斯曾经指出，现代社会正面临“合法化危机”，因为传统的解构使得统一的价值观很难透过教育进行文化同一性与社会同一性的建构。传统的意义认同也许是一个更为复杂的问题，法国心理学家莫里斯·哈布瓦赫“集体记忆”概念的移植可能有助于我们对这个复杂而重要的难题的诠释与解决。哈布瓦赫认为，任何记忆实质上都是“集体记忆”，必须透过对集体生活及其情境的表象而唤醒。如果将这个概念移植到道德哲学中，一种新的解释便是：传统，尤其是伦理传统，是一个民族对于自己的精神历史的“集体记忆”。伦理同一性的丧失，伦理精神的式微，最终将消解民族凝聚力而使之陷于涣散的绝境；而对传统的根本的和无节制的否定，则标志着一个民族彻底丧失自己的记忆和记忆能力，这个民族将成为无历史、无延续能力的无精神、无灵魂、无同一性的存在。面对正在发生的“关于伦理的观念”或伦理观方面的深刻变化，也许问题本身十分复杂，问题的解决时日尚远，但最基本、最重要的是保持和唤起人们对“伦”传统、对伦理作为“本性上普遍性东西”的“集体记忆”；否则，一旦失忆，我们只能成为无根源、非现实的单子式甚至植物性的存在。这就是本文对中国道德哲学“伦”的传统仔细梳理的意旨所在。

也许，以“伦”为传统的“从实体出发”的“伦理时代”正在终结，我们正走进一个“原子地进行探讨”的“后伦理时代”。“伦理时代”是实体伦理时代,“后伦理时代”是原子“伦理”时代。

也许,现代社会的诸多过渡性的伦理现象正是走向“后伦理时代”的征候,这个时代面临的诸多未能解决的伦理难题,正与我们仍然用“伦理时代”的方式和方法解释和解决“后伦理时代”的课题的错位相关。

如果存在一个“原子式探讨”的“后伦理时代”,那么,可以肯定的是,这个时代、这种形态伦理的基本课题将是伦理同一性的建构与重构。无论如何,伦理的同一性,社会的同一性,过去、现在、将来都是人类文明及其一切意识形态面临的基本课题,因为原子状态、法权状态逻辑与历史是人类走出家庭伦理实体、血缘伦理实体之后的“异化状态”。

“伦”的传统不应当终结,但不幸却遭遇现代性这个“终结者”。面对这个悖论,对许多问题,包括“终结”与“后伦理时代”本身,过早的否定或肯定都缺乏充分的根据,对它们的判断还需要更多的敏锐的观察和睿智的思考。面对现代性这个“终结者”,所能做和应当做的,首先是唤起和保持对于“伦”传统的“集体记忆”。也许,这是应对“终结”的最审慎和最小文化风险、文明风险的伦理策略。

这些,就是本文提出的理论假设。

(作者简介:樊浩,本名樊和平,男,1959年生,博士,东南大学人文学院院长,教授,博士生导师,中国伦理学会副会长。)

日本伦理和谐的心理机制

许建良

提倡和谐社会、和谐世界已经成为中国人家喻户晓的事情，这包含着中国人渴望和谐的价值追求，显示着中华民族追求协和的坚定信念。在一般的意义上，真正和谐的社会一定是伦理和谐的境遇，真正和谐的世界也必定是伦理和谐的氛围。在营筑和谐社会的实践工程里，确立指标固然非常重要，但思考如何可能的问题更为关键，尤其是在当今业已形成的国际化平台上和境遇里。迄今为止，中国思想建设的各种实践并不少见，但是，反省总结，值得我们继续借鉴的东西似乎很难立即在我们眼前映现。所以，如果在既有的程式里行使中国的和谐社会建设，固然没有冒风险和费神的磨炼，但能否实现效益化的民生要求，就可能是一个大问号。或者说，几乎没有人考虑过这个问题，因为事实告诉我们，历史的中国"唯一缺少的就是真实，因为这些冠冕堂皇的命令并没有打算实施。写的人和看的人都很清楚这一点，从未有过误解。中国政客的生平和公文，就像卢梭的《忏悔录》，感情高尚而行为卑鄙。他杀了一万个人，却引用孟子的话论述生命的神圣；他把建筑堤坝的钱塞进自己的腰包，导致河水淹没全省，却为人民背井离乡而哀叹；他高声痛斥发假誓的人，却在签订一项协议后私下里说，那不过是一时骗人的玩意儿。毋庸置疑，中国也有公正无私的官员，不过很难找到，而且，他们所处的环境使他们孤立无援，无法如愿以偿。把最有机会了解中国经典的人的处境和这些经典的教义比较一下，可以明显看出，这些教义在引导社会走向更高一种水准时，是多么的无能为力”。①

吸取历史的惨痛教训，找到效益化建设中国的方法，是我们每一个中华子孙的义不容辞的职责，所以，在和谐社会构建的过程中，借鉴其他民族的经验，不仅是适应全球化境遇的需要，也是中华民族尚和精神的要求。先前我在撰文讨论过东方伦理和谐特征的问题时，曾经谈到规范意识、角色意识对社会和谐的重要，但规范意识等对保证社会生活的和谐固然重要，由于它是通过有形的规范来实现传导的，而规范等在最终的意义上，属于外在于人的存在，能否以及在多大程度上对个体产生作用，最终决定于个体与规范的对话效果。正是在这个意义上，日本社会的和谐建设里，又注意到了心理机制的设定，让规范意识在个体心理机制的轨道上得到厚实的育养，保证了伦理和谐的形成和价值实现。这里拟专门讨论日本和谐伦理实践中择定“恩”为心理机制的思想，敬请同仁指教。

一

我始终坚持，和谐的社会一定是伦理和谐的境遇，伦理和谐的实现，光有他律是远远不够的，必须在他律与自律的曲率运动中才能真正生成道德的力量。凝聚社会的和谐，综观日本伦理和谐的实践，我们不得不重视的是，他们对自律方面的自觉和重视。具体地说，这就是报恩意识的培养。大家不难想起，在美国，每年的11月的第四个星期四，有Thanks Giving Day即感恩节，这个节日始于1621年。那

① ［美］亚瑟·亨·史密斯，陈新峰译：《中国人的德行》，金城出版社2005年版，第317—318页。

年秋天，远涉重洋来到美洲的英国移民，为了感谢上帝赐予的丰收，举行了3天的狂欢活动。从此，这一习俗就延续下来，并逐渐风行美国各地。1863年，美国总统林肯正式宣布感恩节为国定假日。届时，家家团聚，举国同庆，其盛大、热烈的场面，不亚于中国人过春节。

在日本，虽然没有专门的感恩节，但报恩意识非常浓厚。表示报恩意思的日语就是“返恩”，在日本生活过的人都会有切身的体会，一位美国学者从日美对比的角度进行了描述，“在日本，品德高尚的人不像我们美国，他们绝不说不欠任何人的恩情。他们绝不轻视过去。在日本，所谓‘义’就是确认自己在各人相互有恩的巨大网络中所处的地位，既包括对祖先，也包括对同时代的人”①，这是非常精到的总结。在日本昭和年间（1926—1988）仍然使用的《寻常小学修身课本》里，有这么一个故事：有一条可爱的小狗叫哈齐，出生不久，就被一个陌生人带走扶养了。在陌生人家里，哈齐像小孩一样受到疼爱，它弱小的身体也不断强壮起来。主人每天早晨上班时，它总陪送到车站，傍晚下班回家时，它又去车站迎接。不久主人去世了。哈齐也许不知道，它每天仍然照常到那个车站，每当电车到站，它就在人群中寻找主人。岁月飞快流逝，转眼十年过去了，但仍然可以看到那已经长大、衰老的哈齐，每天在车站前寻找它主人的身影。这个故事讲的就是受恩者哈齐不忘报恩的经历，作为宠物的狗尚且能够这样，更何况人类呢！报恩是人类不容怀疑的基本准则之一。

在伦理的维度里，日本有种“恩的伦理”。众所周知，在词源的意义上，“恩”是形声词，上面是“因”，下面是“心”，从心因声，本义是恩惠。日本的思想家也正是从词源的意义上来界定和认识“恩”的，即“心与因加以组合就成恩。由于‘因’在日语里具有寄托、允许寄托的意思，所以，允许把心寄托于他人就是‘恩’的字义，并使它具

① ［美］鲁思·本尼迪克特，吕万和等译：《菊与刀》，商务印书馆1990年版，第68页。

有了恩惠、怜悯、慈悲、慈爱等的意思。'めぐみ'(惠)是从草木发芽而来的概念,意谓冬眠草木的生命力在阳春之晖的照耀下,萌芽并茁壮生长。某物给予他者生命,帮助生命的善行就是恩的施行,从受恩这一方来看,就用感恩之情、报恩之行来表达。反顾我们的生活,'人'在字形上就是两个人互相依凭支持而生的存在,从生到死,即使一日一刻,都无法离开他人和他物的恩惠而存活。"①

在当今的社会里,尽管个人可以"自闭"地生活,不与外界他人联系和交往,或者选择鲁滨逊那样在孤岛上生活,与有形的世界隔绝,但是,在生物学的意义上,人的生命的延续,不能没有食粮的补充,即使你在孤岛上自耕自织,自食其力,但这种"自闭"也是有限制的,因为你仍然无法离开土地、空气。换言之,大自然无时无刻地施恩于你,这就是无法离开"他物的恩惠而存活"的意思,所以,每个人都生活在恩惠的海洋里,这是每个人应该也必须确立的自觉,是人走向和谐的起点,可以说,这是无法选择的必然门径。

二

一般而言,在行为的主客体里,行为主体把自己的"心"寄托给行为客体,对行为主体而言,借助客体可以释放自己的内在能量,这就是施恩的行为;对行为客体而言,则是受恩行为。另一方面,行为主体的行为能否最终完成,关键取决于行为客体的态度,只有当行为客体允许行为主体把他的"心"寄托给自己时,"恩"的伦理行为才能成立。因为,一旦接受行为主体的自觉自愿的要求,就意味着行为的主客体之间在道德的世界里,织成了一个特殊境遇里的特殊关系链,关系者也自然地步入了一个恩的世界,此时,任何一方都无法一相情愿地终止这个关系链,一旦强行终止,就是绝恩,势必受到道德的负

① [日]丸山敏秋:《纯粹伦理入门》,日本新世书房1987年版,第54页。

评价。所以,施恩行为、受恩行为的成立是以人的自觉选择为前提的;在恩的世界里,随着主客体的不同,自然也就形成了各种不同的“恩”。

在日本文化里,首先是“天地自然之恩”。我们在自然之中生活,人的生命的延续,阳光、空气、水等物质,是缺一不可的;但仅有这些仍然是不够的,还必须有粮食,而粮食也是自然的礼物,由于这些是当然的存在,人们容易习以为常而忽略。

其次是“父母之恩”,这可以分成两种恩惠,即“生成之恩”和“养育之恩”。父母作为把自己生产到这个世上的根源,当然是感恩的对象。贝原益轩(1630—1714)曾说:父母之恩穷天地,如果没有父母,怎么会有我?其恩比海深比山高。对此,不会有任何疑义。父母不仅生育了自己,而且全心全意把自己养育成人,有时甚至不惜牺牲他们自己的生命来保护、养育子女。当然,也有幼年时就丧失父母的人,对他们来说,养育自己的祖父母、兄弟、亲戚,作为第二位的亲人,也应该成为感恩的对象。父母是生产和养育我们的最直接的恩人,感恩的生活首先从父母开始发动也是最自然不过的事情了。但是,平常父母之恩也仿佛空气、水之恩惠一样,不易成为人们自觉的对象,等到父母去死之后才认识到这一点,实在是太晚而后悔莫及了。

再次是“师恩”。称此为“教育之恩”也是非常合适的。在成长过程中,虽然存在父母扮演教师角色施行教育的情况,但多数情况下,必须在学校等地方进行学习,与老师接触并接受教育。但是,近年来,学校如雨后春笋般地增加,社会正走向教育的机会均等;同时,教育的施行也出现了机械性的特点,所以,感戴师恩的情感也趋向淡薄,即使说师道式微也不过分。在原本的意义上,学问通过具体的技能,基于师恩与师弟相连是大事。无疑,不仅限于学校和练习场所,通过书本或者进入社会接触自然,人能学习,万象都是我们的老师。面对此种境遇里的先生、师匠,同样不能忘记师恩则成为取得成就的秘诀。

最后是“君恩”。日本是至今都奉行天皇制的国家，现在的年号是“平成”，跟英国有一定的相似性，在国家生活里，天皇具有非常广泛的基础，具有绝对无上的地位，当然不是实际的政治地位，而是精神上的政治荣誉，诸如寄托日本民众对天皇及其家族人员的爱戴和关注就充分说明这一点；第二次世界大战期间，日本民族犯下了滔天的罪行，但是，日本的民众仍然认为天皇没有错，错的是执行天皇旨意的政府和将军，这种解释也是难以为其他民族所接受的，但是，在日本的文化里，存在一定的必然理由。这里说的“君恩”，不是针对天皇的，针对天皇的称为皇恩，而是针对其他主君的。在日本，过去主从关系色彩非常浓厚，从主君那里接受的“君恩”也得到人们的重视，而且具有广泛的影响，但是，把仅在封建社会通行的君恩思想导入现代社会，自然是不行的，即使至今仍然存在这方面的影响，我们也不能加以肯定。这里提出来，只是作为“恩”的一个种类，的确在日本的文化里存在过，无视显然是不行的。但是，我们今天应该重视的是，从学校、职场、地域社会那里的前辈、上司、熟人、邻居等那里接受的各种各样的“恩”。①

就“恩”的种类而言，主要有上面分析的四种，实际上，最后一种对抗“君恩”的来自其他诸如前辈、上司、熟人、邻居等的“恩”，也可称为“社会恩”，在这方面的“恩”，一定程度上，在日本就是“义”的同名词，拟在下面讨论。我们不能忽视的是，在科学技术不断迈进的实践里，在网络等给人类提供方便快捷的同时，也带来了负效应，诸如城市人际之间的孤立化现象已经非常深刻，人们无须直接接触就能够处理具体的事务，这减少了人们直面的客观机会。在这样的氛围和境遇里，日本人坚信，“恩意识”养成则是防止孤立化和润滑人际关系的大事。这也是下面要讨论的课题。

① 参见[日]丸山敏秋：《纯粹伦理入门》，日本新世书房1987年版，第54—56页。

三

上面分析了主客体行为关系里的施恩和受恩行为，实际上，这只是问题的一个方面。恩的世界本身就是一个网络的天地，施恩—受恩—感恩—报恩，这是一个圆形的链条，始点和终点是重合的。具体而言，在本质的意义上，施恩与报恩是同义反复，是主客体关系转换境遇里的不同说法；报恩是另类施恩，或者为不同形式的施恩，这是针对施恩者的反向施恩，意在通过这个行为，彰显人之所以为人的本质，释放情感的谢意，达到自己内在情感的平静，同时使人际关系在平和中保持张力，而释放的谢意情感将直接凝聚成张力。受恩虽然需要客体的认同，但这种认同可以有各种各样的情况，诸如形式上的认同也是认同，此时并没有从恩惠的意义上认识到其真正的意义。对行为主体的施恩行为产生情感上的理性自觉，这就进入了"感恩"阶段，真正感受到来自于他人的恩惠，从而产生情感上的愉悦，达到心理上的平静，同时也感受到自己在人际关系里依存性的重要性，以及个人对维护这种依存性关系的责任，为"报恩"的登场和价值实现完成了事实上的情感准备，一旦与具体的情景实现对接，"报恩"行为立即变成现实。

在上面的讨论中，我们不难发现，"感恩"是"报恩"价值实现的前提，具有非常重要的位置，这里就专门来讨论一下这个问题。实际上，"感恩"是对施恩行为的情感性的理性自觉，或者是对恩的情感性的自觉意识，日本人也称此为"恩意识"。他们认为，无论你是否感觉到，我们都生活在恩的大海里，万事万物，都不是孤立的存在；具体事物，作为相互之间没有关系的存在是不存在的，都被我们肉眼看不到的规律统一在一起，这个"全一统体之原理"，正是依据"恩的伦理"建立起来的。也就是说，恩意识是从个别出发，各个事物都在保持各自特性的同时作为全体中的一部分而被统一在一起，由对此自觉认识而喷涌出来的情感,换言之,就是能够感受到"是恩惠"的心、"想感谢"的想法,"承蒙多关照"的对施恩者所怀有的感谢的念头。

虽然同是恩意识,但有几个不同的层次。首先,日常生活里存在的素朴的恩意识。举例而言,在电车里给人让座,丢失的钱包被陌生人捡到后立即交到派出所,在路旁跌倒后被不认识的人扶起来等事情,无论是谁,在每天的生活里,这种细小的事情遇到一二回的话,一定会说"谢谢"。其次,在血缘、地缘、身份、境遇等各种有缘的关系者中间,面对受到普通以上的利益、关爱的时候,自然会产生感恩的情感。在亲密的朋友间或知己同志间会有互相帮忙的情况,有时也会有某人受到特别照顾和支援的场合。此时,对当事人而言,必然会产生不同寻常的感谢的情感,尤其是得到一向被视为敌对的人的意外援助的场合。再次,感激非亲非故的人带着深深的慈爱援助自己的恩意识。世上也有超越一切关系,脱离具体情况的事情,只是作为一个人而一心一意地励志于慈善事业。遇到灾难的时候,也有从自己并不宽裕的生活费中寄送义捐金的事情,当与这些人的和善、爱情相接时,不禁感恩落泪;另外,面对阳光、空气、水等无偿不竭地供给我们的恩惠所怀有的感恩之情,也自然在高层次中找到应有的位置。最后,对超越现实的超感觉的世界里神佛等绝对存在持有的感谢感激的绝对感情,把这个称为"超越最高层次的恩意识"。对生我养我的父母怀有感谢之情虽然是自然的事情,但是,在某些日本人看来,父母无法任意生子,因为在那里有我们肉眼看不到的宇宙大生命、神佛等绝对伟大的造化者的作用力,当领悟到我们因此而享有生命的时候,必然会产生与绝对存在的神佛直接连接的感恩的至高情感。①

如此一来,当恩意识追溯还原到生命的真根源时,就会顺畅地对

① 参见[日]丸山敏秋:《纯粹伦理入门》,日本新世书房 1987 年版,第 57—59 页。

现实的他者凝聚为报恩的行为。所以,生活在"恩惠的连锁的大海"里的我们,纯真地提高对恩的自觉,加强恩的溯源还原和顺畅施与显发之间的交流,并以此来待人接物,这尤为关键,这只能成为真道义的推进力,构筑世界幸福和平的基础。缺乏恩意识,就无法进入感恩的殿堂,报恩更是痴人说梦。

四

"恩"是具体行为的结晶或对象化,在具体个体的立场上,如果"恩"对你有意义,那你就是受恩者,所以,"'恩'也意味着对所欠恩情的回报,从而就有爱的意思,但其本义是负债"。[①] 在汉语的语境里,"恩"除了恩惠、恩情等意思以外,还有恩义的意思,它包括恩情和情义两个方面,前者指的主要是血缘范围里的情恩,后者则是超出血缘范围的一般情义。日本的报恩意识就是在这两个方面演绎的。在"恩"的方面,"'恩'这个词不单纯指他对母亲的爱,而且指他对母亲所欠的一切,包括襁褓时期母亲的哺育照顾,孩提时期母亲所做的牺牲以及成年后母亲为他所做的一切,总之,包括母亲在世时对她所负的一切恩情"[②];在"义"的场合,"日本人对老师、主人负有特殊之恩。他们都是帮助自己成长起来的人。他们对自己有恩,将来也可能在他们有困难时要答应他们的请求,或者对他们身后的亲属给予特别照顾。人们必须不遗余力地履行这种义务,而且这种恩情并不随着时间而减轻,甚至时间愈久,恩情越重,形成一种利息。受一个人的恩,这是一件大事,就像日本人常说的:'难以报恩于万一'。这是一个重负,通常认为,'恩情的力量'常常超过受恩者的个人

① [美]鲁思·本尼迪克特,吕万和等译:《菊与刀》,商务印书馆1990年版,第70页。

② 同上。

意愿。”①

在不同的视野里，“恩义”两个方面，也就是孝忠的两件事情，即“日本人把恩分为各具不同规则的不同范畴：一种是在数量上和持续时间上都是无限的；另一种是在数量上相等并需在特定时间内偿还的。对于无限的恩，日本人称为‘义务’，亦即他们所说的‘难以报恩于万一’，义务又有两类：一类是报答父母的恩——孝，另一类是报答天皇的恩——‘忠’。这两者都是强制性的，是任何人生而具有的。日本的初等教育被称为‘义务教育’，这实在是太恰当了，没有其他词能如此表达其‘必修’之意”②。换言之，日本的义务教育在宽泛的意义上就是报恩的教育，这种评价基本上是符合事实的。作为报答父母之恩的孝，已经经过客观的实践积淀成专门的孝道，“孝道在日本就成了必须履行的义务，甚至包括宽宥父母的恶行或无德。只有在与天皇的义务冲突时可以废除孝道，此外，无论父母是否值得尊敬，是否破坏自己的幸福，都不能不奉行孝道。”③作为“忠”的情义，在不同的场合又有不同的要求，因为在社会生活里，一个人是通过极尽自己的职责即尽职来具体完成“忠”的情义的。客观的事实表明，对日本人来说，称为“恩”，一经接受，则是永久长存的债务；“报恩”是刻不容缓的个人事务，换言之，在日本的文化里，欠恩不是美德，报恩则是懿行。为报恩而积极献身之时就是行有美德之始。

要别人报恩，首先需要自己向别人施恩，报恩和施恩是互动共存的，又是情感的，绝对不是纯粹理性的产物，也就是行为一旦明确地被确定为施恩时，“恩义”本身就不存在了，施恩是行为的自然展现，没有任何功利和目的，这是前提，正是在这个意义上，施恩行为并没有无限的空间，因为就受恩者而言，接受别人的情义就等于背上具体

① ［美］鲁思·本尼迪克特，吕万和等译：《菊与刀》，商务印书馆 1990 年版，第 71 页。

② 同上书，第 81 页。

③ 同上书，第 84 页。

的债务，从而产生沉重的感觉，因此，“尽管文化的特殊性使日本人易于接受报恩思想，但在日本，乐于受恩仍非平常。他们不喜欢随便受恩而背上人情债……日本人对大街上发生的事故一般不大理睬，并不只是因为缺乏主动性，而是因为他们认为，除了官方警察以外，任何人随便插手都会使对方背上恩情。明治维新以前，有一条著名的法令：‘遇有争端，无关系者不得干预。’在这种情况下，如果不是有明确的职责而出面帮助，会遭人怀疑是不是想从中捞点什么好处。既然知道帮助别人会使当事人感恩领情，人们便都不积极乘机插手，反而慎重对待。”①而这在一定程度上也反映出今日日本人情冷漠的一面，但是，单单用冷漠来断论概括显然是无理的，因为不愿随便插手，正是基于对他人情感尊重的考虑，即使在血缘关系之中，尊重基本人权也是无条件的，这是不能忽视的。

毫无疑问，这种对“恩义”报答意识的培养②，事实上，为道德力量的生成确立了扎实的心理基础。而报答恩义的执著情感则在心理层面成为和谐秩序的凝聚源，这是值得我们学习的地方。

总之，在日本，感恩意识的培养始于人生的早期，《寻常小学修身课本》就是最好的证明。就“恩”的种类而言，从天地自然之恩、父母之恩、师恩、社会恩，这里贯穿着一条红线，就是重视的是人之所以为人的因子，而不是社会角色的方面，尽管师恩、社会恩等方面，包含着社会角色的因素在内，但就是在这些方面重视的也是作为人的性征，而不是作为社会角色的要求的方面，这也是日本审视“君恩”后作出的正确选择，因为“君恩”反映的就是社会角色的要求，包含着不平等，而不是作为人的性征，作为人的性征就是平等性，这是值得注意的地方。所以，日本重视的感恩并不是愚民政策的体现，这也正

---

① ［美］鲁思·本尼迪克特，吕万和等译：《菊与刀》，商务印书馆 1990 年版，第 72 页。

② 诸如在松下集团确定的《松下电器信条》中，“感谢报恩的精神”就是其中的组成部分。

是日本的“恩的伦理”能够真正起到凝聚社会作用的地方，真正体现和谐伦理的枢机所在。从“恩”的行为学意义上，施恩、受恩、感恩、报恩组成一条完整的行为链，行为的起点是施恩，行为的终点是报恩；而起点和终点是重合的，因为报恩是不同形式的施恩，这是无须解释的；而报恩行为的价值实现，感恩具有举足轻重的地位，感恩环节既是整个“恩的行为链”的张力所在，也是动力源的源头。总之，“恩的行为链”构成“恩的伦理世界”，人和自然是这个世界的主体，他们也是这个世界行为决策的唯一依据，其他社会角色最多也不过是人释放能量的场合，这个场合只能成为健全人性、润滑人的能量释放进程的疆场，而不能成为约束人的能量凝聚和释放的任何羁绊，这是日本“恩的伦理”在日本和谐社会开出伦理和谐花朵的奥秘所在。

（作者简介：许建良，男，江苏宜兴人，日本国立东北大学哲学博士，日本国立大阪大学访问学者，东南大学教授，博士生导师；中国社会科学院应用伦理研究中心客座研究员，日本伦理研究所会员。）

跨文化传播与世界和谐

——一个基于伦理的视角

邓名瑛

随着世界市场的形成和现代传播技术的发展,人类的传播活动在不同的文化系统中展开,已经成为大规模的、经常性的现象。这种在不同文化系统中展开的传播就是跨文化传播。由于多种因素——诸如“民族—国家”的国家观念、意识形态差异、价值观念的冲突等的影响,在跨文化传播中存在着难以避免的伦理冲突,这些伦理冲突对于不同地区、不同国家和不同民族之间建立和谐与共生的关系产生极大的消极影响,已成为实现世界和谐的绊脚石。建构跨文化传播的伦理准则,尽可能地避免和消除跨文化传播中的伦理冲突,乃是人类面临的紧迫的时代课题。

一、跨文化传播及其特点

所谓跨文化传播,是指信息在不同文化系统之间的传递,是特定国家的政府和传播组织,通过大众传播媒介向别国的受众传播本国或本民族的情况,或向本国的受众传播其他国家或民族的情况的传播活动。从上面的分析中,可以看到跨文化传播的两种情形:一是把本国本民族的情况向有着不同文化背景的其他国家或民族的受众进行传播;一是把有不同文化背景的其他国家和民族的情况向本国或本民族的受众进行传播。

跨文化传播中存在着与同文化传播不同的特点。

我们知道,文化是通过象征符号编码得以实现的。在传播过程中,双方信息编码完全一致的,是典型的同文化传播;而双方信息编码完全不同的,便是典型的跨文化传播。实际上,在不同的传播者之间,并不存在信息编码完全一致的情形,也不存在信息编码完全不同的情形。因此,跨文化传播也不是一个绝对性概念。同文化传播和跨文化传播,两者之间的区别只在于信息编码的重合程度,重合的部分多于不重合的部分是同文化传播,而重合的部分大大少于不重合的部分,便是跨文化传播。

由于跨文化传播是在两种或两种以上的不同文化背景中进行的信息传递,信息的编码和发送者处在一种文化系统中,而信息的接受和解码者则处在另一文化系统中,因此,发生误解甚至冲突也是难以避免的。

跨文化传播有多种具体的表现形式。我们这里从文化人类学的角度把跨文化传播分为下面几种具体形式:

(1)种族间的传播(interracial communication)。种族间的传播是指信息的发送者和信息的接受者分属于不同的人种的传播。人类据肤色、毛发、眼睛和颅骨的形状等方面的不同,可以划分为黄、黑、白、棕等四大人种。通常,不同的人种之间的传播是跨文化传播。当然,某一人种的人在另一个人种群中生活了长时期,除了人种的差别外,已经完全同化于另一种文化了,这样,他们之间就不存在跨文化传播的问题。跨人种传播最大的障碍就是种族偏见。种族偏见会导致成见和猜忌,阻碍有效的信息编码和解码。

(2)民族间的传播(interethnic communication)。民族间的传播是指虽同属一人种,但分属不同民族间的传播。它通常发生在多民族国家内。如我国汉族和其他少数民族以及各少数民族之间的传播，都是跨文化传播。

(3)国际间的传播(international communication)。国际间的传播指发生在主权国家之间、政府之间的传播。它常常是跨种族、跨民族的传播，而且受到国家的政策、目标、需要、经济等条件的影响，也受到国际法、军事力量、条约以及对世界形势的看法等因素的影响。在当代世界，由于通信技术的飞速发展，无线电波越过传统的国界，覆盖了地球的每一个角落。大众传播媒介日益成为国际传播的重要手段。

(4)同一文化中不同的亚文化之间的传播。即使在同一民族内部，由于地域、历史、社会发展水平不同等原因，在文化上也存在差异。例如在城市和乡村之间，在知识层次较高的人群和知识层次低甚至无知识的人群之间，就存在着文化上的差异，他们之间的传播也可以说是一种跨文化的传播。

本文讨论的主要是国际间的跨文化传播。

和同文化传播相比，跨文化传播具有自己鲜明的特点。这些特点，概括起来，主要有如下几个方面：

(1)共享性差。这里讲的共享性是指传播过程中的信息发送者和信息接受者因分属于不同的文化系统，不能共同享有相同的文化符号，即传者和受者不能对相同的客体给予和享有共同的编码。如中文和英文在编码方面就有很大的差异，表现在字、词和语法结构等方面。

(2)差异性与误解性成正相关关系。跨文化传播虽然是在不同文化系统中展开的，这些不同的文化系统有差异，但差异的程度又是不同的，因此，产生误解的可能性的大小也是不同的。差异越大，产生误解的可能性越大，反之亦然。这方面的例子比比皆是。如菊花，作为一种植物，在植物学上，各种文化对它的描述是一样的，但其文化内涵在不同的文化中却大不相同。在中国文化中，菊花是纯洁、清高的象征。在日本，菊花带有贵族色彩，白色的菊花是皇室的象征。

在英国,菊花不过是一种普通的供人观赏的花卉。而在拉美地区,菊花却被看做是鬼花,不能用它来送礼,只能用它来祭灵。

(3)无意识先入为主。在跨文化传播中,缺乏对对方文化了解的人,常常无意识地用自己文化的种种标准去衡量和评判对方的行为。文化是潜移默化地影响着人们的生活方式、行为方式和思维方式的,在一种文化系统中长期生活的人总是带有自己文化的烙印,在与人交往的时候,常常不自觉地从自己的文化出发来审视对方的所作所为。这表现在跨文化传播中,就是无意识先入为主。

(4)增加了误解、矛盾和冲突的可能性。由于跨文化传播存在着上述三个方面的特点,从而使传播过程中的误解、矛盾和冲突大大地多于同文化传播。如在中国历史上,佛教自印度传入中国后,虽然在一定时期内有很好的发展,但不可否认的是,历史上同样出现过大规模的排佛毁佛事件。又如,在中国近代史上,西方传教士在中国进行的传教活动,受到大多数中国人的抵制,并屡次引发“教案”,虽然其原因是多方面的,但跨文化传播中存在的共享性差、文化内涵的差异以及先入为主等等,也是其中重要的原因。

(5)跨文化传播促使不同的文化发生变异。在同文化传播中,文化信息的传递,其主要作用是把同质的文化传给下一代,类似于生物学上的遗传。而在跨文化传播中,文化信息的传递则主要是把异质文化传递给自己的成员,因此,它就可能引起该文化系统发生局部的甚至较大范围的变异。如近代中国文化的发展,由于受到西方文化的冲击,就呈现出一种典型的变异。

二、跨文化传播中伦理问题的限定

在跨文化传播中,并不是所有的误解、矛盾和冲突都是伦理道德上的问题,或者说,并不是所有的误解、矛盾和冲突都可以进行道德上的评价。在伦理学上,判断一个人的行为的道德价值,往往是把效果和动机结合起来加以考虑，但当我们考察行为主体的道德责任时，则只能从主体的动机来加以考察。

在跨文化传播中，正如我们在上面已经分析过的那样，存在着不同于同文化传播的特点，即它的符号共享性差、文化内涵存在不同程度的差异，传播者往往先入为主等等，这就使得跨文化传播中的误解难以避免。这些误解以及由此而引起的矛盾和冲突，并不是传播者或受众有意为之，而是跨文化传播中的必然现象，在这种情况下并不存在合不合道德的问题。

跨文化传播中对传播者和受众行为的道德评判，只存在于下述情形中：一是在不了解对方文化背景和其他相关因素的情况下，不愿去了解另一文化的真相而有意误解甚至挑起矛盾和冲突；另一种情形是，在对对方的文化有所了解甚至有较多了解的情形下，有意以误解甚至以歪曲的方式进行信息的编码和解码，挑起不同文化之间的矛盾和冲突。这两种情形都是违反跨文化传播的伦理准则的。

基于这种限定，我们认为，在跨文化传播活动中，最突出的伦理问题主要有以下几个：

一是民族、种族歧视问题。在跨文化传播中存在着一种"文化自我中心主义"，轻视甚至蔑视其他民族和种族的文化，表现在具体的传播活动中，就是不尊重别的民族和种族的文化传统和文化价值观。

二是文化霸权主义的问题。文化霸权具体表现为话语霸权，指依仗发达的传播网络，把本民族的价值观念密集地编码，在各种各样的文化产品中向其他民族进行输出，通过"文化轰炸"来实现其称霸全球的野心。

三是"妖魔化"问题。在跨文化传播中，有意识地丑化其他民族的文化，甚至通过捏造事实来丑化其他民族。

以上三个方面，都是可以而且应该进行道德评判的。鉴于种族歧视问题已经遭到世界各国人民的共同反对，而且，在这个问题上，不同的国家、地区和民族之间也易于达成共识，所以，本文将不再对此作分析，我们的重点将放在第二、第三个问题上。

三、跨文化传播中的伦理缺失：文化霸权主义与妖魔化传播

在跨文化传播中，文化霸权主义是一个很突出的现象。这里所说的文化霸权主义，是指发达国家利用自己在经济、政治和军事方面的优势，借助发达的传播技术和全球传播网络，力图把自己的意识形态、政治制度、价值观念和生活方式向发展中国家传播，以达到同化或瓦解发展中国家的意识形态、政治制度和价值观念体系的目的。

在发达国家中，以美国的文化霸权主义意识最为浓厚。两极对立局势解体、"冷战"结束后，美国便成为世界上唯一的超级大国，其在经济、政治和军事上的强势地位，使其更加肆无忌惮地向不发达国家，尤其是向那些与其在意识形态、政治制度和价值观念不同的国家输出自己的文化产品，进行文化殖民。这种文化霸权主要体现在以下几个方面：

一是向发展中国家强制输出自己的民主理念和人权理念。如美国几乎每年都要根据自己所设立的人权标准，联合一些欧洲国家在联合国人权大会上提出针对发展中国家，尤其是中国的"人权议案"，对与自己的意识形态不同甚至根本对立的国家的人权状况横加指责。二是向非西方国家输出自己的价值观念。个人主义是西方价值观念的核心，以美国为首的西方国家通过报纸、杂志、电影和电视这些文化产品，把个人主义价值观向非西方国家进行大规模的传播。在这些媒体上充斥着个人主义的价值观念和个人英雄主义的价值观念。力图在世界尤其是发展中国家的人们面前树立"美国救世主"的形象，形成只有西方个人主义价值观才是人类唯一正确的、至高无上的价值观的印象。

跨文化传播中文化霸权主义的流行，说到底，是资本不断要求开拓市场的本性使然，具有某种必然性，但是，这并不意味着文化霸权主义是合理的。我们的质疑来自以下几个方面：

第一，在超越不同的社会制度、意识形态和价值观念的层次上，存不存在一些人类应普遍遵循的价值？

第二，是不是只有资本主义制度才是人类唯一合理的、必须而且应该选择的制度？是不是只有资本主义的意识形态和价值观念才是唯一正确和合理的？

第三，在世界范围内存在的不同文化之间的冲突的解决办法，是不是只有一种即"不是你死就是我亡"？

应该说，这些问题是不难回答的，答案也是非常清楚的。

首先，文化是人类在生产实践中的创造物。虽然，不同的民族因其生活在不同的环境中，因而和自然发生作用的具体方式也有所不同，并因此而形成了不同的生活方式，创造了不同的文化。但是，不管怎样，人类有着大致相同的基本生活需要，也有着大致相同的进行生产的联结方式，这些原因决定了尽管不同的民族的文化是相互区别的，但在相互区别的文化系统中，仍然存在着共同性。在这些共同的文化中，就存在着人类普遍遵循的价值观念和普遍珍视的价值，如诚实、仁爱、相互尊重、自由、公正等。文化霸权主义正是违反了人类这些基本的价值观念，践踏了人类所普遍珍视的基本价值。

其次，从文化的多元发生和多向发展的基本历史事实和历史规律看，并不是只有资本主义制度和资本主义的意识形态和价值观念才是唯一合理的制度和唯一合理的意识形态和价值观念，这已是一个被文化学和文化人类学所反复证明的真理。西方人长时期以来一直坚持"西方中心论"的立场，"唯西方独尊"、"唯西方独大"的意识非常强烈，他们常常以救世主的姿态出现，似乎离开了西方世界，不按照西方世界的旨意办事，人类就会陷入黑暗之中。殊不知，西方资本主义的发展历程，本身就是一部充满了血腥和罪恶的历史，是一部不断践踏人类尊严，挑起人类对立的历史。这充分说明，资本主义制度、意识形态和价值观念的合理性与合法性都是值得怀疑的。从另一方面来说，非西方世界在自己的历史发展过程中，虽然和西方世界有着不同的社会制度、意识形态和价值观念，但同样创造了辉煌灿烂的文明，过去是这样，可以设想，将来，非西方国家同样可以在不照搬西方模式的情况下创造属于自己同时也属于全人类的辉煌灿烂的文明。

从理论上来说，没有一种社会制度以及伴随这种社会制度的意识形态和价值观念是完美无缺的。人类的社会制度、意识形态和价值观念，既作为生产活动以及由此而来的生产关系的产物，同时又作为体现人类自觉能动性的理性的自我设计的产物，都只能解决人类在生存和发展中所面临的部分问题，而不能解决人类所面临的全部问题。在这个意义上，每一种社会制度以及与此相适应的意识形态和价值观念都具有其相对的合理性，同时也具有其不合理和不完善性。正因为如此，企图把自己的社会制度、意识形态和价值观念强加给其他国家和民族的做法，既是人类理性的僭越和狂妄，也是对相互尊重和平等原则的践踏。

再次，既然在人类的生存和发展的历史上，不存在一种十全十美的社会制度，也不存在绝对合理的价值观念，每一种社会制度、意识形态和价值观念都应对着人类所面临的某一方面的具体问题，那么，尽管存在着不同社会制度、意识形态和价值观念之间的冲突，但是，解决冲突的方法就不可能是一方消灭另一方，不可能是“不是你死就是我亡”式的激烈的对抗。中国古人说得好，“万物并育而不相害”，“道并行而不相悖”。不同的社会制度、意识形态和价值观念应该而且也可能取长补短、相互为用。在这里，本着相互理解以及在相互理解的基础上相互尊重的原则相互对待，是非常重要的。奉行文化霸权主义，从思维方式上看，是绝对主义的思维方式；而从其动机看，则是国家或民族利己主义；从其结果看，只能导致国际局势的冲突与动荡，破坏人类的福祉。这已经为20世纪世界历史的发展所充分证明。

如果说，在跨文化传播中，文化霸权主义是一部分发达国家力图用自己的社会制度、意识形态和价值观念去同化发展中国家的文化，那么，“妖魔化”则是一种更为普遍的存在于跨文化传播中的伦理缺失。这一传播的显著特点是，传播者向受众传播被有意甚至恶意丑化了的传播对象的信息。应该说，在跨文化传播中，“妖魔化”的问题是一直存在着的，在一个国家的不同民族之间、在不同的国家之间，“妖魔化”都有着不同程度的表现。“妖魔化”传播行为，有意挑起不同文化之间的对抗和冲突，破坏世界和平，危害人类安全，我们必须对之进行伦理道德上的批判。

“妖魔化”违反了新闻传播的最基本的原则，即真实客观原则。在现代社会中，大众传播媒介给人们创设了一个“虚拟世界”。人们对外部世界的认识，在很多情况下，都是通过大众传播来实现的，因此，信息传播的真实性、客观性，就成为人们正确把握外部世界的一个至关重要的环节。对于传播者来说，保证其所传播信息的真实性和客观性，乃是其最基本的职业道德要求。“妖魔化”是有意识地虚构或夸大对传播对象不利信息的一种传播行为，使受众无法了解事实真相，因而是对受众的一种恶意欺骗。

“妖魔化”违反了跨文化传播中的相互尊重的原则。在人类的交往活动中，无论是个人与个人之间的交往还是国家与国家之间的交往，有一条最基本的要求，就是相互尊重，否则，这种交往就不可能顺利地进行。“妖魔化”传播行为，是有意识地贬低他人，抬高自己，从而导致双方关系的失衡，使正常的传播活动难以顺利开展。

“妖魔化”是对公正伦理的践踏。正像没有一个十全十美的人一样，世界上也没有哪一个国家、哪一个民族是十全十美的，同样，也没有哪一个国家，哪一个民族一无是处。因此，在跨文化传播中，公正原则要求传播者实事求是地对待别的国家和民族，全面地介绍宣传报道所涉及的内容。

四、建构跨文化传播的伦理准则,促进世界和谐

随着全球化时代的来临,不同国家、地区和民族之间的经济、政治和文化交流也越来越频繁,相互之间的作用和影响也越来越密切。然而,与此同时,我们也发现,尽管冷战格局已经解体,但不同国家、地区和民族在社会制度、意识形态以及文化传统、价值观念之间的差别、对立以至冲突仍然存在。这样,在当代,我们便发现,在世界范围内存在着一种独特的文化景观:一方面,全球化是大势所趋,人们普遍感受到了这一过程在使世界文化趋同方面发生的重大影响,因而有不少人对传统的民族、国家等概念提出质疑;另一方面,随着全球化进程的不断加快,不单是在发展中国家,就是在发达国家也有为数众多的反全球化的人士,"本土化"的浪潮同样一浪高过一浪。这一事实表明:在全球化过程中,文化趋同化和文化本土化的冲突、矛盾被凸显出来了。这一矛盾反映在跨文化传播活动中,集中表现为强势文化国家对弱势文化国家的文化侵略或文化殖民以及弱势文化国家对这种文化侵略和文化殖民的反抗。我们上面提到的跨文化传播中的种族歧视、文化霸权和"妖魔化"问题,都是这一矛盾的具体表现。

我们认为,不管全球化已经或将要以怎样的面目出现,但有一点是清楚的,这就是,全球化并不意味着以一种社会制度、一种意识形态或价值观念来统一世界上不同地区、不同国家和不同民族的文化,而只是意味着在不同国家、地区和民族的联系越来越紧密的情况下,不同国家、地区和民族共享人类优秀的物质和精神资源的机会大大增加了。全球化过程不能也不应该成为取消差异和个性的过程。有差异就会有冲突、有矛盾,解决的办法不是消灭差异,而是在冲突中融合,求同存异。为此,就必须建构跨文化传播的伦理准则,这些准

则应该是对跨文化传播中的主体都能起到规范和制约作用的，即它们应该是普世意义上的伦理准则。

有人认为，在当今时代，提出建构普世性的伦理准则还为时尚早，主要原因在于：首先，尽管冷战格局已经结束，但是，不同社会制度、不同意识形态和不同文化价值观念之间的冲突依然存在，并不像亨廷顿所说的那样，已经进入了“意识形态终结”的历史阶段。正因为如此，要求处在不同社会制度、意识形态和文化价值观念中的人们遵守相同的伦理准则就是不可能的。其次，现代国家仍然是以民族国家的形式而存在的，民族国家的利益仍然是不同国家在国际事务中的行为出发点。全球化虽然密切了不同国家、不同民族之间的联系，但并没有因此而消除不同国家之间的利益差别。这种利益的冲突也决定了普世伦理的不可能。最后，在世界范围内，不同国家、不同民族和地区之间还存在着发展的不平衡性，这种发展的不平衡性使得国际社会中的“游戏规则”事实上是强者的“游戏规则”，因而，也不可能存在着具有普遍约束力的普世伦理。

我们认为，上述观点所陈述的论据都是客观存在的，但这些客观存在的事实并不意味着不可能建立具有世界意义的普世伦理。这是因为，尽管在世界范围内还存在着不同国家、不同地区和不同民族之间的利益冲突，尽管在现代社会的国际交往中，民族利己主义仍然在多数情况下还是严重存在的，尽管还存在着不同国家和地区的发展的不平衡性，然而，我们还是应该看到，人类既然还生存在同一个地球上，还必须发生相互之间的交往，那么，就必然存在着共同的利益，即全人类的共同利益，如和平、发展、生态环境的保护等；也必然存在着使各种交往活动能够正常进行的需要，这正是我们能够建立普世伦理的最深刻的根源和基础。同时，随着地区之间、国家之间在经济发展过程中的相互依赖性的增强，世界经济发展正呈现出一种“你中有我，我中有你”的关系，在这里，如果“游戏规则”仅仅是对某部分人有利，那么，其最后的结果往往是事与愿违，从利己主义出发的强者“游戏规则”只能导致两败俱伤甚至多败俱伤。面对这样一种结局，我们有理由相信，通过对话和协商而形成具有普遍约束力的伦理准则不仅是必要的，而且也是可能的。

具体到跨文化传播领域来说，应建立怎样的伦理准则呢？确立跨文化传播伦理准则的目的，是为了使跨文化传播活动能够顺利地开展，增进不同国家、不同地区和不同民族之间的相互了解，实现人类文化资源的共享，促进人类的健康发展。因此，跨文化传播伦理准则的确定必须有利于这个目的的实现。基于此，我们认为，在跨文化传播活动中，应该考虑确立以下基本原则：

一是实事求是原则。在跨文化传播中，传播主体应该把传播对象的真实情况介绍给受众，不能夸大或缩小，更不能捏造事实，颠倒黑白，对受众进行误导。“妖魔化”的传播方式就是对实事求是原则的背叛。我们曾经指出，在迄今为止的社会历史中，任何一种社会制度都不能全面解决人类所面临的所有问题，总是存在着这样或那样的不足，把这些不足揭示出来，使其不断完善，是传播活动的目的之一，但传播主体不能夸大这种不足，更不能将其说得一无是处，并因此而煽动国家之间、民族之间的对立和冲突。

二是平等原则。在跨文化传播中，存在着两种信息流动方式：其一是传播主体把自身作为传播对象，向别的国家、地区和民族进行传播；其二是传播主体把别的国家、地区和民族作为传播对象，向本国的公众或第三方进行传播。在这里，平等原则所要求的是，传播主体应按照国际社会公认法律和道德要求，对传播对象一视同仁，不能在把本国的情况向外传播时只传播对己有利的方面，而在把别国的情况向本国或第三方传播时则只传播对别国不利的情况。平等原则还要求不同国家、地区和民族，都有平等地参与国际传播事务的机会，不能实行传播资源的垄断。

三是相互尊重原则。相互尊重是一切传播活动能够顺利进行的基本条件，在跨文化传播中，由于存在不同的社会制度、意识形态、文化传统、价值观念以及风俗习惯的差别，使跨文化传播存在着比同文化传播更多的困难，因此，相互尊重就显得尤为重要。跨文化传播的相互尊重原则包含着以下具体内容：首先，是相互尊重对方的主权。任何一个国家，不论大小、贫富都是平等的主权国家。这种主权表现为在跨文化传播中，任何一个国家都有权依据本国法律对本国的信息资源进行管理；对其领土范围内的传播活动依据本国法律进行管理。其次，应尊重别国的文化传统、宗教信仰和风俗习惯。每一个民族和以民族为基础形成的民族国家，都有自己独特的文化传统、宗教信仰和风俗习惯，是一个民族在千百年的生产和生活过程中的经验的总结，也是民族认同的纽带，对于民族国家来说，其意义是不言而喻的。因此，在跨文化传播中，尊重别国的文化传统、宗教信仰和风俗习惯乃是相互尊重原则的题中应有之义。在跨文化传播中，不能对一个国家的文化传统和风俗习惯妄分优劣，并进行简单、武断的价值判断；不能有意识地传播与别国文化传统、宗教信仰和风俗习惯相冲突的内容或采用与之相冲突的传播方式。

四是不干涉内政原则。各国的内部事务应该由各国人民自己去管，不能利用传播活动干涉别国内政。一些奉行霸权主义的国家，总是对别的国家的内部事务指手画脚，其重要方式就是利用大众传播媒介对别国的社会制度、意识形态以及政治运作方式进行指责或煽动性宣传，一方面是激化别国内部的矛盾，另一方面则蒙骗本国的公众。

五是和平共处原则。和平，是人类世代追求的理想。在当代，不同国家、不同地区和不同民族之间的经济、政治和文化的联系越来越紧密，任何地区性的冲突都可能引发人类的灾难，在这种情况下，国际社会渴望和平的愿望也越来越强烈。跨文化传播的根本目的，应该是促进世界各国人民之间的相互了解，增加共识，发展友谊，为人类创造一个和平安宁的环境。

以上是我们所理解的跨文化传播中应该为所有传播主体遵循的

伦理准则。我们虽然不认为,在当代,建立这种具有普世意义的伦理准则是不可能的,但我们同时也承认,要把这些伦理准则真正贯彻下去,还需要有一个过程,而这个过程,毫无疑问,是异常艰难的。其所以艰难,主要是因为,在当代背景下,国家利己主义和人类共同利益之间还存在着尖锐的冲突,"国家利益至上"是所有国家对外活动的出发点,人类的共同利益被置于国家利益之下。正是这样一种利益观念,使得跨文化传播中的伦理准则难以得到真正的贯彻。因此,我们认为,要使跨文化传播中的伦理准则得到真正贯彻,就必须处理好国家利益和人类共同利益之间的关系。

人类只有一个地球,任何一个国家,作为地球这个共同体的一员,都有义务为维护地球的和平、安宁与稳定作出自己的贡献。当然,任何国家也都有自己的国家利益,但是,不恰当地夸大这种国家利益,最终只能导致不同国家之间的冲突,既损害国家的利益,也损害人类的共同利益。在这个意义上,我们认为,任何国家利益,都只有在有利于促进人类利益的前提下,才能获得其合理性的证明,要把是否有利于维护和促进人类共同利益作为判断国家利益合理性的标准。

(作者简介:邓名瑛,男,1962 年生,湖南郴州人,哲学博士,湖南师范大学公共管理学院教授、博士生导师,湖南师范大学池田大作研究所研究员。)

和谐视阈下现代家庭伦理的建构

李桂梅

一

家庭的和谐是家庭制度的内在要求，也有助于社会的和谐。家庭伦理道德是维系家庭关系、保障家庭温馨幸福和社会文明的重要条件。家庭生活中如果没有道德作为精神支柱和平衡家庭关系的力量，家庭也就缺乏温情，甚至名存实亡，走向解体。在今天激烈的社会竞争和快节奏的生活方式之下，人们更渴望在家庭中得到情感的慰藉和心理的安抚，人们更珍视家庭的亲情与温馨。这一切都需要家庭伦理道德作为支撑。

目前中国社会正处于从计划经济向市场经济、从农业文明转向工业文明的转型时期。现代中国社会的性质也决定了现代中国文化的“过渡性”特征。从总体上来看，现代中国文化仍然处于从传统文化形态向现代文化形态的过渡、变迁和转型中，是介于“传统”与现代之间的过渡型文化。这种文化兼有新旧两种社会文化类型的因素，它们互相制约，互相影响，形成一种二元化的文化结构。这种特征也同样表现在现代中国家庭伦理文化上，具体来说是：

第一，家庭道德评价的失范性。在新旧体制交替更迭之际，原有的家庭道德规范因为不能适应现代社会生活而失去了作用,而新的家庭道德规范尚未建立起来,这种新旧规范同时并存而造成的内容冲突,使得家庭道德规范制约机制发生紊乱,道德规范的权威性受到严重侵蚀。表现为人们的价值评判标准已由简单、明朗、统一变为模棱两可,于是大量消极颓废的因素渗入家庭生活中,如"爱跳不乱摸,多恋不乱搞,喜新不厌旧",一些人把善恶美丑通过畸形的方式使它们并存,这使一部分人的家庭道德沦丧,迷失了正确的价值追求,导致婚姻家庭生活中非道德主义盛行。许多在新中国已经绝迹的丑恶现象又死灰复燃,沉渣泛起。

第二,家庭伦理道德选择的矛盾性。正因为评价标准的失范,导致了道德选择的迷惘。任何一种选择都可获得一种价值观的文化支持,受到一种价值标准的肯定或赞扬,而同时又会受到另一种价值标准的否定和讥讽。这种选择的矛盾冲突,渗透到了婚姻家庭生活的各个层面,突出地表现在三个方面。

首先是婚姻自由和家庭稳定的矛盾。婚姻自由是社会主义家庭伦理道德的基本原则,它包括结婚自由和离婚自由,当事人在婚姻问题上有自主选择和决定的权利。当今中国人已逐渐认同婚姻家庭生活私域化定位。婚姻家庭生活已从社会生活中分离出来,成为两性间的个人私事,它从本质上提高了婚姻家庭生活中个人地位和个人的自主权,这是社会的一大进步。但人的自由、权利与责任、义务是相伴随的。没有脱离责任、义务的自由和权利。现实生活中却有人把婚姻自由原则变成了追求私利的享乐的借口,由此造成的婚姻裂变和家庭解体现象逐渐增多,家庭的稳定性受到威胁,这从离婚率上升便可见一斑。更可怕的是由家庭解体带来的一系列社会问题。这表明家庭伦理文化面临一个两难选择:一方面,家庭伦理文化要倡导体现现代化发展的婚姻自由原则,满足人们对情感的要求。一旦情感破裂可由离婚的方式去解决。另一方面,这一原则在当前又不可避免地影响家庭稳定,并影响社会稳定。因而如何理解婚姻自由,使婚姻自由与家庭稳定的理论上的统一变为现实的统一，成为理论上探讨的一个问题。

其次是人本化与功利化的矛盾。当今的中国婚姻家庭生活中，一方面“以人为本”的观念深入人心，主张婚姻自由，强调婚姻的基础是爱情，夫妻双方越来越强调精神生活、情感生活的满足。另一方面，功利化的趋势在增强，择偶时注重经济等物质性因素的作用，金钱财富的多寡影响家庭关系的稳定，婚前财产公证、婚后“AA 制”等。当然现阶段功利性追求有其必然性和合理性，但关键的是如何实现人本化和功利化的合乎比例的良性发展。

再次是感情与义务的矛盾冲突。现代婚姻的基础是爱情，这是众所周知的，人们在缔结或解除婚姻时都强调感情的因素。这对于强调男尊女卑、夫妻有别而不言夫妻有爱的传统中国社会来说，无疑是婚姻的一大进步，也使婚姻有了更多的人性色彩。但以为现代社会强调婚姻中的爱情，就是否定婚姻的社会性和其所包含的义务，或者认为爱情可以取代义务，则是错误的认识。正是这种认识导致婚姻家庭生活中一些人在寻求和享受情感时，淡忘了义务的存在，甚至以感情满足为借口，抛弃婚姻、不尽义务，使得在今天这一新的历史时期爱情与义务之间发生尖锐的矛盾。

第三，家庭道德的调控机制弱化。一个家庭要形成稳定的家庭道德秩序，创造良好的家风，必须要依靠有效的家庭道德调控机制。这种调控机制主要体现在两个方面，一是强有力的社会舆论监督，二是每个社会成员的道德自律。舆论监督是通过大众传媒做好道德导向，大力宣传符合新时代要求的家庭美德，表彰具有高尚道德情操的家庭成员，批判腐朽颓废的道德虚无主义、个人主义、享乐主义人生观。道德自律是道德主体的自我监督与约束，它是通过自我反省、自我评价、自我修正来净化人格心灵，培养良好的道德品质。然而由于我们面临道德失范、评价标准多元性，社会舆论的监督确实显得乏力。况且现代社会家庭生活的自由度提高，婚姻已成为一种个体之间的契约关系和个人的私事，个人已拥有了独立选择生活方式的自由。这更使得社会的舆论约束变得无可奈何。在外界强制力量减弱时，个人的道德自律能力又没有增强，这样家庭道德的调控机制无法发挥其功效。

总之，这一时期家庭伦理文化具有“过渡型”的特征，即正处于打破原有秩序，建立新秩序的历史转型期，它包含一系列矛盾与冲突，不但表现为传统文化与现代文化的冲突，也表现为中西文化的冲突。要摆脱这一困境，需要我们从现代化的目标着眼，对现实的家庭伦理文化的矛盾作出分析和批判，以建构符合现代化要求的有中国特色的社会主义家庭伦理。

二

任何一个社会道德体系的生成都有其源和原两个方面的成因，按照朱贻庭教授的分析，原即本原、根基，指社会现实的经济关系、社会结构、政治状况及其变革；“源”即渊源、资源，指历史地形成的传统伦理文化，也包括外来的西方伦理文化影响。“原”决定一种现实社会伦理建构的社会性质、价值导向和时代特点，“源”不仅规定或影响这一社会伦理建构包括道德话语系统的民族形式和民族特点，而且还为这种社会伦理建构提供可供选择的文化资源。这也就是说传统伦理是现实伦理建构的文化渊源，从而体现了伦理文化的继承性。但是，作为“源”的传统伦理必须要受到现实之“原”的检验、筛选和改造，以实现“原”、“源”的整合，创造出具有时代特色和民族特点的社会伦理结构，这是伦理文化演进的一般规律。①

现代家庭伦理的建构，也同样遵循这一“原源之辨”的基本规

① 朱贻庭:《中国传统伦理现代价值研究的方法论》,《光明日报》1998 年 11 月 13 日。

律。它渊源于中国社会几千年的家庭传统，根植于现实的社会经济关系和当今中国特色的社会主义实践以及家庭关系。当然作为现代家庭伦理之“源”的传统，并不是传统家庭伦理的全部，而只是经过现实之“原”的筛选、检验并可以进行现代价值再创造的一部分优秀的人文资源。在传统伦理之中所以有可以被现实所筛选的优良的人文资源，是因为传统家庭伦理中存在着与现代家庭伦理相通的“共时性”的文化积淀，即“古今共理”，人们普遍认可的一些最基本的家庭道德观念，构成了我们要筛选的人文资源。当人们认同了这些人文资源，并予以肯定的价值评价，作出符合时代要求的新的诠释，再把这些通过现代诠释所获得的新含义、新内容付诸社会实践，努力使其作为一种构成因素，熔铸于现代家庭美德之中时，就完成了传统家庭伦理的现代价值的再创造。

因而在建构现代家庭伦理时也应该继承和弘扬传统家庭美德，它主要表现为：

第一，中国传统家庭伦理强调家庭成员间的责任义务，这在今天仍有现实意义。所谓“父慈子孝”、“兄友弟恭”、“夫义妇贞”等，除了表示彼此之间的爱心，同时也表示相互间的义务和责任。“父慈”，即要尽其抚养、爱护、教导的责任，“子孝”，即要尽其赡养和欢娱双亲的责任。“兄友弟恭”，也表示兄姊要尽友爱之心，更多地帮助弟妹，弟妹也要尽敬爱之心，更多地向兄姊学习。“夫义妇贞”也同样是强调夫妇双方各应履行的责任和义务。夫义，对于一般庶民而言，也包括对妻子忠诚，不要乱搞邪行；“妇贞”是要求妻子保持贞洁，并认为这是妻子的最大责任。当然这是为了适应宗法制的需要，确保生育出男性血统的后代。显然这种思想具有局限性。

由于家庭注重成员之间各自承担的责任，家庭成员关系相对密切，人们的家庭观念也比较强。正是这一点使中国家庭保持了强大的凝聚力和向心力，从而也促进了中国社会的稳定。现代婚姻家庭以感情和义务为基础，家庭中的爱和责任是不可分割的。现代社会爱情在婚姻家庭中的地位的提高，并没有改变婚姻家庭的社会性，家庭伦理建设中应该强调责任因素。要知道缺乏责任的爱是自私的爱，没有奉献的爱是苍白的爱。强调家庭的责任，是强调婚姻的神圣性和严肃性，是强调家庭必要的稳定性。那种以个人为中心的个人本位思想曾使得西方社会在20世纪50年代至70年代里出现了道德滑坡、人情冷漠的境况，反映在婚姻、家庭领域则是纯洁美好爱情的幻灭，家庭矛盾激化，离婚率上升，单亲家庭增多，老人赡养问题严重。美国社会学者柏忠言在《西方社会病》一书中，就曾对离婚问题作了分析。他认为："问题的根源是在深处，直截了当地说，美国离婚事件的主要原因是由于美国人以自我为中心，享乐至上的风气越来越严重。"书中进一步指出："在一个人把达到个人目的和追求感官享受置于其他一切之上的社会中，结婚和家庭生活所带来的种种责任常常被人视为实现个人享受欲望的障碍或绊脚石。"这些不仅危害了家庭和婚姻，危害了人的幸福，而且也影响了社会的稳定和安宁。

在经历了多年的社会动荡之后，面对日趋激烈的市场竞争和生存压力，家庭不再是一个被动的归宿，而成为很多人苦心经营、悉心维护的"安乐窝"，在爱情和与子女的天伦之乐中享受人生，抚慰人生。这并不是一个孤立的现象——热爱家庭、回归家庭是世纪末的世界共同的人生金曲。据1996年年底德国对8000名市民的调查，94%的人视幸福的家庭是最有意义的和有意义的；而美国19—25岁的年轻人"最希望获得的个人追求"，有48%的人回答是"建立美满的家庭"。20世纪80年代以来，西方出现了道德回归的趋势。引导着美国生活风尚的好莱坞，在80年代推出的力作如《克莱默夫妇》、《金色池塘》、《廊桥遗梦》中，都严肃地探讨了爱和责任的主题。现实生活中的美国人也开始追求新的人生观，开始呼唤曾遭抛弃的家庭责任心和人生信仰。

在我国，随着婚姻家庭生活自主性、独立性的增强，个人自我意识的强化,加之西方个人主义思想的侵入,也出现了家庭责任感淡化的趋势。因而在现代家庭伦理建设中,如何继承和发扬传统家庭伦理重义务、责任的合理成分,使之成为现代家庭美德的有机组成部分,是我们必须重视的一个现实问题。

第二,传统家庭伦理强调“和谐”,这有助于协调家庭人际关系,消除当今家庭中的紧张状态。孔子说:“君子和而不同”,“礼之用,和为贵。”“和”是处理人际关系的重要原则,也是人际关系的理想状态。传统家庭伦理强调治理国家,要“政通人和”,治理家庭要“家道和顺”。“和”的意思是和谐、协调、温和、团结互助。反映在国家,表现为全民族和睦团结的凝聚力;反映在家庭,则主要表现为父慈子孝、夫妻恩爱、兄弟团结,家庭充满欢乐、祥和。中国人历来强调“家和万事兴”。家庭祥和是普通百姓非常珍视的家庭的伦理价值。

家庭与社会毕竟不同,尽管人际之间也不免存在一些矛盾和冲突,但家庭主要是一个以道德情感维系的共同体,它并不需要每件事情都分清是非,争个水落石出。家庭更需要的是体谅、温存和安慰,能够使在社会中拼搏竞争的人们有一个温暖的避风港,在这里休养生息,以使疲惫的身体有个喘息的地方,精神有个栖息的场所。因而祥和、幸福是现代家庭的首要伦理价值。建立和睦的家庭人际关系,形成和谐的家庭氛围,也是今天我们家庭伦理建设的目标。

第三,传统家庭伦理注重父母对孩子的道德教育,强调德教为本,从胎教开始。这对于今天家庭伦理的建构有重要的借鉴意义。传统社会父母在教育子女后代时,始终把道德教育放在首位,所谓“不求金玉重重贵,但愿儿孙个个贤”,强调“忠孝传世”。而且认为“训子须从胎教始”,贯穿于孩子成长的全过程。这一点是很有道理的,应当为我国当前的家庭道德教育所借鉴与重视。我国随着计划生育政策的实行,独生子女家庭渐多,父母溺爱孩子而不重视道德教育的现象,重智轻德的现象也较为普遍。父母“望子成龙”、“望女成凤”心切,大搞智力投资,不惜血本,千方百计为孩子创造舒适的生活环境,却忽略了对孩子的品德教育,结果造成任性、固执、自制力差的人格缺陷。因而重温古人这种重道德教育的思想是非常具有意义的。

第四,传统家庭伦理中的慈、孝、贞、敬、悌等规范,对今天的家庭伦理建构具有启迪意义。“慈”的道德规范在去除了“父为子纲”之类的封建因素之后,在今天可以启迪父母在对子女抚养与教育时既要有强烈的关爱之情,又要遵循爱而不溺的理性原则,否则很可能会如古人所告诫的那样,因爱而不智反而以爱溺爱;“孝”的道德规范在摒弃了“父母在,不远游”、“不孝有三,无后为大”之类的糟粕后,在今天它可启迪子女对父母及长辈要有关爱之心,敬重、赡养父母与长辈;“贞”的道德规范在剔除了禁欲主义的道德和对女性的片面强制因素之后,在今天它可以转变为夫妇双方在性道德上履行忠诚、忠贞的道德义务;“敬”的道德规范在扬弃了繁文缛节的礼教成分之后,在今天可启迪家庭成员确立一种彼此平等、相互尊重、宽容和信任的基本道德规范;“悌”的道德规范在抛弃了“以长为尊”的不平等因素之后,对我们在兄弟姐妹中形成彼此尊重、相互关心和爱护的道德情感,具有积极意义。

传统家庭伦理道德作为封建的意识形态,显然是要为维护封建等级秩序服务的。但是作为一种伦理文化体系,其中又必然积淀着人类文明发展的成果,蕴涵着具有普世性的一般人伦关系的意蕴。如果我们对其进行现代诠释和价值提升,它们都将成为社会主义家庭美德建设的重要资源。我们的现代家庭伦理建设只有立足于传统家庭伦理基础之上,才有深厚的民众基础和可受性。越是具有民族性的东西,才越具有生命力。

现代家庭伦理建构也离不开对西方家庭伦理这一“源”的借鉴。正如日本学者今道友信所指出的那样:“东方与西方的古典文化都必须相互给对方以补充。否则,教育和人类形成的理念就会在各自的文化圈一直停留于不完善阶段。”①

近代以来促使中国传统家庭伦理现代转向的一个重要因素就是西方家庭伦理文化的不断输入。一个民族的文化发展离不开整个世界文化的发展。当今世界已进入知识经济和高科技的信息时代,各地区各民族的相互关系日益密切,文化的发展日益呈现“世界化”的趋势,任何力量都扼制不住世界范围内文化交流之大势。任何一个民族都不可能在闭关锁国的境地中关起门建设自己的文化,任何一个民族和国家的文化发展,一靠自身由少到多,由浅入深的积累,二靠外来的不断补充、刺激和冲击,这两者是相辅相成的。西方家庭伦理文化中一些合理的内容,同样也可以纳入到现代家庭伦理体系中来。只有弘扬和借鉴并重,才可能建构起既符合社会主义现代化要求,又符合中国民众心理的现代家庭伦理。

西方家庭伦理有自己产生的社会历史条件,它有与中国家庭伦理不同的传统和内容。近代以来西方家庭伦理不断传入,促使中国人对自己的家庭伦理进行反思。在两种家庭伦理的碰撞交流的过程中,中国人开始了解和接受西方的婚姻家庭价值观念。今天我们在建构现代家庭伦理的过程中,也必须以开放、宽容的心态,对西方家庭伦理进行科学的分析,抛弃其糟粕,吸收其精华。

第一,西方家庭伦理强调家庭成员的人格独立和平等。西方社会在古希腊时期就有了发达的商品经济,以平等为基础的商业原则促进了希腊人个体意识的觉醒和成熟,孕育出西方人的独立平等精神。他不依赖家庭,也不依赖于他人,而是倾向于自我依赖——“他要自己思考,自己做决定,并且用自己的双手以自己的能力开辟自己的前途。”家庭与个人之间只存在暂时性的纽带,子女成年后便离家独立谋生,即使是亿万富翁或在任总统的子女也不例外。家庭教育、

① ［日］今道友信:《东西方哲学美学比较》,中国人民大学出版社 1990 年版,第 64 页。

学校教育及社会价值观都鼓励这种独立精神，孩子从懂事起，父母就用各种办法锻炼他们的这种独立性。如做有报酬的家务劳动，上学时便在校园或社会打工。每个成员在自己的事情上都有不可侵犯的个人权利，其他成员无权干涉，个人独立处理自己的事务，即使夫妻之间也是如此。父母到了老年时，也仍然坚持自立的生活，只要自己能行，一切事情都自己做，他们不愿意依靠任何人。西方人崇尚建立在个人独立基础上的家庭欢乐。西方家庭成员之间强调平等相待，在西方，小孩子像大人一样受到尊重，孩子们喜欢成人称呼他们“公民”、“小伙子”、“年轻人”。成人与他们交谈时，总是蹲下，或是把孩子放在桌上谈，以营造平等、尊重人的谈话气氛。西方家庭伦理中的平等意识在现代社会已深入人心。

第二，西方家庭伦理注重夫妻之间的爱情。在中世纪的时候，西方文化便开始了对罗曼蒂克爱情的赞颂。这种爱情被说成是男女关系中最为纯洁高尚的东西，并被神圣化到超越人的肉体的地步。按照这种爱的观念，两性间的结合被视为应当是爱的结合和精神的结合。大约自 11 世纪起，罗曼蒂克之爱便成了欧洲贵族、骑士阶层的时髦享受。这种爱是和婚姻相分离的，爱与被爱的人都不是正式的夫妻，而是各有丈夫和妻子的情人。近代资本主义社会，罗曼蒂克之爱的观念和实践都得到了很大的修正：精神和肉体、感情和欲求之间相分离的观念被抛弃，罗曼蒂克之爱直接与婚姻结合。这种被修正了的罗曼蒂克之爱，后来逐渐成为了西方资产阶级和广大知识青年的婚姻理想，影响和支配了整个西方社会。现在西方社会的婚姻模式之一就是浪漫爱情模式，这是建立在理想爱情基础上的婚姻。这样的婚姻尊重个人的选择，个人的意志可以建立、改变或破坏婚姻和家庭。这种婚姻的目的是为了满足不可分离的恋爱双方对幸福的要求，因而夫妻之间对感情的期望值很高，也非常注意夫妻感情的培养。一旦感情破裂，双方即分手，因感情上的纠葛而导致的离婚是西方国家离婚的主要理由。现代西方家庭对爱情的追求重于对其家庭稳定性的追求。建立在爱情基础上的婚姻是现代社会人们的追求和理想。

第三,西方家庭伦理中的宽容精神值得借鉴。西方社会强调个人的权利和自由,他人对社会中的其他个体的个人生活问题是不干预的。结婚、生育、离婚、再婚等是每个人的权利和自己的事情,他人不会对此加以评价,社会也表现出极大的宽容度。因而人们在这些问题上也不像中国人有这样或那样的顾虑和压力,他们完全可以按自己的意愿选择来安排自己的生活。家庭中父母对子女亦如此,他们尊重子女的个人生活选择,对青年人的生活方式越来越采取开明的态度。即使是对某些少数人的生活方式,如独身、同性恋等,人们也表现出宽容的态度。

以上西方家庭伦理中的先进性因素从近代以来就不断被中国人加以吸纳,中国现代家庭伦理的建构过程实质上也就是学习、接受和消化西方家庭伦理合理内核的过程。当然对西方家庭伦理中的消极因素,如极端的个人主义思想和享乐主义思想等,我们必须保持清醒的态度,坚决摈弃。但不论是对中国传统家庭伦理的挖掘,还是对西方家庭伦理的借鉴,都不能脱离中国现代社会的现实,只有立足现代中国的背景,我们建构的家庭伦理才能有效解决现代中国面临的问题,才能真正发挥它的功效,推进家庭和社会的和谐。

(作者简介:李桂梅,女,1965 年生,哲学博士,湖南师范大学公共管理学院教授。)

论和谐社会是安定有序社会

石柏林

安定有序是社会和谐、社会存在和发展的前提条件。安定有序是构建和谐社会的关键环节与和谐社会的基本目标。本文拟就安定有序的内涵及其相互关系作一简略探讨。

一、安定有序社会的内涵

安定有序社会是由安全、稳定、有序三个方面构成的,其内涵各不相同:

1. 关于安全

安全在通俗的意义上是指平安、稳定、保护以及无危险、不受威胁、不出事故的一种工作和生活状态。《汉语大词典》对安全的解释,一是平安、无危险;二是保护、保全。根据《韦伯国际词典》,英语的安全(security)表示一种没有危险、恐惧、不确定状态,免于担忧,同时在一定的意义上还表示进行防卫和保护的各种措施。所以,安全不仅是一种状态,还包括获得安全的措施。因此,安全不仅是一种状态,还是一种能力:安全是通过"能力"达到的一种"状态"。近代德国学者威廉·冯·洪堡认为国家的职能和作用就在于保障安全,而安全即“合法自由的可靠性”。① 美国安全问题专家沃尔弗斯亦提出了大致相同的说法，认为安全是“已经获得的价值没有受到威胁”的状况。后来美国学者鲍德温又把安全从量上界定为是“已经获得的价值被破坏的可能性处于一种较低的水平”。② 完全从质或量的方面来定义安全是不切实际的，任何一个社会都不可能处于绝对的安全状态，因为人类认识的有限性是绝对的。只要在一个社会中安全被破坏的可能性比较低，我们就说这个社会是安全的。

安全的范围是极为广泛的。根据危害安全的来源划分，可以分为自然安全和人文安全；根据安全所保护对象的范围层次划分，可以分为国家安全、社会公共安全以及个人安全；根据安全本身所处的状态即是否受到危害划分，可以分为防范性安全和救济性安全；根据安全的发展阶段划分，可以分为传统安全和非传统安全；根据安全涉及领域的不同，可划分为军事安全、政治安全、经济安全和文化安全等等。实际上，安全问题非常复杂。其中有许多内容和现象常常呈交叉重叠状态。影响安全的自然和人文因素经常交织在一起，公共领域和非公共领域的划分也找不到一条非常清晰的界限，至于安全所要保护的对象，更是无法穷尽。所以，追求安全还必须从实际问题出发来认识安全。

恐怖活动使得传统上的政治安全面临着非传统的挑战。恐怖组织往往系统地使用暗杀、伤害，爆炸和破坏，或者通过威胁使用上述手段，以制造恐怖气氛，宣传某种事业，以及强迫更多的人服从于它的目标。它是直接在公众中制造恐怖的犯罪行为。恐怖活动往往具有跨国作案的特点。因此，反对恐怖活动应在联合

① ［德］威廉·冯·洪堡，林荣远、冯兴元译：《论国家的作用》，中国社会科学出版社1998年版，第112页。

② David A. Baldwin, “The Concept of Security”, *Review of International Studies*, Vol. 23, No. 1, 1997. 转引自朱立群：《欧洲安全组织与安全结构》，世界知识出版社2002年版，第13页。

国的主导下，加强国家之间的双边和多边合作，以实现政治安全的目标。

具体判断一个社会是否为安全社会,可以从以下几个方面来进行考察:(1)发达的安全科学和安全产业。安全科学技术的建设和发展受到科学界和全社会的重视,安全产品极大丰富。(2)发达的安全文化。"安全也是生产力"的观念被普遍认可;人们都具有丰富的安全知识和强烈的安全意识,敬畏生命、安全第一、预防为主成为人们生活和工作的自觉行为,只求利益不顾安全的错误思想和危险行为被人们鄙视和抛弃。(3)健全的安全预警体系和应急机制,对重大灾情、重大疫情、重大险情、突发大规模群体事件和新型社会风险等突发事件有完善的处理机制,并有相应的法律制度保障。(4)从统计数字上看,整个社会治安秩序良好,犯罪发生率低;自然灾害被控制;安全事故发生率低,突发性的安全事故被妥善处理。

2. 关于稳定

稳定按汉语词典的解释是稳固安定、没有变动的意思。但是社会稳定不是社会生活的稳而不动、静止不变,而是指通过人们的自觉干预、控制和调节而达到的社会生活的动态平衡。

首先,社会稳定是指社会生活的可控性状态。所谓社会生活的可控性,是指现行的社会规范能够有效地组织人们的社会活动、协调人们之间的社会关系,即使在人们的社会活动中出现了一些越出现行社会规范的行为,人们之间的社会关系上出现了一些不协调、不和谐的情况,这种越轨行为或社会关系的这种不协调、不和谐及其导致的消极后果也总是能够被有效地限制在一定范围之内,不会对社会生活产生全局性和毁灭性的影响,并且最终能够为现行的社会规范这样那样地化解掉。这种社会生活的可控性,是任何一个时代人们的社会生活得以正常进行的必要前提。

其次,社会稳定是人们自觉调控活动的结果,它具有相对性、可变性、动态性和过程性的特点，是一个动态平衡的过程。事实上，人类的社会生活本身充满了各种复杂的矛盾，它不仅内在地贯穿着生产力与生产关系、经济基础与上层建筑这两对人类社会的基本矛盾，内存着由社会基本矛盾所决定和影响并为人类社会的各个发展阶段所特有的矛盾，而且还包含着人们之间因利益对立、文化差异和观念分歧而产生的各种政治、经济和思想文化方面的矛盾。这些复杂的社会矛盾及其引发的各种各样的社会冲突，必然会破坏人们社会活动的组织性和社会关系的协调性，使人们的社会生活处于经常不断的变动之中。这就决定了：(1)稳定是相对的，不稳定则是绝对的。我们说某一社会是稳定的，一般是就其社会生活的整体态势而言的，但一个整体上稳定的社会往往包含着一些不稳定的因素。对一个国家来说，当人们的社会活动基本上是在现行法律和政策规定的范围内有组织、有领导地进行的，人们之间的政治、经济和思想文化等方面的社会关系基本上是和谐、协调的，社会生活没有出现大的动荡，绝大多数的社会成员都能安居乐业，我们就说这个国家的社会是稳定的。但是，这并不排斥该国家社会生活的某些方面可能存在着相当严重的矛盾，也不排斥该国家的某些地区可能已经出现了这样那样的冲突，只不过这些矛盾和冲突暂时被各种力量限制在一定范围之内，其所引起的社会生活的变化和扰动尚未超出正常社会生活的阀值，因而它们并未破坏社会整体上的稳定，而是属于对于社会稳定具有某种潜在威胁性的不稳定因素。在任何一个整体上稳定的社会中，这类不稳定因素都是大量存在的。(2)社会的稳定状态及稳定程度是随着人们的社会活动和社会关系，特别是随着各种社会矛盾和冲突的变化而不断变化的。要保持社会的稳定，就必须自觉地对社会生活进行调控。如果该社会能够根据社会生活的新变化及时地完善有关社会规范，合理地调控人们的社会活动和社会关系，有效地消除各种各样的不稳定因素，它就能够不断地提高自身的稳定程度，从而向着更加稳定的方向变化。(3)由此可见，社会稳定不是静止不动的稳定状态,而是处于不断消除自身的不稳定因素,不断由稳定到偏离稳定再到恢复稳定的动态的稳定状态,而且这种状态历史性地来看,永远是一个过程。

社会稳定主要由政治稳定、经济稳定和狭义的社会稳定三大部分组成。政治稳定主要是指政治信念与政治制度得到广泛的认同,政权体系在社会中具有高度的权威性,对整个社会有较强的调控与整合能力,政治过程保持一种有序状态,能维护国家的主权与统一,使社会的政治生活出现安定团结的局面。经济稳定是指经济发展不大起大落,人民生活稳步提高,生产力持续健康发展,包括调整产业结构,使国民经济各部门按照比例协调发展;经济稳定同时包含经济政策稳定以及经济稳步协调发展。狭义的社会稳定包括社会组织健全,社会管理完善,各民族和睦相处、团结统一,所有社会成员都能在法律范围内活动,社会成员情绪祥和安康,人民群众安居乐业等。政治稳定与经济稳定、社会稳定是辩证统一的,它们既互相依存,又互相促进。政治稳定是经济稳定和社会稳定的核心及根本保证,关系到经济和社会发展的成败;经济稳定为政治稳定和社会稳定奠定深厚的物质基础;狭义的社会稳定是政治稳定和经济稳定的重要条件。

3. 关于有序

有序,顾名思义就是有秩序。从最抽象的意义上讲,秩序总是意味着社会中存在某种程度的关系的稳定性、进程的连续性、行为的规则性。英国社会学家科恩将秩序总结为五种规定性:(1)“秩序”与社会生活中存在一定限制、禁止、控制有关;(2)它表明在社会生活中存在着一种相互性,每个人的行为不是偶然的和杂乱的,而是相互回答或补充他人的行为的;(3)它在社会生活中捕捉预言的因素和重复的因素,人们只有在他们知道彼此期待的情况下,才能在社会上进行活动;(4)它能够表示社会生活各组成部分的某种一致性和不矛盾性;(5)它表示社会生活的某种稳定性,即在某种程度上长期保持这种形式。①

任何社会秩序都是由稳定的社会制度、确定的社会关系、反复体现于行为中的行为规则或称为社会规范来体现的。其中,社会规范是社会秩序的核心,它的内容很广泛,包括风俗、道德、法律、纪律、宗教等等。不同形式的社会规范的地位和作用是不同的。“社会控制的主要手段是道德、宗教和法律。”②在法治社会中,法律是消除无序状态或预防无序状态的首要的、经常起作用的手段。

社会秩序是社会存在和发展的必要条件。秩序对于人类社会来说,与民主、自由、公正和效率一样,是具有同等意义的价值,在某种意义上说,甚至是更基本的价值。亨廷顿曾说:“首要的问题不是自由,而是重建一个合法的公共秩序。很显然,人类可以无自由而有秩序,但不能无秩序而有自由。”③建立和谐的公共秩序,历来而且将永远是任何社会的人们都要力图达到的目标。这不仅是社会的需要也是个体的需要。从社会的角度讲,没有社会秩序,社会就失去了存在的基础,更谈不上发展了。斯宾诺莎说:“若无政府、武力和法律以约束压抑人的欲望与无节制的冲动,社会是站不住的。”社会秩序的存在使人们对自我的行为有可控制性,对他人的行为有可预测性,使人们免去行为探索和行为方式选择的时间和精力的耗费,使行为具有最起码的效率,为发展提供了时间与精力的保证,使人们在相互行为中充满安全感,从而有相互合作、发展文明的可能。对于个人来说,社会交往是人的存在方式,人们之间的交往关系必须受到社会规范的约束才能正常进行和维持下去。没有规范的社会交往必然使人们的社会行为失范,造成社会的混乱,人们就失去了存在的基础。所

① P. S. Cohen, *The Modern Social Theory*, London, 1968, pp. 18 - 19. 转引自张文显主编:《法理学》,高等教育出版社、北京大学出版社 2001 年版,第 227 页。

② [美]庞德:《通过法律的社会控制——法律的任务》,商务印书馆 1984 年版,第 9 页。

③ [美]亨廷顿:《变动社会的政治秩序》,华夏出版社 1988 年版,第 8 页。

以博登海默说:“历史表明,凡是在人类建立了政治或社会组织单位的地方,他们都曾力图防止不可控制的混乱现象,也曾试图确立某种适于生存的秩序形式。这种要求确立社会生活有序模式的倾向,决不是人类所做的一种任意专断或‘违背自然’的努力。”①人们寻求社会生活有序模式的努力与社会生存和发展的规律具有内在的一致性。正是在人们所选定和创造的秩序的变迁和更替中,才使社会的历史真正成为发展史,并使人类社会呈现出发展的阶段性和连续性的统一。

二、安全、稳定、有序与和谐社会的关系

首先,有安全才有稳定。

没有国家安全,社会稳定只能是一句空话。纵观 20 世纪以来特别是第二次世界大战之后,亚洲、非洲、拉丁美洲那些被卷入现代化潮流的第三世界国家,其中一些长期处于政局动荡之中,其原因往往是内部发生了民族间的分裂,致使国家不能统一,或者是无力抵御外来的侵略,保持其主权的独立和领土的完整。多灾多难的近代中国和动荡不安的现代伊拉克就是最好的例证。新中国成立后,党中央大力建设国防,又提出和平与发展的战略方针,使中国岿然屹立于世界民族之林,这才有社会的稳定和改革开放的巨大成就。

“有恒产者有恒心,无恒产者无恒心”。② 人身、生命安全和财产安全是社会稳定的重要前提条件。边沁说过:“财产的安全克服了人们对劳动的天生厌恶,给了他一个地上的天堂,给了他个人固定而

① [美]博登海默,邓正来译:《法理学——法哲学及其方法》,华夏出版社 1987 年版,第 207 页。

② 《孟子·梁惠王章句上》。

永久的住所,使他的胸中培育着对国家和后代的爱情。"①在财产和人身安全得不到保证的情况下,人与人之间就不容易产生信任与合作的关系,人们必定视彼此为敌人而不是朋友,无保障的情绪到处蔓延,从而妨碍社会的稳定。

另外,自然安全和社会公共安全对社会稳定也具有重要意义。如果发生严重和涉及面大的自然灾害和突发性公共卫生事件,也会影响社会的稳定。

其次,稳定保障安全,是有序的前提。

社会稳定意味着这个社会本身就是一个无法从内部攻破的坚固堡垒,也意味着国家可以调动最大限度的社会资源来打击分裂和防御外侮,维护国家安全或者是发展安全产业、预防自然灾害、打击犯罪、处置突发性事件等等。在社会出现严重波动时,社会生活的某个领域出现了意想不到的剧烈动荡,并对整个社会生活的可控性构成了巨大的威胁,如我们通常所说的政治风波、经济危机、金融动荡等就属于这种情况。动乱则是这种社会生活的严重波动进一步发展的结果,是整个社会生活特别是社会政治生活的严重失控状态。在发生动乱的情况下,社会生活的正常秩序被彻底破坏,法定的政治活动程序运转失灵,政府的职能不能得到有效的发挥,社会生产和国家经济建设陷入瘫痪或半瘫痪状态,人们的思想极度混乱,社会的治安状况趋于恶化,甚至连人们最基本的人身权利和生命财产安全也没有保障。

没有稳定的和平社会局势,任何秩序都不可能建立和维护。"在兵器的响声中,法律就消失了。"有序的本质就在于其连续性、一致性和确定性,而稳定就意味着连续、一致和确定。不稳定的社会形态只会打破规则的连续性、一致性和确定性。"文化大革命"将新中

---

① 转引自[英]约·雷·麦克库洛赫,郭家麟译:《政治经济学原理》,商务印书馆1975年版,第50—51页。

国的法制建设扼制在摇篮之中,贬低中国传统文化,整个社会生活一片混乱。对社会秩序没有建设,只有破坏。痛定思痛,邓小平反复强调:"中国的问题,压倒一切的是需要稳定。没有稳定的环境,什么都搞不成,已经取得的成果也会失掉。"①"中国一定要坚持改革开放,这是解决中国问题的希望。但是要改革,就一定要有稳定的政治环境。"②"中国的最高利益就是稳定。"③

最后,有序反过来促进稳定、保证安全;秩序可以解决和消化矛盾,限制冲突的范围,保证社会的稳定和团结,保护国家安全和个人安全。

有序才会稳定。要维持政治稳定,就必须保持稳定的政权体系,建立合理的权力结构,保证政治系统的有序运行。要维持经济稳定,就必须优化国民经济结构,建立灵敏的宏观调控制度,健全经济建设的各项配套措施如个人分配制度、人口生育制度和环境保护制度等。要化解社会矛盾,控制不稳定因素,维持社会稳定,就必须依靠有力的社会控制机制。其主要为:一是顺畅的社会流动机制。二是合理的利益协调机制。三是安全的社会保障机制。四是有效的社会控制机制。五是敏感的社会预警机制,及时发现不稳定因素。六是有效的矛盾疏导机制,及时解决矛盾,防止自发的、零散的、轻微的利益矛盾不能得到及时解决,转化成自觉的、有组织的、严重的群体性对抗。

三、安定有序社会的构建

我国改革开放以前,由于受到政治、意识形态和人们的自我抑制的压抑,个人利益在整个社会中处于休眠状态。随着人们利益意识

---

① 《邓小平文选》第三卷,人民出版社 1993 年版,第 284 页。
② 同上。
③ 同上书,第 331 页。

的唤醒,利益竞争的大潮日益澎湃。人们的利益追求在给社会带来巨大的动力和活力的同时,也造成了一系列负面的影响。一方面表现为各种恶性竞争以及由此引起的政治腐败和社会腐败,另一方面则造成巨大的贫富分化,从而使社会利益的冲突加剧。社会利益分配在城乡之间、地区之间和个人之间出现分化,不同的利益群体开始形成。穷人社会和富人社会俨然变成了两个对立的社会,社会生活的基本秩序严重失调,基于收入差距悬殊之上的社会利益的急剧分化,直接对社会公平构成极大的威胁。由于社会贫富差距的拉大和社会的分裂,人们的社会心理产生了严重的不平衡。收入的巨大差距产生严重的利益丧失感;处于社会边缘的人们,对于生活舒适富裕的人们易有嫉妒情绪,为了弥补利益上的损失,便将基于职业的对人、财、物的一定支配权变成利益源泉,导致权钱交易等各种腐败现象。因此要构建和谐社会,就必须通过对贫困者的利益补偿以及对各方面社会正义的推进来逐渐弥合社会裂痕,减轻社会对立。

近年来,公共安全问题日益突出,严重威胁人民群众的生命财产和身体健康。认真研究探索新形势下维护公共安全的特点和规律,坚持防范在前,加强制度和机制建设,加快建立确保公共安全的长效机制,不断提高人民群众的安全感。建立健全的社会预警体系,提高保障公共安全和处置突发事件的能力。第一,建立完善的社会信息反馈网络,健全突发事件报告制度,完善信息保证系统,健全预警预报责任制,使政府和领导干部及时把握社会动态和形势。第二,形成统一指挥、功能齐全、反应灵敏、运转高效的应急机制。如对卫生、信息、能源、粮食等方面的安全问题切实予以加强,建立公共安全的预警和决策分析机制,提高应对各种突发事件和风险的本领。突发事件发生后,尽快获得第一手信息资料,以确定突发事件的警戒级别,针对不同级别启动相应的应对预案。第三,建立完备的突发事件管理制度和紧急状态法律法规。突发事件应急机制,包括信息采集和自动汇总机制、网络应急指挥机制、资源动员机制、社会治安保障机制等。设立调查制度,公正甄别突发事件的诱因。把应对突发灾难所需经费纳入年度财政预算,保障平时和突发灾难时期的经费投入。建立突发灾难应对基金监管、物资储备、民间援助和社会救济等方面的制度。应坚持不懈地整顿和规范市场经济秩序,依法严厉打击各类危害社会主义市场秩序的犯罪活动,严厉查处国家工作人员贪赃枉法、滥用职权的犯罪案件,促进廉洁从政;建立健全预防经济犯罪体系,努力从源头上减少违法犯罪;把打击、管理与服务统一起来,加强民事行政司法工作,充分发挥民事行政司法对社会主义市场经济秩序及各种利益关系的调节规范作用等。

多管齐下,保持社会稳定。社会稳定是一个系统工程,必须多方面着手,统筹兼顾。应正确处理改革、发展和稳定的关系。发展是构建现代和谐社会的基础。现代和谐社会是建立在现代化的物质基础上,因此要不断提高生产力水平,增加物质财富。富裕不一定带来社会和谐,但贫困的社会肯定不是现代和谐社会,而且贫困还是产生社会不和谐的根本原因。发展是消除贫困、实现社会和谐的根本途径。构建和谐社会始终关系到社会稳定的问题,稳定是和谐社会所不可缺少的。要使保持社会稳定与改革、发展相统一,坚持用发展的思想、改革的办法解决前进中的问题,努力做到把改革的力度、发展的速度和社会可接受的程度统一起来。

从某种意义上说,一切社会问题,莫不出自于制度的设计;而制度设计的缺陷,莫不是因为正确理念的缺失。没有正确而清楚的价值理论,很难有合理的制度安排。和谐社会的构建也不例外,它必须要有统一的价值理念支撑。这些理念包括:(1)社会公正理念。一个现代的、健康的社会所应信奉的基本理念是公正、共享、发展。公正的理念是根植于文明社会、市场经济和法治国家的普遍理念。社会公正是稳定社会的均衡器,一个没有社会公正的社会是绝不可能走向繁荣稳定的;相反,不断改善社会不公正的状况,才能有效地化解社会摩擦,增强社会和谐。和谐社会的制度构建只有体现公正的理念，才能够最大限度地表达最大多数人的利益和要求，并最广泛地团结上下、左右和体制内外的社会力量。收入分配就应体现社会公正、公平。(2)以人为本的理念。以人为本，要求社会尊重人的权利，提高人的素质，改善人的生活质量，优化人的发展环境，妥善处理人与人的、各类人群体的社会关系。社会主义和谐社会自然应以人为出发点和归宿。和谐社会的制度制定，必须从尊重人、理解人、关心人、爱护人出发，坚持以人为本，把实现人的自由和全面发展作为社会进步的价值目标；在确立社会发展目标时，既要有“物”的目标，更要有“人”的目标。(3)加强执政党意识形态的包容性、凝聚性及对舆论的主导能力。执政党应有广泛的包容性，能够容纳各种不同的利益，倾听不同声音，吸纳不同阶层的代表者。有助于国家政治稳定、社会团结、经济复兴的理念都应采纳。在承认各种利益群体存在合理性的前提下，以各种利益相互协调，最终形成一个利益共同体，增强意识形态的向心力、凝聚力。(4)营造平等友爱、融洽和谐的人际关系环境。和谐社会必然是一个法治的社会。在和谐社会的制度构建中，将法治理念设计进去，社会将摆脱偶然性、任意性和特权，而在严密的规范化和制度化的良性运行中形成一种稳定有序的秩序和状态。

（作者简介：石柏林，男，湖南安乡人，1953 年生，湖南大学法学院教授，博士生导师。）

和谐社会的权利原则

秦彪生

和谐是一种状态，一种平衡，是古往今来人们所追求的价值理想。无论是东方还是西方，平等、安定、和谐是社会的价值目标。和谐需要人。人是社会的主体，是社会活动和社会发展的承担者和推动者。人的发展是社会发展的最大资源和动力。只有实现了人的发展，社会的发展才能成为现实的可能。因而和谐社会必然"以人为本"，它是人与自然、人与社会、人与人之间关系的和谐发展，是真、善、美相统一的社会。在现实生活中它体现在经济和谐、政治和谐、文化和谐的社会平衡发展之中。人必然成为和谐社会的主题。本文从政治权力运行的道德原则角度出发，阐述和谐社会下个体权利应具备的内容以及个体权利原则的实现。

一、个体权利的含义

关于个体权利的探讨，它不仅属于法学、政治学等学科的范畴，也一直是伦理学所研究的对象。从价值角度讲，权利是一种政治、法律原则，同时又是一种道德原则，它规定了人的生活基础和生活范围，同时也规定了人与人之间恰当的社会关系以及个人与政府、政府与法律之间的合理边界。个体权利必然成为构建和谐社会的重要内容，也是社会秩序得以安定的重要因素。那么个体权利如何界定呢？

“权利”最初指公民在法律上享有的利益和权力，相对于公共善来说，在一定程度上，它指的是个体在一定社会环境中所能够得到的具体利益和自由界限。但权利的概念并不能到此为止，它本身也有一定的模糊性，诸如个体自由的范围以及其划分的标准等。对此，不同学者有着自己不同的见解。

个体权利历来受到西方资产阶级的青睐，“自由、平等、博爱”是近代资产阶级追求民主的口号。从洛克开始，他把个体权利理解为个人自由。“自由意味着不受他人的束缚和强暴”。“在他所受约束的法律许可范围内，随其所欲地处置或安排他的人身、行动、财富和他的全部财产的那种自由。”①政治生活也是一样，个人自由应当是一切公共权威和法律原则以及道德的评价的出发点，个人权利是国家和政府一切活动的基础和最终目的。因而洛克认为：“政治权力的目的在于保护个人权利，保障公共利益，政府的权力不过是来自最高权力的委托，而最高权力则掌握在人民手中。”②

从洛克、卢梭的社会契约论理论的基础出发，通过克服某些理论的局限，适应于现代社会的发展，当代两位富有影响力的政治哲学大师罗尔斯与诺齐克则分别对此发表了不同的见解。罗尔斯从社会正义的角度出发，认为个体权利必须在社会中得到实现，而社会也应当为其提供良好的条件。其首要原则是“每个人对与其他人所拥有的最广泛的基本自由体系相容的类似自由体系都应有一种平等的权利”，③即“确立保障公民的平等自由的方面”，其基本内容有：政治自由、言论自由和集会自由，包括选举和被选举的权利；良心的自由

① ［法］洛克：《政府论》下篇，商务印书馆1993年版，第36页。

② 同上书，第91—92页。

③ ［美］罗尔斯：《正义论》，中国社会科学出版社2001年版，第60页。

和思想的自由;个人的自由和个人财产的权利;依法不受任意逮捕和剥夺财产的自由。在处理个体权利与社会利益时,罗尔斯虽然从个体本位出发,但是他认为个体权利是来源于社会生活当中,个体要获取自我的正当利益必须树立合作意识,建立社会生活的正义秩序。社会是人类合作的形式,社会个体应置身于社会整体之中,脱离社会的个体是不存在的。在这一点上,罗尔斯要求个体在享有权利和利益时,必须与其承诺的义务和职责保持一致。公民"基本利益"其实也包含了公民的义务和职责。因而罗尔斯的个人权利获取是在一定范围内进行的,个人还是受社会的约束与控制的。

诺齐克与罗尔斯不同,他关注的不是社会的秩序与分配问题,在他看来,政治与道德的首要问题是个体权利问题。个人权利神圣不可侵犯。个人权利的最基本的内容是财产占有权。社会与个人的关系是"反映了其根本的康德式原则:个人是目的而不仅仅是手段,他们若非自愿,不能被牺牲或被使用达到其他的目的。个人是神圣不可侵犯的。"①因为"不存在任何为其自身善而历经某种牺牲的具有一种善的社会实体存在,所有存在的只有个体的人,不同个体的人,他们都有他们自己的个体生活"②。社会不过是个体生活的手段,是一种非真实存在,只有个人利益才是真实的,个人权利是绝对至上的。诺齐克从绝对的个体权利出发,主张正义的存在不是在于社会合作之中产生,而是在于坚持个人权利的首要性,从而把个人权利的地位推向了极端。个体为了获取自身的权利可以不受限制,任何个人和社会都不应该进行阻挠,甚至认为道德的"单向约束"也是为个人权利的获取所存在。

这三种关于个体权利的观点有一个共同之处,它们都是从个体

---

① ［美］诺齐克:《无政府·国家与乌托邦》,中国社会科学出版社 1991 年版,第 42 页。

② 同上书,第 32—33 页。

本位出发论述个体权利在社会当中的地位。在这三者当中，罗尔斯的理论似乎更贴近我们时代的要求，毕竟在理论上把个体同社会结合起来，没有完全抛弃个体的社会属性。通过对以上理论的考察分析，笔者认为，要真正理解个体权利就必须将其置于社会当中，完整意义上的个体权利必然包含两个方面的内容：

(1)个体权利必须内含社会要求，符合法律和道德的规范。个体是社会的个体，任何人都不能脱离社会而存在。马克思概括为："人的本质不是单个人所固有的抽象物，在其现实性上，一切是它社会关系的总和。""权利永远不能超出社会的经济结构以及由经济结构所制约的社会的文化发展。"个体在获取自身的利益时必须考虑到社会的具体水平和实际条件，而不是如诺齐克所认为抛弃一切社会的因素，社会的唯一目的是满足个体的要求。个体权利必须是在社会许可的范围之内。同时它也应当属于道德的评价范围之内。道德是处理社会关系、调控社会的另一种方式。任何符合道德的利益追求都会受到个人良心的支持，也会得到社会的支持。而不是说道德的评价一定要从个人利益实现的角度出发，这不仅不符合人类自身的发展，同时也会造成道德标准的多元化，个体权利的冲突最终还是会影响到个体自身的发展。

(2)个体权利必须内含个体义务，坚持权利与义务的统一。个体权利是个人利益的表现，是社会中全部个体需求的集中，而义务是个体对他人与社会负责的体现。"没有无义务的权利，也没有无权利的义务"。个体在履行多少义务后便会享有多少权利，个体的权利与义务是对等。在行使权力的时候我们不能迫使个体承担额外的义务，而个体也不能在享有相应权利的同时去随意向社会提出无法满足的要求。同时权利是平等的、社会性的。个体作为社会成员的一部分，既是权利主体，又是义务主体，在法律上社会地位也是平等的。任何人不能以其地位、财富或影响力来随意规定他人的权利与义务的内容。在我国社会主义条件下，权利和义务的价值评价和选择以权利与义务并重为依据。忽视公民权利就会忽视公民的个人利益,个体的政治积极性和劳动的热情就会消失;忽视公民的义务就会直接损害公共利益,个体利益最终失去保障。

因而个体权利是一定社会中的个体,在社会法律与道德许可的范围内,享受相对的权能、自由、利益等。个体权利的存在意味着社会成员自身的存在价值,意味着社会对个体地位的承认。那么在政治权力运行是必须以个体权利为原则的必要性可以从两个方面来阐述:

首先,理论上,权力的本身来源要求必须坚持个体权利原则。政治权力本身是公共权力的最初异化。它说到底是一个对社会的、经济的、政治的、文化的所有权利的总量如何正义分配的问题。政治权力最终来源于集体资源,是共同体成员集体赋予的结果,它不过是一种委托权。因而权力本身最终指向的应当是个体最终的自由发展。个体成员是公共善存在的最终目标,人永远是主体。政治权力运行的最终目标正是如此。其次,政治权力运行的目标最终指向个体成员的发展,它体现的社会整体利益应当是与个体权利相统一。政治权力服务于社会,体现整体性。但是,全体成员的整体利益总是以全体成员个人利益的整合形态表现出来,离开了每一个成员的具体的个人利益,社会整体利益就是一句空话。换言之,确认和保障全体成员的个人利益是维护和保障全体成员整体利益的前提和基础。诚如马克思所说:"全部人类历史的第一个前提无疑是有生命的个人的存在。"①

现实中,个体权利常常因"社会利益"的借口而受到侵犯。整体利益的优先性往往以国家利益的形式出现,在形式保障上相对于个体是强硬的。个体权利在这样的情况下可能会被社会整体的优先性而抽象化、绝对化,甚至是放弃个体成员的生命权。因而这就需要权

① 《马克思恩格斯选集》第1卷,人民出版社1995年版,第67页。

力运行时坚持“以人为本”,以保护个体权利为出发点,切实保障个体各项权利的真正实现。

二、个体权利的内容

作为生活在一定社会中的个体,一方面他拥有个体的独立性,另一方面社会也给他涂上时代的色彩。不同社会的个体都有不同的具体权利。一般来说，个体权利的内容从法律权利和道德权利两个角度出发，是法律权利和道德权利的统一。无论是从法律还是道德角度，任何时代的个体都必须拥有三个基本的内容：生命权、财产权、政治权。

生命权是个体的最基本的权利。即个体自由支配个体生命的权利。它包括生存权和人身权。根据马斯洛的需要理论,生存安全是人类最基本的需要。离开了生存的权利,人就失去了最起码的人身自由。而人身权是个体有自己活动的自由,除非是违反法律的规定,否则任何人都无权规束或剥夺他人的人身自由。任何社会都必须负担起保障个体生命不受威胁的责任,确保个体拥有生存的基本条件。目前,在我国还存在诸如西安砖窑强迫劳动、剥夺他人自由的事件。事后政府以及社会团体包括社会舆论能够积极提供物力、财力和其他形式的帮助,这就是维护人们生命权的表现。同时作为社会个体自身也应当树立对自己生命负责的态度,积极进取。诸如自杀、自残不仅是自己放弃自己的生命权,而且也增加了社会的负担。任何个体的生命权都必然打上社会的烙印。

财产权,是个体维持生命的物质基础,即个体合法地自由支配和获取自己的财产的权利。它包括三个方面,维护财产的权利,合法获取财产的权利,依法享受社会福利。生活在社会当中的个体为了生存必然要进行经济活动,获取生活资料和产品。在生产、分配、交换、消费四个环节中,个体都可以自由享有这样的权利。在这种经济关

系当中,个体有权享受劳动权和获取劳动报酬的权利。任何个人和社会都不能以任何名义剥夺个体的财产权。在我国,宪法明文规定:“个人财产不得侵犯。”同时还包含个体享有社会福利的权利,如社会保障权、医疗保健权、义务受教育权等等。这些都是个体财产权的重要部分,个体通过合法的个人行动获取国家提供的经济支持是完全受保护的。

政治权是个体积极参与社会政治的权利,其体现在公民的政治参与权、选举权与被选举权、监督权、政治主张表达权等。其中政治权也包括个体拥有权力的权利,人人都有担任公职的机会。政治权利是个体在社会中主人翁程度的表现,也是现代民主的要求。它达到程度的高低是衡量一个国家民主的重要标准。个体通过政治权利可以维护自己的权益,同时也是创造个体权益良好环境的手段。因而它可以防止任意的和绝对权力的存在,是控制权力的权利。比如个体可以通过选举权选出一位信任程度较高的代理人,也可以通过罢免权罢免不负责任的代理人。这些都是政治民主社会所形成的产物。此外个体还有参与公共决策、国家安全以及社会秩序等权利。

生命权、财产权、政治权是个体权利最基本的三个权利,除此之外还有名誉权、人格尊严权、荣誉权、发展权等等,在此笔者就不再详述。

三、个体权利原则的要求

个体权利是个体发展的基础条件,也是社会给予个体的基本保障。个体权利反映社会的人本意识和平等自由程度。政治权力是公共权力的一部分,它存在于社会之中,对个体负责。因而个体原则是政治权力运行的法律原则,也是道德原则。不仅体现了法治精神,也体现了伦理精神。个体权利原则具体要求有:

第一,个体权利原则要求对个体权利的尊重和维护。人是社会中的人,没有个体的存在也就无所谓共同体的存在。人不是以个体性而能够单独生活,它的物质生产和消费必须在一定的社会中实现,包括文化、政治、人际交往等都是在一定的社会关系中进行。首先,人的需要脱离不了社会的发展和进步,但是人具有主动性,社会的创造是由个体实现的。只有通过个体与个体的相互合作才能征服自然,创造适合人类发展的条件。在一定程度上,社会是由个体创造的,社会与个体的关系是相互依存的,最终是指向个体利益的。其次,政治权力运行本身就是协调个体与个体、个体与社会之间的利益冲突的过程,是在资源的有限性和人类需求无限性的矛盾下,进行分配与再分配,为个体创造良好的发展环境。政治权力的伦理性就体现了人本精神。因而政治权力的公共善的目标最终还是为了共同体成员的生存与发展。再次,个体权利意识也是权力主体"为民服务"的价值导向。权力主体运用权力的随意性容易在利益面前受到诱惑,往往以"虚假的集体"之名来损害个体的权益以达到自己牟利的目的。这就要求政治权力运行当中必须坚持"以人为本",力图维护和尊重个体权利。

第二,坚持个体发展原则。人的需要是具有无限发展的,是多样化的。人不仅需要吃、穿、住、行,它还有作为人的精神需要,包括文学、艺术等,同时还有交往的需要。马斯诺的需求理论也坚持:人是个需要的个体,这种需要包括生理需要、安全需要、感情和归属需要、尊敬的需要和自我实现的需要。那么这些需求就必须改革社会生产的方式,改造和完善生产关系与上层建筑的关系和途径,坚持发展原则。在现实生活中表现为发展社会公共福利。公共福利是社会物质生活和精神生活满足程度的体现,关键在于政治制度和公共政策的安排,是个体权利在公共社会生活的反映。它的存在正是社会维护个体权利、满足个体需要在社会中的表现,是政治权力存在的现实利益的支撑。斯蒂芬·K.贝利指出:"自由社会的政府是价值的权威分配者，它所用的不可量化的尺度是正义和社会福利。"[①]由此可见，权力就是要在有限的技术和资源情况下最大限度地实现公民福利。

第三，明确权力的权限。政治权力运行中往往面临着个体利益与社会利益的冲突，现实上存在着"二律背反"。前者完全排斥权力干预，强调个人自由对公民幸福的必然，认为放任自由的市场和"守夜人"式的权力是保护和实现公民权益的最好方式。后者则强调权力是公民权利的社会保护装置，权力应该发挥其应有的道德功用，促使公民权利得到最有效的保护和实现，以避免市场失灵给公民带来的伤害。这两种公民福利的实现方式反映的只是权力在福利实现问题上的路径差异，其实，两者在终极目的上具有高度同质性，即如何维护和实现公民的权利问题，这其实也限定了权力运作的道德维度。权力的运作维度其实本质上就体现在个体权利与社会权力的权限，而这就需要认清这两者之间的关系。笔者认为，个体权利与社会权力之间并无本质矛盾，而现实的矛盾在于个人利益与社会权力之间的冲突在一定程度上被夸大。其实，两者本身在根本上是一致的。"真实的集体的条件下，各个个人在自己的联合中并通过这种联合获得自由"。首先个体权利是在社会利益的背景下实现的，离开集体的存在是无法想象的。一般情况下，凡是对社会公众有益的也是对个体有益的。每个个体利益的实现都须通过社会和他人资源的帮助。保障公共利益的目标其实质就是为了对个体利益的适度限制，绝不是否定和破坏个人利益和个人权利。另一方面，根据马克思主义理论，人的存在的理想状态是"建立在个人全面的发展和他们共同的社会生产能力成为他们的社会财富这一基础的自由个性"。[②]"这种共产主义，作为完成了的自然主义等于人道主义，而作为完成

---

① R.J.斯蒂尔蔓，李方等译：《公共行政学》下，中国社会科学出版社 1989 年版，第 434 页。

② 《马克思恩格斯全集》第 46 卷，人民出版社 1979 年版，第 104 页。

了的人道主义等于自然主义，它是人与自然之间，人和人之间的矛盾的真正解决，是存在本质、对象化和自我的确证，自由和平等，个体和类之间的矛盾的真正解决”。① 人的理想状态之间是没有矛盾的。因而解决这两者之间的矛盾就必须规定权力的权限。一方面，要明确权力运行的任务和目标，规划其运行的程序，而不能随意的扩张和越位。另一方面，权力的运行的公共利益与个体利益必须明确化，何为社会利益，何为个体利益。我们必须把个体权益和社会公共善统一起来。“社会优先于个人”还是“个体优先于社会”，这需要在不同的场合灵活操作，其条件就是划清两者的界限。

（作者简介：秦彪生，男，1982 年生，江西九江人，湖南师范大学伦理学研究所硕士研究生。）

① 《马克思恩格斯全集》第 42 卷，人民出版社 1979 年版，第 120 页。

牧口价值哲学中的辩证法

——与冯契哲学的比较

樋口胜

一、序　言

创价学会是佛教团体，其创始人牧口常三郎是相信大乘佛教的信徒。而冯契是马克思主义哲学家，是以唯物辩证法来探讨中国哲学以及价值问题的。笔者本来认为，唯物主义与宗教不相容，因此当初估计价值论也会完全对立。但是，事实不是这样，相反，发现了很多类似点，这是笔者意料不到的。这种近似性有什么意义呢？

笔者认为，一个是因为两者试图统一知识与智慧，并探究如何能够实现人的理想人格。就是说，在探究实现理想人格的途径当中，以奠定个人的幸福和全体的幸福的基础为目标，重视人的理性和情感的统一。因此，可以说两者开展了以人为中心的价值论。另外一个是，可以以两者的辩证逻辑来展开。笔者认为，到现在为止的哲学议论当中，对于价值概念偏于价值相对主义或价值绝对主义的一方。特别是，把相对性和绝对性的概念分为人的内和外，各自为求其根据而进行讨论。但是，两者要在人的里面把它找出。为此，不是以形式逻辑，而是以辩证逻辑来展开。当然，当初牧口没有意识到辩证逻辑，但在佛教的逻辑中有了辩证法的思维因素。在此就能够找出两者最大的类似点。

虽然如此,但两者的立论方法不同,特别是在宗教与科学的问题上,唯物主义与佛教思想当然会不同。认识论和幸福论的问题或其方法论也不同。本论文要比较并整理两者的异和同,特别着重于冯契与牧口的相同的部分,即类似点,要进行讨论真理与价值、个体与全体、价值与实现理想人格等问题。笔者认为,通过创造真善美及利的价值,可以阐明要完成人格的两者的方法论特点和价值意义。

二、真理与价值

冯契与牧口的价值论当中最大的不同之一是真理概念的不同。冯契把价值内容作为真善美,牧口把它作为利善美。就是说,价值内容中是否包含真理的问题。从价值论的内容来说,冯契的广义认识论的特点是获得真理性认识,并实现由知识飞跃到智慧的"转识成智"。就是说,智慧是经过真理的认识而获得的,真理的认识是包含着认知和智情意的体会或评价的概念。① 另一方面,在牧口价值论中真理是"事物的如实表现",没有包含着情感的概念,按照冯契的说法,就是知识论范畴的概念。但是,牧口也认识物自体时,不是像康德那样的不可知论,而是说以认知与评价来可以把握它。② 那么,牧口就认为要区别于物自体的认识与真理。它是由实体与真理的区别而来的。牧口认识"真理与实体不同",③真理是指实体的如实表现,就指出实体与表现的不同。就是说,认识的对象是独立于意识的

---

① 参见冯契:《冯契文集》第一卷,华东师范大学出版社 1996 年版,第 441—420 页。

② 参见冯契:《冯契文集》第二卷,华东师范大学出版社 1996 年版,第 70—72 页。

③ [日]牧口常三郎:《创价教育学体系 Ⅱ》,圣教文库 27,圣教新闻社 1972 年版,第 80 页。

客观实体,表现其客观实体如果正确符合,其表现就是真理,表现得错就是虚伪。因此,牧口所说的真理认识只意味着真伪的认识,就相当于冯契的认知的概念。这里再一次确认认识观的不同,认识物自体时,冯契和牧口都认为以认知与评价可以认识到。但是,在认识真理时,冯契采用同样的认识方法,而牧口彻底主张认知。

对实体和真理概念的不同,就影响到价值内容的不同。就是说,牧口认识客观实体时,以认识作用与评价作用来认识到物自体,这时的认识就意味着价值的认识。另一个方面,冯契把它看做真理的认识。这时,当然不只是认知的认识,而是说有利于人的真理性认识。这样看来,可以看出牧口和冯契的价值内容的结构上的区别。就是说,冯契设想统一于由真理性认识、善、美以及利的价值,从而以实现人格的完成为目标而奋斗。与此相反,牧口认为排除真理性认识,并以善、美、利来实现人格的完成。但是,牧口排除真理是因为把真理理解为真伪的判断,像冯契所说的有利于人的真理性认识,对牧口来讲不是真,而是利。牧口强调,在创造价值之际内外情况的正确认识和以此为设定目的的前提的必要性。① 笔者认为这些看法同等于冯契说的"真理性认识"②的认识观。那么,从价值内容的结构上的观点来看,两者的"真善美"和"利善美"虽然不同,但是两者都有类似的价值内容的框架。

那么,对于价值相对主义与绝对主义的问题,价值的主观性和客观性的问题,他们是怎么处理的呢?这里,我们以创造价值就能实现幸福而进行考察。不过,这里的幸福意味着实现物质的、精神的价值。然而,冯契不讲创造价值是幸福,但冯契的自由人格至少意味着物质的价值和精神的价值的统一,因而有一定的近似性。

---

① 参见[日]牧口常三郎:《创价教育学体系Ⅱ》,圣教文库27,圣教新闻社1972年版,第219页。

② 冯契:《冯契文集》第三卷,华东师范大学出版社1996年版,第167页。

一般认为,幸福是主观性的。因此,功利主义的幸福计算就被批评,因为幸福是不能计算的。像穆勒那样,把质量导入到幸福的质量性功利主义,也在苏格拉底和猪的比喻就已经显示,随着文化水平的提高也不可能说明人的幸福。这是因为幸福的主观性和要设定幸福标准的功利主义尝试,即与导入客观性是不相容的。如果像功利主义那样要考虑幸福计算,就应该有可还原为能够定量化的某种共同标准。但是,幸福是按照人、时间、状况,并依据感情等因素而变化,而错综复杂的现实状况和各人的感情是不能定量化的。比如,把幸福还原为金钱的时候,根据金钱的多少也不能决定人的幸福。不能定量同一人的幸福,当然不能比较与别人的幸福。这是因为幸福不仅是物质上的利益,而且还是精神利益。因此,幸福需要由物质性价值和精神性价值的统一来创造。

幸福是主观的,那么,客观的幸福是什么意思呢?能不能把它作为内在与外在的关系和目的与手段的关系而看问题呢?就是说,幸福是主观性的意味着依据精神上的感情。但是,身体是由物质构成的,精神不是独立而存在的,具备物质的外在条件,才存在精神。与此相反,从幸福的观点来说,不存在精神的身体是没有意义的。因为幸福是在生活中感受到的,伴随衣、食、住等外在的物质上的条件,才能生活。如果是这样,考虑幸福时,不能把内在的精神性和外在的物质性条件做出明显区分。笔者认为,在这种情况下,可以把精神性视为主观性,把物质条件视为客观性。但是,在这个阶段只能说精神性与物质性的外在关系性,不能产生主观与客观的同一性。在认识论的主观和客观问题上,冯契认为,人通过实践而对客观对象进行物质变换,在此过程中可以给人以影响。① 对幸福问题也一样,也可以解释变换客观的物质条件,在此过程中对人的主观的精神性能够给予影响。在这一意义上,主观的精神性和客观的物质条件可以成为内在关系。

① 参见冯契:《冯契文集》第一卷,华东师范大学出版社 1996 年版,第 80 页。

如果是内在关系，那么按照物质条件的变化或精神性的变化，就会成为对另一方给予影响而改变可能性的关系。可以容易理解，按照物质条件的变换，就发生精神上的感情的变化，但是到底有没有其相反的可能性？就是说，精神上的主观性幸福能不能对物质的客观性幸福给予影响呢？这个问题是与价值概念有关联的。牧口把对象对评价主体的有用性作为价值，以评价主体的情感为中心而考虑。就是说，他认为，价值对客观对象没有变化，但由于主观的变化，这里发生的价值感情也会变化。如果是这样，由于主观的精神上的提高，在同一客观的条件下，也能够感到价值。把这些看法适用于幸福概念，讲客观物质条件的幸福，不是说因有物质条件本身就实现幸福，而是说以物质为媒介而感到幸福，这里就有意义。如果物质条件粗劣，但有很高的精神境地或旺盛的精神力，就可以感到幸福。当然，人必须要有一定的物质条件，才能生活并且感到幸福，这是理所当然的。这样看来，客观的幸福不是意味着齐全物质条件的幸福，而应该是物质条件和精神境地，即具有客观和主观内在关系的主客统一的幸福。如果是这样，讨论幸福时，不能承认幸福只是主观性的解释。因此，笔者认为，在冯契与牧口所看到的价值论中，与精神价值的同时，要重视创造物质的利益。

那么，目的与手段的关系的意思是什么呢？冯契认为，在理性的创造中，功利性是作为手段价值，而且把真善美作为内在价值，但一切理性活动也是为了人类社会和人的利益的，因此这些手段价值包含着手段和目的的意思。然而，目的和手段是相对的，并把它辩证地看是相互转换的。因此，他认为手段价值本身包含着内在价值。① 另外，冯契认为，人的本质是追求自由的，而人的自由通过创造真善美的内在价值而能够实现。② 如果是这样，追求自由是人的目的，创

① 参见冯契：《冯契文集》第三卷，华东师范大学出版社1996年版，第76—78页。

② 参见同上书，第80—81页。

造内在价值的真善美变为手段。但是目的与手段互相转换，因此在创造真善美的过程中，就能够实现自由。如果把人的自由解释为幸福，在创造价值的过程中能够实现幸福。当然，这里所说的不是说看终极的自由和幸福，而是展开螺旋式的无限的辩证运动。牧口也认为通过创造利善美的价值人就感到幸福，但与冯契同样，它不是作为创造价值结果的实现目的，而是在创造价值的过程中实现叫做幸福的目的。① 那么，可以说改变客观的实体而在创造价值的过程中能够实现主观的目的。就是说，在这里把创造价值看做以实现叫做幸福的目的的手段。这样看来，牧口也认为，主观把客观实践地形成在自己中，并主观使客观条件具有了作为实现自己场所的意义。在这一意义上，我认为牧口的幸福概念也可以辩证地解释为在主观和客观的同一性中能够实现。

这里有一个问题要注意。这就是内在价值和手段价值（工具价值）的问题。牧口不像冯契那样承认事物的内在价值和手段价值，而把对象和主观的相关力作为价值。但是，这里有个问题，即它在论及主观或主体本身时会出现。牧口说“能够叫为价值的唯一价值就是生命”②，如果是这样，它指的应该是生命本身的价值。牧口还把对一定目的的有效手段看做价值。③ 对于这些矛盾的解释，简单地说，为了要明确区别根据知识论的真理观和价值观，当初讲了价值感情说。但是，讨论幸福时，只有主观性价值感情，就不能令人信服地表示出来。于是，后来采用了叫做“生命的伸展”④的客观性标准。老实说，这样解释也还不能解决问题。这是因为“生命的伸展”和“生命”的意思不同。牧口认为，“生命的伸展”是目的，并对其目的

① 参见［日］牧口常三郎：《创价教育学体系Ⅱ》，圣教文库27，圣教新闻社1972年版，第18—19页。

② 同上书，第40页。

③ 参见同上书，第104页。

④ 同上书，第159页。

有效的手段具有价值,但它与"生命"本身的价值不同。笔者认为这里把本身价值看做内在价值,就可以解决。就是说,可以解释为对"生命"内在价值的伸展有效的手段就具有价值。实际上,在牧口的前期价值论中只能这样解释才行。

三、个体与全体

讨论个体和全体的问题时,需要看辩证法的"全体和部分"的概念。关于这个"全体和部分"的范畴,在黑格尔的本质论中作为相关关系来看待。在那里,对于两者的关系说,"全体是由部分构成的。因而,缺乏部分就不会有全体","全体形成部分的关系。没有全体就不会存在部分"①,就说明有关全体和部分的相关性。但是,只有这些,其相关性还是软弱。于是,陈述"力量和其显现"、"内在的和外在的"的相关性,就表示由双方的并列状态进展到统一状态。就是说,因为全体有力量,就可以统一部分,而且部分是全体的显现状态,也是现象。另外,里面的显现就是外面,内面对应于本质,外面对应于现象,虽然区别于内面和外面,但表示表里一致,并说明由其相关性的统一。② 这里,通过有关价值的个体和全体的问题,特别是,个人和社会的问题、个人的幸福和全体的幸福的问题,要进行讨论冯契和牧口的看法。

那么,这个辩证逻辑在社会和个人的关系上怎么能够展开呢?冯契因为以辩证逻辑来展开认识论和价值论,就容易看出社会和个人的辩证关系。冯契的前提是因为人在劳动生产的基础上结合为社会关系,人的一切行为就是在社会关系中进行的。因此,为了解决社

---

① [日]岩佐茂等编:《黑格尔词汇词典》,日本未来社 1991 年版,第 113—114 页。

② 参见[日]鯵坂真等:《黑格尔逻辑学入门》,日本有斐阁新书 1978 年版,第 87—93 页。

会利益和个人利益的关系，社会就需要根据人道原则的道德标准和社会规范。遵守其规范还需要主体的自觉原则和自愿原则。就是说，道德规范和社会规范需要符合于伴随客观规律根据的社会发展的规律，符合于发展人性的要求。因为他认为人只要服从符合于客观规律和人性发展的规律，才能逐渐地提高德性而到达德性的自然。然而，出自其德性的行为还把现实社会变为洋溢道德风气的世界。在这个意义上，个人和社会的关系以个人的道德行为和境地、社会的伦理和道德秩序为媒介，并互相关联而展开无限的辩证运动。因此说，两方面都要统一。①

那么，牧口怎么看个人和社会的关系呢？牧口这样说："有国民才有国家，有个人才有社会。个人的发展毕竟是国家社会的繁荣、充实、扩张，与此相反，个人的缩小既是国家的衰微，也是势力的衰弱。国家社会是依元素的结合而发展，以分离而衰退，以解散而消灭的。"②从而，可以看出牧口把个人和社会的关系看作为黑格尔辩证法所说的"全体和个体"的有机关系，并把其关系性的特点分为两个方面，他指出：一个是个人的伸展而发展和国家社会的繁荣；另一个是元素的结合和国家社会的繁荣。就是说，个人的伸展而发展和各个人的结合，有了这两个条件，才能有社会繁荣。前者明显地表现牧口价值论所说的以创造利善美的价值来实现的完成人格，即个人的幸福；后者也许是指社会成员之间的伦理结合。因为在牧口价值论中，善的价值是通过给他者或全体提供精神利益和物质利益的利他实践而能创造，后者的伦理结合应该是由利他实践而来的。如果是这样，通过创造利善美价值而实现的个人幸福，以利他实践为媒介而结合于国家和社会的繁荣。当然，国家和社会的繁荣要改善个人的

---

① 参见冯契：《冯契文集》第三卷，华东师范大学出版社 1996 年版，第 310—312 页。

② ［日］牧口常三郎：《创价教育学体系Ⅰ》，圣教文库 26，圣教新闻社 1972 年版，第 138 页。

生活条件，并支持而帮助个人的价值实现。

从另一方面来讲，牧口认为，“价值”观念是评价主体对客体的评价概念。因此，评价主体或对象的一方有变化，当然其评价也会变化。考虑价值时的评价主体是各个个人，判断对其人是否有用而承认有用性的价值。然而，对人的有用性是对人的幸福的有用性。因为笔者认为人是本能地追求幸福的存在。如果是这样，一般来讲，价值免不了相对性。但是，这样就不能与他者共存。在这里就需要以全体幸福为目标的伦理价值。这是因为人是社会性的存在，没有与他者的共存就不能生存。对与他者和全体的共存或幸福，自己或各个人不能作价值判断。伦理价值的评价主体不是个人，应该是社会。因此，需要区别价值和伦理价值而讨论。但是，虽然社会或全体可以当评价主体，但不能创造伦理价值。能够创造价值的是拥有意志的主体即每个人，对全体的幸福有用的伦理价值也是人要当创造主体。因此，价值的问题最终归结于个人的幸福。如果是这样，个人的幸福只有与个人幸福和全体幸福的统一，才能够实现。这样看来，可以说牧口价值论也有辩证法式的逻辑开展。

颇有意思的是，冯契和牧口都认为，在个人和全体的关系问题上以道德行为或利他实践为媒介而统一于两者。就是说，个人和全体的统一关系不是两者的调整利益的问题，而是作为善的价值的问题而看待。笔者认为这一点是决定性的重要观点。从来的价值与伦理价值的议论是以如何来调整个人和全体的物质利益为中心而讨论的。其原因，笔者推论是因为幸福和利益的概念同样看待。如果幸福和利益，特别是与物质利益同样的意思，因为在个人和全体的关系中个人的利益当然受到限制，因此从调整两者利益的观点来实现两者的幸福是不可能的。这是因为人具有自己的中心欲望，物质欲望没有止境。假如有能够满足所有人的物质利益的资源和金钱等条件，人还具有竞争心、虚荣、嫉妒等性情，因此不能和平地解决个人和全体的问题。一说到全体，但因为创造价值的主体是个人，利益和幸福的问题只有调整主体的个人欲望，才有能够解决的途径。但是，调整人的欲望是困难的工作。另一个方面，人是追求幸福的存在，即本能地具有实现幸福欲望的存在。这么说来，满足于这个人欲望的途径应该在实现叫做幸福的人的愿望的途径中找出。冯契和牧口都认为其途径的重要因素在于每个人的道德实践中。

四、结　语

综上所述，通过把牧口和冯契相对比，多少探求出了一些牧口价值论中的辩证法的展开。通过这次的讨论，笔者得出了以下的初步结论。首先，考虑价值的概念时，冯契和牧口都是以与人的关联而考虑的。因为以有限的人为基点而考虑，一般来讲价值是相对的。因此，评价某对象而判断对个人是否有用，对个人有用就承认价值。但是对个人有用的对象，不一定对他人有用。现在有用，但是不一定总是有用。因此，评价对象而判断的价值是相对的。与此相反，举个例子说，假如存在对人类总是有用的价值，其价值在人类的范围内可以说是普遍的。但是，如果提起宇宙人的存在，当然不一定能适用。那么，因为价值之词是评价主体评价对象的结果，它是总是伴随限定“对……”的评价词。如果是这样，虽然有普遍价值或客观价值概念成立的可能性，但是一般来讲对外部现象的绝对价值概念不能成立。

那么，对真理的概念怎么样呢？冯契认为真理是概念和实体的一致，也是主观和客观的符合。牧口也同样，把真理作为对实体的如实表现，就采用符合说。但是，冯契把把握真理区别于认知和认识，并把与人有关联的真理把握编入价值的范畴内。另一方面，在牧口的认识观上，真理限于冯契所说的认知的范围。如果承认冯契所说的作为价值范畴的真理，其真理就成为相对的。这是因为价值是相对的。认知范围的真理，如果是不变的事实言明，就可以适用绝对的词。但是，所谓科学的真理，经过假说验证的真理也由于发现新的法则性和事实，其验证会有被推翻的可能性。在这一意义上说，绝对的词不能适用于有时间性、空间性限制的真理，只能说相对真理。因为牧口的真理观始终用于事实言明的真理议论，就没有如冯契的真理上的相对与绝对问题的议论。从冯契和牧口的真理概念的定义来讲，两者都主张真理和实体是不同的。在价值论上说真理时，冯契讲真理性认识，牧口说如实表现。如果是这样，人不存在，真理就没有意义，只是实在。因此，我认为真理之词在与人有关联而考虑时，只有相对的情况下才能使用。就是说，如果有可能设定如上帝的存在，归根结底不是绝对真理，而是说叫做终极实在的表现是适当的。但是，如果从把人存在包含的角度来讲，绝对真理的表现方法也可以使用。

那么，为什么不能把绝对价值当做问题呢？如上述，在评价外面的、离开人的外部现象的情况下，绝对价值的词不能成立。但是，冯契和牧口都认为，在问内面的、人里面的价值时，可以使用绝对价值的词。这是因为在人里面会找出永远性和显现潜在的力量的可能性，并接受对其潜在力的个人评价。就是说，说起价值的绝对性时，至少从所有的评价主体来讲要承认价值。因此，如个人和他者，个体和全体的比较相对之上，绝对价值就不能成立。但是，笔者认为，个人对个人内部的价值评价时，对每个人来讲，它不是与他者的比较，而是说在那里存在所有个人的平等的价值。对外部现象的评价时，如果能证明对所有人的有用性，绝对价值也暂且可以成立。但是，因为它以自然科学的方法不可能证明，不是绝对性，而是用客观性或普遍性的词更恰当的。当然，它限于承认评价主体的存在时才可以使用。

那么，为什么价值相对主义与绝对主义的问题接连不断地继续下来的呢？笔者认为，第一个是因为从来的议论没有区别价值和真理的概念。冯契把真理包含在价值范畴。但是，这种情况的真理是以有利于人为前提的。在此意义上说，虽然概念不同，但与牧口的价值内容没有两样。就是说,两者都把对人有用的对象作为价值。另外,真理与实体不同,是对外部现象的如实表现,是外部现象的认识。这里没有对人的有用性直接关系。在没有包含评价的认识阶段下,当然没有与人的有用性直接关系。因为伴随包含人的情意和意志等评价,才能产生内在关系。因此,笔者认为还是需要区别价值和真理。第二个是因为没有区别价值和伦理价值。第三个是因为相对和绝对概念的使用范围,没有区别为人的内面和外面。对于这些问题已反复说明过,在此就不谈。

综上所述,冯契和牧口都认为,价值之词是在与人有关联的情况下才能成立的。因此,两者都不承认外在上帝的绝对价值。他们认为价值应该彻底展开以人为中心的人本主义价值论。这当然不是人的利己主义的意思,这里可以看出以人的尊严为中心的价值论。就是说,冯契和牧口的价值论是以如何提高人内部的价值为中心的理论。主客体是相对关系的,因此价值是相对的。所以,由于加强人的精神,创造价值的可能性越来越大,就能够实现人的幸福。他们追求的,不是与他者比较而获得的相对性幸福,而是实现在自己内部构筑的绝对性价值。冯契把它表现为“天人合一”,牧口表现为“大善生活”。这样看来,笔者认为,在冯契和牧口所看到的辩证逻辑式的价值论中,能够找到如西方思想家所没有看到的很多类似点。

(作者简介:樋口胜,男,1957 年生,日本博士课程结业、文学硕士,创价大学教授。)

绿色奥运——奥林匹克主义与绿色文明的共生结晶

唐建文

一、奥林匹克主义

1. 奥林匹克主义的诞生

在现代社会中，各种思潮风起云涌，引发出大大小小的社会运动，其中不少风行一时，继而销声匿迹。而奥林匹克运动经历百年而愈加蓬勃兴旺，其重要原因之一就是它在发展过程中逐渐形成了以奥林匹克主义为核心的思想体系，使奥林匹克运动有了一个比较坚实的思想基础，使各种奥林匹克活动有了明确的指导方针。奥林匹克运动已经成为以体育运动和四年一度的奥林匹克庆典——奥运会为主要活动内容，促进人的生理、心理和社会道德全面发展，沟通各国人民之间的相互了解，在全世界普及奥林匹克主义，维护世界和平的国际社会运动。

“奥林匹克主义”一词最初是由现代奥林匹克运动的创始人顾拜旦提出的。顾拜旦感到现代竞技运动有先进的手段，但是缺少一个哲学基础和高尚的目标，因此试图以“奥林匹克主义”来弥补这个缺陷。尽管顾拜旦在他的讲话和文章中大量地使用“奥林匹克主义”一词，但是，却从来没有对这一要领作明确的定义。在不同的时期，不同的场合，他对奥林匹克主义曾有不同的说明。这并不奇怪，因为要领是人们对某一事物理性认识的反映，要领的定义更是要准确地提示出要领的内涵，这需要对事物有深入的认识和全面的把握。要用准确而洗练的语言将奥林匹克主义丰富的内涵完整地表达出来需要有一个过程。在顾拜旦时代，奥林匹克运动还不成熟，这一运动在各方面的特征还刚刚开始表露。我们不能要求他完成超越时代的任务。多年来，围绕着到底什么是奥林匹克主义，仁者见仁，智者见智，人们从不同的角度去理解、去认识，众说纷纭。

国际奥委会第五任主席布伦戴奇认为，奥林匹克主义是现代的、真正的、激动人心的、强有力的、动态的 20 世纪的宗教；国际奥委会的希腊委员尼西奥蒂克斯（Nissiotics，1976）则认为奥林匹克主义不是宗教，而是隐含有宗教因素的一种意识，它可以与宗教合作，因为它们的目的相同，即人类的博爱和促进世界和平；前国际奥林匹克学院院长 O. 斯则米克则克（Otto Szymiczek，1970）认为，它是一种完全独立，不受任何民族的、政治的、经济的或其他因素限制的国际制度，其最终目标是人的协调发展和完善；法国科学院的 H. 普雷（Henri Pouret，1971）认为，它是一种针对人的身体和精神，创造一个完善的人的教育体系；美国体育史学家 J. 卢卡斯（John Lucas，1980）认为奥林匹克主义包括有宗教、和平、和美三个因素。

2. 奥林匹克主义的含义

1974 年国际奥委会的罗马尼亚委员西波科（Alexandru Siperco）等提议给“奥林匹克主义”下一个明确的定义，并纳入《奥林匹克宪章》。经过十多年的讨论，“奥林匹克主义”一词终于出现在 1991 年 6 月 16 日生效的《奥林匹克宪章》中，这也是国际奥委会第一次给“奥林匹克主义”以正式的定义：奥林匹克主义是将身、心和精神方面的各种品质均衡地结合起来并使之得到提高的一种人生哲学。它将体育运动与文化和教育融为一体，奥林匹克主义所要开创的人生

道路是以奋斗中所体验到的乐趣、优秀榜样的教育价值,和对一般伦理的基本原则的尊敬为基础的。它的主要内容包括:

(1)奥林匹克主义的中心思想是人的和谐发展。人们对奥林匹克主义的理解虽然各有不同,但有一点是共同的,就是都强调奥林匹克运动对人的全面发展的重要作用。

工业革命使人类社会发生了一系列深刻的变化,持续了数千年的农业社会的图景逐渐为城市代替。劳动力高度集中的大机器生产大大提高了生产力,使人类社会在短短一百年间创造出了比其历史上全部生产的总和还要多的财富。但是工业化社会中的生产方式与生活方式,给人的生理、心理和社会行为等方面又都造成了新的严重威胁。精细的分工、紧张的工作节奏、复杂的社会关系、多重的社会角色和激烈的社会竞争不仅使人的体质下降,身体各部分发展失调,而且由于精神压力增大,导致心理失衡。城市化所带来的种种社会弊病和生态弊端,使人际关系变得淡漠,社会道德水平降低,社会丑恶现象丛生,人类的生存环境恶化。因此,新的社会条件对人类的身体、心理和社会首先提出了严峻的挑战。人的全面发展问题成为亟待解决的具有时代性的社会问题。奥林匹克主义就是将解决这一社会问题作为自己的基本立足点,想通过奥林匹克运动来解决这一问题。所以奥林匹克运动具有现实意义,它反映了现代社会的需要。

由于现代社会中,人的片面发展在很大程度上是由人们的生活方式造成的。因此,要使人的身、心得到全面的均衡发展,也必须从生活方式入手。通过切实可行的途径,改善人们的生活方式,从根本上解决问题。因此奥林匹克主义明确地宣布它是一种“人生哲学”,旨在创造一种使人全面发展的“生活方式”。

人的发展是一个古老的题目,只有在人类文明和文化水平达到高度发展的现代社会,这一问题才有可能得到较好的认识和解决。奥林匹克主义把握到这一时代的脉搏,将自己的目标紧紧扣住这一时代主题,从而使奥林匹克运动的发展有了明确的思想方向。

(2)体育运动是实现人的和谐发展的重要途径。要使人得到全面的和谐的发展,需要具体的途径,正如要过河必须有船或桥一样。奥林匹克主义选择的具体途径是体育运动。《奥林匹克宪章》明确指出:"奥林匹克主义的宗旨是使体育运动为人的和谐发展服务,以促进建立一个维护人的尊严的、和平的社会。"通过体育运动达到人的和谐发展的思想可以追溯到公元前城邦奴隶制处于鼎盛时期的古代希腊,尤其是雅典。古希腊的哲学家、教育家对体育给予高度的重视。苏格拉底指出:"体育和音乐教育一样,应该让他们从小就开始接受,而且体育训练应该十分小心且要终其一生,我并不认为不良好的体质本身有利于灵魂的修养,相反,美好的灵魂它本身能够在可能的范围内改善体质。"柏拉图在他的《国家篇》中专门论述了体操术,认为身体与精神相互影响,道德不良产生于教育不当和身体不健全,认为体操术不仅可以使人的身体健康、体形完美、精力充沛,而且可以培养勇敢顽强的意志品质。亚里士多德主张体育先于智育进行,因为智力的健全依赖于身体的健全。

19 世纪英国公共学校中广为开展的各种户外游戏和竞技运动也以培养人的品格为其首要目的,特别是被顾拜旦称为"现代最伟大的教师"的拉格比学校校长阿诺德,更是充分地利用各种竞技运动达到培养学生道德的目的。阿诺德的竞技运动教育的原则,就是体育"更加细致入微、更加始终如一地服务于品格的培养"。虽然,在古代希腊身心并完善的教育思想和现代英国公共学校中的竞技运动对品格培养的教育思想中,我们可以找到构成奥林匹克主义的思想素材,但是,将体育运动的作用提高到不仅促进人的全面发展,而且促进社会发展的认识高度,明确地将体育运动作为一种社会力量,并有意识地将这种力量应用到这样广阔的范围不能不说是奥林匹克思想的一大创举。这不仅反映了进入现代社会以来,体育运动内涵的扩展和功能的增加,也反映了人们对体育运动的认识进入了一个新的阶段。

(3)体育运动必须与教育、文化相结合。奥林匹克主义还总结道,要想使体育运动发挥其促进人全面发展的功能,实现其改造社会的目标,有两个前提条件必须满足。这就是与教育融为一体,与文化紧密结合。为解决人的全面发展和改善社会的问题,人们提出了各种社会改良方案,而奥林匹克主义提倡的是通过教育来完成这一历史使命。正如顾拜旦在 1894 年 4 月所说的:“总的来说,大部分重大的国家问题可以归结为教育问题。”在 29 年后的 1925 年他又更加明确地表达了其教育决定一切的观点:“以我看来,文明的未来此刻既不依赖于政治的又不依赖于经济的基础,而是完全取决于教育的方向。”这种教育改革社会的方案含有相当的理想主义的色彩,因为没有政治制度和经济体制的变革,任何彻底的社会变革都是不可能的。但是,奥林匹克主义提倡通过教育来改革社会,对人类社会的进步仍然具有积极意义。于是,奥林匹克主义将教育作为核心内容置于首要地位。

为了取得更好的教育效果,奥林匹克主义主张竞技运动与文化紧密结合。顾拜旦在奥运会上设置艺术比赛的目的,就是要使自中世纪以来长期处于分裂状态的身、心重新结合起来。各种文化形式如音乐、文学、雕塑、绘画等都是促进精神文明发展的重要手段,在陶冶情操、培养志趣、加强修养、提高精神境界等方面有着非常重要的作用,使人在精神方面得到多方面的发展。这些文化形式与体育运动的结合也可以提高竞技运动的层次。这样,奥林匹克运动就会在身心两个方面保证人的均衡发展。正如萨马兰奇所说的:“奥林匹克主义是超越竞技运动的,特别是在最广泛、最完全的意义上来讲,它是不能与教育分离的。它将身体活动、艺术和精神融为一体而趋向于一个完整的人。”

(4)奥林匹克选手榜样的作用。奥林匹克运动的主要对象是全世界的青少年。青少年是社会中最活跃、最少保守思想,也是最不稳定的社会群体,他们是人类社会的未来。这一群体有极大的可塑性和模仿力，他们羡慕英雄、崇拜英雄，而且渴望成为英雄。奥林匹克主义抓住了这种特点，将树立“良好的榜样”作为一种重要的教育方式，力图给全世界的青少年提供奥林匹克选手——这些活生生的现实中的英雄，让他们去模仿，让他们羡慕英雄、崇拜英雄，而且渴望成为英雄。的确，一百年来，奥运大赛上俊杰辈出，如奥运会第一个马拉松冠军希腊的鲁易斯，芬兰的努尔米，美国的欧文斯、刘易斯、洛加尼斯，丹麦的安德森，捷克的扎托倍克，中国的李宁、高敏等，一个个在奥运史册上留下了自己闪闪发光的名字。他们不畏艰难、不怕挫折的顽强拼搏精神成为激励广大青少年的巨大精神力量。

为了使奥运选手们能维持高尚的道德标准和公平竞争的精神，奥林匹克运动的先驱者们设计了一整套庄严肃穆的仪式，从圣火的传递到开、闭幕式，特别是运动员对奥林匹克五环旗和各国国旗的庄严宣誓，表明欺骗行为不仅是对其个人品格的玷污，而且是对神圣的奥林匹克理想、整个国际社会和自己祖国的亵渎。这样，用对人类理想的追求、对其他国家的尊敬和对自己祖国的热爱来净化运动员的心灵，使参加奥运会成为一项神圣的活动。

二、绿色文明

1. 绿色文明的兴起

世界范围的环境保护运动和绿色文明的生长已经有几十年的历史。

美国作家雷切尔·卡逊在1962年出版的《寂静的春天》一书中，发出了最早的绿色警告。她发现野外知更鸟的消失、鹰类的蛋壳变软的原因是大量使用农药DDT，杀死了鸟类。此书的出版得罪了化工厂、农药商。美国前副总统戈尔是个环境学者，他写的序言中说，卡逊遭到的攻击比得上当年出版《物种起源》达尔文所受到的攻击。最后，全美国立法禁止使用DDT。

1970 年 4 月 22 日,美国千万人走上街头游行,要求保护环境。这一天后来被定为"世界地球日"。此后,美国政府成立了环境保护署。1972 年,在瑞典斯德哥尔摩,联合国举行第一次人类环境大会;形成《人类环境宣言》,开始了世界各国共同保护地球环境的历程。1992 年,在巴西里约热内卢召开了"世界环境与发展大会"。2002 年 8 月,在南非约翰内斯堡举行"世界可持续发展会议"。

可以说,卡逊的《寂静的春天》对社会进步的重要意义,绝不弱于牛顿或爱因斯坦。同样,1972 年地球日的诞生、1998 年欧洲绿党的参与执政,其意义也绝不低于第一台计算机问世或网络技术的诞生。

1981 年提出的"可持续发展"的理念,已经成为当前早已深入人心的新的发展观。"可持续发展"的定义是:既满足当代人的需求,又不对后代人满足其需求的能力构成危害。它将"发展"(包括环境改善、福利进步、教育和道德文化水准的提高等)视为比单纯的经济增长更重要的目标,强调人类应坚持以与自然和谐相处的方式,追求健康而富有成果的生活权利。这就是说:只有一个地球,明天与今天同样重要。

这种对传统工业化道路和现代化模式的批判性反思,直接指向了一种新的文化和新的文明——以绿色为标志的新文化和新文明。

2. 绿色文明的内涵

西方国家自 20 世纪 70 年代兴起的绿色运动,已经成为 20 世纪末最深入人心的全球性运动,并将成为 21 世纪最重要的社会、政治和文化主题。虽然绿色运动流派各异,面貌复杂,具有诸多层面,但其基本的文化价值和文化内涵仍是可以认识的。

——基于生态学的立场,绿色与代表工业文明的"灰色"和代表激进的左派思想的"红色"相鼎立,构成现代社会文化空间的重要维度。

——与传统的人类中心论相反,主张人类与自然和谐相处,尊重自然和其他物种的生存权利，维护生物多样性，保护地球环境免遭破坏。

——改变基于科学主义的知识狂妄地以征服和改造自然为使命的生存姿态，遏制工商业和科学技术危害自然环境的破坏性价值，建立新的生产方式、生产技术、商业伦理和科学伦理。

——补救现代文明产生的物质主义、消费主义、享乐主义、道德沦丧、人性异化等弊病，克服现代人的心态危机，重视个性完善和灵性的发展，追求具有生命意义和人性的生活方式。

——主张通过裁军、资源共享、扩大社会平等和民主、减少人口增长等措施，追求世界长久和平。

(1)绿色文明的基本含义。绿色文明也称生态文明，是指人类在物质生产和精神生产的过程中，充分发挥人的主观能动性，按照自然生态系统和社会生态系统运转的客观规律，建立起来的人与自然、人与社会的良性运行机制、和谐协调发展的社会文明形式。

(2)绿色文明的主要目标。绿色文明建设的主要目标是使自然生态系统和社会生态系统最优化和良性运行，实现生态、经济、社会的可持续发展。

(3)绿色文明的核心内容。绿色文明建设的核心内容是在提高人们的生态意识和文明素质的基础上，自觉遵循自然生态系统和社会生态系统原理，运用高新科技，积极改善和优化人与自然的关系、人与社会的关系、人与人的关系。其中改善和优化人与自然的关系是基础，即把工业文明时代的人类对大自然的“征服”、“挑战”变为人与自然和谐相处、共生共荣、共同发展。

(4)绿色文明的基本理念。绿色文明哲学观认为，在人与自然这一对立统一的矛盾体中，既有斗争性(人类向自然索取)，又有同一性(人与自然同步发展)，并且是以同一性占主导地位的，人可以充分发挥自己的主观能动性，来达到同一目的。在斗争性与同一性之间，如果以斗争性为主，第一步会取得胜利，但第二步、第三步常常把第一步的胜利都抵消了;如果以同一性为主,则既可以取得第一步胜利,又可以取得第二步、第三步胜利,实现可持续发展。

绿色文明价值观认为,人的存在不但要对社会、对他人有用,而且要对自然界的一切生命以及生命赖以生存的环境负责,承担义务和责任,而且因为人有主观能动性,所以对他所承担的义务和责任要做得更好些,这样才体现人的价值的全面性。绿色文明的价值观还认为,自然界中的一切生命种群对于其他生命以及生命赖以生存的环境都有其不可忽视的存在价值。

绿色文明的道德观认为,人们在生存和发展过程中,要把人类的道德认识,从人与人、人与社会的关系扩延到人与人、人与社会、人与自然的关系。在充分认识自然的存在价值和生存权利的基础上,增强人对自然的责任感和义务感,增强人们对代内关系和代际关系的责任感和义务感,协调人与社会、自然的关系,达到三者共生共荣、共同发展。

三、绿色奥运是奥林匹克主义同绿色文明相结合的时代必然产物

1. 体育与环境的关系

体育原本是在自然生态环境与人类生存方式的密切联系中孕育和发展起来的,“是和平、纯洁、健康的象征,是人类生命旺盛、富有生机的代表”,对人类社会的发展具有教化、协调、平衡和修补作用。

事实上,影响体育除了自然环境外还有社会环境。自然条件是人们生存和发展的物质基础,它对体育的产生和发展有一定的影响,但不起决定性作用。社会条件是人们所处的各种社会关系的总和,它对体育的产生、发展起着主导性的影响作用,因而它是影响体育发展与可持续发展的主导性因素。同时,体育与环境是对立统一的辩

证关系。一方面,环境创造了体育,并制约着体育的目标、内容、方法和效果,影响着体育的发展速度。另一方面,体育对环境又有强大的能动作用,不断地改造环境。通过体育场馆的建设与改造,对人的情感、信仰的转移与强化,对人的道德意志品质的影响与"人性"化,能动地影响着自然环境和社会环境。

2. 绿色奥运产生的背景和过程

现代社会中,由于自然环境和社会环境的恶化、文明病的蔓延以及体育运动的商业化、职业化带来的服用兴奋剂、体育暴力、异化等心态危机和生态危机问题,在体育运动中的反映越来越明显;这种危机不但影响和制约着体育运动的和谐发展,而且还在破坏着自然—人—社会之间的和谐关系,并时刻冲击着体育促进人与自然、人与人、人与自身和谐发展的功能和理念。在这样的背景下,体育运动尤其是世界上最大的体育盛会——奥林匹克运动会,也无法摆脱同样的侵扰和影响。

受绿色文明思想的冲击和影响,20 世纪 70—80 年代,奥运会对生态环境的关怀逐渐凸显。1972 年,美国的丹佛市迫于当地生态组织的压力,不得不拱手让出举办第 12 届冬奥会的权利;迫于同样的原因,1974 年加拿大的温哥华市也撤回其举办第 13 届冬奥会的申请。自此以后,奥林匹克运动的有识之士,就开始注意到了体育运动可能对环境造成危害,并在国际体育界率先采取了一系列保护环境的措施。1972 年慕尼黑奥运会组委会提出了"健康环境中的健康比赛"的口号;1976 年蒙特利尔奥运会,每个参加者都得到了 1 棵加拿大的枫树苗,带回自己的国家种植;1980 年普莱西德湖冬奥会组委会使用临时建筑来减少对环境的影响,对永久性的设施则以长期使用的理念进行设计;1984 年洛杉矶奥运会,其市区烟尘对参赛者健康的影响引起国际奥委会的高度关注;1988 年卡尔加里冬奥会,组委会通过专门的设置管理计划,缓和了当地印第安人对冬奥会影响环境问题的质疑和抗议;同年,汉城奥运会采取了一系列环境综合治理措施,使大气中粉尘和二氧化硫的含量降低,水质得以改善,并对汉江进行了长达8年的治理,完成了规模巨大的净化城市、美化环境计划。1984年联合国教科文组织在巴黎发表《体育运动国际宪章》明确指出,体育运动要"确信保持和发展人的身体、心智与道德力量,能在本国和国际范围内提高生活质量,促进和谐",因为"体育运动并不局限于人体的幸福和健康,它还有助于人充分、平衡的发展"。

20世纪80年代以后,奥运会的规模和影响越来越大,参加的人数激增,为了消除和减小奥运会对"生态"造成的负面影响和祸患,以国际奥委会为代表的体育界及相关人士开始对开展体育运动的行为和理念作出反思和多方面努力。1991年国际奥委会对奥运会宪章作了修改,新宪章要求申办奥运会的所有城市从2000年起必须提交一项环保计划。在1992年世界环境会议上,国际奥委会主席萨马兰奇首次提出了自己在生态环境保护方面的主张,会后,国际奥委会、夏季奥运会项目、国际单项体育联合会协会和国家奥委会协会代表奥林匹克运动签署了"地球的保证"。6个月后,萨马兰奇提出要把生态环境保护作为奥林匹克精神的仅次于体育和文化的第三个方面。1993年《奥林匹克信息》杂志将第35期的全部篇幅用于讨论生态环境问题;同时,国际奥委会也表态将更加积极地参与人类生态包括自然、社会、文化和技术的维护,在多方面实现人类生态的和谐与发展。1994年的利勒哈默尔第17届冬季奥运会有关生态环境方面的工作使奥林匹克精神的第三个方面得以体现。以保护环境、热爱大自然和生态平衡而闻名的挪威人,从筹备工作起,组委会就把环保放在了首位,在比赛场馆的选址和施工过程中,自始至终都征求了生态学家和环保学者的意见,制定了21项环保方案,把该届冬奥会办成了"绿色奥运会"。同年8月,国际奥委会与联合国环境计划署签订了在环境保护方面的备忘录,并在巴黎召开的奥林匹克运动100周年大会上,将"体育运动与环境"列为专题,举行会议。1995年7

月 15 日，在洛桑闭幕的第 1 届“体育运动和环境问题”世界大会确认，国际奥林匹克委员会将把保护生态作为奥林匹克精神的支柱之一。今后，申请举办奥林匹克运动会的城市，必须首先检查自己在尊重越来越严格的环保标准的情况下举办奥运会的能力。这标志着绿色奥运的诞生。

1996 年国际奥委会下设的大众体育委员会在汉城举行会议，并把会议的主题定为“21 世纪地球家族与体育”，寓意了绿色奥运已经不仅限于环境保护这一层面。这一点从大会发表的《汉城宣言》中也可看出其鲜明的生态立场：“作为 21 世纪文化重要内容之一的体育，将在改善人类生活质量方面发挥重要作用。体育作为公平竞争的一种理想形式，将为世界所面临的政治、种族、宗教冲突的和平解决作出贡献，和谐与协调也将成为 21 世纪体育运动的主流。”1996 年在亚特兰大举行的国际奥委会会议决定成立环境委员会，并重申：“所有申办奥运会的城市都必须考虑到奥林匹克运动与环境之间的这种至关重要的联系。”1997 年，澳大利亚新南威尔士大学，针对举办悉尼奥运会召开了“绿色运动会”研讨会。会议上，加拿大科学家戴维·谢纳申科指出：“绿代表人们的渴望和对更高水平的期望。由于举办一届奥运会不是瞬间的事，也不只是竞赛的事，因此，应把绿色运动会的观念视为一个进程、一种追求，而不应是一个快速的结果。”1998 年第 18 届长野冬奥会，组委会把“爱和参与”视为举办运动会的宗旨，并把“人类与大自然共存”定为大会的主题，使 20 世纪最后一次冬奥会彰显出强烈的“绿色、自然、和谐”的生态理念。1999 年在巴西里约热内卢召开的第 3 届“世界体育与环境”大会上，国际奥委会制订了一项有关体育与生态的具体行动计划，目的在于鼓励其成员国在全球和谐发展中积极发挥各自的作用。2000 年悉尼奥运会在继承了“人与自然和谐”的生态理念上，又以“可持续发展”观进一步强调了“绿色奥运”的时代指向。2000 年 11 月 3 日在日本长野召开的第 4 届“世界体育与环境”大会，评估了两年来国际奥委会生态计划的实施情况,并讨论了如何进一步改进的具体实施方法。2001 年,在南非约翰内斯堡举行的可持续发展世界级首脑会议上,又深入探讨了奥运会在“生态”方面的贡献、不足及其发展,并提出了“给全球一个体育的机会”的口号。

2000 年,悉尼成功地举办了“绿色奥运”,为绿色奥运的发展树立了里程碑。2001 年,北京正是凭借“科技奥运、人文奥运和绿色奥运”三大主题,取得申办 2008 奥运会的成功。

3. 绿色奥运的内涵

绿色奥运是一种走向可持续发展的过程、动力、行为、生机和文化。绿色奥运汲取生态经济学和生态管理学的知识,将奥运体育竞争、奥运经济利益和生态利益协调起来,将人类奥运活动纳入生态平衡的轨道,促进奥运与经济、社会、生态的全面发展。

(1)绿色奥运是奥运与环境协调发展的一种思维模式,是奥林匹克主义和绿色文明思想共同追求的价值理念。绿色奥运的内涵可以被看做是“奥运”与环境协调发展的一种思维模式,是奥林匹克主义和绿色文明思想共同追求的价值理念。它不但注重结果,更注重赛前赛后的整个过程,可分为三个层次来理解:第一,视觉上的“绿色”、听觉上的“绿色”、嗅觉上的“绿色”,即物质上的“绿色”。第二,可持续发展。它的特征是一切“以人为本”和资源的有效利用,不给子孙后代留下不良影响。

(2)绿色奥运是奥林匹克理想的产物。奥林匹克理想就是使人类社会达到尽善尽美的理想意境。顾拜旦曾说:“奥林匹克理想,在我们看来,是一个很强的体育文化概念,它一部分建立在你们如何向往并称为‘公平竞争’的骑士精神,另一部分建立在对优美和崇高狂热崇拜的美学思想。”从这段话里我们不难悟出奥林匹克理想的部分内涵,即“追求人类社会的完善”。《奥林匹克宪章》里讲:“奥林匹克的目标是将体育运动置于为人的和谐发展服务的位置,以期建立一个和平的维护人的尊严的社会。”奥林匹克运动的奋斗目标是通过体育运动与教育的结合，使人类逐步向协调和谐、全面发展与尽善尽美前进，建立一个符合人类期望的理想社会。由此可知，奥林匹克主义不只局限于体育运动，更不局限于奥运会的竞技比赛，而是一种超越体育和竞技运动的关于人的全面发展、人类完善和社会可持续发展的思想、理论和运动。

（3）绿色奥运是人与自然协调发展的产物。自人类出现以来，就存在人与自然的关系问题。原始社会低下的生产力使人类基本上受环境的主宰。到了农业社会，由于生产力的发展，人类改造环境的主动性积极性不断提高，已对自然的干预造成了始料不及的后果，如巴比伦、玛雅文明的湮灭，但总的看来，人类对环境的改变尚未超出其容量，人与自然的关系总体上仍维持大体的平衡。随着工业文明的兴起，科技与生产力水平极大进步，征服自然逐步胜利，在加快对自然索取的同时，使人类产生了成为“自然主人”的错觉。工业文明是把双刃剑，既为人类带来物质文明，但又造成了严重的环境问题，大气污染、臭氧层破坏、水体污染、土壤污染、土地沙漠化、海洋污染、物种灭绝等，把人类推向了死亡的边缘。如前所述，20 世纪 70 年代环境问题最终引起了全球的极大关注。1972 年 6 月在联合国第一次人类环境会议上发表了《人类环境宣言》，1980 年推出了《世界自然保护大纲》，1981 年国际自然保护联盟推出了《保护地球》，1987 年世界环境与发展委员会在《我们共同的未来》中揭示了“可持续发展”的理论，形成了人与自然既要竞争又要协同的相依相存的新的发展观。而奥林匹克运动作为人类大型的社会活动，在处理与“自然”关系的问题上，“绿色奥运”成了最佳选择。

20 世纪 70 年代以后的每一届奥运会，都一次次地向世人证明这样一个基本事实：生态环境已经与体育、文化一起成为现代奥林匹克运动的三大构成要素，而且这三大要素的协调与和谐发展以及相互关怀，已经成为现代奥运会的核心理念。绿色奥运的理念正如《奥林匹克宪章》中所表达的含义一样，以奥运会为外在表现形式的奥林匹克运动就是要谋求运动、文化和环境的相互融合，并创造一种以公平竞争为准则、以交流与沟通为基本手段，营造人人参与、相互关怀、尊重基本公德的生活方式，最终使体育、文化与环境得以全面和谐发展为一种绿色体育文明。

20 世纪 90 年代的奥运发展史表明，绿色奥运理念所倡导的“和谐与发展”主题，已不再局限于具体的环境治理和生态保护，不再局限于人与人的竞技，而正在形成一种共同的理念，一种全新的体育发展思维模式，因为全人类都有一个美好的愿望：拥有一个绿色、和谐、永续的生存环境。因此，绿色奥运的核心理念，对体育和社会发展的意义已不仅在于人类本身的发展，而更在于它作为人类特有的一种社会文化范畴对社会文明的促进和引导，在于对整个生物圈的关怀和保护。

（作者简介：唐建文，男，湖南师范大学伦理研究所 2004 级博士生。）

责任编辑:方国根
封面设计:周文辉

图书在版编目(CIP)数据

多元文化与世界和谐——池田大作思想研究/唐凯麟 高桥强 主编.
-北京:人民出版社,2008.10
ISBN 978-7-01-007379-8

Ⅰ.多… Ⅱ.唐… Ⅲ.池田大作-思想评论 Ⅳ.K833.137=5

中国版本图书馆 CIP 数据核字(2008)第 155494 号

多元文化与世界和谐
DUOYUAN WENHUA YU SHIJIE HEXIE
——池田大作思想研究

唐凯麟　高桥强　主　编
冉　毅　曾建平　副主编

人民出版社 出版发行
(100706　北京朝阳门内大街 166 号)

北京集惠印刷有限责任公司印刷　新华书店经销

2008 年 10 月第 1 版　2008 年 10 月北京第 1 次印刷
开本:880 毫米×1230 毫米 1/32　印张:22.375
字数:580 千字　印数:0,001-3,000 册

ISBN 978-7-01-007379-8　定价:50.00 元

邮购地址 100706　北京朝阳门内大街 166 号
人民东方图书销售中心　电话 (010)65250042　65289539